# Stammkundenbindung versus Neukundengewinnung

Andreas Krämer · Regine Kalka ·
Wolfgang Merkle
(Hrsg.)

# Stammkundenbindung versus Neukundengewinnung

Marketing und Vertrieb im Spannungsfeld von Hunting und Farming

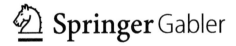

*Hrsg.*
Andreas Krämer
Bonn, Nordrhein-Westfalen, Deutschland

Regine Kalka
Köln, Nordrhein-Westfalen, Deutschland

Wolfgang Merkle
Merkle. Speaking. Sparring. Consulting
Hamburg, Hamburg, Deutschland

ISBN 978-3-658-40362-1     ISBN 978-3-658-40363-8  (eBook)
https://doi.org/10.1007/978-3-658-40363-8

Die Deutsche Nationalbibliothek verzeichnet diese Publikation in der Deutschen Nationalbibliografie; detaillierte bibliografische Daten sind im Internet über http://dnb.d-nb.de abrufbar.

© Der/die Herausgeber bzw. der/die Autor(en), exklusiv lizenziert an Springer Fachmedien Wiesbaden GmbH, ein Teil von Springer Nature 2023
Das Werk einschließlich aller seiner Teile ist urheberrechtlich geschützt. Jede Verwertung, die nicht ausdrücklich vom Urheberrechtsgesetz zugelassen ist, bedarf der vorherigen Zustimmung des Verlags. Das gilt insbesondere für Vervielfältigungen, Bearbeitungen, Übersetzungen, Mikroverfilmungen und die Einspeicherung und Verarbeitung in elektronischen Systemen.
Die Wiedergabe von allgemein beschreibenden Bezeichnungen, Marken, Unternehmensnamen etc. in diesem Werk bedeutet nicht, dass diese frei durch jedermann benutzt werden dürfen. Die Berechtigung zur Benutzung unterliegt, auch ohne gesonderten Hinweis hierzu, den Regeln des Markenrechts. Die Rechte des jeweiligen Zeicheninhabers sind zu beachten.
Der Verlag, die Autoren und die Herausgeber gehen davon aus, dass die Angaben und Informationen in diesem Werk zum Zeitpunkt der Veröffentlichung vollständig und korrekt sind. Weder der Verlag, noch die Autoren oder die Herausgeber übernehmen, ausdrücklich oder implizit, Gewähr für den Inhalt des Werkes, etwaige Fehler oder Äußerungen. Der Verlag bleibt im Hinblick auf geografische Zuordnungen und Gebietsbezeichnungen in veröffentlichten Karten und Institutionsadressen neutral.

Planung/Lektorat: Barbara Roscher
Springer Gabler ist ein Imprint der eingetragenen Gesellschaft Springer Fachmedien Wiesbaden GmbH und ist ein Teil von Springer Nature.
Die Anschrift der Gesellschaft ist: Abraham-Lincoln-Str. 46, 65189 Wiesbaden, Germany

# Vorwort

Im Ranking der Marketingziele von Marketingverantwortlichen stehen die Themen *„Umsatzwachstum"* und *„Marktanteilssteigerung"* meist an Top-Positionen. Dies ist insoweit nachvollziehbar, weil im bisherigen Verständnis fehlendes Wachstum oft mit Stillstand gleichgesetzt wird. In der aktuellen Diskussion wird mit einer steigenden Sensibilisierung für die Begrenztheit von Ressourcen und der Entstehung einer Vielzahl von Krisen das Wachstumskonzept immer stärker hinterfragt.

Offen ist, mit welchen Marketingstrategien sich Wachstumsziele zum Beispiel in Bezug auf monetäre Zielgrößen erreichen lassen oder ob der Begriff des Wachstums nicht weiter auszulegen ist. Einerseits wollen sich Manager in der Steuerung ihrer Vertriebsorganisationen vor einer übermäßigen Abhängigkeit von bestehenden Kunden (*„Farming"*) schützen und per Neukundenakquise (*„Hunting"*) das entscheidende langfristige Wachstum erzielen. Andererseits haben in vielen Unternehmen die Maßnahmen der Kundengewinnung tatsächlich Vorrang vor einer Stammkunden-Betreuung. Bei einigen Unternehmen stellt die Gewinnung von Neukunden die zentrale Ausrichtung der Marketingstrategie dar, um Wachstumsziele zu erzielen. Im Extremfall gilt *„Hunting"* sogar als alleiniger Bestandteil der Marketingstrategie zur Erreichung von Wachstumszielen. In der Konsequenz fließt dann ein Großteil des Marketingbudgets in die Gewinnung von neuen Kunden. Für Praxis und Wissenschaft ergibt sich damit eine enorme Herausforderung: Trotz der weit verbreiteten Erkenntnis, es sei notwendig, beide Vertriebsstrategien systematisch auszubalancieren, hat sich die bisherige Forschung auf die Vorteile und Kosten konzentriert, die entweder mit der Farming-Strategie oder aber der Hunting-Strategie verbunden sind.

Ein Zielkonflikt zwischen Neukunden- und Bestandskunden-Management entsteht dann, wenn im Unternehmen keine gesamthafte Sicht auf die Wertigkeit der Kunden vorhanden ist. Gleichzeitig werden die Aktivitäten im Bereich *„Hunting"* und *„Farming"* häufig als isolierte, voneinander unabhängige Stränge verstanden. Dies mag in der Vergangenheit eine gültige Betrachtungsweise gewesen sein, unter den gegenwärtigen Rahmenbedingungen zeigen sich aber vielfache Abhängigkeiten und Interaktionen. Dazu geführt hat nicht nur der zunehmende Abbau von Informationsasymmetrien (zugunsten der Kunden), sondern auch ein dramatisch geändertes Informationsverhalten der

Verbraucher und eine stärkere Sensibilisierung der Öffentlichkeit für Aspekte wie Vertrauen und Fairness (durch die Krisen noch einmal verstärkt). Dies führt automatisch zur Fragestellung, ob bekannte Handlungsmuster im Marketing weiterhin hilfreich und nutzbar sind, oder nicht grundsätzlich die Ausrichtung, die Organisation und Relevanz des Marketings zu überdenken sind.

Das vorliegende Buch schafft Transparenz und bietet Impulse bezüglich des Spannungsfeldes von Neukundegewinnung (*„Hunting"*) und der Stammkundenbindung (*„Farming"*). Im ersten Teil wird der Frage nachgegangen, warum das Marketing radikal neu gedacht werden muss. Die Gründe dafür – in der Regel sind diese mit veränderten Rahmenbedingungen verbunden – werden im Rahmen von theoretischen Abhandlungen, Darstellung von qualitativen und quantitativen Untersuchungen sowie anhand von Fallbeispielen verdeutlicht. Darauf aufbauend werden konkrete Ansatzpunkte diskutiert, wie das Marketing neu ausgerichtet werden kann.

In diesem Kontext soll das Buch Gedankenanstöße dazu geben, warum die Neukundengewinnung nicht als Allheilmittel für die Erreichung der Wachstumsziele gelten kann, welche Gefahren in diesem Irrweg lauern (wenn zum Beispiel Stammkunden eine bessere Betreuung von Neukunden wahrnehmen und dies als unfair empfinden), wie eine optimale Balance beider Strategien zu erreichen ist und welche Marketingmaßnahmen dabei hilfreich sein können. Auf diesem Weg werden die veränderten Rahmenbedingungen zur Erreichung von Wachstumszielen und -strategien näher analysiert.

Unser besonderer Dank gilt den 21 Mitautoren sowie ausgewählten hochkarätigen Gesprächs- und Interviewpartnern aus Wissenschaft und Praxis, ohne die die Entstehung dieses Buches nicht möglich gewesen wäre. Danken möchten wir auch dem Team von Gutachtern, die Verbesserungsvorschläge und inhaltliche Anmerkungen eingebracht und damit dafür gesorgt haben, dass unser Buchprojektes das jetzige Qualitätsniveau erreicht hat.

Wir haben den Autoren die Entscheidung überlassen, eine gendergerechte Schreibweise zu nutzen oder aus Gründen der besseren Lesbarkeit auf die gleichzeitige Verwendung der Sprachformen männlich, weiblich und divers (m/w/d) zu verzichten. In diesem Fall gilt: Sämtliche Personenbezeichnungen gelten gleichermaßen für alle Geschlechter.

Wir wünschen den Lesern dieses Buches eine spannende Lektüre, neue Erkenntnisse sowie Anregungen und hoffen, dass die Beiträge zu weiteren Diskussionen rund um das Marketing und die Teilaspekte Kunden- und Wertmanagement führen. Freuen würden wir uns über kritische Anregungen, Vorschläge für inhaltliche Erweiterungen und sonstige konstruktive Kritik.

| | |
|---|---|
| Bonn | Andreas Krämer |
| Köln | Regine Kalka |
| Hamburg | Wolfgang Merkle |

# Inhaltsverzeichnis

**Einleitung**

**Die Relevanz, Ausrichtung und Organisation des Marketings in
Theorie und Praxis unter veränderten Rahmenbedingungen** .............. 3
Andreas Krämer, Regine Kalka und Wolfgang Merkle

**Warum muss das Marketing radikal neu gedacht werden?**

**Der Irrweg der ewigen Neukundengewinnung – Hunting oder
Farming als Ziele im Marketing** ...................................... 29
Regine Kalka, Andreas Krämer und Nikola Ziehe

**Einstellung und Erwartungshaltung von Konsumenten an
Unternehmen heute.** .................................................. 49
Martin Langhauser und Wolfgang Merkle

**Fallbeispiel: Deutsche Bahn – Kundenmanagement im
Spannungsfeld zwischen BahnCard/BahnBonus und Aktionsangeboten** ...... 61
Bianca Brocke, Sven Neweling und Andreas Krämer

**Wachstumsstrategien in Banken – Erfolgsfaktor Kundenaktivierung** ........ 79
Oliver Mihm und Frédéric Begemann

**Wie haben sich die Rahmenbedingungen verändert?**

**Neue Markt- und Managementspielregeln im „Hypercompetition" –
am Beispiel des stationären Einzelhandels** ........................... 99
Wolfgang Merkle

**Preis versus Moral: Wie sich das Konsumverhalten der Generation
Z unterscheidet** .................................................... 129
Marlon Fricker, Marc Herz, Tim Ilbertz und Alexander Rühl

**Liebesehe oder Zwangsehe: Die Verschmelzung von IT und
Marketing in Unternehmen aus Sicht von Experten**...................... 149
Wolfgang Merkle und Regine Kalka

**Mobilfunkverträge – Kundenbeziehungsrisiken und kundenspezifische
Preisgestaltung**.............................................................. 167
Andreas Krämer

**Veränderte Sicht auf die Kundenbeziehungen im ÖPNV:
Der Hamburger Verkehrsverbund (hvv)**............................... 187
Anna-Theresa Korbutt und Andreas Krämer

**Wie kann das Marketing neu ausgerichtet werden?**

**Kundenwertzentrierte Unternehmenssteuerung als Maßgabe für
das Marketing von morgen**............................................... 211
Andreas Krämer und Robert Bongaerts

**Neues Zusammenspiel zwischen Marketing und Vertrieb am
Beispiel des Verlagswesens**............................................... 231
Thomas Breyer-Mayländer

**Fallstudie Globetrotter: Begeisterung, Innovation und
Kundennähe als Erfolgstreiber im stationären Einzelhandel**................ 253
Andreas Bartmann

**Fallbeispiel Energievertrieb: Spannungsfeld zwischen
Neukundenakquisition und Stammkundenbindung vor und während
der Energiekrise**............................................................ 269
Joachim Klein

**Pricing und Erlösmodelle im Neu- und Bestandskunden-Management**....... 285
Andreas Krämer und Gerd Wilger

**Der Markenbeziehungsprozess – Kunden im Mittelpunkt
der Markenführung**......................................................... 305
Regine Kalka, Wolfgang Merkle und Caroline Poßberg

**Customer Experience als neue Maxime des Marketings**................... 335
Christian Köhler

**Datengetriebenes Marketing und Kommunikationsmanagement
am Beispiel Allianz**......................................................... 357
Thomas Lukowsky und Olaf Tidelski

**Marketing KPIs: Marketingleistung vollständig erfassen und
steuerbar machen** .................................................. 371
Thomas Burgartz und Andreas Krämer

**Zukunftsaussichten**

**Zukunftsaussichten für erfolgreiche Marketingstrategien im
Spannungsfeld von „Hunting" und „Farming"** ........................ 387
Andreas Krämer, Regine Kalka und Wolfgang Merkle

# Herausgeber- und Autorenverzeichnis

## Über die Herausgeber

**Prof. Dr. Andreas Krämer** ist Vorstandsvorsitzender der exeo Strategic Consulting AG in Bonn und Direktor des Value Research Institute (VARI e. V.) in Iserlohn. Nach Studium der Agrarökonomie und anschließender Promotion arbeitete Andreas Krämer von 1996 bis 2000 bei zwei führenden internationalen Beratungsgesellschaften, bevor er in 2000 seine eigene Beratungsgesellschaft gründete. Von 2014 bis 2020 war er Professor für Pricing und Customer Value Management an der University of Europe for Applied Sciences in Iserlohn. Andreas Krämer ist Mitinitiator unterschiedlicher Studien (u.a. „Pricing Lab") sowie Autor zahlreicher Fachaufsätze und mehrerer Bücher.

**Prof. Dr. Regine Kalka** ist seit 2003 Professorin für Marketing und Kommunikation an der Hochschule Düsseldorf und ist seit 2018 Mitglied des Hochschulrates. Zuvor war sie Geschäftsbereichsleiterin bei einer deutschen Messegesellschaft sowie Senior Consultant bei einer internationalen Unternehmensberatung. Ihre Forschungsschwerpunkte liegen im Bereich Pricing, Messemanagement und Markenmanagement und ist in diesen Bereichen auch Autorin zahlreicher Publikationen.

**Prof. Dr. Wolfgang Merkle** ist Professor für Marketing & Management an der UE – University of Europe for Applied Sciences in Hamburg sowie Inhaber von ‚Merkle. Speaking. Sparring. Consulting.' Davor war er über 25 Jahre als CMO, Bereichsvorstand, Geschäftsführer und Direktor bei Tchibo, Galeria Kaufhof, ZARA, Massimo Dutti und Otto tätig.

### Autorenverzeichnis

**Andreas Bartmann** Geschäftsführer Globetrotter Ausrüstung GmbH

**Frédéric Begemann** Principal Investors Marketing AG

**Dr. Robert Bongaerts** Vorstand der exeo Strategic Consulting AG

**Prof. Dr. Thomas Breyer-Mayländer** Professor für Medienmanagement, Hochschule Offenburg

**Bianca Brocke** Leiterin Pricing und Zielgruppenmanagement, DB Fernverkehr AG

**Prof. Dr. Thomas Burgartz** Dekan Fachbereich Wirtschaft, University of Europe for Applied Sciences, Iserlohn

**Marlon Fricker** Digital Marketing Manager, Media Lab Bayern, München

**Dr. Marc Herz** Partner der Unternehmensberatung K´UP, Berlin

**Tim Ilbertz** Consultant bei der Unternehmensberatung K´UP, Berlin

**Prof. Dr. Regine Kalka** Hochschule Düsseldorf, Düsseldorf, Deutschland

**Dr. Joachim Klein** German Sales VP Standard Customers, E.ON

**Christian Köhler** Hauptgeschäftsführer Markenverband

**Anna-Theresa Korbutt** Geschäftsführerin Hamburger Verkehrsverbund

**Prof. Dr. Andreas Krämer** exeo Strategic Consulting AG, Bonn, Deutschland

**Martin Langhauser** Director Shopper Insights, GfK

**Thomas Lukowsky** Direktor Allianz AG

**Prof. Dr. Wolfgang Merkle** Merkle. Speaking. Sparring. Consulting., Hamburg, Deutschland

**Dr. Oliver Mihm** CEO Investors Marketing AG

**Sven Neweling** Leiter CRM-Strategie und Kundenbindungsprogramme, DB Fernverkehr AG

**Caroline Poßberg** Masterabsolventin, Hochschule Düsseldorf

**Alexander Rühl** Marketingmanager, Media Lab Bayern, München

**Dr. Olaf Tidelski** Chief Customer Officer, Allianz AG

**Dr. Gerd Wilger** Vorstand der exeo Strategic Consulting AG

**Prof. Dr. Nikola Ziehe** Professorin für Handelsmarketing & Kommunikationsmanagement, Hochschule Düsseldorf

# Einleitung

# Die Relevanz, Ausrichtung und Organisation des Marketings in Theorie und Praxis unter veränderten Rahmenbedingungen

Andreas Krämer, Regine Kalka und Wolfgang Merkle

## Inhaltsverzeichnis

| | | |
|---|---|---|
| 1 | Einleitung – Marketing unter veränderten Rahmenbedingungen | 4 |
| 1.1 | Eine Einführung – Wollen wir wachsen und wenn ja, wie? | 5 |
| 1.2 | Das „degenerierte Marketing" oder: Was vom Marketing übriggeblieben ist | 7 |
| 2 | 10 Thesen zur Notwendigkeit eines veränderten Marketings | 8 |
| 2.1 | Erste These – Drei Jahrzehnte nach „The Loyalty Effect": Ist Wachstum nur über Neukunden möglich? | 8 |
| 2.2 | Zweite These – „Neues" Kundenverhalten und „alte" Instrumentarien: Kundenbindung wird immer schwieriger oder unmöglich! | 9 |
| 2.3 | Dritte These – Veränderte Strategien und Geschäftsmodelle: Eine neue Bewertung von Kundensegmenten ist erforderlich | 10 |
| 2.4 | Vierte These – Der Blick zur Seite: Bestandskunden haben zurecht den Eindruck, dass sie schlechter betreut werden als Neukunden | 11 |
| 2.5 | Fünfte These – Die einzige Chance im Hyperwettbewerb: Den Kunden in den Mittelpunkt stellen | 12 |
| 2.6 | Sechste These – Big Data: Eine große Datenmenge bedeutet nicht verbesserte Kundenprozesse …manchmal ist weniger mehr! | 13 |

A. Krämer (✉)
exeo Strategic Consulting AG, Bonn, Deutschland
E-Mail: andreas.kraemer@exeo-consulting.com

R. Kalka
Hochschule Düsseldorf, Düsseldorf, Deutschland
E-Mail: regine.kalka@hs-duesseldorf.de

W. Merkle
Merkle. Speaking. Sparring. Consulting., Hamburg, Deutschland
E-Mail: mail@merkle-consulting.com

© Der/die Autor(en), exklusiv lizenziert an Springer Fachmedien Wiesbaden GmbH, ein Teil von Springer Nature 2023
A. Krämer et al. (Hrsg.), *Stammkundenbindung versus Neukundengewinnung*,
https://doi.org/10.1007/978-3-658-40363-8_1

| | | |
|---|---|---|
| 2.7 | Siebte These – Deutungshoheit von Kundendaten: Der Konflikt zwischen Marketing und IT nimmt zu …das Kundenprofil verwischt | 14 |
| 2.8 | Achte These – CRM: Über Kundenwertigkeit wird gerne gesprochen, entschieden wird danach aber wenig! | 16 |
| 2.9 | Neunte These – Co-Creation: Der Kunde wird zunehmend „Teil des Leistungsprozesses", dies müssen Unternehmen aktiv steuern. | 17 |
| 2.10 | Zehnte These – Die Kundenperspektive im Top-Management: Marketing gehört auf den C-Level, egal in welcher Form | 18 |
| 3 | Marketing neu denken im Spannungsfeld zwischen Stammkundenbindung und Neukundenakquisition | 19 |
| 3.1 | Grundlogik des Buches und Didaktik | 19 |
| 3.2 | Aufbau des Buches | 20 |
| Literatur | | 22 |

### Zusammenfassung

Ausgehend von dem häufig verfolgten Wachstumsziel sind Unternehmen im aktuellen Wettbewerb und bei den derzeitigen Rahmenbedingungen mehr denn je gefordert, die richtige Balance zwischen Bestandskundendurchdringung und Neukundengewinnung zu finden. Die Diskussion der Wechselwirkungen zwischen beiden Bereichen öffnet den Blick für die Herausforderungen, dass sich Marketing – wie es in vielen Unternehmen gelebt wird – radikal verändern muss. Erforderlich ist dies, um als Unternehmen die Chance zu erhalten, in VUCA-Zeiten die richtigen Impulse geben und Entscheidungen treffen zu können. Um die Notwendigkeit zu verdeutlichen, bestehende Denkmodelle und Handlungsweisen aufzubrechen bzw. neu zu konzipieren, werden 10 Thesen argumentativ hergeleitet und erörtert. Sie sollen als roter Faden oder Orientierungspunkt für die folgenden Kapitel des Buchs verstanden werden.

## 1 Einleitung – Marketing unter veränderten Rahmenbedingungen

„Marketing ist die Kunst, Chancen aufzuspüren, sie zu entwickeln und davon zu profitieren." – Philip Kotler

Basierend auf dem Verständnis von Philip Kotler liegt dem Marketing die Leitlinie zugrunde, Unternehmen durch eine konsequente Ausrichtung an den Bedürfnissen des Marktes zu befähigen, ihre Position im Markt abzusichern oder zu verstärken. Wie Kirchgeorg (2022) ausführt, müssen gerade auf wettbewerbsintensiven Märkten die Bedürfnisse der Nachfrager im Zentrum der Unternehmensführung stehen. Daraus leitet sich zudem die Forderung nach einer kundenzentrierten Ausrichtung ab, häufig mit der englischen Bezeichnung Customer Centricity (Fader 2012; Shah et al. 2006) beschrieben. Verbunden damit sind Auswirkungen auf die komplette Organisation: Shah et al. (2006) sehen hier beispielsweise notwendige Änderungen in den Bereichen Kultur, Struktur, Prozesse und Finanzkennziffern.

Allerdings: Die reine Fokussierung auf den Kunden wird nicht ausreichen. In einem umfassenden Managementansatz muss Marketing mehr leisten als ‚nur' die Erreichung einer hohen Kundenzufriedenheit. Auch die Nähe zum Kunden ist im Prinzip Mittel zum Zweck, kein Selbstzweck. So sieht Gummeson (2007) in einer „Balance Centricity" alle Stakeholder als Bezugspunkt des unternehmerischen Handelns. Auch der sogenannte Value-to-Value-Ansatz geht in diese Richtung und verzahnt die Perspektiven „Value-to-the-customer", die Bedürfnisbefriedigung auf Kundenseite, und den „Value-of-the-customer", den generierten Cash-Flow des Kunden für das Unternehmen (Krämer et al. 2021; Krämer und Burgartz 2020).

Vor diesem Hintergrund stellt Marketing – wie oben im Zitat von Philip Kotler angesprochen – einerseits eine unternehmerische Denkhaltung dar, andererseits kommt Marketing auch eine unternehmerisch gestaltende Aufgabe zu, die aus der laufenden Analyse von Marktveränderungen und Bedürfnisverschiebungen konkrete Wettbewerbsvorteile entwickelt und als Kundennutzen monetarisiert. Und genau diesen operativen Charakter unterstreicht Philip Kotler mit seinem eingangs aufgeführten Zitat. In der Konsequenz ergibt sich daraus die Anforderung, dass Unternehmen über eine Kundenfokussierung in der Lage sein müssen, die Bedürfnisse der Kunden und die Schlagkraft des Wettbewerbs gesamthaft zu erkennen, um auf dieser Grundlage Entscheidungen vorzubereiten oder selber zu treffen (Führungs-Charakteristik).

## 1.1 Eine Einführung – Wollen wir wachsen und wenn ja, wie?

Im Ranking der Marketingziele von Marketingverantwortlichen stehen die Themen „Umsatzwachstum" und „Marktanteilssteigerung" häufig an Top-Positionen. Dies ist insoweit nachvollziehbar, wenn fehlendes Wachstum mit Stillstand gleichgesetzt wird (im Sinne von Signalwirkung nach innen) oder weil Wachstum Wettbewerbsstärke impliziert (Liesen et al. 2013). Wachstum ist als Zielgröße in vielen Unternehmen tief verankert. Einer Studie von Sopra Steria (2018) zufolge ist bei 84 % der befragten Unternehmen Wachstum ein Kernbestandteil der Unternehmensstrategie. Drei Viertel der Fach- und Führungskräfte in Deutschland schätzen das eigene Unternehmenswachstum im Vergleich zum Wettbewerb als durchschnittlich bis überdurchschnittlich ein. Gleichzeitig gewinnt aber die Postwachstumsökonomie („Die Zeit des Wachstums ist vorbei") an Aufmerksamkeit (Reichel 2017). Nachdem diese Thematik durch den Bericht an den Club of Rome von 1972 eine hohe öffentliche Awareness erfahren hat (Meadows et al. 2006), übte diese in den Jahrzehnten danach aber wenig Einfluss auf die politische Entscheidungsfindung aus und verlor an Attraktionskraft. In letzter Zeit finden die Überlegungen zu den Grenzen des Wachstums wieder stärker Resonanz. Selbst, wenn Unternehmen am Wachstumsziel festhalten, ist zu hinterfragen, wie Wachstum zustande kommt. Beispielsweise unterscheiden Reichheld et al. (2021) zwischen einem Wachstum durch Neukunden, welches gekauft („bought") ist, also z. B. durch Rabattaktionen entsteht, und einem Wachstum, das verdient („earned") wird, also durch Empfehlungen zufriedener Kunden initiiert ist. Andere Überlegungen beziehen den Ressourcenverbrauch mit ein.

Es stellt sich die Frage, mit welchen Marketingstrategien sich Wachstumsziele erreichen lassen oder ob der Begriff des Wachstums nicht weiter auszulegen ist. Einerseits wird der Fokus daraufgelegt, wie sich Manager in der Steuerung ihrer Vertriebsorganisationen vor einer übermäßigen Abhängigkeit von bestehenden Kunden („Farming") schützen können, um per Neukundenakquise („Hunting") das entscheidende langfristige Wachstum zu erzielen (auch als Hunting-Farming-Paradox beschrieben, vgl. Nijssen 2014). Andererseits erscheinen in vielen Unternehmen die Maßnahmen der Kundengewinnung tatsächlich Vorrang vor einer Stammkunden-Betreuung zu haben. So ist auch im Nielsen Global Annual Marketing Report 2022 (Nielsen 2022) im Rahmen der Befragung der wichtigsten Marketingziele für das nächste Jahr zu entnehmen, dass der Kundengewinnung Vorrang vor einer Kundenbindung eingeräumt wird. Manager stehen bei der Führung von Vertriebsorganisationen vor einer wichtigen strategischen Herausforderung: Wie lässt sich verhindern, dass man sich zu sehr auf bestehende Kunden („Farming") und kurzfristige Leistungsbereitstellungen verlässt, während die Suche nach neuen Kunden („Hunting"), die für das langfristige Wachstum entscheidend sind, auf der Strecke bleibt? Das richtige Gleichgewicht zwischen diesen Aktivitäten wird in der Literatur als Ambidexterität (Beidhändigkeit) bezeichnet (Lam et al. 2019). Die Argumentation für eine Fokussierung auf Bestandskunden ist seit Beginn der 1990er Jahr klar: Es ist deutlich günstiger, einen bestehenden Kunden zu halten, der abwanderungsbereit ist, als einen Neukunden zu gewinnen (Reichheld und Sasser 1990).

Bei anderen Unternehmen stellt die Gewinnung von Neukunden die zentrale Ausrichtung der Marketingstrategie dar, um Wachstumsziele zu erzielen. Teilweise gilt „Hunting" sogar als alleiniger Bestandteil der Marketingstrategie zur Erreichung von Wachstumszielen. In der Konsequenz fließt dann ein Großteil des Marketingbudgets in die Gewinnung von neuen Kundenbeziehungen, in der Hoffnung, die getätigten Akquise-Kosten würden sich über die Zeit amortisieren. Trotz der weit verbreiteten Erkenntnis, es sei notwendig, beide Verkaufsaktivitäten strategisch auszubalancieren, hat sich die bisherige Forschung auf die Vorteile und Kosten konzentriert, die entweder mit der Farming-Strategie oder aber der Hunting-Strategie verbunden sind (Lam et al. 2019).

Ein Zielkonflikt zwischen Neukunden- und Bestandskunden-Management droht dann, wenn im Unternehmen keine gesamthafte Sicht auf die Wertigkeit der Kunden, also kein gemeinsames, verbindliches Zielsystem vorhanden ist (Krämer und Burgartz 2022). Gleichzeitig werden die Aktivitäten im Bereich „Hunting" und „Farming" häufig als isolierte, voneinander unabhängige Stränge verstanden. Dies mag in der Vergangenheit eine gültige Betrachtungsweise gewesen sein, unter den gegenwärtigen Rahmenbedingungen zeigen sich aber vielfache Abhängigkeiten und Interaktionen. Beispielsweise nimmt die Informationsasymmetrie in vielen Bereichen zugunsten der Kunden ab. Verbraucher sind nicht nur besser informiert, sondern tauschen Informationen und Meinungen aus (und das dank Social Media öffentlich und für Dritte einsehbar). Dies führt automatisch zur Fragestellung, ob bekannte Handlungsmuster im Marketing weiterhin hilfreich und empfehlenswert sind, oder nicht grundsätzlich die Ausrichtung, die Organisation und die Relevanz des Marketings überdacht werden muss.

## 1.2 Das „degenerierte Marketing" oder: Was vom Marketing übriggeblieben ist

Während in dem eingangs genannten Zitat von Philip Kotler eine zentrale Verantwortung des Marketings für die Absicherung und Weiterentwicklung des Geschäftsmodells zum Ausdruck kommt – Marketing erhält damit eine existenzielle Funktion, die übergreifend zu verstehen ist und alle Bereiche betrifft, die eine Wertgenerierung für den Kunden tangieren – ergibt sich vielfach der Eindruck, dass einige Unternehmen das Marketing intern als Erfüllungsgehilfen oder letzte Schnittstelle zur Unternehmenskommunikation einordnen; Marketing in einer degenerierten Form quasi mit „Bunten Bildchen" gleichsetzen. So führt Gerth (2015, S. 7) aus:

> „Die Marketingabteilung unter Druck: Das ist dann i. d. R. auch der Zeitpunkt, zu welchem das ‚Marketing' auf den Plan gerufen wird. Und die Verantwortlichen dort erhalten dann den Auftrag, sich für dieses vom Kunden ‚ungeliebte' Produkt ‚knackige' Promotions und Werbung auszudenken, durch welche der Markterfolg sichergestellt werden kann. In seiner Verzweiflung versucht das Marketing dann wirklich alles, von hübschen Produkt-Flyern über hochkarätig besetzte Road-Shows, ambitionierten Webseiten bis hin zu T-Shirts und Kaffeetassen mit Firmenlogo, um die vorgegebenen Produkte mit viel Aufwand und ein wenig ‚heißer Luft' attraktiv erscheinen zu lassen."

Die Darstellung mag überspitzt erscheinen, hat aber eine lange Tradition in der Sicht führender Manager. Im Prinzip drückt auch der Ausspruch „Marketing is too important to be left to the marketing department", der David Packard, Mitbegründer von Hewlett-Packard, zugewiesen wird, ein Verständnis aus, Marketing sei nicht gleichzusetzen mit der Marketing-Abteilung oder den Marketing-Verantwortlichen.

Vor diesem Hintergrund werden in den folgenden Abschnitten Kernfragestellung zum Marketing in Form von Thesen formuliert, die als Orientierungspunkt für die anschließenden Kapitel fungieren sollen.

## 2     10 Thesen zur Notwendigkeit eines veränderten Marketings

### 2.1     Erste These – Drei Jahrzehnte nach „The Loyalty Effect": Ist Wachstum nur über Neukunden möglich?

Zwischen den wissenschaftlichen Abhandlungen und der Praxis des Kundenbeziehungsmanagements klafft seit den 90er Jahren des letzten Jahrhunderts eine merkwürdige Lücke. Damals belegte die intensive Forschung zu relativ „neuen" Themen wie Service-Marketing, Kundenzufriedenheits-Management und Wirtschaftlichkeit von Kundenbeziehungen die Erfordernis, sich als Unternehmen nicht nur auf längerfristige Wirkungen des Kundenmanagements zu fokussieren und die Kundenbeziehung stark unter wirtschaftlichen Gesichtspunkten zu beleuchten, sondern auch, sich dabei vor allem auf bestehende Stammkunden zu konzentrieren (Bell et al. 2002). Als Höhepunkt dieser Argumentationskette kann das Erscheinen des Bestsellers „The Loyalty Effect" verstanden werden (Reichheld und Teal 1996). Die Autoren beschreiben darin die besonderen Möglichkeiten, höhere Umsätze und Gewinne durch ein aktives, auf Dauer angelegtes Management der Kundenbeziehung zu erreichen. Je mehr Nähe ein Unternehmen zum Kunden aufbaut und je besser Bedürfnisse und Wachstumschancen auf Basis einzelner Kunden erkannt werden, desto größer gestaltet sich der Hebel für das Marketing (Du et al. 2007). Gleichzeitig leitet sich daraus die Forderung ab, Ressourcen in Hinblick auf Neukunden-Akquise und Bestandskunden-Betreuung neu auszurichten.

Allerdings: Die unternehmerische Praxis sieht häufig gänzlich anders aus: Weil es z. B. an Phantasie oder der Innovationskraft fehlt, zielgerichtet Upselling-Aktivitäten bzw. Value-Added-Services für Bestandkunden zu entwickeln, gerät die Neukundengewinnung in den zentralen Blickwinkel und wird als primäres Instrument gesehen, bestehende Wachstumsziele zu erreichen. Auch die relative leichte Messung der Neukundenquote als KPI mag dabei eine Rolle spielen.

Unter den sich aktuell verändernden Rahmenbedingungen scheinen sich diese Aktivitäten noch zu verstärken. Das von D'aveni (2010) skizzierte Bild des Hyperwettbewerbs trifft viele Unternehmen mit voller Wucht. Sie sehen sich in einer Situation einer zunehmenden Commoditisierung (Verlust an Wettbewerbsvorteilen), die im nächsten Schritt zwangsläufig aufgrund der Produkt- und Service-Ähnlichkeit in einen Preiswettbewerb mündet. Neukunden werden über den Faktor Preis rekrutiert, um dann mittels Bonusprogrammen, die primär auf preisliche Anreize setzen, „weiterentwickelt" zu werden. Wen wundert es dann, wenn bei Marketing-Verantwortlichen der Eindruck einer verminderten Bereitschaft von Konsumenten entsteht, sich langfristig an den Anbieter zu binden (Zakaria 2014).

## 2.2 Zweite These – „Neues" Kundenverhalten und „alte" Instrumentarien: Kundenbindung wird immer schwieriger oder unmöglich!

Marketing als Leitkonzept zur konsequenten Ausrichtung von Unternehmen auf die Bedürfnisse von Markt und Konsumenten – das ist ein Erfolgsrezept, das im Umfeld eines sich verstärkenden Wettbewerbs und gestiegenen Anspruchsniveaus der Konsumenten eine noch höhere Bedeutung erlangt (Krämer und Burgartz 2022). Hintergrund dieser Entwicklung sind vor allem die Digitalisierung und der Wertewandel sowie die sich daraus ergebenen Veränderungen im Wettbewerb und im gesamten Media- und Kommunikationsumfeld – Konsumenten sind in einer auch als „stille Revolution der Verbraucher" gekennzeichneten Entwicklung deutlich anspruchsvoller, multioptionaler und selbstbewusster geworden (Merkle 2020).

So hat der Wertewandel nicht nur zu einem Rückgang traditioneller Werte wie Disziplin, Hierarchie und Leistung, sondern auch zu einer wachsenden Bedeutung individueller Werte wie dem Wunsch nach Selbstbestimmung und Selbstverwirklichung bei gleichzeitigem Vertrauensverlust staatlicher oder öffentlicher Institutionen geführt. Parallel dazu hat das Kritikbewusstsein der Konsumenten zugenommen – mit der Konsequenz, dass Konsumenten in ihrem Denken und Handeln zunehmend unberechenbarer, eigennütziger und kritischer geworden sind. Eine Überschrift wie „die ‚Unkunden' sind im Anmarsch" (o. V. 2017) steht stellvertretend für das gestiegene Anspruchsniveau mit einer abnehmenden Loyalität und steigenden Reaktanz gegenüber klassischen ‚Reklame'-Aussagen und zunehmend austauschbaren Angeboten.

Im Zusammenhang mit dem geschärften Kritikbewusstsein der Konsumenten ist für das Marketing ebenso wichtig, dass sich eine stärkere Reaktanz gegenüber klassischer Werbung zeigt, die sich im digitalen Zeitalter nicht mehr nur über das schon länger bekannte ‚wegzappen' von klassischen TV-Werbeblöcken, sondern auch über die steigende Nutzung von Adblockern und das regelmäßige Löschen des jeweiligen Browserverlaufs im Internet manifestiert. Werbung wird verstärkt hinterfragt, den Aussagen von Unternehmen wird zunehmend misstraut – weshalb den Empfehlungen, Stellungnahmen oder Erfahrungen anderer Konsumenten heute häufig eine höhere Bedeutung beigemessen wird als klassischen Werbebotschaften; eine neue Perspektive unter der Überschrift „People trust people, but they don't trust brands necessarily" (Bennet 2018).

Die abnehmende Loyalität von Verbrauchern gegenüber angestammten Marken und Unternehmen ist auch durch einen deutlich gestiegenen Wettbewerb zu erklären, der sich unter anderem mit der Digitalisierung im Internet entwickelt hat. Egal, ob in den verschiedensten Branchen des Handels, bei Versicherungen und im Finanzumfeld oder bei Kontaktnetzwerken – es gibt kaum einen Wirtschaftsbereich, in dem es nicht ein passendes Pendant auch im Internet gibt. Und dieses ist häufig zudem preiswerter als in den bisherigen Offlinemärkten und durch die einfachen Zugänge über die Suchmaschinen oder die begleitenden Services von Preisvergleichsportalen sehr schnell erreichbar. So hat sich mit dem Internet nicht nur das Angebot mit der

Entstehung völlig neuer Anbieter wie Social- und Live-Commerce-Konzepte, die als Quick-Commerce bezeichneten Lieferdienste und die Vielzahl alternativer Direct-to-Consumer-Konzepte deutlich erhöht und damit zu einem ‚Hypercompetition' geführt; Konsumenten nutzen diese neue Auswahl in einer ‚The next-competitor-is-just-one-click-away'-Mentalität. Eine Kundenbindung wird dadurch zunehmend schwieriger.

Und der Preis als Argument für die Bindung und/oder die Gewinnung neuer Kunden wird allein nicht mehr ausreichen – im Gegenteil: es scheint so, als hätte die starke Betonung eines Preisvorteils nicht nur dazu geführt, Kunden zu binden oder zu gewinnen, sondern auch dazu, dass Kunden Preise umso mehr mit anderen Wettbewerbern vergleichen (Wyman 2017).

## 2.3 Dritte These – Veränderte Strategien und Geschäftsmodelle: Eine neue Bewertung von Kundensegmenten ist erforderlich

Gerade in dem Bewusstsein, dass „No Normal … the New Normal" ist (KPMG 2018), muss Marketing seinen Kunden mit einem neuen Selbstverständnis, einem anderen Mindset gegenübertreten. Denn allzu häufig greifen Entscheider in einer ‚Copy&Paste'-Manier auf die bewährten Muster der Vergangenheit zurück. Und genau das scheint in einem zunehmend disruptiv geführten Wettbewerb zunehmend gefährlich zu werden; in der heutigen Welt muss es um ein ‚Weiterdenken' gehen (Bruhn und Kirchgeorg 2018). Nachdem jedoch die heutige Managementgeneration zu großen Teilen von der Überzeugung geprägt ist, dass Erfolgsmuster der Vergangenheit auch auf die Zukunft übertragen werden, ist dies eine enorm große Hürde (Kreutzer und Land 2017). Wie groß diese Gefahr ist, zeigt sich beim Thema Preis im Einzelhandel: Jahrelang war dies ein vermeintlich erfolgreicher Umsatztreiber; viel zu wenigen Unternehmen ist dabei jedoch bewusst, dass Sonderangebote bei der heutigen Schnäppchenmentalität der Konsumenten eher sogar einen ungewünschten, „umgekehrten" Impuls auslösen kann – nämlich die bewusste Suche nach noch günstigeren Angeboten (Wyman 2017).

Es reicht heute auch nicht mehr aus, seine Zielgruppen nur mit Kommunikation – und dabei zudem mit allgemeinen, oberflächlichen und breit streuenden klassischen Werbekampagnen – für das eigene Unternehmen begeistern zu wollen (Reidel 2019, 2020). Denn Kunden bewerten nicht nur das Produkt und seine begleitende Kommunikation (Eder 2020), Kunden sind zunehmend sensibel für die Gestaltungs- und Servicequalität sämtlicher Prozesse und ‚Touchpoints' im täglichen Erleben. Gerade in der Liebe zum Detail und zur Präzision der operativen Prozesse steckt daher ein enormes Bindungspotential. „Marketing beyond Advertising" ist in diesem Zusammenhang ein Begriff, der diesen neuen Anspruch der Konsumenten kennzeichnet (Wind und Hays 2016). Das tatsächliche Erleben der Unternehmensprozesse wird in Zukunft somit noch wichtiger werden als die isolierte Darstellung der Marke (z. B. Eder 2020).

Die Forderung ist eindeutig: Marketing muss sich dem eigentlichen Auftraggeber – dem Kunden – wieder verpflichtet fühlen und sämtliche Entscheidungsoptionen aus der Perspektive des Konsumenten betrachten. Und dazu müssen sich Marketingverantwortliche noch intensiver mit den tatsächlichen Einstellungen, Bedürfnissen und Erwartungen beschäftigen – und zwar nicht mehr ‚nur' über sporadische Marktforschungen, die zur Begründung und Absicherung der jeweiligen Marketingpläne erstellt werden, sondern über einen unmittelbaren, direkten Dialog im unternehmerischen Alltag. Wie ein Blick in die Management-Praxis zeigt, scheinen sich in vielen Branchen die Marketingverantwortlichen in ihrem täglichen Handeln weit vom Konsumenten entfernt zu haben – so steht in manchen Dienstleistungsunternehmen eher die Abwicklungseffizienz als die Kundenbeziehung im Mittelpunkt der internen Entscheidungsfindung. Ein eigenkritischer Blick auf die eigene Leistung aus Sicht der Konsumenten würde manche Unzulänglichkeit aufdecken – denn unter der Vokabel „Customer Centricity" wird das in den innovativen Geschäftsmodellen des Internets aktiv gelebt. Jeff Bezos wird in diesem Zusammenhang nachgesagt, er würde seinen Erfolg darauf zurückführen, dass er sämtliche Prozesse immer aus Kundensicht heraus entwickelt und entscheidet (Wyman 2017). Wer kann das ehrlich von sich behaupten?

## 2.4 Vierte These – Der Blick zur Seite: Bestandskunden haben zurecht den Eindruck, dass sie schlechter betreut werden als Neukunden

Die existenzielle Bedeutung der Stammkunden ist in Forschung und Praxis unumstritten und nicht unbedingt eine neue Erkenntnis. So belegen vielfache Studien, dass die Pflege der bestehenden Kunden für ein Unternehmen weitaus profitabler ist als die Gewinnung von Neukunden (Meffert et al. 2019, S. 63) und der Ertrag pro Kunde mit zunehmender Dauer der Beziehung zum jeweiligen Anbieter ansteigt, in unterschiedlicher Intensität je nach Branche (Huber et al. 2009, S. 73). Marken mit einem überdurchschnittlichen Bestandskundenanteil erzielen im Schnitt laut einer GfK-Untersuchung aus dem Jahre 2018 fast 50 % höhere Preise (Campillo-Lundbeck 2019). Stammkunden sind nicht nur profitabler, sie haben auch eine höhere Weiterempfehlungsbereitschaft und machen im Schnitt 66 % des Umsatzanteils eines Unternehmens aus, obwohl sie nur 35 % der Kunden vereinen. Dies alles spricht dafür, dass „erfolgreiches und wertorientiertes Marketing also in erster Linie Bestandskunden-Marketing sein sollte" (Haller 2019).

Die Realität sieht jedoch anderes aus. Viele Unternehmen fokussieren sich deutlich stärker auf die Gewinnung von Neukunden (Kreutzer 2021, S. 267). Potenzielle Erstkäufer werden mit promotionalen Aktionen wie Rabatten, Geschenken etc. gelockt. „Lieferflat für Neukunden, 15 % Rabatt für Neukunden" (Otto 2022) oder „100 € Cashback als Neukunde" (Telekom 2022) sind nur ausgewählte Beispiele für die Rabattschlacht um den Neukunden. Die naive Hoffnung: Der Stammkunde sieht das nicht!

Neukunden erhalten in vielen Fällen nicht nur Eintrittsvergünstigungen, Rabatte oder Geschenke zu Beginn der Geschäftsbeziehung, sondern es wird ihnen teilweise auch einen besseren Grund- oder Einstiegspreis als Bestandskunden angeboten. Im

Rahmen einer Analyse der Hochschule Düsseldorf wurden bei 42 % der untersuchten 197 Verträge in 10 Branchen (unter anderem die Mobilfunk-, Strom-, Zeitschriften, Internet-Branche) ein Preisvorteil zugunsten der Neukunden ermittelt. Als „völlig absurd" bezeichnet auch Gardini (2021, S. 21) die verkehrte Welt, in der Neukunden immer besser behandelt werden als langjährige Bestandskunden. Ist der Stammkunde also wirklich der Dumme, wie in den Medien häufig schon testiert wird (siehe rtl 2021; Urbach 2022)? Und können Neukunden, die über hohe Preisnachlässe und Rabatte generiert werden, überhaupt loyal und langfristig an das Unternehmen gebunden werden, wenn sie über Internetseiten wie z. B. vom Anbieter Wechselpilot (2022) dazu aufgefordert werden, einen jährlichen Wechselservice in Anspruch zu nehmen, der ihnen dabei hilft, vom jährlichen Neukundenboni zu profitieren? Es entwickelt und verstärkt sich ein neuer Kundentypus: Der Serial Switcher (Hyken 2018; Krämer und Burgartz 2022).

Auf der anderen Seite ist festzustellen, dass sich die Mehrheit der Loyalitätsprogramme, die auf bestehende Kunden ausgerichtet sind, im Schwerpunkt auf Bonuselemente beschränken. Es stellt sich die Frage, ob dies ausreicht, um der Komplexität des langfristigen Aufbaus einer Beziehung zu dem Kunden gerecht werden zu können. So belegt z. B. eine aktuelle Studie von R/GA, dass Kunden das Angebot von Loyalitätsprogrammen und -aktionen einer Marke als überwiegend wichtig betrachten (82 %), allerdings nur ein bedeutend geringer Teil der Befragten tatsächlich an diesen Programmen teilnimmt (10 %) (R/GA 2021). Es scheint, dass die Attraktivität der Loyalitätsprogramme nicht ausreichend genug ist (Bregulla 2021). Stattdessen entsteht bei den Stammkunden der Eindruck, sie würden mit geringer Priorität oder Wertschätzung behandelt.

Die verschiedenen Aktivitäten und Programme im Bereich der Neukundengewinnung sowie der Bestandskundenbindung können nicht unabhängig voneinander betrachtet werden. Es bestehen zu viele Interdependenzen im Rahmen der Marketingstrategie. Beim Blick in die Unternehmenspraxis verfestigt sich aber vielmehr der Eindruck, die Unternehmen wollten diese Abhängigkeit nicht wahrnehmen bzw. seien dazu nicht in der Lage.

## 2.5   Fünfte These – Die einzige Chance im Hyperwettbewerb: Den Kunden in den Mittelpunkt stellen

Der zur Kennzeichnung der aktuellen Wettbewerbssituation benutzte Begriff des ‚Hyperwettbewerbs' (Eckert 2017) deutet es an: Die für den Konsumenten zur Auswahl stehenden Alternativen sind heute so vielfältig und die Welt ist aufgrund ständig neu entstehender Geschäftsmodelle aus Live- und Quick-Commerce, aus Direct-to-Consumer-Konzepten über Pop-up-Alternativen bis jüngst zum Metaverse so schnelllebig und dynamisch, dass Unternehmen ihre eigenen Handlungen heute noch engagierter, noch grundlegender und noch ganzheitlicher gestalten müssen, um Konsumenten zu begeistern. Somit ist es nicht verwunderlich, dass aktuell dem Begriff der ‚Customer

Centricity' eine enorm hohe Bedeutung zugesprochen wird – einem Konzept, das häufig gerade von Onlineanbietern propagiert wird und das die konsequente Fokussierung sämtlicher Prozesse an den Bedürfnissen und Wünschen der Kunden beschreibt (Merkle 2021; Hensel-Börner et al. 2018). Spannend ist auch, dass Marketing für andere Unternehmensbereiche so interessant geworden zu sein scheint, dass es zu einer Inflation von Marketingvokabeln und ‚Bindestrich-Begriffen' gekommen ist (Müller 2017).

In der kritischen Reflektion dieser beiden Entwicklungen muss jedoch konstatiert werden, dass es in Unternehmen damit eher zu einer Fragmentierung des Denkansatzes denn zu einer ganzheitlichen Sicht gekommen ist; Meffert wird in diesem Zusammenhang deshalb mit den Worten zitiert, dass „die klassische Denke um Zielgruppen und Maßnahmen [dabei] verschwindet" (Müller 2017) – was umso deutlicher werden lässt, wie wichtig die interne Koordinationsaufgabe der eigentlichen Marketingverantwortlichen überhaupt ist.

Eine solchermaßen verstandene, übergreifende und zukunftsorientierte Verantwortung des Marketings lässt sich in der heutigen Welt gerade mit den zunehmend fragmentierten Kundenwünschen und dem immer engeren Wettbewerb begründen – gemäß der Mahnung von Meffert, Marketing habe heute für deutlich mehr zu stehen „… als nur den Anpassungsmaßnahmen in Werbung und Kommunikation…" (Meffert 2018). Marketing als Vernetzungspunkt zwischen Unternehmen und Kunden muss sich deshalb konzeptionell-gestaltend-kreativ verantwortlich für neue Strategien und alles, was zu einem wirkungsvollen, integrativen und zukunftsweisenden Marketing dazu gehört, fühlen. Dabei ist Kundennähe der Initialpunkt (Krämer und Burgartz 2022).

## 2.6 Sechste These – Big Data: Eine große Datenmenge bedeutet nicht verbesserte Kundenprozesse …manchmal ist weniger mehr!

Die digitale Revolution und sich stetig verändernde Technologien dominieren die heute vorherrschenden Management-Entscheidungen (Krämer und Burgartz 2022). In den vergangenen Jahren ist das Datenvolumen in Unternehmen kontinuierlich angewachsen, allerdings sind nicht alle Daten strukturiert und direkt nutzbar. Trotzdem: Die gängige Vorstellung ist, aus der Menge, Aktualität und Unterschiedlichkeit aggregierter Daten, ließen sich wertvolle Informationen ableiten. Daher werden Daten teilweise als das Gold des 21. Jahrhunderts betrachtet (Lee 2017). Die Möglichkeiten, Angebots- und Nachfrageentscheidungen datenbasiert zu treffen und im Sinne eines Decision-Supports inhaltlich zu verbessern, sind zeitlich parallel zur wachsenden Datenmenge größer geworden (Burgartz und Krämer 2014). Wie Halfmann (2022) ausführt, wird die mittlerweile verfügbare Masse an Daten unterschiedlicher Qualität, die potenziell relevant sein könnte, stetig größer. Allerdings ist nur eine kleine Teilmenge davon tatsächlich geeignet, Erkenntnisfortschritte für das Marketing zu liefern („Nadel im Heuhaufen"). Grundsätzlich gewinnt Big Data zunehmend an Bedeutung und ermöglicht die Analyse von extrem großen Datenmengen, um zusammenhängende Muster, Trends und Verbindungen in Bezug auf die Verhaltensweisen und die Interaktionen zwischen Kunden und Unternehmen zu erkennen. Neben den wachsenden Datenmengen geht es zudem auch um neue und leistungsstarke IT-Lösungen, die bei der Analyse dieser Daten helfen sollen. Offen ist aber nach wie vor, wie sich die großen Erwartungen an Big Data erfüllen lassen. So ist aus Marketing-Sicht zu fragen, wie sich mittels Künstlicher Intelligenz, Big Data und Marketing Analytics wirklich Kundennähe generieren lässt. Viele Marketingentscheider fühlen sich daher überfordert. Während immer noch die Philosophie von „Viel hilft viel" im Raum steht, wird eigentlich deutlich, dass Customer Centricity nicht viele, sondern die richtigen Daten braucht (Gotsch 2022).

Dieses Gefühl der Überforderung kann beispielsweise dadurch zustande kommen, dass ein inhaltlicher Bezug zu den Daten fehlt, es den Beteiligten schwerfällt, die vorgelegten Analysen richtig zu interpretieren oder sie sich aufgrund von widersprüchlichen Informationen verloren fühlen (statt Eindeutigkeit ist das Ergebnis Mehrdeutigkeit). So gehen Anspruch und Realität teilweise auseinander. Diesen Zusammenhang erläutert Sebastian Hense von KiK wie folgt: „Häufig liest man, ‚wir sind ein total datengetriebenes Unternehmen'!? Aber kaum einer in diesen Unternehmen versteht die Daten und kann sie interpretieren" (Krämer und Burgartz 2022).

Ein weiterer Effekt kommt hinzu: Bei der genaueren Qualifizierung von Daten wird häufig erkennbar, dass insbesondere Profildaten die Präferenzen der Kunden besonders gut beschreiben können. Die Tatsache, dass sich die technischen Möglichkeiten der Datenanalyse erheblich verbessert haben, bedeutet aber nicht gleichzeitig, dass das technisch Machbare auch praktisch umsetzbar ist. So führen insbesondere die Grenzen, die die ab 2018 geltende Datenschutzgrundverordnung (DSGVO) setzt, zu starken Limitationen für das Marketing. Eine persönliche Ansprache von Kunden oder gar eine individuelle Bestimmung von Angebotspreisen setzt die Einwilligung der betreffenden Person voraus (Hidar 2020). Diese ist sicherlich bei Stammkunden leichter zu erreichen als bei Neukunden.

## 2.7 Siebte These – Deutungshoheit von Kundendaten: Der Konflikt zwischen Marketing und IT nimmt zu …das Kundenprofil verwischt

Die digitale Transformation stellt Unternehmen vor große komplexe technische Herausforderungen, nicht nur im Hinblick auf die zielgerichtete und rechtmäßige Nutzung der Datenvolumen, sondern insbesondere auch im Hinblick auf die internen Prozesse und Verantwortlichkeiten. Die Aufgaben des Marketings haben sich in den letzten Jahren aufgrund der technologischen Entwicklungen und den datengetriebenen Entscheidungen im Unternehmen sehr stark verändert. Big Data Analytics und Predictive Analytics rücken für die Analyse des Kundenverhaltens in den Fokus (Halfmann 2022). Die Optimierung der Kundenkommunikation sowie die integrierte Schaffung eines ganzheitlichen

Customer-Experience-Managements über alle digitalen und physischen Kanäle hinweg gehen damit einher. Der Alltag im Marketing wird durch diese datengetriebenen IT-Analysen für die Kundenneugewinnung und die Stammkundenbindung bestimmt.

Aufgrund ihres fachlichen und technologischen Wissensvorsprungs in Bezug auf das Datenvolumen beansprucht die IT jedoch auch die Kompetenz, Kundenbedürfnisse und Kundenerlebnisse nicht nur zu messen und auszuwerten und später bereitzustellen, sondern auch strategische Entscheidung im Hinblick auf die Kunden (Gardini 2021, S. 37) und damit auch für die Neukundengewinnung sowie die Stammkundenbindung treffen zu können. Teilweise wird daher erwartet, dass für das digitale Marketing „die strategischen Ausrichtungen und Entscheidungen im Bereich IT gemeinsam mit Vertrieb und Marketing entwickelt werden, um die Kundenzentrierung sicherzustellen" (Schmitt und Hitschler 2020, S. 17).

„IT und Marketing gehören zusammen" (Holzapfel 2016), wird zunehmend gefordert, sie sollten nicht weiter getrennt agieren und ihr Hoheitswissen teilen, um die digitale Transformation nicht an internen Organisationsstrukturen scheitern zu lassen. Schon 2015 wird von der „Liebesheirat statt Zwangsehe" zwischen Marketing und IT im digitalen Zeitalter gesprochen (Dufft 2015).

Anderorts wird erwartet, dass unternehmensintern eindeutig geklärt werden müsse, wer letztendlich die Verantwortung mit Blick auf kundenorientierte datengetriebene Entscheidungen innehat und ob die historisch gewachsenen Organisationsstrukturen heute noch zeitgemäß seien (vgl. Zaharia und Korth 2022, S. 226). Aus Sicht der Wirtschaftsinformatik wird im Rahmen der interdisziplinären Zusammenarbeit im Digital Analytics das Marketing nur im Bereich der digitalen Anwendungen als zuständig angesehen und hier lediglich für Performanceanalysen der Marketinginstrumente (Zumstein 2017, S. 92).

Bei Online-Händlern wie Amazon oder Zalando, deren Digitalisierungsprozesse schon deutlich weiter vorangeschritten sind als in vielen anderen Unternehmen, sind heute bereits integrierte business- und kundenzentrierte Teams aus Marketing, Vertrieb und IT als sogenannte Prozess Owner nicht für ein bestimmtes Produkt, sondern für eine definierte Customer Journey bzw. ein definiertes Kundenerlebnis verantwortlich (Gardini 2021, S. 37). Damit wird sichergestellt, dass eine komplette Sicht auf den Kunden hergestellt wird, so dass es explizit nicht zu einer verwässerten Sicht auf die Kundenanforderungen kommt.

Bei allen Vorteilen einer teamorientierten Kundenbetreuung stellt sich aber die Frage, ob sich das Marketing diesem Rollenverständnis zukünftig anschließt und die Verantwortlichkeiten der strategischen Entscheidungen im Rahmen der Neukundengewinnung und Stammkundenbindung aus der Hand geben oder teilen möchte. Auch ist zu klären, wer damit dann auf Top-Management-Ebene diese interdisziplinären Teams führt, der CMO oder der CDO? Dass hier Konflikte in historisch gewachsenen Organisationsstrukturen vorprogrammiert sind, liegt auf der Hand (Nath und Mahajan 2011; Whitler et al. 2020).

## 2.8 Achte These – CRM: Über Kundenwertigkeit wird gerne gesprochen, entschieden wird danach aber wenig!

Ein weiteres „Theory–Practice-Gap" zeigt sich bei der Nutzung des vielzitierten Kundenwert-Konzeptes. In der Wissenschaft werden unterschiedliche Ausgestaltung von Kundenwertmodellen vorgeschlagen. Es herrscht aber Einigkeit darüber, dass die Kundenwertigkeit die zentrale Steuerungsfunktion für das Management darstellt, zumindest mit Hinblick auf das Zielbild, den Wert des Unternehmens mittel- bis langfristig steigern zu wollen (Rust et al. 2004; Tewes 2013; Verhoef und Lemon 2013; Reichheld und Sasser 1990; Blattberg und Deighton 1996).

Zwar würde heute kaum ein Unternehmen nicht von sich behaupten, die Wertigkeit der Kundenbeziehung zu messen und Entscheidungen danach auszurichten. In der genaueren Betrachtung aber wird deutlich, dass die Definition von Kundenwert einerseits und die konkrete Nutzung für Entscheidungen anderseits sehr unterschiedlich interpretiert werden. Komplexe Verfahren der Kundenwert-Berechnung, wie der Customer Lifetime Value (CLV), in Literatur und Wissenschaft als Nonplusultra dargestellt, sind in der Unternehmenspraxis bisher nicht zum Standardtool im Kundenmanagement geworden. Im Rahmen einer Studie zu den genutzten Verfahren des Marketingcontrollings gaben Anfang der 2000er Jahre nur 7 % der Unternehmen an, entsprechende (Kundenwert-)Analysen regelmäßig durchzuführen (vgl. Reincke und Tomczak 2001, S. 82). Nahezu drei Viertel der befragten größeren Unternehmen wendeten Kundenwertanalysen überhaupt nicht an. Die Vermutung, die Nutzung des Kundenwertkonzeptes habe in den darauffolgenden Jahren an Akzeptanz gewonnen und sich im Unternehmensalltag durchgesetzt, lässt sich nicht bestätigen. So kommen mehr als ein Jahrzehnt später auch Bruhn (2013) und Mengen (2011) zu ähnlichen Ergebnissen. Die Gründe für die fehlende Umsetzung des Konzeptes liegen auf der Hand, sind aber vielschichtig. In der Regel erfordern die Ansätze, zum Beispiel die Berechnung des Customer Lifetime Values nicht nur eine genaue Zuordnung von Kosten und Erträge zu einzelnen Kunden, sondern darüber hinaus eine Prognose für die ferne Zukunft. Dies überfordert viele Unternehmen (Krämer und Burgartz 2020; Reichheld et al. 2021).

Aber auch bei einer Vereinfachung der Modellansätze ist es wichtig, dass Unternehmensführung, Marketing- und Vertriebsverantwortliche letztendlich klare Handlungsweisen und Entscheidungsunterstützungen erhalten. Wichtig ist, sich für ein Kundenwertmodell zu entscheiden, das den Belangen des Unternehmens genügt und in der Lage ist, eine zielgerichtete Entscheidungsunterstützung herbeizuführen. Voraussetzung dafür ist Kundennähe und ein zielgerichtetes Bereitstellen von Daten, und zwar über Funktionsbereiche und bestehende „Silos" hinweg. Erst der Blick für potenziellen Gewinne, die mit einer konkreten Kundenbeziehung über die gesamte „Lebensdauer" hinweg möglich sind, eröffnet die Chancen für eine Neubewertung von Maßnahmen im Trade-off zwischen Neukundengewinnung und Stammkundenbetreuung.

## 2.9 Neunte These – Co-Creation: Der Kunde wird zunehmend „Teil des Leistungsprozesses", dies müssen Unternehmen aktiv steuern

Dass das Kundenerlebnis ein zentraler Erfolgsfaktor für Unternehmen ist, wird in verschiedenen Studien belegt (Kreutzer und Land 2017, S. 108). Das Customer-Experience-Management hat daher einen großen und weiter wachsenden Stellenwert im Unternehmen und Marketing erfahren. Kundeninformationen über alle Kontaktpunkte im gesamten Kundenbeziehungsmanagement hinweg sind existentiell, gerade für den Aufbau einer langfristigen Kundenbeziehung und die Bindung bestehender Kunden im Rahmen deren Customer Journey. Die Kundeninteraktion in Echtzeit und die Schaffung einer nahtlosen Customer Journey unabhängig von Kanal und Gerät sind daher auch die wichtigsten aktuellen Herausforderungen für Marketers (salesforce 2021). Trotzdem hat es den Anschein, als ob es Unternehmen schwerfällt, eine einzigartige Kundenerfahrung und ein ganzheitliches Kundenerlebnis durchgängig und konsistent über alle Touchpoints hinweg aufzubauen (Gardini 2021, S. 14). Der Grund hierfür sehen Kreutzer und Land (2017, S. 109) auch darin, dass die Informationen über die Kundenerfahrungen entweder nicht vorliegen und/oder es an den notwendigen Strukturen und Instrumenten in Unternehmen mangelt.

Mit Blick auf die Markenführung ist es in diesem Zusammenhang wichtig zu verstehen, dass diese auch durch die Digitalisierung zunehmend komplexer geworden ist und den Anforderungen einer Vielzahl unterschiedlicher Stakeholder gerecht werden muss. Der Fokus sollte stärker ganzheitlich auf die Markensphären gelegt und die Stakeholder – insbesondere die Kunden – in einen co-kreativen Prozess eingebunden werden. Jakić et al. (2019, S. 737) sprechen in diesem Zusammenhang von der postmodernen Markenführung. Diese Erkenntnisse sind nicht neu und lassen sich bereits schon 2004 von dem Service-Dominant-Logic-Konzept von Vargo und Lusch (2004) auf das Markenmanagement ableiten. In der Konsequenz fordert dies für die strategische Markenführung, Unternehmen müssten verstehen, dass ein ganzheitlicher Ansatz notwendig ist. Unternehmen können ihr Markenimage nicht mehr allein unternehmensseitig steuern und kontrollieren, sondern müssen diese in Form des Brand Meaning mit den unterschiedlichen Stakeholdern in Interaktionen ganzheitlich co-kreieren (Jakić et al. 2019, S. 750). Der Konsument ist somit ein aktiver Co-Creator of Value. Sein soziales und kulturelles Umfeld sowie die dort agierenden Akteure haben einen großen Einfluss auf das Brand Meaning.

Die Verknüpfung zu einem ganzheitlich durchgängigen Customer-Experience-Management ist offensichtlich, da sich alle Erfahrungen und Erlebnisse der Konsumenten mit der Marke und damit auch die Co-Creation-Prozesse hier wiederfinden müssen (vgl. Drengner et al. 2013, S. 155). Dies wird insbesondere für die Stammkundenbindung essenziell werden. Inwieweit diese Erkenntnisse in der Praxis schon erfolgreich umgesetzt werden, ist zu hinterfragen.

## 2.10 Zehnte These – Die Kundenperspektive im Top-Management: Marketing gehört auf den C-Level, egal in welcher Form

Die Intensivierung der Diskussionen und die gleichzeitige Entstehung neuer Begriffe und Konzepte rund um den Kunden zeigen es: Um Kunden wirklich nachhaltig für sich zu begeistern, wird ein noch fokussierteres und konsequenteres Management der Kundenbeziehung zum Erfolgsfaktor; und zwar nicht nur isoliert aus dem Wirken einzelner Unternehmensbereiche wie IT oder Vertrieb, sondern aus einer übergeordneten Perspektive ganzheitlich über alle Unternehmensprozesse und Teilaufgaben hinweg. Aus der Reflektion der verschiedenen Kompetenz- und Aufgabenfelder ist unschwer festzustellen, dass gerade das Marketing für eine umfassende Perspektive und Ausrichtung des Unternehmens auf den Markt und die entsprechende Umsetzung im und durch das Unternehmen verantwortlich ist – cross-funktional über alle Bereiche hinweg: „Mit Performance und Tech alleine bewegt man niemanden dazu, für eine Marke Geld zu bezahlen" (Haller 2020). So ist es das Marketing, das die übergreifende Sicht des Unternehmens auf den Kunden vertritt und die Suche nach Lösungen vorantreibt, die gleichermaßen innovativ wie kundenspezifisch sind und den Anspruch eines gesellschaftlichen verantwortungsvollen, ehrlichen und ethischen Verhaltens sicherstellen. Und zudem sollte in einem konstruktiven Dialog dafür gesorgt werden, dass über alle unternehmerischen Bereiche hinweg ein einheitliches Kundenverständnis hergestellt, eine übergreifende Strategie im Zusammenspiel aller sauber aufeinander abgestimmt und im ‚orchestrierten' Einsatz die verschiedenen Instrumente klar erkennbar auf den Markt gebracht werden (Meffert 2018; Müller 2019). Marketing hat als „Katalysator einer radikalen Verbraucherorientierung" dafür zu sorgen, dass die Marktanforderungen mit der Geschäftsstrategie verbunden werden (Meier 2010).

In einer so verstandenen und praktizierten marktorientierten Führung kommt dem Marketing eine für den Erfolg eines Unternehmens extrem wichtige Deutungs- und Orientierungsfunktion zu, in dem es als Promoter des Wandels eine zentrale Rolle übernimmt (Meffert 2018; Priebe 2019) – eine Aufgabe, die freilich auch neue Anforderungen an den Marketingverantwortlichen stellt und ein neues Qualifikationsprofil erfordert. Denn in der unternehmerischen Praxis ist Marketing noch immer viel zu stark mit den bisherigen Kernkompetenzen Branding und Image verknüpft; in der Zeit der immer wichtigeren Erlebnisdimension ‚Customer Experience' muss es Marketing heute gelingen, den Brückenschlag zu Sales zu schaffen, um dabei Produkte, Prozesse und Services klar auf den Kunden ausrichten (Schäfer 2019). Marketing muss noch stärker als bisher die Kundenperspektive einnehmen, z. B. in Form des „Chief Customer Officers", eine Funktion, die u. a. auch für die richtige Balance von Stammkundenbindung und Neukundengewinnung verantwortlich ist.

## 3 Marketing neu denken im Spannungsfeld zwischen Stammkundenbindung und Neukundenakquisition

### 3.1 Grundlogik des Buches und Didaktik

Das vorliegende Buch schafft Transparenz und bietet Impulse bezüglich des Spannungsfeldes von Neukundengewinnung („Hunting") und der Stammkundenbindung („Farming").

Die Gründe dafür – in der Regel sind diese mit veränderten Rahmenbedingungen verbunden – werden im Rahmen von theoretischen Abhandlungen, Darstellung von qualitativen und quantitativen Untersuchungen sowie anhand von Fallbeispielen verdeutlicht. Darauf aufbauend werden konkrete Ansatzpunkte diskutiert, wie das Marketing neu ausgerichtet werden kann.

In diesem Kontext soll das Buch Gedankenanstöße dazu geben, warum die Neukundengewinnung nicht als Allheilmittel für die Erreichung der Wachstumsziele gelten kann, welche Gefahren in diesem Irrweg lauern (wenn zum Beispiel Stammkunden eine bessere Betreuung von Neukunden wahrnehmen und dies als unfair empfinden), wie eine optimale Balance beider Strategien zu erreichen ist und welche Marketingmaßnahmen dabei hilfreich sein können. Auf diesem Weg werden die veränderten Rahmenbedingungen zur Erreichung von Wachstumszielen und -strategien näher analysiert (Abb. 1).

### 3.2 Aufbau des Buches

Zu Beginn des Buches wird der Frage nachgegangen, warum das Marketing radikal neu gedacht werden muss. Nach dem Eingangskapitel wird zunächst der Zielkonflikt

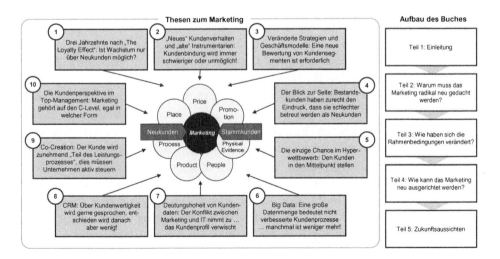

**Abb. 1** Thesen zum Marketing und Aufbau des Buches

zwischen Hunting und Farming detailliert untersucht und anhand von empirischen Ergebnissen belegt (Kap. „Der Irrweg der ewigen Neukundengewinnung – Hunting oder Farming als Ziele im Marketing"). Beim Verständnis für die Wirksamkeit von Marketing-Kampagnen ist ein Blick auf die Einstellung und Erwartungshaltung von Konsumenten an Unternehmen erforderlich. Ändern sich diese, muss unweigerlich ein Umdenken im Marketing die Konsequenz sein (Kap. „Einstellung und Erwartungshaltung von Konsumenten an Unternehmen heute"). Diesen Abhandlungen folgen zwei Kapitel, die branchenorientiert ausgerichtet sind und die Notwendigkeit eines veränderten Marketings anhand konkreter Fallbeispiele beleuchten. So wird in Kap. „Fallbeispiel: Deutsche Bahn - Zwischen BahnCard/BahnBonus und Aktionsangeboten" dargestellt, wie das Marketing des DB-Fernverkehrs zwar grundsätzlich Neukunden über das Instrumentarium Sparpreise und Stammkunden über das Instrumentarium BahnCard anspricht, beide Stränge werden teilweise aber auch vernetzt. Während die Bahn im Fernverkehr zumindest intramodal über ein Quasi-Monopol verfügt, ist die Finanzindustrie wiederum durch stark veränderte Rahmenbedingungen betroffen, die die Kundenbeziehung auf die Probe stellen. Über Jahre erlebte Negativzinsen (dann die Zinswende in 2022) und gleichzeitig Inflationsraten, die im Herbst 2022 die Schwelle von 10 % überschreiten, stellen eine Belastungsprobe für die deutschen Sparer und Geldhäuser dar (Kap. „Wachstumsstrategien in Banken – Erfolgsfaktor Kundenaktivierung").

Der zweite Hauptteil des Buches versucht, Antworten zu finden auf die Frage „Wie haben sich die Rahmenbedingungen verändert?". Der Begriff „Hypercompetition" gehört zwar schon länger zum Wortschatz des internationalen Managements, im Zusammenspiel einer stärkeren Digitalisierung, des Auftretens neuer Wettbewerber und stark veränderter sozioökonomischer Rahmenbedingungen (zuletzt durch die Corona-Krise) erhält dieser aber nochmals eine neue Bedeutung (Kap. „Neue Markt- und Managementspielregeln im „Hypercompetition" – am Beispiel des stationären Einzelhandels"). Während ein verstärkter Wettbewerb erfahrungsgemäß nicht nur dazu führt, dass der Preis als Marketinginstrument insbesondere für die Neukundengewinnung an Bedeutung gewinnt und aggressiver zum Einsatz kommt, ist aktuell festzustellen, dass sich Bedürfnisse und Kaufmotive im neuen Wertesystem der Konsumenten gerade der Generation Z ändern. Dies kann dazu führen, dass der Hebel Preis zugunsten des Hebels Moral an Wirkungskraft verliert (Kap. „Preis versus Moral: Wie sich das Konsumverhalten der Generation Z unterscheidet"). Während der Ausweg aus einer VUCA-Situation u. a. in einer agileren und datengetriebenen Organisation gesehen wird, ist in vielen Unternehmen die Daten-, Informations- und Entscheidungsunterstützungs-Hoheit längst vom Marketing auf IT-Abteilungen übergegangen. Von daher stellt sich die Frage, wie Marketing und IT optimal zusammenarbeiten können, um den veränderten Rahmenbedingungen außerhalb des Unternehmens ausreichend schnell und zielgerichtet begegnen zu können (Kap. „Liebesehe oder Zwangsehe: Die Verschmelzung von IT und Marketing in Unternehmen aus Sicht von Experten"). Diese Diskussion wird ergänzt durch zwei Branchenbeispiele. In der Mobilfunkbranche ist der Kampf um Neukunden extrem ausgeprägt. Dort findet mehr und mehr ein Umdenken statt. Klassische Denkmuster werden in Frage gestellt. Dies wird auch durch veränderte regulatorische Vorgaben getrieben (Kap. „Mobilfunkverträge – Kundenbeziehungsrisiken und kundenspezifische Preisgestaltung"). Die Corona-Pandemie hat den Öffentlichen Nahverkehr geschwächt. Fahrgastzahlen sind gesunken, der Ausbau des Streckennetzes wurde gebremst. Damit sieht sich eine Branche, die über zwei Jahrzehnte stetige Wachstumsraten bei der Nachfrage vermelden könnte, mit einer gänzlich anderen Situation konfrontiert. Während der Öffentliche Personennahverkehr (ÖPNV) traditional stark von Stammkunden (mit Zeitkarten) abhängig war, offenbart die Corona-Krise die Defizite, die mit einer fehlenden Kundennähe zu diesem Segment einhergehen (Kap. „Veränderte Sicht auf die Kundenbeziehungen im ÖPNV: Der Hamburger Verkehrsverbund (hvv)"). Durch das im Juni bis August 2022 angebotene 9-Euro-Ticket gelingt etwas, was bisher für unmöglich gehalten wurde, nämlich durch ein niedrigschwelliges Angebot in größerem Maßstab Menschen zu mobilisieren, die bisher wenig ÖPNV-affin waren.

Im dritten Hautabschnitt des Buches sollen Antworten auf die Frage, wie das Marketing in dem genannten Spannungsfeld neu ausgerichtet werden kann, gefunden werden. Dabei wird zunächst auf die kundenwertzentrierte Unternehmenssteuerung als Maßgabe für das Marketing von morgen eingegangen (Kap. „Kundenwertzentrierte Unternehmenssteuerung als Maßgabe für das Marketing von morgen"). Zwar wird in Wissenschaft und Literatur die herausragende Bedeutung des Kundenwertes als Entscheidungsgröße im Marketing unterstrichen, allerdings ist dies in der Praxis bei weitem nicht der Fall. Grund dafür ist auch eine fehlende Vernetzung, Abstimmung und ein Commitment der Funktionsbereiche im Unternehmen zu gemeinsamen, verbindlichen Zielgrößen. Exemplarisch wird am Beispiel des Verlagswesens untersucht, wie ein „Neues Zusammenspiel" zwischen Marketing und Vertrieb gestaltet sein kann (Kap. „Neues Zusammenspiel zwischen Marketing und Vertrieb am Beispiel des Verlagswesens"). In diesem Zusammenhang kommt es auch darauf an, über die Identifikation und Entwicklung von zusätzlichen Services, bestehende Differenzierungspotenziale auszuschöpfen, selbst wenn bei Kernprodukten immer weniger Abgrenzung vom Wettbewerb möglich ist. Diesen Zusammenhang beleuchtet Kap. „Fallstudie Globetrotter: Begeisterung, Innovation und Kundennähe als Erfolgstreiber im stationären Einzelhandel" am Beispiel des Outdoor-Fachhandels. Der Anbieter Globetrotter geht seit Jahren einen konsequenten Weg, der Vertrauen und Verlässlichkeit zum Kern der Kundenbeziehung macht. Der Strommarkt war schon immer sehr fragmentiert und wettbewerbsintensiv, steht jedoch vor dem Hintergrund der aktuellen Energiekrisenzeiten vor einschneidenden Herausforderungen. Welche entsprechenden Folgen sich für die Balance zwischen Hunting und Farming vor und während der Energiekrise ergeben, durchleuchtet Kap. „Fallbeispiel Energievertrieb: Spannungsfeld zwischen Neukundenakquisition und Stammkundenbindung vor und während der Energiekrise".

Grundsätzlich neue Ausrichtungen und Handlungsoptionen sind auch beim Marketing-Instrument Preis möglich. Konkret besteht die Herausforderung, durch neue Preismodelle nicht nur die Preissensitivität im Markt zu reduzieren, sondern auch einen Wettbewerbsschutz zu erlangen. Dazu ist allerdings eine erweiterte Sicht vom Preis- auf das Erlös- und Geschäftsmodell erforderlich (Kap. „Pricing und Erlösmodelle im Neu- und Bestandskunden-Management"). Diese vollständige Sicht auf die Schnittstellen zwischen Kunde und Unternehmen schließt auch das Markenmanagement inklusive aller zuzurechnenden Aktivitäten mit ein. Schnelle Umfeldveränderungen erfordern einen neuen Markenbeziehungsprozess, in dem der Kunde im Mittelpunkt der Markenführung stehen sollte (Kap. „Der Markenbeziehungsprozess – Kunden im Mittelpunkt der Markenführung"). Eine ganzheitliche Sicht ist auch Maßgabe beim Thema Customer Experience. Hierbei stehen nicht nur sämtliche Kundenkontaktpunkte im Mittelpunkt des Interesses, sondern zudem das Erleben des Kunden (Kap. „Customer Experience als neue Maxime des Marketings"). Die Markt- und Wettbewerbssituation hat sich auch in der Versicherungsbranche seit der Jahrtausendwende stark verändert. Wie sich Customer-Insights mit anderen Datenquellen zu einem holistischen Kunden- und Marktbild verzahnen lassen, wird an einem konkreten Beispiel aufgezeigt (Kap. „Datengetriebenes Marketing und Kommunikationsmanagement am Beispiel Allianz"). Die im Rahmen eines radikal neu gedachten Marketings entwickelten Aktivitäten sind nur so gut, wie sie gemonitort werden. Es kommt darauf an, die richtigen Key Performance Indicators (KPI) zu bestimmen, anhand derer sich Erfolg oder Misserfolg von Marketingaktionen sowie Kausalitäten erkennen lassen. In letzter Zeit wurde der Begriff des KPI leider derart überstrapaziert, dass er sich zu einem Buzz-Word entwickelt hat. Bei KPIs handelt es sich um Kennziffern, die einen „Schlüssel zum Erfolg" treffen und die messbar und letztendlich steuerbar sind (Kap. „Marketing KPIs: Marketingleistung vollständig erfassen und steuerbar machen").

Als Ausblick ergibt sich u. a. die Erkenntnis, dass die Handlungsstränge Hunting und Farming (als Platzhalter für das operative Marketing) genauso neu gedacht werden müssen wie strategische Aspekte sowie die organisatorische und funktionale Ausrichtung des Marketings (Kap. „Zukunftsaussichten für erfolgreiche Marketingstrategien im Spannungsfeld von „Hunting" und „Farming").

## Literatur

Bell D, Deighton J, Reinartz WJ, Rust RT, Swartz G (2002) Seven barriers to customer equity management. J Serv Res 5(1):77–85

Bennet L (2018) People trust people, but don't necessarily trust brands. https://www.adnews.com.au/news/people-trust-people-but-they-don-t-necessarily-trust-brands. Zugegriffen: 29. Jan. 2022

Blattberg RC, Deighton J (1996) Manage marketing by the customer equity test. Harv Bus Rev 74(4):136–144

Bregulla M (2021) Warum Kundenbindungsprogramm mehr können sollten als Punkte zu verteilen.https://www.horizont.net/marketing/kommentare/sympathie-statt-rabatt-warum-kundenbindungsprogramme-mehr-koennen-sollten-als-punkte-zu-verteilen-194682. Zugegriffen: 18. Jan. 2022

Bruhn M (2013) Relationship Marketing. Das Management von Kundenbeziehungen, Vahlen, 3. Aufl. München

Bruhn M, Kirchgeorg M (2018) Marketing weiterdenken, Zukunftspfade für eine marktorientierte Unternehmensführung. SpringerGabler, Wiesbaden

Burgartz T, Krämer A (2014) Customer relationship controlling – IT-gestütztes customer value management. Controlling 26(4/5):264–271

Campillo-Lundbeck S (2019) Von wegen Nibelungentreue. Horizont 11:17–19

D'aveni RA (2010) Hypercompetition. Simon and Schuster

Drengner J, Jahn S, Gaus H (2013) Der Beitrag der Service-Dominat Logic zur Weiterentwicklung der Markenführung. DBW 73:143–160

Du RY, Kamakura WA, Mela CF (2007) Size and share of customer wallet. J Mark 71(2):94–113

Dufft N (2015) Marketing und IT im digitalen Zeitalter: liebesheirat statt Zwangsehe! In Schwarz T Big Data im Marketing. Haufe, Freiburg, S 82–90

Eckert R (2017) Business Innovation Management, Geschäftsmodellinnovationen und multidimensionale Innovationen im digitalen Hyperwettbewerb, SpringerGabler, Wiesbaden.

Eder A (2020) Experience Loyalty schlägt Brand Loyalty, Markenerlebnis als Schlüssel zum Erfolg. https://www.horizont.net/marketing/kommentare/markenerlebnis-als-schluessel-zum-erfolg-experience-loyalty-schlaegt-brand-loyalty-185063?utm_source=%2Fmeta%2Fnewsletter%2Fnewsline&utm_medium=newsletter&utm_campaign=nl40980&utm_term=e3fa8450e63238aedf643544306e301b. Zugegriffen: 25. Aug. 2020

Fader PS (2012) Customer centricity: focus on the right customers for strategic advantage. Wharton Digital Press, Philadelphia

Gardini MA (2021) Leadership im marketing. Springer, Wiesbaden

Gerth N (2015) IT-Marketing: produkte anders denken-denn nichts ist, wie es scheint. Springer-Verlag, Berlin und Heidelberg

Gotsch ML (2022) Customer Centricity & Datenschutz-Die Geschichte eines Missverständnisses. Mark Rev St. Gallen 2022(2):888–894

Gummesson E (2007) Exit services marketing – enter service marketing. J Cust Behav 6(2):113–141

Halfmann M (2022) Marketing Analytics-Trend oder Zukunft? In Marketing Analytics. Springer Gabler, Wiesbaden, S 3–14

Haller (2019) In: Campillo-Lundbeck S (Hrsg) Von wegen Nibelungentreue. Horizont 11:17–19

Haller F (2020) In: Reidel M, CMO-Barometer, Das ist die Agenda der Marketing-Entscheider in Deutschland. https://www.horizont.net/marketing/nachrichten/cmo-barometer-das-ist-die-agenda-der-marketingentscheider-in-deutschland-181861?utm_source=%2Fmeta%2Fnewsflash%2Fvor9&utm_medium=newsletter&utm_campaign=nl38945&utm_term=e3fa8450e63238aedf643544306e301b. Zugegriffen: 26. März 2019

Hensel-Börner S, Smidt-Ross I, Merkle W (2018) Digitale Transformation, Erweiterung der Zusammenarbeit zwischen Marketing und Sales um einen dritten Player. St. Gallen Marketing Review 35(3):20–26

Hidar S (2020) Rechtliche Grenzen smarter Preisgestaltung. Eine Untersuchung der rechtlichen Zulässigkeit dynamischer und personalisierter Preisgestaltung aus datenschutz- und lauterkeitsrechtlicher Perspektive, Schriften zum Medien- und Informationsrecht, Bd. 59, Dissertation, Göttingen

Holzapfel (2016) IT und Marketing gehören zusammen, Onlineartikel Springer Professionals. https://www.springerprofessional.de/marketingstrategie/produktstrategie/it-und-marketing-gehoeren-zusammen-/10025500. Zugegriffen: 19. Jan. 2022

Huber F, Herrmann A, Braunstein C (2009) Der Zusammenhang zwischen Produktqualität, Kundenzufriedenheit und Unternehmenserfolg. In: Hinterhuber H, Mathler K (Hrsg) Kundenorientierte Unternehmensführung. Gabler, Wiesbaden, S 69–85

Hyken S (2018) Businesses lose $75 billion due To poor customer service. https://www.forbes.com/sites/shephyken/2018/05/17/businesses-lose-75-billion-due-to-poor-customer-service/?sh=896be3616f92. Zugegriffen: 28. Mai 2022

Jakić A, Wagner M, Meyer A (2019) Postmoderne Markenführung. In: Esch FR (Hrsg) Handbuch Markenführung. Springer, Wiesbaden, S 738–756

Kirchgeorg M (2022) Marketing: definition: was ist „Marketing"? Gablers Wirtschaftslexikon. https://wirtschaftslexikon.gabler.de/definition/marketing-39435. Zugegriffen: 18. Jan. 2022

KPMG (2018) No normal is the new normal. Make disruption work for your business. Global consumer executive top of mind survey. https://home.kpmg/ng/en/home/insights/2018/08/No-normal-is-the-new-normal.html. Zugegriffen: 20. Jan. 2022

Krämer A, Burgartz T (2022) Kundenwertzentriertes Management. Springer Gabler, Wiesbaden

Krämer A, Bongaerts R, Reinhold T (2021) Kundenwert – die zwei Seiten einer Medaille: value-to-Value-Segmentierung für die traffiQ Frankfurt. Internationales Verkehrswesen 73(3):80–83

Krämer A, Burgartz T (2020) Kundenwertorientiertes Pricing – die beiden unterschiedlichen Facetten des Kundenwerts, Controlling, 32(Spezialausgabe):58–63

Kreutzer RT (2021) Kundendialog online und offline. Springer Gabler, Wiesbaden

Kreutzer RT, Land KH (2017) Digitale Markenführung. Springer Gabler, Wiesbaden

Lam SK, DeCarlo TE, Sharma A (2019) Salesperson ambidexterity in customer engagement: do customer base characteristics matter? J Acad Mark Sci 47(4):659–680

Lee I (2017) Big data: dimensions, evolution, impacts, and challenges. Bus Horiz 60(3):293–303

Liesen A, Dietsche C, Gebauer J (2013) Wachstumsneutrale Unternehmen. Schriftenreihe des IÖW 205(13):1–38

Meadows DH, Randers J, Meadows DL (2006) Grenzen des Wachstums: das 30-Jahre-Update: signal zum Kurswechsel. Hirzel, Stuttgart

Meffert H (2018) Marketing Weiterdenken! In: Bruhn M, Kirchgeorg M (Hrsg) Marketing weiterdenken, Zukunftspfade für eine marktorientierte Unternehmensführung. SpringerGabler, Wiesbaden, S 19–22

Meffert H, Burmann C, Kirchgeorg M, Eisenbeiß M (2019) Marketing, Springer Gabler, Wiesbaden + Otto (2022). https://www.otto.de/gutscheine/ä. Zugegriffen: 18. Jan. 2022

Meier M. (2010) Katalysator einer radikalen Verbraucherorientierung, Der Chief Marketing Officer verbindet Marktanforderungen und Geschäftsstrategie. FOCUS 2:80–83

Mengen A (2011) Mit Kundenwert-Controlling zu mehr Erfolg in Marketing und Vertrieb. Controlling 23(1):55–63

Merkle W (2020) Erfolgreich im stationären Einzelhandel, Wege zur konsequenten Profilierung im digitalen Zeitalter. SpringerGabler, Wiesbaden

Merkle W (2021) Customer Centricity – vom Schlagwort zur gelebten Realität... absatzwirtschaft 2:62–63

Müller F (2017) Marketing-Pabst Heribert Meffert im Interview: „Marketing muss heute keine dominante Führungsfunktion mehr einnehmen". https://www.horizont.net/marketing/nachrichten/Marketingpapst-Heribert-Meffert-im-Interview-Marketing-muss-heute-keine-dominante-Fuehrungsfunktion-mehr-einnehmen-145187. Zugegriffen: 26. Jan. 2022

Müller N (2019) Das muss der Chief Marketing Officer in Zukunft leisten. https://www.markenrebell.de/2018/03/09/chief-marketing-officer/#.XgppNC1oSgA. Zugegriffen: 20. Jan. 2021

Nath P, Mahajan V (2011) Marketing in the C-suite: a study of chief marketing officer power in firms' top management teams. J Mark 75(1):60–77

Nielsen (2022) Nielsen's 2022 Global annual marketing report. https://annualmarketingreport.nielsen.com. Zugegriffen: 22. Sept. 2022

Nijssen EJ (2014) Creating ambidextrous sales organizations by resolving the hunting– farming paradox. In conference; Presentation in research seminar series of management school of Radboud University Nijmegen; 2014-03-06; 2014-03-06

o. V. (2017) Die ‚Unkunden' sind im Anmarsch. Frankfurter Allgemeine Zeitung vom 24.06.2017

Otto (2022) https://www.otto.de/gutscheine/. Zugegriffen: 18. Jan. 2022

Priebe A (2019) McKinsey verrät das Erfolgsrezept für den modernen CMO. https://www.adzine.de/2019/06/mckinsey-verraet-das-erfolgsrezept-fuer-den-modernen-cmo/. Zugegriffen: 6. Dez. 2019

Reichel A (2017) Wachstumsindifferenz: generische Unternehmensstrategien für die Postwachstumsökonomie. In CSR und Strategisches Management. Springer Gabler, Berlin, Heidelberg S 325–339

Reichheld F, Darnell D, Burns M (2021) Net Promoter 3.0 – Introducing earned growth, the accounting-based counterpart to the Net Promoter Score, HBR, October 18, 2021. https://hbr.org/2021/11/net-promoter-3-0. Zugegriffen: 24. Juni 2021

Reichheld FF, Sasser WE (1990) Zero defections: quality comes to services. Harv Bus Rev 68(5):105–111

Reichheld FF, Teal T (1996) The loyalty effect: the hidden force behind growth, profits and lasting. Harvard Business School Publications, Boston

Reidel M (2019) Das sind die Kandidaten für den „CMO of the year" 2019. https://www.horizont.net/marketing/nachrichten/marketingpreis-das-sind-die-kandidaten-fuer-den-cmo-of-the-year-2019-177148?utm_source=%2Fmeta%2Fnewsflash%2Fvor9&utm_medium=newsletter&utm_campaign=nl35928&utm_term=e3fa8450e63238aedf643544306e301b. Zugegriffen: 29. Aug. 2019

Reidel M (2020) Das ist die Aufgabe der Marketingentscheider in Deutschland. https://www.horizont.net/marketing/nachrichten/cmo-barometer-das-ist-die-agenda-der-marketingentscheider-in-deutschland-181861?utm_source=%2Fmeta%2Fnewsflash%2Fvor9&utm_medium=newsletter&utm_campaign=nl38945&utm_term=e3fa8450e63238aedf6435443 06e301b. Zugegriffen: 26. März 2020

Reinecke S, Tomczak T (2001) Einsatz von Instrumenten und Verfahren des Marketingcontrolling in der Praxis. In: Reinecke T (Hrsg) Geis, Handbuch Marketing Controlling. St. Gallen, S 76–89

R/GA (2021) Brand relationship design. https://www.rga.com/futurevision/reports/brand-relationship-design-2022. Zugegriffen: 10. Nov. 2022

rtl (2021) Treue Kunden sind die Dummen. https://www.rtl.de/cms/treue-kunden-sind-die-dummen-darum-sollten-sie-vertraege-regelmaessig-kuendigen-4227070.html. Zugegriffen: 18. Jan. 2022

Rust RT, Zeithaml VA, Lemon KN (2004) Customer-centered brand management. Harv Bus Rev 82(9):110–118

Salesforce (2021) State of marketing. https://www.salesforce.com/de/form/pdf/state-of-marketing/. Zugegriffen: 21. Jan. 2022

Schäfer, R (2019) Was nach dem CMO kommen muss. https://www.wuv.de/marketing/was_nach_dem_cmo_kommen_muss. Zugegriffen: 5. Aug. 2019

Schmitt S, Hitschler W (2020) Utility 4.0. Digitales Marketing als Katalysator für die interdisziplinäre Zusammenarbeit. In: Doelski O (Hrsg) Realisierung Utility 4.0 Bd. 2. Springer, Wiesbaden, S 13–16

Shah D, Rust RT, Parasuraman A, Staelin R, Day GS (2006) The path to customer centricity. J Serv Res 9(2):113–124

Sopra Steria (2018) Studie: Drei von vier Unternehmen halten sich für wachstumsstark – geringe Bewegung in Richtung radikaler Wachstumsstrategien. https://www.soprasteria.de/newsroom/publikationen/details/studie-drei-von-vier-unternehmen-halten-sich-f%C3%BCr-wachstumsstark. Zugegriffen: 20. Jan. 2022

Telekom (2022) https://www.telekom.de/start/telekom-gutschein. Zugegriffen: 18. Jan 2022

Tewes M (2013) Der Kundenwert im Marketing: theoretische Hintergründe und Umsetzungsmöglichkeiten einer wert- und marktorientierten Unternehmensführung Bd. 45. Springer-Verlag

Urbach (2022) Handy- und Internetverträge: der Treue ist der Dumme. https://www.rnd.de/wirtschaft/handy-und-internetvertraege-der-treue-ist-der-dumme-DW5WLFILLFBPHM7F75F2SLYQLM.html. Zugegriffen: 18. Jan. 2022

Vargo S, Lusch RF (2004) Evolving to a new dominant logic for marketing. J Mark 68:1–17

Verhoef PC, Lemon KN (2013) Successful customer value management: key lessons and emerging trends. Eur Manag J 31(1):1–15

wechselpilot (2022) https://www.wechselpilot.com/magazin/strom/neukundenbonus/. Zugegriffen: 18. Jan. 2022

Whitler KA, Morgan NA, Rego L (2020) The impact of chief marketing officer role variance on marketing capability. Mark Sci Ins, 20–112

Wind Y, Hays C (2016) Marketing beyond advertising: creating value through all customer touchpoints, Wiley, Hoboke

Wyman O (2017) The Oliver Wyman Retail Journal, Ausgabe 5, https://www.oliverwyman.de/our-expertise/insights/2017/feb/retail-journal-volume-5.html. Zugegriffen: 18.1.2023

Zaharia S, Korth A (2022) Datennutzung im E-Commerce. In: Halfmann M, Schüller K (Hrsg) Marketing analytics. Springer, Wiesbaden, S 215–228

Zakaria I, Rahman BA, Othman AK, Yunus NAM, Dzulkipli MR, Osman MAF (2014) The relationship between loyalty program, customer satisfaction and customer loyalty in retail industry: a case study. Procedia Soc Behav Sci 129:23–30

Zumstein D (2017) Digital Analytics in Action – Interdisziplinäre Zusammenarbeit in der Praxis der Wirtschaftsinformatik. In: Portmann E (Hrsg) Wirtschaftsinformatik in Theorie und Praxis. Gabler, Wiesbaden, S 85–104

**Prof. Dr. Andreas Krämer** ist Vorstandsvorsitzender der exeo Strategic Consulting AG in Bonn und Direktor des Value Research Institute (VARI e. V.) in Iserlohn. Nach Studium der Agrarökonomie und anschließender Promotion arbeitete Andreas Krämer von 1996 bis 2000 bei zwei führenden internationalen Beratungsgesellschaften, bevor er in 2000 seine eigene Beratungsgesellschaft gründete. Von 2014 bis 2020 war er Professor für Pricing und Customer Value Management an der University of Europe for Applied Sciences in Iserlohn. Andreas Krämer ist Mitinitiator der Studien „Pricing Lab" und „MobilitätsTRENDS" sowie Autor zahlreicher Fachaufsätze und mehrerer Bücher.

**Prof. Dr. Regine Kalka** ist seit 2003 Professorin für Marketing und Kommunikation an der Hochschule Düsseldorf und ist seit 2018 Mitglied des Hochschulrates. Zuvor war sie Geschäftsbereichsleiterin bei einer deutschen Messegesellschaft sowie Senior Consultant bei einer internationalen Unternehmensberatung. Ihre Forschungsschwerpunkte liegen im Bereich Pricing, Messemanagement und Markenmanagement und ist in diesen Bereichen auch Autorin zahlreicher Publikationen.

**Prof. Dr. Wolfgang Merkle** ist Professor für Marketing & Management an der UE – University of Europe for Applied Sciences in Hamburg sowie Inhaber von ‚Merkle. Speaking. Sparring. Consulting.' Davor war er über 25 Jahre als CMO, Bereichsvorstand, Geschäftsführer und Direktor bei Tchibo, Galeria Kaufhof, ZARA, Massimo Dutti und Otto tätig.

# Warum muss das Marketing radikal neu gedacht werden?

# Der Irrweg der ewigen Neukundengewinnung – Hunting oder Farming als Ziele im Marketing

Regine Kalka, Andreas Krämer und Nikola Ziehe

## Inhaltsverzeichnis

1 Wenn sich Kunden (zurecht) über Ungleichbehandlung echauffieren .................. 30
2 Preisdifferenzierung: Wirksam, hat aber auch Grenzen ........................... 32
    2.1 Preisdifferenzierung als zentrale Determinante des Gewinns? ................. 32
    2.2 Grenzen der Preisdifferenzierung ....................................... 33
3 Verbrauchersicht: Fairness und Ausgewogenheit in der Kundenbeziehung .......... 34
    3.1 Mehrere Modelle, viele Einfluss-Faktoren? ............................... 34
    3.2 Der individuelle Kosten-Nutzen-Abgleich ................................ 35
    3.3 Equity-Theorie ..................................................... 35
    3.4 Anchoring-and-Adjustment-Theorie .................................... 36
    3.5 Dual-Entitlement-Prinzip ............................................ 37
    3.6 Multi-Equity-Modell für die Bewertung von Kundenbeziehungen ............. 37
4 Empirische Studie zur preislichen Differenzierung von Neu- und Bestandskunden (Beobachtung) ............................................................. 39
    4.1 Methodischer Ansatz ................................................ 39
    4.2 Studienergebnisse ................................................... 40
    4.3 Zwischenfazit ...................................................... 41

---

R. Kalka (✉) · N. Ziehe
Hochschule Düsseldorf, Düsseldorf, Deutschland
E-Mail: regine.kalka@hs-duesseldorf.de

N. Ziehe
E-Mail: nikola.ziehe@hs-dueseldorf.de

A. Krämer
exeo Strategic Consulting AG, Bonn, Deutschland
E-Mail: andreas.kraemer@exeo-consulting.com

© Der/die Autor(en), exklusiv lizenziert an Springer Fachmedien Wiesbaden GmbH, ein Teil von Springer Nature 2023
A. Krämer et al. (Hrsg.), *Stammkundenbindung versus Neukundengewinnung*,
https://doi.org/10.1007/978-3-658-40363-8_2

| | | |
|---|---|---|
| 5 | Empirische Studie zur Wahrnehmung preislicher Differenzierung zwischen Neu- und Bestandskunden (Befragung) | 42 |
| | 5.1 Methodischer Ansatz | 42 |
| | 5.2 Studienergebnisse | 42 |
| | 5.3 Zwischenfazit | 44 |
| 6 | Ausblick | 45 |
| Literatur | | 46 |

> **Zusammenfassung**
>
> Bei der Beurteilung, ob für Unternehmen eine differenzierte Preisgestaltung für Neu- und Bestandskunden sinnvoll ist, gilt es neben den Chancen durch Preisdifferenzierung auch deren Grenzen zu verstehen. Die preisliche Besserstellung von Neukunden ist heute in vielen Branchen eher die Regel als die Ausnahme. Dies führt zu erheblichen Problemen im Kundenbeziehungsmanagement, wenn Bestandskunden dies als ungerechtfertigt und unfair ansehen. Daher werden zum einem Erklärungsansätze hierfür diskutiert, zum anderen wird eine empirische Bestandsaufnahme dazu durchgeführt, wie häufig Neu- und Bestandskunden unterschiedliche Preise angeboten bekommen und wie Kunden diese bewerten.

## 1 Wenn sich Kunden (zurecht) über Ungleichbehandlung echauffieren …

„Clever ist, wer untreu ist", beginnt ein Beitrag in der Zeitschrift STERN (Fröhlich 2019), der die Ungleichbehandlung von Neu- und Bestandskunden adressiert. Als Branche, in der besonders langjährige, treue Kunden als die Dummen bezeichnet werden, wird die Telekommunikation unter die Lupe genommen: „Während Neukunden von DSL- oder Mobilfunkanbietern umschwärmt und mit saftigen Rabatten angelockt werden, haben Bestandskunden in der Regel das Nachsehen. Wer den Vertrag länger laufen lässt als nötig, bezahlt häufig zu viel oder hat sogar schlechtere Leistungen." Allerdings ist das kein Einzelfall, der ein konkretes Unternehmen oder eine Branche betrifft, das Phänomen ist durchaus breiter.

In der Verlagsbranche spielen Neukunden-Prämien traditionell eine große Bedeutung. In Teilen wurden diese in der Vergangenheit so intensiv und aggressiv eingesetzt, dass sogar gängige Geschäftsmodelle der Unternehmen in Gefahr gerieten (Krämer und Burgartz 2022). Bereits in 2010 erklärte Helmut Markwort, Erfinder des Magazin „Fokus": „Wir haben Sonderverkäufe reduziert und beteiligen uns nicht mehr an Prämienschlachten um Abonnenten, mit denen sich die Verlage bekämpfen, weil es wirtschaftlich keinen Sinn ergibt. Statt mit Kaffeemaschinen wollen wir mit den neuen Seiten des „Focus" neue Leser gewinnen" (Markwort 2021). Aber auch heute haben Prämien im Abo-Marketing noch eine wichtige Funktion. Anders ausgedrückt: Für einen Neukunden liegen die Kosten des Zeitschriften-Abonnements bei nur einem Bruchteil dessen, was der reguläre Preis, den treue Leser zahlen, ausmacht. Nicht anders ist die Mechanik in der Strom- und Gas-Vermarktung, bei der einem Haushalt bei einem Neuvertrag u. U. Prämien von mehreren Hundert Euro angeboten werden. In Zeiten der Energiekrise und damit einhergehender Preisexplosionen auf den Handelsplätzen wurde diese Praxis allerdings über Nacht eingestellt.

Einige Banken offerieren Kredite mit einem negativen Zins („1000 € leihen, 995,83 € zurückzahlen"; Lanzerath und Klimkeit 2021), andere setzen auf kostenlose Girokonten für Neukunden. Ein weiteres Beispiel aus der Finanzindustrie: Kunden erhalten eine Kreditkarte für das erste Vertragsjahr kostenlos angeboten (Bar-Gill und Bubb 2011; Reichheld und Sasser 1990).

Eine Analyse der Financial Conduct Authority (FCA) kam im September 2020 zum Ergebnis, dass die Verbraucher im Vereinigten Königreich jährlich 1,2 Mrd. GBP zu viel zahlen, weil die Versicherungsunternehmen bei bestehenden Kunden überhöhte Beiträge einziehen (Evans 2021). Die jährlichen Preisanpassungen (immer in dieselbe Richtung) – bekannt als „Preiswalking" – gleichen die verlockend niedrigen Prämien aus, die die Unternehmen gleichzeitig neuen Kunden anbieten, um sie für sich zu gewinnen. Die Konsequenz: Für die meisten Menschen besteht die einzige Möglichkeit, eine günstigere Kfz-Versicherung zu bekommen, darin, jedes Jahr den Anbieter zu wechseln.

Für nicht weniger Aufregung sorgte wenige Jahre zuvor die Berichterstattung, nach dem Stammkunden einer US-Fluggesellschaft einen speziellen Preisaufschlag erhielten. Wie die CBS-Tochter WCCO in Minneapolis in 2012 berichtete, verlangte Delta Air Lines von Vielfliegern für dieselben Flüge mehr als von Nicht-Vielfliegern (Sanburn 2012). WCCO befragte zwei Geschäftsleute, die vor kurzem Flüge nebeneinander buchten und feststellten, dass der Vielfliegertarif 300 Dollar höher war als der Economy-Tarif für genau denselben Flug. Offensichtlich ein systematischer Effekt: Die Journalisten stellten immer wieder fest, dass der Vielfliegerpreis höher war als der Standardtarif. In einem Fall war er 1000 US $ höher als der Economy-Tarif für einen Erste-Klasse-Flug von Minneapolis nach Los Angeles.

Was sich beim Verbraucher möglicherweise als Bauchgefühl manifestiert hat, wird durch entsprechende Berichterstattung verfestigt. Es entsteht auf der einen Seite der Eindruck, Stammkunden würden für ihre Kundentreue nicht belohnt (siehe rtl 2021; Urbach 2022). Teilweise werden Kunden auf der anderen Seite durch diese Informationen entweder irritiert bzw. alarmiert und kommen damit auf ein Thema, das für sie bisher nicht relevant war. Sie werden sensibilisiert.

Auf der anderen Seite stellt sich die Frage, ob Neukunden, die über hohe Preisnachlässe und Rabatte gewonnen werden, überhaupt langfristig an das Unternehmen gebunden werden können, wenn sie über Internetseiten wie z. B. Wechselpilot (2022) dazu aufgefordert werden, einen jährlichen Wechselservice in Anspruch zu nehmen, der ihnen dabei hilft, vom jährlichen Neukundenboni zu profitieren. Im Worst Case entsteht eine neue Kundengruppe, und zwar die der Serial Switcher (Hyken 2018; Krämer und Burgartz 2022), gespeist sowohl aus dem Neukunden(Wechsler-)Segment als auch aus bisher treuen Bestandskunden.

## 2 Preisdifferenzierung: Wirksam, hat aber auch Grenzen

### 2.1 Preisdifferenzierung als zentrale Determinante des Gewinns?

Innerhalb des Preismanagements wird der Ansatz der Preisdifferenzierung als wichtiger – wenn nicht der wichtigste – Hebel betrachtet. So ist vielfach zu beobachten, dass sich der für ein Unternehmen relevante Gesamtmarkt in der Regel aus Nachfragern zusammensetzt, die sich hinsichtlich des wahrgenommenen Nutzens, der Kaufkraft für ein Sachgut oder eine Dienstleistung und damit bezüglich ihrer Zahlungsbereitschaft (Maximalpreises; Preis, den ein Nachfrager höchstens zu zahlen bereit ist) unterscheiden. Preisdifferenzierung setzt genau hier an und versucht, durch geeignete Preismodelle die segmentspezifischen Maximalpreise abzuschöpfen, und sich die beschriebene Verschiedenartigkeit der Nachfrager zu Nutze zu machen (Fassnacht 2003). Wie sich leicht zeigen lässt, birgt der Übergang von einem uniformen zu einem ausdifferenzierten Pricing („vom Viereck zum Dreieck") Chancen für erhebliche Umsatzsteigerungen (Simon 2013; Varian 1996).

Neben zielgruppenspezifischen Preisen (Senioren) nennt Mahadevan (2010) vor allem die preislich unterschiedliche Behandlung von Neu- und Bestandskunden (Neukunden erhalten geringere Preise, weil sie preissensibler als Bestandskunden sind). Was im Sinne eines Value-based Pricing sinnvoll erscheint, kann aber auch problematisch für die Kundenbeziehung werden (Krämer und Kalka 2020).

Es erscheint durchaus eingängig, wenn angenommen wird, Stammkunden würden über eine geringe Preissensitivität verfügen. Dies ist zumindest konform mit den von Reichheld (1996) aufgezeigten Wirkungen des Loyalitätsmanagements. Mit zunehmender Dauer der Kundenbeziehung lernen sich Anbieter und Nachfrage besser kennen und schätzen. Die Wechselhürden („switching barriers") steigen gleichzeitig (aufgrund verstärkter Ge- oder Verbundenheit). Während der Preis in der Phase der Anbahnung eine wichtige Rolle spielt, verliert er mit der Zeit an Relevanz. Diesem eingängigen Narrativ widersprechen allerdings andere Autoren und unterstreichen, dass Kunden mit einer längeren Kundenbeziehung nicht zwingend ein Preis-Premium zahlen (Jain und Singh 2002). Verhoef und Langerak (2002, S. 73) führen dazu explizit aus: „These customers have more experience with the company and a better understanding of the value that it provides. Therefore, long-tenure customers are often more price sensitive." Problematisch ist hier die Erkenntnis, dass Preisdifferenzierung aus Sicht von Kunden nicht per se akzeptabel oder nicht akzeptabel ist. Roth et al. (2020) verweisen auf bestimmte Normvorstellungen von Verbrauchern und arbeiten heraus, dass personalisierte Preise diese verletzen. Zusätzlich kommt es vor allem darauf an, ob differenzierte Preise für den Verbraucher nachvollziehbar erklärt und transparent sind (Krämer 2020).

## 2.2 Grenzen der Preisdifferenzierung

Bei aller Vorteilhaftigkeit der Preisdifferenzierung ergeben sich Grenzen für ein differenziertes Pricing von Neu- und Bestandskunden. Hier sind zumindest zwei Betrachtungen zu unterscheiden. Die erste Betrachtung führt zu einer Argumentation über den Kundenwert. Niedrige Preise für Neukunden (mit vermeintlich hoher Preissensitivität) haben eine kurzfristig problematische Kundenwertigkeit zur Folge, die sich nur verbessern lässt, wenn die Kundenbeziehung ausreichend lange anhält (Burgartz und Krämer 2014; Jain und Singh 2002). Die Verlagsbranche ist ein gutes Beispiel dafür, dass in der Vergangenheit Neukunden primär über hohe Prämien angesprochen wurden, die Unternehmen aber dann feststellten, dass es zu einem „Prämien-Hopping" kam (Krämer und Burgartz 2022).

Die zweite Betrachtung ist eher psychologischer oder verhaltensökonomischer Natur. Bei der Betrachtung der Abhängigkeiten zwischen bestehenden und neuen Kundenbeziehungen wird häufig die Wirkungsrichtung des Empfehlungsmarketing in den Vordergrund gestellt. Kunden, die dem Unternehmen länger treu sind, haben eine signifikant höhere Weiterempfehlungsbereitschaft (Campillo-Lundbeck 2019) und sorgen damit zu einer indirekten Neukundenakquise (Reichheld 2021; Mohtasham et al. 2017). Zu vermuten ist allerdings auch, dass gerade Stammkunden aufgrund eines höheren Involvements genauer beobachten, wie Unternehmen neue Kunden ansprechen und wie viel Aufwand sie betreiben, diese zu akquirieren. Bestandskunden, welche eine preisliche Bevorzugung von Neukunden als unfair betrachten und in der Folge wahrscheinlich mit einer für das Unternehmen negativen Verhaltensreaktion reagieren, können zu einem gravierenden Problem werden (Mahadevan 2010, S. 6). In diesem Kontext passen auch die Ausführungen von Dolan (1995): „If customers believe, that a price is unfair their negative reaction can be devastating for business". Von entscheidender Bedeutung ist hier die Wirkungskette zwischen einer empfundenen ungerechten Behandlung aus Perspektive von Bestandskunden („Neue Kunden erhalten einen besseren Preis als ich, obwohl ich schon lange Kunde bin und dem Unternehmen einen deutlichen Gewinn ermögliche") und der Zahlungsbereitschaft. Diese ist bestimmt durch die Wahrnehmung des Wertes und der Qualität der Marke, aber auch durch die Kundenzufriedenheit, Servicequalität sowie Loyalität (Casidy und Wymer 2016). Gerade in einer Situation, in der sich „hochwertige" Stammkunden über eine „ungerechte" Besserbehandlung von Neukunden echauffieren, kommt es nicht nur zu Unzufriedenheit und abnehmender Loyalität, sondern auch zu einem Verlust an Zahlungsbereitschaft und ggf. zu einem negativen Word-of-Mouth-Effekt. Dieser Wirkungsmechanismus ist in Abb. 1 exemplarisch dargestellt.

In der Situation 1 erkennt das Unternehmen vier Segmente, die sich hinsichtlich der Zahlungsbereitschaft deutlich unterscheiden. Stammkunden (Segment 4) zahlen die höchsten Preise, Neukunden die niedrigsten. Die Bereitschaft, höhere Preise zu zahlen, wird für Segment IV nicht dadurch gemindert, dass andere Segmente geringe Preise zahlen (Intransparenz, fehlende Kommunikation etc.). Über die Situation 2 bis zur

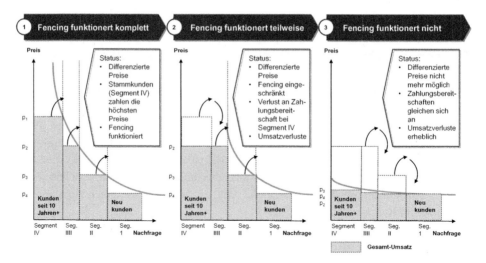

**Abb. 1** Von einem funktionierenden zu einem nicht funktionierenden Fencing

Situation 3 sinkt die Fähigkeit des Unternehmens, den Markt preislich differenziert zu behandeln. Die Preisbereitschaften der höherwertigen Segmente nehmen rapide ab. Die Kunden sehen nicht mehr ein, für eine vergleichbare Leistung höhere Preise zu zahlen. Gleichzeitig reduziert sich auch der kurzfristig erzielbare Umsatz für das Unternehmen erheblich (von dem langfristigen Effekt ganz zu schweigen).

## 3 Verbrauchersicht: Fairness und Ausgewogenheit in der Kundenbeziehung

### 3.1 Mehrere Modelle, viele Einfluss-Faktoren?

Wie deutlich geworden ist, spielt der Aspekt der Akzeptanz der Preisdifferenzierung aus Sicht der Verbraucher – neben dem Aspekt der langfristigen Wirkungen auf die Kundenwertigkeit – eine zentrale Rolle. Bezüglich des Prozesses, in dem Kunden die Fairness bzw. Ausgewogenheit von Transaktionen oder Beziehungen beurteilen, bestehen unterschiedliche Erklärungsansätze.

### 3.2 Der individuelle Kosten-Nutzen-Abgleich

Eine besonders einfache Vorgehensweise in der Beurteilung der Situation des Verbrauchers besteht darin, dass Personen ohne Berücksichtigung von externen Eckpunkten überschlagen, ob der Nutzen aus einem Produkt die Kosten übersteigt und die

Kundenbeziehung dann beenden, wenn sie sich selbst in einem „Negativ-Szenario" sehen. Bekannte Fälle sind die Kündigung von Abos, weil diese effektiv nicht ausreichend genutzt wurden. Beispielsweise traf die Unternehmen im ÖPNV im Rahmen der Corona-Krise der massenweise Exit von Bestandskunden. Die einfache Erklärung: Unter normalen Umständen nutzen Pendler ihre Zeitkarte für Busse und Bahnen i. d. R. mindestens an jedem Arbeitstag, also 5 mal pro Woche. Für viele Arbeitnehmer führte die Pandemie allerdings zu einer Tätigkeit von zuhause, die gängigen Mobilitätsstrukturen wurden verändert, demzufolge auch der Bedarf einer täglichen Fahrt zum Arbeitsplatz und zurück nach Hause (Krämer et al. 2021). Die Folge waren massive Kundenabwanderungen. In diesem Fall sind weniger externe Referenzmaßstäbe für ein Gerechtigkeitsempfinden erforderlich als vielmehr die isolierte Sicht (Kap. „Kundenwertzentrierte Unternehmenssteuerung als Maßgabe für das Marketing von morgen"). Bereits Pritchard (1969, S. 207) formulierte dies wie folgt: „[...] if a person feels his inputs are greater than his outcomes, he will experience dissatisfaction regardless of the input-outcome ratio of other people in his psychological environment." Da Individuen bei Entscheidungen relative Bezugspunkte suchen, kann durch den Entscheider auch ein früherer zeitlicher Bezugspunkt herangezogen werden („Die Zeitkarte hat sich vor der Corona-Krise für mich gelohnt, aber aktuell tut sie das nicht mehr").

## 3.3 Equity-Theorie

Die Equity-Theorie ist relativ allgemein formuliert und betrifft nicht die spezielle Situation im Dreieck Neukunden, Stammkunden und Unternehmen. Ihr ursprünglicher Anwendungspunkt bezog sich vielmehr auf die Situation von Arbeitnehmern (Kopetzky 2015). Sie setzt sich generell mit der empfundenen Gerechtigkeit in Austauschbeziehungen zwischen Transaktionspartnern auseinander. Für den Bereich des Kundenbeziehungsmanagements, bei dem die Interaktion zwischen Kunde und Verkäufer im Vordergrund steht, wird sie häufig herangezogen (Homburg und Koschate 2005). Hierbei kommt es auf die Beziehung von Input zu Output an. Input wird demnach als die erbrachten Aufwendungen in Form von Kosten, Zeit oder persönliches Engagement des einen Transaktionspartners definiert. Der Output stellt die Gegenleistung des anderen Transaktionspartners dar. Der Input wird gegen den Output im sogenannten Input/Output-Verhältnis abgewogen, um so zu dem Ergebnis der „Equity" oder „Inequity" zu gelangen.

Adams (1963, 1965) stellt mit der Equity-Theorie die zentrale Anforderung nach wahrgenommener Gerechtigkeit in sozialen Beziehungen in den Vordergrund. Zusätzlich lassen sich auf dieser Basis Reaktionsmuster von Individuen auf ein Ungerechtigkeitsempfinden in konkreten Beziehungen ableiten. Der kognitive Prozess zur Entwicklung eines Gerechtigkeitsempfindens besteht aus drei Schritten (Adams 1965, S. 280):

- Im ersten Schritt bewerten Individuen die eigenen Beiträge, die sie in die Beziehung einbringen (z. B. Arbeitsstunden, Ausbildung, Geld) und die Gewinne, die sie aus dieser beziehen (z. B. Gehalt, Anerkennung, Zugehörigkeit). Dieses Vorgehen entspricht dem in Abschn. 2.3.2 beschriebenen Prozess.
- Im zweiten Schritt wählen Individuen eine Person oder Gruppe als Vergleichsmaßstab aus (z. B. Kollegen oder Arbeitnehmer in vergleichbarer Branche) und bewerten deren Beiträge und Gewinne. Die Betonung liegt hier auf „vergleichbar". Im Sinne eines fairen Vergleichs sollte als Eckpunkt eine Person als Bezugspunkt herangezogen werden, die ähnliche Aufwendungen oder ähnliche Gewinne hat. Voraussetzung für diese Vergleichsmöglichkeit ist allerdings ein Mindestmaß an Transparenz bzw. Informationsaustausch.
- Im dritten Schritt vergleichen Individuen das eigene Verhältnis von Gewinnen und Beiträgen mit dem jeweiligen Verhältnis der Referenzgruppe. Das Entsprechen beider Verhältnisse empfinden Individuen als gerecht, die Nicht-Konformität als ungerecht. Im Fall der Ungerechtigkeit kann sich das Individuum bevorteilt oder benachteiligt fühlen.

Stimmt das Verhältnis zwischen den Transaktionspartnern überein, so wird die Transaktion als fair, auch als „Equity" definiert, empfunden. Für eine bewertete Kundenbeziehung könnte auch die Beschreibung „ausgewogen" gelten. Gilt dieser Zustand nicht, so wird die Transaktion oder die Beziehung als weniger fair oder unfair, auch als „Inequity" benannt, bewertet.

## 3.4 Anchoring-and-Adjustment-Theorie

Wenn sich Menschen in der Bewertung unsicher sind, suchen sie nach Anhaltspunkten, auch Anker genannt. Diese dienen als Vergleich, um beispielsweise einen Preis oder die Vorteilhaftigkeit eines Abo-Angebotes bewerten zu können. Bei der Entwicklung des Anchoring-and-Adjustment Konzepts spielt die Annahme eine zentrale Rolle, Menschen würden bei einem Mangel an internen Informationen einen Startpunkt, z. B. einen Extremwert, wählen (Northcraft und Neale 1987; Furnham und Boo 2011). Für die Preisbewertung bedeutet dies zum Beispiel: Entlang dieses Extremwertes wird der zu erwartende Preis entweder nach oben oder nach unten angepasst. Die Anpassung ist dann beendet, wenn ein plausibler Wert vom Individuum gefunden wurde. Es wird also ein Ankerpreis genutzt, um davon ausgehend einen passenden und akzeptablen Preis zu finden, der über oder unter dem Ankerpreis liegt. Der Ankerpreis kann eine Preiserfahrung aus zurückliegenden Käufen, Erwartungen an einen Preis sein oder sich aus zugänglichen Informationen zusammensetzen. Dies lässt sich auf die Bewertung der Kundenbeziehung übertragen. Kunden beginnen mit einem Start-Szenario bezüglich einer ausgewogenen Situation zwischen Ansprüchen des Unternehmens (einen Gewinn zu erzielen) und der Kunden (eine Leistung zu einem angemessenen Preis zu erhalten), das der eigenen Situation entspricht. Erhält der Kunde weitere Informationen, z. B. aus neuen eigenen Erfahrungen oder durch die Berichterstattung Dritter, kommt es zur Adaption.

## 3.5 Dual-Entitlement-Prinzip

Auch dieses Konstrukt greift den Aspekt von Referenz- oder Ankerpreisen auf (Kahneman et al. 1986), in dessen Zentrum eine Referenztransaktion steht. Diesbezüglich bestehen zwei unterschiedliche Ansprüche, und zwar aus Sicht des Käufers (Abnehmers) und aus Sicht des Anbieters bezüglich eines Referenzgewinns. In dieser Logik ergibt sich beispielsweise eine unausgewogene Situation, wenn Unternehmen die Preise erhöhen und damit den Anspruch der Verbraucher auf den Referenzpreis verletzen, nur um die Gewinne zu steigern. Wenn jedoch der Referenzgewinn eines Unternehmens bedroht ist (dies kann durch gestiegene Rohstoffkosten der Fall sein), kann das Unternehmen die Preise so weit erhöhen, dass sein Gewinn geschützt wird, selbst wenn diese Erhöhung zu Lasten der Verbraucher geht (Kimes und Wirtz 2002; Martín-Consuegra et al. 2007). Testpersonen zeigen dann eine Akzeptanz für eine Erhöhung von Verkaufspreisen im Handel, wenn ansonsten keine ausreichenden Gewinne realisiert werden können (Dual Entitlement). Wichtig ist, dass im Falle einer gleichzeitigen Bedrohung der Ansprüche beider Parteien der Gewinnanspruch des Anbieters Vorrang vor dem (Preis-) Anspruch des Abnehmers hat. In der Konsequenz bedeutet dies, dass ein Kunde eine Preiserhöhung oder einen hohen Preis als fair beurteilen kann, selbst wenn sein eigener Anspruch verletzt ist. Obwohl die Theorie beidseitiger Ansprüche häufig in der Literatur genannt wird, verweisen Kalapurakal et al. (1991) darauf, dass Fairness-Evaluierungen von situativen Faktoren und verfügbaren Informationen abhängen und es daher möglicherweise keine einfachen, robusten Prinzipien gibt, die die Normen für faires oder unfaires Preisverhalten bestimmen. Sie erteilen einfachen Erklärungen und Daumen-Regeln damit eine Absage.

## 3.6 Multi-Equity-Modell für die Bewertung von Kundenbeziehungen

Auf der Grundlage der vorgestellten Theorien, die zur Erklärung der Wahrnehmung von Austauschbeziehungen durch den Verbraucher verfügbar sind, ergibt sich die Erkenntnis, dass für einzelne Wirkungsbereiche plausible Begründungen vorliegen. Insgesamt erscheint die Bewertung allerdings vielschichtiger als bisher angenommen. In Abb. 2 werden die Mechanismen in einem übergreifen Multi-Equity-Modell skizziert. Dieses Modell soll der Tatsache gerecht werden, dass Kunden unterschiedlich vorgehen, wenn sie die Ausgewogenheit oder Fairness einer Beziehung zu einem Anbieter bewerten. Dies

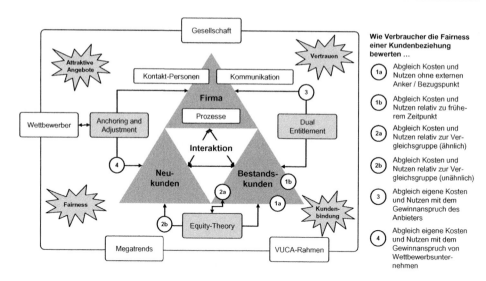

**Abb. 2** Das Multi-Equity-Modell für die Bewertung der Fairness von Kundenbeziehungen

umfasst in einer einfachen Form eine statische Bewertung der Vor- und Nachteile (Vorsetzung der Kundenbeziehung, wenn die Vorteile die Nachteile überkompensieren, Ende der Kundenbeziehung, wenn die Nachteile überwiegen). Dieses Szenario (1a) lässt sich erweitern, indem die Perspektive dynamisiert wird (1b). Es wird zwar üblicherweise unterstellt, dass der Kunden nicht nur ihre, sondern auch die Input-Output-Relation von Vergleichspersonen einbeziehen und sich dabei an Personen orientieren, die eine Ähnlichkeit zur eigenen Kundenbeziehung haben (2a), dies kann jedoch auch explizit nicht der Fall sein (wenn sich z. B. Bestandskunden mit einem Neukunden vergleichen (2b). Bei ihrer Analyse zur Preisfairness gehen Martins und Monroe (1994) auf ein Beispiel aus dem Bereich Software-Verkauf ein. Ehemalige Kunden beschweren sich bitterlich und argumentierten, dass Softwareunternehmen ihre „Dankbarkeit" für ihre frühere Treue dadurch zeigen sollten, dass sie ihnen einen anderen (günstigeren) Preis für Produkt-Upgrades berechnen als den Wechselkunden. Hier wird also ein Vergleichspunkt gewählt, der keine Ähnlichkeit, sondern explizit Unähnlichkeit (geringerer Kundenwert) unterstellt. Außerdem geht offensichtlich der Aspekt der Kundenwertigkeit (Stammkunden betrachten sich als „bessere" Kunden) in die Bewertung ein.

Das Dual-Entitlement-Prinzip erweitert diese Perspektive, indem die Abhängigkeit zwischen dem wahrgenommenen Nutzen des Kunden und dem Anspruch des Anbieters, einen Gewinn zu erzielen, beleuchtet wird (3). Aber auch diese Perspektive lässt sich erweitern, wenn Kunden den Blick auf andere Unternehmen richten (direkte Wettbewerber oder fremde Beispiele) und ihre Einstellung adaptieren („wie schaffen es andere Unternehmen, die Kunden zufriedenzustellen und gleichzeitig ausreichend profitabel zu sein").

## 4 Empirische Studie zur preislichen Differenzierung von Neu- und Bestandskunden (Beobachtung)

### 4.1 Methodischer Ansatz

Um den bereits beschriebenen Eindruck der Ungleichbehandlung von Stamm- und Neukunden empirisch zu belegen zu können, wurde eine umfangreiche Momentaufnahme von Stammkunden- im Vergleich zu Neukundenpreisen durchgeführt. In 10 Branchen wurden im Mai 2021 Preise von bestehen Kunden mit Preisangeboten für Neukunden verglichen. Dabei wurde darauf geachtet, dass es sich um das gleiche Kundenprofil mit Hinblick auf Alter, Privatkunde und tarifliche Sonderkonditionen (z. B. Studierende) und um das gleiche Produkt-/Leistungsprofil mit Hinblick auf einzelne Leistungskomponenten handelt (nur der Kundenstatus, Neu- vs. Bestandskunde sollte unterschiedlich sein). Bei der Branchenauswahl wurde darauf Wert gelegt, dass es sich um einen möglichst großen Querschnitt unterschiedlicher Branchenbedingungen und -charakterisierungen mit einer breiten Vielfalt von Produkt- und Kundensegmenten handelte. Hierzu zählten folgende 10 Märkte und Branchen: Mobilfunk, Strom/Gas, Zeitschriften-/Zeitungs-Abonnements, Fitnessclubs, Audio-Streamingdienste, Movie- und TV-Streamingdienste, Festnetz/Internetanbieter, Apps-Abonnements, Software-Abonnements und Auto-/Haftpflichtversicherungen.

Somit wurden sowohl Online- als traditionelle Offline-Branchen mit einbezogen, aber auch Branchen berücksichtigt, die als gesättigte Märkte mit einer hohen Marktkonzentration (Mobilfunkmarkt, Internetanbieter, Strom-/Gasmarkt) oder als noch Wachstumsmärkte (App- und Software-Abonnements) charakterisiert werden können, bis hin zu hart umkämpften, schrumpfenden Märkten (Zeitschriften-/Zeitungs-Abonnements, Fitnessclubs).

In jeder Branche wurden zwischen 13 und 22 Preise von Stammkunden und Neukunden bei 3 bis 17 Anbietern dokumentiert, so dass insgesamt die Preise von 197 Stammkunden bei 110 Anbietern den Preisen gegenübergestellt worden konnten, die Neukunden offeriert bekommen.

### 4.2 Studienergebnisse

Das aggregierte Ergebnis war eindeutig. Insgesamt konnten bei 83 der dokumentierten VergleichspunkteE festgestellt werden, dass die Neukunden ein preislich günstigeres Angebot erhielten als die Bestandkunden, dies entspricht 42 % aller untersuchten Konstellationen. Bei insgesamt 41 % der dokumentierten Preise konnte keine Preisunterschiede herausgefunden werden und nur bei 17 % der insgesamt dokumentierten Preise bekamen die Stammkunden günstigere Preise als die Neukunden (Abb. 3). Die Preisdifferenzierung schwankte branchenspezifisch sehr unterschiedlich, es konnten

Preisunterschiede zwischen nur 1 % bis zu 47 % sowie eine Vielzahl von monetären und Sach-Prämien identifiziert werden.

In der Audio- und Streamingdienste-Branche (Spotify, Audible, Apple Music etc.) haben z. B. 100 % aller Neukunden günstigere Konditionen im Wesentlichen durch Gratismonate erhalten. Auch bei Internetanbietern (Vodafone, Telekom und unitymedia etc.) erhielten 69 % der Stammkunden schlechtere Konditionen als Neukunden, auch hier wurden eine Mehrzahl dieser besseren Konditionen durch Gutschriften und Prämien bestimmt. Ebenso konnten bei Zeitschriften- und Zeitungsabonnements (Wirtschaftswoche, Hörzu, Tina, Rheinische Post etc.) eine Vielzahl von Prämien zugunsten der Neukunden aufgedeckt werden, Geldprämien von bis zu 125 €, Gutscheine bei anderen Anbietern wie dm, Tchibo, Amazon oder Sachprämien wie ein Fahrrad oder eine Bluetooth Tastatur waren bei 69 % keine Seltenheit, zusätzlich machten noch preisliche Differenzierungen zu Gunsten der Neukunden von bis zu 35 % die Besserstellung der Neukunden deutlich. Preisdifferenzierungen von 10 % bis zu 47 % zugunsten der Neukunden zeigte sich auch in der Mobilfunkindustrie. Dieser preisliche Vorteil konnte bei 29 % der untersuchten Verträge festgestellt werden. Bei den Gas-/Stromverträgen konnten Neukunden bis zu 20 % bessere Konditionen erzielen als bestehende Kunden. Allerdings ist zu erwähnen, dass im Bereich Mobilfunk und Gas-/Strommarkt auch auffiel, dass bei einem Drittel der vergleichenden Verträge die Stammkunden preislich bessergestellt wurden als die Neukunden. Ein recht ausgeglichenes Bild im Hinblick auf die Anzahl der preislichen Differenzierung zu Gunsten Stammkunden (27 %) und zu Gunsten der Neukunden (20 %) zeigte sich bei den App-Abonnements. Eine im Vergleich zu den anderen Branchen geringere Anzahl von Neukunden, die im Vergleich zu

**Beobachtung zur Preisdifferenzierung zwischen Neu- und Bestandskunden[1)]**

| Branchen | Beobachtungen | Festgestellte Preisdifferenzierung[2)] | | |
|---|---|---|---|---|
| | | Neukunden erhalten günstigere Preise als Stammkunden | Nicht differenziert | Stammkunden erhalten günstigere Preise als Neukunden |
| Audio-Streamingdienste | 19 | 100% | | 0% |
| Festnetz-/Internetvertrag | 13 | 69% | 23% | 8% |
| Zeitschrift-/Zeitungsabo | 16 | 69% | 19% | 13% |
| Streaming & TV | 19 | 47% | 53% | |
| Strom/Gas | 22 | 41% | 23% | 36% |
| Auto-/Haftpflichtversicherung | 36 | 31% | 50% | 19% |
| Mobilfunk | 20 | 30% | 40% | 30% |
| Apps Abo | 15 | 20% | 53% | 27% |
| Software Abo | 17 | 18% | 82% | |
| Mitgliedschaften Fitnessclubs | 19 | 16% | 58% | 26% |

1) Konkret wurden im Zeitraum 1. bis 31. Mai 2021 196 Vertragssituationen geprüft

**Abb. 3** Studienergebnisse: Beobachtung von Preisen für Bestands- und Neukunden

den bestehenden Kunden preislich bevorzugt worden sind, wurde bei Mitgliedschaften in Fitnessstudios (16 %) und bei Software-Abonnements (18 %) aufgedeckt.

Zusammenfassend lässt sich konstatieren, dass in allen untersuchten Branchen preisliche Differenzierungen zu Gunsten der Neukunden realisiert werden. Es ist jedoch anzumerken, dass es auch durchaus Fälle gab, bei denen die Stammkunden preislich bessergestellt werden, jedoch im Verhältnis zur preislichen Besserstellung der Neukunden in weitaus weniger Fällen. In einigen Branchen wird die Besserstellung der Neukunden hauptsächlich durch Prämien und Gutschriften realisiert, insgesamt ist der preisliche Vorteil allerdings frappierend hoch. Und nur bei einer verschwindend geringeren Anzahl konnte auf eigenes Nachfragen der bestehenden Kunden die Gewährung einer Treueprämie erreicht werden. Branchenspezifische Besonderheiten gilt es hier nicht hervorzuheben.

Im Rahmen einer zeitgleichen quantitativen Online-Erhebung bei Marketingverantwortlichen aus den oben beschriebenen Branchen konnten diese Ergebnisse bestätigt werden. 73 % der einbezogenen 33 Experten gaben an, in ihren Unternehmen würde es durchaus vorkommen, dass ein Neukunde einen vorteilhafteren Vertrag erhält als ein Stammkunde und 67 % stimmten zu, es könne vorkommen, dass ein Stammkunde einen höheren Preis zahlen muss als ein Neukunde.

## 4.3 Zwischenfazit

Das zu Beginn beschriebene Szenario, dass Stammkunden in einigen Branchen preislich schlechter gestellt werden, konnte somit durch die Momentaufnahme der beiden dargestellten Untersuchungen über alle Branchen hinweg bekräftigt werden. Auch wenn branchenspezifisch große Unterschiede bestehen, ist aber auch festzustellen, dass in einzelnen Branchen sowohl die preisliche Besserstellung von Neukunden als auch von Bestandskunden beobachtbar waren. Daher darf vermutet werden, dass nicht nur Branchenspezifika, sondern auch unternehmensspezifische Faktoren als Erklärungsansätze heranzuziehen sind.

In diesem Abschnitt wurde der Versuch unternommen, eine objektive Bestandsaufnahme zur preislichen Ungleichbehandlung von Neu- und Bestandskunden vorzunehmen. Es ist jedoch auch zu betonen, dass die Erhebung einen breiteren Ansatz und eine größere Stichprobenanzahl erfordert hätte, um ein repräsentatives Bild darstellen zu können. Unabhängig von dieser Problematik war die Preisdifferenzierung nicht in allen Fällen unmittelbar klar ersichtlich.

Neben dem Versuch einer objektiven Betrachtung stellt sich die Frage, welche Branchen aus Sicht von Verbrauchern eher in die Gruppe „preisliche Besserstellung von Neukunden" oder „preisliche Besserstellung von Bestandskunden" einzuordnen sind.

## 5 Empirische Studie zur Wahrnehmung preislicher Differenzierung zwischen Neu- und Bestandskunden (Befragung)

### 5.1 Methodischer Ansatz

Im Rahmen der Studie OpinionTRAIN wurden fast 1400 Interviewteilnehmer in Deutschland (Onlinestudie im Mrz./Apr. 2022) zunächst um eine Bewertung gebeten, welche Branchen sie als besonders kundenorientiert betrachten (Vorlage von 12 Branchen), um im nächsten Schritt den Aspekt einer preislichen Ungleichbehandlung von Neu- und Bestandskunden in unterschiedlichen Branchen (identische Liste wie zuvor) zu diskutieren. Diese Fragestellungen waren Teil eines übergreifenden Befragungskonzeptes mit unterschiedlichen Themenbereichen.

Der Datensatz umfasste zwei Zielgruppen, zum einen die Zielgruppe der Verbraucher ($n=975$ Probanden), zum anderen Entscheider im Unternehmen ($n=382$), also eine spezielle Teilgruppe von Konsumenten, die in der Stichprobe besonders quotiert und aufgestockt wurde, deren Anteil durch die Gewichtung später jedoch wieder auf „normale Bevölkerungsstrukturen" angepasst wurde. Der Vorteil dieser Vorgehensweise liegt darin, dass neben einer Gesamtsicht auch die Perspektive von Entscheidern im Unternehmen erfasst wird und sich Strukturunterschiede beschreiben lassen.

Die Gewichtung des Datensatzes erfolgte unter Einbeziehung unterschiedlicher Sekundärquellen in einer Form, die repräsentative Aussagen zur deutschen Bevölkerung ab 18 Jahren erlaubt.

### 5.2 Studienergebnisse

Als besonders kundenorientiert werden Hotels bezeichnet (38 %), gefolgt von Supermarkt (35 %), Versicherungen (32 %) und Banken (31 %). Die wenigsten Einstufung erhalten die Verlagsbranche (12 %), Verkehrsverbünde (12 %) sowie der Bereich eCommerce (10 %). Für die Zielgruppe „Entscheider im Unternehmen" sind keine strukturell unterschiedlichen Ergebnisse erkennbar.

Danach wurden die Studienteilnehmer gefragt, ob sie sich am Situationen erinnern können, in denen Neu- und Stammkunden eines Unternehmens unterschiedlich behandelt wurden. Die Kategorien waren: „Ich war Stammkunde und wurde deutlich schlechter behandelt als ein Neukunde" und „Ich war Neukunde und wurde deutlich besser behandelt als ein Stammkunde" (vgl. Kap. „Pricing und Erlösmodelle im Neu- und Bestandskunden-Management"). Zusätzlich wurden die Befragten gebeten, ihre Erfahrungen konkret zu schildern. Typische Kommentierungen zum Thema Schlechterbehandlung von Stammkunden waren

- „Als langjähriger Kunde sieht man öfter, wie Neukunden gelockt werden und Stammkunden fallen hinten runter".
- „Bei … habe ich als Bestandskunde einen schlechteren Preis für ein Telekommunikationspaket bezahlt als Neukunden für genau das gleiche Paket. Ich habe mich beschwert und wurde dann gleichgestellt."
- „Bei Kfz-Versicherungen ist es in der Regel so, dass Neukunden günstiger versichert werden, was dazu führt, dass man häufiger kündigt."
- „Habe ein Anti-Virus Programm gekauft. Dieser Erwerb war als Neukunde günstig. Anschließend als Stammkunde doppelt so teuer. Musste die Kündigungsfrist von einem Jahr einhalten."

Die berichteten Erfahrungen bezogen sich teilweise auf generelle Aspekte, teilweise wurden aber auch konkrete Situationen oder Prozesse beschrieben. Besondern häufig wurden in diesem Zusammenhang Unternehmen aus dem Telekommunikationssektor genannt. Bereits in diesem qualitativen Teil war erkennbar, dass die Verbraucher das Thema Ungleichbehandlung von Kunden teilweise sehr emotional beschreiben, was auf ein hohes Maß an Involvement und ein ausgeprägtes Gerechtigkeitsempfinden schließen lässt.

In einem nächsten Schritt wurden die Interviewpartner in Rahmen eines standardisierten, quantitativ angelegten Fragedesigns aufgefordert, insgesamt 12 Branchen/Unternehmen dahingehend einzuordnen, wie aus ihrer Sicht Neu- und Bestandskunden dort im Vergleich preislich behandelt werden (besser, schlechter oder gleich gut). Die Ergebnisse sind in Abb. 4 dargestellt. Es ergeben sich starke Unter-

**Mrz./Apr. 2022: Kundenorientierung und wahrgenommene Preisdifferenzierung[1)]**

| Branchen / Unternehmen | Einordnung „kundenorientiert"[1)] | | Wahrgenommene Preisdifferenzierung[2)] | | |
|---|---|---|---|---|---|
| Telekommunikation | 24% | 25% | 63% | 22% | 15% |
| Versicherungen | 32% | 36% | 38% | 39% | 23% |
| Sportverein / Fitness-Club | 25% | 28% | 37% | 43% | 20% |
| Verlagsbranche (Zeitschriften/Zeitungen) | 12% | 9% | 36% | 50% | 15% |
| Banken | 31% | 37% | 32% | 51% | 17% |
| eCommerce | 10% | 18% | 25% | 59% | 16% |
| Hotels | 38% | 51% | 12% | 54% | 34% |
| Bahn-Fernverkehr | 15% | 18% | 12% | 69% | 20% |
| Airlines | 16% | 25% | 10% | 61% | 28% |
| Verkehrsverbund des Wohnorts (ÖPNV) | 12% | 13% | 6% | 77% | 15% |
| Discounter | 26% | 30% | 7% | 84% | 9% |
| Supermarkt | 35% | 40% | 6% | 83% | 11% |

Als „kundenorientiert" eingestuft (gestützte Abfrage; Mehrfachantwort) / Entscheider im Unternehmen / Neukunden erhalten günstigere Preise als Stammkunden / Nicht differenziert / Stammkunden erhalten günstigere Preise als Neukunden

1) In letzter Zeit wird der Begriff Kundenzentrierung immer wieder diskutiert: Welche der folgenden Branchen oder Unternehmen be werten Sie eher kundenorientiert als andere, d.h. Kunden wird stärker zugehört, auf Kundenbedürfnisse wird schneller eingegangen etc.?
2) Als „kundenorientiert" nehme ich folgende Branchen / Unternehmen wahr: Und: Bezogen auf die folgenden Branchen / Unternehmen würden wir gerne wissen, wie Neu- und Bestandskunden dort aus Ihrer Sicht im Vergleich preislich behandelt werden (besser, schlechter oder gleich gut). Ohne Weiß nicht.

**Abb. 4** Kundenorientierung und wahrgenommene Preisdifferenzierung zwischen Neu- und Bestandskunden (Mrz./Apr. 2022)

schiede in der Verbraucherwahrnehmung je nach Branche. Besonders polarisierend sind die Ergebnisse für den Bereich Telekommunikation: Mehr als 60 % der Befragten sehen hier den Fall, in dem Neukunden preislich bessergestellt werden, nur 15 % sehen eine Besserstellung von Stammkunden.

Eine überwiegende Besserstellung von Neukunden wird auch für Versicherungen, Sportvereine/Fitness Clubs, die Verlagsbranche, Banken und den eCommerce gesehen, wobei im Ranking auch der große Anteil mit preislicher Gleichstellung der Kunden zu erkennen ist. Für die Branche Supermarkt gehen mehr als 80 % von identischen Preisen für Neu- und Bestandskunden aus. Besonders hohe Anteile für die Kategorie „Stammkunden erhalten günstigere Preise als Neukunden" erreichen Hotels und Airlines.

Auch bei dieser Bewertung zeigen sich ähnliche Strukturen für die Zielgruppe „Entscheider im Unternehmen", wobei auf zwei Besonderheiten hinzuweisen ist. Die Befragten in diesem Segment sind eher in der Lage eine Einschätzung zu geben (in der Gesamtstichprobe liegen je nach Branche Angaben von mehr als 40 % „weiß nicht" vor, bei Entscheidern im Unternehmen sind diese Anteile reduziert) und tendenziell wird eher einer preislichen Bevorzugung von Neukunden zugestimmt.

Ein linearer Zusammenhang zwischen der Einordnung der Branche als kundenorientiert und eine differenzierte preislichen Behandlung von Neu- und Bestandskunden ist auf der Oberebene nicht erkennbar, auch nicht, wenn die Zusammenhänge auf Befragten-Ebene mittel Abhängigkeitstest geprüft werden (Chi-Quadrat-Test). Daher ist also davon auszugehen, dass Kundenorientierung grundsätzlich nicht mit einer bestimmten Strategie zur Behandlung von Kunden gleichgesetzt wird. Dies wird an Beispiel der Versicherungsbranche deutlich (relativ hohe Anteile Einordnung kundenorientiert bei gleichzeitig hoher Zustimmung einer preislichen Bevorzugung von Neukunden).

## 5.3  Zwischenfazit

Auch die Befragung von Verbrauchern offenbart eine sehr heterogene Handhabung von Preisdifferenzierungen nach Kundenstatus. Erkennbar räumen Hotels und Airlines einer preislichen Besserstellung von Stammkunden in der Verbraucherwahrnehmung eine besondere Bedeutung zu. Dies ist nicht zuletzt erklärbar durch die Kombination von zwei Faktoren: Eine hohe Wettbewerbsintensität und eine starke Konzentration der Umsätze auf verhältnismäßig wenige Kunden. Dies hat dazu geführt, dass Unternehmen in diesen Industrien frühzeitig Strategien zur Absicherung des Geschäfts mit Stammkunden umgesetzt haben. Loyalitätsprogramme spielten dabei frühzeitig eine große Rolle (Malthouse und Mulhern 2008). Die Studie von Bell et al. (2002) zeigt eine beeindruckende Konzentration von Gewinnen auf eine kleine hochwertige Kundengruppe am Beispiel der Hotelkette Hilton: 3 % der Top-Kunden (Diamond/Silver) vereinigen 46 % der Gewinne auf sich.

Knorr (2019) nennt die Airlines daher auch „Big Data Pioneers", weil sie in der Lage waren, durch den Aufbau von Kundenbindungsprogrammen bereits frühzeitig personenbezogene Daten zu sammeln, die sich zur Kundenprofilierung nutzen ließen. Während Shin und Sudhir (2013) noch argumentieren, Fluggesellschaften würden ihren treuesten Kunden üppige Vielfliegerpakete anbieten und Mobilfunkanbieter konzentrierten sich im Allgemeinen auf Kundenakquise mit Einführungsangeboten, wobei Hotels häufig beides umsetzen, werden letztere in der eigenen Studie aus Verbrauchersicht besonders wohlwollend eingestuft. In der Wahrnehmung der deutschen Konsumenten fokussieren sich Hotels im Kundenbeziehungsmanagement eher auf Stammkunden.

## 6  Ausblick

Bei der Beurteilung, ob für Unternehmen eine differenzierte Preisgestaltung für Neu- und Bestandskunden sinnvoll ist, gilt es neben den Chancen durch Preisdifferenzierung auch deren Grenzen zu verstehen. Die preisliche Besserstellung von Neukunden ist heute in vielen Branchen eher die Regel als die Ausnahme. Dies haben die beiden eigenen empirischen Studienansätze gezeigt. Hier ist einerseits auf relativ fragmentierte Ergebnisse zu verweisen (in einigen Branchen stärker, in anderen Branchen schwächer umgesetzt), andererseits aber auch darauf, dass Verbrauchern nicht immer bewusst ist, ob Anbieter preislich zwischen Neu- und Bestandskunden unterscheiden. Erkennen Verbraucher entsprechende Preisdifferenzierungen, stößt das bei Kunden häufig auf Unverständnis, gekoppelt mit Emotionalität – eine gefährliche Mischung.

Erhebliche Probleme im Kundenbeziehungsmanagement sind die Folge, wenn Bestandskunden es als ungerechtfertigt und unfair ansehen, dass Neukunden günstigere Preise erhalten als Stammkunden. In diesem Kontext lassen sich mehrere psychologische Erklärungsansätze nutzen, auch die eigene Erweiterung, die einen holistischen Ansatz bietet. In der Regel haben Kunden, die einem Unternehmen lange Jahre verbunden sind, subjektiv eine Einschätzung zur eigenen Wertigkeit für das Unternehmen (hoch) und ggfls. auch zu Neukunden (niedrig). Durch das Verletzen entsprechender sozialer Normen („Neukunden erhalten günstigere Preise als Bestandskunden, sind aber weniger wert") können unterschiedliche negative Gegenreaktionen ausgelöst werden, die sich dann auch gegenseitig verstärken können (negative Kommunikation, Probleme bei der Interaktion mit dem Kunden, negative Word-of-Mouth-Effekte, Verlust an Perceived Value und damit einhergehend geringere Zahlungsbereitschaften, Kundenabwanderung etc.).

Wichtig ist hierbei die Erkenntnis, dass die veränderten Rahmenbedingungen im Markt die Wahrscheinlichkeit drastisch erhöhen, entsprechende Wirkungsketten auszulösen. Ein Fencing von Kundensegmenten, die kommunikativ klar voneinander getrennt sind und nicht miteinander interagieren, wird demzufolge in Zukunft komplexer und herausfordernder (vielleicht sogar gänzlich unmöglich) und zwingt Unternehmen, die bestehenden Formen der Preisdifferenzierung zu überdenken.

## Literatur

Adams JS (1963) Towards an understanding of inequity. J Abnorm Soc Psychol 67(5):422–436

Adams, JS (1965) Inequity in social exchange. In: Berkowitz L (Hrsg) Advances in experimental psychology. New York, S 267–299

Bar-Gill O, Bubb R (2011) Credit card pricing: the card act and beyond. Cornell L Rev 97:967

Bell D, Deighton J, Reinartz WJ, Rust RT, Swartz G (2002) Seven barriers to customer equity management. J Serv Res 5(1):77–85

Burgartz T, Krämer A (2014) Customer Relationship Controlling – IT-gestütztes Customer Value Management, Controlling 26(4/5):264–271

Campillo-Lundbeck S (2019) Von wegen Nibelungentreue. Horizont 11:17–19

Casidy R, Wymer W (2016) A risk worth taking: perceived risk as moderator of satisfaction, loyalty, and willingness-to-pay premium price. J Retail Consum Serv 32:189–197

Dolan RJ (1995) How do you know when the price is right? Long Range Plan 28(6):125–125

Evans C (2021) New rules will stop insurers charging loyal customers more. What Car? Jun 2021. https://www.whatcar.com/news/new-rules-will-stop-insurers-charging-loyal-customers-more/n23097. Zugegriffen: 25. Febr. 2022

Fassnacht M (2003) Preisdifferenzierung. In Handbuch Preispolitik. Gabler, S 483–502

Fröhlich C (2019) Revolution am Mobilfunkmarkt Treue Kunden sind bislang die Dummen, doch das könnte sich bald ändern. https://www.stern.de/digital/smartphones/handyvertraege--treue-kunden-sind-bislang-die-dummen--doch-das-koennte-sich-bald-aendern-8649586.html. Zugegriffen: 25. Febr. 2022

Furnham A, Boo HC (2011) A literature review of the anchoring effect. J Socio-Econ 40(1):35–42

Homburg C, Koschate N (2005) Behavioral Pricing Forschung im Überblick. Z Betriebswirt 75(5):501–524

Hyken S (2018) Businesses lose $75 billion due To poor customer service. https://www.forbes.com/sites/shephyken/2018/05/17/businesses-lose-75-billion-due-to-poor-customer-service/?sh=896be3616f92. Zugegriffen: 28. Mai 2021

Jain D, Singh SS (2002) Customer lifetime value research in marketing: a review and future directions. J Interact Mark 16(2):34–46

Kahneman D, Knetsch JL., Thaler R (1986) Fairness as a constraint on profit seeking: Entitlements in the market. Am Econ Rev 76(4):728–741

Kalapurakal R, Dickson PR, Urbany JE (1991) Perceived price fairness and dual entitlement. ACR North American Advances. https://www.acrwebsite.org/volumes/7252/. Zugegriffen: 25. Febr. 2022

Kimes SE, Wirtz J (2002) Perceived fairness of demand-based pricing for restaurants. Cornell Hotel and Restaurant Adm Q 43(1):31–37

Knorr A (2019) Big data, customer relationship and revenue management in the airline industry: what future role for frequent flyer programs? Rev Integr Bus Econ Res 8(2):38–51

Kopetzky M (2015) Einfluss von Preispsychologie auf Kundenbetrug: theoretische Fundierung und empirische Analyse. Springer

Krämer A, Burgartz T (2022) Kundenwertzentriertes Management. Springer Gabler, Wiesbaden

Krämer A, Kalka R (2020) Neue Perspektiven für die Preiskommunikation in einer digitalen Welt. In Preiskommunikation. Springer Gabler, Wiesbaden, S 471–490

Krämer A, Bongaerts R, Wilger G (2021) Corona-Krise und die veränderte Sicht auf die Kunden-Wertigkeit im ÖPNV – Teil 1. Technik & Verkehr 74(12):421–424

Krämer A (2020) Preisvereinfachung versus Preisdifferenzierung. In Preiskommunikation. Springer Gabler, Wiesbaden, S 73–88

Lanzerath C, Klimkeit V (2021) Negativzins-Kredit: 1000 € leihen, 995,83 € zurückzahlen. ComputerBild, v. 25.09.2021. https://www.computerbild.de/artikel/cb-Tipps-Internet-Nullzins-Kredit-24507163.html. Zugegriffen: 25. Febr. 2022

Mahadevan J (2010) Wahrgenommene Preisfairness bei personenbezogener Preisdifferenzierung, Bd. 7., Lang, Frankfurt am Main

Malthouse E, Mulhern F (2008) Understanding and using customer loyalty and customer value. J Relationship Mark 6(3–4):59–86

Markwort H (2021) „Ich werde ein dezenter Herausgeber sein", Interview in der FAZ v. 23.1.2010. https://www.faz.net/aktuell/feuilleton/medien/im-gespraech-helmut-markwort-ich-werde-ein-dezenter-herausgeber-sein-1623471.html. Zugegriffen: 25. Febr. 2022

Martín-Consuegra D, Molina A, Esteban Á (2007) An integrated model of price, satisfaction and loyalty: an empirical analysis in the service sector. J Prod Brand Manage 16(7):459–468

Martins M, Monroe KB (1994) Perceived price fairness: a new look at an old construct. ACR North American Advances. https://www.acrwebsite.org/volumes/7566/volumes/v21/NA-21. Zugegriffen: 25. Febr. 2022

Mohtasham SS, Sarollahi SK, Hamirazavi D (2017) The effect of service quality and innovation on word of mouth marketing success. Eurasian Bus Rev 7(2):229–245

Northcraft GB, Neale MA (1987) Experts, amateurs, and real estate: an anchoring-and-adjustment perspective on property pricing decisions. Organ Behav Hum Decis Process 39(1):84–97

Pritchard RD (1969) Equity theory: a review and critique. Organ Behav Hum Perform 4(2):176–211

Reichheld F, Darnell D, Burns M (2021) Net Promoter 3.0 – introducing earned growth, the accounting-based counterpart to the Net Promoter Score, HBR. https://hbr.org/2021/11/net-promoter-3-0. Zugegriffen: 18. Okt. 2021

Reichheld FF, Sasser WE (1990) Zero defeofions: quoliiy comes to services. Harv Bus Rev 68(5):105–111

Reichheld FF, Teal T (1996) The loyalty effect. Harvard Business School Press, Boston

Roth S, Priester A, Pütz C (2020) Personalisierte Preise für Dienstleistungen. In Automatisierung und Personalisierung von Dienstleistungen. Springer Gabler, Wiesbaden, S 361–387

rtl (2021) Treue Kunden sind die Dummen. https://www.rtl.de/cms/treue-kunden-sind-die-dummen-darum-sollten-sie-vertraege-regelmaessig-kuendigen-4227070.html. Zugegriffen: 18. Jan. 2022

Sanburn J (2012) Delta Appeared to Overcharge Frequent Flyers for Weeks – was That Legal? Time Magazine online, v. 5.5.2012. https://business.time.com/2012/05/21/delta-overcharged-frequent-flyers-for-weeks-was-that-legal/. Zugegriffen: 25. Febr. 2022

Shin J, Sudhir K (2013) Should you punish or reward current customers? MIT Sloan Manag Rev 55(1):59–64

Simon H (2013) Preisheiten – alles, was Sie über Preise wissen müssen. Campus, Wiesbaden

Urbach (2022) Handy- und Internetverträge: der Treue ist der Dumme. https://www.rnd.de/wirtschaft/handy-und-internetvertraege-der-treue-ist-der-dumme-DW5WLFILLFBPHM7F75F2SLYQLM.html. Zugegriffen: 18. Jan. 2022

Varian HR (1996) Differential pricing and efficiency. First Monday 1(2):1–10

Verhoef PC, Langerak F (2002) Eleven misconceptions about customer relationship management. Bus Strateg Rev 13(4):70–76

wechselpilot (2022) https://www.wechselpilot.com/magazin/strom/neukundenbonus/. Zugegriffen: 18. Jan. 2022

**Prof. Dr. Regine Kalka** ist seit 2003 Professorin für Marketing und Kommunikation an der Hochschule Düsseldorf und seit 2018 Mitglied des Hochschulrates. Zuvor war sie Geschäftsbereichsleiterin bei einer deutschen Messegesellschaft sowie Senior Consultant bei einer internationalen Unternehmensberatung. Ihre Forschungsschwerpunkte liegen im Bereich Pricing, Messemanagement und Markenmanagement und ist in diesen Bereichen auch Autorin zahlreicher Publikationen.

**Prof. Dr. Andreas Krämer** ist Vorstandsvorsitzender der exeo Strategic Consulting AG in Bonn und Direktor des Value Research Institute (VARI e. V.) in Iserlohn. Nach Studium der Agrarökonomie und anschließender Promotion arbeitete Andreas Krämer von 1996 bis 2000 bei zwei führenden internationalen Beratungsgesellschaften, bevor er in 2000 seine eigene Beratungsgesellschaft gründete. Von 2014 bis 2020 war er Professor für Pricing und Customer Value Management an der University of Europe for Applied Sciences in Iserlohn. Andreas Krämer ist Mitinitiator der Studien „Pricing Lab" und „MobilitätsTRENDS" sowie Autor zahlreicher Fachaufsätze und mehrerer Bücher.

**Prof. Dr. Nikola Ziehe** lehrt an der Hochschule Düsseldorf BWL, Handelsmarketing und Kommunikationsmanagement. Zuvor arbeitet sie mehr als 15 Jahre als externe und interne Strategieberaterin bei internationalen Handelskonzernen und in der Unternehmensberatung.

# Einstellung und Erwartungshaltung von Konsumenten an Unternehmen heute

Martin Langhauser und Wolfgang Merkle

## Inhaltsverzeichnis

| | | |
|---|---|---|
| 1 | Einkaufsmuster – gegensätzlicher denn je? | 50 |
| 2 | Soziodemografische Hintergründe | 51 |
| 3 | Generelle Bedeutung des Preises beim Einkauf | 53 |
| 4 | Qualität und Nachhaltigkeit als Entscheidungskriterien im Einkauf | 54 |
| 5 | Einkaufen – Lust oder Last? | 55 |
| 6 | Gewinnung von Neukunden oder Bindung von Stammkunden – was ist aus Marktforschungssicht wichtiger? | 57 |
| | Literatur | 58 |

### Zusammenfassung

Deutschland ist ein Land der Schnäppchenjäger – diese Aussage scheint über lange Zeit über eine offensichtlich dominierende Preiswerbung, das enorme Wachstum der großen Discounter und die Entstehung von immer neuen preisdominierten Betriebsformen und Fachmarktkonzepte Bestätigung erfahren zu haben. Doch ist das wirklich noch immer so? Ist der Preis wirklich das einzige Argument im Wettbewerb um die Gunst der Kunden? Denn in mancher Konsumbefragung und in verschiedenen

---

M. Langhauser
GfK SE Nürnberg, Nürnberg, Deutschland
E-Mail: martin.langhauser@gfk.com

W. Merkle (✉)
Merkle. Speaking. Sparring. Consulting., Hamburg, Deutschland
E-Mail: mail@merkle-consulting.com

© Der/die Autor(en), exklusiv lizenziert an Springer Fachmedien Wiesbaden GmbH, ein Teil von Springer Nature 2023
A. Krämer et al. (Hrsg.), *Stammkundenbindung versus Neukundengewinnung*,
https://doi.org/10.1007/978-3-658-40363-8_3

Trendanalysen wird seit einiger Zeit von Konsummotiven jenseits des Preises berichtet. Um diese Diskussion zu objektivieren, untersucht dieser Beitrag anhand des tatsächlichen Kaufverhaltens – und damit jenseits möglicherweise Bias-verzerrter genereller Meinungsbefragungen –, welche Kaufmotive sich tatsächlich beobachten lassen; mit dem Ziel, eine klarere Grundlage für Fragen in der Bindung bestehender Kunden oder für die Gewinnung neuer Kunden zu liefern.

## 1 Einkaufsmuster – gegensätzlicher denn je?

„Aus den USA ist der »Black Friday« nach Deutschland geschwappt, eine Materialschlacht der Konsumgüter. Ebenfalls aus Übersee stammt auch die Gegenbewegung, die für mehr Nachhaltigkeit wirbt." (o. V. 2021a)

These – Antithese: Welches Motiv treibt den Konsum tatsächlich an? Welches sind die Themen, die Kunden bei ihrem Einkauf wichtig sind? Hat Qualität als Einkaufsmotiv wirklich an Bedeutung gewonnen oder ist der Preis nach wie vor der entscheidende Treiber beim Einkauf? Verhalten sich Shopper bei ihrem tatsächlichen Einkauf anders als in generellen Interviews von Marktforschungsagenturen erfragt? Sollten sich Unternehmen eher auf Bestandskunden konzentrieren oder in die Gewinnung neuer Kunden investieren? – Das sind Fragen, die im Austausch mit Unternehmen immer wieder gestellt werden. Denn in der öffentlichen Diskussion finden sich unterschiedliche, sich inhaltlich teils widersprechende Informationen: Auf der einen Seite wird berichtet, dass sich die Wertvorstellungen und Kaufmotive von Verbrauchern gewandelt haben und damit der Preis allein nicht länger kaufentscheidend wäre (Wies 2021). Auf der anderen Seite belegen psychologische Studien, dass Konsumenten in der eigentlichen Kaufentscheidungssituation direkt am Regal dann doch auf Menge und Preis setzen würden: „Wer für sich selbst etwas erwirbt, setzt – allen Beteuerungen zum Trotz – eher auf Quantität" (Herrmann 2020). Eine Erkenntnis, die auch eine Erklärung dafür wäre, warum Shoppingevents wie die Cyber Week, der Black Friday oder der Cyber Monday zwischenzeitlich eine so große Bedeutung erlangen und damit auch klassische Einkaufsanlässe wie das Weihnachtsgeschäft in Bedrängnis bringen (o. V. 2021b). Ein weiteres Spannungsfeld zeigt sich in der Diskussion rund um nachhaltig produzierte, biologisch angebaute oder lokale Produkte: Denn einerseits berichten Experten, wie wichtig Nachhaltigkeit, Regionalität und lokale Besonderheiten als Einkaufstreiber geworden sind, andererseits zeigen die Statistiken, dass discountorientierte Geschäftsmodelle weiter an Bedeutung gewinnen und entsprechend expandieren. Und schließlich verstärkt sich die Bedeutung der Frage vor dem Hintergrund der aktuellen wirtschaftlichen Verwerfungen mit ihren extremen Preissteigerungen und dem parallelen Rückgang der Reallöhne – einer außergewöhnlichen Situation, in der erste Studien die Frage stellen, ob Geiz wieder geil werden würde (Saal 2022).

Der vorliegende Beitrag soll diese Diskussion objektivieren – und damit mehr Klarheit für unternehmerische Entscheidungen liefern. Denn manche Diskussion relativiert sich, wenn sie über entsprechende Daten fundiert ist; insbesondere dann, wenn nicht nur die Ergebnisse von Meinungsumfragen in Bezug auf das eigene Interesse erst interpretiert werden müssen, sondern wenn die Ergebnisse des tatsächlichen Kaufverhaltens der eigenen Entscheidung zugrunde gelegt werden können. Deshalb werden im Folgenden ausgewählte Auszüge und Ableitungen aus den GfK Consumer Panel Total Shopper vorgestellt; einem Tool, mit dem die GfK das Einkaufsverhalten der Shopper bei FMCG und Nonfood im Detail analysiert: Dazu berichten die Panel-Haushalte tagtäglich elektronisch, was, wann, wo, wie viel von wem sie in den FMCG- und Nonfood-Warengruppen eingekauft haben. Das Panel umfasst damit also Daten von „Shoppern"; im Gegensatz zu vielen anderen Marktforschungsstudien werden hier also keine generellen Meinungen abgefragt, die Bias-bedingt verzerrt sein können, sondern stützen sich auf die Ergebnisse tatsächlich getätigter Einkäufe.

Mit dem GfK Consumer Panel Total Shopper ist die GfK in der Lage, Aussagen über das Einkaufsverhalten im gesamten FMCG- und Nonfood-Markt in Deutschland zu tätigen. Die Panel-Haushalte stehen repräsentativ für die knapp 41 Mio. Haushalte in Deutschland. Das Erhebungsspektrum deckt mit mehr als 320 FMCG Warengruppen und über 260 Nonfood-Warengruppen die gesamte Breite der FCMG- und Nonfood Warengruppenwelt ab. Der Vorteil dieses Kauf-Panels liegt darin, dass die Shopper zeitnah nach Shopping Trip Ihren Einkauf an die GfK melden und somit der Einkauf beim Shopper noch sehr präsent ist. Interessant sind dabei zunächst die einzelnen Aspekte, die aus dem direkten Vergleich der Jahre 2016 und 2021 abgeleitet werden können.

## 2    Soziodemografische Hintergründe

In der medialen Berichterstattung finden sich seit einiger Zeit zunehmend kritische Berichte und Kommentierungen über die Entwicklung der Bevölkerung, den damit einhergehenden demografischen Wandel und die Veränderungen im Bildungsniveau. Eine Überschrift wie „Die Menschen leben allein, machen häufiger Abitur, gehen später in Rente" (Pauly 2022) zeigt exemplarisch, mit welchen Herausforderungen die Gesellschafts-, Bildungs- und Gesundheitspolitik aktuell konfrontiert wird: Eine Überschrift wie „Deutschland altert, jeder zweite Deutsche ist älter als 45" (Schulte von Drach 2019) verdeutlicht zudem die Sorge, dass immer weniger Erwerbsfähige immer mehr Senioren versorgen müssen. Die Aussage „Abiturientenschwemme trifft auf Fachkräftemangel" (Stock 2022) umschreibt die aktuelle Situation in der Bildungspolitik. Und eine Meldung wie „Die Einsamkeit breitet sich aus wie eine Epidemie" (o. V. 2018) deutet an, dass mit möglicherweise steigenden Krankheitsständen die Herausforderungen der Gesundheitspolitik nochmals verstärkt werden.

Welche Konsequenzen haben diese Entwicklungen für den Einkauf von Konsumprodukten? Lässt sich in der unternehmerischen Praxis ebenfalls eine Verschiebung in der Struktur der kaufenden Haushalte beobachten? Spiegelt sich dieser Trend analog den Daten auch in den Panels der Marktforschung wider? Bei der Analyse des

GfK Consumer Panel Total Shopper – insbesondere in der Entwicklung 2016 bis 2021 wird deutlich: Insbesondere die Anzahl kaufender Einpersonenhaushalte hat deutlich zugenommen; während 2016 Zweipersonenhaushalte noch die Mehrheit der kaufenden Haushalte ausgemacht hat, stellen diese, also die Einpersonenhaushalte, mit einem Anteil von fast 40 % nun die größte Gruppe vor den Zweipersonenhaushalten und den dann erst mit einem größeren Abstand folgenden Dreipersonenhaushalten. Dementsprechend ist es auch fast nicht verwunderlich, dass die Anzahl der Haushalte ohne Kinder auf nunmehr fast 80 % leicht zunimmt. In den Haushalten mit Kindern (unter 18 Jahren) sind die Einkindhaushalte noch immer in der Mehrheit; auch wenn deren Zahl 2021 im Vergleich zur Erhebung in 2016 leicht zurückgegangen ist.

Für Unternehmen besonders spannend ist die Frage der Konsumgenerationen kaufender Haushalte – denn immerhin basieren darauf viele strategische sortiments- und marketingrelevante Entscheidungen. Die GfK hat ihre Consumer Panels in die Generationen Wiederaufbau (Jahrgänge vor 1952), Babyboomer (von 1952 bis 1966), Generation X (von 1967 bis 1981), Millennials (von 1982 bis 1996) strukturiert und diese jüngst um die neue Gruppe der sogenannten iBrains (ab 1997 geborene) erweitert. Mit der öffentlichen Diskussion um eine allmähliche Überalterung der Gesellschaft mag man zunächst vermuten, dass sich eine solche Überalterung auch im Konsum widerspiegelt. Allerdings: In der Analyse des Consumer Panels wird deutlich, dass ältere Menschen offensichtlich auch immer weniger einkaufen: Die Generation Wiederaufbau stellt im Panel in 2016 noch einen Anteil von fast 30 % der Kunden, in 2021 ist ihr Anteil auf knapp unter 20 % gesunken. Die Generation der Babyboomer stellt im Consumer Panel Total Shopper vergleichbar zu 2016 auch in 2021 einen Anteil von annähernd 30 % Haushalte – auch wenn ihr Anteil mit −2,7 % im Fünfjahresvergleich leicht rückläufig ist. Wachsen können in der Analyse kaufender Kunden zum einen die Generation X mit einem leichten Plus auf nunmehr 27 % Käufer-Anteil und ganz deutlich die Gruppe der Millennials von ehemals 16,5 % auf nunmehr 22,3 % Anteil. Die Gruppe der iBrains ist im Consumer Panel nur geringfügig vertreten – dennoch aber mit nunmehr 2 % Käufer-Anteil in der Statistik gut erkennbar. Damit zeigt sich, dass die Unternehmen mit wachsender Bedeutung jüngerer Konsumgenerationen auf die damit einhergehenden veränderten Anspruchsniveaus eingehen müssen.

Die Verschiebung des Bildungsniveaus der Gesellschaft zeigt sich ebenfalls im Consumer Panel: Denn auch wenn die Gruppe bei der der Haushaltsvorstand die mittlere Reife besitzt mit 37 % Anteil fast unverändert zu 2016 noch immer den größten Käufer-Anteil im Gesamtmarkt ausmacht; ein höheres Bildungsniveau zeigt sich auch im Consumer Panel mit einer leichten Zunahme der Shopper mit Fachhochschulabschluss und Examen von 2 % auf nunmehr 28,5 % Anteil und insbesondere bei einem im Fünfjahresvergleich enormen Anstieg von +13,2 % der Shopper mit Abiturabschluss auf nunmehr 14 % Anteil im Consumer Panel. Demgegenüber zeigt sich – fast erwartungsgemäß – ein Rückgang des Shopperanteils, bei dem der Haushaltsvorstand über einen Hauptschulabschluss verfügt von 22 % in 2016 auf nur noch 20 % in 2021 – was einem Rückgang von immerhin 11 % entspricht.

## 3  Generelle Bedeutung des Preises beim Einkauf

Deutschland gilt als Land der Schnäppchenjäger – und diese Einstellung zum Konsum wird schon seit Längerem kritisch hinterfragt. „Konsum ist geil und verbessert die Welt" (Schaaf 2007), „Warum wollt Ihr immer nur billig?" (Martin 2007) werden in diesem Zusammenhang zwei exemplarische Beiträge eingeleitet. Teilweise wird in der Konsequenz gemutmaßt, dass für den Shopper nur noch der Preis als Entscheidungskriterium zählen würde; und über das massive Wachstum discountorientierter Betriebsformen sowie die Vielzahl regelmäßiger, preisbasierter und aufmerksamkeitsstarker Aktivierungs- und Akquisitionsmaßnahmen wurde gerade dem Handel in der Folge eine „Phantasielose Preis-Fokussierung im Handel" (o. V. 2005) vorgeworfen.

Vor diesem Hintergrund entsteht immer wieder die Frage, wie Konsumenten heute tatsächlich zum Thema Preis stehen, ob dieses Kaufkriterium noch immer eine so enorme Bedeutung hat wie es das Wachstum discountorientierter Betriebsformen und Marketingmaßnahmen lange Zeit hat vermuten lassen. Zumal seit einiger Zeit gerade im Spannungsfeld zwischen Preis und Qualität davon berichtet wird, dass der Preis offensichtlich an Bedeutung verlieren würde; Überschriften wie „Bei den meisten Produkten kommt es mir eher auf die Qualität als auf den Preis an" (Statista 2018) oder „Qualität wird wichtiger als Preis" (dpa 2010) deuten das an.

Im GfK Consumer Panel Total Shopper sind viele Aspekte enthalten, die hierzu mögliche Antworten liefern. Dabei zeigt sich zunächst, dass der Preis noch immer enorm wichtig für die Kaufentscheidung der kaufenden Haushalte ist; die in der Vergangenheit über allem anderen stehende Dominanz in der Bedeutung hat sich in den letzten fünf Jahren jedoch abgeschwächt. So zeigt sich in der Auswertung der Antworten auf die Alternative „achte vor allem auf den Preis" versus „achte vor allem auf die Qualität", dass sich der Schwerpunkt in den letzten fünf Jahren gedreht hat. Während 2016 noch eine Mehrheit von 51 % der Panel-Teilnehmer stärker auf den Preis als auf die Qualität geachtet haben, so ist es fünf Jahre später genau umgekehrt: In 2021 halten 49 % der Panelteilnehmer den Preis wichtiger, die Mehrheit von 51 % votiert für Qualität als ausschlaggebendes Kaufargument. Zwischen den unterschiedlichen Shopper-Gruppen, wie z. B. jung vs. alt, arm vs. reich gibt es bei diesem Kriterium relevante Unterschiede in der Beurteilung der Preisrelevanz in der Beurteilung, insgesamt hat aber die Bedeutung des Preises – zumindest bis 2021 – beim Einkauf abgenommen.

Die tendenziell abnehmende Bedeutung des Themas Preis bestätigt sich im Consumer Panel mit der Frage nach dem Preisbewusstsein: Der Anteil derjenigen, die sich selbst als „sehr preisbewusst" oder „überwiegend preisbewusst" einstufen, ist mit fast 68 % aller Panelhaushalte zwar noch immer sehr hoch; dennoch kann im Preisbewusstsein erstmals seit längerem ein Rückgang um 3 % verzeichnet werden; und das in einem ähnlichen Verhältnis, wie sich nunmehr immer mehr Panelteilnehmer selbst als „wenig preisbewusst" oder „nicht preisbewusst" einstufen.

Eine leichte Abschwächung des Preises als Hauptargument zeigt sich auch in der steigenden Bedeutung der Qualitätsorientierung und der damit verwandten Dimensionen.

Diejenigen, die ihre Qualitätsorientierung als „sehr hoch" oder „hoch" einschätzen, liegen nunmehr bei 31 %, was im Vergleich zu 2016 einem Wachstum von 10 % entspricht. Diejenigen Shopper, die ihre Qualitätsorientierung als „gering" oder „sehr gering" einstufen, haben vor fünf Jahren noch ein Viertel des Panels repräsentiert – heute liegt dieser Anteil bei nur noch einem Fünftel des Panels. Eine ähnliche Entwicklung zeigen auch die in diesem Zusammenhang erhobenen Teilaspekte „Naturbelassenheit" („sehr hohe/hohe Bedeutung": +20,2 %) und deutsche Produkte („sehr hohe/hohe Bedeutung": +12 %) auf. Dazu kann man schließlich auch den Anstieg derjenigen zählen, die sich als LOHAS-Konsumenten (=Akronym für **L**ifestyle **o**f **H**ealth **a**nd **S**ustainability) einstufen: In der Kerngruppe lässt sich ein Wachstum von 48 % beobachten, in der Randgruppe immer noch von 32 %.

Das Ergebnis bestätigt sich auch aus dem GfK Consumer Panel Total Shopper im Fünfjahresvergleich 2021 zu 2016: Konsumenten achten zwar weiterhin auf den Preis, doch zunehmend spielen beim Kauf eines Produkts Qualität und Nachhaltigkeit eine wichtige Rolle.

## 4 Qualität und Nachhaltigkeit als Entscheidungskriterien im Einkauf

Wenn Qualität als kaufentscheidendes Argument nunmehr so wichtig ist, spiegelt sich das auch im tatsächlich beobachtbaren Kaufverhalten im GfK Consumer Panel Total Shopper wider? Und: In welchen Aspekten lässt sich Qualität ablesen?

Qualität – im Gabler Wirtschaftslexikon als „Übereinstimmung von Leistungen mit Ansprüchen" definiert (Markgraf o. J.), in der DIN EN ISO 8402-Definition als „Gesamtheit von Merkmalen einer Einheit bezüglich ihrer Eignung, festgelegte und vorausgesetzte Erfordernisse zu erfüllen" umschrieben (quality.de o. J.) – spielt im GfK Consumer Panel Total Shopper eine große Rolle. Über die oben bereits zitierte Nachfrage nach der generellen Bedeutung hinaus, wird das besondere Interesse an Qualität im Consumer Panel über konkrete Rückfragen in den Themenfeldern Ernährung und Nachhaltigkeit konkretisiert.

Im Vordergrund stehen dabei zunächst Fragen nach der Bedeutung von Qualität beim Lebensmitteleinkauf, das Interesse an regionalen und Bio- oder Ökoprodukten sowie bei der verstärkten Suche nach gesiegelten Produkten bzw. dem bewussten Verzicht auf solche Produkte, die der Gesundheit schaden könnten. Während 2016 nur 44 % aller Haushalte auf die Qualität bei Lebensmitteln geachtet haben, liegt diese Einschätzung 2021 bei 49 %, mit einem Anstieg von 11 %. In diesem Zusammenhang bevorzugen immer mehr Shopper Bio- und Ökoprodukte; nachdem in 2016 nur ein Viertel sich für solche Produkte entschieden haben, liegt dieser Anteil in 2021 bereits bei einem Drittel. Die Shopper suchen in diesem Zusammenhang verstärkt auch Produkte aus regionaler Produktion – hier ist im Fünfjahresvergleich ein Anstieg von 14 % auf nunmehr 69 % zu konstatieren. Nochmals höher ist der Bedeutungszuwachs beim Einkauf von Produkten mit Nachhaltigkeitssiegeln: Im Vergleich zu 2016 stimmen 55 % mehr Befragte zu, auf solche Siegel zu achten, womit 2021 immerhin 31 % aller Konsumenten gesiegelte Produkte gekauft haben. Nunmehr 52 % aller Konsumenten vermeiden Produkte, die wissentlich der Gesundheit schaden, was einem Zuwachs von 57 % zu 2016 entspricht.

Einen besonderen Schub scheinen die bewusste Ernährung und die Suche nach Öko-, Bio- oder regionalen Produkten schließlich auch durch die verstärkte Klimadebatte erhalten zu haben. Auf die in diesem Zusammenhang gestellte Frage „bevorzuge Biolebensmittel" ist die Zustimmung auf die Kategorien „mache ich bereits", „werde ganz sicher" sowie „werde wahrscheinlich" jeweils zwischen 20–30 % gestiegen – ebenso in der Frage nach artgerechter Haltung, der Bevorzugung von Lebensmitteln aus der Region oder dem Einkauf von Lebensmitteln, die unter Fair-Trade-Bedingungen gehandelt werden.

Damit wird zusammenfassend auch im GfK Consumer Panel Total Shopper bestätigt, wie wichtig Qualität, Nachhaltigkeit und gesundheits- bzw. umweltbewusster Einkauf geworden sind – und zwar nicht nur als wohlklingendes und vermeintlich gern gehörtes Argument in generellen Meinungsumfragen, sondern als unmittelbar entscheidungsbeeinflussendes Argument am Regal. Es zeigt sich, dass die Aufgeklärtheit beim Kauf bzw. Konsum deutlich gestiegen ist. Und auch wenn die Ukraine-Krise erstmals seit den Nachkriegsjahren die Inflation in Deutschland an die 10 %-Marke gebracht hat und damit die Sensibilität für den Preis wieder steigt: Auch die aktuellen Entwicklungen des GfK-Consumer Panels scheinen zu bestätigen, dass trotz der aktuellen Verwerfungen, Preissteigerungen, Rückgang der Reallöhne und der damit einhergehenden finanziellen Restriktionen der Anteil derjenigen, die einen neuen Konsumstil mit leben, weiterhin hoch bleiben wird – einem Konsumstil, der noch sensibler mit den Ressourcen des Planeten umgeht, der sozial-ökologisches verantwortungsvolles Erleben, Entdecken und Genießen bereits beim Einkauf mit berücksichtigt. Laut aktueller Umfragen rechneten im Juni 2022 etwa 84 % der Deutschen mit einem weiteren Anstieg der Preise (Deutsche Bundesbank 2022). Mit dem erwarteten Anstieg der Teuerungsrate und der zunehmend hohen Besorgnis in der Bevölkerung steht Deutschland nicht alleine da. Vielmehr reflektiert dies einen weltweiten Trend (IPSOS 2022). Gleichzeitig unterstreichen aktuelle Studien (Krämer et al. 2022), dass Verbraucher die Teuerungsrate subjektiv mit etwa 13 % fast doppelt so hoch wie die objektive Inflationsrate (März/Apr. 2022) einschätzen. Bei 10 % offizieller Teuerungsrate dürfte der subjektive Wert eher bei 20 % liegen. Dies führt nicht zu Mehrkonsum, sondern zu einer verstärkten Konsumeinschränkung.

## 5 Einkaufen – Lust oder Last?

Bei der Konzeption der vorliegenden Publikation wurde unter anderem die Frage aufgeworfen, wie die im GfK Consumer Panel Total Shopperberücksichtigten Haushalte konkret einkaufen – und das nicht nur in ihrer allgemeinen Präferenz von Online versus Offline, sondern insbesondere auch in den Aspekten, welche Bedeutung für sie das Einkaufserlebnis sowie die Beratungs- und Bedienungsleistung hat und der übergreifenden Fragestellung, ob das Einkaufen als Spaß oder eher im Gegenteil als Last empfunden wird. Denn diese Aspekte scheinen auch im Zusammenhang mit dem übergreifenden Thema dieses Buches zu stehen, ob sich das Marketing im aktuellen Umfeld eher auf die Gewinnung von Neukunden oder auf die Pflege von Bestandskunden konzentrieren sollte.

In der Abgrenzung der Kaufpräferenz von Online- zu Offline-Einkäufen ist zunächst spannend, dass die Zustimmung zur Frage „kaufe am liebsten online" im Fünfjahresvergleich abgenommen hat. Der Internetkauf wird- trotz des Online Booms während Corona deutlich kritischer gesehen: die Frage, ob der Kunde den Internetkauf als Erlebnis empfindet oder nicht: Und dabei ist der Anteil, die das verneinen, in den letzten fünf Jahren um mehr als 10 % auf nunmehr 69 % gestiegen – für mehr als zwei Drittel der Shopper in Deutschland scheint das Internet damit eine Einkaufsdestination zu sein, mehr offensichtlich aber nicht. Dies ist umgekehrt also auch eine Chance für den stationären Einzelhandel, wenngleich es auch hier eine Reihe von Hygienefaktoren gibt, die als positiv wahrgenommen werden sollten.

„Einkaufen soll Spaß machen" (planung und analyse 2016) – lautet das Fazit bzw. die daraus resultierende Forderung mancher Marktforschungsstudie. Allerdings steht dieser Anspruch im Gegensatz zu den Erkenntnissen des GfK Consumer Panels. Während 2016 noch knapp 66 % die Aussage „Einkaufen macht Spaß" bestätigt haben, lag dieser Wert in 2021 nur noch bei 62 % – was für ein gestiegenes Anspruchsniveau der Shopper spricht. In die gleiche Richtung geht auch die gegensätzliche Frage, ob der Einkauf insbesondere von Lebensmitteln nicht eher sogar als lästig empfunden wird, was mittlerweile von 38 % der Panelteilnehmer bejaht wird – im Fünfjahresvergleich immerhin ein Wachstum von 10 %. Die gestiegene Erwartungshaltung der Shopper wird im Panel auch über die beiden Aspekte „schätze persönliche Beratung" sowie „schätze persönliche Bedienung" untermauert: Bezüglich der notwendigen Beratungsleistung ist die Anzahl der unbedingten Zustimmung im Fünfjahresvergleich um 8 % auf nunmehr 53 % gestiegen – in einem ähnlichen Umfang sind die Antworten auf die gegenläufige Antwortmöglichkeit „stimme nicht zu" auf den niedrigen Wert von nur noch 18 % gefallen. Der Antwortmöglichkeit „stimme zu" auf die Frage nach der Bedeutung der persönlichen Bedienung, haben in 2021 44 % der Konsumenten zugestimmt – das ist ein Ausbau von 3 % zum Vergleichsjahr.

In der Summe zeigt sich: Die Kunden empfinden das Einkaufen immer weniger als Erlebnis; und bei einem gleichzeitig gestiegenen Anspruchsniveau der Konsumenten wird es eine wichtige Aufgabe für Unternehmen, in die Wahrnehmungsqualität genau der dafür verantwortlichen Gestaltungsfelder zu investieren.

## 6 Gewinnung von Neukunden oder Bindung von Stammkunden – was ist aus Marktforschungssicht wichtiger?

Vor dem Hintergrund der bisherigen Erkenntnisse: Welche Strategie sollten Unternehmen nunmehr verfolgen: Sollten diese eher auf die Gewinnung von Neukunden oder in die Bindung von Stammkunden setzen? Darauf gibt es zwei Antworten – eine grundsätzliche, und eine wiederum mit Daten unterlegte:

- Zum einen sollten Unternehmen alle Informationen, die sie aus dem konkreten Austausch mit ihren Kunden gesammelt haben, in die Weiterentwicklung dieser Beziehung nutzen. Denn es ist eine bekannte und auch in vielen anderen Beiträgen dokumentierte Tatsache, dass es deutlich sinnvoller ist, die konkreten Erkenntnisse aus einer einmal gewonnenen Datenbasis zunächst gezielt weiter zu denken als über ein weiteres Projekt in unbekannte, weniger loyale und gerade im Anfangsstadium teure Neuakquisition zu investieren. „Neukundengewinnung kostet Geld, Bestandskunden bringen Geld" (Sicking 2010) ist in diesem Zusammenhang eine Aussage, die in die gleiche Richtung argumentiert.
- Zum zweiten lässt sich eine solche generelle Empfehlung über konkrete Daten aus dem GfK Consumer Panel Total Shopper am Beispiel des Nonfood-Marktes gut belegen. So wird am Beispiel einer Branchenauswertung in den Bereichen Elektronik, Möbel und Baumarkt über den Vergleich der Kaufperioden 2017, 2018 und 2019 deutlich, dass Mehrjahreskunden deutlich höhere Umsätze in den isolierten Perioden tätigen, als die Kunden, die jeweils nur in einem einzelnen Jahr einkaufen. So belegt das Panel, dass Kunden, die zum Beispiel im Elektrobereich über mehrere Perioden gekauft haben, deutlich mehr ausgeben, als die „Eintagsfliegen" – also die Kunden, die nur in einer Periode gekauft haben: Der Unterschied beträgt bis zu 100 %. Und auch wenn ein einzelner Einkauf eines Gelegenheitskäufers höher ausfallen kann, als der Durchschnittsbon der loyalen Kunden, sind Wiederkäufer über die Periode deutlich wertiger für den Händler. Denn während Gelegenheitskäufer zumeist die ohnehin niedrig kalkulierten Schnäppchen kaufen, bedienen sich treue Kunden auch den besser kalkulierten Normalpreisen.
- Ein gleiches Bild zeigt sich auch im Baumarktbereich und im Einrichten/Wohnen Handel, wo ebenfalls die in mehreren Perioden kaufenden Kunden deutlich wertvoller für den Händler sind als die Kunden, die nur in einer Periode kaufenden Kunden.

Im Gesamtergebnis zeigt sich: Gerade in einem deutlich verstärkten Wettbewerbsumfeld wird es immer wichtiger, neben generellen Trendanalysen und Meinungsumfragen vor allem auch die Ergebnisse des realen Kaufverhaltens in unternehmerische Entscheidungen der Sortimentsbildung mit einzubeziehen. Und dabei hat sich nachweislich gezeigt, dass auch bei der eigentlichen Kaufentscheidung vor dem Regal ein Konsumstil verankert ist, bei dem das sozial-ökologische Erleben, Entdecken und Genießen ein wichtiger Treiber ist. Natürlich müssen auch diese Haushalte heute im Kontext der Krise handeln – insofern ist es nicht verwunderlich, dass gerade im aktuellen Konsumumfeld die entsprechenden Sortimente und Produktkategorien auch im discountierenden Umfeld immer größere Umsatzanteile auf sich vereinigen.

## Literatur

Deutsche Bundesbank (2022) Inflationserwartungen Studie zu Erwartungen von Privatpersonen in Deutschland, 08.07.2022. https://www.bundesbank.de/de/bundesbank/forschung/erwartungsstudie/ergebnisse/inflationserwartungen-849084#tar-1. Zugegriffen: 17. Okt. 2022

dpa (2010) Konsumverhalten: qualität wird wichtiger als Preis, etailment.de vom 9.7.2010. https://etailment.de/news/stories/Qualitaet-wird-wichtiger-als-der-Preis-11402?crefresh=1. Zugegriffen: 10. Sept. 2020

Herrmann S (2020) Psychologie: Klasse oder doch lieber Masse kaufen? süddeutsche.de vom 25.8.2020. https://www.sueddeutsche.de/wissen/konsum-psychologie-qualitaet-1.5009014. Zugegriffen: 10. Sept. 2020

IPSOS (2022) What worries the world? https://www.ipsos.com/de-de/what-worries-world-sorge-wegen-inflation-auf-neuem-rekordhoch. Zugegriffen: 21. Juli 2022

Krämer A, Heuermann DF, Burgartz T (2022) Gefühlte Inflation als Bestimmungsgrund der Spar- und Konsumstruktur von Verbrauchern. Wirtschaftsdienst 102(10):782–788

Markgraf D (o. J.) Definition: Was ist "Qualität"? wirtschaftslexikon.gabler.de. https://wirtschaftslexikon.gabler.de/definition/qualitaet-45908. Zugegriffen: 15. Aug. 2022

Martin R (2007) Schnäppchenland Deutschland, Warum wollt ihr immer nur billig, faz.net vom 14.4.2007. https://www.faz.net/aktuell/feuilleton/bilder-und-zeiten-1/schnaeppchenland-deutschland-warum-wollt-ihr-immer-nur-billig-1435092.html. Zugegriffen: 12. Juni 2022

o. V. (2005) Phantasielose Preis-Fokussierung im Handel, nzz.ch vom 20.4.2005. https://www.nzz.ch/articleCQYQK-ld.341314. Zugegriffen: 15. Aug. 2022

o. V. (2018) Soziale Isolation, Die Einsamkeit breitet sich in Deutschland aus wie eine Epidemie, tagessspiegel.de vom 5.3.2018. https://www.tagesspiegel.de/gesellschaft/panorama/soziale-isolation-die-einsamkeit-breitet-sich-in-deutschland-aus-wie-eine-epidemie/21035520.html. Zugegriffen: 15. Juli 2022

o. V. (2021a) Was es mit den „Kauf-nix-Tagen" auf sich hat, spiegel.de vom 21.11.2021. https://www.spiegel.de/wirtschaft/service/gegen-den-turbokonsum-am-black-friday-was-es-mit-den-kauf-nix-tagen-auf-sich-hat-a-3b22b9ab-71a2-4048-97ac-d290c1f0949a?xing_share=news#ref=rss. Zugegriffen: 4. Juni 2022

o. V. (2021b) Black Friday und Cyber Monday, einzelhandel.de vom 12.11.2021. https://einzelhandel.de/blackfriday. Zugegriffen: 15. Aug. 2022

Pauly M (2022) So hat sich Deutschland verändert, spiegel.de vom 11.7.2022. https://www.spiegel.de/panorama/gesellschaft/deutschland-im-umbruch-demografische-daten-in-grafiken-a-bda10567-30aa-4a82-9bb7-a532a6db7791. Zugegriffen: 23. Juli 2022

planung & analyse (2016) Lebensmittel mit Spaß einkaufen, horizont.net vom 21.6.2016. https://www.horizont.net/planung-analyse/nachrichten/Lebensmittel-mit-Spass-einkaufen-148008. Zugegriffen: 2. Aug. 2022

quality.de (o. J.) DIN ISO 8402, quality.de. https://www.quality.de/lexikon/din-iso-8402/. Zugegriffen: 15. Aug. 2022

Saal M (2022) Studie zu Inflationsfolgen, Wird Geiz wieder geil? horizont.net vom 16.10.2022. https://www.horizont.net/marketing/nachrichten/studie-zu-inflationsfolgen-wird-geiz-wieder-geil-203438. Zugegriffen: 17. Okt. 2022

Schaaf J (2007) Konsum ist geil und verbessert die Welt, faz.net vom 9.10.2007. https://www.faz.net/aktuell/stil/mode-design/mode/marken-konsum-ist-geil-und-verbessert-die-welt-1490576.html. Zugegriffen: 12. Juni 2007

Schulte von Drach M (2019) Jeder zweite Deutsche ist älter als 45, süddeutsche.de vom 27.6.2019. https://www.sueddeutsche.de/politik/demografie-alter-geburten-zuwanderung-1.4502023. Zugegriffen: 15. Juli 2022

Sicking M (2010) Warum es besser ist, alte Kunden zu behalten, als nur neue zu „jagen", heise.de vom 12.11.2010. https://www.heise.de/resale/artikel/Warum-es-besser-ist-alte-Kunden-zu-behalten-als-nur-neue-zu-jagen-1131586.html. Zugegriffen: 12. Aug. 2022

Statista (Hrsg) (2018) Bevölkerung in Deutschland nach Einstellung zur Aussage „Bei den meisten Produkten kommt es mir eher auf die Qualität als auf den Preis an" von 2015 bis 2018, statista.com November 2018. https://de.statista.com/statistik/daten/studie/172177/umfrage/einstellung-qualitaet-wichtiger-als-preis/. Zugegriffen: 12. Juni 2022

Stock O (2022) „Personal-Kannibalismus" droht: Warum wir an der Realität vorbei ausbilden, focus.de vom 19.7.2022. https://www.focus.de/finanzen/karriere/personal-kannibalismus-droht-warum-deutschland-an-der-realitaet-vorbei-ausbildet_id_111450632.html. Zugegriffen: 25. Juli 2022

Wies J (2021) Studie: Die neuen Wertvorstellungen und Kaufmotive der Verbraucher, rundschau.de vom 19.8.2021. https://www.rundschau.de/artikel/studie-die-neuen-wertvorstellungen-und-kaufmotive-der-verbraucher. Zugegriffen: 4. Juni 2022

**Martin Langhauser** leitet innerhalb GfK Consumer Panels den Bereich Nonfood & Fashion. In seiner Funktion als Director berät er verantwortlich Kunden der Nonfood- und Fashion Branche sowie ECommerce Anbieter. Zu seinen inhaltlichen Schwerpunkten zählen Themenbereiche rund um Category Management, Shopper Marketing und Omnichanel Retailing mit besonderem Fokus auf dynamische Kaufverhaltensänderungen. Martin Langhauser präsentiert Studien und Analysen aus seinem Bereich regelmäßig auf Kongressen und in Fachmedien.

**Prof. Dr. Wolfgang Merkle** ist Professor für Marketing & Management an der UE – University of Europe for Applied Sciences in Hamburg sowie Inhaber von ‚Merkle. Speaking. Sparring. Consulting.' Davor war er über 25 Jahre als CMO, Bereichsvorstand, Geschäftsführer und Direktor bei Tchibo, Galeria Kaufhof, ZARA, Massimo Dutti und Otto tätig.

# Fallbeispiel: Deutsche Bahn – Kundenmanagement im Spannungsfeld zwischen BahnCard/BahnBonus und Aktionsangeboten

Bianca Brocke, Sven Neweling und Andreas Krämer

### Inhaltsverzeichnis

| | |
|---|---|
| 1 Die Markt- und Kundenperspektive: Längere Strecken innerhalb Deutschlands | 62 |
|    1.1 Der relevante Markt und die Wettbewerbslage für den DB Fernverkehr | 62 |
|    1.2 Sicht auf die Kunden und die Nachfrage nach Bahnreisen | 63 |
|    1.3 Das Zusammenspiel von Sparpreisen und BahnCard | 63 |
| 2 Sparpreise: Gesteuerte Tickets und Ansprache preissensibler Kundengruppen | 64 |
|    2.1 Bedeutung zuggebundener Tickets | 64 |
|    2.2 Entwicklung der verkauften Fahrten im Sparpreis-Segment | 65 |
| 3 BahnCard und BahnBonus | 65 |
|    3.1 Wirkungsweise der BahnCard aus Kunden- und Unternehmenssicht | 65 |
|    3.2 BahnBonus und BahnComfort: Die Belohnung treuer Kunden | 67 |
| 4 Aktionsangebote: Günstige Sparpreise für Reisende mit hoher Kundenwertigkeit | 69 |
|    4.1 Beschreibung der Vorverkaufsaktion | 69 |
|    4.2 Wirkungsweise der Vorverkaufsaktion: Kurz- und mittelfristige Effekte | 69 |
| 5 BahnCard-Aktionen: Günstige BahnCard-Angebote für bisherige Low-User | 71 |
|    5.1 Beschreibung der Jubiläums-BahnCard 25 | 71 |
|    5.2 Wirtschaftliche Betrachtung der Aktion | 71 |

B. Brocke · S. Neweling (✉)
DB Fernverkehr, Frankfurt, Deutschland
E-Mail: sven.neweling@deutschebahn.com

B. Brocke
E-Mail: bianca.brocke@deutschebahn.com

A. Krämer
exeo Strategic Consulting AG, Bonn, Deutschland
E-Mail: andreas.kraemer@exeo-consulting.com

6   Nutzensegmente und die Neu- und Bestandskunden-Perspektive .................... 73
7   Ausblick: Spagat zwischen kurzfristiger Erfolgsrechnung und mittelfristigen Wirkungen
    der Kundenwertigkeit ........................................................................................... 74
Literatur. ................................................................................................................... 75

### Zusammenfassung

Die Deutsche Bahn hat für die kommenden Jahre ehrgeizige Ziele bezüglich der Umsatz-, aber auch der Fahrgastzahlen. Daher spielt für das Marketing der Fokus auf Neukunden für das System Schiene und gleichzeitig auf Bestandskunden eine zentrale Rolle. Während einerseits die BahnCard Reisenden effektiv sinkende Preise mit zunehmender Nutzung der Bahn bietet und BahnBonus Kundentreue belohnt, ermöglichen die zuggebundenen Sparpreise andererseits auch Gelegenheitskunden oder bisherigen Nichtnutzern günstige Reisemöglichkeiten (unter Auflage bestimmter Tarifkonditionen). Im Rahmen von Aktionsangeboten werden diese Zielgruppen und Instrumente auch überkreuz verzahnt. So erhalten Bahn-Low-User beispielsweise im Rahmen von Aktions-BahnCards Zugang zum Kundenbindungsprogramm, und Nutzern von BahnBonus wird eine erhöhte Verfügbarkeit von Sparpreiskontingenten angeboten. Für die Bewertung dieser Aktionen ist die Einbeziehung mittelfristiger Wirkungen von entscheidender Bedeutung.

## 1 Die Markt- und Kundenperspektive: Längere Strecken innerhalb Deutschlands

### 1.1 Der relevante Markt und die Wettbewerbslage für den DB Fernverkehr

Für die Bewertung des Wettbewerbsumfeldes ist eine Unterscheidung nach intramodalem und intermodalem Marktumfeld entscheidend (Luhm 2020). Aus intramodaler Sicht besaß die DB Fernverkehr AG längere Zeit einen Marktanteil von ca. 99 %. Kleinere Anbieter, wie beispielsweise Locomore oder aktuell FlixTrain, fahren einzelne Züge auf wenigen Verbindungen. Aus intermodaler Sicht beträgt der Marktanteil der Bahn bei Strecken über 50 km allerdings nur ca. 12 % (der DB Fernverkehr kommt auf weniger als 10 %). Mit weit über 80 % besitzt der motorisierte Individualverkehr in Form von Pkw-Fahrten den weitaus größten Marktanteil (Krämer und Bongaerts 2017b). Eine Intensivierung des intermodalen Wettbewerbs hat seit 2014 durch mehrere Entwicklungen stattgefunden, u. a. die Ausweitung von Low-Cost-Flugangeboten, die Liberalisierung des Marktes für Reisen mit Fernlinienbussen und ein Ausbau des Angebots an Mitfahrgelegenheiten. Der Aufbau digitaler Mobilitätsplattformen von FlixMobility oder BlaBlaCar wirkt zudem verstärkend (Krämer et al. 2019).

Ab Mitte 2021 ergibt sich auch für den intramodalen Wettbewerb eine neue Perspektive, nachdem FlixMobility stärkere Erweiterungen bei Zugangeboten (FlixTrain) ankündigte. Damit erhält die Deutsche Bahn im Fernverkehr einen ernstzunehmenden Wettbewerber auf der Schiene, der primär preissensible Kunden anspricht (NTV 2021).

## 1.2 Sicht auf die Kunden und die Nachfrage nach Bahnreisen

Neben der besonderen Wettbewerbsstellung des DB Fernverkehrs (intra- und intermodal) ist für das Marketing und Kundenbeziehungsmanagement wichtig, wie sich die Gesamtzahl an Bahnreisen auf unterschiedliche Kundengruppen verteilt und inwiefern sich in diesen Kundensegmenten bestehende Nachfragepotenziale erschließen lassen. Die mengenmäßig mit weitem Abstand wichtigste Kundengruppe nutzt den Bahnfernverkehr nur sporadisch und unregelmäßig (Low-User: 50 % der Nutzer, ca. 10 % der Bahnreisen). Diese Kundengruppe ist schwächer auf die Bahn als Verkehrsmittel festgelegt, der Preis als Entscheidungsfaktor spielt häufig eine große Rolle. Im Gegensatz dazu unternehmen relativ wenige Kunden (20 % der Nutzer), die die Bahn häufig in Anspruch nehmen, etwa 70 % aller Reisen. Es handelt sich dabei um Personen, die auf die Bahn als Verkehrsmittel angewiesen sind (z. B., wenn sie über längere Strecken und in Städte pendeln) oder um Personen, die die Bahn aus Überzeugung verstärkt nutzen. Aus diesen Zahlen wird nicht nur die Fragmentierung der Nutzer und die Konzentration von Reisen deutlich, sondern unmittelbar auch die Perspektive einer heterogenen Kundenwertigkeit (Verhoef und Lemon 2013; Fader 2012). Ähnliche Muster zeigen sich auch bei anderen europäischen Bahngesellschaften (Krämer und Bongaerts 2017a).

## 1.3 Das Zusammenspiel von Sparpreisen und BahnCard

Die Deutsche Bahn versucht, mit Hilfe unterschiedlicher Marketing-Instrumentarien der heterogenen Nachfragestruktur, dem Anspruch an ein wertorientiertes Kundenmanagement und den Wachstumszielen gerecht zu werden. Eine modellhafte Wirkungskette setzt beim Faktor Preiswahrnehmung an (Krämer et al. 2014). Diese führt zu Nachfragezuwächsen, die wiederum eine Erhöhung der Kapazitätsauslastung bewirken und die Einnahmensituation verbessern. Zentrale Voraussetzung für weiteres Nachfragewachstum ist ein gutes Preisimage. Gerade hier hatte die Bahn in der Vergangenheit erhebliche Probleme, die durch das Angebot günstiger Preise und die Kommunikation von Eckpreisen (z. B. Sparpreis ab 29 €) verringert werden konnten (Krämer 2022). So wurde ab 2007 stärker hinterfragt, über welche Form der Preiskommunikation sich die beste Wirkung auf die Preiswahrnehmung erreichen lässt: Die Kommunikation von Endpreisen (z. B. „ab 29 €") oder von Rabatten (25 bzw. 50 % Rabatt auf den Normalpreis). Dies hatte insbesondere in den Jahren 2007 bis 2010 eine hohe praktische Bedeutung, weil faktisch einerseits Festpreise (Dauer-Spezial ohne spezielle BahnCard-Rabatte) und Rabattpreise (Sparpreis 25 und Sparpreis 50 mit einem zusätzlichen 25 %-igen BahnCard-Rabatt) nebeneinander angeboten wurden und damit in konkreter Konkurrenz zueinander standen (Luhm 2020).

Basierend auf Marktbeobachtungen, experimentellen Designs und Kundenbefragungen ergab sich ein relativ eindeutiges Bild. In fast allen Vergleichsgruppen waren signifikant bessere Bewertungen des Festpreisangebotes durch die Kunden festzustellen, und zwar bei mindestens vergleichbarem Yield (Preis pro km). Dieser Zusammenhang spielte bei der Entscheidung, Rabattpreise wie den Sparpreis 25 oder 50 durch ein neues Angebot zu ersetzen, eine große Rolle. So wurde ab 2011 ein modifizierter Sparpreis angeboten, der grundsätzlich der Festpreislogik folgt (Preisstufen ab 29 €) und jeweils einen BahnCard 25-Rabatt gewährt (Krämer et al. 2014). Im Prinzip besteht diese Grundlogik noch heute, sie wurde jedoch bei einzelnen Elementen angepasst.

Als Instrument zur Kundenbindung betreibt die Deutsche Bahn das Loyalitätsprogramm BahnBonus. Beim Kauf sämtlicher Ticketarten können die Programmteilnehmer Prämien- und Statuspunkte sammeln und diese in Prämien einlösen bzw. exklusive Statuslevel erreichen. Das Programm war bei der Einführung an den Besitz einer BahnCard geknüpft, ist aber seit 2010 frei zugänglich. Die Überschneidung zwischen Inhabern einer BahnCard und Teilnehmern an BahnBonus ist dennoch sehr hoch, da BahnBonus aufgrund der Struktur der Prämien- und Statuslevel insbesondere für Kunden Vorteile und damit Anmeldeanreize bietet, die auch den Break-even der BahnCard 25 und 50 erreichen.

## 2 Sparpreise: Gesteuerte Tickets und Ansprache preissensibler Kundengruppen

### 2.1 Bedeutung zuggebundener Tickets

Zuggebundene Angebote wie die Sparpreise haben für den DB Fernverkehr eine hohe Relevanz. Die mittlere Auslastung ist bis zu Beginn der Corona-Krise auf Rekordwerte angestiegen. Da sich die Nachfrage ungleichmäßig auf die angebotene Kapazität verteilt, bedeutet eine durchschnittliche Auslastung von beispielsweise ca. 50 % bereits, dass ca. 20 % der Züge sehr hoch ausgelastet sind. Da die Bahn das Ziel verfolgt, die Nachfrage bei gegebener Kapazität zu erhöhen, gleichzeitig aber ein offenes System (ohne Reservierungspflicht) anzubieten, welches den Reisenden ermöglicht, auch spontan eine Bahnreise zu unternehmen, kommt der Glättung der Nachfrage eine entscheidende Rolle zu. Dies erfolgt primär durch eine preisliche Steuerung der Nachfrage, d. h. differenzierte Preishöhen bei Sparpreisen je nach Auslastung einzelner Züge. In den letzten Jahren setzt das Marketing auf unterstützende Maßnahmen wie zum Beispiel die Auslastungs- oder Best-Preis-Anzeige (Krämer und Reinhold 2020).

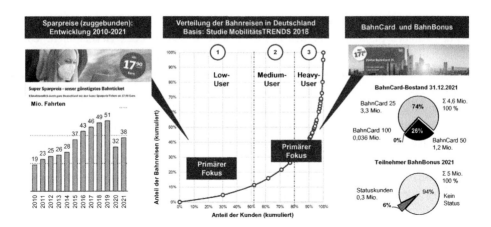

**Abb. 1** Konzentration der Bahnfahrten in Deutschland und zentrale Hebel im Preismanagement des DB Fernverkehrs

## 2.2 Entwicklung der verkauften Fahrten im Sparpreis-Segment

Nachfragesteigerungen im DB Fernverkehr waren in den letzten 10 Jahren sehr stark durch die Entwicklung des Sparpreis-Segments bestimmt (Krämer und Hercher 2016). Wie in Abb. 1 dargestellt, ist der Ticketabsatz von ca. 19 Mio. (2010) auf 51 Mio. Tickets (2019) angestiegen (Luhm 2020), um dann Corona-bedingt 2020 stark zu sinken.

Um der gestiegenen Nachfrage nach preisgünstigen Angeboten gerecht zu werden, wurde 2018 ein zusätzliches Angebot mit dem Super Sparpreis ab 19,90 € eingeführt. Bereits seit Dezember 2017 wird für BahnCard 50-Kunden ein zusätzlicher Rabatt von 25 % auf alle Sparpreise gewährt, damit auch diese Kundengruppe von den Sparpreisen profitieren kann. In der Folge konnte der Ticketabsatz deutlich gesteigert werden, gleichzeitig sank das durchschnittliche Preisniveau bei den Sparpreisen zwischen 2014 und 2017 um 11 % (DB 2018).

Im Zuge der Reduzierung der Mehrwertsteuer auf Bahnfernreisen über 50 km in 2020 wurde der Einstiegspreis des Super Sparpreises auf 17,90 € abgesenkt. In 2021 gab es zusätzliche Aktionsangebote für verschiedene Zielgruppen (bis 26 Jahre und ab 65 Jahren), welche teilweise in ein Regelangebot überführt worden sind, wie z. B. der Super Sparpreis Young ab 12,90 €.

## 3 BahnCard und BahnBonus

### 3.1 Wirkungsweise der BahnCard aus Kunden- und Unternehmenssicht

Für den Bahnreisenden ergibt sich durch den Kauf der Rabattkarte die Möglichkeit, Planbarkeit in Bezug auf den erreichbaren Rabatt zu erhalten (50 % Rabatt auf den Flexpreis bei der BahnCard 50). Sofern der Flexpreis eine bekannte Größe darstellt, bedeutet dies für den Kunden Planungssicherheit in Bezug auf den Endpreis des Tickets, nicht jedoch zwingend auf die Gesamtausgaben für Bahnreisen (Ding et al. 2005).

Den Wirkungsmechanismus der BahnCard erklärt Tacke (2015) wie folgt:„… Der Kartenpreis gilt als „sunk costs" – die sind weg. Sie fließen nicht mehr in die Entscheidung des Kunden ein, ob er mit der Bahn oder dem Auto fährt. … Bei jeder dieser Entscheidungen legt er den 50-%-Rabatt zugrunde". Der Erfolg der Bahn wird demzufolge damit erklärt, dass die BahnCard die Kostenstruktur des Autos nachahmt (so auch Simon und Butscher 2001). Die dann wahrgenommenen Preise (50 % des Flexpreises im Falle der BahnCard 50) liegen auf Höhe der variablen Kosten der Pkw-Nutzung oder darunter. Tatsächlich lässt sich dieses Verbraucherverhalten „aus dem Lehrbuch" empirisch nicht belegen, im Gegenteil: Weder beziehen die Besitzer der BahnCard 50 nur die reduzierten Ticketpreise in ihre Entscheidung und Preisbeurteilung mit ein, noch ist dies bei den Pkw-Nutzern hinsichtlich der variablen Kosten der Fall (Krämer 2017). Fixe und quasi-fixe Kosten werden aus Sicht der Entscheider z. T. in die Verkehrsmittelwahl und Kostenwahrnehmung mit einbezogen. Bereits in einer früheren Untersuchung konnte festgestellt werden, dass die aus Verbrauchersicht angesetzten Kosten für die Nutzung des eigenen Pkw etwa 17–20 Cent pro km betragen (auch bei Besitzern der BahnCard) und damit deutlich über die reinen variablen Kosten der Nutzung hinausgehen (Krämer 2016). Bestätigt wurde dies bei einer Wiederholung der Messung (Krämer 2018).

Offensichtlich greifen andere Mechanismen. Zum einen lassen sich diese rational begründen, wie Precommitment, Vereinfachungsprozesse und die Affinität zur Bahn bzw. der Wunsch, die Bahn in Zukunft stärker zu nutzen. Hinzu kommen eher nicht-rationale Faktoren wie die Überschätzung des eigenen Reisevolumens und der Wunsch, nicht den vollen Flexpreis zahlen zu müssen (DelaVigna und Malmendier 2006; Lambrecht und Skiera 2006).

Unabhängig von der Erklärung des Wirkungsmechanismus besteht durch den Besitz der BahnCard für den Bahnkunden der Anreiz, Fahrten mit anderen Verkehrsmitteln auf die Bahn zu verlagern. Dies führt zu einem erhöhten Modalanteil der Bahn auf Kundenebene. Dieser Zusammenhang lässt sich anhand der in Abb. 2 illustrierten Ergebnisse verdeutlichen. Non-User der Bahn zeichnen sich nicht nur durch Nichtnutzung der Bahn, sondern auch durch eine geringe Erwägung der Bahn innerhalb des Verkehrsmittelwahlprozesses aus. Nutzer der Bahn verfügen über einen Bahn-Modalanteil von 23 %. Zusätzlich besteht ein Potenzial an disponiblen Reisen, fast in gleicher Größenordnung (19 %). Demgegenüber ist der Modalanteil der Bahn bei Besitzern einer BahnCard auf 55 % erhöht, der Anteil der disponiblen Reisen gleichzeitig reduziert. Die BahnCard zeigt sich als effektives Instrumentarium einer Reise-Verlagerung zugunsten der Bahn und schafft damit eine Grundlast für das Bahnsystem (Krämer et al. 2020; Krämer 2018).

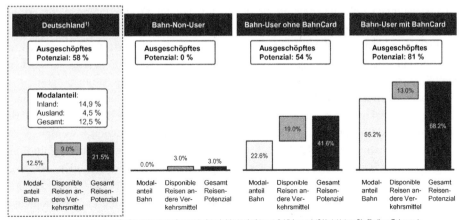

**Abb. 2** Modalanteil und disponibles Potenzial an Bahnreisen – aggregierte und differenzierte Sicht (MobilitätsTRENDS 2018)

## 3.2 BahnBonus und BahnComfort: Die Belohnung treuer Kunden

McCall und Voorhees (2010) stellen bei ihrer Analyse zu den Erfolgsfaktoren von Kundenbindungsprogrammen heraus, dass die Effektivität von Kundenbindungsprogrammen im Wesentlichen durch drei Aspekte beeinflusst wird: a) die Programmstruktur, b) die Prämienstruktur und c) Kundenfaktoren. Als Marketinginstrument zur Bindung der Bestandskunden betrieb die Deutsche Bahn in der Vergangenheit zwei Kundenbindungsprogramme: Die Bonusprogramme BahnBonus und BahnComfort besaßen einen unterschiedlichen Fokus und setzten einerseits auf eine Bonifizierung und Incentivierung zusätzlicher Bahnreisen (BahnBonus), während andererseits exklusive Zusatzleistungen Vielfahrer mit hoher Umsatzbedeutung ansprachen (BahnComfort) und die hohe Kundenloyalität in diesem Segment unterstützen sollten (siehe zur Systematisierung Glusac 2009).

Interessant ist hierbei, dass im Jahr 2002 mit BahnComfort zunächst ein reines Statusprogramm etabliert wurde, ehe 2005 mit BahnBonus zusätzlich ein Bonusprogramm hinzugefügt wurde (Fleischhauer et al. 2007). BahnBonus ist mittlerweile eines der größten Bonusprogramme in Deutschland (Zimmermann 2013). Aktuell nehmen ca. 5 Mio. Kunden daran teil.

Seit Juni 2022 sind die beiden Programme unter der Marke BahnBonus zusammengefasst. Zudem wurde die Anzahl der Statuslevel von einem Level auf drei erweitert: BahnBonus Silber, Gold und Platin.

Charakteristisch für Bonusprogramme ist der den Kunden in Abhängigkeit ihres Umsatzes nachträgliche gewährte Bonus (Diller und Müller 2006) in Form einer Sach- oder Geldleistung oder einer emotionalen Prämie durch Verleihung eines Status

(Statusleistungen gelten gerade in Branchen mit hohem Produktinteresse als erfolgsversprechend; siehe Reinartz 2006). Meist erfolgt im Rahmen von Bonusprogrammen die Erfassung von Teilnehmerdaten, anhand derer die Kunden identifiziert werden und eine individuelle Kundenansprache ermöglicht wird (Müller 2004). Das ist auch bei dem BahnBonus-Programm, bei dem es sich um ein klassisches Bonusprogramm mit materiellen Prämien handelt, der Fall. Die an dem Programm teilnehmenden Kunden erhalten je Euro Umsatz einen Bonus- und einen Statuspunkt. Die Bonuspunkte sind drei Jahre gültig und können u. a. gegen Bahn- und Sachprämien eingetauscht werden.

Durch die Statuslevel (BahnBonus Silber, Gold und Platin) erweitert sich BahnBonus zu einem Bonusprogramm mit Status, in dessen Rahmen den Kunden ab einem kumulierten Jahresumsatz von 1500 € (weitere Schwellen liegen bei 2500 € und 6000 €) ein mit Privilegien verbundener Status verliehen wird (u. a. Zugang zur DB-Lounge an ausgewählten Bahnhöfen). Die Kundengruppe der Statuskunden bildet mengenmäßig mit ca. 400 Tsd. Kunden (2021 ca. 300 Tsd. Kunden) eine Minderheit, ist aber für fast ein Viertel des Fernverkehrsumsatzes verantwortlich.

Das primäre Ziel beider Programme ist eine höhere emotionale und ökonomische Bindung derjenigen Kunden, die aufgrund ihres Reiseverhaltens einen hohen Kundenwert für die Deutsche Bahn besitzen – Huang et al. (2018) verweisen in ihrer Analyse auf die zunehmende Relevanz von sozialen und emotionalen Leistungsmerkmalen zur Erreichung von Loyalitätszielen.

Kundenloyalität soll sich in einer höheren Nutzungsintensität der Züge der Deutschen Bahn, der Substitution von Fahrten mit alternativen Verkehrsmitteln, der Schaffung neuer Reiseanlässe und einer längeren Haltedauer der BahnCard widerspiegeln. Der zunehmende inter- und auch intramodale Wettbewerb (siehe Abschn. 4.1.1) steigert die Bedeutung der Kundenbindungsprogramme für die Deutsche Bahn weiter. Um die Bindungswirkung und die Attraktivität von BahnBonus für die hochwertigen Kunden zu erhöhen, wurde BahnBonus seit der Einführung regelmäßig um neue Sammelvorteile und Leistungen erweitert, zuletzt um exklusive, den Teilnehmern vorbehaltenen Vorverkaufs- und Exklusivticketaktionen. Der Kern eines Kundenbindungsprogramms sind die Vorteile, und nur wenn diese erstrebenswert und attraktiv sind, erzeugen sie einen hohen Nutzen bei den Kunden (Butcher und Burger 2002). Daneben ist die schnelle Erreichbarkeit von Prämien und Vorteilen wichtig (O'Brien und Jones 1995). Die Zugangsvoraussetzung für die Exklusivticketaktionen ist daher alleinig die Anmeldung zum BahnBonus-Programm.

Eine notwendige Bedingung für den Programmerfolg von Kundenbindungsprogrammen ist eine hohe Bekanntheit des Programms und seiner Vorteile bei der Zielgruppe und der faktischen Einlösbarkeit von Prämien und Exklusivleistungen im bahnnahen Umfeld (siehe zu den Fehlern bei der Konzeption von Kundenbindungsprogrammen Nunes und Drèze 2006). Fehlende Bekanntheit ist gemäß einer Studie von Roland Berger einer der häufigsten Hinderungsgründe der Kunden für die Teilnahme an Kundenbindungsprogrammen (Roland Berger Consultants 2003). Im Falle von BahnBonus ist dieses nicht zu beobachten. Der Bekanntheitsgrad von BahnBonus liegt bezogen auf alle Kunden des Fernverkehrs (Basis: Bucher Spar- und Flexpreise, Controllingstudie bahn.de) bei etwa 75 %. In der Kernzielgruppe der BahnCard-Besitzer liegt dieser bei 91 % (BahnCard 25) bzw. 96 % (BahnCard 50). Diese Werte sind bedingt durch die Intensivierung der Kommunikation in den Jahren ab 2018 stark gestiegen.

## 4 Aktionsangebote: Günstige Sparpreise für Reisende mit hoher Kundenwertigkeit

### 4.1 Beschreibung der Vorverkaufsaktion

Im November 2018 wurde an zwei Verkaufstagen ein exklusives und temporäres Aktionsangebot für BahnBonus-Teilnehmer neu eingeführt: Der sogenannte (Super) Sparpreis BahnBonus wurde ab 19,90 € deutschlandweit angeboten. Die BahnBonus Kunden erhielten vorab per Direktmailing über den Start der Aktion eine Information und zum Verkaufsstart eine weitere Email mit exklusivem Link direkt zur Ticketbuchung. Gleichzeitig erfolgte in diesem Monat der Verkauf regulärer Sparpreise (Super Sparpreis und Sparpreis). Sowohl die Aktion als auch der Verkauf regulärer Sparpreise wurde im Rahmen einer Kundenbefragung gemonitort.

### 4.2 Wirkungsweise der Vorverkaufsaktion: Kurz- und mittelfristige Effekte

Im Rahmen einer kontinuierlichen Befragung von Ticketkäufern auf bahn.de unmittelbar nach dem Buchungsprozess werden neben Käufern von regulären Spar- und Flexpreisen auch Teilnehmer von Vermarktungsaktionen einbezogen. Dies ermöglicht, die Gruppe der Käufer des BahnBonus (Super) Sparpreises in den Kontrast mit einer Referenzgruppe zu setzen (in diesem Fall der Flexpreis, vgl. Abb. 3) und nach Teilsegmenten (je nach BahnCard-Besitz) differenziert zu untersuchen. Die Analyse (Jahr 2021, $n = 20.616$ Interviews) bezieht sich dabei auf die direkten Einflüsse auf das Preisimage – stellvertretend wird das Preisgünstigkeits-Urteil herangezogen – und auf die mittelfristigen Effekte (Absicht zur zukünftigen Nutzung der Bahn). Die per Statement bewertete Preisgünstigkeit (5er-Skala) erreicht bei Nutzern der BahnBonus-Aktion ein sehr hohes Niveau (Top-2-Zustimmung 59–74 %), während dieses bei Kunden mit Flexpreis deutlich geringer liegt. Flexpreis-Kunden mit BahnCard 50 erreichen nur leicht höhere Top-2-Werte als Flexpreis-Kunden ohne Bahncard, die den unrabattierten Preis zahlen. Dies lässt vermuten, dass die Anschaffungskosten der BahnCard in das Verbraucherurteil und damit in den Entscheidungsprozess einfließen (vgl. Abschn. 4.3.1). Bei Kunden mit BahnCard 25 ist der Wahrnehmungsunterschied der Preishöhe zwischen Flexpreis und Aktionsangebot besonders groß. Dies korrespondiert mit dem objektiv unterschiedlichen Ticketpreis.

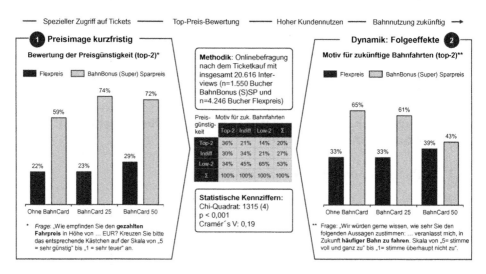

**Abb. 3** Wirkungskette direkte und mittelfristige Wirkungen der BahnBonus-Vorverkaufsaktion

Nach Einschätzung der Kunden führt die Nutzung des gekauften BahnBonus (Super) Sparpreises in der Zukunft zu weiteren Fahrten mit der Bahn. Die Zustimmung zum entsprechenden Statement ist insbesondere bei Kunden ohne BahnCard (65 %) und bei Kunden mit BahnCard 25 (61 %) vergleichsweise hoch, während dies im Segment BahnCard 50 weniger stark ausgeprägt ist. Neben den direkten Effekten sind demzufolge mittelfristige Wirkungen der Aktion zu berücksichtigen, die den Kundenwert für die Deutsche Bahn erhöhen. Die zu berücksichtigende Kausalkette (Abb. 3) startet mit der sehr positiven Wahrnehmung des Aktionspreises durch die Kunden. Diese übersetzt sich in einen hohen wahrgenommenen Nutzen (die aktuell gebuchte Reise ist aus Sicht der Ticketkäufer günstiger als Bahnreisen, die alternativ gebucht werden). Dieser hohe Netto-Nutzen (Value-to-the-customer) übersetzt sich in einen erhöhten Kundenwert (Value-of-the-customer) über eine Nachfrageverlagerung zugunsten des Systems Bahn (Krämer 2022). Die Aktion induzierte weitere Ticketkäufe. In diesem Fall entsteht eine Win-Win-Situation für Kunden und Unternehmen, die grundsätzlich nicht als zwingend vorausgesetzt werden kann (Krämer und Burgartz 2022). Der positive Zusammenhang zwischen der Bewertung der Preisgünstigkeit und der Absicht zur intensiveren Nutzung der Bahn wird mittels des Chi-Quadrat-Tests bestätigt. Offensichtlich nehmen die Kunden zusätzliche Rabatte für Reisen mit der Bahn sehr sensitiv wahr. Der effektiv gezahlte Preis pro km ist stark negativ mit dem Preisgünstigkeits-Urteil korreliert.

Auch innerhalb der Gruppe der BahnBonus-Kunden können positive Effekte der Nutzung des (Super) Sparpreis BahnBonus auf die Kundenzufriedenheit beobachtet werden. In einer regelmäßig durchgeführten Befragung zur Kundenzufriedenheit mit dem BahnBonus-Programm (Jahr 2020, n=937) wurden sowohl das Teilsegment der Nutzer des (Super)Sparpreis BahnBonus als auch das Teilsegment derer befragt, die nach eigener Aussage das Angebot bislang nicht genutzt haben. Die Zufriedenheit mit dem BahnBonus-Programm wurde mittels eines Zufriedenheitsindexes auf einer Skala von 0 bis 100 (100 = höchste Zufriedenheit, 0 = geringste Zufriedenheit) erhoben. Im Ergebnis sind die Nutzer des (Super)Sparpreis BahnBonus rückblickend um 4 Indexpunkte zufriedener als die Kunden in der Vergleichsgruppe (Index 76 vs. 72), die das Angebot bislang nicht genutzt haben.

Wie bereits dargestellt, richten sich Sparpreise primär an preissensible Kunden mit einem geringeren Flexibilitätsanspruch bzw. gelegentlicher Nutzung, während der Kauf der BahnCard ein gewisses Bahnreisevolumen voraussetzt. Der folgende Abschnitt beleuchtet die Möglichkeiten, Neukunden auch über dieses Instrumentarium anzusprechen.

## 5 BahnCard-Aktionen: Günstige BahnCard-Angebote für bisherige Low-User

### 5.1 Beschreibung der Jubiläums-BahnCard 25

Anlässlich des 25-jährigen Bestehens der BahnCard entwickelte die Deutsche Bahn ein BahnCard-Aktionsangebot. Im Oktober 2017 wurde die Jubiläums-BahnCard 25 in der 2. Klasse zu einem Preis von 25 € und in der 1. Klasse zu einem Preis von 50 € mit 12-monatiger Laufzeit angeboten. Mit dem Aktionsangebot sollten primär Bahnkunden angesprochen werden, die sich bisher nicht zum Kauf einer BahnCard entschließen konnten.

### 5.2 Wirtschaftliche Betrachtung der Aktion

Die Kaufgründe für die Jubiläums-BahnCard 25 sind stark durch den erzielbaren Rabatt auf Sparpreise sowie den günstigen Anschaffungspreis von 25 € pro Karte 2. Kl. (50 € 1. Kl.) geprägt. Der Aktionspreis erscheint einigen Kunden so günstig, dass sie das Angebot annehmen, obwohl sie noch eine gültige BahnCard besitzen. 10 % der Jubiläums-BahnCard 25-Besitzer verfügen zum Kaufzeitpunkt im Oktober 2017 parallel über eine weitere BahnCard. Damit wird deutlich, dass ein wirkungsvolles Fencing von Neu- und Bestandskunden nur schwer möglich ist.

Die kurz- und mittelfristigen Wirkungen der Aktion „Jubiläums-BahnCard 25" wurden zum einen durch eine Befragung, zum anderen durch Analysen im CRM-System bewertet. Die Bewertung der direkten Einnahmenwirkungen ist positiv (die Einnahmen im Szenario „mit Aktion" übertreffen die des Szenarios „ohne Aktion", vgl. Abb. 4, Teil 1). In der Illustration sind die Gesamteinnahmen (Kartengebühr und Ticketumsätze) mit der Aktions-BahnCard indexiert (Index 100) dargestellt.

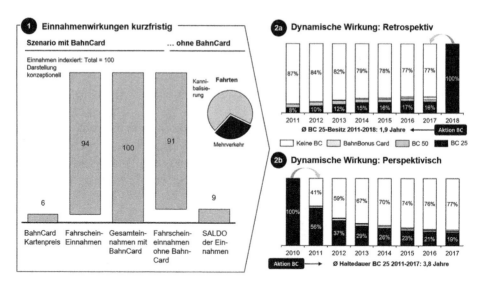

**Abb. 4** Einnahmewirkung der Jubiläums-BC 25 2. Klasse [Index]

Neben der reinen Umsatz-Perspektive stellt der Fahrteneffekt eine weitere wichtige Zielgröße dar. Bezogen auf die getätigten Fahrten mit einer „Jubiläums-BahnCard 25" werden Mehrverkehrsquoten von mehr als 30 % ermittelt. Diese zusätzlichen Fahrten führen zu einer besseren Auslastung der bestehenden Kapazitäten und sind ein zentraler Treiber für die direkte Wirtschaftlichkeit des Angebots.

Bei der Auswertung von CRM-Daten bieten sich zwei Perspektiven an. Erstens kann festgestellt werden, wie hoch der Anteil von Käufern einer Aktions-BahnCard ist, die bereits länger als Kunden im CRM-System identifizierbar sind. Diese retrospektive Analyse unterstreicht einen hohen Anteil an Neukunden für das BahnCard-System (Abb. 4, Teil 2a). Im Beispiel wird erkennbar, dass von 100 Kunden, die eine Aktions-BahnCard in 2018 besessen haben (Käufer der Jubiläums-BahnCard aus dem Oktober 2017), im Jahr zuvor 77 Kunden nicht als BahnCard-Kunden registriert waren. Diese können als Neukunden beschrieben werden. Zweitens kann ausgehend von einer BahnCard-Aktion perspektivisch bestimmt werden, wie sich die Bindung der Kunden in den Folgejahren entwickelt. Im konkreten Beispiel sind ca. ein Viertel der Käufer einer Aktions-BahnCard 25 aus dem Jahr 2010 sieben Jahre später immer noch BahnCard-Besitzer (in der Regel einer BahnCard 25). Die hohe Kundenwertigkeit ist getrieben durch die lange Bindung dieser Kunden und den Übergang von der Aktions- in die Regelkarte (Abb. 4, Teil 2b).

In der Kombination von Befragungsdaten (Empirie) und Transaktions- bzw. Beobachtungsdaten (CRM-System) ergibt sich ein konsistentes Bild zum Mechanismus der BahnCard-Aktion am Beispiel der „Jubiläums-BahnCard 25": Erstens werden primär Kunden angesprochen, die bisher die Bahn genutzt haben, aber sich nicht zum Kauf einer BahnCard entschließen konnten (die Kannibalisierung bestehender BahnCards ist begrenzt). Zweitens führt die Aktion unmittelbar zu positiven Einnahmen- und Fahrteneffekten. Drittens ergeben sich positive mittelfristige Wirkungen insbesondere bei den Kunden, die als Neukunden gewonnen wurden und dann der regulären BahnCard nach Auslaufen der Aktions-BahnCard mehrere Jahre die Treue halten.

## 6   Nutzensegmente und die Neu- und Bestandskunden-Perspektive

Die Deutsche Bahn hat für die kommenden Jahre ehrgeizige Ziele bezüglich der Umsatz- und der Fahrgastzahlen. Daher spielt für das Marketing der Fokus auf Neukunden für das System Schiene und gleichzeitig auf Bestandskunden eine zentrale Rolle. In diesem Kontext ist es erforderlich, die Motive für die Bahnnutzung zu verstehen. Hierzu wurde auf Basis einer empirischen Untersuchung eine Benefit-Segmentierung durchgeführt. Der Ansatz geht auf die 60er Jahre des letzten Jahrhunderts zurück (Haley 1968) und wurde im Bereich Bahnfernreisen mehrfach angewendet (Wilger 2004; Perrey 2013).

Die einzelnen Schritte werden im Folgenden erläutert. Empirische Grundlage ist eine Befragung von Personen, die Tickets auf bahn.de gekauft haben (vgl. Abschn. 4.4.1). Innerhalb des Fragebogens wird eine Konstantsummenfrage genutzt, um die Wichtigkeit von Merkmalen in der Reiseentscheidung abzubilden. Die Probanden werden gebeten, 100 Punkte je nach Wichtigkeit auf die Leistungsmerkmale Preis, Reisedauer, Komfort, Nutzzeit und Umweltaspekte zu verteilen. Die Merkmalsgewichte stellen wesentliche Informationen für das Marketing dar (Green und Srinivasan 1990). So zeigt sich im Ranking der wichtigsten Kriterien eine aus Kundensicht bestimmte Priorität von Leistungsmerkmalen. Individuelle Merkmalsgewichte lassen sich als Grundlage für eine Kundennutzen-basierte Segmentierung verwenden (Alibrandi und Giacalone 2008). Im konkreten Fall wurden die Merkmalsgewichte zwar nicht mittels Conjoint Measurement ermittelt, die per Konstantsummen-Methodik ermittelten Merkmalsgewichte können aber ebenfalls für eine Benefit-Segmentierung genutzt werden (Krämer und Burgartz 2022). Mittels Clusteranalyse (K-Means) wurden unterschiedliche Segment-Lösungen geprüft. Bei der in Abb. 5 dargestellten Lösung können vier unterschiedliche Segmente identifiziert werden, die sich für das Marketing und die Kundenbetreuung gut beschreiben lassen

Die größten Segmente stellen die Komfort- und Nutzzeit-Sensiblen (40 %) sowie die Preis-Sensiblen (27 %) dar. Zusätzlich sind Reisende zu beschreiben, die einen hohen Wert auf das Merkmal Reisedauer (14 %) oder Umweltaspekte legen (19 %). Im nächsten Schritt wurde die Perspektive der Nutzensegmentierung mit der Neu- und Bestandskunden-Sicht verknüpft. Als Neukunden wurden dabei Personen eingeordnet, die in den letzten 12 Monaten keine Bahnfernreise unternommen haben und nicht über eine BahnCard verfügen. Insgesamt wird erkennbar, dass Neu- und Bestandskunden sich bezüglich der Nutzensegmente kaum unterscheiden. So liegt der Anteil des Segments „Preis-Sensitive" im Neukundensegment bei 28 %, während Bestandskunden auf 27 %

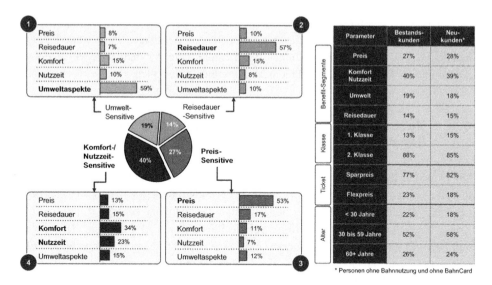

**Abb. 5** Nutzensegmente im Bahnfernverkehr und die Neu- und Bestandskundensicht

kommen. In beiden Segmenten spielt also das Thema Preis als Entscheidungskriterium für die Bahnreise keine dominierende Rolle. Entsprechend ist es auch aus Sicht des Preismanagements nicht sinnvoll, dauerhaft mit speziellen Neukunden-Rabatten diesem Segment reduzierte Ticketpreise anzubieten.

Sinnvoller ist hingegen, dem Segment der preissensiblen Kunden einen Zugang zu preisgünstigen Tickets zu ermöglichen. Tickets, die mit einer längeren Vorausbuchungsfrist gebucht werden, und die eine Zugbindung beinhalten sind im Bahnfernverkehr besonders günstig. Die Nutzer dieser Tickets zeigen wiederum eine starke Überlappung mit dem Kundensegment „Preis-Sensible". Dies unterstreicht gleichzeitig ein funktionierendes Fencing durch die Tarifangebote des DB Fernverkehrs.

# 7 Ausblick: Spagat zwischen kurzfristiger Erfolgsrechnung und mittelfristigen Wirkungen der Kundenwertigkeit

Der Fernverkehr der Deutschen Bahn nutzt auf der einen Seite zuggebundene Tickets mit starken Tarifkonditionen, um primär Low-User und Neukunden zur Nutzung der Bahn zu motivieren und gezielt preissensible Reisende anzusprechen (Krämer 2022). Auf der anderen Seite ist die BahnCard ein Instrument, das eher auf Medium- und Heavy-User der Bahn ausgerichtet ist. Zusätzlich wird diese Kundengruppe durch das Prämien- und Statusprogramm BahnBonus angesprochen. Im Rahmen von einzelnen Aktionen wird diese Grundlogik durchbrochen. Aktionsangebote der BahnCard sind teilweise darauf ausgerichtet, auch Personen als Kunden zu erreichen, die den Break-even der BahnCard üblicherweise nicht erreichen. Teilnehmer des Programms BahnBonus erhalten im Rahmen von Aktionen Zugang zu günstigen Sparpreisen. In beiden Fällen zielen die Aktionen darauf ab, kurzfristig latente Nachfragepotenziale zu erschließen und mittelfristig Kundentreue zu erzeugen. Entsprechende Aktionen können auch gemeinsam mit Handelspartnern durchgeführt werden.

Eine spezielle preisliche Behandlung von Neukunden ist im DB Fernverkehr nicht sinnvoll, weil Neukunden ähnlich preissensibel wie Bestandskunden sind. Stattdessen ermöglichen die bestehenden Marketinginstrumentarien ein ausreichendes Fencing unterschiedlicher Kundensegmente. Das Programm BahnBonus unterstützt dies und ermöglicht aufgrund der verbesserten Customer Insights sehr differenzierte CRM-Maßnahmen.

## Literatur

Alibrandi A, Giacalone M (2008) Overview and recent advances in conjoint analysis for customer satisfaction measures. MTISD, 2008. Meth, Mod Info Tech Decis Support Syst 1(1):119–122

Butcher SA, Burger V (2002) Kundenbindungsprogramme auf dem Prüfstand. Direkt Mark 38(2):40–43

DB (2018) Pressekonferenz Deutsche Bahn AG am 28.05.2018

DellaVigna S, Malmendier U (2006) Paying not to go to the gym. Am Econ Rev 96(3):694–719

Diller H, Müller S (2006) Lohnen sich Bonusprogramme? Eine Analyse auf Basis von Paneldaten, Marketing ZFP 28(2):135–145

Ding L, Xin C, Chen J (2005). A risk-reward competitive analysis of the BahnCard problem. In: International Conference on Algorithmic Applications in Management. Springer, Berlin, S 37–45

Fader PS (2012) Customer centricity: focus on the right customers for strategic advantage. Wharton Digital Press, Philadelphia

Fleischhauer M, Schurk V, Pourebrahimzadeh F (2007) BahnCard – das „bahnbrechende" Konzept produkt- und markenbezogener Incentivierung. In: Krafft M (Hrsg) Kundenkarten: kundenkartenprogramme erfolgreich gestalten, Düsseldorf, S 151–155

Glusac N (2009) Bonusprogramme – ein wirkungsvolles Kundenbindungsinstrument? In: Kundenorientierte Unternehmensführung. Gabler, Wiesbaden, S 557–568

Green PE, Srinivasan V (1990) Conjoint analysis in marketing: new developments with implications for research and practice. J Mark 10:3–19

Haley RI (1968) Benefit segmentation: a decision-oriented research tool. J Mark 32(3):30–35

Huang J, Rothschild P, Wilkie J (2018) Why customer experience is key for loyalty programs. SMR. https://sloanreview.mit.edu/article/why-customer-experience-is-key-for-loyalty-programs/. Zugegriffen: 2. Juli 2018

Krämer A (2016) Kostenwahrnehmung bei PKW-Reisen – Empirische Analyse zur Schätzung der PKW-Kosten und der wahrgenommenen Kostenkomponenten bei Autofahrern im DACH-Gebiet. Internationales Verkehrswesen 68(4):16–19

Krämer A (2017) Demystifying the „Sunk cost fallacy": when considering fixed costs in decision-making is reasonable. J Res Mark 7(1):510–517

Krämer A (2018) Wirkungsweise der BahnCard aus Kunden- und Unternehmenssicht. Internationales Verkehrswesen 70(3):16–19

Krämer A (2022) Preisbereitschaften für Bahnfernreisen und Möglichkeiten der Beeinflussung durch das Marketing – eine empirische Untersuchung. Eisenbahntechnische Rundschau ETR 71(9):80–88

Krämer A, Bongaerts R (2017a) Kundensegmentierung und -strukturanalyse für den Personenfernverkehr in der DACH-Region. ZEVrail 141(3):68–77

Krämer A, Bongaerts, R (2017b) Wie Digitalisierung die Wettbewerbsposition der Bahn im Fernverkehr verändert. Auswirkung der Digitalisierung auf die Verkehrsmittelwahl-Entscheidung. Internationales Verkehrswesen, 69(1):26–30

Krämer A, Burgartz T (2022) Kundenwertzentriertes Management. Springer Gabler Verlag, Wiesbaden

Krämer A, Hercher J (2016) MobilitätsTRENDS 2016 – Sparpreise: Wirkungsvolles Instrument der Bahn im Wettbewerb Bonn, Dezember 2016. https://www.rogator.de/files/content/Unternehmen/Studie/exeo_MobilitätsTRENDS_Sparangebote%20der%20Bahnen_im_D-A-CH-Gebiet.pdf. Zugegriffen: 1. Dez. 2022

Krämer A, Reinhold C (2020) The Combination of Big Data and Online Survey Data: Displaying of Train Utilization on bahn.de and its Implications, General Online Research Conference (GOR), Video Conference, Sep. 11th 2020

Krämer A, Wilger G, Dethlefsen H (2014) Preisoptimierung und -controlling für Sparpreise. planung&analyse 41(2):40–43

Krämer A, Bongaerts R, Wilger G (2019) Wettbewerb um die führende Mobilitätsplattform für Fernreisen. Internationales Verkehrswesen 71(4):20–24

Krämer A, Ponath T, Dethlefsen HA (2020) Effektivitäts- und Effizienzsteigerung durch die Verlinkung von CRM-, Verkaufs und Befragungsdaten: das Beispiel der Wirkungsmessung zur BahnCard im Regionalverkehr. In: Marktforschung für die Smart Data World. Springer Gabler, Wiesbaden, S 253–274

Lambrecht A, Skiera B (2006) Paying too much and being happy about it: existence, causes, and consequences of tariff-choice biases. J Mark Res 43(2):212–223

Luhm HJ (2020) Preiskommunikation im Fernverkehr der Deutschen Bahn. In: Kalka R, Krämer A (Hrsg) Preiskommunikation – Strategische Herausforderungen und innovative Anwendungsfelder. Springer Gabler, Wiesbaden, S 403–417

McCall M, Voorhees C (2010) The drivers of loyalty program success: an organizing framework and research agenda. Cornell Hospitality Quarterly 51(1):35–52

Müller S (2004) Bonusprogramme in der Praxis. In: Diller, H (Hrsg) Arbeitspapier Nr. 121, Universität Erlangen-Nürnberg, Betriebswirtschaftliches Institut

NTV (2021) Mehr Züge, kürzere Reisezeiten Flixtrain-Chef zufrieden mit Neustart. 18. Juni 2021. https://www.n-tv.de/wirtschaft/Flixtrain-Chef-zufrieden-mit-Neustart-article22627552.html. Zugegriffen: 12. Jan. 2021

Nunes JC, Drèze X (2006) Your loyalty program is betraying you. Harv Bus Rev 84(4):124–131

O'Brien LJones C (1995) Do Rewards really create Loyalty? Har Bus Rev 73(3):75–82

Perrey LJ (2013) Nutzenorientierte Marktsegmentierung: ein integrativer Ansatz zum Zielgruppenmarketing im Verkehrsdienstleistungsbereich (Bd. 34). Springer, Wiesbaden

Reinartz WJ (2006) Understanding customer loyalty programs. In Retailing in the 21st Century. Springer, Berlin, S 361–379

Roland Berger Consultants (2003) Kundenbindungsprogramme in deutschen und österreichischen Unternehmen

Simon H, Butscher SA (2001) Individualized pricing: boosting profitability with the higher art of power pricing. Eur Manag J 19(2):109–114

Tacke G (2015) „Durch Zwei teilen kann jeder". Interview in der TAZ, 13.3.2015. Download http://www.taz.de/!5017032/. Zugegriffen: 1. Dez. 2022

Verhoef PC, Lemon KN (2013) Successful customer value management: key lessons and emerging trends. Eur Manag J 31(1):1–15

Wilger G (2004) Mehrpersonen-Preisdifferenzierung. Dissertation, DUV, Wiesbaden

Zimmermann J (2013) Status und Kundenbindung. Doctoral dissertation, Katholische Universität Eichstätt-Ingolstadt


**Bianca Brocke** ist Leiterin Preismanagement bei der DB Fernverkehr AG in Frankfurt. Sie ist damit für die Preis- und Rabattstrategie, Preiskooperationen und die Preisimplementierung verantwortlich. Nach einer Ausbildung als Reiseverkehrskauffrau hat sie an der Fachhochschule Worms Betriebswirtschaftslehre mit Schwerpunkt Verkehrswesen/Touristik studiert und hat weitere berufliche Stationen im Preis- und Revenuemanagement in der Airline- und Tourismusbranche.

**Sven Neweling** ist Leiter CRM Strategie und Loyalitätsprogramme bei der DB Fernverkehr AG in Frankfurt. Er ist damit für das Management und die Weiterentwicklung des BahnBonus-Programms zuständig. Für den Deutschen Bahn Konzern ist er bereits seit 2006 in verschiedenen Marketing- und Projektmanagementfunktionen tätig, unter anderem auch im Preismanagement. Sven Neweling ist gelernter Bankkaufmann und hat an der Universität in Münster Betriebswirtschaftslehre studiert. In der Vergangenheit war Sven Neweling bereits vereinzelt als Co-Autor von Fachaufsätzen und Fachreferent an verschiedenen Hochschulen tätig.

**Prof. Dr. Andreas Krämer** ist Vorstandsvorsitzender der exeo Strategic Consulting AG in Bonn und Direktor des Value Research Institute (VARI e. V.) in Iserlohn. Nach Studium der Agrarökonomie und anschließender Promotion arbeitete Andreas Krämer von 1996 bis 2000 bei zwei führenden internationalen Beratungsgesellschaften, bevor er in 2000 seine eigene Beratungsgesellschaft gründete. Von 2014 bis 2020 war er Professor für Pricing und Customer Value Management an der University of Europe for Applied Sciences in Iserlohn. Andreas Krämer ist Mitinitiator der Studien „Pricing Lab", „MobilitätsTRENDS" und „OpinionTRAIN" sowie Autor zahlreicher Fachaufsätze und mehrerer Bücher.

# Wachstumsstrategien in Banken – Erfolgsfaktor Kundenaktivierung

Oliver Mihm und Frédéric Begemann

## Inhaltsverzeichnis

| | |
|---|---|
| 1 Aktuelle Herausforderungen für das Privatkundengeschäft der Banken | 80 |
|    1.1 Kunden fehlt der emotionale Zugang zu Finanzprodukten | 81 |
|    1.2 Spezialisierte Anbieter nutzen die Lücke | 83 |
| 2 Die Relevanz der Bestandskundenaktivierung | 84 |
|    2.1 Die Hälfte der Bankkunden ist inaktiv | 84 |
|    2.2 Fehlerhafte Segmentierung, Zielsteuerung und Datennutzung bedingen Inaktivität der Kunden | 85 |
| 3 Positive Kundenerlebnisse durch echte Kundenzentrierung und systematische Marktbearbeitung | 87 |
|    3.1 Kundenzentrierung als messbare und gelebte Denkhaltung lohnt sich | 87 |
|    3.2 Überführung der Kundenzentrierung in systematische Marktbearbeitungsmaßnahmen | 90 |
| 4 Steigerung der Aktivität durch emotionale Bindung | 92 |
| Literatur | 93 |

O. Mihm (✉) · F. Begemann
Investors Marketing AG, Frankfurt, Deutschland
E-Mail: o.mihm@investors-marketing.de

F. Begemann
E-Mail: f.begemann@investors-marketing.de

© Der/die Autor(en), exklusiv lizenziert an Springer Fachmedien Wiesbaden GmbH, ein Teil von Springer Nature 2023
A. Krämer et al. (Hrsg.), *Stammkundenbindung versus Neukundengewinnung*,
https://doi.org/10.1007/978-3-658-40363-8_5

> **Zusammenfassung**
>
> Banken haben in der heutigen Zeit mit dynamischen Rahmenbedingungen und zahlreichen Herausforderungen zu kämpfen. Um sich zukunftsfähig aufzustellen, bedarf es einer Marktbearbeitung, die diesen externen Faktoren mit dem Kunden als Nukleus Rechnung trägt. Der Schlüssel ist die emotionale Bindung und Aktivierung der Kunden, um Wachstumspotenziale zu heben. Dazu ist ein in der Organisation verankertes ganzheitliches Verständnis von Kundenzentrierung entscheidend. Zudem ist die konsequente Optimierung und Orchestrierung von Kontaktpunkten durch intelligente Marktbearbeitungsmaßnahmen ein zentraler Erfolgsfaktor.

# 1 Aktuelle Herausforderungen für das Privatkundengeschäft der Banken

Die Finanzbranche befindet sich im Wandel: Das Kundenverhalten verlagert sich zunehmend in digitale Kanäle, das regulatorische Umfeld bleibt komplex und neue Anbieter reüssieren mit innovativen Lösungen im Kleinen oder verändern ganze Angebotskategorien, wie es zuletzt etwa im Wertpapierbereich durch den Eintritt von Neobrokern erfolgt ist (Locher und Mesch 2022). Die Folge ist ein zunehmender Wettbewerb mit unterschiedlich steigendem Preis- und Kostendruck. Gleichzeitig haben Kunden die Wahl zwischen immer mehr Angeboten. Angebotsvergleiche sind heute nicht mehr auf spezifische Internetportale (z. B. Check24) beschränkt, sondern setzen sich in ausgewählten Bedarfsfeldern, wie etwa der Baufinanzierung, auch bereits bei Banken durch (Peeters 2020; Walther und Arnold 2020). Solche Open-Architecture-Angebote forcieren die Angebotstransparenz für den Kunden und erhöhen damit den Wettbewerb um die Kunden. Wo früher die Bankwahl maßgeblich durch die räumliche Filialnähe vorentschieden wurde, ist der deutsche Privatkundenmarkt heute ein klarer Käufermarkt mit Verschiebung der Marktkräfte von den Banken zum Kunden (Geyer 2003). Für Finanzdienstleister stellt sich damit die zentrale Frage der optimalen Allokation ihrer Marktressourcen: Welche Rolle spielt die klassische Neukundengewinnung im Vergleich zur Bestandskundendurchdringung? In diesem Spannungsfeld übernimmt die marktorientierte Unternehmensführung eine zentrale strategische Rolle zur Sicherung der Zukunftsfähigkeit von Banken und Sparkassen (Meffert 2018). Auf der Suche nach geeigneten Wachstumsstrategien für Banken und Sparkassen werden im Folgenden zunächst die veränderten Rahmenbedingungen beleuchtet, bevor auf Lösungsansätze eingegangen wird.

Eine positive Nachricht für die Institute vorweg: Bankkunden haben eine vergleichsweise lange Lebensdauer. Einmal gewonnene Kunden bleiben ihrer Hausbank in der Regel lange treu und wechseln nur selten zu anderen Anbietern. Insbesondere große und etablierte Marktteilnehmer profitieren von dieser Tatsache. Die Wechselbereitschaft der Kunden ist hier im Vergleich zu den restlichen Anbietern besonders gering, der

Kundenbestand verhält sich über die Jahre konstant. In der 2020 von Investors Marketing durchgeführten Privatkundenstudie gaben 70 % der Befragten an, ihre Hausbank in den letzten 10 Jahren nicht gewechselt zu haben (Investors Marketing 2020). Beachtlich ist dieses Ergebnis insofern, dass sich der Wert im letzten Jahrzehnt (vgl. 2010 und 2020) nicht verändert hat – das Risiko eines Anbieterwechsels der Kunden ist also auf einem stabil niedrigen Niveau.

## 1.1 Kunden fehlt der emotionale Zugang zu Finanzprodukten

Zurückzuführen ist diese Tatsache auch auf das unterschiedliche Involvement von Kunden beim Kauf verschiedener Produktkategorien (Mihm 1999). Hierbei spielen einerseits die emotionale, andererseits auch die rationale Aktivierung des Kunden eine entscheidende Rolle. Emotionales Involvement beschreibt dabei, wie sehr der Kauf durch den emotionalen Wunsch des Besitzens getrieben wird – vereinfacht ausgedrückt: wie sehr ein Kunde das Produkt haben möchte. Kognitives Involvement auf der anderen Seite gibt den Grad der Aktivierung an, über das Konsumziel und die verbundenen Informationen nachzudenken und diese kognitiv zu verarbeiten. Einen wesentlichen Faktor stellt hierbei der Preis dar. Mit steigendem Geldwert geht in der Regel auch ein längerer Abwäge-Prozess vor dem Kauf einher.

Basierend auf diesen beiden Aspekten lassen sich vier Kauf-Kategorien unterscheiden (siehe Abb. 1): Ein habitualisierter Kauf, beispielsweise von Produkten des täglichen Bedarfs (z. B. Taschentücher, Toilettenpapier), erweckt weder emotionales

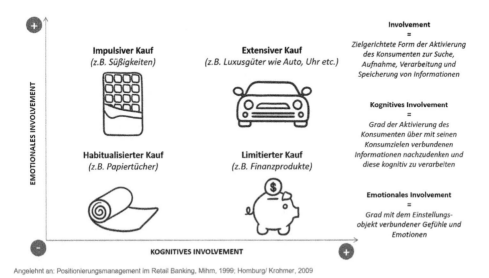

**Abb. 1** Emotionales und kognitives Involvement. (In Anlehnung an Homburg et al. 2009)

noch kognitives Involvement bei Kunden. Ein impulsiver Kauf, etwa von Süßigkeiten oder Kleidung, ist dagegen getrieben von hohem emotionalem Involvement – Kunden denken im Kaufprozess nicht lange nach, das „Haben-Wollen" steht im Vordergrund. Ein extensiver Kauf erfordert nun zusätzlich ein hohes kognitives Involvement der Kunden. Klassische Luxusgüter wie etwa ein Autokauf fallen hierunter – attraktiv, jedoch auch mit finanziellem Aufwand und entsprechendem Risiko für den Käufer verbunden. Aufgrund dessen gestaltet sich in dieser Kategorie der Kaufprozess meist länger, rationale Informationen werden eingeholt und mit den durch den Kauf verbundenen Gefühlen und Emotionen abgewogen.

Zu guter Letzt gibt es Produktkategorien, die Kunden zwar kognitiv stark aktivieren, nicht jedoch emotional. Diese Fälle werden als ein limitierter Kauf bezeichnet: Oftmals notwendige Dinge, die allerdings mit finanziellem Risiko verbunden sind und Kunden emotional nicht ansprechen. Daher handelt es sich meist um einmalige Käufe. Typische Beispiele hierfür sind Finanzprodukte. Eine Versicherung, ein Bausparvertrag oder ein Wertpapier-Depot gelten zwar sicherlich als erstrebenswert – jedoch auch eher als Mittel zum Zweck. Haben sich Kunden hier einmal für ein Produkt oder einen Anbieter entschieden, wollen sie sich in aller Regel nicht weiter damit befassen und nach Alternativen Ausschau halten. Dies führt folglich zu einer – rein fiktiven – hohen Wechselbarriere. Kunden fehlt schlicht der emotionale Zugang, um sich mit Finanzprodukten und ergo auch mit einem entsprechenden Anbieterwechsel zu beschäftigen. Daraus resultiert bei vielen Bankkunden unweigerlich die zuvor beschriebene hohe und langfristige Bindungstreue zu ihrer Hausbank:

> „Many financial products are nearly identical. This means the consumer decision will probably be driven in large part by non-conscious factors — emotion, brand perception, etc." – Roger Dooley

Dooley (2011) beschreibt damit die Quintessenz der vorgestellten Methodik: Finanzprodukte sind aus Kundenperspektive größtenteils austauschbar, die Entscheidung für oder gegen einen Anbieter ist daher mit emotionalen Faktoren beeinflussbar. Daraus ergibt sich für Banken und Sparkassen die dringliche Herausforderung, die eigene Marke, die angebotenen Produkte, als auch die Kundenbeziehung emotional aufzuladen. Dies wird notwendig sein, wollen die Geldhäuser in Zukunft nicht nur den Kundenbestand sichern, sondern ihn auch um Neukunden erweitern.

Denn trotz der hohen Bestandskundentreue hat der Großteil der Privatkunden heute kaum noch eine Beziehung zu ihrer Bank oder Sparkasse, die über eine bloße Geschäftsabwicklung hinausgeht. Laut der aktuellen Privatkundenstudie 2022 von Investors Marketing können sich 80 % der Kunden an keine positiven Erlebnisse mit ihrer Hausbank in den vergangenen zwölf Monaten erinnern (Investors Marketing 2022). Allerdings gaben auch nur 13 % der Befragten explizit an, negative Erfahrungen gemacht zu haben – und dies trotz aktueller Themen wie Negativzinsen, BGH-Urteil oder Verwahrentgelten. Über die Hälfte der befragten Bankkunden (53 %) will sogar überhaupt nicht von ihrer Hausbank angesprochen werden. Diese Erhebungen lassen vermuten: Banken und Sparkassen scheinen ihren Kunden gleichgültig geworden zu sein. Eine solche Indifferenz in der Kunden-Bank-Beziehung sollte mehr als aufhorchen lassen, denn sie ist das Gegenteil einer echten Hausbankbeziehung.

Banken und Sparkassen schaffen es in der aktuellen Situation schlicht nicht mehr, all ihren Kunden ihre Kompetenzen in allen Finanzbereichen konsequent zu vermitteln. So ist die Hausbank der Kunden mittlerweile häufig nicht mehr die erste Wahl beim Abschluss vieler Finanzprodukte (Investors Marketing 2020). Hierbei kann es sich sowohl um ein zusätzliches Girokonto, weitere Kartenprodukte wie Kreditkarten, aber auch um Finanzierungs- und Anlageprodukte (Kredite, Baufinanzierungen und Wertpapier-Depots) oder Versicherungen handeln. In diesen Bereichen dominieren häufig andere Banken oder Anbieter (Investors Marketing 2020).

## 1.2 Spezialisierte Anbieter nutzen die Lücke

Spezialisierte Anbieter mit fokussiertem Produktangebot besitzen genau hierin eine hohe Kompetenz und können den Kunden individuell zugeschnittene Produkte bieten. Kunden werden gezielt mit spezifischen Angeboten und attraktiven Konditionen angesprochen. Durch eine anfängliche Preisincentivierung, etwa kostenfreie Girokonten, Depots und Kreditkarten oder Kredite mit sehr niedrigen Zinsen, werden so Neukunden gewonnen. Insbesondere bei Neobanken und FinTechs wie N26, Scalable, Trade Republic oder Smava ist dieser Ansatz zu beobachten (Homepage N26, Homepage Trade Republic). Für die meisten etablierten Banken stellt dies nicht nur eine Herausforderung in Bezug auf den Wettbewerb um den Kunden dar, sondern greift gleichzeitig auch wohlgewonnene Ertragsströme der Banken an.

Allerdings ist die Ertragsfragestellung auch für die neuen Anbieter eine hochrelevante. Die günstigen Konditionen bescheren ihnen zwar stetig wachsende Kundenzahlen, diese erwirtschaften allerdings keine oder kaum nennenswerte Erträge, um die laufenden Kosten und die Gewinnung weiterer Neukunden zu finanzieren. Ein solches Missverhältnis von Kosten und Erträgen ist selbstredend zeitlich begrenzt – früher oder später stehen auch FinTechs und Neobanken vor der Herausforderung der Monetarisierung des Kundenbestands zum Ausgleich der Neukundengewinnungskosten. N26 beispielsweise hat laut Jahresabschluss bis Anfang 2021 7 Mio. Kunden gewonnen, davon allerdings nur 2,9 Mio. „ertragsrelevante Kunden" (Finanz-Szene 2022) – und das extensive Wachstum zu Beginn ist in den letzten Monaten erheblich ins Stocken geraten. Um sich nachhaltig am Markt zu etablieren, müssen auch diese Anbieter über kurz oder lang profitabel werden.

Neukundengewinnung kann folglich nicht als Allheilmittel für die Erreichung der Wachstumsziele gelten. Die entscheidende Frage für den zukünftigen Erfolg von Banken und Sparkassen ist daher nicht diejenige nach Neukundengewinnung oder Bestandskundenbindung: Vielmehr ist die Aktivierung von Kunden für die Nutzung aller Angebote und Dienstleistungen die zentrale Herausforderung von Finanzdienstleistern.

## 2 Die Relevanz der Bestandskundenaktivierung

### 2.1 Die Hälfte der Bankkunden ist inaktiv

Die anfänglich dargestellte Trägheit von Bankkunden in Bezug auf die Wechselbereitschaft geht einher mit einer oftmals gleichartigen Trägheit in Bezug auf die Inanspruchnahme von Bankdienstleistungen. So wird der Großteil des Geschäfts von Banken und Sparkassen mit lediglich einem kleinen Teil aktiver Kunden erwirtschaftet – im Durchschnitt wird etwa 80 % des Umsatzes mit 20 % der Kunden erzielt (Eggert 2003; Rieker 2013). Dies bedeutet im Umkehrschluss, dass Banken an der überwiegenden Mehrheit ihrer Kunden nichts oder sehr wenig verdienen. Tatsächlich gelten im Schnitt etwa 40–50 % der Bankkunden als inaktiv (Mihm 2015). Inaktive Kunden besitzen zwar ein Girokonto, ein Depot oder weitere Finanzprodukte bei ihrer Hausbank, nutzen diese allerdings oft nicht aktiv.

Die Konten dieser Kunden weisen daher meist nur minimale Salden und/oder minimale Aktivität auf. Für die Geldhäuser ist das Verhalten dieser Kunden zwar defizitär, dennoch werden inaktive Kunden nur selten systematisch adressiert. Gründe dafür sind etwa Bedenken der Hausbank vor einer möglichen Unzufriedenheit bis hin zur Kündigung, wenn die Kunden auf ihre bestehenden Finanzprodukte angesprochen werden. Ebenso herrscht aber auch die Meinung bei Banken vor, dass es sich nicht lohnt, diese Kunden anzusprechen. Die Folge für die Kunden ist in jedem Fall gleich: Es besteht seit Jahren kein Kontakt mehr zwischen Institut und inaktiven Kunden. Von einer wirklichen Kunde-Bank-Beziehung kann keine Rede sein (Abb. 2).

Deutlicher wird dieses Bild der inaktiven Kunden noch durch konkrete Beispiele einer jahrzehntelangen Projekterfahrung der Autoren. Der Handel mit Wertpapieren wird der-

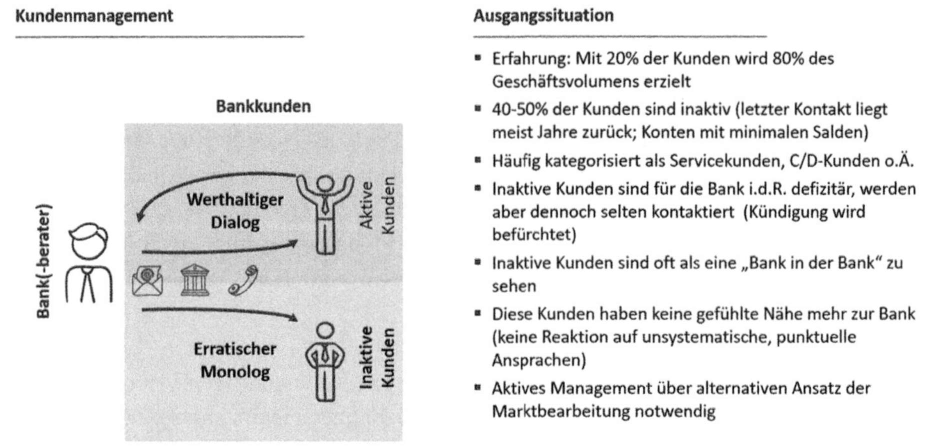

**Abb. 2** Inaktive Kunden

zeit immer beliebter, die Zahl der Depotnutzer steigt seit einigen Jahren stetig an. Auffällig ist allerdings, dass die Depots bei 60–80 % der Wertpapierkunden der Banken inaktiv sind (durchschnittliche Spanne der Projekt-Analyseergebnisse von Investors Marketing). Inaktiv bedeutet in diesem Zusammenhang: ohne Transaktionen, oftmals bestandslos und somit ohne Ertrag für das Institut. Ein ähnliches Bild zeichnet sich bei den Baufinanzierungen. Abschlüsse gibt es hier, gerade durch den aktuell anhaltenden Boom bei Immobilieninvestments, genug. Im Anschluss werden viele Kunden jedoch nicht mehr angesprochen, da zahlreiche Banken der Meinung sind, der Kunde verfüge aufgrund der Ratenzahlungen jetzt ja erstmal nicht mehr über Geld. Ein Trugschluss, denn diese Kunden entwickeln sich in ihrem sozialökonomischen Leben oft weiter. Dies findet in der aktiven Kundenansprache jedoch kaum Beachtung.

Der Grund dafür ist so simpel wie erschreckend: Banken sprechen einen Großteil ihrer Kunden zumeist gar nicht erst an. Falls doch eine Ansprache erfolgt, dann meist standardisiert, unemotional und produktgetrieben. Dazu zählen auch inaktive Kunden. Statt eines werthaltigen Dialogs zwischen Bank und Kunde zeigt sich meist ein erratischer Monolog von Bank an Kunde. Der Anspracheansatz zur Adressierung inaktiver Kunden hat sich dabei in den vergangenen 25 Jahren nahezu nicht verändert. Für Kundenkontakt gibt es in Banken vorgegebene Beraterkontakte mit direktem Fokus auf das Produktangebot. Hierbei ist kaum Individualisierung für Kunden möglich. Die zeitliche Ansprache der Kunden erfolgt in aller Regel weniger ausgerichtet an den Kunden und ihren individuellen Bedürfnissen, sondern vielmehr in periodischen Anspachewellen in Form von Kampagnen. So ist es wenig verwunderlich, dass die Cross-Selling-Quoten bei Banken seit Jahren konstant bleiben.

## 2.2 Fehlerhafte Segmentierung, Zielsteuerung und Datennutzung bedingen Inaktivität der Kunden

Der große Bestand an inaktiven Bankkunden und die ausbleibende aktive Ansprache sind im Wesentlichen auf drei Faktoren zurückzuführen:

1. Aspekt: Segmentierung
Bereits seit Jahren gibt es in Banken und Sparkassen festgesetzte Kriterien für die Segmentierung von Kunden. Diese basieren quasi ausschließlich auf der vermuteten ökonomischen Potenz eines Kunden. Aufgrund dieser einseitigen Sichtweise auf den Kunden kommt es häufig zu einer falschen oder mindestens fehlerbehafteten Segmentierung von Kunden (Machauer und Morgner 1999). Diese Tendenz beschreibt das „Servicekundenphänomen": Neukunden werden auf Basis weniger vorliegender Anhaltspunkte und ohne Kenntnis von Hintergrundinformationen segmentiert, dadurch wird mögliches zukünftiges Potenzial verschenkt. Häufig werden Kunden aufgrund von geringen initialen Vermögenswerten als Servicekunden eingestuft. Dieses Kundensegment erfährt dann kaum oder gar keine aktive Betreuung durch das Institut respektive die

Berater. Potenzielle weitere Vermögenswerte werden meist nicht erfragt und können so auch nicht vereint werden. Besonders bei jungen Kunden, wie bei z. B. Studierende oder Auszubildende, besteht hohes Potenzial auf zukünftig gut bezahlte Anstellungen – und somit auch auf mögliche Erträge der Bank. Durch Nichtbeachtung oder eine undifferenzierte Ansprache des Segments Servicekunden verspielen Banken und Sparkassen hier leichtfertig zukünftig relevante Kundenbeziehungen.

2. Aspekt: Datennutzung

Mit der fehlerhaften Segmentierung geht meist eine unzureichende Datennutzung einher. Über die vorliegenden Daten hinausgehende könnten in der Theorie grundsätzlich erhoben, ausgewertet und für eine genauere und fehlerfreiere Segmentierung genutzt werden, in der Praxis geschieht dies jedoch nur selten. Mögliche Daten, die unkompliziert ausgewertet werden könnten, umfassen regelmäßig anfallende Ausgaben wie z. B. Miete, Leasinggebühren für ein Auto oder Kosten für einen Handyvertrag. Neben diesen Daten könnten weitere Daten der Kunden aktiv eingeholt werden. Liegt beispielsweise ein Familienverbund oder eine Zweit- oder Drittverbindung bei der eigenen oder einer anderen Bank vor, könnten diese Konten zusammengelegt werden. Auf Grundlage einer systematischen Datennutzung könnten Kunden häufiger aktiv und mit individuellen Angeboten angesprochen werden (Fesidis und Gupta 2021).

3. Aspekt: Zielsteuerung

Bankberater haben in ihrer Tätigkeit gewisse Zielvorgaben zu erfüllen, die durch das Management definiert werden. Klare Vorgaben helfen bei der Erreichung von wirtschaftlich relevanten Kennzahlen. Meist geht es dabei jedoch um Umsatz- oder Ertragsziele, die anschließend auf die zu geschlüsselten Bestandskunden heruntergebrochen werden. So werden in Teilen falsche Anreize für die Kundenberater gesetzt. Denn um die individuellen Ertragsziele zu erreichen, ist es nur allzu verständlich, wenn sich Berater in der Ansprache auf wertige Kunden fokussieren (Tewes 2013; Verhoef und Lemon 2013). Inaktive und – aus Sicht der Bank – weniger wertschöpfende Kunden, die aber durchaus ein interessantes zukünftiges Potential aufweisen, werden dadurch vernachlässigt. Die Steuerung über Ertragsziele bestärkt damit das Phänomen, dass ertragsschwache Kunden keine aktive Ansprache durch Bankberater erfahren. Folglich leidet deren Betreuungserlebnis bei ihrer Hausbank.

In Conclusio erleben wir mittlerweile eine hohe Indifferenz der Bankkunden gegenüber ihrer Hausbank. Insbesondere, aber nicht ausschließlich, bei der großen Gruppe inaktiver Kunden ist kaum noch eine Beziehung zum Institut vorhanden, die über die Geschäftsabwicklung hinausgeht. Aus Sicht der Banken und Sparkassen bedarf es zwingend einer Wiederaufnahme des Dialogs mit diesen Kunden. Sie müssen es schaffen, ihre Bestandskunden wieder zu erreichen, sie zu emotionalisieren und schlussendlich auch wieder zu mehr Geschäften zu aktivieren. Dadurch kann ein enormes Potenzial an Umsatzsteigerungen freigesetzt werden. Bevor Banken also ihren Fokus auf die Gewinnung von Neukunden legen, sollten sie in einem ersten Schritt die Basis schaffen für eine Aktivierung ihrer Bestandskunden.

Dazu ist allerdings ein sofortiger und längst überfälliger Paradigmenwechsel notwendig – sowohl in der Ansprache der Kunden als auch in der internen Wahrnehmung und Segmentierung der Kunden. Die Instrumente hierfür stehen grundsätzlich zur Verfügung, es bleibt jedoch die Frage: Wie können die richtigen Kunden mit den richtigen Botschaften erreicht werden?

## 3 Positive Kundenerlebnisse durch echte Kundenzentrierung und systematische Marktbearbeitung

### 3.1 Kundenzentrierung als messbare und gelebte Denkhaltung lohnt sich

Die gesamte Bank, nicht nur die Berater im Kundenkontakt, muss konsequenter die Kundenperspektive einnehmen. Es muss gelingen, Produkte, Leistungen und Prozesse auf den Kunden so auszurichten, dass die immer wichtigere Erlebnisdimension bedient wird (Schäfer 2019). Es geht darum, Marktaktivitäten noch engagierter und ganzheitlicher zu gestalten, um dadurch Konsumenten zu begeistern. Daraus leitet sich zunehmend die Forderung nach einer kundenzentrierteren Ausrichtung ab. Somit ist es wenig verwunderlich, dass das Konzept der „Customer Centricity" aktuell eine enorme Bedeutung erfährt. Es propagiert die konsequente Fokussierung aller Prozesse auf die Bedürfnisse und Wünsche der Kunden (Fader 2012; Merkle 2021). Kundennähe ist dabei der Initialpunkt bei der Konzeption der Marktbearbeitung (Krämer und Burgartz 2022).

Investors Marketing hat vor einigen Jahren erstmals und spezifisch für die Finanzdienstleistungsbranche das Konstrukt der Kundenzentrierung mittels zweistufiger Faktorenanalyse und Cronbachs Alpha wissenschaftlich fundiert hergeleitet und transparent messbar gemacht. Nach diesem Verständnis basiert Kundenzentrierung auf der systematischen Gestaltung positiver Kundenerlebnisse, um dadurch eine wahrnehmbar höhere Attraktivität für Kunden gegenüber dem Wettbewerb herzustellen (Mihm 2022). Aus Kundensicht zahlen acht empirisch ermittelte Faktoren darauf ein:

1. Beziehung: Der Kunde muss das Gefühl haben, dass die Hausbank alles für ihn tut und er sich wohlfühlt.
2. Individualität: Die Hausbank vermittelt ihren Kunden das Gefühl, dass diese individuell behandelt werden.
3. Kompetenz: Bei finanziellen Fragestellungen tritt die Bank oder Sparkasse als kompetenter Ansprechpartner auf.
4. Service: Die Hausbank des Kunden bietet exzellenten Service.
5. Innovation: Durch ständige Weiterentwicklung wird die Bank zu einem modernen und innovativen Unternehmen.

6. Wertschätzung: Jedem Kunden wird durch die Hausbank gezeigt, dass er wichtig ist.
7. Fairness: Die Hausbank behandelt ihre Kunden fair.
8. Komfort: Damit das Erledigen der Bankgeschäfte für die Kunden so einfach und bequem wie möglich wird, tut die Hausbank alles.

Laut der diesjährigen von Investors Marketing durchgeführten Studie unter Privatkunden von Banken und Sparkassen gibt es insbesondere bei den emotionalen Faktoren (Beziehung, Individualität, Fairness und Wertschätzung) Nachholbedarf bei vielen Banken (Investors Marketing 2022). Nur 38 % der befragten Kunden gaben an, das Gefühl zu haben, dass ihre Hausbank alles tut, damit sie sich wohlfühlen. Wertschätzung der Bank gegenüber den Kunden empfanden sogar nur 30 % der Befragten. In diesem Zusammenhang wird deutlich, dass bei vielen Instituten aktuell die Kundenzentrierung leidet und deutliches Optimierungspotenzial vorhanden ist.

Um einerseits die Relevanz der Kundenzentrierung nachhaltig in Unternehmen zu verankern, andererseits aber auch die Wirkung von Aktivitäten und Maßnahmen ersichtlich zu machen und die Zielsteuerung entsprechend zu adjustieren, ist ein messbarer Wert der Kundenzentrierung notwendig. Dazu hat Investors Marketing den Customer Centricity Index (im Folgenden CCI) als Form eines wissenschaftlich fundierten Messindex der Kundenzentrierung entwickelt. Der CCI wurde in den letzten Jahren regelmäßig (2019, 2021, 2022) erhoben – nach einem stärkeren Rückgang im vergangenen Corona-Jahr ließ sich zuletzt wieder ein leichter Anstieg des Wertes über alle Bankengruppen hinweg von 33 % im Jahr 2021 auf 35 % im Jahr 2022 beobachten (Investors Marketing 2022b). Auch die Wichtigkeit nahezu aller acht Faktoren ist gestiegen, lediglich bei den Faktoren Service und Fairness sind die Ansprüche der Kunden minimal gesunken. Betrachtet man die tatsächliche Erfüllung der Faktoren, lassen sich deutliche Unterschiede erkennen. Die größten Diskrepanzen zwischen Erfüllung und Wichtigkeit bestehen abermals bei rein emotionalen Faktoren, nämlich Wertschätzung (Erfüllung zu 18 %), Fairness (25 %), Individualität (29 %) und Beziehung (32 %) (Investors Marketing 2022b) (Abb. 3).

Die Messbarkeit der Kundenzentrierung hat unmittelbare Auswirkungen auf ökonomische Key Performance Indikatoren und damit auf Ertrag und Kosten. Kundenzentrierung lohnt sich in jedem Fall für Unternehmen – laut der Privat- und Geschäftskundenstudie 2021 von Investors Marketing kann durch verbesserte Kundenzentrierung eine nachweisliche Steigerung wesentlicher KPIs wie Loyalität (um +51 %), Cross-Selling (um +51 %) und Weiterempfehlungsbereitschaft (um +49 %) erzielt werden (Investors Marketing 2021).

Die nachhaltige Verankerung von Kundenzentrierung bleibt jedoch eine große Herausforderung für Unternehmen. Entscheidend ist der Weg dorthin: Kundenzentrierung ist eine Denkhaltung, die in Unternehmen etabliert werden muss. Ohne die laufende Verpflichtung zur Erzielung positiver Kundenerlebnisse wird dieser Weg nicht funktionieren (Mihm 2022). Damit verbunden sind Auswirkungen auf die gesamte Organisation, etwa in den Bereichen Kultur, Struktur und Prozesse (Shah et al. 2006).

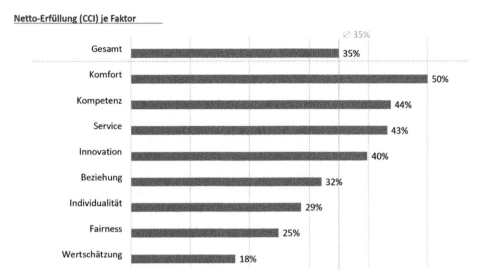

**Abb. 3** Customer Centricity Index

Die positive Nachricht lautet: ist die Bereitschaft zur Umsetzung vorhanden, werden erste Ergebnisse schnell erkennbar sein – sowohl quantitativ messbar als auch in der Arbeitsweise und Denkhaltung der Mitarbeiter.

Der Weg zu einem besseren Kundenerlebnis führt unweigerlich über die Mitarbeiter – sowohl diejenigen mit direktem Kundenkontakt in Vertrieb oder im Service Center als auch diejenigen, die indirekt den Kundenkontakt gestalten beispielsweise durch Prozesse oder Kommunikation. Im Endeffekt sind alle Mitarbeiter für die Erzielung positiver Kundenerlebnisse verantwortlich – die Denkhaltung muss allerdings auch aus dem Vorstands- und Führungskreis vorgelebt und eingefordert werden (Mihm 2022). Dabei ist es essenziell, über alle unternehmerischen Bereiche hinweg ein einheitliches Kundenverständnis herzustellen und im „orchestrierten" Einsatz der verschiedenen Marketing-Instrumente auf den Markt zu bringen (Meffert 2018).

Wichtig ist eine systematische und schrittweise Implementierung der Kundenzentrierung, die Investors Marketing mit dem Customer Centricity Programm (CCP) begleitet und vorantreibt. Notwendige Basis ist dabei das Wissen um die Bedarfe und Präferenzen der Kunden. Damit lassen sich aus Kundenperspektive gewünschte zentrale Erlebnisse definieren. Durch Betrachten der gesamten Customer Journey sollten anschließend alle bestehenden Kundenkontaktpunkte analysiert und mögliche Optimierungspotenziale erfasst werden. Daraus lassen sich wiederum angestrebte Verhaltensänderungen der Mitarbeiter definieren. Dabei ist es elementar, dass Mitarbeiter sich in den Change-Prozess einbringen und Lösungen mitgestalten dürfen. Dieser Schritt ist wichtig, damit sich die Mitarbeiter der Bank im Nachhinein mit den erarbeiteten Ansätzen identifizieren können – schließlich sind sie es, die die Änderungen gegenüber den Kunden anwenden und umsetzen (Reichertz und Englert 2021; Schwarz 2006). Über die Einführung und regelmäßige Messung des CCI als Reporting-Instrument können Banken und Sparkassen schließlich den Erfolg von Maßnahmen zur Erreichung positiver Kundenerlebnisse messen. Damit lässt sich das Leitprinzip Kundenzentrierung nachhaltig im Unternehmen verankern.

Gelingt es Banken, diese kundenzentrierte und ganzheitliche Ausrichtung am positiven Kundenerlebnis bei allen Mitarbeitern und im Gesamthaus zu installieren, trägt dies maßgeblich zur zukünftigen Sicherung der Kundenschnittstelle bei (Mihm 2022). Eines ist dabei jedoch entscheidend: Kundenzentrierung ist kein Projekt, sondern vor allem eine kulturelle Transformation. Und diese beginnt bei den Vorständen und Führungskräften – leidenschaftliche Führung und Begeisterung für den Kunden sind die Basis, um auch die Mitarbeiter auf die Reise mitzunehmen. Nur wer selbst Freude daran hat, wird vom Kunden als glaubhaft wahrgenommen.

## 3.2 Überführung der Kundenzentrierung in systematische Marktbearbeitungsmaßnahmen

Neben der Kundenzentrierung spielt auch eine intelligente und zentrale Marktbearbeitung zur Monetarisierung der Aktivierungsbereitschaft eine wichtige Rolle. Sie ist gewissermaßen Ausdruck der Kundenzentrierung in der Ansprache von Kunden. Wie auch beim Thema der Kundenzentrierung gibt es beim Status Quo vieler Banken enormes Optimierungspotenzial, was die Marktbearbeitung betrifft.

In vielen Instituten deckt die Marketingklaviatur zwar bereits ein breites Spektrum von digitalen Maßnahmen über telefonische Kanäle bis hin zur Beratung vor Ort ab. Die Herausforderung besteht in der systematischen Zusammenführung von persönlicher und digitaler Nähe. Häufig führt die dezentrale Kontaktverantwortung des Beraters bei Banken und Sparkassen zu einer wenig systematischen und ineffizienten Kundenansprache. Zur Steigerung der Effizienz ist eine neue, zentral verantwortete und medial unterstützte Marktbearbeitung im Omnikanal erforderlich, die die persönliche Ansprache und Betreuung ergänzt (Mihm 2022). So lässt sich ein höherer Grad sowohl an Individualisierung als auch an Automatisierung erzielen. Dabei sind ausgehend von den bestehenden Berater-Kunden-Beziehungen durchgängige Aktivierungs- und Betreuungsprogramme für unterschiedliche Zielgruppen zu entwickeln. Diese sollten mit einer stärkeren Berücksichtigung von Emotionalisierungs- und Beziehungsaspekten verknüpft werden. Ziel der Maßnahmen muss sein, eine digital-persönliche Interaktion mit Kunden vernetzt über alle Kanäle sicherzustellen.

**Persönliche Kundenbeziehungen im Omnikanal**
Besonders für regional verwurzelte Banken (aber nicht ausschließlich) ergibt sich die Herausforderung, die persönliche Beziehung und Nähe zu den Kunden mit der Ansprache dieser in einem Omnikanal-Ansatz zu verbinden. Auch aufgrund ihrer

Filialstruktur besitzen Regionalbanken wie Sparkassen und Volks- und Raiffeisenbanken eine starke physische Nähe zum Kunden und definieren „Kundennähe" meist noch über die persönliche Kundenbeziehung. Der persönliche Berater gilt als Kerndifferenzierungsfaktor im Wettbewerb und steht als Garant der Kundennähe auch weiter im Fokus (Mihm 2022). Wie also können diese Institute ihre Kundennähe auch in digitalen Zeiten weiter erlebbar machen? Zunächst gilt es, den Differenzierungsfaktor „persönliche Kundenbeziehung" nicht leichtfertig über Bord zu werfen, sondern vielmehr intelligent zu integrieren. Für Regionalbanken geht es insbesondere darum, ihre vorhandene Kundennähe und die bestehende persönliche Verbindung zwischen Kunde und Berater respektive Institut in die digitale Welt zu transportieren – ergo die persönlichen Kontakterlebnisse in einen umfassenden Omnikanalansatz einzubetten.

Eine breite und digital unterstützte Kundenansprache schafft effiziente und wahrnehmbare Kontakte mit den Kunden. Wichtig dabei ist, nicht in unabhängigen Produktkampagnen zu denken, sondern Kunden über intelligente Anspracheketten emotional zu adressieren (Begemann und Huber 2022). Diese passgenaue Verknüpfung ist die Voraussetzung, um die Wahrnehmungsschwelle bei den Kunden zu durchbrechen und positive Kontakterlebnisse zu schaffen.

Entscheidend sind dabei insbesondere drei Faktoren:

1. Segmentierung
Die Selektion der Zielgruppen ist für den späteren Erfolg der Kundenansprache entscheidend (Begemann und Huber 2022). Hier hat sich gezeigt, dass eine Affinitäts-basierte Selektion (also die Einteilung von Kunden aufgrund von individuellen Affinitäten) der Regel-basierten Selektion von Zielkunden (also der Einteilung nach Mustern und Statistiken) deutlich überlegen ist (Begemann und Huber 2022; Dannenberg 2002; Schögel und Walter 2008).

2. Anspracheknonzept
Systematische, mehrstufige Anspracheketten mit emotionalem Einstieg sind in der Wirkung deutlich besser als die noch oft verbreiteten Einzelproduktmailings (Begemann und Huber 2022; Holland 2002; Schwarz 2015). Zunächst geht es dabei um die Emotionalisierung der Kommunikation mit Kunden – dies funktioniert insbesondere mit emotionalen Themen wie Regionalem, Events, Sport oder gesellschaftlichem Engagement. Im weiteren Verlauf sollte die Kommunikation der Bank behutsam auf das Leistungsportfolio gelenkt und Kunden so schrittweise aktiviert werden. Wichtig ist eine zeitnahe und persönliche Kontaktierung von Kunden, die ein erstes Interesse gezeigt haben, zum Beispiel durch das Besuchen von eigens angelegten Landingpages oder die Teilnahme an Umfragen oder Veranstaltungen (Begemann und Huber 2022).

3. Marketing-Performance
Die Konzeption und Durchführung von systematischen Kundenansprachen allein reichen jedoch nicht aus – es ist auch notwendig, die Erfolge der Marktbearbeitungsmaßnahmen

zu messen und wichtige Erkenntnisse abzuleiten (Bauer et al. 2006; Raithel et al. 2008). Dadurch kann die Marketing-Performance zukünftig weiter optimiert werden. Um vorab definierte Erfolgskennzahlen wie gewonnene Leads oder die Bestandsdurchdringung messen zu können, bedarf es daher auch geeigneter Controlling-Mechanismen (Begemann und Huber 2022).

**Kundennähe auch in digitalen Zeiten möglich**
Zusätzlich zu systematischen Kundenansprachen gibt es an vielen Stellen weitere erfolgversprechende Lösungsansätze zur intelligenten Marktbearbeitung: Mit der Einführung von hybriden Filiallösungen beispielsweise erfahren Kunden weiterhin vor Ort die gewohnte persönliche Beratung, die Berater sind aber nicht länger ortsgebunden und können damit auch flexibler eingesetzt werden. Durch den Einsatz intelligenter Videotechnik zur Live-Kommunikation mit einem echten Bankmitarbeiter inklusive Funktionen wie etwa dem Dokumentenaustausch bieten diese hybriden Lösungen Kunden das erwartete Service-Level in neuem, digitalem Gewand (Mihm 2022).

Gleiches gilt bei der medialen Beratung, die von immer mehr Banken und Sparkassen angeboten wird und zuletzt Pandemie-bedingt einen deutlichen Anstieg verzeichnete. Hierbei konnten besonders Beratungsprozesse mit einer attraktiven, digital gestützten Abschlussstrecke hohe Wachstumsraten verzeichnen (Mihm 2022).

Einige Regionalbanken wiederum nutzen ihre starke regionale Verankerung zum Aufbau sogenannter digitaler Ökosysteme: die Institute bauen hier auf ihre Verwurzelung in der Region, die Netzwerke mit Partnern vor Ort und die Berater als persönliches Bindungsglied. Über eigens geschaffene Plattformen werden Kunden so verschiedene Services angeboten, etwa zu regionalem Handel, Veranstaltungen vor Ort und Cashback-Angebote bei Partnerunternehmen, oder aber rund um das Thema Immobilien mit Vermittlung von Gutachtern und Modernisierungsberatung (Dapp 2017; Herrmann und Heinke 2018). Die digitale Plattform dient hier als technisches Verbindungswerk und hilft den Banken, die Kundenschnittstelle zu sichern (Mihm 2022).

Mit diesen systematischen omnikanalen Marktbearbeitungsmaßnahmen erreichen Banken emotional stärker gebundene und aktivere Kunden. Entscheidend für die Institute ist, vorhandene und innovative digitale Möglichkeiten so zu nutzen, dass entlang der Customer Journey mehr Kontaktpunkte mit Kunden entstehen. Gleichzeitig sollten dadurch Kapazitäten für Kundendialog und Interaktion freigesetzt werden sowie Kundenbedürfnisse besser erkannt und konsequenter bearbeitet werden können.

## 4 Steigerung der Aktivität durch emotionale Bindung

Die eingangs eröffnete Frage nach dem Fokus auf Bestandskundenbindung oder auf Neukundengewinnung lässt sich im Ergebnis nicht eindeutig beantworten – beides sind wichtige Faktoren im Geschäftsmodell von Banken. Aufgrund der spezifischen Charakteristika von Bankdienstleistungen nutzt den Instituten weder eine hohe Anzahl an inaktiven Bestandskunden, die nicht wechseln, noch eine erfolgreiche Strategie zur Gewinnung von Neukunden, die zunächst oft keinen Ertrag einbringen. Vielmehr ist es entscheidend, die Kunden zu aktivieren, da wesentliche Erlösströme im Bankgeschäft erst durch Aktivitäten, wie z. B. Transaktionen, schlagend werden. Dies schaffen die Banken mit einer intelligenten systematischen Ansprache, die individuell auf die Bedürfnisse und die Situation des Kunden an allen Kontaktpunkten eingeht. Ziel ist es, den Kunden nicht nur rational anzusprechen, sondern ihn auch emotional zu involvieren – entsprechend dem Motto: Ohne Involvement keine Kaufbereitschaft. Dazu ist eine im Unternehmen verankerte kundenzentrierte Denkhaltung nötig, die eine Transformation der gesamten Organisation bedingt. Der von Investors Marketing entwickelte Customer Centricity Index kann dabei helfen, Kundenzentrierung messbar zu machen, diese nachhaltig zu verankern und so positive Kundenerlebnisse zu erzielen.

Gelingt es den Banken und Sparkassen, wirklich konsequent kundenzentriert zu agieren, steigt das Involvement der Kunden und deren Kaufbereitschaft für die Dienstleistungen ihrer Bank. So kann die Kundenschnittstelle gegen branchenfremde Wettbewerber verteidigt und die Profitabilität auf Dauer sichergestellt werden – denn am Ende erwirtschaften Banken ihre Erträge mit aktiven Kunden.

## Literatur

Bauer HH, Hammerschmidt M, Raffée H, Stokburger G (2006) Marketing performance. Springer Gabler, Wiesbaden

Begemann F, Huber T (2022) Systematische marketing-performance. BankInformation 5:50–52

Dannenberg M (2002) Personalisierte Online-Kommunikation. In: Frosch-Wilke D, Raith C (Hrsg) Marketing-Kommunikation im Internet. Vieweg + Teubner Verlag, Wiesbaden, S 169–232

Dapp TF (2017) FinTech –Traditionelle Banken als digitale Plattformen und Teil eines Finanz-Ökosystems. In: Smolinski R, Gerdes M, Siejka M (Hrsg) Innovationen und Innovationsmanagement in der Finanzbranche. Springer Gabler, Wiesbaden, S 367–383

Dooley R (2011) Brainfluence: 100 ways to persuade and convince consumers with neuromarketing. John Wiley & Sons Inc

Eggert A (2003) Die zwei Perspektiven des Kundenwerts: Darstellung und Versuch einer Integration. In: Günter B, Helm S (Hrsg) Kundenwert. Springer Gabler Verlag, Wiesbaden, S 41–59

Fader PS (2012) Customer centricity: focus on the right customers for strategic advantage. Wharton Digital Press, Philadelphia

Fesidis B, Gupta S (2021) Künstliche Intelligenz im Bankwesen – Chancen und Herausforderungen personalisierter Kundenangebote. In: Seidel M (Hrsg) Banking & Innovation 2020/2021. Springer, Wiesbaden, S. 15–34

Finanz-Szene (2022) https://finanz-szene.de/digital-banking/die-zehn-wichtige-erkenntnisse-aus-den-neuen-n26-zahlen/. Zugegriffen: 12. Mai 2022

Geyer G (2003) Der aktuelle Bankmarkt. In: Das Beratungs- und Verkaufsgespräch in Banken. Gabler Verlag, Wiesbaden, S 1–14

Herrmann S, Heinke U (2018) Auswirkung der Digitalisierung auf die Kernbanksysteme deutscher Banken. In: Praxishandbuch Digital Banking. Springer Gabler, Wiesbaden, S 191–210

Holland H (2002) Strategische Bausteine der Dialogmarketing-Kampagne. In: Direktmarketing-Fallstudien. Gabler Verlag, S 123–127

Homburg C, Kuester S, Krohmer, H (2009) Marketing management. McGraw-Hill Higher Education, New York

Investors Marketing (2020) Privatkundenstudie 2020

Investors Marketing (2021) Privat- und Geschäftskundenstudie 2021

Investors Marketing (2022a) Privatkundenstudie 2022

Investors Marketing (2022b) IM-Studie Customer Centricity Index 2022

Krämer A, Burgartz T (2022) Kundenwertzentriertes Management. Springer Gabler, Wiesbaden

Locher C, Mesch S (2022) Digitale Transformation im Consumer Banking durch FinTech. In: Fend L, Hofmann J (Hrsg) Digitalisierung in Industrie-, Handels- und Dienstleistungsunternehmen. Springer Gabler, Wiesbaden, S 519–544

Machauer A, Morgner S (1999) Neue Wege der Segmentierung von Bankkunden. In: Köndgen J (Hrsg) Zeitschrift für Bankrecht und Bankwirtschaft, Bd 11. RWS Verlag, S 9–19

Meffert H (2018) Marketing Weiterdenken! In: Bruhn M, Kirchgeorg M (Hrsg) Marketing weiterdenken: Zukunftspfade für eine marktorientierte Unternehmensführung. Springer Gabler, Wiesbaden, S 19–22

Merkle W (2021) Customer Centricity – vom Schlagwort zur gelebten Realität…. absatzwirtschaft 2:62–63

Mihm O (1999) Positionierungsmanagement im Retail Banking. In: Ahlert D (Hrsg) Schriften zu Distribution und Handel. Europäischer Verlag der Wissenschaften, Frankfurt

Mihm O (2015) Inaktive Kunden – das verborgene Potenzial. In: Betsch O, Cramer J (Hrsg) bank und markt, Ausgabe vom 01.09.2015, S 29

Mihm O (2022) Erlebnisse schaffen: Kundennähe neu interpretieren. BankInformation 6:22–26

N26 Homepage. https://n26.com/de-de/kostenloses-girokonto. Zugegriffen: 11. Mai 2022

Peeters T (2020) Kundenschnittstelle. In: Bajorat A, Brock H, Oberle S (Hrsg) Köpfe der digitalen Finanzwelt. Springer Gabler, Wiesbaden, S 131–142

Raithel S, Scharf S, Schwaiger M (2008) Marketingerfolg richtig messen: Optimale Kennzahlensysteme. Marketing Review St. Gallen, 25:8–13

Reichertz J, Englert C J (2021) In Bewegung kommen. In: Bünnagel W (Hrsg) Mitarbeiter als Change Agents. Springer Gabler, Berlin, S. 1–6

Rieker SA (2013) Bedeutende Kunden: Analyse und Gestaltung von langfristigen Anbieter-Nachfrager-Beziehungen auf industriellen Märkten. Springer Gabler, Wiesbaden

Schäfer R (2019) Was nach dem CMO kommen muss. https://www.wuv.de/archiv/was_nach_dem_cmo_kommen_muss. Zugegriffen: 11. Mai 2022

Schögel M, Walter V (2008) Behavioral Targeting: Chancen und Risiken einer neuen Form des Online-Marketing. In: Web 2.0: Die nächste Generation Internet. Nomos Verlagsgesellschaft mbH & Co. KG, S 163–189

Schwarz S (2006) Change Management oder die Integration von Mitarbeitern in einem fusionierenden Unternehmen. In: Der M&A-Prozess. Springer Gabler, Wiesbaden, S 367–411

Schwarz T (Hrsg) (2015) Leitfaden Marketing Automation: Digital neue Kunden gewinnen: Vom Lead Management über Big Data zum Lifecycle Marketing. marketing-BÖRSE, Waghäusel

Shah D, Rust RT, Parasuraman A, Staelin R, Day GS (2006) The path to customer centricity. J Ser Res 9:113–124

Tewes M (2013) Der Kundenwert im Marketing: Theoretische Hintergründe und Umsetzungsmöglichkeiten einer wert- und marktorientierten Unternehmensführung, Bd 45. Springer, Wiesbaden

Trade Republic Homepage. https://traderepublic.com/de-de/preisuebersicht. Zugegriffen: 11. Mai 2022

Verhoef PC, Lemon KN (2013) Successful customer value management: Key lessons and emerging trends. Eur Manag J 31:1–15

Walther G, Arnold M (2020) Digitales Plattformgeschäft bei Kreditgenossenschaften – Erfahrungen und Einsatzmöglichkeiten im Baufinanzierungsgeschäft am Beispiel der VR-Bank Mittelfranken West eG. Zeitschrift für das gesamte Genossenschaftswesen 70:237–251

**Dr. Oliver Mihm** ist Gründer und Vorstandsvorsitzender der auf die Finanzbranche spezialisierten Managementberatung Investors Marketing AG mit Sitz in Frankfurt am Main. Nach seinem betriebswirtschaftlichen Studium war er seit Anfang der 90er Jahre in diversen Führungsfunktionen von Banken tätig, zuletzt als Leiter des Produktmarketings der Deutschen Bank. Seit seiner berufsbegleitenden Promotion am heutigen Marketing Centrum der Universität Münster zum Thema Positionierungsmanagement im Retail Banking verfolgt er das Ziel einer konsequenten Ausrichtung der Finanzbranche am Kundennutzen. Ende 1999 gründete Oliver Mihm Investors Marketing als erste Managementberatung für die Finanzindustrie in Deutschland mit einem 100 % kundenzentrierten Beratungsansatz. Heute gilt er als einer der führenden Managementberater für die Top-Entscheider der Finanzbranche, wenn es um Lösungen für Ertrags- und Wachstumsstrategien geht und zählt hier zu den meistzitierten Beratern in den deutschen Medien.

**Frédéric Begemann** ist Principal bei der auf die Finanzbranche spezialisierten Managementberatung Investors Marketing AG mit Sitz in Frankfurt am Main. Nach seinem Studium an der European Business School (ebs) folgten Stationen bei den Beratungsunternehmen BBDO Consulting und Roland Berger sowie der Porsche AG. Frederic Begemann verfügt damit über mehr als 15 Jahre Beratungserfahrung mit Fokus auf der Gestaltung von kundenzentrierten Lösungsangeboten, vornehmlich in der Finanzdienstleistungsindustrie. Das überzeugende Kundenerlebnis ist für ihn jeweils Orientierungsanker: Dabei bewegt er vielseitige Fragestellungen im Spektrum von Digitalisierung und Vertrieb sowie Positionierung und Geschäftsfeldentwicklung. Als zertifizierter Business Coach ist ihm dabei die konsequente Transformation genauso wichtig wie die mutige Konzeption.

# Wie haben sich die Rahmenbedingungen verändert?

# Neue Markt- und Managementspielregeln im „Hypercompetition" – am Beispiel des stationären Einzelhandels

Wolfgang Merkle

## Inhaltsverzeichnis

| | | |
|---|---|---|
| 1 | Grundlegende Entscheidungen im strategischen Dreieck zwischen Unternehmen, Wettbewerb und Kunde – ein noch gültiges Strategiemuster? | 100 |
| 2 | Vom normalen Wettbewerb zum „Hypercompetition" | 102 |
| | 2.1 Digital gegen Stationär – Angriff innovativer Geschäftsmodelle aus dem Online-Umfeld | 103 |
| | 2.2 Intensivierung des Wettbewerbs im stationären Sektor durch neue, branchenfremde Wettbewerber | 107 |
| 3 | Warum das isolierte Denken nur in der Dimension der Wettbewerbsfähigkeit nicht mehr ausreicht | 113 |
| 4 | Management im Hypercompetition: Erweiterung des eigenen Denkrahmens | 117 |
| | 4.1 „Customer Centricity" – Kennzeichen einer Zeitenwende im Managementfokus | 118 |
| | 4.2 Verändertes Mindset und flexibles Handeln als Voraussetzung eines wirkungsvollen Managements | 120 |
| | 4.3 Marketing – von der isolierten Kommunikation zur ganzheitlichen Steuerung von Marke und Prozessen | 122 |
| Literatur | | 123 |

### Zusammenfassung

Jede Zeit behauptet von sich, noch anspruchsvoller zu sein als die Phase zuvor. In der Bewertung der Entwicklungen des stationären Einzelhandels spricht vieles jedoch dafür, dass sich die Herausforderungen nochmals deutlich verstärkt haben – mit

---

W. Merkle (✉)
Merkle. Speaking. Sparring. Consulting., Hamburg, Deutschland
E-Mail: mail@merkle-consulting.com

© Der/die Autor(en), exklusiv lizenziert an Springer Fachmedien Wiesbaden GmbH, ein Teil von Springer Nature 2023
A. Krämer et al. (Hrsg.), *Stammkundenbindung versus Neukundengewinnung*, https://doi.org/10.1007/978-3-658-40363-8_6

immer neuen, inhaltlich hoch spannenden und häufig ungewöhnlich auftretenden Angebotskonzepten sowie einem permanent steigenden Anspruchsniveau der Konsumenten. Wenn etablierte Unternehmen in diesem Umfeld weiter überleben wollen, müssen sie ihr Handeln konsequent auf die neue Situation anpassen – mit einem deutlich stringenteren Fokus auf ihre Kunden und die dort bestehenden Bedürfnisse und Wünsche sowie mit einem ganzheitlichen, bis in das letzte Detail differenzierte Denken und Handeln, das sich im Erleben der Kunden konsistent und authentisch zeigen muss.

## 1 Grundlegende Entscheidungen im strategischen Dreieck zwischen Unternehmen, Wettbewerb und Kunde – ein noch gültiges Strategiemuster?

> „,Competitiveness' is the word most commonly uttered .. in economic policy..." – Kenichi Ohmae 1988

Ausgangspunkt aller marktpolitischen Entscheidungen ist seit jeher die konstitutive strategische Festlegung, welche generelle Rolle ein Unternehmen im Markt spielen möchte, welche daraus abgeleiteten Differenzierungsmerkmale im Wettbewerb herauszustellen sind und welche konkreten Mehrwerte potenzielle Kunden aus ihrer Transaktion mit dem Unternehmen erfahren sollen. Im Zentrum dieser Überlegungen steht dabei die Wettbewerbsfähigkeit eines Unternehmens, nämlich der Fähigkeit, mit anderen Unternehmen konkurrieren zu können. Im Ergebnis soll eine überzeugende Antwort auf die Frage entwickelt werden, warum der Konsument das eigene Unternehmen im Vergleich zum Wettbewerb bevorzugen soll – und damit ein vom Nachfrager wahrgenommener Wettbewerbsvorteil existiert, auch bezeichnet als „Unique Selling Proposition" (USP) (Meffert et al. 2019).

Ein solches strategisches Managementverständnis wird in der akademischen Ausbildung häufig mit dem „Strategischen Dreieck" von Kenichi Ohmae verdeutlicht, der die notwendige Reflektion der Beziehungen zwischen dem eigenen Unternehmen, seinen Kunden und dem beeinflussenden Wettbewerb als notwendige Grundlage jeglichen marktorientierten Handelns beschreibt (Ohmae 1982). Im Zentrum dieser Diskussion steht dabei die Wettbewerbsfähigkeit eines Unternehmens – Ohmaes Überzeugung zufolge können sich Unternehmen nur dann langfristig am Markt behaupten, wenn es ihnen gelingt, sich wirkungsvoll und nachhaltig von ihren direkten Wettbewerbern abzuheben (Ohmae 1988).

In dem Bestreben, eine solche grundlegende marktstrategische Festlegung überzeugend in Szene zu setzen und sich erfolgreich im Markt zu positionieren, nutzen Unternehmen in der unternehmerischen Praxis alle Möglichkeiten in der spezifischen Gestaltung der sieben Ps: Über eine für das Unternehmen typische bzw. charakteristische Ausprägung der einzelnen Gestaltungsfelder Product, Price, Promotion, Place, People, Process und Physical Evidence wird versucht, das Geschäftsmodell erkennbar vom

Wettbewerb abzuheben und damit konkrete Präferenzen in der Zielgruppe zu schaffen und zu beeinflussen. Dieses so begründete Geschäftsmodell und alle damit verbundenen Prozesse werden zumeist in jährlichen Strategie-Updates über ein Benchmarking überprüft – das Instrument, mit dem sich das Unternehmen einem direkten Vergleich mit den wichtigen „Best Practices" der jeweiligen Branche stellen muss, um daraus konkrete Optimierungspotentiale für den weiteren Marktauftritt abzuleiten. Denn gerade diese Gegenüberstellung soll zeigen, wie wettbewerbsfähig das eigene Unternehmen wirklich ist.

Allerdings: Auch wenn eine solche strategische Fundierung und regelmäßige Überprüfung lange Zeit gut funktioniert hat – am Beispiel des stationären Einzelhandels wird deutlich, dass sich die Spielregeln des Wettbewerbs massiv verändert haben. Denn der stationäre Einzelhandel muss eine steigende Zahl von Insolvenzen und Geschäftsaufgaben hinnehmen – ausgelöst allzu häufig durch eine Vielzahl neuer, häufig unkonventionell auftretenden Marktteilnehmer, die in einer enormen Stärke auftreten. Überschriften wie „Der Einzelhandel droht. zum Opfer der Digitalisierung zu werden" (Kolf 2019), „Dem deutschen Einzelhandel droht ein Massensterben" (Gassmann 2017a) oder „Das stille Sterben unserer Städte" (Iken 2017) demonstrieren, dass gerade im Wettbewerb mit den neuen digitalen Anbietern die klassischen Geschäftsmodelle immer weniger funktionieren; in der Folge wird gefordert, dass der Handel neu gedacht werden müsse (Becker 2020).

Der Ernst der Lage ist gerade durch die Corona-Pandemie nochmals deutlich verstärkt worden. Denn durch die Schutzmaßnahmen und die begleitenden, wochenlangen Lockdowns sind viele Unternehmen zusätzlich in Bedrängnis geraten, was eine weitere Welle kompletter Geschäftsaufgaben oder massiver Straffungen des Filialnetzes, teilweise sogar auch von ehemals hoch erfolgreichen und branchenprägenden Marktteilnehmern, ausgelöst hat.

Wie wichtig es geworden ist, die bisherigen Handlungsweisen in Frage zu stellen und einen unbedingten Wandel des unternehmerischen Handelns einzuleiten, zeigt sich schließlich im massiv veränderten Werteverständnis der Gesellschaft. Über lange Zeit gewohnte Einkaufsbeziehungen werden heute immer häufiger in Frage gestellt, Konsumenten nutzen und probieren heute ganz selbstverständlich alle sich ihnen bietenden Möglichkeiten des Einkaufs. Aussagen wie „Der moderne Konsument ist. illoyal" (Albrecht 2019), „Millennials auf neuen Wegen des Konsums" (Böttcher 2018) oder „Die ‚Unkunden' sind im Anmarsch" (o. V. 2017) unterstreichen, wie absolut notwendig es geworden ist, den gestiegenen Herausforderungen im Wettbewerb mit anderen Vorgehensweisen und neuen Managementmethoden zu begegnen.

Um die Hintergründe und Details der aktuellen Herausforderungen besser verstehen und die inhaltlichen Anforderungen eines daraus abgeleiteten neuen Managementverständnisses noch gezielter auszugestalten, scheint zunächst ein kurzer Blick auf die einzelnen Facetten des neuen, verstärkten und zunehmend multidimensional auftretenden Wettbewerbs notwendig. Wichtig dabei ist es ebenso zu ergründen, warum die früher unter einer Vokabel wie „Handel ist Wandel" bekannte – in der Literatur über das „Wheel-of-Retailing"-Axiom beschriebene – Anpassungsfähigkeit des stationären Einzelhandels (Merkle 2020a) offenbar kaum noch funktioniert, denn gerade in der Dynamik der Wettbewerbsentwicklung muss es dem Handel gelingen, neben seiner notwendigen kritischen Selbstreflektion insbesondere seine Anpassungsfähigkeit unbedingt wiederzuerlangen. Und dazu gehören konkrete Orientierungs- und Handlungsansätze: Der Handel muss verstehen, dass die bisherige Wettbewerbsorientierung allein kaum noch ausreicht, um erfolgreich zu sein; erst mit einer noch konsequenteren Kundenorientierung wird es dem stationären Einzelhandel wieder gelingen, an alte Erfolge anzuknüpfen. Und dabei bieten sich mit einer noch konsequenteren Pflege der bestehenden Kunden ein enormes Potential – denn über eine präzise Analyse der konkreten Wünsche und Bedürfnisse der bestehenden Kunden und einer darauf basierenden Ableitung konkreter Maßnahmen lassen sich deutlich höhere Umsätze ableiten als über irgendwelche Mitnahmeumsätze. Unabhängig von der Chance, gerade darüber wiederum Kunden an die eigene Einkaufsstätte zu binden.

## 2  Vom normalen Wettbewerb zum „Hypercompetition"

Bei der Diskussion des stationären Einzelhandels und seiner historischen Entwicklungsphasen wird schnell deutlich, dass dieser Wirtschaftszweig schon immer durch einen enormen Wettbewerbsdruck und einer unmittelbar davon ausgehenden Anpassungsnotwendigkeit geprägt ist. Als Reaktion auf veränderte Umfelder sind dabei für die jeweilige Zeit innovative und hoch erfolgreiche, branchen-prägende Betriebsformen wie Warenhäuser, Selbstbedienungsgeschäfte, Super- und Discountmärkte oder Shopping- und Outlet-Center entstanden. Und selbst gegen Angriffe aus benachbarten Bereichen – wie z. B. die gezielte Integration regelmäßig wechselnder und inhaltlich hoch attraktiver Non Food-Sortimente durch branchenfremde Anbieter wie Kaffeeröster oder Discounter, die systematische Internationalisierung und rasche Expansion vertikaler Textilanbieter im heimischen Markt und schließlich das enorme Wachstum alternativer Einkaufsdestinationen wie Shopping- oder Outlet-center – hat der stationäre Einzelhandel immer wieder neue Angebots- und Inszenierungsideen erfolgreich parieren können.

Die Digitalisierung und die damit entstandenen neuen Geschäftsmodelle konfrontieren den stationären Einzelhandel jedoch mit einem komplett neuen, bis dahin so nicht gekannten Niveau im Wettbewerb: Denn mit den neuen digitalen Möglichkeiten ist nicht nur die Anzahl der unterschiedlichen Einkaufsalternativen multipliziert worden, auch die inhaltliche Qualität der neuen Geschäftsmodelle hat sich deutlich verändert – der Wettbewerb ist damit noch vielfältiger, noch intensiver, noch professioneller und mit neuen Prozessen und Standards für angestammte Marktteilnehmer noch herausfordernder geworden. Zumal viele der neuen Konzepte und Modelle nicht von bekannten branchenerfahrenen und damit in ihrem Denken vorhersehbaren Unternehmen und Managern des angestammten Handelsumfelds entwickelt wurden, sondern häufig von Gründern, Innovatoren und Investoren aus ganz anderen Wirtschafts- und

Technologieanbietern. Damit verbunden ist auch eine veränderte Perspektive – was einen ganz anderen, im Vergleich zu den meisten bekannten Handelsformaten zunächst überraschenden, inhaltlich damit aber auch spannenden Auftritt ermöglicht. In der Konsequenz kann es nicht verwundern, dass nicht nur die jüngeren Konsumenten den Onlinekauf in vielen Fällen dem Einkauf im klassischen stationären Umfeld bevorzugen (o. V. 2021), sondern dass die gesamte Situation mit Aussagen wie „The No Normal is the New Normal" (KPMG 2018) oder die „Rezepte der Vergangenheit funktionieren nicht mehr" (Kreutzer und Land 2016) charakterisiert werden.

In dem Versuch, dieses neue Wettbewerbsniveau mit seiner höheren Intensität, gestiegenen Dynamik und in vielen Gestaltungsaspekten auch Grundsätzlichkeit zu beschreiben, bietet sich der Begriff „Hypercompetition" an – denn die aus dem Griechischen abgeleitete Vorsilbe „hyper" (Deutsch=über, darüber hinaus) charakterisiert in treffender Weise die massiven Herausforderungen aus der Konfrontation des klassischen Einzelhandels mit völlig neuen, disruptiven Geschäftsmodellen; mit einem durch die Suchmaschinenlogik neu konditionierten Nachfragemuster (Produkt- statt Unternehmenssuche) und der Dualität der Herausforderungen sowohl aus dem komplett veränderten Wettbewerb wie aus einem weniger berechenbaren Konsumverhalten. Auch wenn der Begriff „Hypercompetition" im wirtschaftlichen Umfeld bereits seit längerem bekannt ist, nämlich mit dem Markteintritt neuer Anbieter innovativer Formate im Rahmen der Internationalisierung (D'Aveni 1994); gerade im aktuellen Umfeld trifft er besser zu denn je. Zumal rückblickend auf den Eintritt internationaler Unternehmen wie ZARA, H&M und andere konstatiert werden kann, dass selbst die neuen vertikalen Anbieter keine wirklich neue Wettbewerbsdimension eröffnet haben, sondern trotz aller prozessualen Unterschiede anfangs auch weiter „nur" innerhalb des stationären Umfeldes tätig geworden sind (Merkle 2004).

## 2.1 Digital gegen Stationär – Angriff innovativer Geschäftsmodelle aus dem Online-Umfeld

Im Mittelpunkt der Diskussion eines deutlich intensivierten Wettbewerbs steht vor allem der sich hoch dynamisch entwickelnde Onlinehandel. Mit der Entstehung von Marktteilnehmern wie Amazon, Ebay und Zalando oder der kompletten Neuausrichtung von Unternehmen wie Otto, hat sich der Onlinehandel in den letzten 20 Jahren zu einer ganz wichtigen Größe – oder auch Gegner im Wettbewerb um den Kunden – entwickelt. Denn die Digitalisierung ermöglicht neue Formen des Einkaufens und seiner begleitenden Services; zumal der Konsument mit dem direkten, bundesweiten und teilweise internationalen Zugriff auf fast jeden Webshop aus einer enorm breiten und tiefen Auswahl selbst hoch spezialisierte Produkte schnell und einfach finden sowie diese jederzeit und frei von irgendwelchen Öffnungszeitregelungen einkaufen kann – ohne lästige Parkplatzsuche, unbelastet von gestresstem Bedienpersonal. Und dabei werden gerade die begleitenden Bezahl-, Liefer- und Retouren-Services als bedeutender Vorteil empfunden

(Heinemann 2020). Und selbst wenn bei Online-Anbietern zumeist keine persönliche Beratung möglich ist – über die Vielzahl der heute technisch möglichen digitalen Beratungselemente wie 3D-Ansichten, kurze Bildsequenzen, Einbindung von AR- oder VR-Elementen, Chatbots oder kleine Tutorials erleben die Besucher ein insgesamt als komfortabel empfundenes Einkaufserlebnis.

Für den stationären Einzelhandel zusätzlich bedrohlich ist vor allem aber der Umstand, dass die Konsumenten über die zumeist aktive Nutzung der Produktsuchfunktionen mit dem gleichzeitigen Vergleich des jeweils günstigsten Preises einen Teil ihrer früheren Bindung oder sogar Loyalität zu ihren angestammten Einkaufsstätten verlieren. Denn früher waren sie es gewohnt, sich bei dem Händler ihres Vertrauens beraten zu lassen; über die selbständige und aktive Nutzung der im Internet üblichen Suchlogik werden Konsumenten heute auf das jeweils zu suchende Produkt konditioniert, während die Nähe zu einem früher gern besuchten Händler schnell verblasst. Die Bindung der Stammkunden können daher nicht mehr nach den traditionellen Mustern erfolgen.

Zusätzlichen Zuspruch haben die Online-Anbieter über die rasche Verbreitung des Smartphones erfahren, mit dem (mobile) Einkäufe nunmehr von jedem möglichen Ort aus ermöglicht und in hohem Maße auch genutzt werden. Und so hat das aus der Nutzung des mobilen Smartphones das – auch als M-Commerce bezeichnetes – Einkaufen im Internet massiv an Bedeutung gewonnen. Studien bestätigen, dass sich Mobile Shopping in den vergangenen Jahren mehr als verdoppelt hat und aktuell mehr als jeder zweite Online-Shopper für den Einkauf das Smartphone nutzt (Bitkom 2020). Und das gilt insbesondere für die nachwachsenden Konsumenten in der Altersgruppe 16–29 Jahre, in der mittlerweile mehr als 80 % beim Onlineeinkauf ihr Smartphone nutzen; unabhängig davon, dass parallele Studien berichten, dass gerade die jüngeren Zielgruppen dem stationären Einzelhandel verstärkt den Rücken zukehren (Paysafe 2021) – und das nicht nur, weil die jüngeren Konsumgruppen die „neuen" Anbieter als deutlich attraktiver und zeitgemäßer wahrnehmen als traditionelle Geschäftsmodelle, sondern auch weil die neuen Onlineanbieter mit hoch attraktiv erscheinenden Kundenbindungsprogrammen – so zum Beispiel das Prime-Programm von Amazon (Krämer 2018) – locken.

Einen nochmaligen Schub hat der Onlinehandel durch die Corona-Pandemie und die begleitenden Lockdowns erfahren; eine Situation, in der stationäre Einzelhandel in vielen Branchen enormen Restriktionen ausgesetzt war und in der in der Folge gerade auch die älteren und bisher eher durch die stationären Vertriebsformen geprägten Konsumgenerationen die Vorteile des Onlinehandel zu schätzen gelernt haben. Mit dieser neuen – und wohl auch nachhaltigen – Konditionierung der Konsumenten prognostizieren Experten, dass bis 2025 immerhin 20 % des über alle Branchen hinweg gesamten Einzelhandelsumsatzes über die Onlinekanäle abgewickelt werden (IfH Köln 2021).

In der medialen Öffentlichkeit werden die neuen Herausforderungen der digitalen Welt gegenüber dem stationären Einzelhandel häufig in dem Tenor „Amazon gegen Einzelhandel" (z. B. ZDF Presse 2020) auf nur einen großen Onlineanbieter verkürzt;

dabei wird jedoch allzu leicht verdrängt, dass in der digitalen Welt noch sehr viel mehr innovative und für den Konsumenten hoch spannende Geschäftsmodelle entstanden sind, die den klassischen stationären Einzelhandel mit weiteren Vorteilen bedrängen:

- Eine enorm hohe Bedeutung haben in der digitalen Welt die Preissuchmaschinen – auch als Preisvergleichsportale bekannt – erlangt. Anbieter wie Check24, billiger.de, idealo oder guenstiger.de haben im Konsum der letzten Jahre eine enorme Akzeptanz gefunden und ermöglichen es Konsumenten, gerade bei unmittelbar vergleichbaren, standardisierten Produkten und Serviceleistungen die angestammten Anbieter zu umgehen – und damit die Nachfrage umzuleiten und Umsätze zu anderen Anbietern fließen zu lassen. Damit werden solche Suchmaschinen und -portale zu wichtigen Instrumentarien der Neukundengewinnung.
- Social Commerce ist eine enorm spannende Entwicklung, bei der die im Internet bis dahin für den Einkaufsprozess notwendige Suchlogik um die Möglichkeit eines entspannten und impulsgetriebenen Einkaufens über Entdecken, Stöbern und Bummeln auch im digitalen Raum ergänzt wird: Denn beim Social Commerce lassen soziale Plattformen wie Pinterest, Instagram, YouTube und anderen mit ihren laufenden Posts den User Produkte entdecken, diese über „Buyable Pins" dann direkt anklicken und einkaufen. Und das wachsende Zeitbudget, das in die sozialen Medien investiert wird, unterstreicht den Stellenwert solcher Online-Aktivitäten. Mittlerweile gibt es eine ganze Reihe von Unternehmen, die ihre Produkte nur noch über diesen Kanal verkaufen und kein zwingendes Interesse daran haben, über langfristige Listungs- und Konditionsverhandlungen im stationären Einzelhandel verkaufen zu wollen. Kein Wunder also, dass einzelne Medienberichte die wachsende Bedeutung dieses Vertriebskanals mit Aussagen wie „Die nächste Shopping-Revolution heißt „Social Commerce"" (o. V. 2022) oder „Warum für neue Beautymarken der Handel nur noch sekundär ist" (Sonnenschein 2021) kommentieren.
- Neben bzw. mit dem Social Commerce hat sich das Live Shopping entwickelt – eine weitere alternative Einkaufsmöglichkeit, die von der absoluten Umsatzbedeutung aktuell noch recht klein ist, bei jüngeren Zielgruppen durchaus aber Relevanz besitzt. Bei diesem, dem TV-Shopping vergleichbaren Weg präsentieren Influencer vor laufender Kamera ihre Empfehlungen und animieren damit zum Kauf – und das scheint so gut zu funktionieren, dass zum Beispiel kleinere Beautymarken ihre neuen Produkte nur noch durch Influencer präsentieren lassen und damit den klassischen Fachhandel bewusst umgehen. So wird unter der Überschrift „Warum der Einzelhandel für neue Beautymarken überflüssig ist" in einem Erfahrungsbericht beschrieben, dass neben einer deutlich präziseren Zielgruppenerreichung und einer noch besseren Emotionalisierung des Produkts als am Regal möglich über den Entfall der sonst in der Branche üblichen Listungs- und Platzierungsgebühren auch enorme wirtschaftliche Vorteile entstehen – klar, dass von solchen Produzenten die Zukunftsfähigkeit des klassischen Offlinehandels massiv angezweifelt wird (Sonnenschein 2021).

- Mit den Herausforderungen der Pandemie und den begleitenden Lockdowns und Kontaktbeschränkungen hat sich mit dem Quick Service – auch als Quick Commerce bekannt – eine weitere innovative Einkaufsform entwickelt, bei der mit der Bestellung und der per Lieferservice zugestellten Waren ebenfalls Umsätze am stationären Einzelhandel vorbei geleitet werden. Bei diesem neuen Vertriebsweg sind Unternehmen wie Getir, Gorillas oder Flink entstanden, die vornehmlich Lebensmittel in kürzester Zeit nach Hause liefern (KPMG 2022) – ein für Konsumenten spannender Service, der deshalb auch in Branchen und Sortimenten wie Pharma, Beauty, Bücher oder Baumarkt diskutiert und getestet wird (Arvarto Bertelsmann 2022).
- Eine hohe mediale Aufmerksamkeit findet aktuell das Metaverse (= zusammengesetzter Begriff aus Meta und Universum) – eine virtuelle Welt, die dem realen Leben nachempfunden ist und das ein neues, breites Spektrum an Möglichkeiten eröffnet. Dabei wird das zweidimensionale Internet über Virtual Reality-Brillen und Headsets um eine dritte Dimension erweitert, so dass an die Stelle von Webseiten, auf denen man „nur" surft, mit dem Metaverse virtuelle Welten treten, in denen man einkauft, mit Onlinespielen Unterhaltung findet, Freunde trifft und gemeinsam Veranstaltungen besucht (Platzer 2022). Aktuell sind es vor allem große Luxus- und Lifestylemarken, die mit solchen immersiven, virtuellen E-Commerce-Erlebnissen ihre Fans begeistern (de Lange 2022). Louis Vuitton und Balenciaga testen mit digitaler Kleidung für virtuelle Charaktere in Onlinespielen neue Formen der Kundenbindung, Adidas hat eine begehrte Kollektion limitierter Sammlerspiele herausgebracht und H&M hat einen ersten virtuellen Showroom eröffnet. Marken sehen in dem Metaverse die Chance, ihre gewünschten Zielgruppen genau dort zu erreichen, wo sie unterwegs sind. So hat auch ein kommerziell denkendes Unternehmen wie Kaufland einen Laden innerhalb eines Nintendo-Games eröffnet, um die Marke und ihre Überzeugungen zum Beispiel im Thema Nachhaltigkeit bereits jetzt den jüngeren Zielgruppen nahezubringen (Hütz 2022).
Selbst wenn im Metaverse aktuell „nur" digitale Produkte verkauft werden und damit keine unmittelbare Konkurrenz zum Verkauf physischer Artikel besteht: Experten gehen davon aus, dass mit dem Metaverse, als weiterer Marketing- und Vertriebskanal, den physischen Geschäften und Innenstädten weitere Umsatzprozente abnehmen wird (Hütz 2022). „Bei diesem Geschäftsmodell macht es aktuell die Masse", wird das Deutschen Modeinstitut zitiert, „wenn Sneaker für den Skin eines Avatars, also dessen äußere Erscheinung, 2,50 € kosten, klingt das nach einem Schnäppchen – aber wenn die Kids genug davon kaufen, ist es ein Millionengeschäft" (Burger 2022). Und in der Bewertung des Wettbewerbs ist das Metaverse deshalb strategisch so wichtig, weil die dort wachsenden Möglichkeiten wiederum Einfluss auf die Konditionierung bzw. die konkrete Erwartungshaltung nehmen werden, die auch im stationären Einzelhandel gestellt werden.

Mit dieser Aufzählung wird deutlich, wie facettenreich und für Konsumenten hoch attraktiv die Geschäftsmodelle sind, die im digitalen Umfeld entstehen – das schnelle

Umsatzwachstum, die in vielen Branchen bereits enorm hohen Marktanteile sowie die hohen Weiterempfehlungsraten unterstreichen, wie groß die Gefahr für klassische Anbieter ist, die von der neuen digitalen Konkurrenz ausgeht. Der stationäre Einzelhandel muss daraus konkrete Reaktionsmuster entwickeln, um den neuen Herausforderungen wirkungsvoll zu begegnen – unabhängig davon, dass die Entwicklungsdynamik im digitalen Umfeld nicht nachlassen und sich die Anzahl der digitalen Bedrohungen eher noch erhöhen wird. Im Hintergrund entwickeln, programmieren und experimentieren viele Start-ups, Investoren und IT-Spezialisten an einer Vielzahl neuer Geschäfts- und Vertriebsmodelle: Wie zum Beispiel am „Car Commerce" oder „In-Car-Commerce" als Konzept, bei dem aus dem Aufenthalt im Auto heraus eingekauft werden kann (IfH Köln 2022); dem schnell wachsenden „Recommerce", ein Geschäftsmodell, das die wachsende Sensibilität um das Fast Fashion nutzt und damit den Handel von Kleidung aus zweiter Hand ermöglicht (Feldforth 2022); oder schließlich auch das „Retail-as-a-service"-Modell, bei dem ein Einkaufsflächenmanagement für weitere Sortimente für jene – zumeist aus dem Onlineumfeld stammenden – Händler angeboten wird, die über die stationäre Expertise (noch) nicht verfügen (Scholz 2022b).

Die bisherige Skizze zeigt, wie enorm sich die Herausforderungen für den stationären Einzelhandel verstärkt haben; gerade das Internet mit den dabei entstandenen innovativen Geschäftsmodellen und den dahinterstehenden Persönlichkeiten aus der Innovatoren-, Start-up- und Investoren-Szene hat die Qualität des Wettbewerbs deutlich verändert und den stationären Einzelhandel in enorme Bedrängnis gebracht. Kommentierungen wie „der Einzelhandel droht. zum Opfer der Digitalisierung zu werden…" (Kolf 2019), „…dem deutschen Einzelhandel droht ein Massensterben…" (Gassmann 2017a) oder die dem Zalando-Mitbegründer Oliver Samwer zugeordneten und zuspitzende Aussage, dass der stationäre Einzelhandel Mittelalter wäre und nur deshalb erfunden wurde, weil es damals noch kein Internet gegeben hätte (Neuhaus 2014), belegen diesen Befund. Bekräftigt werden solche Meinungsbilder zudem durch eine Vielzahl von Geschäftsaufgaben und Insolvenzen auch von ehemals namhaften und Branchen-prägenden Unternehmen; es zeigt, wie schwer es für traditionelle Geschäftsmodelle geworden ist, die bestehenden Kunden zu halten und neue Kunden für sich zu begeistern.

## 2.2 Intensivierung des Wettbewerbs im stationären Sektor durch neue, branchenfremde Wettbewerber

Der stationäre Einzelhandel gerät nicht nur durch alternative digitale Vertriebsformen in Bedrängnis – zusätzlichen Druck erfährt der stationäre Einzelhandel seit einiger Zeit auch durch solche Wettbewerber, die aus anderen Wirtschaftsbereichen heraus stammend nunmehr versuchen, mit eigenständigen innovativen Stationär-Konzepten die Konsumenten für sich zu begeistern. Und das erfolgt einerseits durch die neuen digitalen Wettbewerber selbst, die aus verschiedenen Gründen nunmehr die Vorteile des stationären

Umfeldes für sich entdecken, andererseits aber auch durch die Unternehmen, die bisher nur als Produzenten am Markt agiert haben und nun – quasi am stationären Einzelhandel vorbei – mit eigenen Ladengeschäften den Wettbewerb bereichern.

## 2.2.1 Online-Unternehmen als stationäre Wettbewerber

Einer der Wegbereiter des Internet-Handels und Mitbegründer von Zalando, Oliver Samwer, wird immer wieder mit der oben bereits genannten „Einzelhandel-ist-Mittelalter"-Aussage zitiert, womit er verbal das Ende des stationären, „Old Economy"-Einzelhandels prophezeit hat (Neuhaus 2014). Unabhängig davon, dass sich etwas später gerade auch Zalando mit eigenen Geschäften im stationären Umfeld engagierte (o. V. 2018), hat eine solche Prognose zu diesem Zeitpunkt seine Wirkung nicht verfehlt; so hat der HDE – Hauptverband des Einzelhandels zum gleichen Zeitpunkt prognostiziert, bis zu 50.000 Ladengeschäfte würden verschwinden (Sanktjohanser 2014).

Vor diesem Hintergrund erschien es umso erstaunlicher, dass immer mehr ursprünglich als „Online Only" gestartete Unternehmen den Wettbewerb mit einer Umsatz- wie reichweitenstarken stationären Präsenz verstärken – in genau die Wirtschaftsebene, die gerade durch die neuen Onlinemodelle so sehr in Bedrängnis gekommen ist.

Auch wenn Apple als einer der Wegbereiter der Digitalisierung gilt – und damit auf den ersten Blick nicht unbedingt ein Unternehmen ist, das man im stationären Umfeld vermutet: Apple gilt in der Entwicklung des stationären Einzelhandels als eines der Unternehmen, das mit seinem Storekonzept Handels- bzw. Designgeschichte geschrieben hat. Denn das Anfang der 2000er Jahre eingeführte Konzept unterscheidet sich deutlich von den zu diesem Zeitpunkt üblichen und zumeist in Gewerbegebieten angesiedelten Handelsformaten bzw. Elektromärkten (o. V. 2014):

- Von Anfang an stand nicht primär der Verkauf, sondern die Inszenierung der Marke im Mittelpunkt der Apple-Flagship-Stores – mit dem einfachen Design, den klaren Linien und dem Verzicht auf Überflüssiges sollte sich darin die besondere Design-Philosophie des iPhone-Konzerns widerspiegeln.
- In klarer Abgrenzung zu den in der Elektronikbranche sonst üblicherweise in Gewerbegebieten angesiedelten Handelsflächen wurden die Apple-Stores gezielt in exponierten Flächen der Innenstädte angesiedelt.
- Im puristisch gehaltenen Designkonzept ist das einzelne Produkt der Hero; der sonst übliche, zumeist promotional-aggressiv in Szene gesetzte „Warendruck" wird bewusst ausgeklammert.
- Damit wird im Ladenbau nicht nur auf sonst üblichen Regalsysteme mit der Bestückung gleichermaßen breiter wie tiefer Sortimente verzichtet, sondern auch auf die sonst üblichen Kassenzonen – mit der gleichzeitigen Einführung einer bargeldlosen Zahlung über mobile Geräte direkt bei dem Kundenberater, der den Kunden bis dahin begleitet hat.
- Im Service und in den Abwicklungsprozessen wurden die bis dahin üblichen Standards des stationären Einzelhandels neu definiert – mit gezielt ausgebildetem

Verkaufspersonal, das eine persönliche und perfekte Beratung über alle Prozesse hinweg von der ersten Vorstellung des einzelnen Produkts über die Empfehlung der idealen Konfiguration bis zur Bezahlung sicherstellt.

Eine solche außergewöhnliche Konzeption wurde unter dem expliziten Ziel entwickelt, dem Besucher eine ganz besondere, sich vom Üblichen abhebenden Customer Experience bieten zu wollen (Solomon 2015) – womit Apple seinen Anspruch, stets nutzerorientierte, einfach und intuitiv anwendbare Technologie zu entwickeln, auch auf das Store-Erlebnis übertragen hat. Kein Wunder also, dass Apple für dieses Konzept Markenschutz beim Europäischen Gerichtshof beantragt hat (o. V. 2014).

Viel Beachtung hat auch der Einstieg von Amazon in den stationären Einzelhandel gefunden. Denn auf der einen Seite hat sich Amazon mit seiner Dominanz innerhalb des Online-Umfeldes ein enormes Know-how und eine daraus resultierende Marktstärke erarbeitet, die – wie oben bereits beschrieben – gerade auf eine bewusste Abgrenzung gegenüber dem stationären Einzelhandel zielt. Auf der anderen Seite hat Amazon mit einer Vielzahl höchst unterschiedlicher Betriebstypen in vielen Gestaltungsdetails und Bedienprozessen jeweils höchst innovative Konzepte entwickelt, die deutliche Mehrwerte für den Kunden bieten und damit im stationären Umfeld „neue Maßstäbe" (Schader 2019) setzen – mit den jeweiligen Geschäftszweck charakterisierenden Namen wie „Amazon Books", „Amazon Go", „Amazon Fresh", „Amazon 4-Star" oder „Amazon Style", teilweise in temporären Pop Up-Stores oder in festen Präsenzen. Welche Innovationskraft die jeweiligen Konzepte haben, lässt sich an folgenden Beispielen ablesen:

- „Amazon Go" ist ein kleineres Convenience-Format, in dem Lebensmittel des täglichen Bedarfs angeboten werden (Efler 2018). Das Besondere: In diesem Geschäftstyp gibt es keine Kassen mehr, so dass zum Bezahlen kein Kunde mehr Schlange stehen muss. Um in den Laden zu gelangen, wird am Eingang mit dem Smartphone ein QR-Code eingescannt. Mit Hilfe von Kameras wird registriert, was aus dem Regal herausgeholt wird; Artikel, die ein Kunde wieder zurückstellt, werden aus dem virtuellen Einkaufskorb wieder herausgenommen. Am Ende kann man Laden ohne physischen Check Out verlassen, die Rechnung wird in die App eingestellt und der Rechnungsbetrag von der hinterlegten Kreditkarte abgebucht.
- Im „Amazon 4-Star"-Konzept werden vornehmlich Produkte verkauft, die im Online-Shop bei den Kundenbewertungen mindestens vier Sterne erhalten haben; gleichzeitig aber auch Produkte aus den Kategorien „Kunden kauften auch", „Am häufigsten auf der Wunschliste" oder neue, besonders trendige Produkte (Scholz 2018). Damit greift Amazon auf das im Internet beobachtbare Kaufverhalten und die Einschätzungen anderer Kunden zurück – und gibt den Kunden auch im stationären Umfeld das gute Gefühl einer Vorauswahl von Gleichgesinnten.
- Neues Terrain hat Amazon jüngst mit der Eröffnung eines eigenen Modehauses unter der Bezeichnung „Amazon Style" betreten (Friedl 2022). Bei diesem

Geschäftsmodell werden die Vorteile des Online- mit denen des Offline-Handels noch enger miteinander verzahnt: In einem zeitgemäßen, attraktiven Ladenbaukonzept können Besucher die jeweiligen Produkte anschauen und anprobieren, werden über personalisierte Empfehlungen beraten, finden kuratierte Kollektionen von Influencern, erhalten die per QR-Code zur Anprobe bestellte Größe direkt in die Umkleidekabine und können dort am Touchscreen direkt dazu passende Ergänzungsvorschläge abrufen. Ein Konzept, das in den ersten Reaktionen offensichtlich gerade bei jungen Kunden auf positive Resonanz trifft und das Unternehmen bei noch mehr Kunden bekannt werden lässt.

Die Entwicklung und Realisierung solcher Konzepte ist aus mehreren Aspekten bemerkenswert: Zum einen zeigt es, wie systematisch Amazon aus den datengestützten Erfahrungen im Onlineshop die Bedürfnisse und Wünsche der Konsumenten aufgreift und daraus neue, service- und mehrwertorientierte Geschäftsmodelle entwickelt. Zum zweiten, mit welcher Konsequenz solche Investitionen vorangetrieben werden; denn auch wenn nicht jede der Entwicklungen sofort rentabel ist, so wird die jeweilige Innovation intensiv getestet und das eigene Geschäftsmodell immer wieder in Frage gestellt bzw. davon ausgehend optimiert. Und zum dritten, welche Effekte solche Konzepte aufgrund ihrer Stringenz im direkten Wettbewerb mittlerweile auslösen: „Alles, wo Amazon reingeht, macht mich tendenziell nervös", wird einer der angestammten Wettbewerber zitiert (Gassmann und Fuest 2016) – ein klarer Beleg für die These, welche Bedeutung die digitalen Konkurrenten nun auch im stationären Umfeld erlangt haben.

Als abschließendes Beispiel, das die Innovationskraft und Bedrohungspotential der Online-Anbieter unterstreicht, ist der Optikanbieter Mr. Spex zu nennen. Denn das ursprünglich rein als Onlinehändler gestartete Unternehmen hat aus einer systematischen Untersuchung der „Customer Journey" und damit der Frage, wie Kunden heute bestmöglich bedient werden wollen, die beiden Vertriebssysteme On- und Offline mit ihren jeweiligen Stärken ganz bewusst miteinander verzahnt: Sehtests und Anproben im Ladengeschäft, die Zustellung und alle damit verbundenen Dienstleistungen über den Online-Shop. Und damit eine integrierte Lösung geschaffen, die nicht nur im Ladenbau sichtbar wird, sondern die mit neuen Bedien- und Servicestandards auch die sonst üblichen Prozesse der Branche verändert hat (Kopalschinski 2019).

### 2.2.2 Direct-to-Consumer: Einstieg von Herstellern in den stationären Wettbewerb

Eine zusätzliche Intensivierung erfährt der Wettbewerb im stationären Einzelhandel auch durch solche Konzepte, die von Herstellern entwickelt werden und mit denen sie sich – quasi am klassischen Einzelhandel vorbei – direkt an den Endkonsumenten wenden (vgl. Abb. 1). Diese Vertriebsaktivitäten lassen sich je nach Marketing- und Vertriebsziel in verschiedenen Branchen beobachten: Zum einen von Herstellern ‚schnell drehender Konsumgüter', der sog. ‚Fast Moving Consumer Goods'-Industrie, wo Unternehmen wie

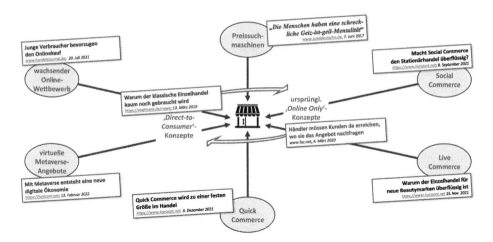

**Abb. 1** Der stationäre Einzelhandel im „Hypercompetition"

Lindt oder Nespresso ihre Marke und Sortimente in eigenen Ladengeschäften deutlich begehrlicher präsentieren, als dies durch eine simple Regalplatzierung im Lebensmitteleinzelhandel jemals möglich wäre (Merkle 2020a). Zum anderen erfolgen solche Direktvertriebsaktivitäten aber auch Gebrauchsgüterherstellern wie Dyson oder Vorwerk, um die teilweise hoch erklärungsbedürftigen Produkte nicht nur in einem angemesseneren Umfeld als im klassischen Facheinzelhandels üblich zu präsentieren, sondern auch durch eigens dafür geschultes Personal besser erklären zu können. Spannend sind solche Aktivitäten schließlich aber auch bei Automobilherstellern zu beobachten, die mit ihren emotionalisierenden Markenwelten in den besten Lagen der Innenstädte oder hochwertigen Shopping-Centern ganz neue stationäre Erlebnisdimensionen eröffnen.

Diesen Konzepten gemein ist nicht nur, dass sie Umsätze am klassischen Sortimentseinzelhandel vorbei lenken; parallel dazu verschieben sie durch ihre hochwertige Inszenierungsleistung von Marke und Sortiment den Maßstab für zeitgemäße Produktpräsentation der bisher üblichen Regalplatzierung. Erlebbar wird das zum Beispiel beim:

- Pflegeprodukthersteller NIVEA, der mit seinen Nivea-Häusern und dem begleitenden Angebot an Massagen, Wellness-, Kosmetik- und Spa-Anwendungen in Hamburg und Berlin seine Produkte in einen direkten Anwendungskontext setzt und seine Marke über einen Ort der Pflege und Entspannung multisensual erlebbar inszeniert
- Backartikelproduzenten Dr. Oetker, der mit dem Konzept „Gugelhupf & Co" in Frankfurt Cafés eröffnet hat, in denen die Besucher bei passenden Speisen und Getränken „eine gute Zeit verbringen" und gleichzeitig eine Nähe zur Marke und zu den Produkten herstellen sollen
- Schokoladenhersteller Ritter Sport, der mit seinem „Bunte SchokoWelt"-Store in Berlin den Besuchern das Besondere am Thema Schokolade vermittelt;

- Haferflockenhersteller Kölln, der mit seinem „Haferland"-Geschäft in Hamburg über eine dreidimensionale Inszenierung der Marke und der physischen Erklärungsleistung der spezifischen Vorteile der einzelnen Produkte den Besuchern das Gesamtangebot deutlich näherbringt und in der Erinnerung deutlich nachhaltiger verankert, als dies mit der klassischen Regalplatzierung jemals möglich wäre.

In der aktuellen Managementliteratur werden solche Strategien auch unter dem Begriff „Direct-to-Consumer" (oder mit den Kürzeln D-to-C oder D2C) diskutiert, mit den sich die jeweiligen Betreiber eine ganze Reihe von Vorteilen versprechen (KPMG 2021, S. 7): „Mit einem D2C-Ansatz ist man als Hersteller zum einen unabhängig von Handelspartnern und erhält wieder mehr Marge, die wiederum in die Marke und Kommunikation investiert werden kann. Zum anderen hat man Zugang zu wertvollen Daten und Absatzzahlen, wodurch Veränderungen im Markt viel leichter und schneller erkannt werden können. Darüber hinaus besteht unmittelbarer Kontakt zum Endverbraucher, sodass eine direkte Beziehung aufgebaut werden kann. Somit hat man von der Kommunikation bis zum Kauf alles in der eigenen Hand".

Mit ähnlichen Begründungen ist vor einigen Jahren bereits der Begriff der „Vertikalisierung" eingeführt worden – eine Bezeichnung, die sich auf die in der Betriebswirtschaftslehre genutzte Theorie der aufeinander folgenden und sich jeweils ergänzenden Wertschöpfungsstufen stützt. Mit der Vorwärtsintegration wird dabei die Übernahme der folgenden Handelsstufe durch einen Produzenten beschrieben – zum Beispiel über die Eröffnung eigener Geschäfte durch einen Textilproduzenten wie ZARA; mit der Rückwärtsintegration die Übernahme der davor liegenden Produktionsstufe durch ein Handelsunternehmen – wie zum Beispiel die Integration von Produktionsbetrieben von Lebensmitteleinzelhändlern. Und dabei lässt sich gerade am Beispiel des Textileinzelhandels belegen, wie sehr der Markteintritt von ZARA, H&M, Mango und andere die bis dahin geltenden Branchenstandards verändert haben – bezahlbare Mode wurde auf einmal in einem hochwertigen Umfeld präsentiert, das die damalige Erwartungshaltung der Kunden massiv verändert und entsprechenden Anpassungsdruck im damaligen stationären Umfeld ausgelöst hat (Merkle 2004).

Am Beispiel des Fashionmarkts zeigt sich aber auch in anderer Hinsicht, wie erfolgreich herstellergesteuerte Konzepte sein können. Denn aufgrund ihrer unmittelbaren Produktionskompetenz sind Hersteller sehr viel besser in der Lage, auf individuelle Wünsche des Konsumenten einzugehen – ein Customizing-Bedürfnis, das von Kunden immer stärker gefordert wird. Studien zufolge erwarten Shopper in der Zukunft noch mehr, dass er genau das bekommt, was er möchte – und nicht mehr „nur" das, was gerade angeboten wird; eine Herausforderung, die von Herstellern deutlich besser bewältigt werden können als von Händlern, bei denen mit den üblichen Orderzyklen Textilien mit einem Jahr Vorlauf bestellt werden müssen. Und auch mit diesen Befunden findet sich dann einmal mehr die Feststellung, dass der klassische Handel kaum noch gebraucht werden würde (Gerth 2019).

## 3 Warum das isolierte Denken nur in der Dimension der Wettbewerbsfähigkeit nicht mehr ausreicht

Das Ergebnis der zuvor erfolgten Skizze zur Entwicklung des aktuellen Wettbewerbsumfeldes bestätigt, wie stark sich die Dynamik und die Intensität des Wettbewerbs entwickelt haben und wie groß die Herausforderungen für die angestammten Unternehmen im stationären Einzelhandel geworden sind. Der Überblick zeigt auch, dass der Wettbewerb im Einzelhandel mit der Entstehung der Onlinewelt nicht mehr nur innerhalb der rein stationären Ebene stattfindet, sondern um eine weitere, im Vergleich zu den tradierten Geschäftsmodellen auf den ersten Blick anders funktionierende Dimension ergänzt wurde; eine Dimension, die in der Lage ist, aus einer ganz anderen Perspektive heraus mit einem häufig zunächst branchenfremd erscheinenden digitalen Denken die bisherigen Gesetzmäßigkeiten und Standards der Branche disruptiv – und damit zu großen Teilen in Frage stellend – zu erschüttern.

Bei der Suche nach den inhaltlichen Ansatzpunkten und konkreten Gründen, warum die neuen Geschäftsmodelle und Konzepte innerhalb kurzer Zeit eine so hohe Anerkennung gefunden haben und sich so schnell und großen Teilen nachhaltig im Wettbewerb durch- bzw. teilweise davon sogar absetzen konnten, findet sich eine einfach wie logisch erscheinende Antwort: Sämtliche der zuvor skizzierten Ansätze, egal ob reine Onlinemodelle oder neue stationäre Geschäftstypen, wurden – gerade auch mangels direkter Vorbilder – aus einem streng kundenzentrierten Ansatz heraus entwickelt und realisiert; und/oder bewusst losgelöst von den sonst üblichen Standards der Branche:

- So wird der Erfolg von Amazon auf eine konsequente Kundenorientierung zurückgeführt, die in Analysen nicht nur mit einer „wahren Besessenheit" (Unger 2017) charakterisiert wird, sondern auch mit der Legende beschrieben wird, wonach der Gründer Jeff Bezos in jedes Managementmeeting immer auch einen leeren Stuhl extra für den Amazon-Kunden mitgenommen haben soll, um seine besondere Bedeutung in der jeweiligen Entscheidungsfindung mit zu berücksichtigen (Kreuter 2015). In diesem Zusammenhang ebenso spannend ist die Information, wonach manche Entscheidungen und Zielkonflikte offensichtlich bewusst anders getroffen würden als in anderen Unternehmen (businessinsider o. J.).
- Ähnlich lautende Ergebnisse finden sich auch in den Analysen des enormen Apple-Erfolgs. Dabei wird für die Gründungszeit insbesondere die Persönlichkeit von Steve Jobs herausgestellt, der die hohe Akzeptanz bzw. Begehrlichkeit der intuitiv nutzbaren Technologie unmittelbar mit dem direkten Fokus auf das Kundenerlebnis verknüpft: „Man könne nicht mit der Technologie beginnen und dann versuchen, herauszufinden, wo man sie verkaufen will" wird Jobs in der Folge zitiert (Tyson 2022).
- Wichtig für den Erfolg von Apple scheint aber auch die ganz bewusste Loslösung von den üblichen Branchenstandards zu sein: So wird berichtet, dass man sich in der Entwicklung des neuen Storedesigns weniger von den damals gültigen Vorbildern der

gleichen Branche und damit des Elektronikfachhandels habe leiten lassen, sondern mit dem Ritz Carlton mit einem Kunden- und Service-orientierten Unternehmen aus einem ganz anderen Umfeld (Solomon 2015).
- Die unbedingte Kundenorientierung und gezielte Infragestellung bekannte, bisher üblicher Branchenstandards wird auch bei Mr. Spex als Begründung für das enorme Wachstum der digitalen Geschäftsmodelle angeführt. Und dabei wird nicht nur die kontinuierliche Entwicklung und Einführung neuer, für den Kunden hoch relevanter Services wie der 3D-Anprobe, Online-Sehtests und dem 3D-Druck von Brillengläsern als Erfolgsfaktor benannt; auch die gestiegene Transparenz über das Gesamtangebot wird als wesentlicher Grund für den Erfolg der neuen Geschäftsmodelle gesehen. Dabei wird sogar prophezeit, dass traditionelle Anbieter ihre bisherige Rolle als Gatekeeper im Kaufprozess verlieren würden und es damit zu einer Verschiebung der Entscheidungskompetenz vom Unternehmen zu seinen Kunden kommen würde: „Der Kunde musste lange auf das vertrauen, was der Optiker ihm anbot. Davon profitierte der Optiker, nicht aber der Kunde. Mit steigender Transparenz geht diese Macht zunehmend vom Optiker auf den Kunden über" (Campillo-Lundbeck 2018, S. 15).
- Die ganz bewusste Lösung von bisher üblichen Standards zeigt sich auch in der Planung und Gestaltung der stationären Präsenzen der Hersteller. Denn nachdem in den Ladengeschäften sowohl von FMCG-Unternehmen und -Marken wie auch in den stationären Präsenzen von Elektrogeräte-, Schmuck- und Automobilherstellern die Inszenierung der jeweiligen Marke deutlich stärker im Vordergrund steht als im klassischen Einzelhandel, werden die Flächen auch nach anderen Maßstäben, mit einem deutlich höheren architektonischen Aufwand und mit einem dramaturgisch noch gezielteren Visual Merchandising der jeweiligen Produkte und Sortimente gestaltet (Merkle 2020a).

Mindestens genauso wichtig wie die Erkenntnis, dass die Entwicklung dieser Konzepte unabhängig vom direkten Wettbewerbsumfeld erfolgt, ist gerade auch die hohe Akzeptanz der innovativen Vertriebsalternativen durch die eigenen Kunden. Denn bedingt und beschleunigt durch den Wertewandel in unserer Gesellschaft hat sich die Erwartungshaltung der Konsumenten in den letzten Jahren massiv gewandelt – was wie bereits weiter vorne eingeführt medial mit Überschriften wie „auf neuen Wegen des Konsums" (Böttcher 2018) charakterisiert wird. Mit der Konsequenz, dass der Konsument keinen Unterschied macht, aus welcher Branche und welchem Umfeld ein Unternehmenskonzept entwickelt bzw. eine entsprechende Dienstleistung angeboten wird. Neue Architektur- und Inszenierungskonzepte von FMCG- oder Automobilherstellern, kompetente Beratungsleistungen bei Apple, neue Lieferservices und -alternativen der Onlineshops, im Prime-Paket enthaltene kostenlose Retouren, enorme Preisnachlässe in den Shoppingevents von Black Friday oder Cyber Monday – der Konsument schätzt diese Möglichkeiten und erwartet ganz selbstverständlich, dass auch klassische Anbieter über solche Möglichkeiten verfügen (Merkle 2020b).

Im Zwischenergebnis der voraus gegangenen Analysen zeigen sich folgende Erkenntnisse:

- Zunächst wird deutlich, dass der früher übliche Vergleich mit dem engeren Wettbewerbsumfeld heute nicht mehr ausreicht, um erfolgreich zu bleiben. In der heutigen Welt des multidimensionalen Wettbewerbs, in einer Zeit des Wertewandels, in der Konsumenten die sich ihnen bietenden Möglichkeiten gerne probieren und dabei weder in der Lage noch willens sind, zwischen verschiedenen und zumeist nur aus unternehmensinterner Sicht definierten Branchen zu unterscheiden, muss der Bewertungsmaßstab deutlich breiter angesetzt werden.
- Ohne Zweifel – die in diesem Zusammenhang gern genutzten Benchmarkings liefern wertvolle Erkenntnisse, um im direkten Vergleich mit anderen Unternehmen die eigene Leistungsfähigkeit kritisch zu hinterfragen und in der Konsequenz die eigenen Arbeitsweisen zu optimieren. Allerdings: In der Weiterentwicklung des eigenen Unternehmens, in der notwendigen Differenzierung zum Wettbewerb und insbesondere zur Schaffung konkreter Mehrwerte für den Kunden sind solche Analysen jedoch nur bedingt hilfreich. Denn ein Benchmarking erfolgt zumeist aus einer internen Perspektive und bewertet eigene Prozesse zudem häufig nur aus einer effizienzgetriebenen, kostenoptimierenden Sichtweise heraus (Merkle 2021a).
- Um im Ergebnis eine wirkliche Differenzierung zum Wettbewerb zu erlangen, ist es zwingender denn je, die Perspektive zu wechseln und sich konsequent in die Bedürfnisse und Wünsche der eigenen Kunden hineinzudenken und daraus dann das eigene Geschäftsmodell abzuleiten bzw. laufend zu optimieren – mindestens genauso konsequent, wie es bei den wirklich innovativen Konzepten im Wettbewerb erlebbar ist. „Nur wenn Einzelhändler aufhören, wie Einzelhändler zu denken, werden sie im Wettbewerbsvergleich wirklich innovativ sein" (Merkle 2021b) ist eine in diesem Zusammenhang wichtige Forderung einer noch konsequenteren Fokussierung des gesamten unternehmerischen Handelns – und das nicht nur über die generelle Fundierung des Geschäftsmodells und des Kernangebots, des begleitenden Servicekonzepts, des spezifischen Storedesigns und des Visual Merchandisings, sondern über die Gestaltung sämtlicher operativen Details und Prozesse im täglichen Erleben der Marke.
- Wichtig ist schließlich, dass die Überprüfung des eigenen Geschäftsmodells heute keine punktuelle Aufgabe mehr zu ausgewählten Zeitpunkten wie den jährlichen Budget- und Jahresplanungsgesprächen über einzelne Strategie-Updates mehr bleiben darf, sondern sich zu einem laufenden Prozess entwickeln muss. Denn neben den grundsätzlich anderen Persönlichkeiten, die mit komplett neuen und in der Branche in der Vergangenheit nicht vorstellbaren Prozessen in den Wettbewerb eintreten, ist der aktuelle Wandel nicht nur durch das enorme Ausmaß gekennzeichnet, sondern auch durch die enorme Geschwindigkeit „in atemberaubend kurzer Zeit" (Wyman 2017, S. 4). Und diese Entwicklungen gilt es nicht nur zu beobachten, sondern analytisch zu durchdringen, um ggfs. notwendig werdende Anpassungen im eigenen Geschäftsmodell erarbeiten zu können.

Was bedeuten diese Ergebnisse nunmehr für das Konzept der Wettbewerbsorientierung – das Konzept, mit dem Manager über Generationen hinweg konditioniert wurden? Hat dieses Konzept seine Gültigkeit verloren? Oder müssen Händler in der heutigen Zeit nicht noch stärker in die gezielte Analyse ihrer bestehenden Kundenbeziehungen investieren, um diese mit wirklich begeisternden Maßnahmen an sich zu binden als diese mit immer gleichen und lediglich Abverkaufsimpuls-setzenden Standardmaßnahmen zu konfrontieren?

Natürlich ist die Wettbewerbsfähigkeit eines Unternehmens auch weiter ein wichtiger Gradmesser zur Abschätzung unternehmerischer Chancen und Risiken. Allerdings: Primärer Maßstab in der Bewertung des jeweiligen Geschäftsmodells darf nicht allein der Wettbewerb sein; in einer Welt immer breiter werdenden Optionen und Alternativen muss der eigentliche Kernkunde Dreh- und Angelpunkt in der Weiterentwicklung des eigenen Konzepts werden. Wenn man aus der Vielzahl der neuen – und aus Sicht der klassischen Anbieter teilweise hoch unkonventionellen – Geschäftsmodelle etwas lernen kann, dann ist es der unbedingte Kundenfokus und die bewusste Abkehr von den bisher üblichen Standards und Vorgehensweisen. Ein solch notwendiger Blick unterbleibt jedoch allzu schnell, wenn man sich nur mit dem engeren Wettbewerb beschäftigt. Was damit erforderlich wird – in Analogie an den hier genutzten Kernbegriff der Hypercompetition – ist eine kompromisslose „Hyper-Customer-Centricity".

In diesem Zusammenhang zeigen sich auch zwei generelle Schwächen bisheriger Wettbewerbsvergleiche: Erstens werden diese Vergleiche häufig nur aus einer internen Perspektive und dabei mit dem Ziel durchgeführt, die eigenen Prozesse noch effizienter zu gestalten und damit die eigene Kostenstruktur zu optimieren. Mit dem Ergebnis, dass die vom Kunden erlebbaren Leistungen häufig eingeschränkt wurden – zum Beispiel über eine Reduzierung der Sortimente, über günstigere Produkte oder weniger Bedien- und Servicepersonals. Zweitens wurden Benchmarks zumeist nur in einem engeren Branchenvergleich der direkten Konkurrenten durchgeführt – so zum Beispiel innerhalb der Drogeriefachmärkte, im unmittelbaren Vergleich der Baumärkte untereinander oder in einer isolierten Analyse nur der Brillenfachgeschäfte. An eine solche verengte Sicht kann und wird sich der Kunde jedoch kaum halten: So wird ein Kunde ein Angebot von Geschirr nicht unbedingt nur mit dem des Fachhandels vergleichen, sondern mit dem, was er zuvor im ergänzenden Non Food-Angebot des Kaffeerösters oder in der großen Auswahl des Onlineanbieters gesehen hat; die letzte Erfahrung im Kauf einer Brille liegt häufig mehrere Jahre zurück, weshalb als Vergleichsmaßstab ggfs. auch das Einkaufserlebnis und die Servicegeschwindigkeit in einem anderen Sortimentsbereich herhalten muss. Die jeweiligen Anbieter müssen verstehen, dass in der heutigen Welt das Anspruchsniveau und die Erwartungshaltung auch aus dem Einkaufserlebnis in anderen Geschäftsmodellen konditioniert wird.

Im Ergebnis hat die strategische Forderung der Wettbewerbsorientierung von Ohmae (Ohmae 1988) noch immer eine hohe Bedeutung; das, was aus der Beobachtung des heutigen Wettbewerbs über die eigentliche Wettbewerbsfähigkeit hinaus jedoch deutlich stärker gewichtet werden muss, ist der gesamte Kontext, in dem sich das Unternehmen

# Neue Markt- und Managementspielregeln im „Hypercompetition" ...

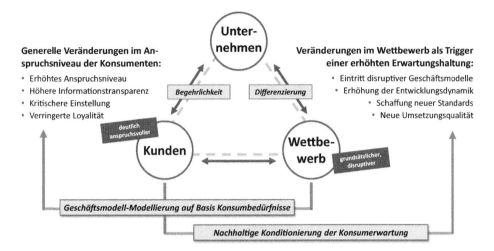

**Abb. 2** Gestiegenes Anspruchsniveau im Konsumumfeld

bewegt – und damit die generellen Veränderungen im Anspruchsniveau der Kunden und die konkreten Auswirkungen, die sich aus den Veränderungen im Wettbewerbsumfeld auf die Erwartungshaltung der Kunden ergeben (vgl. Abb. 2). Und damit muss eine unbedingte Kundenorientierung ein primärer und dauerhafter Bewertungsmaßstab des eigenen Geschäftsmodells werden, die Wettbewerbsorientierung kann nur ein weiterer Faktor zur ergänzenden Prüfung der Erfolgswahrscheinlichkeit sein.

## 4 Management im Hypercompetition: Erweiterung des eigenen Denkrahmens

Der bekannte Ökonom Peter Drucker wird immer wieder mit der Aussage „Die größte Gefahr in Zeiten des Umbruchs ist nicht der Umbruch selbst, sondern ihn mit veralteter Logik zu begegnen" (Jacobi 2017) zitiert – eine Einschätzung, die gerade heute hohe Aktualität genießt. Ein „neues" Anspruchsniveau der eigenen Kunden, ein verstärkter Wettbewerb erfordert ein „neues" Verhalten der Unternehmen. Wenn der stationäre Einzelhandel weiter erfolgreich bleiben möchte, muss er sich noch konsequenter auf die tatsächlichen Wünsche und Bedürfnisse seiner Kunden einstellen – gerade aufgrund des deutlich erhöhten Anspruchsniveaus sowie der parallel immer breiter werdenden und aufgrund der zu beobachtenden Käuferwanderungen offensichtlich hoch attraktiv erscheinenden Einkaufsalternativen.

Der stationäre Einzelhandel durchleidet damit eine der schwersten Strukturkrisen in seiner Geschichte – und wird dieser Situation nur dann wirkungsvoll begegnen können, wenn er zu einer grundsätzlichen Änderung seines Handelns bzw. des damit verbundenen Managementverständnisses gelangt. Notwendig wird damit eine noch konsequentere Fokussierung des gesamten unternehmerischen Handelns auf die Bedürfnisse und Wünsche der Kunden – in der aktuellen Diskussion zumeist mit der Vokabel „Customer Centricity" belegt – sowie der darüber liegenden generellen Einstellung im Management, nämlich die Grundlage unternehmerischen Handelns, die in der Literatur mit dem Begriff „Mind Set" belegt wird.

## 4.1  „Customer Centricity" – Kennzeichen einer Zeitenwende im Managementfokus

„Customer Centricity" – deutsch: Kundenzentrierung, Kundenorientierung – ist der Begriff, mit dem die Fokussierung des Unternehmens und sämtlicher begleitenden Prozesse auf die Bedürfnisse, Wünsche und Probleme der bestehenden Kunden beschrieben wird – wohlgemerkt auf die Bestandskunden. Eine ähnliche Bedeutung hat der Ausdruck „Customer Centric Approach". Demgegenüber ist die Wahrnehmung des Unternehmens und seines Auftritts durch die Kunden selbst mit dem Begriff „Customer Experience" belegt. Um die Handlungen und Kommunikationsmaßnahmen eines Unternehmens in sämtlichen Kontaktpunkten – das eigentliche Kundenerlebnis – über alle Schritte hinweg zu erfassen und die Umsetzungsqualität aus Sicht des Kunden präzise zu bewerten, wird eine so genannte „Customer Journey" erstellt; die tatsächliche Wahrnehmung daraus lässt sich in einer „Customer Perception Map" ablesen.

Wie die Vielzahl von Beiträgen in Wissenschaft und unternehmerischer Praxis belegen, hat dieses Themenfeld in den letzten Jahren eine enorme Aufmerksamkeit bzw. Bedeutung erlangt, was vor allem mit der Digitalisierung und der damit verbundenen Entstehung enorm vieler alternativer Geschäftsmodelle zu tun hat: Um potentielle Kunden von dem jeweiligen Konzept zu überzeugen und damit dauerhaft an das Geschäftsmodell zu binden, steht gerade bei digitalen Unternehmen immer der spezifische Kundennutzen im Vordergrund des gesamten unternehmerischen Handelns. Als Beweis für das enormen Erfolgspotential eines solchen Vorgehens wird immer wieder der Amazon-Gründer Jeff Bezos mit seinem „besessen vom Kunden"-Ansatz (Gassmann 2017b), mit den Berichten über die Mitnahme eines eigenen Stuhls nur für den Kunden in jedes Managementmeeting (Kreuter 2015) oder seiner berühmten Aussage benannt „We are not competitor obsessed, we are customer obsessed. We start with what the customer needs and we work backwards" (Morys 2018, S. 17).

Die Berichte über eine solche konsequente, strikt auf die bestehende Kundenstruktur ausgerichtete Vorgehensweise und noch viel mehr die enormen Wachstumsraten und Erfolge, die davon bei den innovativen digitalen Geschäftsmodelle ausgehen, hat in der Öffentlichkeit, in Unternehmen und in der Wissenschaft für viel Aufmerksamkeit gesorgt; soweit, dass dieses Konzept das Denken ganzer Managementgenerationen gedreht und – in Analogie zu einer aktuell in der Politik zu hörenden Vokabel – auch im betriebswirtschaftlichen Umfeld eine „Zeitenwende" ausgelöst hat: Denn mit einer Orientierung des unternehmerischen Handelns direkt an den Bedürfnissen der Kunden ist ein grundlegender Perspektivwechsel verbunden – weg von der früheren, primär innengerichteten Orientierung hin zu einer konsequent nach außen, direkt auf den Kunden fokussierten Perspektive. Über Jahre hinweg war das unternehmerische Denken zumeist auf Effizienz und Controlling-gestützte Optimierung getrimmt – und hat damit eher auf Einsparungen abgezielt, begründet auf Best Practice-Vergleiche, detailliert belegt über die Excel-Auswertungen der Controller.

Allerdings: Ein Blick in die unternehmerische Praxis des stationären Einzelhandels zeigt, dass dieses Denken noch nicht überall angekommen ist – und in vielen Branchen eher als Beifall-erheischendes Schlagwort diskutiert, denn als ganzheitliches Unternehmenskonzept in allen Details des täglichen Handelns leben. Um die Konsumenten dauerhaft zu begeistern, muss aus einem Lippenbekenntnis ein durchgängiges, ganzheitliches Handeln über sämtliche Erlebnis- und Kontaktpunkte hinweg entstehen.

Spannend in diesem Zusammenhang ist, dass traditionelle Geschäftsmodelle gerade von den neuen Wettbewerbern im Internet lernen können. Denn dort beheimatete Geschäftsmodell leben eine solche umfassende Kundenorientierung über alle Gestaltungsmomente hinweg. Die jeweiligen Anbieter begnügen sich in der Gestaltung des Einkaufserlebnisses nicht nur mit einem auf den Kunden abgestimmten Sortiment, sondern beziehen sämtliche Bedien- und Abwicklungsprozesse bis in das kleinste Detail mit ein (Merkle 2021c):

- Bei Online-Anbietern werden einzelne Produkte durch die Einbindung spannender Tutorials, lebendiger Bewegtbild-Sequenzen oder hilfreicher Erfahrungen anderer Kunden mit noch mehr Informationen versehen, während die meisten klassischen Anbieter ihre Sortimente zumeist kommentar- und emotionslos im Regal verräumen.
- Im Internet wird das eigentliche Produktangebot um sinnvolle Begleitartikel ergänzt – in vielen klassischen Geschäftsmodellen „stolpert" der Kunde über offensichtlich eher aus margenoptimierender Sicht ausgewählter Sonder- oder Postenaufbauten.
- Während im Onlinehandel der Clickaufwand im Kassen- und Checkout-Prozess zur Erhöhung des Kundenerlebnisses programmiertechnisch ständig weiter optimiert wird, werden Konsumenten im klassischen Supermarkt am Kassenband getrieben, ihre Einkäufe schnellstens zu verpacken, um Platz für den nächsten Kunden zu machen.

Damit wird deutlich, dass man bei einem streng kundenorientierten Ansatz eigentlich auch nicht länger vom „Point of Sale" sprechen darf – vom gesamten Denken und Handeln muss man deshalb zukünftig eigentlich von einem „Point of Experience" sprechen. Ganzheitlich aus Sicht der Kunden über sämtliche Gestaltungs- und Prozessebenen bis in das kleinste Detail. Nur so wird eine Customer Centricity für den Kunden unmittelbar erlebbar. Und das bedeutet in der Konsequenz auch, dass sich viele Unternehmen neue Fähigkeiten aneignen oder das Geschäftsmodell sogar neu erfinden müssen, um für Kunden auch zukünftig relevant zu sein (IfH o. J.).

Manche Manager mögen an dieser Stelle einwenden, dass die Gestaltungsstandards des Internet kaum Gültigkeit für klassische Geschäftsmodelle haben. Allerdings darf in einer solchen Diskussion nicht vergessen werden, dass Konsumenten die Gestaltungsqualität dortiger Prozesse tagtäglich erleben und ganz offensichtlich wertschätzen. Mit einer derart geprägten Konditionierung steigen deshalb auch die Erwartungen und das Anspruchsniveau gegenüber allen anderen Unternehmen – und darauf müssen sich klassische Anbieter einstellen. Früher wurden unter dem angelsächsischen Begriff „Mystery Shopping" Analysen durchgeführt, um die eigenen Prozesse noch effizienter zu gestalten; heute müssen solche Analysen gestartet werden, um den gesamten Einkaufsprozess in all seinen Facetten aus Sicht der Kunden zu bewerten und dies sowohl aus Sicht von Neukunden als auch aus Sicht der Bestandskunden – eine schonungslose Analyse der gesamten Customer Experience.

Neben der isolierten Prozessqualität muss dabei auch die generelle Konzeptqualität des stationären Einzelhandels hinterfragt werden. Denn ein zusätzliches Bedrohungspotential ist der Eintritt branchenfremder Unternehmen in den direkten Vertrieb über eigene Ladengeschäfte – zuvor schon unter den Vokabeln „Direct-to-Consumer" und „Vertikalisierung" beschrieben. Auch hier ist festzuhalten, dass sich Konsumenten durch diese Konzepte begeistern lassen und in ihrer Erwartungshaltung für das stationäre Einkaufserlebnis neu konditioniert werden. Denn mit den jeweiligen Einrichtungs- und Inszenierungsansätzen zeigen die neuen Anbieter eine ganz andere, ungewohnte und überraschende Art der Warenpräsentation und des Konsumerlebnisses. Was insofern nicht verwundert, weil die neuen Player ihre Geschäfte nach ganz anderen Maßstäben betreiben als ihre klassischen stationären Konkurrenten; ihre Geschäfte werden damit eher als Marketing- und Brand-Invest betrachtet als eine nur auf Effizienz getrimmte Vertriebsmaschine – und scheinen das „Erlebnis pro Quadratmeter" als KPI für die Kundenbindung als Maß aller Dinge zu betrachten und nicht den ehemaligen „Umsatz pro Quadratmeter", eine Herausforderung, der sich traditionelle stationäre Anbieter stellen müssen.

## 4.2 Verändertes Mindset und flexibles Handeln als Voraussetzung eines wirkungsvollen Managements

In der vorangegangenen Diskussion ist deutlich geworden: Unternehmen werden bei den neuen Herausforderungen des Marktes nur dann bestehen und dem erhöhten Anspruchsniveau ihrer Kunden nur dann wirkungsvoll entsprechen können, wenn sie sich neue Fähigkeiten aneignen (IfH o. J.) – über eine Refokussierung unternehmerischen Handelns mit einem Weg von der früheren Wettbewerbs- hin zu einer konsequenten Kundenorientierung und dies mit einer veränderten Perspektive, mit einer erhöhten Flexibilität und einem generell neuen Mindset. Die Welt, in der die Unternehmen heute agieren, ist anspruchsvoller; die Veränderungen sind grundsätzlicher und vollziehen sich deutlich schneller als früher. Dies gilt insbesondere für den stationären Einzelhandel, der sich einem Wettbewerb gegenübersieht, der so stark wie nie zuvor ist und einem

Konsumumfeld, das generell schwerer zu überzeugen und schwieriger zu binden ist. Diese Herausforderungen können nur mit einem veränderten „Mindset" begegnet werden und der Fähigkeit, sich deutlich schneller und flexibler auf die jeweils neue Situation einzustellen.

„Mindset" – dieser angelsächsische Begriff bezeichnet zunächst die generellen Denkweisen, Überzeugungen und Verhaltensmuster bzw. innere Haltung von Menschen oder auch Organisationen. Das Mindset kennzeichnet die Einstellungen und Gewohnheiten; die Art, wie eine Organisation „tickt" und mit alltäglichen Situationen umgeht. Denkmuster helfen, schneller Entscheidungen zu treffen und zukünftige Situationen besser einschätzen zu können und bestimmen damit die Anpassungsfähigkeit einer Organisation. Allerdings: Wenn sich die Umwelt so massiv verändert hat, müssen sich auch die Denk- und Entscheidungsmuster anpassen. Gerade die digitale Transformation von Wirtschaft und Gesellschaft mit den davon ausgehenden Konsequenzen setzt Unternehmen unter enormen Veränderungsdruck. Um der aktuellen Dynamik der Entwicklungen wirkungsvoll zu begegnen, wird eine Veränderung der inneren Haltung erforderlich – weg von einem „fixed mindset" hin zu einem „growth mindset" (Dweck 2016).

Unternehmen mit einem Fixed Mindset werden die Herausforderung im neuen Wettbewerbsumfeld als Bedrohung sehen, weil die üblichen Reaktionsmuster offensichtlich nicht mehr funktionieren. Unternehmen mit einem Growth Mindset sind demgegenüber der Überzeugung, dass sie sich gerade auch in einem veränderten Umfeld weiterentwickeln und verbessern können – wenn sie nur genügend Einsatz bringen, sich mit dem jeweiligen Umfeld, mit den neuen Wettbewerbern und den Gründen ihrer Akzeptanz beim Konsumenten intensiv genug auseinandersetzen und ganz gezielt versuchen, aus diesen Änderungen zu lernen. Dieses entspricht einem dynamischen Selbstbild, das Veränderungen im Umfeld begrüßt und damit die Basis für ein agiles Mindset bildet. Mit einer solchen Denkweise werden neue Herausforderungen nicht mehr als Gefahr, sondern als Chance für die Weiterentwicklung betrachtet, als Chance, selbst zu lernen und gleichzeitig der Überzeugung, dass eine Organisation die eigenen Fähigkeiten damit weiter ausbauen kann.

Demzufolge stellen sich Unternehmen mit einem Growth Mindset den neuen Herausforderungen, geben auch bei Hürden und Schwierigkeiten nicht so schnell auf, sehen Anstrengungen als lohnenswert an, um sich selbst weiterzuentwickeln. Fehler werden als Chance gesehen, sich selbst weiterzuentwickeln und die Erfolge anderer Unternehmen werden als spannende Inspiration für die eigene Weiterentwicklung empfunden.

In eine ähnliche Richtung wie die Hervorhebung der organisationspsychologischen Notwendigkeit zur Bildung eines Growth Mindset gehen in jüngster Zeit auch die Forderung, die Agilität von Unternehmen – nämlich die jeweilige Reaktions- und Handlungsfähigkeit – zu stärken (Jurisic et al. 2020), wie auch die Resilienz von Unternehmen zu forcieren (Nauck et al. 2021) – mit dem expliziten Hinweis darauf, dass disruptive Herausforderungen zukünftig keine Ausnahme, sondern zur Regel werden könnten.

## 4.3 Marketing – von der isolierten Kommunikation zur ganzheitlichen Steuerung von Marke und Prozessen

Bei der Analyse des Aufgabenspektrums im Marketing stellt man schnell fest, dass viele der im stationären Einzelhandel beschäftigten Marketingverantwortlichen nicht wirklich mit einer ganzheitlichen Verantwortung ausgestattet sind. Viel zu viele der in dieser Branche tätigen Marketers sind schlichtweg auf die Kommunikation fokussiert; allzu häufig konzentriert auf die Erstellung der wöchentlichen Handzettel, und damit der Umsetzung der im Handel so beliebten – und im Wettbewerbsvergleich zudem hoch austauschbaren – Preisangebote. Gegebenenfalls wird das Aufgabenspektrum noch ergänzt um vermeintlich moderne, weil digitale, Kommunikationsformen im performancegetriebenen Onlineumfeld oder sogar in den sozialen Medien.

Eine derart einengende, primär auf die Angebotskommunikation fokussierte Sicht des Marketings reicht in der heutigen Welt jedoch bei weitem nicht mehr aus (Kirchgeorg und Bruhn 2018). Denn wie im Vorangegangenen gezeigt wurde, konzipieren die wirklich innovativen, neuen Anbieter ihre Geschäftsmodelle deutlich ganzheitlicher, mit einem sehr viel stärkeren Fokus auf die das Angebot unterstützenden und begleitenden Services und sonstigen Erlebnisdimensionen; mit einer teilweise bewussten Loslösung von den bisher bekannten Standards. Dabei werden häufig – ganz bewusst – auch andere Medien und Kommunikationsformen genutzt. Unabhängig davon, dass es in der heutigen medialen Vielfalt und in der wachsenden Werbemüdigkeit der Konsumenten immer schwieriger geworden ist, neue Kunden überhaupt zu erreichen, nutzen die „neuen" Anbieter sämtliche Kanäle, auf denen sich ihre Zielgruppen ohnehin bewegen.

Marketing erhält im stationären Umfeld damit eine komplett neue Bedeutung: Marketing darf sich nicht mehr länger auf die früher übliche, sich laufend wiederholende und – aus Sicht des Konsumenten schnell ermüdend wirkende – Standardkommunikation begnügen; Marketing muss – wenn es weiterhin für das Unternehmen relevant und wertstiftend bleiben möchte – deutlich konzeptioneller und strategischer denken und handeln. Und sich dabei – ganz wichtig – als interner „Anwalt des Kunden" verstehen, der innerhalb des Unternehmens nicht nur die konkreten Bedürfnisse und Wünsche in der gesellschaftlich-sozialen Wertentwicklung verdeutlicht, sondern auch das gesamte unternehmerische Handeln in allen seiner im Detail durch den Kunden erlebbaren Facetten konsistent und widerspruchsfrei miteinander verzahnt.

Spannend dabei ist schließlich auch, dass die früher üblichen Standardrezepte im heutigen, zunehmend anspruchsvoller werdenden Erwartungsumfeld der Konsumenten immer weniger wirken. Neben der notwendigen Differenzierung vom jeweiligen Wettbewerbsumfeld wird es zunehmend wichtiger, authentisch und mit einem klaren Purpose aufzutreten – nur dann wird es Unternehmen gelingen, in einem immer breiter werdenden Wettbewerb für die Konsumenten wirklich relevant zu bleiben (Merkle 2021b).

Erkennbar wird dabei aber auch, dass das Aufgabenspektrum insgesamt breiter wird, und weit über die angestammte Kommunikationsverantwortung hinaus auch eine

Verantwortung für alle Prozesse entwickeln muss, die der Kunde in der täglichen Bedienung erlebt – und damit wird ein ganzheitliches Marketing im Sinne eines „Beyond Advertising – Creating Value through all customer touchpoints" (Wind und Hays 2015) immer wichtiger. Und damit erhält das Marketing gleichzeitig aber auch eine weitere Diskussions- und Gestaltungsperspektive – und zwar die nach innen: Um Geschäftsmodelle ganzheitlich auf das gleiche Ziel, auf die gleiche Philosophie auszurichten, bedarf es mehr denn je eines internen Marketing (Meffert et.al.); nur dann, wenn es gelingt, aus der laufenden internen Diskussion sämtlicher Prozesse und Wahrnehmungsdetails mit den jeweils Verantwortlichen einen klaren Konsens zu finden, wird sich für den Kunden ein konsistentes, widerspruchsfreies und inhaltlich begeisterndes Geschäftsmodell realisieren lassen.

In der finalen Beantwortung der Frage, ob es trotz aller Herausforderungen dennoch konkrete Beispiele für die Entwicklung kundenorientierter Konzepte auch bei den tradierten Anbietern aus dem stationären Umfeld findet – und damit auf die Frage, ob die „Wheel-of-Retail"-Mechanik noch funktioniert, trifft man auf eine ganze Reihe vielversprechender Beispiele. So werden kompakte Baumarkt-Typen für den konkreten Bedarf kleinerer Haushalte direkt in den Innenstädten (Scholz 2020) entwickelt, der schwedische Möbelanbieter IKEA realisiert aus einer ähnlichen Argumentation heraus seit einiger Zeit auch kleinere Häuser direkt in Stadtzentren (Scholz 2022a), in den Innenstädten werden Frische-Snack-Bio-Stadtsupermärkte eröffnet (Schader 2020) oder erste kassenlose Geschäfte getestet (Eßer 2021). Allesamt Entwicklungen, die weniger aus der Perspektive des Wettbewerbs, sondern mit klarem Fokus auf die Bedürfnisse und Wünsche der Kunden entstanden sind.

## Literatur

Albrecht R (2019) Der moderne Konsument ist orientierungslos und illoyal, welt.de vom 18.3.2019. https://www.welt.de/wirtschaft/bilanz/article190442933/Digitalisierungsfolgen-Der-moderne-Konsument-ist-orientierungslos-und-illoyal.html. Zugegriffen: 05. Apr. 2019

Bertelsmann (Hrsg.) (2022) Quick Commerce, Der Konsum der Zukunft? Einblicke und Erkenntnisse für Onlinehändler, Eigenverlag Bielefeld

D'Aveni R (1994) Hypercompetiton, managing the dynamics of strategic manoevring. The Free Press/Simon & Schuster Inc., New York

Becker, J (2020) Interview mit Saatchi-CEO Christian Rätsch: Handel muss neu gedacht werden, HORIZONT vom 27.10.2020. https://www.horizont.net/agenturen/nachrichten/Interview-mit-Saatchi-CEO-Christian-Raetsch-Handel-muss-neu-gedacht-werden-186722?utm_source=%2Fmeta%2Fnewsflash%2Fvor9&utm_medium=newsletter&utm_campaign=nl41943&utm_term=e3fa8450e63238aedf643544306e301b. Zugegriffen: 16. Nov. 2020

Bitkom (Hrsg) (2020) E-Commerce und stationärer Handel: So digital shoppen die Deutschen, Studienbericht Juli 2020

Böttcher G (2018) Millenials auf neuen Wegen des Konsums, springerprofessional.de vom 23.7.2018, Zugriff am 14.9.2018 unter https://www.springerprofessional.de/konsumguetermarketing/e-commerce/millennials-auf-neuen-wegen-des-konsums/15965358

Burger F (2022) Metaverse, Der Stoff, aus dem die Zukunft ist, handeljournal.de vom 10.5.2022, Zugriff am 22.6.2022 unter https://www.handelsjournal.de/der-stoff-aus-dem-die-zukunft-ist.html

businessinsider (Hrsg.) (o. J.) Amazon: So präsentierte sich Jeff Bezos vor 23 Jahren, businessinsider.de, letzter Zugriff am 4.7.2022 unter https://www.businessinsider.de/gruenderszene/media/buchauszug-gesammelte-schriften-amazon-jeff-bezos-r1/

Campillo-Lundbeck S (2018) Online-Shopping im Brillenladen, HORIZONT Nr. 18/2018 vom 3.5.2018, S 15

de Lange P (2022) Metaverse als neuer Absatzmarkt, handelsjournal.de vom 23.5.2022, Zugriff am 22.6.2022 unter https://www.handelsjournal.de/metaverse-als-neuer-absatzmarkt.html

Dweck C (2016) Mindset, The new psychology of success. Ballantine Books, New York

Efler, M (2018) Amazon Go: Rein, Rucksack füllen, raus, zeit.de vom 30.9.18, Zugriff am 1.10.18 unter https://www.zeit.de/wirtschaft/2018-09/amazon-go-supermarkt-seattle-smartphone-shopping-kassenlos/komplettansicht

Eßer T (2021) Rewe: So will der Supermarkt den Einkauf revolutionieren, morgenpost.de vom 29.10.2021, Zugriff am 19.6. 2022 unter https://www.morgenpost.de/vermischtes/article233698011/rewe-koeln-einkauf-ohne-kasse-pick-and-go-app.html

Feldforth O (2022) Gebrauchte Kleidung, Secondhand im Trend, tagesschau.de vom 1.5.2022, Zugriff am 20.5.2022 unter https://www.tagesschau.de/wirtschaft/unternehmen/second-hand-boom-textilindustrie-101.html?xing_share=news

Friedl M (2022) Erstes stationäres Modehaus: Online-Konzern eröffnet Amazon Style, textilwirtschaft.de vom 7.6.2022, Zugriff am 10.6.22 unter https://www.textilwirtschaft.de/business/news/amazon-style-amazon-eroeffnet-erstes-stationaeres-modehaus-236070

Gassmann M (2017a) Dem deutschen Einzelhandel droht ein Massensterben, welt.de vom 5.2.2017. https://www.welt.de/wirtschaft/article161812481/Dem-deutschen-Einzelhandel-droht-ein-Massensterben.html. Zugegriffen: 25. Febr. 2017

Gassmann M (2017b) Amazon-Grundsätze, Das ist das Geheimnis von Jeff Bezos, welt.de vom 13.4.2017. https://www.welt.de/wirtschaft/article163685228/Das-ist-das-Erfolgsrezept-von-Jeff-Bezos.html. Zugegriffen: 20. Juni 2017

Gassmann M, Fuest B (2016) Wie Amazon sich in alle Bereiche unseres Lebens drängelt, welt.de vom 12.4.2016, Zugriff am 25.2.2017 unter https://www.welt.de/wirtschaft/article154246344/Wie-Amazon-sich-in-alle-Bereiche-unseres-Lebens-draengelt.html

Gerth St (2019) Direkter Weg zum Kunden: Warum der klassische Handel kaum noch gebraucht wird, etailment.de vom 13.3.2019, Zugriff am 16.3.2019 unter https://etailment.de/news/stories/einkaufen-customizing-direktvertrieb-kundenloyalität-22115

Heinemann G (2020) Der neue Online-Handel – Geschäftsmodelle, Geschäftssysteme und Benchmarks im E-Commerce, 11, überarb. Springer Gabler, Wiesbaden

Hütz S (2022) Metaverse: Shopping in der Parallelwelt, stores-shops.de vom 7.7.2022, Zugriff am 8.7.2022 unter https://www.stores-shops.de/technology/e-commerce/shopping-in-der-parallelwelt/?utm_source=Newsletter&utm_medium=email&utm_content=Link-IT-Metaversum&utm_campaign=nl-kw27-22

IfH Köln (Hrsg) (o. J.) Customer Centricity als Managementansatz, Zugriff am 6.7.2022 unter https://www.ifhkoeln.de/leistungen/projekt-und-umsetzungsbegleitung/customer-centricity/

IfH Köln (Hrsg.) (2021) Branchenreport Onlinehandel 2021, Zugriff am 7.12. 2021 unter https://www.ifhkoeln.de

IfH Köln (Hrsg) (2022) Verkaufskanal Auto: Ein Markt im Werden, Pressemitteilung IfH Köln vom 27.4.2022, Zugriff am 4.5.2022 unter www.ifhkoeln.de

Iken M (2017) Das stille Sterben unserer Städte, Hamburger Abendblatt vom 6.5.2017, S 2

Jacobi R (2017) Woran Unternehmen bei der Digitalisierung scheitern, Diese 7 Fehler verhindern echten Wandel, manager-magazin.de vom 20.7.2017, Zugriff am 7.7.2022 unter https://www.manager-magazin.de/unternehmen/artikel/digitalisierung-probleme-beim-changemanagement-a-1140809.html

Jurisic N, Lurie M, Riche Ph, Salo O (2020) Doing vs being: Practical lessons on building an agile culture. Eigenverlag McKinsey & Company August 2020

Kirchgeorg, M, Bruhn, M (2018) Ein kondensierter Blick auf das ganze Erkenntnisspektrum und die Zukunftspfade des Marketing. In: Bruhn, M, Kirchgeorg, M (Hrsg) Marketing weiterdenken, Zukunftspfade für eine marktorientierte Unternehmensführung, Springer Gabler, Wiesbaden, S 439 ff

Kolf F (2019) Der Einzelhandel droht 2019 Opfer der Digitalisierung zu werden, handelsblatt.com vom 3.1.2019, Zugriff am 5.1.2019 unter https://www.handelsblatt.com/unternehmen/handel-konsumgueter/handelsblatt-branchencheck-der-einzelhandel-droht-2019-zum-opfer-der-digitalisierung-zu-werden/23820150.html?ticket=ST-92196-cNLLYOG1dlHxUVbMQ7Lf-ap5

Kopalschinski Ch (2019) Mister Spex setzt auf Filialen – und will damit den Online-Handel antreiben, handelsblatt.de vom 19.8.2018, Zugriff am 2.10.2018 unter https://www.handelsblatt.com/unternehmen/dienstleister/optiker-mister-spex-setzt-auf-filialen-und-will-damit-den-online-handel-antreiben/24918536.html

KPMG (Hrsg.) (2018) No Normal is the is the new normal. Make disruption work for your business. Global Consumer Executive Top of Mind Survey. Zugriff am 6.6.2019 unter https://home.kpmg/ng/en/home/insights/2018/08/No-normal-is-the-new-normal.html

KPMG (Hrsg.) (2021) Fokusthema Direct-to-Consumer, Eigenverlag Köln

KPMG (Hrsg.) (2022) Retail Sales Monitor: Entwicklungen im deutschen Einzelhandel, Fokus: Quick Commerce, Ausgabe I/2022, Eigenverlag Köln

Krämer A (2018) Customer Centricity und deren Monetarisierung am Beispiel von Amazon Prime. Mark Rev St Gallen 35(4):13–20

Kreuter, D (2015) Jeff Bezos und der leere Stuhl oder warum der Kunde kaufen sollte, cash-online.de vom 23.7.2015, letzter Zugriff am 3.7.2022 unter https://www.cash-online.de/finanzberater/2015/jeff-bezos/264033/

Kreutzer RT, Land KH (2016) Digitaler Darwinismus. Springer Gabler, Wiesbaden

Meffert H, Burmann C, Kirchgeorg M, Eisenbeiß M (2019) Marketing. Springer Gabler, Wiesbaden

Merkle W (2004) Mango und Zara – Besonderheiten der neuen vertikalen Anbieter im deutschen Textileinzelhandel. In: Riekhof, H-Chr (Hrsg) Retail Business in Deutschland, Perspektiven, Strategien, Erfolgsmuster, Gabler, Wiesbaden, S 429 ff

Merkle W (2020a) Erfolgreich im stationären Einzelhandel, Wege zur konsequenten Profilierung im digitalen Zeitalter. Springer Gabler, Wiesbaden

Merkle W (2020b) Die stille Revolution der Verbraucher, handelsjournal.de vom 9.3.2020b, Zugriff am 12.3.2020b unter https://www.handelsjournal.de/handel/point-of-sale/artikel-2020b/die-stille-revolution-der-verbraucher.html

Merkle W (2021a) Review eigener Geschäftsmodelle und -prozesse: Vom Benchmarking zum ‚Out-of-the-box'-Denken…, tisson.com vom 8.3.2021a, Zugriff am 12.3.2021a unter https://tisson.com/blog/2021a/3/8/review-eigener-geschaftsmodelle-und-prozesse-vom-benchmarking-zum-out-of-the-box-denken/

Merkle W (2021b) Purpose: Die Suche nach dem Sinn – vom Schlagwort zum Wirtschaftsfaktor, sherpa-design.de vom 10.6.21, letzter Zugriff am 24.6.22 unter https://sherpa-design.de/de/blog/210610_Purpose

Merkle, W (2021c) Einzelhandel nach Corona: Überzeugende Customer Experience als Notwendigkeit des Überlebens, Handelsblatt Journal The Future of Retail Oktober 2021:4 f

Morys A (2018) Die digitale Wachstumsstrategie. 10 Prinzipien für ein profitables Online-Geschäft. Springer Gabler, Wiesbaden

Nauck F, Pancaldi L, Poppensieker Th, White O (2021) The resilience imperative: Suceeding in uncertain times. Eigenverlag Mc Kinsey & Company May 2021

Neuhaus E (2014) Wie Oliver Samwer der Old Economy die Meinung geigte, businessinsider.de vom 20.6.2014, Zugriff am 4.5.2022 unter https://www.businessinsider.de/gruenderszene/allgemein/oli-samwer-paris/

Ohmae K (1982) The strategic triangle: A new perspective on business unit strategy. European Management Journal, Summer 1982:38–48

Ohmae, K (1988) Getting back to strategy. Harvard Business Review November 1988

o. V. (2014) „Es geht um mehr als Verkauf", Apples Stores bekommen Markenschutz, n-tv.de vom 11.7.2014, Zugriff am 22.6.2018 unter https://www.n-tv.de/wirtschaft/Apple-Stores-bekommen-Markenschutz-article13191376.html

o. V. (2017) Die „Unkunden" sind im Anmarsch, Frankfurter Allgemeine Zeitung vom 24.6.2017, S 23

o. V. (2018) Erster Laden von Zalando eröffnet – weil das Unternehmen musste? merkur.de vom 8.8.2018, Zugriff am 12.9.2018 unter https://www.merkur.de/wirtschaft/zalando-erster-laden-filiale-eroeffnet-standort-berlin-weil-unternehmen-musste-zr-10102558.html

o. V. (2021) Studie: Junge Verbraucher bevorzugen den Onlinekauf, handelsjournal.de vom 20.7.2021, Zugriff am 25.7.2021 unter https://www.handelsjournal.de/wie-die-pandemie-das-einkaufsverhalten-junger-kunden-veraendert.html

o. V. (2022) Die nächste Shopping-Revolution heißt „Social Commerce", markttundmittelstand.de vom 10.2.2022; Zugriff am 29.3.22 unter https://www.marktundmittelstand.de/zukunftsmaerkte/die-naechste-shopping-revolution-heisst-social-commerce-1300451/

Paysafe (Hrsg) (2021) Lost in Transaction: Consumer Payment Trends 2021, Studienbericht, Eigenverlag London/UK

Platzer T (2022) Zukunftshype: Die Chancen und Gefahren des Metaverse, horizont.net vom 13.2.2022, Zugriff am 14.2.2022 unter https://www.horizont.net/tech/talkingheads/zukunftshype-die-chancen-und-gefahren-des-metaverse-197819?utm_source=%2Fmeta%2Fnewsletter%2Fnewsline&utm_medium=newsletter&utm_campaign=nl46297&utm_term=9038a1f988c1d263b774f640590faad9

Sanktjohanser J (2014) Deutscher Handelskongress 2014: Eröffnungsrede des HDE-Präsidenten Josef Sanktjohanser am 19. November 2014, einzelhandel.de, Zugriff am 15.1.2015 unter https://einzelhandel.de/images/Eroffnungsrede_HDK_SJ_FINAL.pdf

Schader, P (2019) Amazon Go ist bereit für Expansion. Und nimmt sich dabei ausgerechnet den deutschen Discount zum Vorbild, supermarktblog.com vom 7.10. 2019, Zugriff am 21.10.2019 unter https://www.supermarktblog.com/2019/10/07/amazon-go-ist-bereit-fuer-die-expansion-und-nimmt-sich-dafuer-ausgerechnet-den-deutschen-discount-zum-vorbild/

Schader, P (2020) Tegut-Trio in der Frankfurter City: Die Frische-Snack-Bio-Stadtsupermärkte, supermarktblog.com vom 25.8. 2020, Zugriff am 28.10.2020 unter https://www.supermarktblog.com/2020/08/25/tegut-trio-in-der-frankfurter-city-die-frische-snack-bio-stadtsupermaerkte/

Scholz, H (2018) Amazon 4 Star: Gemischtwarenladen auf Datenbasis, zukunftdeseinkaufens.de vom 27.11.2018, Zugriff am 3.10.2018 unter https://zukunftdeseinkaufens.de/amazon-4-star/

Scholz H (2020) Urbaner Baumarkt Horst in Hamburg Bahrenfeld, zukunftdeseinkaufens.de vom 26.10.2020, Zugriff am 27.10.2020 unter https://zukunftdeseinkaufens.de/store-check-horst

Scholz H (2022a) Ikea mit weiteren Stores in Innenstädten, zukunftdeseinkaufens.de vom 26.10.2020, Zugriff am 27.10.2020 unter https://zukunftdeseinkaufens.de/innenstadt-ikea/

Scholz H (2022b) Retail-As-a-Service, Chance für stationäre Händler, zukunftdeseinkaufens.de vom 2.3.2022b, Zugriff am 12.3.2022b unter https://zukunftdeseinkaufens.de/retail-as-a-service/

Solomon M (2015) How Steve Jobs would improve your Customer Experience, inc.com vom 6.8.2015, Zugriff am 2.5.2016 unter https://www.inc.com/micah-solomon/here-s-how-steve-jobs-would-improve-your-customer-experience.html

Sonnenschein, B (2021) Kosmetikmarken in Social Media, Warum für neue Beautymarken der Handel nur noch sekundär ist, horizont.net vom 15.11.2021, Zugriff am 16.11.2021 unter https://www.horizont.net/marketing/nachrichten/kosmetikmarken-in-social-media-warum-fuer-neue-beautymarken-der-handel-nur-noch-sekundaer-ist-195792

Tyson M (2022) Zu wenig Kundenfokus, Der klassische Technik-Fehler, cio.de vom 24.6.2022, Zugriff am 26.6.2022 unter https://www.cio.de/a/der-klassische-techniker-fehler,3686022?utm_source=First+Look&utm_medium=email&utm_campaign=newsletter&tap=6b47887f31770003e3995ad0c61d84eb

Unger A (2017) Jeff Bezos' Erfolgsgeheimnisse, Diesen Brief des Amazon-Chefs sollte jeder Unternehmer lesen, impulse.de vom 13.4.2017, letzter Zugriff am 1.7.2022 unter https://www.impulse.de/management/unternehmensfuehrung/jeff-bezos-amazon-erfolgsgeheimnisse/3564124.html

Wind Y, Hays C (2015) Beyond advertising: creating value through all customer touchpoints. John Wiley & Sons, Inc., Hoboken, New Jersey

Wyman, O (Hrsg.) (2017) The Oliver Wyman Retail Journal Ausgabe 5. München

ZDF Presse (Hrsg) (2020) ZDFzeit: Amazon gegen Einzelhandel, Begleitinformation zur Dokumentation am 8.12.2020, Zugriff am 29.12.2020 unter https://presseportal.zdf.de/pm/zdfzeit-amazon-gegen-einzelhandel/

**Prof. Dr. Wolfgang Merkle** ist Professor für Marketing & Management an der UE – University of Europe for Applied Sciences in Hamburg sowie Inhaber von ‚Merkle. Speaking. Sparring. Consulting.' Davor war er über 25 Jahre als CMO, Bereichsvorstand, Geschäftsführer und Direktor bei Tchibo, Galeria Kaufhof, ZARA, Massimo Dutti und Otto tätig.

# Preis versus Moral: Wie sich das Konsumverhalten der Generation Z unterscheidet

Marlon Fricker, Marc Herz, Tim Ilbertz und Alexander Rühl

## Inhaltsverzeichnis

| | | |
|---|---|---|
| 1 | Einleitung – Unterschiede zwischen den Generationen | 130 |
| 2 | Theoretischer Hintergrund | 131 |
| | 2.1 Das Generationenkonzept | 131 |
| | 2.2 Vergleich der Generationen | 132 |
| | 2.3 Persönliche Einstellung und Themenrelevanz der Generation Z | 135 |
| | 2.4 Relevante Kauftreiber der Generation Z | 135 |
| 3 | Empirische Studie | 136 |
| 4 | Ergebnisse | 137 |
| | 4.1 Persönliche Einstellung und Themenrelevanz | 137 |
| | 4.2 Relevante Faktoren im Konsumverhalten | 138 |
| 5 | Diskussion | 140 |
| | 5.1 Anpassung der Markenwerte | 141 |

M. Fricker
Media Lab Bayern, Berlin, Deutschland
E-Mail: marlon.fricker@web.de

M. Herz (✉)
K'UP, Berlin, Deutschland
E-Mail: marc@kup.id

T. Ilbertz
K'UP, Berlin, Deutschland
E-Mail: tim@kup.id

A. Rühl
Media Lab Bayern, München, Deutschland
E-Mail: alexander.ruehl@media-lab.de

© Der/die Autor(en), exklusiv lizenziert an Springer Fachmedien Wiesbaden GmbH, ein Teil von Springer Nature 2023
A. Krämer et al. (Hrsg.), *Stammkundenbindung versus Neukundengewinnung*,
https://doi.org/10.1007/978-3-658-40363-8_7

| | | |
|---|---|---|
| 5.2 | Anpassung der Markenkommunikation | 141 |
| 5.3 | Anpassung des Angebots | 142 |
| 5.4 | Ableitungen zu den Thesen zur Notwendigkeit eines veränderten Marketings | 143 |
| 5.5 | Ausblick | 144 |
| Literatur | | 145 |

**Zusammenfassung**

Generationen unterscheiden sich darin, wie sie denken, handeln und konsumieren. Die Werte und Wahrnehmungen der Mitglieder einer Generation sind stets vom politischen, sozialen und wirtschaftlichen Kontext abhängig, in dem die Individuen aufwachsen. Der Kontext prägt die Wahrnehmungen, das Wertesystem und schlussendlich das Konsumverhalten der jeweiligen Generation und es ist schlüssig, dass sich Generationen in diesen Faktoren voneinander unterscheiden. Ebendiese Unterschiede untersucht die vorgestellte Studie, indem sie die Generationsunterschiede im Konsumverhalten von VerbraucherInnen betrachtet und besonders die Einstellungen und Werte der Generation Z mit älteren Generationen vergleicht. In einer Studie mit 1101 KonsumentInnen werden Unterschiede in der persönlichen Einstellung und bezüglich relevanter Faktoren im Konsumverhalten zwischen den Generationen verglichen. Basierend auf den Ergebnissen wird zunächst eine offene Diskussion zur Anpassung vom zukünftigen Angebot, der Markenkommunikation und der Markenwerte durchgeführt, danach werden drei der aufgestellten Thesen zur Notwendigkeit eines veränderten Marketings detaillierter im Kontext diskutiert.

# 1 Einleitung – Unterschiede zwischen den Generationen

„OK Boomer" ist ein Ausdruck der jüngeren Generationen, der im Laufe des Jahres 2019 zum geflügelten Ausdruck und Internet-Meme wurde, um sich über (vermeintlich) veraltete Werte und Ansichten der Baby-Boomer-Generation lustig zu machen – oft abfällig benutzt bei Themen wie technologischem Fortschritt, Digitalisierung, Vielfalt oder der Klimakrise. Natürlich ist der Ausdruck ein Totschlagargument für jegliche Diskussion, dennoch repräsentiert er den Generationenkonflikt zwischen den jüngeren Generationen und der Baby-Boomer-Generation. Damit steht der Konflikt symbolisch für die unterschiedlichen Einstellungen und Wertvorstellung der Generationen.

In der Generationenforschung besteht schon lange Konsens darüber, dass sich Generationen in Bezug auf ihre Ansichten und Werte unterscheiden. Die jeweiligen Werte sind abhängig vom politischen, sozialen und wirtschaftlichen Kontext, in dem eine Generation aufwächst (Kim et al. 2022). All diese Faktoren prägen die Wahrnehmungen, Einstellungen, das Wertesystem und ultimativ das Konsumverhalten der jeweiligen Altersgruppe. Da sich eben dieser Kontext bei den Generationen oft stark unterscheidet, entwickelt sich eine andere Einstellung und letztendlich resultiert ein geändertes Konsumverhalten. Solche Differenzen haben schon immer existiert. Ein Beispiel für frühere Generationskonflikte ist die Friedensbewegung der 68er-Hippie-Generation mit der Kriegsgeneration ihrer Eltern. Ebenso sehen wir heute Konflikte zwischen der jungen Generation Z und den früheren Generationen. Einstellung, Werte, Präferenzen und entsprechend relevante Faktoren im Konsumverhalten sind bei den Mitgliedern der Generation Z anders ausgeprägt. Unterschiede und Differenzen zwischen den Generationen sind somit vorprogrammiert.

Eben diese Unterschiede untersucht die folgende Studie. Sie betrachtet die Generationsunterschiede im Konsumverhalten von VerbraucherInnen und vergleicht die Einstellungen und Werte der Generation Z mit älteren Generationen. In einer empirischen Studie mit 1101 deutschsprachigen KonsumentInnen arbeitet die Studie Unterschiede in der persönlichen Einstellung und Themenrelevanz der Generationen heraus und untersucht relevante Faktoren im Konsumverhalten zwischen den Generationen.

Im Folgenden wird zunächst der theoretische Hintergrund des Generationenkonzepts erläutert und ein Vergleich der Generationen hergestellt. Aufbauend werden Thesen zur persönlichen Einstellung und Themenrelevanz der Generationen sowie den relevanten Faktoren im Konsumverhalten aufgestellt. Die angeschlossene empirische Studie analysiert diese und stellt die Ergebnisse detailliert dar. Abschließend wird eine offene Diskussion zu den Implikationen der Ergebnisse angeschlossen, in der insbesondere die Anpassung vom zukünftigen Angebot, der Markenkommunikation und der Markenwerte beleuchtet wird. Zudem wird auf die aufgestellten Thesen zur Notwendigkeit eines veränderten Marketings eingegangen, wobei insbesondere These 1: „Ist Wachstum nur über Neukunden möglich?", These 2: „Neues Kundenverhalten und alte Instrumentarien: Kundenbindung wird immer schwieriger oder unmöglich!" und These 3: „Veränderte Strategien und Geschäftsmodelle: Eine neue Bewertung von Kundensegmenten ist erforderlich" entlang der vorliegenden Ergebnisse diskutiert werden.

## 2 Theoretischer Hintergrund

### 2.1 Das Generationenkonzept

Im soziokulturellen Kontext bezeichnet der Begriff Generation eine Gruppe von Personen, die aufgrund ihres Alters im gleichen zeitlichen Kontext geprägt wurde. 1928 hat der Soziologe Karl Mannheim erstmals Personen anhand ihres Geburtsjahres unterschieden (Kim et al. 2022). Er gilt damit als Begründer der Theorie, dass die Werte einer Altersgruppe durch wirtschaftliche, politische, technologische und gesellschaftliche Ereignisse während ihres Erwachsenwerdens geprägt werden (Azimi et al. 2021). In der Literatur gilt das Konzept der sozialen Generationen als weitgehend anerkannt, um Menschen einer bestimmten Altersgruppe zu verstehen (OC&C Strategy Consultants 2018).

Mitglieder einer Generation sind gezeichnet von der Zeit, in der sie groß werden und leben. In den letzten 100 Jahren hat sich alle 15 bis 20 Jahre eine neue Generation herausgebildet (Sladek und Miller 2018). Typischerweise umfasst eine Generation Personen ähnlichen Alters, die den gleichen politischen, sozialen und wirtschaftlichen Ereignissen ausgesetzt sind (Azimi et al. 2021). Die Generationenforschung geht davon aus, dass Mitglieder einer Generation ähnliche Werte, Erwartungen und Verhaltensweisen aufweisen. Altersgruppen entwickeln auf Basis ihrer Erlebnisse eine Art kollektives Bewusstsein, gemeinsame Überzeugungen und Werte. Diese wiederum haben einen wesentlichen Einfluss auf das Kauf- und Konsumverhalten einer Generation (Brand et al. 2022). Studien belegen, dass die Altersgruppe von Konsumenten einen deutlichen Einfluss auf das Konsumverhalten hat (Kurz et al. 2019).

## 2.2 Vergleich der Generationen

Zahlreiche Studien und Theorien haben die verschiedenen Generationen im Vergleich betrachtet. Dabei wurde neben den persönlichen Einstellungen auch das Konsumverhalten im Kontext der Generationen betrachtet. Heute werden im soziokulturellen Kontext sechs Generationen unterschieden (Munsch 2021). Die beiden ältesten Generationen sind die Greates Generation, die vor 1928 geboren wurde, und die Silent Generation, die zwischen 1928 und 1945 geboren ist (OC&C Strategy Consultants 2018). Die derzeit wichtigsten vier Generationen, die im aktiven Austausch sind, sind die Baby-Boomer, Generation X, Generation Y und Generation Z (Fry 2016; Francis und Hoefel 2018).

Im Folgenden werden die Generationen vergleichend dargestellt und hinsichtlich ihrer Prägungen und Werte beschrieben. Tab. 1 zeigt eine Genese unterschiedlicher Studien und Theorien auf, die die Generationen der Baby-Boomer, der Generationen X, Y und Z im Vergleich betrachten. Wohlgemerkt variieren hierbei die genauen Jahresabstufungen je nach Quelle, und auch können innerhalb der beschriebenen Regionen sowohl geografisch als auch kulturell viele Variationen bestehen, was bedeutet, dass die Einteilung der sozialen Generationen indikativ, jedoch sehr allgemein ist.

**Baby-Boomer**
Die Generation der Baby-Boomer wurde in der Nachkriegszeit (1946–1964) geboren und ist geprägt vom Neuaufbau. Sie haben Familien gegründet und waren für mehr als 35 Jahre die Mehrheit der arbeitenden Bevölkerung (Sladek und Miller 2018). Als Teil der 68er-Bewegung erlebte und prägte diese Generation den politischen und sozialen Umbruch. Freiheit und später zunehmend das Anhäufen von Besitztümern gelten als Kernwerte der Generation (Sladek und Miller 2018). Die Baby-Boomer wuchsen auf, als sich das Fernsehen dramatisch ausbreitete und ihren Lebensstil und ihre Verbindung zur Welt grundlegend veränderte (Munsch 2021). Die Boomer haben ihre Kinder so erzogen,

**Tab. 1** Generationen und ihre Werte

|  | Baby-Boomer | Gen X | Gen Y | Gen Z |
|---|---|---|---|---|
| Geburtsjahr | 1946–1964 | 1965–1981 | 1982–1996 | 1997–2010 |
| Kontext | Nachkriegszeit, Wirtschafts-Wachstum und politische Revolution | Politische Transition und Kapitalismus | Wirtschaftliche Stabilität, Globalisierung und Digitalisierung | Globale Krisen, soziale Netzwerke und Mobilität |
| Hauptwert | Freiheit | Vergnügen | Authentizität | Verantwortung |
| Persönliche Einstellung und Werte | Familienorientierung, Revolutionär, Kollektivistisch, Streben | Ego/Genuss, Spaß und Exzess, Leistung, Materialismus | Echtheit, Global, Networking, Ehrlichkeit | Realismus, Radical inclusive, Kuration, Substanz |
| (Konsum-) Verhalten | Konsum, Idealismus, Mehr ist mehr, Besitz und Anhäufen von Gütern, Preisrelevanz | Status/Hedonismus, Marken und Luxus, Individualismus, Skepsis, Gruppen-Zugehörigkeit | Authentizität, Experience, Idealismus, Zynismus, Selbstzentriert, Optimierung, Digitalisierung | Einzigartigkeit, Ethik, Nutzung unendlicher Leistungen, Social currency, Digital Native |

(Adaptiert von Pendergast 2010; Francis und Hoefel 2018; Dabija et al. 2019; Sladek und Miller 2018; Munsch 2021; Ng et al. 2021)

dass sie den Fokus auf ihre akademische Bildung legen sollen, was dazu geführt hat, dass die Gen Y als eine der gebildetsten Generationen gilt (Sladek und Miller 2018).

**Generation X**

Die zwischen 1965 und 1981 geborene Gen X ist im Gegensatz zur Baby-Boomer-Generation deutlich statusorientierter und hedonistischer geprägt (Sladek und Miller 2018). Der Begriff der Generation X wurde seit den 1950er Jahren für eine Reihe verschiedener Sub- oder Gegenkulturen verwendet. In den USA bezeichneten einige die Xers als „Baby-Bust-Generation", da in dieser Generation die Geburtenrate nach dem Baby-Boom der Nachkriegszeit deutlich gesunken war (Sladek und Miller 2018). Die Altersgruppe erlebte den technologischen Durchbruch des Computers (Munsch 2021). Gleichzeitig wurden die X-er geprägt von vielen Rezessionen und gelten als unabhängige und rebellische Generation (Sladek und Miller 2018). Sie wuchsen vor dem Internetzeitalter auf, haben sich den Umgang aber trotzdem noch angeeignet. Die AutorInnen Herrando et al. (2019) fanden heraus, dass die Generation X hohen Wert auf Kundenbewertungen legt und Produktbeschreibungen ausführlich liest, bevor sie eine Kaufentscheidung trifft. Die Generation zeichnet sich durch eine hohe Relevanz von Gruppenzugehörigkeit aus. Paulin (2018) zeigt beispielsweise, dass frühere

Generationen deutlich weniger Wert auf Ethik und Diversität legen als die Generation Y und Z.

**Generation Y**

Die Generation Y wurde zwischen den Jahren 1982 und 1996 geboren und befindet sich nun komplett im Erwachsenenalter (Ng et al. 2021). Sie ist die erste Generation, die das Internet von Kindheit an miterlebt hat und damit aufgewachsen ist (OC&C Strategy Consultants 2018). Als die Generation erwachsen geworden ist, waren sie mit einer wirtschaftlichen Rezession und einem schwachen Arbeitsmarkt konfrontiert. Dadurch hat die Generation Y im Vergleich zur Generation X weniger Vermögen und mehr Schulden (Chien und Morris 2018). Die Studie von Azimi et al. (2021) geht davon aus, dass für die Generation finanzielle Sicherheit besonders wichtig ist. Auch Chien und Morris (2018) stellen fest, dass ein deutlich verändertes Spar- und Konsumverhalten bei VertreterInnen der Gen Y festzustellen ist. Die Generation Y wurde von Baby-Boomer-Eltern in einem entspannten Umfeld großgezogen, sodass sie gelernt hat, Teamplayer zu sein und sich auf den Nutzen der Gesellschaft zu konzentrieren anstatt nur auf den eigenen Nutzen (Azimi et al. 2021). Generation Z.

Gerade die junge Generation Z ist geprägt von politischen, gesellschaftlichen und wirtschaftlichen Krisen und Ereignissen. Zur Generation Z gehören Personen, die zwischen 1997 und 2010 geboren wurden (Munsch 2021). Wichtige Ereignisse in ihrer Kindheit waren Terroranschläge, Finanzkrisen und nationale Unruhen wie der Brexit oder der Arabische Frühling. Sie haben die Fridays-for-Future-, die #metoo- und die Black-Lives-Matter-Bewegungen erlebt oder sogar mitbegründet und sind politische Unruhen gewohnt (Kleinjohann und Reinecke 2020). Jüngste Beispiele sind die Corona-Pandemie und der Russland-Ukraine-Konflikt. All diese Ereignisse haben die Generation in ihrer Entwicklung beeinflusst und dazu geführt, dass die Generation Z andere Moral- und Wertvorstellungen entwickelt hat. Sie gelten als umweltbewusster, nachhaltiger und technisch versierter (Dabija et al. 2019). Globale Krisen gehören zu ihren Leben, seitdem sie geboren sind, was sie zu RealistInnen geformt hat, die sich verantwortlich fühlen, die schwierige Weltlage zu verbessern. Jüngste Untersuchungen haben außerdem gezeigt, dass die Generation Z bereit ist, mehr für nachhaltige Produkte zu bezahlen (Brand et al. 2022). Auch eine Studie der Beratungsagentur OC&C Strategy Consultants (2018) hat ergeben, dass Preis und Qualität im Konsumverhalten der Gen Z an Bedeutung verlieren. Die jüngsten KonsumentInnen legen stattdessen Wert auf sekundäre Faktoren wie Stil, Produktpräsentation oder Nachhaltigkeitsaspekte (OC&C Strategy Consultants 2018). Die Generation Z ist die erste Generation, die komplett mit dem Internet aufgewachsen ist. Viele nutzten bereits als Kinder regelmäßig Tablets und hatten seit der Schulzeit Zugang zum Internet (Merriman und Dan 2016). Es lässt sich also festhalten, dass die junge Altersgruppe Digital Natives sind und neue Technologien wie Smartphones oder Sprachassistenten intuitiv nutzt (Francis und Hoefel 2018). Durch die gute technologische Bildung ist die Generation sehr gut informiert und bevorzugt Marken mit den nachhaltigsten Prinzipien (Brand et al. 2022). Ihr Hauptanreiz zum

Konsum ist die Suche nach Wahrheit, sowohl in persönlicher als auch in gemeinschaftlicher Form (Francis und Hoefel 2018).

## 2.3 Persönliche Einstellung und Themenrelevanz der Generation Z

Besonders die Generation Z rückt zunehmend in den gesellschaftlichen, aber auch kommerziellen Fokus. Bereits heute stellt die Generation Z ein Drittel aller VerbraucherInnen und ist für 7 % der weltweiten Haushaltsausgaben verantwortlich. Die meisten Angehörigen der Gen Z sind noch nicht erwerbstätig, werden aber in den nächsten Jahren den Arbeitsmarkt betreten. Ihre Kaufkraft wird deshalb weiter zunehmen (OC&C Strategy Consultants 2018). Während des Erwachsenwerdens wurde die junge Generation von einer turbulenten Weltlage geprägt (Van den Bergh und Pallini 2018). Die instabile politische Lage und wirtschaftliche Situation hat eine Generation geformt, die sich von anderen Generationen deutlich unterscheidet (Merriman und Dan 2016). Diese tiefgreifenden Krisen haben dazu geführt, dass die Generationen Z im Vergleich zu älteren Generationen besorgter in die Zukunft schaut und sich gegenüber der Umwelt stärker verantwortlich fühlt, wie die Bewegung „Fridays for Future" zeigt (Brand et al. 2022). Die Generation Z ist somit anders geprägt und sieht sich anderen Wertesystemen und Konsumpräferenzen gegenüber.

Basierend auf diesen Unterschieden stellen wir die These auf, dass sich die Generation Z im Vergleich zu den übrigen Generationen stark in Bezug auf ihre persönlichen Einstellungen sowie die eigene wahrgenommene Themenrelevanz unterscheidet.

**These 1:** Die Generation Z unterscheidet sich in Bezug auf ihre persönliche Einstellung und Themenrelevanz.

## 2.4 Relevante Kauftreiber der Generation Z

Basierend auf den teils grundlegenden Unterschieden bei den Einstellungen und Werten ist von unterschiedlichen Präferenzen im Kauf- und Konsumverhalten zwischen den Generationen auszugehen. Faktoren, die für eine Generation als extrem relevant angesehen werden, rücken bei einer anderen Generation weiter in den Hintergrund und andersherum.

Zahlreiche Studien haben sich in den vergangenen Jahren bereits intensiv mit den Unterschieden der Generationen und dem damit einhergehenden unterschiedlichen Kaufverhalten beschäftigt. In einer Studie von OC&C Strategy Consultants (2018) wurde die Generation Z unter anderem nach Themen wie ihren gefühlten Verpflichtungen, aber auch ihren relevanten Kaufkriterien befragt. Auffällig beim Thema Verpflichtungen war, dass sich die Generation Z deutlich stärker sozialen Themen wie Menschenrechte, Gleichheit, Vielfalt, Sicherheit der Nachbarschaft und lokalen Gemeinde, aber auch besonders stark beim Thema der eigenen Klimabilanz und dem Kauf von nachhaltigen und ethischen Produkten verpflichtet fühlt. Auch beim Kauf von Produkten (im ausgewählten Beispiel Kleidung) waren der Generation Z die Themen Herkunft und Nachhaltigkeit deutlich wichtiger als den anderen Generationen, während der Preis im Verhältnis zum Durchschnitt der anderen Generationen deutlich an Relevanz abgenommen hat.

López-Fernández (2020) hat die Preissensibilität im Vergleich zu ethischem und nachhaltigem Konsum betrachtet und festgestellt, dass die jüngere Generation den Preis im Vergleich zu vorherigen Generationen als weniger relevant ansieht, während ethischer Konsum im Generationenvergleich als deutlich wichtiger angesehen wird. Diese Erkenntnis wird ebenfalls durch eine Studie aus dem Jahr 2020 von dem Unternehmen Data Axle unterstützt, das herausgefunden hat, dass KonsumentInnen der Generation Z den Preis von Produkten zwar immer noch als sehr relevant ansehen, jedoch deutlich weniger relevant ist als in den Generationen zuvor (Data Axle 2020). Wichtig ist es hierbei zusätzlich die Studie von Ariker und Toksoy (2017) zu beachten, die feststellen, dass die Generation Z zwar eine positive Einstellung gegenüber nachhaltigen Unternehmen hat, diese Einstellung allein aber nicht zu einer höheren Kaufneigung führt.

Aufgrund der verschiedenen Einstellungen stellen wir dabei die These auf, dass sich die Generationen in Bezug auf ihr Konsumverhalten stark voneinander unterscheiden. Besonders gehen wir davon aus, dass sich die Generation Z in Bezug auf (a) Preis-Leistung, (b) Sicherheit, (c) Verantwortung und (d) Individualismus von den älteren Generationen unterscheidet.

**These 2:** Generationen unterscheiden sich in ihrem Konsumverhalten in Bezug auf die Relevanz von (a) Preis-Leistung, (b) Sicherheit, (c) Verantwortung und (d) Individualismus.

## 3 Empirische Studie

Um Erkenntnisse über die Generationsunterschiede im Konsumverhalten zu gewinnen, wurde durch die Autoren eine Studie mit der Berliner Strategieberatung K'UP aufgesetzt. Konkret haben wir mithilfe eines professionellen Marktforschungsunternehmens 1101 deutschsprachige KonsumentInnen aus verschiedenen Generationen in Deutschland befragt. Dabei wurden durch ein Convenience Sample insgesamt 110 RespondentInnen aus der Generation Z befragt, 318 aus der Generation Y, 377 aus der Generation X und 296 aus der Generation der Baby-Boomer. Durch das Convenience Sample konnte dabei keine exakte Gleichverteilung der Gruppen, aber auch von Geschlecht und Wohnraum sichergestellt werden. Tab. 2 fasst die Stichprobe im Detail zusammen. Die Befragten erhielten eine finanzielle Vergütung für ihre Teilnahme.

In der Studie wurden die RespondentInnen neben ihren soziodemografischen Faktoren insbesondere zu ihrem Konsumverhalten und zu ihrer persönlichen Einstellung befragt. Dabei wurden zum Thema Kaufverhalten die Faktoren (a) Preis-Leistung

**Tab. 2** Überblick Soziodemographie der RespondentInnen

|  |  | Baby-Boomer | Gen X | Gen Y | Gen Z |
|---|---|---|---|---|---|
| Anzahl | Gesamt | 296 | 377 | 318 | 110 |
| Geschlecht | Männlich | 61 % | 59 % | 45 % | 35 % |
|  | Weiblich | 39 % | 41 % | 54 % | 64 % |
|  | Divers | 0 % | 0 % | 1 % | 1 % |
| Alter | Durchschnitt | 62,6 | 50,2 | 33,5 | 21,8 |
|  | Spanne | 58–69 | 42–57 | 26–41 | 16–25 |
| Wohnumfeld | Ländlich | 54,4 % | 49,3 % | 47,3 % | 53 % |
|  | Städtisch | 45,6 % | 50,7 % | 52,5 % | 47 % |

(„Preis", „Preis-Leistungs-Verhältnis" und „Qualität"), (b) Sicherheit („Vertrauen", „Zuverlässigkeit und Sicherheit"), (c) Verantwortung („Umweltbewusstsein und Ökologie", „Ethischer und fairer Konsum" und „Nachhaltigkeit") und (d) Individualismus („Selbstverwirklichung" und „Design und Lifestyle") entlang einer 7-Punkt-Likert-Skala befragt, wobei 1 die geringste und 7 die höchste Ausprägung darstellt. Zudem befragten wir die RespondentInnen ebenso entlang einer 7-Punkt-Likert-Skala zu ihren persönlichen Werten und Einschätzungen und zu den Themen, die ihnen in ihrem Leben besonders wichtig sind.

## 4 Ergebnisse

### 4.1 Persönliche Einstellung und Themenrelevanz

Um zu verstehen, welche Themen der persönlichen Einstellung der jeweiligen Generation besonders am Herzen liegen, haben wir die Generation Z und die älteren Generationen zu ihrer persönlichen Einstellung und Themenrelevanz befragt (vgl. Abb. 1).

In Bezug auf persönliche Einstellungen wurde die Relevanz von Selbstverwirklichung, Ehrgeiz, sozialer Akzeptanz, positives Ansehen, Freiheit, technologischen Wandel sowie Tradition befragt. Auf fast alle diesen Aspekten legt die Generation Z größeren Wert. Sowohl die Themen Selbstverwirklichung ($t=2,78$, $p<.01$), soziale Akzeptanz ($t=2,71$, $p<.01$) als auch positives Ansehen durch andere ($t=2,16$, $p<.05$) gewichtet die Generation Z stärker als ältere Generationen. Beim Thema Ehrgeiz, Freiheit und technologischer Wandel sehen wir eine stärkere, wenn auch nicht signifikant stärkere Gewichtung bei der jüngeren Generation. Die größte Differenz erkennen wir beim Thema Tradition ($t=3,39$, $p<.001$), denn hier sehen wir den einzigen Faktor, bei dem die Generation Z hinter den älteren Generationen liegt, und dies auch mit deutlichem Abstand.

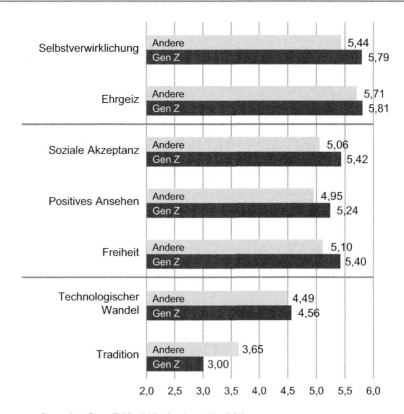

Sample: Gen Z N=110; Andere N= 991

**Abb. 1** Persönliche Einstellung und Themenrelevanz der Generationen im Vergleich

Auch wenn der Unterschied in vielen Fällen nicht sehr groß ist, so ist doch auffällig, dass die Generation Z bei nahezu allen Aspekten der persönlichen Einstellung eine höhere Relevanz-Gewichtung hat als die übrigen Generationen. Es scheint somit, dass die Generation Z im Allgemeinen stärker ausgeprägte persönliche Relevanztendenzen aufweist.

## 4.2 Relevante Faktoren im Konsumverhalten

Im nächsten Schritt betrachten wir die Unterschiede im Konsumverhalten zwischen den Generationen. Um zu verstehen, welche Faktoren beim Einkaufen am wichtigsten sind, haben wir die RespondentInnen gefragt, worauf sie am meisten Wert legen. Ein besonderer Fokus liegt dabei auf dem Unterschied zwischen der Generation Z und den übrigen Generationen (vgl. Abb. 2).

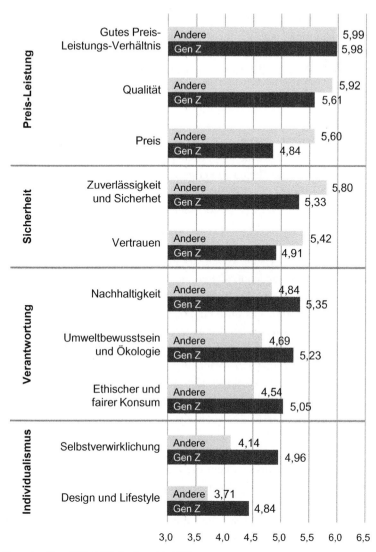

Sample: Gen Z N=110; Andere N= 991

**Abb. 2** Relevante Faktoren im Konsumverhalten zwischen Generationen im Vergleich

**(a) Preis-Leistung**

In Bezug auf Preis-Leistung lässt sich zunächst feststellen, dass sowohl die Generation Z als auch die übrigen Generationen insgesamt großen Wert auf ein gutes Preis-Leistungs-Verhältnis legen und es hierbei keine signifikanten Unterschiede zwischen den Gruppen gab. Ein gutes Preis-Leistungs-Verhältnis und hohe Qualität schneiden insgesamt als relevanteste Faktoren im Konsumverhalten – sowohl bei der Generation Z als auch bei den anderen Generationen – ab. Bei genauerer Betrachtung zeichnet sich klar ab, dass die älteren Generationen deutlich mehr Wert auf das Thema Qualität ($t=2{,}61$; $p<.001$) und besonders auf das Thema Preis ($t=5{,}62$; $p<.001$) legen. Die Generation Z wertet die Relevanz von Preis in ihrem Konsumverhalten deutlich geringer als die anderen Generationen.

**(b) Sicherheit**
Beim Thema Sicherheit zeigen sich direkt deutliche Unterschiede. So werten die älteren Generationen die Relevanz von Sicherheitsthemen als deutlich höher ein als die Generation Z. Sowohl das Thema Zuverlässigkeit und Sicherheit ($t=3{,}64$; $p<.001$) als auch das Thema Vertrauen ($t=3{,}75$; $p<.001$) ist bei den älteren Generationen signifikant wichtiger im Konsumverhalten als bei der Generation Z.

**(c) Verantwortung**
Ganz anders sieht es beim Thema Verantwortung aus. Hier liegt die Generation Z bei allen Themen deutlich vor den anderen, älteren Generationen. Im Konsumverhalten ist für die jüngere Generation das Thema Nachhaltigkeit ($t=3{,}22$; $p<.001$), Umweltbewusstsein und Ökologie ($t=3{,}18$; $p<.001$), aber auch ethischer und fairer Konsum ($t=2{,}75$; $p<.001$) von signifikant höherer Relevanz als bei den anderen Generationen. Herausstechend hierbei ist besonders der Unterschied zwischen den Generationen in der Relevanz von Preis und den benannten Verantwortungsfaktoren. Während die Generation Z alle Themen (Nachhaltigkeit, Umweltbewusstsein und Ökologie, aber auch ethischer und fairer Konsum) wichtiger als den Preis erachtet, haben die älteren Generationen eine umgekehrte Gewichtung dieser Relevanz, da sie den Preis als deutlich relevanter einstufen.

**(d) Individualismus**
Auch im Bereich Individualismus liegt die Generation Z vor den älteren Generationen. Das Thema Selbstverwirklichung ($t=5{,}10$; $p<.001$) und das Thema Design und Lifestyle ($t=3{,}18$; $p<.001$) ist im Konsumverhalten der jüngeren Generation von deutlich höherer Relevanz. Nichtsdestotrotz wird auf die Individualisierungsfaktoren auch innerhalb der Generation Z im direkten Vergleich mit anderen Themen der geringste Wert gelegt.

Insgesamt lässt sich feststellen, dass sich die Generationen deutlich in ihren Konsumverhalten unterscheiden und bei der Auswahl von Produkten auf andere Faktoren Wert legen.

## 5 Diskussion

Die vorliegende Studie zeigt, dass sich Generationen deutlich in ihren persönlichen Einstellung unterscheiden und dass die in Zukunft wirtschaftlich immer stärker werdende Generation Z bestimmten Faktoren in ihrem Kaufverhalten eine unterschiedlich starke Relevanz zuweist.

Besonders auffällig in unserer Studie ist, dass der Preis bei der Generation Z im Verhältnis zu Verantwortungsthemen eine deutlich geringere Rolle spielt als noch in den Generationen davor. Diese Erkenntnis deckt sich mit anderen Studien (z. B. López-Fernández 2020) und zeigt auf, wie unterschiedlich die Generationen in ihrem Konsumverhalten „ticken". Die Generation Z zeichnet sich grundsätzlich durch ihre technologische Versiertheit und ihre hohen Anforderungen an sich selbst und andere aus. Glaubt man den vorliegenden Ergebnissen, so ist die Generation Z umsichtiger, handelt im Sinne der Umwelt und verlangt solch eine Zuverlässigkeit auch von den Unternehmen. Dieser Wechsel bei den generellen Einstellungen und ultimativ im Kaufverhalten resultiert in Adaptionen, die Unternehmen in ihrem Umgang mit der Generation Z finden müssen, um auch zukünftig erfolgreich zu bleiben und die jüngeren Kunden für sich zu gewinnen.

## 5.1 Anpassung der Markenwerte

In Anbetracht der veränderten Kundenansprüche, besonders den Veränderungen in den relevanten Kauffaktoren für die Generation Z, müssen sich Marken und Unternehmen ernsthaft mit ihrem Markenkern, ihren Werten und dem Purpose auseinandersetzen. Entitäten, die sich mit diesen Veränderungen nicht beschäftigen, drohen erschwerte Marktmöglichkeiten bis hin zu einer Bedeutungslosigkeit innerhalb der jüngeren Zielgruppe. Laut der jüngsten Studie „Meaningful Brands" der Agenturgruppe Havas könnten 75 % der Marken verschwinden, ohne dass dies negativ auffallen würde, da die VerbraucherInnen leicht einen Ersatz finden könnten. Zusätzlich finden 73 % der Befragten weltweit, dass Marken heutzutage im Sinne der Gesellschaft und des Planeten handeln müssen (Havas Media 2021). Dabei muss hervorgehoben werden, dass eine Anpassung der Marke ganzheitlich und authentisch erfolgen muss. Kosmetische Anpassungen der Marke, schwache oder leere Behauptungen und Greenwashing werden nicht zuletzt durch soziale Medien immer schneller transparent gemacht und führen zu negativen Rückkopplungen für die Marke. Ein echtes inhaltliches Umdenken auf das sich verändernde Wertesystem der zukünftigen Anspruchsgruppen erlaubt es Marken, in Zukunft relevant zu bleiben und langfristig erfolgreich am Markt zu bestehen.

## 5.2 Anpassung der Markenkommunikation

Wenn es darum geht, Individuen aus verschiedenen Generationen auf kommunikativer Ebene zu erreichen und abzuholen, sollten Unternehmen und sendende Entitäten sowohl in der Wahl der Inhalte als auch der Kanäle clever und differenziert vorgehen.

In Bezug auf die Kanäle lässt sich sagen, dass noch nie zuvor solch gute Möglichkeiten bestanden, bestimmte Gruppen optimal zu erreichen. So haben beispielsweise bestimmte soziale Netzwerke einen überdurchschnittlich hohen Anteil an VertreterInnen bestimmter Generationen. Zudem erlauben die Netzwerke oftmals klar getargete Anzeigen, die sich natürlich auch nach Alter beziehungsweise Geburtsjahr ausrichten lassen. Des Weiteren lässt sich feststellen, dass bestimmte Generationen auch ein medial grundlegend anderes Konsumverhalten haben, wie zum Beispiel bei der Nutzung von linearen Medien (durch die älteren Generationen), die wiederum von jüngeren Generationen deutlich weniger genutzt werden.

In Bezug auf die Inhalte muss bei der Kommunikation besonders darauf geachtet werden, die Aufmerksamkeit, aber auch das Mindset der Empfangenden zu treffen. So muss beispielsweise bei der jüngeren Generation berücksichtigt werden, kürzere, prägnantere und deutlich schneller aufzunehmende Inhalte zu schaffen, die die Kernaussage innerhalb von Sekunden übermittelt. Auch muss der Inhalt zur Lebenswelt und den Werten der Personen passen. Beispiele für neuere Wege solcher Kommunikation sind Meme-basierte TikTok-Anzeigen für Jobs oder die Möglichkeit zum Verschicken von Bewerbungen und das Einladen zu Interviews (plus Interviews) über WhatsApp anstatt per Post oder E-Mail. Schließlich muss in der Kommunikation der klare Fokus auf die Kernaussage gerichtet sein, die sich selbstverständlich nach dem Mindset der angesprochenen Generation richten muss. So sollte z. B. der Purpose beziehungsweise der nachhaltige oder soziale Mehrwert eines Angebots vor finanziellen Aspekten in den Mittelpunkt gerückt werden, wenn die entsprechende Generation ebensolche Faktoren als relevanter betrachtet.

### 5.3 Anpassung des Angebots

Bei der Gestaltung ihrer Angebote müssen AnbieterInnen noch stärker auf die Erwartungen der jungen VerbraucherInnen eingehen. Heutzutage ist es gar nicht mehr möglich, Produkte an junge VerbraucherInnen zu verkaufen, ohne sich auf grüne Strategien zu stützen, sei es bei den Produktionsprozessen oder bei der Vermarktung unter nachhaltigen Prinzipien (Dabija et al. 2019). Nicht zuletzt durch legislative Regulatorik sind viele Unternehmen gezwungen, ihre Prozesse und ihr Angebot zu überdenken und zu überarbeiten. Strengere gesetzliche Auflagen führen dazu, dass zahlreiche bestehende Vorgänge, Produkte und Leistungen so in Zukunft nicht mehr marktkonform sind.

Einmal mehr empfiehlt es sich nicht den gesetzlichen Rahmenbedingungen hinterher zu eilen, sondern antizipativ den KundInnenwünschen der kommenden Generationen voraus zu sein. Produkte, Services und das gesamte Angebotsportfolio müssen in den kommenden Jahren auf eine Generation ausgerichtet werden, die zwar unter erschwerten finanziellen Rahmenbedingungen agiert, dennoch Nachhaltigkeit als absoluten Hygienefaktor ansieht. Um in dieser kompetitiven Landschaft als Unternehmen zu punkten, muss proaktiv auf das Konsumverhalten und die gestiegenen Ansprüche der kommenden Generationen eingegangen werden. An dieser Stelle sei auch erwähnt, dass Unternehmen sich nicht nur ein nachhaltiges Image aufsetzen sollten, um bei der gewünschten ZielkundInnen besser anzukommen. Das „Greenwashing" wird von den

VerbraucherInnen erkannt, zumal heute die Transparenz gegeben ist, sich schnell über die Integrität des Unternehmens zu informieren.

Zusätzlich sollten Unternehmen beachten, dass die künftige Generation gerne Produkte konsumiert, mit denen sie ihre eigene Individualität unterstreichen können. Während der Faktor der Selbstverwirklichung laut unserer Studie nicht zu den allerwichtigsten Beweggründen der Generation Z beim Kauf eines Produktes gehört, so hat dieser Faktor im Vergleich zu den vorherigen Generationen doch deutlich zugenommen.

## 5.4 Ableitungen zu den Thesen zur Notwendigkeit eines veränderten Marketings

**Zu These 1: Ist Wachstum nur über NeukundInnen möglich?**
Es scheint, als wäre wenig Verlass auf die Loyalität der (älteren) BestandskundInnen. Besonders die älteren Generationen haben in unserer Studie eine starke Preissensibilität aufgezeigt, so dass sich gerade in einem Hyperwettbewerb, in den mit einem Preiskampf zu rechnen ist, ultimativ der Preis über die Loyalität gewinnen würde. Glaubt man diesen Erkenntnissen, so kann es sein, dass insbesondere VertreterInnen der älteren Generationen (Baby-Boomer, Gen X, Gen Y) zum Wettbewerber wechseln würden, wenn sich preislich deutliche Unterschiede aufzeigen würden. Zwar werten die älteren Generationen auch Zuverlässigkeit und Sicherheit, sowie Vertrauen als relevante Faktoren im Konsumverhalten als relevant, der Preis und besonders ein gutes Preis-Leistungs-Verhältnis wurde jedoch als noch relevanter eingestuft. Wohl gemerkt zeigen Studien zum Beispiel im Mobilfunksektor ein anderes Bild in dem besonders die Baby-Boomer Generation (60+) weniger sensibel auf Preisänderungen reagieren als jüngere Zielgruppen (< 30; siehe exeo und Rogator OpinionTRAIN 2022). Inwiefern die Produktkategorie hier eine besondere Rolle spielt, lässt sich nicht genau sagen. Ebenso wenig wie sehr sich die Einstellungen der Generationen bezüglich des Preises schließlich wirklich auf das Kauf- und Wechselverhalten auswirken.

Die jüngere Generation Z, die laut unseren Ergebnissen Verantwortungsthemen als deutlich wichtiger einstuft als die älteren Generationen, haben hingegen den Preis als weniger relevant eingestuft. Dies könnte bedeuten, dass diese Generation weniger sensibel auf Preiswettbewerb reagiert und gegebenenfalls loyaler zu Marken ist, die ihren hohen Ansprüchen an Themen wie Nachhaltigkeit, Umwelt und ethischen Standards entspricht. Unsere Ergebnisse unterstützen dabei insofern These 1, dass Wachstum über NeukundInnengewinnung passieren muss, da gerade bestehende KundInnen aus älteren Generationen volatiler in ihrem Konsumverhalten sein können, sobald der Faktor Preis in den Vordergrund rückt. Für die Generation Z gilt dies allerdings weniger, hier gilt es mit anderen Faktoren als den Preis neue Kunden zu gewinnen. Die Ergebnisse lassen auch darauf schließen, dass bei dieser Generation eine Stammkundenbindung über Faktoren wie Verantwortung und Nachhaltigkeit leichter möglich sein wird.

**Zu These 2: ‚Neues' Kundenverhalten und ‚alte' Instrumentarien: KundInnenbindung wird immer schwieriger oder unmöglich!**

Marken werden immer schwieriger zu kontrollieren und zu steuern. Während frühere, klassische Instrumente ein deutlich überschaubares SenderInnen- und EmpfängerInnenverhältnis hatte, in dem das Unternehmen und die Marke eine Botschaft gesendet hat und die KonsumentInnen diese (subjektiv) wahrgenommen haben, so ist dieses Verhältnis heutzutage deutlich komplexer. Gerade die jüngere Generation Z, wie auch in unserer Studie belegt, ein höheres Bedürfnis nach Selbstverwirklichung aufzeigt, ist medial auf wenig kontrollierbaren Kanälen aktiv. Sie ist medial multioptionaler und selbstbewusster als die Generationen zuvor (Merkle 2020). In sozialen Medien sprechen KonsumentInnen direkt mit anderen KonsumentInnen über Unternehmen und Marken und teilen so Informationen. Die Unternehmen selbst geraten in eine passive Rolle. Ihre Botschaften werden tendenziell misstrauisch wahrgenommen und es wird Unternehmen und Marken signifikant erschwert ein klares Bild und eine klare Botschaft zu vermitteln. Eine gesteuerte KundInnenbindung (mit klassischen Instrumenten) wird daher immer schwieriger und Unternehmen müssen stärker von NeukundInnen, aber auch um den Erhalt ihrer bestehenden Kunden kämpfen.

**Zu These 3: Veränderte Strategien und Geschäftsmodelle: Eine neue Bewertung von KundInnensegmenten ist erforderlich**

Veränderte Bedürfnisse bei den KonsumentInnen erfordern veränderte Aktivitäten auf der Unternehmensseite. Unternehmen und Marken müssen ihre Strategien, Werte aber auch Prozesse und Geschäftsmodelle kritisch überdenken und überarbeiten. Die klassischen Mechanismen und Erfolgsstrategien werden in vielen Kundensegmenten zunehmend problematisch und zu Misserfolg führen (Kreutzer und Land 2017; Wyman 2017). Unsere Studienergebnisse, die sich mit Erkenntnissen aus der Literatur decken, zeigen auf, dass gerade die jüngere Generation Z im Vergleich zu den älteren Generationen dem Preis eine geringere Gewichtung zuspricht während Verantwortungsthemen an Relevanz gewinnen. Unternehmen müssen sich mit diesen neuen Bedürfnissen auseinandersetzen, neue Kriterien in ihren Prozessen und in der Bewertung von KundInnensegmenten einführen, um neue KundInnen gewinnen zu können.

## 5.5 Ausblick

Unsere Studie zeigt Unterschiede in der persönlichen Einstellung und Themenrelevanz der Generationen, sowie Unterschiede in den jeweils relevanten Kauffaktoren auf. In einer zukünftigen Studie sollten zu denen von uns befragten Faktoren des Konsumverhaltens auch noch weitere miteinbezogen werden, um ein breiteres Verständnis aufzubauen. Man sollte vor allem in unseren vier definierten Hauptfaktoren weitere Unterteilungen treffen, um das Verständnis der Generationen zu vertiefen und gezielter abzufragen, welche ethischen Themen den größten Einfluss auf die Kaufentscheidung haben. Diese Erkenntnisse würden Unternehmen helfen, die wichtigsten Themen in ihrer Priorisierung zu wählen. Zusätzlich können internationale RespondentInnen miteinbezogen werden, um globale Perspektiven zu analysieren und länderspezifische Erkenntnisse ableiten zu können. Dies würde es ermöglichen, noch detaillierter auf nationale vs. internationale Unterschiede im Kaufverhalten einzugehen.

Ergänzend wäre eine weitere spannende Forschungsfrage, inwieweit sich die Faktoren im Kaufverhalten für verschiedene Produktgruppen unterscheiden. In unserer Studie haben wir lediglich nach dem allgemeinen Kaufverhalten gefragt, interessant wäre es herauszufinden, ob für verschiedene Produkte auch verschiedene Faktoren eine höhere Relevanz haben.

Bei der Betrachtung der Studie müssen wir zudem auch die Einschränkung miteinbeziehen, dass die Stichprobengröße limitiert ist und im Rahmen der Forschungsfrage deutlich größer ausfallen könnte. Vor allem die Stichprobengröße der Generation Z sollte bei einer zukünftigen Forschung größer sein.

Zudem bleibt es interessant, ob die heranwachsende Generation Z mit ihren Wertevorstellungen in den kommenden Jahren und Jahrzehnten auch die älteren Generationen von ihren Sichtweisen und Meinungen überzeugen kann und ein Wechsel im Denken anstoßen kann, oder ob die Faktoren im Konsumverhalten der früheren Generationen unverändert bleiben.

Ein weiterer interessanter Punkt für die Zukunft ist die Beobachtung der neu heranwachsenden Folgegeneration der Gen Z und der sich entwickelnden Werte und Verhaltensmustern und die Auswirkungen auf die Gewinnung neuer Gen Z KundInnen sowie die Möglichkeiten, speziell diese Generation an sich zu binden. Die wirtschaftlich immer relevanter werdende Generation Z wird schon bald den Großteil des globalen Konsums bestimmen. Es ist nicht zu erwarten, dass es durch das Kaufverhalten der jüngeren Generation zu einem Rückgang im Konsum kommen wird, sondern vielmehr, dass es zu einer Unterscheidung zwischen ‚moralisch gutem und schlechtem Konsum' kommt und neue KundInnen nur über diese Aspekte gewonnen werden können. Als moralisch vertretbar prognostiziert unsere Studie einen Konsum von nachhaltig produzierten Produkten, die dafür aber mit höheren Preisen einhergehen. Unternehmen müssen sich daher die Frage stellen, ob sie darauf vorbereitet sind, auf die geforderte Mitbestimmung der neuen Generation einzugehen, insbesondere wenn sie diese als neue Kunden gewinnen wollen und in sozialen Fragen eine Führungsrolle im Rahmen der Stammkundenbindung zu übernehmen.

## Literatur

Ariker Ç, Toksoy A (2017) Generation Z and Csr: Antecedents Of purchasing ıntention of university students Universitesi Veteriner Fakultesi Dergisi. https://doi.org/10.9775/kauiibfd.2017.023. Zugegriffen: 03. Juli 2022

Azimi S, Andonova Y, Schewe C (2021) Closer together or further apart? Values of hero generations Y and Z during crisis. Young Consumers, ahead-of-print(ahead-of-print). https://doi.org/10.1108/YC-03-2021-1300. Zugegriffen: 03. Juli 2022

Brand BM, Rausch TM, Brandel J (2022) The importance of sustainability aspects when purchasing online: comparing generation X and generation Z. Sustainability 14(9):1–28. https://doi.org/10.3390/su14095689. Zugegriffen: 03. Juli 2022

Chien YL, Morris P (2018) Accounting for age: the financial health of millennials. Regional economist, second quarter 2018. https://www.stlouisfed.org/publications/regional-economist/secondquarter-2018/accounting-age-financial-health-millennials. Zugegriffen: 03. Juli 2022

Dabija DC, Bejan BM, Dinu V (2019) How sustainability oriented is Generation Z in retail? A literature review. Transform Bus Econ 18(2):140–155

Data Axle (2020) Price consciousness bridges the generational divide when it comes to purchasing. https://www.data-axle.com/resources/blog/price-consciousness-bridges-the-generational-divide-when-it-comes-to-purchasing/. Zugegriffen: 03. Juli 2022

Francis T, Hoefel F (2018) True Gen': Generation Z and its implications for companies. McKinsey & Company, 12. https://www.mckinsey.com/industries/consumer-packaged-goods/our-insights/true-gen-generation-z-and-its-implications-for-companies. Zugegriffen: 03. Juli 2022

Fry R (2016) Millennials overtake Baby Boomers as America's largest generation. Pew Research Center, 25. http://www.pewresearch.org/fact-tank/2016/04/25/millennials-overtake-baby-boomers/. Zugegriffen: 03. Juli 2022

Havas Media (2021) Meaningful Brands 2021 Report. https://www.havasmedia.de/mx/meaningful-brands/. Zugegriffen: 03. Juli 2022

Herrando C, Jimenez-Martinez J, Martin-De Hoyos MJ (2019) Tell me your age and I tell you what you trust: the moderating effect of generations. Internet Res 29(4):799–817. https://doi.org/10.1108/IntR-03-2017-0135

Kim S, Jang S, Choi W, Youn C, Lee Y (2022) Contactless service encounters among Millennials and Generation Z: The effects of Millennials and Gen Z characteristics on technology self-efficacy and preference for contactless service. J Res Interact Mark 16(1):82–100. https://doi.org/10.1108/JRIM-01-2021-0020

Kleinjohann M, Reinecke V (2020) Marketingkommunikation mit der Generation Z: Erfolgsfaktoren für das Marketing mit Digital Natives. Springer Fachmedien Wiesbaden. https://doi.org/10.1007/978-3-658-30822-3

Kreutzer RT, Land KH (2017) Digitale Markenführung. Springer Gabler, Wiesbaden

Kurz CJ, Li G, Vine DJ (2019) Are millennials different? In Handbook of US consumer economics (S. 193–232). Academic Press

López-Fernández AM (2020) Price sensitivity versus ethical consumption: a study of millennial utilitarian consumer behavior. J Mark Anal 8(2):57–68

Merkle W (2020) Erfolgreich im stationären Einzelhandel, Wege zur konsequenten Profilierung im digitalen Zeitalter. SpringerGabler, Wiesbaden

Merriman M, Dan V (2016) Next-gen workforce: Secret weapon or biggest challenge? Ernest & Young LLP, S 7. https://www.ey.com/en_gl/consumer-products-retail/next-gen-workforce-secret-weapon-or-biggest-challenge. Zugegriffen: 03. Juli 2022

Munsch A (2021) Millennial and generation Z digital marketing communication and advertising effectiveness: A qualitative exploration. JGSMS 31(1):10–29. https://doi.org/10.1080/21639159.2020.1808812

Ng SI, Ho JA, Lim XJ, Chong KL, Latiff K (2021) Mirror, mirror on the wall, are we ready for Gen-Z in marketplace? A study of smart retailing technology in Malaysia. Young Consumers 22(1):68–89. https://doi.org/10.1108/YC-06-2019-1006

OC&C Strategy Consultants (Hrsg) (2018) Eine Generation ohne Grenzen: Generation Z wird erwachsen. https://www.occstrategy.com/media/1904/eine-generation-ohne-grenzen_.pdf. Zugegriffen: 03. Juli 2022

Paulin GD (2018) Fun facts about Millennials: comparing expenditure patterns from the latest through the Greatest generation. Monthly Labor Review, 1–49. http://www.jstor.org/stable/90020225

Pendergast D (2010) Getting to Know the Y Generation. In: Benckendorff P, Moscardo G, Pendergast D (Hrsg) Tourism and Generation Y. CAB International, Cambridge, S 85–97

exeo und Rogator OpinionTRAIN 2022 (2022) Mobilfunk: Der unterschätzte Faktor Preisfairness. https://www.rogator.de/app/uploads/2022/07/PI_Rogator_OpinionTRAIN-2022_Mobilfunk.pdf. Zugegriffen: 03. Juli 2022

Sladek S, Miller J (2018) Ready or not – here comes Z. XYZ University

Van den Bergh J, Pallini K (2018) Marketing to Generation Z. Research. World 2018(70):18–23. https://doi.org/10.1002/rwm3.20660

Wyman O (2017) The Oliver Wyman Retail Journal. Ausgabe 5

**Marlon Fricker** arbeitet seit mehreren Jahren als Digital Marketing Manager beim Media Lab Bayern und hat Marketing Management an der Hochschule München studiert. Seit seinem Studium beschäftigt er sich mit der Erforschung der Generation Z und wie Unternehmen die Generation bestmöglich erreichen können.

**Dr. Marc Herz** ist Partner bei der Strategieberatung K'UP. Marc Herz studierte Betriebswirtschaftslehre an der Ludwig-Maximilians-Universität in München und sammelte durch seine Tätigkeit in verschiedenen internationalen Unternehmen und Forschungsinstituten Erfahrungen in den Bereichen Unternehmensstrategie, Kommunikation und Wirtschaftsforschung. Anschließend promovierte Marc Herz im Bereich Management an der Universität Wien und unterrichtete verschiedene Marketing- und Forschungskurse in Deutschland, Österreich und Aserbaidschan. In seiner Forschung konzentrierte sich Marc Herz auf Branding, Tourismus und Konsumentenverhalten. Seine Arbeiten wurden dabei mehrfach ausgezeichnet und in internationalen Top-Journalen veröffentlicht.

**Tim Ilbertz** arbeitet seit zwei Jahren als Consultant und Data Analyst bei der Strategieberatung K'UP. Nach seinem Bachelorstudium an der WHU – Otto Beisheim School of Management hat er seinen Master in Business Analytics an der NOVA SBE in Portugal abgeschlossen. Aktuell absolviert Tim Ilbertz seinen zweiten Masterabschluss im International Management Programm der CEMS Alliance.

**Alexander Rühl**, MBA verantwortet seit 2021 das Marketing des Media Lab Bayern, dem Innovation Hub und Startup Accelerator für die Medienbranche. Zuvor leitete er als Head of Digital den Digitalbereich der renommierten Unternehmensberatung für Kommunikation Engel & Zimmermann. Alexander Rühl hat einen langen Background in der Medienbranche und leitete nach verschiedenen Stationen in TV & Radio den Digitalbereich der Sendergruppe High View.

# Liebesehe oder Zwangsehe: Die Verschmelzung von IT und Marketing in Unternehmen aus Sicht von Experten

Wolfgang Merkle und Regine Kalka

## Inhaltsverzeichnis

| | | |
|---|---|---|
| 1 | Digitalisierung und begleitende technologische Entwicklungen – Treiber elementarer Veränderungen im Marketing. | 150 |
| 2 | Datengetriebene Entscheidungen – Status der Anwendung in der unternehmerischen Praxis. | 153 |
| 3 | Das Zusammenspiel von Marketing und IT: Wer übernimmt welche Rolle, wie verteilen sich die Kompetenzen?. | 155 |
| 4 | Wer sollte Prozess-Owner eines datengetriebenen Marketings sein?. | 157 |
| 5 | Datengetriebenes Marketing – Anwendungsfeld eher für die Neukundengewinnung oder für die Bindung der Stammkunden?. | 159 |
| 6 | Automatisierung und künstliche Intelligenz – in der unternehmerischen Praxis bereits angekommen?. | 160 |
| 7 | Datengetriebenes Marketing und kreatives, strategisch-konzeptionelles Denken: wirklich ein Spannungsfeld?. | 160 |
| 8 | Konsequenzen für ein neues Marketing Set Up. | 162 |
| | Interviewpartner. | 164 |
| | Literatur. | 164 |

W. Merkle
Merkle. Speaking. Sparring. Consulting, Hamburg, Deutschland
E-Mail: mail@merkle-consulting.com

R. Kalka (✉)
Hochschule Düsseldorf, Düsseldorf, Deutschland
E-Mail: regine.kalka@hs-duesseldorf.de

© Der/die Autor(en), exklusiv lizenziert an Springer Fachmedien Wiesbaden GmbH, ein Teil von Springer Nature 2023
A. Krämer et al. (Hrsg.), *Stammkundenbindung versus Neukundengewinnung*,
https://doi.org/10.1007/978-3-658-40363-8_8

### Zusammenfassung

Datengetriebene Entscheidungen und technologische Entwicklungen haben die Aufgaben des Marketings in den Unternehmen in den letzten Jahren stark verändert. Der Marketingalltag wird immer mehr bestimmt durch datengetriebene IT-Analysen, auch in Hinblick auf die Neukundengewinnung und Stammkundenbindung. Die Marketers kommen immer stärker in Berührung mit bisher eher von der IT-Abteilung geprägten Fragestellungen und Lösungen. In diesem Zusammenhang soll der Frage nachgegangen werden, wie sich im digitalen Zeitalter die Zusammenarbeit zwischen Marketing und IT gestalten sollte und muss. Um darauf Antworten zu finden, erfolgte neben der Analyse spezifischer Quellen Tiefeninterviews mit Experten aus verschiedenen Bereichen. Nicht nur aufgrund der Notwendigkeiten, sondern insbesondere aufgrund der Chancen in der Zusammenarbeit dieser beiden Unternehmensbereiche zeigen die Ergebnisse klare Tendenzen hin zu einer Liebes- statt zu einer Zwangsehe.

## 1 Digitalisierung und begleitende technologische Entwicklungen – Treiber elementarer Veränderungen im Marketing

„Erfolgreiche Marketingentscheidungen werden längst nicht mehr aus dem Bauch heraus getroffen. Mittlerweile arbeiten viele Marketingabteilungen datengetrieben, um fundierte Erkenntnisse zu gewinnen und die richtigen strategischen Entscheidungen zu ergreifen." (Erlebach o. J.)

Kaum ein Themenfeld hat das Marketing so grundsätzlich und nachhaltig verändert wie die Digitalisierung und die damit einhergehenden technologischen Entwicklungen: So haben sich mit neuen Medien und Kanälen für Unternehmen ganz neue Möglichkeiten eröffnet, ihre Zielgruppen zu erreichen. Mit den sozialen Medien stehen Unternehmen nunmehr in einem echten Dialog mit ihren Kunden – direkt und für die Öffentlichkeit unmittelbar sicht- und nachvollziehbar. Mit dem Einsatz geeigneter Werkzeuge und Instrumente erhalten Unternehmen volle Transparenz über die Wirkung der jeweils ausgespielten Maßnahmen – und erhöhen damit die Effizienz ihres Marketings durch eine gezieltere Ansprache der wirklich wichtigen Kundengruppen und einer massiven Verringerung der Streuverluste. Über die Nutzung entsprechender Technologien lassen sich in Echtzeit Werbemittel automatisiert ausspielen und Anpassungen, die beispielsweise das individuelle Such-Verhalten des jeweiligen Internet-Users genau berücksichtigen, durchführen.

Die Liste der sich aus der Digitalisierung ergebenden neuen technologischen Anwendungen und Möglichkeiten im Marketing lässt sich leicht fortsetzen. Veröffentlichte Studien unterstreichen, dass sich das Marketing in Zukunft daher noch stärker auf Daten und Technologien stützen wird. In diesem Zusammenhang werden Themen wie Big Data Management, Marketing-Tech, Customer Relationship Management-Systeme und Data-driven Marketing als besonders wichtig erachtet, verbunden mit der begleitenden Empfehlung, unbedingt in entsprechende Kompetenzen, Prozesse und Systeme zu investieren (Deutscher Marketingverband 2022).

Konsequenterweise ergeben sich hieraus im Marketing eine ganze Reihe neuer Aufgaben und Implikationen für die Unternehmen – und das in mindestens zwei Diskussions- und Gestaltungsfeldern:

- Innerhalb des Marketings verbreiten sich die generellen Aufgaben- und Entscheidungsfelder. Mit der digitalen Transformation werden die vier Themen Daten, Konnektivität, Automatisierung sowie Interaktion mit den Kunden benannt (Graesch et al. 2021), die neben der Beherrschung des strategisch-konzeptionellen wie kreativ-gestaltenden Marketing auch den Aufbau von Kompetenzen, Prozessen und Systemen zum datengetriebenen Marketing erfordert. Mit dem dazu notwendigen technologischen Verständnis werden die Aufgaben komplexer. Die einzelnen Handlungsalternativen müssen noch intensiver gegeneinander abgewogen werden, die Entscheidungsgeschwindigkeit soll dabei sogar noch steigen – und das alles „bei gleichbleibenden oder sinkenden Headcounts und Druck auf den Budgets" (Deutscher Marketingverband 2022, S. 5). Marketingverantwortliche wissen, wie wertvoll die neuen Möglichkeiten eines datengetriebenen Marketings sind und dass sie deshalb massiv in den Ausbau mit der dazugehörigen Aus- und Weiterbildung der Mitarbeiter investieren müssen. Gleichwohl belegen Studien die Befürchtung vieler CMOs mit der gestiegenen Komplexität und Datengetriebenheit sowie den damit verbundenen wachsenden Anforderungen überhaupt noch geeignete Marketing-Nachwuchskräfte finden zu können; zumal dabei Daten und Kreativität noch immer als nicht vereinbare Gegensätze gesehen werden (adverity 2022).
- Mit der Digitalisierung entsteht zudem aber auch die Frage, in welchen Bereichen des Unternehmens die Expertise zu verankern ist und wie die Zusammenarbeit daraus organisiert werden sollte. Mit der „Technologisierung" von Wirtschaft und Unternehmen werden andere – digital-konzeptionelle, technologisch-prozessuale und Daten-analytische – Fähigkeiten von den Handelnden verlangt. In der Konsequenz werden in vielen Unternehmen digitale Themen eher von IT-Spezialisten als von Marketingspezialisten übernommen; begründet aus dem Vorwurf, viele Marketingfachleute könnten mit den technologischen Veränderungen nicht mithalten (Pförtsch und Sponholz 2019). Bei den heutigen Herausforderungen der Unternehmen – die Geschäftsführung fordert konkrete Wachstumsimpulse, Finanzchefs dem Umsatz unmittelbar zurechenbare Erfolge, Vertriebsverantwortliche reklamieren für sich, den engeren Draht zum Kunden zu haben – wird der Einsatz direkt messbarer Maßnahmen als immer wichtiger erachtet; in der Konsequenz gewinnen im internen Wahrnehmungswettbewerb häufig die Bereiche an Bedeutung, die den Umgang mit

Daten vermeintlich besser beherrschen. Aussagen wie: „Viele Marketingchefs stehen firmenintern enorm unter Druck. Im Zuge der Digitalisierung haben sie die Kontrolle über ihre Brands weitgehend verloren." (Weber 2019, S. 7) charakterisieren diese Situation genauso, wie die Feststellung von Meffert (2018), dass „…der CIO oder CTO als Repräsentant der IT-Abteilung einen anerkannten Platz im Vorstand vieler Unternehmen [gefunden hat], während Marketingabteilungen zunehmend in operative und unterstützende Aufgaben im Bereich der Werbung und Kommunikation gedrängt werden".

Mit diesen Themen und Diskussionspunkten wird deutlich, dass sich für das Marketing im unternehmensinternen Austausch ein weiteres Beziehungsfeld ergibt, das es inhaltlich über alle Themen zu definieren sowie über sämtliche Prozesse und Entscheidungsthemen hinweg zu gestalten gilt – und dies neben der seit langem bekannten und immer wieder diskutierten Interaktion zwischen Marketing und Vertrieb (Hensel-Börner et al. 2018): Das Zusammenspiel zwischen dem Marketing und den IT-Bereichen eines Unternehmens. Denn die IT-Abteilung hat in vielen Unternehmen nicht nur die Budget-Hoheit, wenn es um IT-Investitionen geht, sondern in der Regel auch ein größeres Know-how, um IT-Projekte zu planen und umzusetzen (Dufft 2015). Es stellt sich aber die Frage, ob sie auch die Fähigkeit und Expertise haben, bereitgestellte Daten sinnvoll zu interpretieren.

Auch wenn die Notwendigkeit für eine klare Definition der damit einhergehenden regelmäßigen Zusammenarbeit erkannt wurde – „companies need new organizational designs and a common understanding of aligned and separated responsibilities, which could lead to new setups in working relationships" (Graesch et al. 2021, S. 125) – bisher gibt es nur wenig Literatur, die dieses neue und für die Zukunft immer wichtigere Beziehungsfeld beschreibt. Und damit konkrete Hinweise darauf gibt, wie

- einerseits die notwendige Erweiterung der Marketingkompetenzen zu vollziehen ist; denn aktuell befinden sich Marketing-Organisationen „im Spagat zwischen traditionellem Marketing … und dem Aufbau von Kompetenzen, Prozessen und Systemen zum datengetriebenen Marketing" (Deutscher Marketingverband 2022, S. 5),
- andererseits die Interaktion zwischen den beiden Kompetenzfeldern Marketing und IT definiert werden sollte, welche Prozesse dabei zu etablieren sind, welche Rollen und Verantwortlichkeiten sich im Ergebnis gegebenenfalls verschieben oder neu definiert werden müssen, welche Kompetenzen innerhalb des Marketings und welche in anderen Teilen der Organisation angesiedelt werden sollten.

Um klare Antworten auf diese Themen- und Entscheidungsfelder zu finden, haben die Autoren dieses Beitrags mit sieben ausgewiesenen Experten aus den Bereichen Marketing und IT Einzel-Interviews geführt – mit einer Mischung aus Unternehmenspraxis, Wissenschaft, dem Dachverband Marketing, mit der Abdeckung unternehmerischer Erfahrungen aus den Bereichen FMCG, Dienstleistung und Handel, mit Berücksichtigung der Erfahrungen sowohl von großen wie von mittelgroßen Unternehmen, mit der Einbeziehung unterschiedlicher Hierarchieebenen von der Bereichsleitung bis zum Vorstand sowie der Erfahrungen als angestellter Manager bis zum selbständigen Berater. Dabei wurde ein Fragekatalog zur generellen Bedeutung datengetriebener Entscheidungen, zu den Kompetenzen und Rollenverteilungen in der Auftragserteilung, zur Analyse und Interpretation von Daten, zur Bedeutung von Neu- und Stammkunden, zur Prozess-Ownerschaft der Customer Journey sowie zum Spannungsfeld zwischen datengetriebenen Marketingentscheidungen und dem strategisch-konzeptionellen Denken in der Positionierung von Unternehmen abgearbeitet und zu den folgenden Schwerpunkten mögliche Lösungen diskutiert.

## 2 Datengetriebene Entscheidungen – Status der Anwendung in der unternehmerischen Praxis

Der Überblick über die relevantesten Themen im Deutschen Marketing Verband, die Analyse der aktuellen Neuerscheinungen und Titelthemen der Marketingfachliteratur, die Vorschau auf die Top-Themen anstehender Fachkonferenzen und der Austausch im kollegialen Umkreis sowohl mit der unternehmerischen Praxis als auch mit der Wissenschaft zeigen: Sämtliche datengetriebenen und digital-gestützten wie -vernetzenden Themen haben seit längerer Zeit Hochkonjunktur; Begriffe wie Big Data Analytics, Predictive Analytics und Data-Driven-Marketing scheinen die Themen zu sein, die die Zukunft und den Erfolg des Marketing bestimmen; „Daten sind das neue Öl!" bringt es Kreutzer (2021, S. 47) auf den Punkt.

Diese generelle Erkenntnis wird in den Expertengesprächen mit Aussagen wie „Zwischenzeitlich ist jedem Marketer klar, dass die Zukunft des Marketings digital ist" oder „…alle Organisationen werden um das Thema Data-driven-Marketing nicht herumkommen" bestätigt. Als konkrete Gründe für die inhaltlich notwendige Kompetenzerweiterung im Marketing – neben dem notwendigen strategisch-konzeptionellen Denken nunmehr auch die analytische Fundierungskompetenz – werden Argumente sowohl aus dem Wettbewerbs- als auch aus dem Kundenumfeld benannt. Auf der einen Seite wird auf den weiter steigenden Wettbewerbs- und Margendruck hingewiesen und der daraus abgeleiteten Notwendigkeit, jede unternehmerische Entscheidung noch besser abzusichern. Dabei wird vermutet, dass das ohnehin schon anspruchsvolle Konjunkturumfeld durch die Nachwirkungen der Coronakrise und den Folgewirkungen des Ukrainekonflikts eine zusätzliche Belastung erfahren. Auf der anderen Seite wird das deutlich gestiegene Anspruchsniveau der Kunden benannt: Aussagen wie „In einer Zeit, in der Kampagnen mehr denn je zu individualisieren sind, kommt man an einem datengetriebenen Marketingansatz nicht mehr vorbei" oder „Die massenhafte individualisierte Ansprache ist heute Realität" (Deutscher Marketingverband 2022) begründen diese Erkenntnis. Wichtig scheint dabei der begleitende Hinweis, dass die Kunden aus den rein digital konzipierten Geschäftsmodellen eine individuelle Ansprache über die Algorithmus-gestützten Kaufvorschläge bereits gewohnt sind und eine entsprechende Erwartungshaltung damit auch auf andere Geschäftsmodelle übertragen.

Allerdings: Auch wenn es zwischen den Experten eine hohe Einigkeit darüber gibt, wie wichtig eine stärkere Fundierung von Marketingentscheidungen über konkrete Daten zukünftig sein wird – gerade die Vertreter der unternehmerischen Praxis bekennen sehr offen, dass diese als immer notwendiger gesehene Einsicht in vielen Unternehmen im Tagesgeschäft bisher nur in Ansätzen gelebt wird. Diese „Umsetzungslücke" findet sich gerade bei kleineren und bereits seit längerem im Markt etablierten Unternehmen; und bei der Suche nach Gründen für dieses Missverhältnis zwischen Erkenntnis und Umsetzung finden sich folgende Argumente:

- **Transformationslücke:** Gerade bei den eher mittelgroßen und bei den schon länger am Markt agierenden Unternehmen zeigt sich ein größerer Nachholbedarf in der Kultivierung und Integration digitaler Kompetenzen. „Das Lernpotential wird in vielen Unternehmen nicht voll ausgeschöpft" konstatiert ein Vertreter der Wissenschaft; „Anspruch und Wirklichkeit klaffen in der unternehmerischen Realität häufig weit auseinander" resümiert ein erfahrener Consultant, der Unternehmen in IT-Projekten unterstützt.
- **Mind Set-Lücke:** Eine der größten Herausforderungen in der digitalen Transformation besteht im Erkennen, in der Akzeptanz und der Kultivierung genau der Überzeugungen, Routinen und Arbeitsweisen, die im neuen Kontext notwendig sind. Kreutzer und Land (2016) weisen zu Recht schon früh darauf hin, dass den digitalen Herausforderungen nicht mit den Arbeitsweisen der Vergangenheit begegnet werden kann – und genau das wird in den Expertengesprächen bestätigt. Allerdings wird dabei auch offen bekannt, dass diese Transformation ein längerer Prozess ist: „Datengetriebenes Handeln ist nicht unbedingt Teil unserer DNA", lautet eine der diese Situation charakterisierenden Aussagen; eine andere schätzt, dass bis zu 70 % der Mitarbeiter im Marketing keine digitale Vergangenheit haben.
- **Ressourcen-Lücke:** In allen für diesen Beitrag befragten Unternehmen wird massiv in Digitalisierungsprojekte investiert; allerdings spüren gerade weniger große und bekannte Unternehmen die aktuelle Situation des Arbeitsmarktes, in denen sich die Suche und Einstellung von guten, qualifizierten Fachleuten als große Herausforderung darstellt.
- **Anwendungslücke:** Gerade bei Unternehmen, die sich noch mitten im Transformationsprozess befinden und aktuell digitale Strukturen integrieren sowie im

Geschäftsablauf etablieren, stehen nicht vor der Herausforderung, diesen Prozess im Tagesgeschäft aus dem bestehenden, „tradierten" Geschäftsmodell heraus zu bewältigen, sondern auch eine Anwendungs- und Wissenslücke schließen zu müssen: „Wir haben bereits eine Menge Daten gesammelt – wir wissen nur noch richtig, etwas damit anzufangen", bekennt eigenkritisch eine Managerin eines mittelgroßen, bereits länger am Markt agierenden Unternehmens.

## 3 Das Zusammenspiel von Marketing und IT: Wer übernimmt welche Rolle, wie verteilen sich die Kompetenzen?

Der Begriff der Digitalisierung – und dabei gerade der Bestandteil „digit" für Ziffer – deutet es an: Bei der Digitalisierung geht es um die Verwendung von Daten und algorithmischen Systemen für neue oder verbesserte Prozesse, Produkte und Geschäftsmodelle. Und nachdem Marketing in der unternehmensinternen Diskussion nicht immer für zahlen-, daten- und faktenorientiertes Management steht, hat die Digitalisierung für das Marketing mindestens zwei größere Diskussionsfelder eröffnet:

- Zum einen hat die Digitalisierung eine interne Debatte ausgelöst, welche Mediastrategie ein Unternehmen am besten verfolgen sollte – die Diskussion um die Frage nämlich, welche Medien und Kanäle ein Unternehmen in seiner Kommunikation zukünftig am besten nutzen sollte. Gerade in Controlling-dominierten Organisationen wurde in der Vergangenheit immer wieder hinterfragt, welche Erfolgsbeiträge das Marketing überhaupt zum Unternehmensergebnis beiträgt. Im traditionellen Marketing konnten viele Werbungtreibende bisher zu wenig begründen, „wie die von ihnen eingesetzten Werbegelder das Kaufverhalten der Kunden beeinflussen" (Rentz 2019, S. 17). Bekannt geworden ist in diesem Zusammenhang eine Aussage von John Wanamaker schon vor über 100 Jahren, wonach man sich aufgrund der Streuverluste die Hälfte aller Werbeausgaben hätte sparen könnte („Half the money I spend on advertising is wasted, the trouble is I don't know which half", Bradt 2016). Bei der digitalen Kommunikation mit ihren präzisen Messmöglichkeiten und -metriken kann demgegenüber sehr klar ausgewiesen werden, z. B. wie oft sie wahrgenommen worden ist, wie viele Kunden über den jeweiligen Impuls den Onlineshop besucht haben oder wie hoch die jeweilige Conversion ausgefallen ist. Umso weniger erstaunt es, dass in der Konsequenz eine intensive Diskussion darüber entbrannt ist, ob Unternehmen nur noch Performance-basierte – und damit direkt auf den Abverkauf zielende – Medien zum Einsatz bringen und in diesem Zusammenhang nicht auf Brand-stützende Maßnahmen eher verzichten sollten, die schwieriger direkt messbar sind und den quantitativen KPIs zurechenbar sind.

- In dem zweiten Themenfeld geht es um die Frage, welcher Bereich innerhalb eines Unternehmens am besten Daten-basierte Entscheidungen treffen sollte. Denn bei der Analyse von Daten wird ein hohes Maß an strukturiertem Denken verbunden mit mathematischer Kombinatorik und statistischer Überprüfung benötigt. Damit werden Qualifikationen gefordert, die häufig im Gegensatz zum eher als strategisch, konzeptionell und kreativ charakterisierten Berufsfeld des Marketings stehen. So wird nicht nur bei Studienanfängern im Marketing eine Reserviertheit gegenüber Daten beobachtet – „viele Studienanfänger glauben auch heute noch, im Marketing an Themen wie Statistik oder Daten vorbeikommen zu können; dabei muss auch das Marketing heute die Basics beherrschen und Daten bezüglich ihrer Validität, Reliabilität, Objektivität und Repräsentativität hinterfragen können" (Kreutzer 2022). In der Konsequenz finden sich dann vereinzelt auch Hinweise, wonach Vertreter anderer Unternehmensbereiche in die Entscheidungsfindung im Marketing eingreifen oder Teile davon gar übernehmen würden: So werden Finanzverantwortliche stärker für die mit digitalen Maßnahmen generierten Daten in der Verantwortung gesehen: „Durch die digitale Transformation können Chief Financial Officer als zentrale Navigatoren im Unternehmen einen deutlich größeren Wertbeitrag liefern" (Flicke und Kontio 2018). Oder IT-Verantwortliche werden aufgrund ihrer strukturiert-analytischen Kompetenzen mit kundenfokussierten Entscheidungen in Verbindung gebracht. Aussagen wie „Mit dem digitalen Wandel wächst ihre Verantwortung, auch Mehrwerte für den Kunden zu schaffen" (Eul und Keil 2020) oder „IT kapert das Marketing" (Erlebach o. J.) kennzeichnen eine Situation, in der sich manche Unternehmen aktuell befinden.

Vor diesem Hintergrund wurde in den zugrundeliegenden Expertengesprächen dieses Beitrags nicht nur die Fragen diskutiert, welcher Fachbereich bei der Analyse von Daten in den Lead gehen und wer die Struktur für die Datenanalyse vorgeben sollte, sondern wie die Kompetenzen in der wichtigen Interpretation bzw. Entscheidungsfindung der Daten verteilt sein müssen.

Im übergreifenden Ergebnis besonders interessant erscheint zunächst, dass sich alle Experten darüber einig sind, dass es in der heutigen Welt ein enges Zusammenspiel zwischen allen Fachbereichen geben müsse; „Unternehmen haben heute keine andere Wahl mehr" (Strauß 2022) ist eines der zusammenfassenden klaren Statements. Damit wird gleichzeitig die Bedeutung der jeweils unterschiedlichen Kompetenzen bestätigt – der Marketing- und Sales-Teams als Kompetenzträger für das Geschäftsmodell selbst und seine Positionierung am Markt sowie die daraus resultierenden konkreten direkt am Kunden orientierten Entscheidungen auf der einen Seite und die IT als zentrale Kompetenz für die Methodik, Strukturierung und Analyse der Daten auf der anderen Seite. Alle Gesprächspartner legen hohen Wert auf das Zusammenspiel der Fachbereiche, auf die gegenseitige Wertschätzung der jeweils ergänzenden Kompetenz sowie die notwendige und offensichtlich zwischenzeitlich akzeptierte enge Abstimmung und Verzahnung in der Abarbeitung der einzelnen Themen und Projekte. Das ist insofern spannend, weil in früheren Beiträgen häufig eine fehlende Zusammenarbeit beklagt wurde: „Marketing und IT agieren weiter getrennt. Die Bereitschaft, Hoheitswissen zu teilen, ist gering ausgeprägt" (Holzapfel 2016).

Die Einsicht, ein überzeugendes Kundenerlebnis könne nur über ein eng verzahntes, partnerschaftliches Zusammenspiel von Marketing und IT – und damit die Überwindung der früheren Silomentalität – entstehen, wird vor allem durch die Erkenntnis geprägt, dass Kunden mit den konkreten Erfahrungen anderer digitaler Geschäftsmodelle zunehmend anspruchsvoller geworden sind; wenn beispielsweise ein neuer Router durch den Logistikdienstleister an der Haustür des Kunden ausgeliefert wird, entsteht ein umfassender Kundennutzen vor allem darüber, wenn zum gleichen Zeitpunkt per Email die entsprechende Installationsanleitung zugestellt wird. Und ein solches integriertes Kundenerlebnis sollte nur über eine Verzahnung aller Prozesse möglich sein.

## 4 Wer sollte Prozess-Owner eines datengetriebenen Marketings sein?

Die Diskussion, wer in der Zusammenarbeit zwischen Marketing und IT im Lead stehen sollte, zeigt unzweifelhaft, dass auch in einem solchen neuen Prozess das Marketing die finale Entscheidungskompetenz übernehmen sollte. Denn auch wenn der IT-Bereich mit der Digitalisierung eine deutlich höhere Bedeutung erlangt hat – mit der Konsequenz, dass in vielen Unternehmen zwischenzeitlich zwei verschiedene IT-Ebenen mit einem Team für Standardanwendungen und einem weiteren für strategische Entwicklungen entstanden sind – kann die Verantwortung für einzelne Marketingmaßnahmen aus Sicht der Experten nur in dem Bereich liegen, der das Geschäftsmodell verantwortet: „Die IT kann hier maximal ein Enabler sein, der Driver muss zwingend aus dem Business kommen" oder „…natürlich verfügt die IT über hohe Methodenkompetenz, die Kompetenz über das Geschäftsmodell ist jedoch eine ganz andere…" sind zwei in diesem Zusammenhang gesammelten Zitate. Die Etablierung dieser Leadfunktion scheint jedoch ein fließender, lern- und erfahrungsabhängiger Prozess zu sein, denn in den Gesprächen wurden Aussagen wie „…das ist sowohl Reifegrad- wie Größen-abhängig…" oder „…das ist derzeit noch eine Sowohl-als-auch-Situation" getroffen.

Wichtig für das enge, vertrauensvolle und integrierte Zusammenspiel von Marketing und IT, und damit der Überwindung der früheren Silomentalität, ist nicht nur die gegenseitige Wertschätzung der jeweiligen Kompetenzen, sondern insbesondere auch die gute Verständigung über eine gemeinsame Sprache. Krämer und Burgartz (2022) nennen dies Adlerblick statt Tunnelblick. Denn nicht nur, dass die jeweiligen Vertreter über unterschiedliche Mentalitäten, Hintergründe und Persönlichkeiten verfügen – auch die Sprache und die inhaltlichen Kompetenzen zeigen sich in der unternehmerischen Praxis hoch unterschiedlich. Das bedeutet zum einen, dass sich Marketer ein Mindestmaß an

Fachwissen zur Methodik und Verständnis von IT-Projekten, -Prozessen und Daten zulegen müssen; zum anderen heißt dies aber auch, dass in der jeweiligen Organisationskultur das Zusammenspiel der beiden Bereiche gelernt werden muss. In diesem Austausch dürfen keine Kommunikationsbarrieren entstehen. Daraus resultierende Frustration auf beiden Seiten könnte die Kluft zwischen beiden Parteien eher noch vergrößern, anstatt sie schließen zu lassen (so auch Erlebach o. J.).

Spannend in diesem Zusammenhang ist die Erkenntnis, dass die Gesprächspartner darauf verweisen, wie die IT-Verantwortlichen gerade in handelsgeprägten Unternehmen mit teilweise zwei unterschiedlichen Bereichen im Austausch stehen; auf der einen Seite mit dem Marketingteam für die strategische Positionierung und die generelle Kommunikation, auf der anderen Seite aber auch mit den Verantwortlichen für die Webshop-Aktivitäten, die mit ihrer unmittelbaren Umsatzverantwortung nochmals andere Ansprüche stellen, als dies aus dem – in diesem Wirtschaftsbereich etwas fokussierteren – Marketing entsteht. Wie Hensel-Börner et al. (2018) beschreiben, entsteht hier ein weiteres organisatorisches und prozessuales Gestaltungsfeld, das mit klaren Aufgaben und Verantwortlichkeiten zu definieren ist.

In der öffentlichen Diskussion um Daten ist in den letzten Jahren verstärkt auch die Frage der Datensicherheit entstanden – und damit die Verpflichtung von Unternehmen, personenbezogene Daten vor deren unerlaubte Erhebung, Verarbeitung und Weitergabe unbedingt schützen zu müssen. In diesem Zusammenhang ist eine Vielzahl von Verordnungen und juristischen Notwendigkeiten wie die Datenschutzgrundverordnung (DSGVO) oder die Regelungen für Opt-in-Verfahren entstanden, die gerade für das digitale Marketing klare Regeln beinhaltet.

Die Frage, ob damit gegebenenfalls die Rechtsabteilung die Ownership über den Prozess übernehmen muss, wird von den hier interviewten Experten klar verneint. Die Begründung wird in der notwendigen Kompetenz gesehen, das Geschäftsmodell mit dem Anspruch gestalten zu müssen, einen unbedingten Mehrwert für den Kunden zu erarbeiten. Und genau diese Fähigkeit – mit allen ihren strategischen, konzeptionellen und kreativen Notwendigkeiten – sehen die Experten im Marketing.

In diesem Zusammenhang ist auf das „Privacy-Paradoxon" hinzuweisen – und damit auf den Widerspruch, dass Konsumenten immer weniger möchten, dass Unternehmen ihre Daten nutzen (Norberg et al. 2007). Gleichzeitig wünschen sie sich jedoch ein deutlich besseres und individuelleres Konsumerlebnis. Dies ist in der Welt der Daten aber nur möglich, wenn Unternehmen die Informationen über das bisherige Einkaufs- bzw. Userverhalten dafür nutzen, um darauf aus der Analyse heraus das eigene Angebot für den Kunden zu verbessern. Dies bedeutet, dass einerseits gerade Neu-Kunden ihre Daten nicht weitergeben wollen, andererseits sie einen höheren Kundennutzen empfinden und sich als Stammkunde viel mehr wertgeschätzt fühlen, wenn sie individualisiert angesprochen werden. „Dem Kunden scheint es im Sinne einer sozialen Erwünschtheit antrainiert worden zu sein, für den Datenschutz zu sein" (Kreutzer 2022) – auch wenn er selbst die positiven Effekte daraus zieht: „Als Netflix-User möchte ich genau die Filme empfohlen bekommen, die meine eigenen Präferenzen berücksichtigen. Was er wünscht, und was er sagt, sind zwei verschiedene Aussagen – des gleichen Kunden. Im Extremfall könnte eine solche Datenschutzdiskussion dazu führen, dass sich im Marketing aus datenschutzrechtlichen Gründen ein ‚Zurück zur Gießkanne' ergeben könnte".

## 5   Datengetriebenes Marketing – Anwendungsfeld eher für die Neukundengewinnung oder für die Bindung der Stammkunden?

Dass das datengetriebene Marketing vielfältige Möglichkeiten und Anwendungsfelder aufweist, dürfte unumstritten sein. Die Anwendungsfelder bestehen in allen Kernbereichen des Marketings, so in der Produkt-, Preis-, Kommunikations- und Distributionspolitik, jedoch werden die Potentiale derzeit als noch nicht annähernd ausgeschöpft bewertet (Halfmann 2022, S. 8 – siehe auch hier aktuelle Anwendungsbeispiele im Marketing). Es stellt sich aber durchaus die Frage, ob die datengetriebenen Anwendungen im Marketing-Mix eher die Bindung der Stammkunden intensivieren sollten oder ob damit eher der Erfolg von Neukundengewinnungsmaßnahmen forciert werden sollte. In der hierzu geführten Diskussion wird von nahezu allen Experten bestätigt, dass analytische, datengestützte Maßnahmen die enorme Chance eröffnen, die eigenen Kunden über die Analyse ihres tatsächlichen Verhaltens noch besser kennenzulernen und damit noch gezielter zu bearbeiten. Denn gerade die in diesem Zusammenhang häufig genannten Unternehmen wie Amazon oder ABOUT YOU machen es vor: Aus dem aktuellen Suchverhalten werden direkt und in Echtzeit ergänzende Kauf- und Sortimentsvorschläge generiert, die erhebliche Cross-Selling-Umsätze ermöglichen, aufgrund der empfundenen Kundenrelevanz die Kundenbindung erhöhen und damit ganz wesentlich zum Erfolg dieser Geschäftsmodelle beitragen (Krämer 2018).

Und dieses Potential sehen die Experten damit auch als unmittelbare Chance für die Optimierung der Marketingmaßnahmen in anderen Unternehmen. Einzige Ausnahme in den Gesprächen ist ein Vertreter der Mobilfunkindustrie – allerdings wird in der Diskussion deutlich, dass dort das „Sortiment" zumeist „nur" der Einzelvertrag ist, weshalb sich dieses Geschäftsmodell ganz anders darstellt als bei den handelsgeprägten Unternehmen, die im deutlich stärkeren Wettbewerb vor allem über eine Intensivierung ihrer Kundenbeziehungen Chancen für weiteres Wachstum sehen. Insofern die klare Aussage: Die Pflege der Bestandskunden steht immer vor dem Versuch, weitere Neukunden zu gewinnen – selbst wenn sich über die Analyse des Verhaltens der aktuellen Kunden natürlich auch Insights für die Gewinnung von Neukunden ableiten lassen: „In der Untersuchung der Daten müssen immer erst die eigenen Kunden analysiert und verstanden werden, wer sie genau sind, welche Nutzenelemente sie erwarten, über welchen Weg sie im Rahmen der Customer Journey gewonnen wurden und welchen Wert sie für das Unternehmen schaffen. Mit diesem Wissen können Neukunden dann umso besser angesprochen werden" (Kreutzer 2022). Der Weg zum Neukunden führt demzufolge über ein besseres Verständnis für die Bestandskunden.

## 6 Automatisierung und künstliche Intelligenz – in der unternehmerischen Praxis bereits angekommen?

In der aktuellen medialen Berichterstattung rund um die Digitalisierung im Marketing erfährt auch das Themenfeld der Automatisierung mit Inhalten wie künstlicher Intelligenz, Chatbots usw. derzeit eine hohe Aufmerksamkeit. Denn gerade bei den großen und bekannten digitalen Geschäftsmodellen wie Amazon gilt die Automatisierung als wichtiger Erfolgs- und Effizienzfaktor. Insofern interessierte die Autoren, ob dieses Thema in der unternehmerischen Praxis tatsächlich bereits angekommen ist.

Grundsätzlich sehen auch die befragten Experten das enorme Potential dieses Themenfeldes; denn gerade bei der für die Bindung von Stammkunden so wichtigen Weiterentwicklung des Marketings vom „One-to-many" zum „One-to-one" sehen alle Experten die enormen Chancen eines digitalen Marketings – und zwar insbesondere für die Wirtschaftsbereiche, die über einen unmittelbaren Zugriff auf die Daten ihrer Endkunden verfügen. Und das gilt insbesondere für handelsgeprägte Unternehmen, die eine Vielzahl von Kundenbeziehungen direkt managen können und für eine noch intensivere Kundenbeziehung auch müssen.

Gleichzeitig wird der Automatisierung ein enormes Potential für eine Intensivierung der Kundenbeziehung – im Tenor dieses Buches in der Kundenbindung – gesehen. Die Empfehlungsleistung genau in den Sortimentsbereichen und Produktgruppen, für die der Kunde in seinem aktuellen Kaufverhalten eine hohe Affinität zeigt, noch weitere Umsätze erzielen zu können, wird als größtes Potential betrachtet.

Allerdings: Unsere Gesprächspartner bekennen offen, dass dieses Thema aktuell eher erst bei größeren Unternehmen angekommen ist; kleinere und mittelgroße Unternehmen scheinen aktuell noch mit den Grundlagen in der Vernetzung der verschiedenen Datenbestände beschäftigt zu sein. Dies bestätigt die Behauptung von Halfmann (2022, S. 8), dass „datengetriebenes Marketing speziell in Deutschland noch am Anfang steht."

## 7 Datengetriebenes Marketing und kreatives, strategisch-konzeptionelles Denken: wirklich ein Spannungsfeld?

Daten und Kreativität – strukturiertes, auf Daten gestütztes Handeln versus kreatives, strategisch-konzeptionelles Denken: Stehen diese beiden Themenfelder in einem Widerspruch zueinander oder können bzw. müssen sich diese beiden Themenfelder im aktuellen Umfeld nicht sogar gegenseitig ergänzen? Wie sollten Marketer mit diesen beiden – in der unternehmerischen Praxis häufig als gegenläufig wahrgenommenen und sich damit aus Sicht von manchen Marketingspezialisten sogar behindernden (adverity 2022) – Aspekten umgehen?

Die diesem Beitrag zur Verfügung stehenden Experten sehen in den beiden Themenfeldern keinen Widerspruch – im Gegenteil: Mit ihrem jeweiligen Erfahrungshintergrund liefern sie überzeugende Begründungen, dass Daten und Kreativität nicht im

Wettstreit miteinander stehen, sondern ganz wichtige Aspekte sind, die sich inhaltlich, konzeptionell und prozessual sogar gegenseitig ergänzen können. Einigkeit besteht bei den Experten darin, dass die Bedeutung von Daten massiv gestiegen ist, insbesondere in der unumkehrbaren Notwendigkeit, eine steigende Zahl eigener Entscheidungen immer stärker über eine grundlegende Datenanalyse sauber zu fundieren und in der Umsetzung abzusichern. Gleichzeitig kann – und möchte – datengetriebenes Marketing die kreativ-strategisch-konzeptionelle Arbeit des Marketings jedoch nicht ersetzen: Denn in einem deutlich intensivierten Wettbewerb ist die strategisch-konzeptionelle Fundierung einer Marketingkonzeption oder sogar eines Geschäftsmodells – und damit einer kraft- und wirkungsvollen Differenzierung gegenüber anderen bestehenden Ideen oder Geschäftsmodellen – wichtiger denn je. „Auch wenn es sich bei den aktuell viel diskutierten, sich hoch dynamisch entwickelnden Start-Ups um digitale, datenbasierte Geschäftsmodelle handelt, die jeweilige Grundidee ist nicht aufgrund von Daten entstanden" bringt es in diesem Zusammenhang einer der diesem Beitrag zugrunde liegenden Expertengespräche auf den Punkt.

Insofern stellen die Experten einen wichtigen Unterschied heraus zwischen strategisch-konzeptionellen Themenfeldern, in denen kreative, eher qualitativ fundierte Ideen benötigt werden, und der sauberen, eher taktischen Abarbeitung der täglich notwendigen und regelhaften Aufgaben und Maßnahmen. Denn immer mehr operative und täglich durchzuführenden taktische Maßnahmen basieren unmittelbar auf den Ergebnissen gezielten Datenanalysen und -vernetzungen:

- So wissen Marketingentscheider, dass die Kundenerwartungen massiv gestiegen sind und in der Ansprache bzw. im Verkauf statt der früheren „Massenabfertigung" (Dufft 2015, S. 84) in der heutigen Zeit Angebote erwarten, die auf ihre individuellen Bedürfnisse und Vorlieben zugeschnitten sind.
- Dem Marketing ist ebenfalls bewusst, dass in der immer kritischeren und gleichzeitig eng vernetzten Welt die Erfahrungen anderer Kunden in vielen Situationen die wichtigste Entscheidungsbasis geworden ist – so wird die konkrete Kaufentscheidung im Webshop vielfach über einen Blick auf die Empfehlung anderer Kunden abgesichert.
- Und schließlich ist auch bekannt, dass Konsumenten in ihrer selbstverständlichen Nutzung aller Kanäle eines Unternehmens eine enge Vernetzung dieser erwarten, um nicht nur das Informationsbedürfnis hinsichtlich Warenverfügbarkeit, Preise, Versandstatus etc. zu befriedigen, sondern gleichzeitig eine konsistente kanalübergreifende Kundenerfahrung erleben zu können.

Daten sind in der heutigen Welt also zum einen eine notwendige Basis, um den Erwartungen und Bedürfnisse der Konsumenten noch besser zu entsprechen. Gleichzeitig – so die Erfahrung unserer Experten – helfen Daten in der Umsetzung von Marketingmaßnahmen, um diese effektiver wie auch effizienter nutzen zu können. Dass Daten dabei nicht notwendigerweise zum obersten Primat des Handelns werden, stellt

Strauß heraus: „Marketing-Tech. kein Selbstzweck, sondern ein Enabler, um die eigenen Aufgaben noch besser zu erledigen" (Strauß 2022). Zwischen den beiden Themenfeldern „Daten" und „Strategie" besteht damit „keine Oder-, sondern eine Und-Verbindung". Die Bezüge zur übergreifenden strategischen Konzeption und zur notwendigen Optimierung im Tagesgeschäft stellt auch eine Gesprächspartnerin aus dem Handelsumfeld wie folgt heraus: „Man braucht zwingend eine kreativ-konzeptionelle Idee zur generellen Abgrenzung im Wettbewerb, Daten helfen dann aber in der Umsetzung der Maßnahmen, um diese effektiv wie effizient nutzen zu können".

## 8   Konsequenzen für ein neues Marketing Set Up

„Wie gestaltet sich im digitalen Zeitalter die Zusammenarbeit zwischen Marketing und IT – ist das eher eine Liebesehe oder nur eine Zwangsehe?" – so lautet die zentrale Frage- und Themenstellung zur Erstellung des vorliegenden Kapitels. Um darauf Antworten zu finden, wurden nicht nur spezifische Quellen analysiert, sondern insbesondere eine Befragung unter Experten aus verschiedenen Bereichen durchgeführt. Im zentralen Ergebnis wird – erwartungsgemäß – bestätigt, dass in der digitalen Welt Marketing und IT untrennbar miteinander verbunden sind. Und diese Situation wird sich aus den folgenden Gründen kaum ändern:

Der Wettbewerb hat sich massiv gewandelt. Unternehmen werden heute mit einer Vielzahl neuer, vielfach aus dem digitalen Umfeld getriebener Geschäftsmodelle konfrontiert, die nicht nur andere – mit den neuen Möglichkeiten der Digitalisierung nunmehr datenbasierte und damit viel präziser aussteuerbare – Kommunikations- und Interaktionsmöglichkeiten nutzen, sondern auch prozessual ihr gesamtes Marketing deutlich zielgerichteter auf ihre eigentlichen Kunden ausrichten. Dabei wird es nicht nur möglich, die eigenen Budgets deutlich effizienter und effektiver einzusetzen – gleichzeitig kommt man mit einem solchen datengetriebenen Ansatz dem Ziel eines auf den einzelnen Endkunden ausgerichteten Kommunikations- und Marketingansatzes deutlich näher.

Mit der Digitalisierung hat sich parallel mindestens ebenso stark das Anspruchsniveau der Kunden verändert. Zum einen ist dies zurückzuführen auf die Erfahrungen der Kunden mit den neuen digitalen – und im Ergebnis für viele traditionelle Wettbewerber dann disruptiv wirkenden – Geschäftsmodellen. Zum anderen kann dies durch die Erfahrungen der Kunden im aktiven online Such-, Nutzungs-, und Interaktionsmodus begründet werden. Kunden sind damit nicht nur deutlich besser informiert als jemals zuvor, sie erwarten darüber hinaus auch, dass die traditionellen Wettbewerber die innovativen Services und Bedienqualitäten der neuen digitalen Geschäftsmodell für sich übernehmen.

Auf diese neue Situation müssen sich alle Marktteilnehmer einstellen; mit der Konsequenz, dass gerade das Marketing sämtliche Maßnahmen deutlich datengetriebener umsetzen muss. Und zwar nicht nur, um das gestiegene Erwartungsniveau bezüglich einer kundenindividuellen Angebotsführung, einer vollumfänglichen Omnichannel-Vernetzung aller Kanäle und Kontaktpunkte sowie einer Echtzeit-Reaktionsmöglichkeit in den sozialen Medien einfach nur erfüllen zu können, sondern darüber hinaus, um seine Kunden mit eigenständigen, im Wettbewerbsvergleich differenzierenden Maßnahmen auch begeistern zu können.

Um diese anspruchsvolle Situation beherrschen zu können, wird die enge, vertrauensvolle und sich gegenseitig stützende Zusammenarbeit von Marketing und IT zu einem notwendigen Pflichtthema; mit Blick auf den Kunden und seine Erwartungen gibt es keine Alternative mehr zum datengetriebenen, auf präzisen Analysen beruhendem Marketing. Auf den ersten Blick scheint die Zusammenarbeit damit also eher eine rationale Vernunftentscheidung zu sein, ähnlich einer Zwangsehe.

Wenn das Marketing den Markt jedoch aktiv mit eigenständigen Akzenten gestalten, seine eigenen Kunden mit bisher nicht bekannten und inhaltlich relevanten Maßnahmen begeistern und sich mit einzigartigen Kampagnen vom Wettbewerb abheben möchte, dann sollte es die Zusammenarbeit mit IT bewusst kultivieren und die sich daraus ergebenden Möglichkeiten als enorme Chance wertschätzen. Aus einer einfach nur notwendigen, für manche Marketers sogar lästig erscheinenden Auseinandersetzung mit Daten, kann das Marketing damit für das Unternehmen wieder eine deutlich aktivere Gestaltungsrolle übernehmen; mit erfolgversprechenden, über präzise Datenanalysen klar fundierten Maßnahmen, kann das Marketing seine Relevanz auch im Zusammenspiel mit den Salesbereichen deutlich forcieren. In der Analogie zur privaten Ehebeziehung wäre eine solche Form der Zusammenarbeit im aktuellen Umfeld eine Idealbeziehung – und damit die Chance für eine echte Liebesehe.

Eine solche Zusammenarbeit wird in der Praxis jedoch nur dann funktionieren, wenn diese mit einer glaubwürdigen, überzeugten und kompetenzgestützten Überzeugung in einem echten Schulterschluss gelebt wird – mit einem Mind Set, in dem alle digitalen Projekte in einen Gesamtkontext gestellt sind und in dem ein gemeinsames Verständnis für die technologischen Anforderungen und notwendigen Maßnahmen hergestellt ist (Dufft 2015). Unabhängig davon, dass eine solche umfängliche Fokussierung der internen Prozesse und Entscheidungen vom Topmanagement mitgetragen werden muss – die Digitalisierung des Marketings ist keine einzelne Projektentscheidung eines isolierten Fachbereichs, sie ist eine Entscheidung, die das gesamte Geschäftsmodell prägt. Die notwendigen Kompetenzen muss sich das Marketing aneignen, eine interne Aus- und Weiterbildung der eigenen Marketingmannschaft ist unumgänglich, und muss auch bei der Auswahl zukünftiger Marketers-Nachwuchskräfte mehr als bisher darauf achten. Aber auch die IT-Mannschaft muss sich auf die kreativ-strategische Denkweise der Marketers einlassen und versuchen, diese nachzuvollziehen. Nur wenn beide sich gegenseitig aufeinander einstellen und im Schulterschluss eng zusammenarbeiten, wird eine Liebesehe funktionieren – wie im wahren Leben: Wenn sich zwei Partner vertrauensvoll aufeinander einlassen und ihre jeweiligen Kompetenzen harmonisch ergänzend einbringen, wird aus einem einfachen Paar häufig ein Traumpaar.

## Interviewpartner

Bausch H (2022) Bausch IT Consulting, Interview am 15.6.2022
Duppel C (2022) CMO, Rotkäppchen-Mumm, Interview am 25.5.2022
von Jagemann I (2022) Bereichsvorstand Digital/CEO, Lidl Digital Trading, Schwarz Unternehmensgruppe, Interview am 16.6.2022
Kreutzer RT (2022) Professor Marketing, HWR Berlin Hochschule für Wirtschaft und Recht, Interview am 14.4.2022
Nilles M (2022) Chief Digital & Information Officer, Henkel AG & Co. KGaA Düsseldorf, schriftliche Beantwortung der Fragen am 14.7.2022
Plenge C (2022) Bereichsleiter Digitale Strategie und Kommunikation, Messe Düsseldorf, Interview am 11.5.2022
Strauß R (2022) Präsident Deutscher Marketing Verband Düsseldorf, Interview am 16.5.2022

## Literatur

adverity (2022) The Evolving Role of the Modern CMO. https://www.adverity.com/resources/research-evolving-role-of-the-modern-cmo. Zugegriffen: 26. Juli 2022
Bradt G (2016) Wanamaker Was Wrong – The Vast Majority of Advertising Is Wasted. https://www.forbes.com/sites/georgebradt/2016/09/14/wanamaker-was-wrong-the-vast-majority-of-advertising-is-wasted/. Zugegriffen: 10. Aug. 2022
Deutscher Marketing Verband (2022) European Marketing Agenda 2022, On the Way to... Data-Driven. Omnichannel Marketing, Düsseldorf
Dufft N (2015) Marketing und IT im digitalen Zeitalter: Liebesheirat statt Zwangsehe! In: Schwarz T (Hrsg), Big Data im Marketing, Chancen und Möglichkeiten einer effektiven Kundenansprache. Haufe, Freiburg München, S 82 ff
Erlebach W (o. J.) Marketing und IT müssen eine Sprache sprechen. https://www.digbiz-leader.media/post/warum-marketing-und-it-eine-sprache-sprechen-müssen. Zugegriffen: 10. Aug. 2022
Eul M, Keil R (2020) Die Rolle des CIO wird komplexer. https://www.cio.de/a/die-rolle-des-cio-wird-komplexer,3625036. Zugegriffen: 27. Juli 2022
Flicke F, Kontio C (2018) Darum werden Finanzchefs wichtiger. https://www.handelsblatt.com/unternehmen/leasing/chief-financial-officer-darum-werden-finanzchefs-immer-wichtiger/23242552.html?ticket=ST-439251-Y3DnKF9Y0NY5nbpr3NJS-ap5. Zugegriffen: 27. Juli 2022
Graesch J P, Hensel-Börner S, Henseler J (2021) Information technology and marketing: an important partnership for decades, Zugriff am 7.9.2022 unter https://www.emerald.com/insight/content/doi/10.1108/IMDS-08-2020-0510/full/html. Zugegriffen: 07. Sept. 2022
Halfmann M (2022) Marketing Analytics – Trend oder Zukunft? In: Halfmann M, Schüller K (Hrsg) Marketing Analytics. Springer Gabler, Wiesbaden, S 3–14
Hensel-Börner S, Schmidt-Ross I, Merkle W (2018) Digitale Transformation, Erweiterung der Zusammenarbeit zwischen Marketing und Sales um einen dritten Player. Mark Rev St Gallen 3:20–25
Holzapfel F (2016) IT und Marketing gehören zusammen. https://www.springerprofessional.de/marketingstrategie/produktstrategie/it-und-marketing-gehoeren-zusammen-/10025500. Zugegriffen: 07. Sept. 2022
Krämer A (2018) Customer Centricity und deren Monetarisierung am Beispiel Amazon Prime. Mark Rev St Gallen 35(4):13–20
Krämer A, Burgartz T (2022) Kundenwertzentriertes Management. Springer, Wiesbaden

Kreutzer RT (2021) Toolbox für Digital Business, Leadership, Geschäftsmodelle, Technologien und Change-Management für das digitale Zeitalter. Springer Gabler, Wiesbaden

Kreutzer RT, Land K-H (2016) Digitaler Darwinismus, Der stille Angriff auf ihr Geschäftsmodell und ihre Marke. Springer Gabler, Wiesbaden

Meffert H (2018) Marketing heute – Status und Perspektiven. In: Bruhn M, Kirchgeorg M (Hrsg) Marketing weiterdenken. Zukunftspfade für eine marktorientierte Unternehmensführung. Springer Gabler, Wiesbaden, S 17–24

Norberg PA, Horne DR, Horne DA (2007) The privacy paradox: Personal information disclosure intentions versus behaviors. J Consum Aff 41(1):100–126

Pförtsch W, Sponholz U (2019) Das neue Marketing-Mindset. Management, Methoden und Prozesse für ein Marketing von Mensch zu Mensch. Springer Gabler, Wiesbaden

Rentz I (2019) Ohne Marke keine Performance, Horizont Nr. 44/2019 vom 30.10.2019, S 17

Saal N (2022) Telekom-Digitalchef wechselt als CMO zu Allianz Direkt. https://www.horizont.net/marketing/nachrichten/nils-stamm-telekom-digitalchef-wechselt-als-cmo-zu-allianz-direct-200007?utm_source=%2Fmeta%2Fnewsletter%2Fnewslineextra&utm_medium=newsletter&utm_campaign=nl46888&utm_term=9038a1f988c1d263b774f640590faad9. Zugegriffen: 02. Aug. 2022

Weber M (2019) Im Sturm den Kompass verloren. Kontakter 16:6–10

**Prof. Dr. Wolfgang Merkle** ist Professor für Marketing & Management an der UE – University of Europe for Applied Sciences in Hamburg sowie Inhaber von ‚Merkle. Speaking. Sparring. Consulting.' Davor war er über 25 Jahre als CMO, Bereichsvorstand, Geschäftsführer und Direktor bei Tchibo, Galeria Kaufhof, ZARA, Massimo Dutti und Otto tätig.

**Prof. Dr. Regine Kalka** ist seit 2003 Professorin für Marketing und Kommunikation an der Hochschule Düsseldorf und ist seit 2018 Mitglied des Hochschulrates. Zuvor war sie Geschäftsbereichsleiterin bei einer deutschen Messegesellschaft sowie Senior Consultant bei einer internationalen Unternehmensberatung. Ihre Forschungsschwerpunkte liegen im Bereich Pricing, Messemanagement und Markenmanagement und ist in diesen Bereichen auch Autorin zahlreicher Publikationen.

# Mobilfunkverträge – Kundenbeziehungsrisiken und kundenspezifische Preisgestaltung

Andreas Krämer

## Inhaltsverzeichnis

| | | |
|---|---|---|
| 1 | Die Rolle des Preises bei der Entscheidung für den Mobilfunk-Anbieter | 168 |
| | 1.1 Flatrates, Preistransparenz und Preissensitivität | 168 |
| | 1.2 Beeinflussung der Preiswahrnehmung durch preisoptische und -taktische Maßnahmen | 170 |
| 2 | Zum Status quo: Wie hoch ist die Kundenloyalität und die Weiterempfehlungsabsicht? | 172 |
| | 2.1 Mobilfunk – auf dem Weg zum gesättigten Markt | 172 |
| | 2.2 Generation Z: Eine besonders illoyale Kundengruppe | 174 |
| | 2.3 Trotz Verbesserungen in der Customer Experience: Der Anteil nicht überzeugter Kunden bleibt hoch | 175 |
| 3 | „Überzogene" Fokussierung auf das Neukunden-Marketing und die Konsequenzen für das Kundenwertmanagement | 176 |
| | 3.1 Das Ende des Fencings von Neu- und Bestandskunden | 176 |
| | 3.2 Treiber für die Loyalität- bzw. Weiterempfehlungsabsicht: Der preislich faire Umgang mit dem Kunden | 179 |
| | 3.3 Kundenwertigkeit und die Verfügbarkeit individueller Daten | 181 |
| 4 | Fokus auf die Themen Preisfairness und Kundenwertigkeit | 182 |
| | Literatur | 183 |

A. Krämer (✉)
exeo Strategic Consulting AG, Bonn, Deutschland
E-Mail: andreas.kraemer@exeo-consulting.com

© Der/die Autor(en), exklusiv lizenziert an Springer Fachmedien Wiesbaden GmbH, ein Teil von Springer Nature 2023
A. Krämer et al. (Hrsg.), *Stammkundenbindung versus Neukundengewinnung*,
https://doi.org/10.1007/978-3-658-40363-8_9

> **Zusammenfassung**
>
> Die Preissensitivität im Mobilfunkbereich hat in den letzten Jahren nicht nur deshalb zugenommen, weil die Anbieter in der Wahrnehmung der Nutzer immer austauschbarer werden, sondern auch, weil mit den häufig angebotenen Flatrates die Vergleichbarkeit von Angeboten für die Entscheider erhöht wurde. Nehmen Kunden zudem eine inkonsistente Preisbildung des Anbieters wahr, führt dies zu einer Beeinträchtigung der Kundenzufriedenheit mit entsprechend negativen Abstrahleffekten für die Weiterempfehlung und die Bereitschaft zur längerfristigen Bindung der Kunden. Geringe Kundenloyalität geht oftmals einher mit einem geringen Preisvertrauen. Der Verlust der Vertrauenswürdigkeit ist durch die Anbieter selbst verschuldet, wenn sie Neukunden durch attraktive Tarife anlocken, während Bestandskunden in Alt-Tarifen verweilen und gleichzeitig die besseren Neukunden-Tarife wahrnehmen. Nur wenn diese Abhängigkeiten valide in entsprechende Kundenwertmodelle einbezogen werden, ist eine klare, eindeutige Ausrichtung und Balance im Neu- und/oder Bestandskunden-Management, basierend auf quantitativen Ergebnissen, möglich.

## 1 Die Rolle des Preises bei der Entscheidung für den Mobilfunk-Anbieter

„Anbieter verändern ständig ihre Tarife – und nicht immer teilen sie ihren Bestandskund:innen das bisher mit. So bleibt manche:r in einem teuren Alt-Tarif, während es beim Anbieter längst günstigere Konditionen gibt und ein Wechsel leicht möglich wäre." – Verbraucherzentrale (2022)

### 1.1 Flatrates, Preistransparenz und Preissensitivität

Während im Bereich von Laufzeit-Tarifen derzeit im Wesentlichen Flatrates für Mobilfunk-Telefonie (in Verbindung mit Volumentarifen für die Internetnutzung) angeboten werden und dies für viele Konsumenten gefühlt „immer schon so war", hat die Mobilfunkindustrie vor allem in der sehr dynamischen Startzeit der 90er-Jahre des vergangenen Jahrhunderts häufig mit zweigeteilten Tarifen, später dann auch mit Volumen-Tarifen (Kontingent von z. B. 500 Gesprächsminuten pro Monat) gearbeitet. Die Anbieter haben in dieser Phase aus einem guten Grund keine Flatrates angeboten, und zwar weil diese wegen des nicht steuerbaren Konsums vor allem ein Kostenrisiko darstellten (erheblich sprungfixe Kosten beim Erreichen von Kapazitätsgrenzen). Der spätere Erfolg von Flatrates ist auch damit zu erklären, dass im Mobilfunkmarkt zuvor für den Verbraucher eine schier unübersehbare Anzahl unterschiedlicher Tarife im Angebot war. Diller (2000) weist in diesem Zusammenhang vor allem auf die Bedeutung der Preistransparenz hin („bei Mobilfunkangeboten (schlägt) insbesondere die Übersichtlichkeit und die Verständlichkeit der Preisinformationen, also die Preistransparenz, zu Buche"). Gerade Frust und die Unsicherheit der Konsumenten, sich möglicherweise für einen nicht dem eigenen Bedarf entsprechenden Tarif entschieden zu haben, sind Treiber für den Wunsch nach einem einfachen, für jeden verständlichen Tarif. Mit dem Angebot BASE hat E-Plus in 2006 den Versuch unternommen, einen großen Schritt auf die Verbraucher zuzugehen. Angeboten wurde eine Flatrate, die sich auf das Festnetz und das E-Plus-Funknetz bezog (sogenannte Teil-Flatrate). Damit war ein entscheidender Schritt für das Etablieren von Flatrates in dieser Industrie getan. Der starke Kundenzuwachs von E-Plus veranlasste die anderen großen Anbieter, mit entsprechenden Wettbewerbsangeboten „nachzuziehen". Tatsächliche (unbeschränkte) Flatrates wurden ab Anfang 2007 angeboten. Zwischenzeitlich setzte sich auch die Erkenntnis durch, dass nicht wenige Verbraucher eine starke Präferenz für eine Flatrate hatten, obwohl sie mit einem anderen Tarif insgesamt hätten günstiger telefonieren können. Dieser „Flatrate Bias" wird häufig als vorteilhaft für die Unternehmen angesehen (Heidenreich et al. 2008), vor allem dann, wenn die Anbieter kurzfristig mehr Umsatz per Kunde generieren und die Tarifgestaltung keinen negativen Einfluss auf die Haltbarkeit der Kunden hat. Perspektivisch interessant ist die Bewertung der Autoren zur weiteren Preisentwicklung: „Somit ist auch im Mobilfunkbereich vorstellbar, dass die 75 EUR teure BASE 5 Flatrate in naher Zukunft durch preisgünstigere Varianten ersetzt bzw. von der Konkurrenz durch preisgünstigere Varianten ergänzt und somit ein breiteres Kundensegment durch echte Flatrate angesprochen wird" (vgl. Heidenreich et al. 2008, S. 101). Wenige Jahre später waren Flatrates nicht nur der Standard, sondern bereits zu weniger als der Hälfte des oben genannten Preises im Markt verfügbar. Aber: Flatrates wirken nicht nur über den Preis. Klar ist, dass der Nutzungspreis je Einheit mit zunehmendem Konsum abnimmt (nicht-lineare Preisbildung). Damit verbunden ist aber ein hoher Komfort- oder Potenzialnutzen. Dies wiederum hat weitere Konsequenzen. Diller und Ivens (2007) verweisen dabei auf einen vielfach unterbewerteten Effekt bei Pauschalpreisen: Die Preiszufriedenheit steigt und mit ihr die Kundenbindung. Später setzte sich der Preisverfall fort: So bot der Anbieter 1&1 in 2016 eine Dreifach-Flatrate für mobiles Telefonieren, SMS und Internet zum monatlichen Betrag von 12,50 EUR an (9,99 EUR für die ersten 12 Monate, 14,99 für die zweiten 12 Monate).

Getrieben wird diese Entwicklung durch eine starke Homogenisierung des Angebots, d. h. Konsumenten nehmen weniger Unterschiede in den Leistungsqualitäten der Anbieter wahr. Mittelfristig führt dies zur Commoditisierung des Marktes (Pick 2014). In Kombination mit einer Preisbildung, die auf Pauschalangebote setzt, ergibt sich eine besondere Verschärfung des Wettbewerbsdrucks, weil Verbraucher nicht nur die Anbieter als zunehmend ähnlich ansehen, sondern weil Flatrates auch, wenn möglicherweise keine vollständige, aber eine recht hohe Preistransparenz mit sich bringen (wie der nächste Abschnitt verdeutlicht, versuchen die Anbieter – mit begrenztem Erfolg – selbst bei Flatrates eine Preisintransparenz aufzubauen). In Summe führt dies zu einer zunehmenden Preissensitivität im Markt. Kunden haben folglich verstärkt hohe normative Preisdiscounterwartungen. Nach Pick (2014) erwarten vier von fünf Kunden Preisnachlässe für ihre Rückkehr zu einem früheren Telekommunikationsanbieter.

## 1.2 Beeinflussung der Preiswahrnehmung durch preisoptische und -taktische Maßnahmen

Im Rahmen der Verhaltensökonomie wird in den letzten Jahren intensiver diskutiert, welchen Einfluss die Preisdarstellung bzw. zusätzliche Informationen auf die Beurteilung von Preisen haben (Krämer 2020). Daher ist ein besonderer Forschungsschwerpunkt der Untersuchungsreihe Pricing Lab – eine Kooperationsstudie von exeo und Rogator – die Überprüfung von Preiswahrnehmungseffekten beim Bewerben neuer Angebote. In der Erhebung aus dem Juni 2019 wurde die zu diesem Zeitpunkt aktuelle Anzeige der Deutschen Telekom zum Angebot MagentaMobil S getestet (Hercher und Krämer 2019). Viele Anbieter waren zu dieser Zeit dazu übergegangen, bei Laufzeit-Verträgen die ersten Monate niedriger zu bepreisen als die nachfolgenden und den niedrigeren Preis optisch besonders herauszustellen. Konkret basierte das Angebot MagentaMobil S darauf, dass die ersten 3 Monate 19,95 EUR kosteten, danach wurden für 21 Folgemonate je Monat 36,95 EUR fällig. In der Kommunikation wurde ein Preis „ab 19,95 EUR/Monat" in den Vordergrund gestellt. Zusätzlich wurde die Werbeanzeige innerhalb der Studie per experimentellem Ansatz variiert. Unabhängig von der Variation der Präsentation ergibt sich eine kritische Preisimage-Bewertung. Hierbei zeigte sich ein Zusammenhang, der in der Studienreihe häufig erkennbar wurde. Die aktuellen Ausgaben bzw. der bisher gezahlte Preis dient als Preisanker, den die Verbraucher heranziehen, um ein neues Angebot preislich einzuordnen (Furnham und Boo 2011). Daher spielt es eine Rolle, dass 70 % der Mobilfunkkunden zum Zeitpunkt der Erhebung weniger als 20 EUR pro Monat im Rahmen ihres Mobilfunkvertrages ausgegeben haben. In dieser Gruppe ist die Beurteilung der Anzeige besonders kritisch. Wie im Rahmen des Experimentaldesigns nachgewiesen werden konnte, lässt sich die Preiswahrnehmung der Verbraucher durch Veränderung der Preispunkte (19,95 EUR für den ersten Monat, 35,47 EUR für die 23 Folgemonate) erkennbar verbessern, ohne dass der Gesamtpreis (836 EUR für 24 Monate) verändert wird (Hercher und Krämer 2019), wobei die Wirkungen vergleichsweise gering sind. Ergo: Die Verbraucher haben im Prinzip eine gewisse Erwartung zum günstigen oder akzeptablen Preis. Wird dieser nicht erreicht, entsteht auch kein Kaufimpuls. Zusätzlich bestehen aber Möglichkeiten, durch eine optimierte Preisoptik (in begrenztem Maße) Einfluss auf das Verbraucherurteil zu nehmen. Diese (begrenzte) Rationalität wird auch erkennbar, wenn die Ergebnisse des Preisanzeigen-Tests zu MagentaMobil S mit Werbeanzeigen der Konkurrenten aus dem Mobilfunkbereich verglichen werden, die im Preisbereich von 10 bis 15 EUR pro Monat liegen und im Rahmen früherer Wellen des Pricing Labs bewertet wurden. Es handelt sich dabei um ein Angebot von Tchibo aus 2017 und von 1&1 aus 2016 (vgl. Abb. 1). Der direkte Kontrast der Imageprofile offenbart, relativ bewertet, ein sehr kritisches Verbraucherurteil zur Telekom-Preisanzeige, wie anhand folgender Punkte erkennbar wird:

# Mobilfunkverträge – Kundenbeziehungsrisiken ...

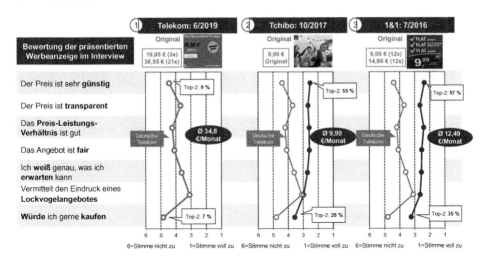

**Abb. 1** Verbraucherbewertung der im Pricing Lab getesteten Werbeanzeigen aus dem Mobilfunkbereich

- Preisgünstigkeit: Einer Top-2-Bewertung der Telekom-Anzeige (9 %) stehen erheblich höhere Werte bei den älteren Konkurrenzangeboten gegenüber (>50 %). Offensichtlich orientieren sich die Verbraucher bei der Bewertung des Telekom-Angebotes auch nicht nur am Eckpreis 19,95 EUR. Der mittlere Preis pro Monat über die gesamte Laufzeit liegt schließlich bei 34,80 EUR, ist also fast doppelt so hoch wie der beworbene Preis.
- Mindestens so eklatant sind die Unterschiede bei der zweiten wichtigen Preisimage-Dimension, dem Preis-Leistungs-Verhältnis (Preiswürdigkeit). Entsprechende Unterschiede sind nicht nur statistisch signifikant, sondern haben auch eine sehr große Effektstärke, also inhaltliche Relevanz. Die Mittelwerte der Verbraucherurteile weichen hier teilweise 1,5 bis 2 Skalenpunkte voneinander ab. Umgerechnet beträgt das relative Delta damit teilweise mehr als 30 % (Lind 2012 bezeichnet Werte ab einer Schwelle von 10 % als relevant). Zur Bewertung der Effektstärke lässt sich auch Cohen's d heranziehen. Bei einem Mittelwertunterschied von 2 Skalenpunkten und einer Standardabweichung von 1,5 liegt Cohen's d bei 1,33 (ein großer Effekt wird üblicherweise oberhalb von 0,8 gesehen).
- In allen drei Tests erhält das Statement, die Werbeanzeige würde den Eindruck eines Lockvogelangebotes erzeugen, eine relativ hohe Zustimmung. In diesem Punkt werden keine eklatanten Unterschiede sichtbar. Dies ist möglicherweise durch ein tief verwurzeltes Misstrauen der Verbraucher bei entsprechenden Preisanzeigen von Mobilfunkanbietern erklärbar. Über die konkrete Anzeige hinaus hatte sich bei vielen Verbrauchern eine Skepsis verbreitet, verbunden mit der Befürchtung, die effektiv

in Rechnung gestellten Kosten würden sich von den beworbenen Preisen deutlich absetzen.
- Die bekundeten Kaufbereitschaften (Top-2-Werte) liegen bei der Anzeige der Deutschen Telekom (7 %) bei einem Viertel bzw. Fünftel der Vergleichsanzeigen. Auch hier werden erhebliche Unterschiede deutlich. Zu erklären ist dies dadurch, dass die Konsumenten möglicherweise nicht exakt die monatlichen Kosten für ihren Mobilfunkkonsum präsent haben, aber zumindest eine grobe Vorstellung besitzen. Wenn zusätzlich die Erwartung besteht, beim Wechsel des Anbieters einen zusätzlichen Rabatt zu erhalten, wird es für die Deutsche Telekom herausfordernd, ein deutliches Preis-Premium zu erzielen.

Wesentliche Grundannahme des Behavioral Pricing ist, dass die Preisbeurteilung in der Regel relativ, also im Vergleich zu einem Referenzpreis gebildet wird (vgl. Mazumdar et al. 2005). Dieser kann intern (im Kopf des Konsumenten verankert) oder extern sein (vgl. Homburg und Koschate 2005). Im Rahmen der Preisanzeigen wird ein externer Preisanker genutzt, um die Preisbeurteilung zu beeinflussen („ab"-Preis). Die eigenen Studienergebnisse legen nahe, dass Verbraucher sich bei der Preisbeurteilung primär durch interne Preisanker (= aktuell entstehende Kosten pro Monat) leiten lassen. Es gilt demzufolge auch hier: „Interner Referenzpreis schlägt externen Referenzpreis" (Krämer 2018).

Die heute häufig genutzten Flatrates erleichtern dem Nutzer nicht nur die Entscheidung für ein konkretes Angebot, wenn alle Anbieter gleichermaßen Flatrates anbieten und die Leistungen zusätzlich ähnlich erscheinen (→ erhöhte Transparenz gegenüber einem Szenario mit nutzungsbasierten Preisen, z. B. mit einer Grundgebühr und einem Minutenpreis) sondern wirken auch auf eine erhöhte Preissensitivität hin. Insofern bietet diese Tarifform „Licht und Schatten" für die Anbieter. Um den Preisdruck nicht weiter zu forcieren, versuchen die Anbieter in ihrer Kommunikation die Leistung in den Vordergrund zu stellen. So werben Anbieter beispielsweise mit der Netzabdeckung bzw. mit dem „besten Netz" und mit erweiterten Leistungsumfängen (hier steht das Datenvolumen im Fokus, das aktuell im Mobilfunk eher als Kontingent- denn als Pauschalpreis angeboten wird).

## 2 Zum Status quo: Wie hoch ist die Kundenloyalität und die Weiterempfehlungsabsicht?

### 2.1 Mobilfunk – auf dem Weg zum gesättigten Markt

Wie Deloitte (2019) feststellt, hat bereits vor der Corona-Pandemie eine Stagnationsphase bei der Verbreitung von Smartphones eingesetzt. Das Jahr 2019 markiert damit das Ende einer bemerkenswerten Dekade des Wachstums. Gleichzeitig wird damit aber auch klar: Wenn Anbieter neue Kunden gewinnen möchten, dann geschieht das im Prinzip durch Abwanderung von der Konkurrenz. Gleichzeitig haben sich in den vergangenen Jahren die regulatorischen Rahmenbedingungen dahingehend verändert, dass es für abwanderungswillige, unzufriedene Kunden leichter möglich wird, den Anbieter zu wechseln. Vor dem Hintergrund dieser speziellen Marktveränderungen argumentieren Calvo-Porral und Lévy-Mangin (2015): „Since our findings show low switching costs, mobile service providers should focus their marketing efforts toward attracting new customers and increasing the primary demand, rather than retaining their existing customers." Die Autoren treffen damit exakt den in These 1 aus Kap. 1 formulierten Zusammenhang, Wachstum sei nur über Neukunden möglich. Dies ist insofern bemerkenswert, als dass die Argumentation, es sei leichter, gewinnbringender und strategisch sinnvoller, sich im Marketing auf Bestandskunden zu konzentrieren (Bell et al. 2002) und ein Wachstum über Bestandskunden sei profitabler als über Neukunden (Reichheld et al. 2021), auf „den Kopf gestellt" wird. In älteren Abhandlungen zum Beispiel zum Anbieter Vodafone findet sich noch ein anderer Tenor (vgl. Harrach 2003), wenn ein „Handeln auf dem Loyalty-Cycle von Reichheld" beschrieben wird. Das eingängige Narrativ dazu könnte wie folgt lauten. Erstens: Es besteht ein erhebliches Potenzial wechselwilliger Kunden im Mobilfunkbereich. Zweitens: Die Hürden, den Anbieter zu wechseln, sind gering, wenn eine Wechselabsicht besteht. Und drittens: Da viele Anbieter im Prinzip in der Wahrnehmung der Verbraucher austauschbar erscheinen, lassen sich Neukunden über den Preis (als differenzierenden Faktor) gewinnen, während viele Bestandskunden eher träge sind und bestehende Verträge (mit schlechten Konditionen) verlängern.

Zu einer ähnlichen Konsequenz kommt Ranaweera (2007), wobei die Argumentation eher über die Kundenwertigkeit geführt und dabei infrage gestellt wird, dass langjährige Stammkunden einen höheren Kundenwert aufweisen als Neukunden. In der Interpretation der Studienergebnisse wird darauf verwiesen, diese seien ein wichtiger Warnhinweis für Unternehmen, die ihre Marketingstrategien mit dem grundlegenden Ziel des Aufbaus und der Pflege langfristiger Kundenbeziehungen formulieren oder sogar glauben, dass langfristige Kunden mit einer positiven Einstellung grundsätzlich profitable Kunden sind.

In den eigenen Studienreihen wurde die Loyalität von Mobilfunk-Kunden mehrfach untersucht, so dass Ergebnisse auch im Rahmen einer Zeitreihenanalyse miteinander in Verbindung gebracht werden können. Besondere Untersuchungsfelder sind dabei die Customer Experience, die Weiterempfehlungsabsicht sowie die Neigung, die bestehende Vertragsbeziehung fortzusetzen.

Vor dem Hintergrund einer verschärften Wettbewerbssituation scheint es, als könnten die führenden Mobilfunkanbieter deutlich mehr in Richtung Kundenbindung tun. Im Mittel geben im März/April 2022 ca. 15 % der Befragten mit Laufzeitvertrag an, den Mobilfunkanbieter in den nächsten Monaten wechseln zu wollen (in den Vormessungen 2019 und 2017, also vor der Corona-Krise, lagen die Vergleichswerte auf einem ähnlichen Niveau). Hinzu kommen Anteile in gleicher Größenordnung für Fälle, bei denen die Fortsetzung der Kundenbeziehung beim aktuellen Mobilfunk-Vertragspartner nicht sicher ist. Insgesamt kann also von etwa 70 % der Kunden angenommen werden, dass sie loyal zum Anbieter sind, ein eher moderates Niveau. Korrespondierend dazu konstatieren

Shamsudin et al. (2015): "Findings of the research suggest that the level of customer loyalty is still at moderate level" – ein Befund, der auch durch andere empirische Studien bestätigt wird (Alqahtani und Farraj 2016).

## 2.2 Generation Z: Eine besonders illoyale Kundengruppe

In puncto Kundentreue zeigt sich in der eigenen Studie in 2022 für den deutschen Mobilfunkmarkt eine erhebliche Altersabhängigkeit. Während in der Altersklasse <30 Jahre der Anteil loyaler Kunden bei nur 59 % liegt, sind es bei den 60+-Jährigen fast 80 % (vgl. Abb. 2). Diese Zusammenhänge ließen sich auch bereits in den Vormessungen feststellen.

Während in 2019 noch bei Telefónica (O2) und Vodafone die geringsten Anteile an loyalen Kunden gemessen wurden, hat sich das Bild zumindest für Telefónica (O2) deutlich verbessert. Unter den großen Anbietern erreicht Telefónica (O2) in der aktuellen Messung den höchsten Anteil loyaler Kundschaft (77 %), gefolgt von der Deutschen Telekom (74 %). Vodafone (70 %) und 1&1 (62 %) fallen hier ab. Bereits in der Messung vor Ausbruch der Corona-Krise waren die Ergebnisse für Vodafone problematisch – daran hat sich offensichtlich wenig geändert. Auffallend in der aktuellen Messung: 35 % der Vodafone-Kundschaft und 36 % der 1&1-Kundschaft vermuten, anderen Kunden würden bessere Preise angeboten. Besagte Anbieter zeichnen sich demzufolge nicht nur durch einen geringeren Grad an Kundenbindung aus, sondern gleichzeitig durch ein geringes Preisvertrauen. Das Gefühl, andere Kunden würden bessergestellt, ohne dass das Unternehmen klare Gründe dafür nennen könnte, die der Kunde akzeptiert, treibt den Kunden im Extrem in die „Paranoia".

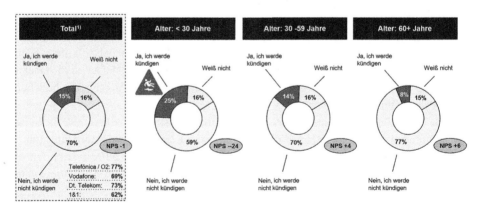

1) Beabsichtigen Sie, in den nächsten Monaten Ihren Mobilfunkanbieter zu wechseln?

**Abb. 2** Mobilfunkmarkt in Deutschland: Kündigungsabsicht nach Altersklassen (% der Befragten mit Laufzeitvertrag, Mrz./Apr. 2022)

Bei spezieller Untersuchung der Konsumenten bis einschließlich 26 Jahre (allgemeinhin auch als Generation Z bezeichnet), sind folgende Besonderheiten im Kontrast zu anderen Altersgruppen in Hinblick auf die Kundenbeziehung in Bezug auf Mobilfunkanbieter zu nennen:

- Reduzierte Weiterempfehlungsabsicht (höchster Anteil an Detraktoren; d. h. Bewertung 0–6 auf einer 11-Punkte-Skala, und geringster Anteil Promotoren, d. h. Bewertung 9 und 10).
- Reduziertes Preisvertrauen und erhöhte Preisunsicherheit (überdurchschnittliche Zustimmung zu den Aussagen „Ich habe das Gefühl, dass andere Kunden einen besseren Preis bekommen haben" und „Bei meinem Anbieter werden Neukunden besser behandelt als Stammkunden").
- Stärkste Nutzung des Smartphones bei der Nutzung sozialer Medien bzw. beim Streaming von Musik oder Videos, d. h. besonders hohes Interesse an einer leistungsstarken mobilen Internetverbindung.

## 2.3 Trotz Verbesserungen in der Customer Experience: Der Anteil nicht überzeugter Kunden bleibt hoch

In den Befragungsergebnissen kommen zudem sehr fragmentierte Kundenbedürfnisse zum Ausdruck, auf die bereits Calvo-Porral und Otero-Prada (2021) verweisen. Die Ergebnisse ihrer Studie zeigen, dass die Nutzer von Mobilfunkdiensten nicht als homogene Gruppe beschrieben werden sollten, da verschiedene Nutzer mit unterschiedlichen Verhaltensweisen koexistieren. Die Autoren beschreiben vier verhaltensbasierte Segmente im Bereich der mobilen Dienste: „Service-Kenner", „unbeteiligte Pragmatiker", „potenzielle Wechsler" und „begeisterte Loyale", wobei die „potenziellen Wechsler" die größte Herausforderung für Mobilfunkunternehmen darstellen. Dieses Segment hat in der eigenen Studie einen Anteil an allen Mobilfunk-Kunden von etwa 30 %. Die Wechselabsicht des Kunden kann definiert werden als der „mentale Ausstieg" oder die Entscheidung des Kunden, den Vertrag mit einem bestimmten Dienstleistungsunternehmen zu beenden – in der eigenen Studie wird diese Risikogruppe um diejenigen Verbraucher erweitert, die sich unschlüssig sind, ob sich eine Fortsetzung der Kundenbeziehung lohnt (auch diese befinden sich zumindest in einem Zustand des Zweifelns). Die Expectancy Confirmation Theory lässt sich heranziehen, um die Entscheidung von Kunden, zu wechseln oder loyal zu bleiben, zu erklären (Liao et al. 2017). Diese Theorie unterstellt, Kunden würden die Produkt- oder Leistungs-Performance mit ihren vorherigen Erwartungen vergleichen. In der Folge stellt sich Zufriedenheit oder Unzufriedenheit ein, die wiederum zur Loyalität oder zu einem Wechsel führt (Gray et al. 2017). Die Wechselabsicht der Kunden wird demzufolge einerseits getrieben durch die Unzufriedenheit der Kunden mit der Dienstleistung, andererseits aber auch durch die Wahrnehmung des relativen Vorteils von Alternativen. Offenbar ist es in der Gruppe der jüngeren Nutzer besonders schwer für die Anbieter, Kundentreue zu erzeugen. So beschreibt López-Fernández (2020) die Millennial-Konsumenten als weniger preissensibel in Bezug auf Produktattribute, wobei diese dem ethischen Konsum den Vorzug vor einem günstigen Preis geben. Dies deutet auf jeden Fall auf die Möglichkeit, diese Zielgruppe nicht nur primär über den Faktor Preis anzusprechen.

In einem verstärkten Wettbewerb versuchen die Anbieter, mit dem steigendem Anspruchsniveau der Verbraucher mitzuhalten. Dies ist insbesondere im Mobilfunkbereich der Fall, bei dem sich die Gerätenutzung vom Telefonieren, über das Schreiben von Textnachrichten bis zum Video-Streaming weiterentwickelt hat – die Nutzer erhalten über die Zeit immer mehr Leistung und zahlen dafür tendenziell weniger. In einigen Bereichen gelingt es den Anbietern, die Performance während der letzten Jahre zu steigern. So liegt die Zustimmung zur Aussage „Mein Mobilfunkvertragspartner bietet Angebote, die passend zu meinen Bedürfnissen sind" in 2022 bei 58 % (Ablehnung 5 %), insgesamt eine deutliche Verbesserung gegenüber der Vormessung in 2019. Verbesserungen sind auch in der Customer Experience festzustellen. So sieht z. B. jeder zweite Kunde eine gute Erreichbarkeit des Anbieters gegeben, wenn Fragen bestehen (Ablehnung 7 %).

War bei den Messungen vor Ausbruch der Corona-Pandemie eine Verschlechterung in punkto Weiterempfehlungspotenzial festzustellen, ist aktuell eine Verbesserung zu beobachten. Der Net Promoter Score (NPS) stellt die Differenz zwischen dem Anteil der Verbraucherinnen und Verbraucher dar, die ihren Mobilfunkanbieter weiterempfehlen, und dem Anteil derer, die keine Empfehlung abgeben (Wertebereich −100 bis +100, vgl. Reichheld und Teal 1996). Das beste Ergebnis erzielt hier im Mrz./Apr. 2022 die Deutsche Telekom (NPS: 6), die beste relative Entwicklung ist für den Anbieter Telefónica (O2) auszumachen, der damit Konkurrent Vodafone überholt. Zu beachten ist auch: Telefónica (O2) erreicht in puncto wahrgenommenes Angebot bedürfnisgerechter Produkte (63 % Zustimmung) bessere Werte als Vodafone (50 %) und Telekom (54 %).

Wie dieser Abschnitt zeigen konnte, besteht unter den Nutzern von Mobilfunkdiensten in Deutschland eine signifikante Bereitschaft, den Anbieter zu wechseln. Nicht beantwortet ist damit die Frage, ob die bestehenden Rahmenbedingungen eher eine Forcierung des Neukunden- oder Bestandskunden-Marketings nahelegen.

## 3 „Überzogene" Fokussierung auf das Neukunden-Marketing und die Konsequenzen für das Kundenwertmanagement

### 3.1 Das Ende des Fencings von Neu- und Bestandskunden

Aus Sicht des Unternehmens erscheint es sinnvoll, Neukunden mit besonders attraktiven Angeboten und starken Rabatten anzusprechen, während Bestandskunden keine besonderen Vergünstigungen erhalten (Mahadevan 2010), sofern Neukunden in besonderem Maße auf den Faktor Preis reagieren und Bestandskunden gleichzeitig nicht tangiert werden. Auf diesen Sachverhalt weist die Verbraucherzentrale mit dem Statement zu Beginn des Kapitels hin. Hier liegt eine Informationsasymmetrie vor, die darin besteht, dass das Unternehmen die Preisdifferenzierung nicht nur kennt, sondern diese aktiv steuert. Demgegenüber sind diese Informationen nur wenigen Kunden bekannt. Im besten Fall (für das Unternehmen) erfährt der Bestandskunde davon nichts, während Neukunden durch einen vergünstigten Preis akquiriert werden. Übersehen wird dabei aber, dass ein kommunikatives Fencing der Neu- und Bestandskunden immer weniger möglich ist (Krämer und Burgartz 2022). Dies liegt an einer erhöhten Preistransparenz (die Flatrate-Angebote sind leichter vergleichbar), an einem stärkeren kommunikativen Austausch unterschiedlicher Kundengruppen z. B. über soziale Medien, bis hin zu veränderten Ansprüchen der Kunden in punkto sozialer Verantwortung der Unternehmen (Krämer et al. 2016). Ahearne et al. (2022) sehen als Treiber für veränderte „Buyer–Seller Interactions" zum einen technologische Veränderungen und zum anderen den Abbau von Informationsasymmetrien und führen aus: „Customer-to-customer (C2C) connections can take various forms, ranging from word-of-mouth to helping each other. Customers who leverage these connections are more informed about their alternatives and the prices paid by other customers." Entsprechende Untersuchungen, die die Abhängigkeiten zwischen Kundenakquise-Aktivitäten und Bestandskunden-Management beleuchten, sind rar und meist eher qualitativer Natur. Dong et al. (2011) sind hier besonders hervorzuheben. Die erforderliche Balance zwischen Hunting und Farming sprechen auch andere Autoren an, ohne aber speziell auf die Bedeutung des Preises einzugehen (vgl. Furman et al. 2021; Nijssen 2014).

Wiederholt zeigt sich, dass langjährige Vertragskunden kein Verständnis für die Marketingaktivitäten der Anbieter haben, wenn sie erkennen, dass Neukunden ihnen gegenüber bevorzugt werden. Die Zustimmung zur Aussage „Bei meinem Anbieter werden Neukunden besser behandelt als Stammkunden" von etwa 37 % (21 % sind nicht dieser Meinung) hat sich gegenüber der Vormessung leicht erhöht (vgl. Abb. 3). In der Gruppe der Personen, die einen Anbieterwechsel konkret planen, ist die Zustimmung mit 56 % besonders groß. Während Bestandskunden erwarten, dass sich Kundentreue auszahlt und sie für den Fortbestand der Vertragsbeziehung belohnt (oder zumindest nicht schlechter gestellt) werden, sehen viele Verbraucher stattdessen bei den Anbietern einen Marketing-Schwerpunkt bei der Neukundenakquise. Zusätzlich wird die Kundenbindung ausgehöhlt, wenn die Mobilfunknutzer den Eindruck haben, dass andere Kunden einen besseren Preis erhalten als sie selbst. Dies ist bei 28 % der Befragten der Fall. Doppelt so hoch ist dieser Anteil im Kundensegment der „Kündigungswilligen".

Wie dargestellt wurde, erkennen Kunden von Mobilfunkanbietern zunehmend Preisdifferenzierungen zwischen einzelnen Kundengruppen. Die sich anschließende Frage ist, welche Konsequenzen dies für die Kundenbeziehung hat. Wichtig ist in diesem Zusammenhang ein Verständnis für die Gefahr einer äußerst negativen Dynamik. Da viele Verbraucher für das Thema Preisdifferenzierung sensibilisiert sind (siehe stärkerer sozialer Austausch, Nichtakzeptanz bestimmten Formen des Preisdifferenzierung, wie z. B. Gender-Pricing, die zunehmend gesellschaftlich auf Ablehnung stoßen) werden

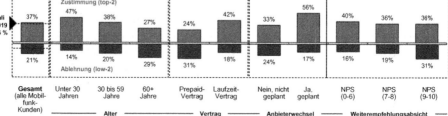

**Abb. 3** Statementbewertung zum Pricing im Mobilfunkbereich (% der Befragten, Mrz./Apr. 2022)

Unterschiede in der preislichen Behandlung auch häufiger aufgedeckt. Dies erinnert an die Mechanik einer „Selffulfilling Prophecy". Allerdings decken die Kunden etwas auf, was bereits Bestand hat: Eine differenzierte Preisbildung, die bisher wenig offenkundig war, wenige Kunden effektiv interessiert und aufgeregt hat. Unter den aktuellen Rahmenbedingungen ist das anders. Hinzu kommt, dass auch der Anbieter einen Einfluss auf diese Dynamik hat. Es kommt beispielsweise darauf an, wie Mitarbeiter im Servicekontakt zum Beispiel auf Rückfragen (zur differenzierten Preisbildung) reagieren oder in der Lage sind, diese – für den Kunden – plausibel zu erläutern. Dies ist sicher problematisch, wenn ein Bestandskunde

- sich nach einer möglichen Vertragsverlängerung erkundigt und dieser nach bestimmten Konditionen (z. B. Integration eines Smartphones in einen Laufzeitvertrag) fragt, er dann aber die Antwort erhält, dies sei nur für Neukunden möglich
- nach der Verfügbarkeit eines besonderen Angebotes fragt (von dem er über Freunde oder Familienangehörige erfahren hat), die Kontaktperson des Anbieters aber dieses Angebot nicht im System findet oder angibt, dieses Angebot sei nicht existent
- erkennt, dass ihm erst spezielle Rabatte angeboten werden, wenn er sich beim Anbieter mit einer klaren Kündigungsabsicht zu erkennen gibt.

Diese Liste ließe sich leicht um weitere Beispiele erweitern. Im Prinzip beschreiben diese Punkte allesamt Situationen, in denen ein Kernelement der Kundenbeziehung beschädigt wird: Das Vertrauensverhältnis zwischen Kunde und Anbieter.

Verschlimmert wird die Situation, wenn sich unter den Stammkunden der Eindruck verfestigt, Neukunden würden grundsätzlich preislich bessergestellt als Personen, deren

Vertrag schon länger läuft. In der Studie OpinionTRAIN von exeo und Rogator (Krämer und Hercher 2022) wurden die Befragten gebeten, von den eigenen Erfahrungen bezüglich der preislichen Behandlung von Neu- und Bestandskunden zu berichten. Etwa ein Drittel der Befragten nannten im Rahmen einer offenen Frage Beispiele, bei denen sie eine preisliche Besserstellung von Neu- gegenüber Bestandskunden erkannt haben. Hier wiederum spielt der Bereich Telekommunikation und insbesondere Mobilfunk eine starke Rolle. Neben allgemeinen Statements werden von den Studienteilnehmern immer wieder Branchenbeispiele genannt. Folgende Originalaussagen verdeutlichen dies:

- „Abschluss eines Handyvertrags. Neukunden bekommen immer einen besseren Vertrag!"
- „Bei einem auslaufenden Mobilfunkvertrag wird es für mich teurer, den Vertrag zu verlängern, als wenn ich diesen bei meinem Anbieter neu abschließen würde."
- „Bei (Anbieter) habe ich als Bestandskunde einen schlechteren Preis für ein Telekommunikationspaket bezahlt als Neukunden, für genau das gleiche Paket. Ich habe mich beschwert und wurde dann gleichgestellt."
- „Bei Mobilfunkanbietern erhält man keine guten Angebote als Stammkunde. Lediglich Neukunden werden gelockt mit guten Preisen."

Auch durch diese typischen Aussagen wird deutlich, dass die Kunden zwar den Einzelfall, also ihre ganz persönlichen Erfahrungen in den Vordergrund stellen, aber gleichzeitig eine gewisse Systematik in der Kundendifferenzierung beim Anbieter oder in der Branche unterstellen. Setzen sich derartige Regeln durch, wird die Kündigung oder die Androhung des Anbieterwechsels zur Grundüberzeugung eigentlich bindungswilliger Kunden. Kundenloyalität wird systematisch zerstört. Dabei ist die Kundenerwartung klar: Bei Kunden mit Laufzeitvertrag geben 48 % der Befragten an, Neu- und Bestandskunden sollten gleiche Preise erhalten, 37 % erwarten eine Besserstellung von Bestandskunden und nur 5 % präferenzieren eine Besserstellung von Neukunden (10 % „Weiß nicht").

## 3.2 Treiber für die Loyalität- bzw. Weiterempfehlungsabsicht: Der preislich faire Umgang mit dem Kunden

Die eigenen Studienergebnisse belegen für den Mobilfunkbereich, was Kasim und Abdullah (2008) wie folgt beschreiben: „… customer satisfaction and trust have direct positive effects on loyalty through word-of-mouth and intention." Beide Aspekte, die Dauer der Kundenbeziehung und das Potenzial zur Weiterempfehlung, sind zentrale Bestimmungswerte für den Kundenwert. Wie die eigenen Befragungsergebnisse erkennen lassen, sind sowohl die Loyalität als auch die Weiterempfehlungsabsicht getrieben durch die Wahrnehmung eines fairen Umgangs mit den Kunden. In einem Negativszenario ergeben sich folglich problematische Kausalketten der Kundenbeziehung, die Unternehmen eigentlich vermeiden sollten.

Bestandskunden erwarten, dass sich Kundentreue auszahlt und sie für den Fortbestand der Vertragsbeziehung belohnt werden. Sie sehen darin eine klare und eindeutige soziale Norm. Diese wird verletzt, wenn Verbraucher stattdessen eine intensive Neukundenakquise beobachten, deren Angebote das eigene Preisniveau eklatant unterlaufen. Im Worst Case fühlen sich hochwertige Stammkunden dann zur Kündigung genötigt. Shamsudin et al. (2015) weisen darauf hin, dass drei wesentliche Faktoren die Kundenbindung im Mobilfunkbereich bestimmen, und zwar die Servicequalität, die wahrgenommene Leistung und das Vertrauen. Beim Faktor Vertrauen handelt es sich um einen besonders komplexen Faktor, der auch das Preisvertrauen einschließt und eng mit anderen Facetten der Preiswahrnehmung, wie beispielsweise der Preisfairness verbunden ist. Dabei erfolgt der Aufbau von Vertrauen auf Kundenseite über einen Prozess, bei dem der Kunde einen fairen Preis angeboten bekommt, was dann dazu führt, dass der Kunde nach Vertragsabschluss nicht aktiv nach günstigeren Alternativen sucht und sich auf einen „fairen Deal" verlässt. Das Gefühl einer preislich fairen Behandlung führt in einer positiven kausalen Verknüpfung zu Kundenzufriedenheit und loyalem Kundenverhalten (Martın-Consuegra et al. 2007; Munnukka 2008). Möglicherweise ordnen die Anbieter der Bedeutung des Kundenvertrauens allerdings zu wenig Wertschätzung zu. Während sie große Anstrengungen auf sich nehmen, den Kunden eine möglichst ausgereifte und stabile Technik zur Verfügung zu stellen sowie die Kundenkontaktprozesse zu optimieren, um die Customer Experience direkt zu steuern und die Marke in den Vordergrund zu stellen, verlieren die Unternehmen die Vertrauensebene aus dem Fokus. Sie missverstehen, dass der Verlust von Vertrauen beim Kunden zu sehr emotionalen und heftigen Reaktionen führen kann.

In Abb. 4 werden die Studienergebnisse diesbezüglich zusammengefasst. Im linken Bereich ist dargestellt, wie sich die Bewertung der Weiterempfehlungsabsicht verteilt. Die 11 Skalenpunkte sind dabei verdichtet worden. Top-Bewertungen (9 und 10) werden nur von 31 % der Befragten vergeben. Insgesamt ist die Verteilung in der Altersgruppe <30 Jahre nach links verschoben. Jüngere Mobilfunknutzer sind weniger geneigt, den eigenen Anbieter an Freunde oder Bekannte zu empfehlen, Kundenzufriedenheit und die Kundenloyalität sind hier deutlich reduziert (vgl. auch Abb. 2 und 3). Auf der rechten Seite der Graphik ist der Zusammenhang zwischen der Weiterempfehlungsabsicht und der Kündigungsabsicht einerseits und dem Preisvertrauen andererseits illustriert. Höchste Anteile an Kunden, die klare Kündigungsabsichten artikulieren, gehen einher mit niedrigster Weiterempfehlungsabsicht und preislicher Irritation bzw. fehlendem Preisvertrauen der Kunden.

### 3.3 Kundenwertigkeit und die Verfügbarkeit individueller Daten

Im Bemühen Kundennähe, Kundenzufriedenheit und Kundenbindung in den Mittelpunkt der Marketingüberlegungen im Mobilfunkbereich zu stellen, ergeben sich offenkundig erhebliche Steigerungspotenziale im Markt. Nicht selten münden derartige

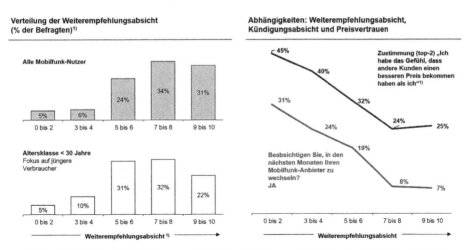

**Abb. 4** Weiterempfehlungsabsicht, Kündigungsabsicht und Preisvertrauen im Mobilfunkbereich

Überlegungen allerdings in dem falsch verstandenen Bemühen um „zero defections", also die Kundenabwanderung gezielt zu steuern und Richtung Nullpunkt zu bringen. Nicht nur bei diesem Aspekt sind Informationen zur Kundenwertigkeit erforderlich. Im Idealfall liegen für die Teildimensionen Value-to-the-customer und Value-of-the-customer Informationen vor (Krämer und Burgartz 2015). Die gesamten Aspekte sind eng verknüpft mit der Fähigkeit und Kompetenz der Unternehmen, kundenindividuelle Daten für Marketing und Vertrieb bereitzustellen.

Traditionell verfügt die Telekommunikationsindustrie über eine vergleichsweise gute Informationsbasis, die sie von vielen anderen Bereichen unterscheidet. Schließlich liegt nach Rams (2000) „der Beziehung zwischen Mobilfunkkunde und -anbieter während der Nutzungsphase eine ständige Nutzungs-Zahlungs-Beziehung zugrunde und damit eine regelmäßige Interaktion beider Marktparteien, die zudem vielfach durch einen Vertrag geregelt ist". Wenn also Hürden bestehen sollten, Marketing- und Vertriebsentscheidungen mittels Kundenwertanalysen abzusichern, dann kann ein Informationsdefizit nicht der Erklärungsfaktor dafür sein. Aufgrund der Datenlage zählen auch herausfordernde Analysen wie die Berechnung von Abwanderungswahrscheinlichkeiten für einzelne Kunden oder Kundensegmente, die gleichzeitig Grundlage für eine dynamisierte Kundenwertanalyse und Bestimmung des Customer Lifetime Value (CLV) ist, seit langem zu den Kernkompetenzen der Analytiker (Yan et al. 2004; Almana et al. 2014). Grundsätzlich sind auf dieser Grundlage auch vielfältige Möglichkeiten für Kundensegmentierungen denkbar, die sich für die Automatisierung der Kundenprozesse nutzen lassen (Bayer 2010). Dies gilt gleichermaßen für die von Krämer und Burgartz (2022) vorgeschlagene Value-to-Value-Segmentierung.

## 4 Fokus auf die Themen Preisfairness und Kundenwertigkeit

Im einleitenden Abschnitt wurde die Argumentation aufgebaut, dass unterschiedliche Faktoren dazu geführt haben, dass die Preissensitivität im Mobilfunkbereich in den letzten Jahren zugenommen hat. Einige Faktoren, wie die ansteigende wahrgenommene Ähnlichkeit der angebotenen Leistungen sind offensichtlich, andere sind weniger augenscheinlich. Dabei spielen auch die Tarifmodelle – wie die oftmals genutzten Flatrates – eine Rolle. Während im Preismanagement meist betrachtet wird, wie sich der Hebel Preis nutzen lässt, um die Anzahl von Mobilfunkverträgen zu steuern, spielt der Preis (oder besser gesagt die Preisdifferenzierung) auch eine Rolle in den weiteren Kundenbeziehungsphasen. Vor allem wird erkennbar, dass eine in der Wahrnehmung der Kunden inkonsistente Preisbildung des Anbieters zu einer Beeinträchtigung der Kundenzufriedenheit mit entsprechend negativen Abstrahleffekten für die Weiterempfehlung und die Bereitschaft zur längerfristigen Bindung der Kunden führen kann. Geringe Kundenloyalität geht oftmals einher mit einem geringen Preisvertrauen. Der Verlust der Vertrauenswürdigkeit ist durch die Anbieter selbst verschuldet, wenn sie Neukunden durch attraktive Tarife anziehen, während Bestandskunden in Alt-Tarifen verweilen. Der Gesetzgeber hat versucht, die bestehenden Defizite durch eine Verbesserung des Verbraucherschutzes zu reduzieren. So sind Mobilfunkanbieter durch das seit 1. Dezember 2021 vollständig modernisierte Telekommunikationsgesetz („TKG") u. a. verpflichtet, Kunden über den besten für sie möglichen Tarif zu informieren (§ 57 Absatz 3). Wie viel Kundenvertrauen durch den Passus „Sie befinden sich mit Ihrer Rufnummer mit Ihrer aktuellen Wahl im für Sie besten Tarif" entsteht, soll an dieser Stelle nicht weiter erörtert werden. Neben der verbesserten Information der Kunden soll die Flexibilität der Kunden und die Bedarfsgerechtigkeit erhöht werden.

Interessant sind vor dem Hintergrund auch die von der Deutschen Telekom zum 1. Juli 2022 eingeführten neuen Tarifmodelle, die das Unternehmen wie folgt beschreibt: „Im neuen Tarifportfolio legt die Hauptkarte fest, wie viel Datenvolumen jeder erhält. Die zweite Karte kostet grundsätzlich nur 19,95 EUR monatlich, jede weitere wird mit 9,95 EUR monatlich berechnet. Darüber hinaus wird die MagentaMobil PlusKarte Kids & Teens für Kinder und Jugendliche im Alter von 6 bis 17 Jahren angeboten, die immer 9,95 EUR monatlich kostet" (Wende 2022). Bewerben lassen sich so Ankerpreise von weniger als 10 EUR. Der Einstiegstarif (XS mit 5 GB) kostet dabei 34,95 EUR monatlich.

Vor dem Hintergrund der eigenen Studienergebnisse lässt sich eine erste Forderung formulieren, und zwar, dass (nicht nur) die Unternehmen im Mobilfunkbereich ihre Marketing- und Vertriebsaktivitäten im Allgemeinen und die preisliche Behandlung von Neu- und Bestandskunden im Speziellen durch die Betrachtung des Einflusses auf den generierten Kundenwert neu evaluieren und einordnen sollten. Eine zweite Forderung betrifft die Modellierung des Kundenwertes und die Abbildung der Interdependenzen zwischen Preisdifferenzierung (Neu- vs. Bestandskunden), der wahrgenommenen Fairness dieses Vorgehens durch die Kunden und der Weiterempfehlungs- und Kündigungsabsicht. Nur wenn diese Abhängigkeiten valide in entsprechende Kundenwertmodelle einbezogen werden, ist eine klare, eindeutige Ausrichtung und Balance im Neu- und/oder Bestandskunden-Management möglich.

## Literatur

Ahearne M, Atefi Y, Lam SK, Pourmasoudi M (2022) The future of buyer–seller interactions: a conceptual framework and research agenda. J Acad Mark Sci 50(1):22–45

Almana AM, Aksoy MS, Alzahrani R (2014) A survey on data mining techniques in customer churn analysis for telecom industry. Int J Eng Res Appl 4(5):165–171

Alqahtani SS, Al Farraj H (2016) Customer satisfaction with mobile services in telecommunication companies. Journal of Competitiveness Studies 24(3):128–144

Bayer J (2010) Customer segmentation in the telecommunications industry. J Database Mark Cust Strategy Manag 17(3):247–256

Bell D, Deighton J, Reinartz WJ, Rust RT, Swartz G (2002) Seven barriers to customer equity management. J Serv Res 5(1):77–85

Calvo-Porral C, Lévy-Mangin JP (2015) Switching behavior and customer satisfaction in mobile services: Analyzing virtual and traditional operators. Comput Hum Behav 49:532–540

Calvo-Porral C, Otero-Prada LM (2021) A profile of mobile service users in a mature market: from "uninvolved pragmatics" to "potential switchers". Spanish Journal of Marketing-ESIC, 25(3):425-445

Deloitte (2019) Global Mobile Consumer Survey 2019. Ergebnisse für den deutschen Mobilfunkmarkt. Zugegriffen: 12. Juli 2022 unter https://www2.deloitte.com/content/dam/Deloitte/de/Documents/technology-media-telecommunications/Global_Mobile_Consumer_Survey_2019_Studie_Deloitte_Deutschland.pdf

Diller H (2000) Preiszufriedenheit bei Dienstleistungen. Konzeptionalisierung und explorative empirische Befunde. Die Betriebswirtschaft 60(5):570–587

Diller H, Ivens BS (2017). Kundenbindung durch Preispolitik. In Bruhn M, Homburg C, Handbuch Kundenbindungsmanagement, Gabler

Dong Y, Yao Y, Cui TH (2011) When acquisition spoils retention: Direct selling vs. Delegation under CRM. Management Science 57(7):1288–1299

Furman E, Diamant A, Kristal M (2021) Customer acquisition and retention: a fluid approach for staffing. Prod Oper Manag 30(11):4236–4257

Furnham A, Boo HC (2011) A literature review of the anchoring effect. J Socio-Econ 40(1):35–42

Gray DM, D'Alessandro S, Johnson LW, Carter L (2017) Inertia in services: causes and consequences for switching. J Serv Mark 31(6):485–498

Harrach WV (2003) Kundenwertmanagement bei D2 Vodafone. In Günter B, Helm S, Kundenwert. Gabler Verlag, Wiesbaden, S 761–777

Heidenreich S, Huber F, Vogel J (2008) Flatrates und die Faszination grenzenlosen Konsums: eine empirische Studie in der Mobilfunkbranche. Springer

Hercher J, Krämer A (2019) Deutsche Telekom tut sich schwer mit MagentaMobil-Preiskampagne, Presseinformation v. 15.10.2019, Zugegriffen: 09. Juli 2022 unter https://www.rogator.de/deutsche-telekom-magentamobil-preiskampagne/

Homburg C, Koschate N (2005) Behavioral Pricing-Forschung im Überblick. Teil 2: Preisinformationsspeicherung, weitere Themenfelder und zukünftige Forschungsrichtungen. Z Betriebswirt 75(5):501–524

Kassim NM, Abdullah NA (2008) Customer loyalty in e-commerce settings: an empirical study. Electron Mark 18(3):275–290

Krämer A (2018) Bounded Irrationality – Chancen und Grenzen beim verhaltensbasierten Pricing. Marketing Rev St Gallen 35(2):102–110

Krämer A (2020) Preiskommunikation in Zeiten des „Behavioral Pricing". In: Kalka R, Krämer A (Hrsg) Preiskommunikation – Strategische Herausforderungen und innovative Anwendungsfelder. Springer, Wiesbaden, S 27–50

Krämer A, Burgartz T (2015) Customer value controlling – combining different value perspectives. Business and Management Studies 1(2):11–19

Krämer A, Burgartz T (2022) Kundenwertzentriertes Management. Springer Gabler, Wiesbaden

Krämer A, Hercher J (2022) Mobilfunk: Der unterschätzte Faktor Preisfairness. Die Studie „OpinionTRAIN 2022" untersucht die Wahrnehmung von Mobilfunkanbietern und den Grad der Kundenloyalität, Nürnberg, 11.07.2022

Krämer A, Tachilzik T, Bongaerts R (2016) Technology and disruption: how the new customer relationship influences the corporate strategy. In Khare A, Schatz R, Stewart B,, Phantom ex machina. Springer, Cham, S 53–70

Liao C, Lin HN, Luo MM, Chea S (2017) Factors influencing online shoppers' repurchase intentions: the roles of satisfaction and regret. Information and Management 54(5):651–668

Lind G (2012) Effektstärken: Statistische, praktische und theoretische Bedeutsamkeit empirischer Studien. Bibliothek der Universität Konstanz, Konstanz

López-Fernández AM (2020) Price sensitivity versus ethical consumption: a study of millennial utilitarian consumer behavior. J Mark Anal 8(2):57–68

Mahadevan J (2010) Wahrgenommene Preisfairness bei personenbezogener Preisdifferenzierung, Schriften zu Marketing und Handel.Bd 7, Frankfurt/M

Martín-Consuegra D, Molina A, Esteban A (2007) An integrated model of price, satisfaction and loyalty: an empirical analysis in the service sector. J Prod Brand Manag 16(7):459–468

Mazumdar T, Raj SP, Sinha I (2005) Reference price research: review and propositions. J Market 69(4):84–102

Munnukka J (2008) Customers' purchase intentions as a reflection of price perception. J Prod Brand Manag 17(3):188–196

Nijssen EJ (2014) Creating ambidextrous sales organizations by resolving the hunting– farming paradox. In conference; Presentation in research seminar series of management school of Radboud University Nijmegen; 2014-03-06; 2014-03-06

Pick D (2014) Die Rolle von Preiskenntnis und Preiserwartungen für das Kundenmanagement von Telekommunikationsanbietern. In: Commodity Marketing (S. 345–371). Springer Gabler, Wiesbaden

Rams W (2001) Status des deutschen Mobilfunkmarktes Ende des Jahres 2000. In Rams W, Kundenbindung im deutschen Mobilfunkmarkt. Deutscher Universitätsverlag, Wiesbaden, S 69–143

Ranaweera C (2007) Are satisfied long-term customers more profitable? Evidence from the telecommunication sector. J Target Meas Anal Mark 15(2):113–120

Reichheld F, Darnell D, Burns M (2021) Net Promoter 3.0 – Introducing earned growth, the accounting-based counterpart to the Net Promoter Score, HBR, October 18, 2021, Abruf unter https://hbr.org/2021/11/net-promoter-3-0

Reichheld FF, Teal T (1996) The loyalty effect: The hidden force behind growth, profits and lasting. Harvard Business School Publications, Boston

Shamsudin MF, Noor NAM, Hassim AA, Hussain HI, Salem MA, Hasim MA (2015) Factors lead to customer loyalty in Prepaid Mobile Services. Caspian Journal of Applied Sciences Research 4(10):1–9

Verbraucherzentrale (2022) Wichtige neue Kundenrechte für Telefon-, Handy- und Internetverträge. Bericht 24. März 2022, Zugegriffen: 09. Juli 2022 unter https://www.verbraucherzentrale.de/aktuelle-meldungen/digitale-welt/wichtige-neue-kundenrechte-fuer-telefon-handy-und-internetvertraege-65879

Wende D (2022) Neue MagentaMobil Tarife: Das beste Netz wird für die ganze Familie günstiger. Homepage der Deutschen Telekom v. 5.5.2022 https://www.telekom.com/de/medien/medieninformationen/detail/neue-magentamobil-tarife-1008606

Yan L, Wolniewicz RH, Dodier R (2004) Predicting customer behavior in telecommunications. IEEE Intell Syst 19(2):50–58

**Prof. Dr. Andreas Krämer** ist Vorstandsvorsitzender der exeo Strategic Consulting AG in Bonn und Direktor des Value Research Institute (VARI e. V.) in Iserlohn. Nach Studium der Agrarökonomie und anschließender Promotion arbeitete Andreas Krämer von 1996 bis 2000 bei zwei führenden internationalen Beratungsgesellschaften, bevor er in 2000 seine eigene Beratungsgesellschaft gründete. Von 2014 bis 2020 war er Professor für Pricing und Customer Value Management an der University of Europe for Applied Sciences in Iserlohn. Andreas Krämer ist Mitinitiator der Studien „Pricing Lab", „MobilitätsTRENDS" und „OpinionTRAIN" sowie Autor zahlreicher Fachaufsätze und mehrerer Bücher.

# Veränderte Sicht auf die Kundenbeziehungen im ÖPNV: Der Hamburger Verkehrsverbund (hvv)

Anna-Theresa Korbutt und Andreas Krämer

## Inhaltsverzeichnis

| | | |
|---|---|---|
| 1 | Ausgangssituation im hvv.................................................. | 2 |
| | 1.1 Besonderheiten des hvv............................................. | 2 |
| | 1.2 Allgemeine Überlegungen zur Kundenerfolgskette im ÖPNV................. | 3 |
| 2 | Spezielle Sicht des hvv: Die Relevanz von Stamm- und Neukunden vor Ausbruch der Corona-Krise............................................................ | 5 |
| | 2.1 Einnahmen- und Fahrten-Bedeutung von Stammkunden mit Zeitkarten.......... | 5 |
| | 2.2 Wirkungsweise von Flatrates (Zeitkarte und Abo) und das Problem fehlender Kundennähe..................................................... | 7 |
| | 2.3 Neukunden: Wie viele Neukunden kamen ins System ÖPNV, was waren Motive und Nutzungsbarrieren?............................................. | 7 |
| 3 | Was sich in der Corona-Pandemie getan hat: Veränderter Blick auf Stamm- und Neukunden.......................................................... | 8 |
| | 3.1 Probleme: Kontaktängste, eingeschränkte Mobilität und Homeoffice............ | 8 |
| | 3.2 Ansatzpunkte: Vom modernen Markenauftritt bis zu speziellen Tarifprodukten..... | 9 |
| | 3.3 Eine bundesweite Maßnahme: Das 9-Euro-Ticket......................... | 14 |
| 4 | Ausblick: Der Blick auf Stammkunden und Neukunden in der „Hochlaufphase" (nach Corona) und nach dem 9-Euro-Ticket....................................... | 18 |
| | Literatur................................................................. | 19 |

---

A.-T. Korbutt (✉)
Hamburger Verkehrsverbund, Bonn, Deutschland
E-Mail: korbutt@hvv.de

A. Krämer
exeo Strategic Consulting AG, Bonn, Deutschland
E-Mail: andreas.kraemer@exeo-consulting.com

© Der/die Autor(en), exklusiv lizenziert an Springer Fachmedien Wiesbaden GmbH, ein Teil von Springer Nature 2023
A. Krämer et al. (Hrsg.), *Stammkundenbindung versus Neukundengewinnung*,
https://doi.org/10.1007/978-3-658-40363-8_10

### Zusammenfassung

Die im ÖPNV tätigen Verkehrsunternehmen verfügen über einen Kundenzugang, den sich viele andere Unternehmen nur wünschen können: Es besteht ein direkter Kontakt zum Fahrgast, der Kunde ist Teil der Leistungserbringung, und es existiert eine Vielzahl von unterschiedlichen Kontaktpunkten. Trotz dieser vermeintlichen Kundennähe wurde schon weit vor der Corona-Pandemie eine fehlende Kundenorientierung im Nahverkehr beklagt. Dies liegt u. a. an der Tarifgestaltung. Die meisten Fahrten erfolgen durch Kunden mit Zeitkarten, die einerseits den ÖPNV intensiv nutzen, von denen andererseits wenige aktuelle Informationen vorliegen (Kundenbedürfnisse, Erfahrungen etc.). Die Konsequenzen blieben lange vage und unklar, werden aber mit Ausbruch der Corona-Krise überdeutlich. Am Beispiel des Hamburger Verkehrsverbundes (hvv) werden die konkreten Erfahrungen während der mehrjährigen Krise dargestellt und darüber hinaus Maßnahmen diskutiert, die mittels verbesserter Kundennähe und der damit aktivierbaren Kundenerfolgskette wieder zu Vorkrisenniveaus bei Einnahmen und Fahrten führen sollen.

## 1 Ausgangssituation im hvv

Bevor auf die einzelnen Schritte der Kundenerfolgskette eingegangen wird, zeichnet der erste Abschnitt ein kurzes Bild vom hvv. Die einzelnen Schritte in der Kundenerfolgskette werden danach in einem allgemeinen, für den ÖPNV in Deutschland gültigen Modell beschrieben. Der Startpunkt hierbei ist die Nähe zum Kunden.

### 1.1 Besonderheiten des hvv

Der Hamburger Verkehrsverbund ist der weltweit erste und somit älteste Verbund. Mit dem Motto „Ein Tarif, eine Fahrkarte, ein Fahrplan" gründeten vier Verkehrsunternehmen im Jahre 1965 den ersten Tarif- und Vertriebsverbund der Welt, der es erstmals ermöglichte, mit nur einem Ticket mehrere unterschiedliche Verkehrsträger verschiedener Unternehmungen zu nutzen.

Heute umfasst das Verbundgebiet das Hamburger Stadtgebiet und die umliegenden acht Kreise und Landkreise in Schleswig-Holstein und Niedersachsen mit insgesamt 3,7 Mio. Einwohnern auf 9693 km$^2$. Die 28 Verbundverkehrsunternehmen im hvv organisieren aufeinander abgestimmte Verbindungen auf einer Gesamtstreckenlänge von 15.192 km. Neben den 865 Schnellbahn-, Regionalverkehrs-, Bus- und Schiffslinien sowie den mehr als 10.000 Haltestellen stehen 4609 Fahrzeuge für einen leistungsfähigen Verbund zur Verfügung.

Im Jahr 2019 nutzten über 1 Mrd. Fahrgäste den hvv (1.080,8 Mio. Fahrgäste) – dies entsprach Ticketeinnahmen in Höhe von 861,2 Mio. €. Doch die Corona-Krise führte auch in der ÖPNV-Branche und somit im hvv zu einem massiven Einbruch in der Nachfrage. Teilweise fuhr der hvv nur mit einer Auslastung von 30 % mit vollem Angebot durch die harten Lockdown-Phasen.

Unter den Corona-Bedingungen des Jahres 2021 beförderte der hvv rund 678,4 Mio. Fahrgäste (63 % des Vor-Corona-Niveaus) und erwirtschaftete 660,4 Mio. € Einnahmen (79 % des Vor-Corona-Niveaus). Damit wird deutlich, dass der krisenbedingte Einbruch das Fahrtenvolumen stärker getroffen hat als die Umsätze. In Abb. 1 sind wichtige Kennziffern, die den hvv beschreiben, aber auch der neue Markenauftritt sowie die Stakeholder illustriert.

## 1.2 Allgemeine Überlegungen zur Kundenerfolgskette im ÖPNV

Im Zuge einer intensivierten Kundenorientierung sind Konzepte zur Schaffung von Kundenzufriedenheit und Kundenbindung in den Vordergrund des unternehmerischen Handelns gerückt (Andersen 1996; Stauss 1994; Krämer und Burgartz 2020). Für den ÖPNV zeichnet beispielsweise Bruhn (2013) eine Erfolgskette auf, die mit dem Erkennen und Befriedigen der Kundenbedürfnisse (basierend auf einer Analyse der Customer Touchpoints) beginnt und über eine Verbesserung von psychologischen Zielgrößen (z. B. Kundenzufriedenheit) und/oder Verhaltenswirkungen wie Kundenbindung und Weiterempfehlung bis zu positiven ökonomischen Wirkungen (Erhöhung des Kundenwertes) führt. Die dabei genutzten (CRM-)Strategien orientieren sich vorrangig am Kriterium der Marketingeffektivität (Schnäbele 1997; Karlöf 1999). Zur Bedürfnisbefriedigung wird in den letzten Jahren der Ansatz der Customer Centricity propagiert (Fader 2020), auch im Bereich des Servicesektors (Sachse 2013) und speziell im ÖPNV (Camacho et al. 2016; Lanjewar und Jolhe 2021).

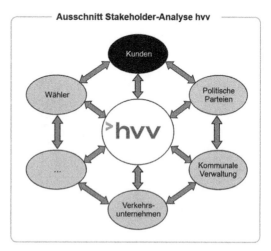

**Abb. 1** Information zum hvv, Markenauftritt und Stakeholder-Analyse

Diese Aspekte können in eine Erfolgskette aus Kundensicht überführt werden, die bei der Kundennähe startet und über die Schritte Kundenzufriedenheit und -loyalität zum Einfluss auf den Kundenwert führt (vgl. Abb. 2). Übertragen auf den ÖPNV am Beispiel von Stammkunden (wie z. B. Besitzer einer Zeitkarte im Abonnement/Abo) stellen Krämer et al. (2021a, b) dar, welche Informationen zur Steuerung der Erfolgskette durch die Verkehrsunternehmen zur Verfügung stehen. Es zeigt sich, dass trotz physischer Nähe zum Kunden nur wenig Kundennähe im Sinne von Informationsbereitstellung besteht. In der Regel geht die Kenntnis über den Kunden nicht über Kauf- und Adress-Daten hinaus. Nutzungsdaten werden im Rahmen von Marktforschungen bereitgestellt, allerdings nur in anonymer Form und nicht auf der Ebene individueller Kundenprofile. Genauso wenig personalisiert sind Informationen zum Kundenbeziehungszustand.

Wenn im Rahmen von jährlichen Kundenzufriedenheitsanalysen Daten erhoben werden, haben diese meist einen mittelfristigen Fokus, für eine individuelle Kundenansprache sind sie aber ungeeignet und zum Zeitpunkt der Ergebnispräsentation teilweise bereits veraltet. Auch die Perspektive der Kundenbindung über einen längeren Zeitraum wird i. d. R. nur im Aggregat erfasst, z. B. die Zu- oder Abwanderungen sowie der resultierende Abo-Bestand. Leider sieht die Realität in vielen Verkehrsunternehmen und -verbünden so aus, dass selbst die Sicht auf die Abonnenten fragmentiert ist (wenn Abos je nach Vertriebsweg separat verwaltet werden). Eine Betrachtung der Wertigkeit eines individuellen Kunden als Steuerungsgröße in der Marktbearbeitung ist nicht oder kaum vorhanden. Letztlich bestimmt der Kunde selbst seine Kundenwertigkeit durch die Kaufentscheidung bzw. Ticketwahl (Selbstselektion).

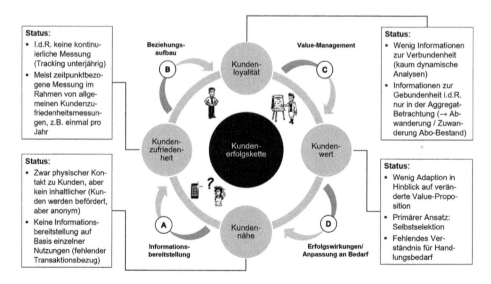

**Abb. 2** Kundenerfolgskette im ÖPNV am Beispiel Abo-Kunden und Situationsbeschreibung nach Krämer et al. (2021b) und Krämer und Burgartz (2020)

In Zeiten der Pandemie werden diese Defizite für Verkehrsunternehmen zum Problem. Es zeigt sich, dass aufgrund der ungenügenden Informationsbasis auf Individualebene kaum ermittelbar ist, ob und wie das Corona-Virus zu nachhaltigen Mobilitätsänderungen führt, die sich in veränderten Kundenansprüchen an den ÖPNV manifestieren (Nutzungsintensität, Fahrtzwecke etc.).

## 2 Spezielle Sicht des hvv: Die Relevanz von Stamm- und Neukunden vor Ausbruch der Corona-Krise

### 2.1 Einnahmen- und Fahrten-Bedeutung von Stammkunden mit Zeitkarten

Situation 2019: Knapp über 70 % der Einnahmen im hvv werden mit Stammkunden realisiert, davon sind rund 40 %-Punkte dem gut gewachsenen Segment der privaten Abonnenten zuzuordnen. Circa 26 %-Punkte der Stammkunden-Einnahmen stammen aus dem Business-Segment, sprich der vom Arbeitgeber mitfinanzierten Abonnement-Karten. Weitere 7 %-Punkte der Stammkunden-Einnahmen werden im Bereich der monatlich kaufbaren Monatskarten (ohne Abo) generiert.

In absoluten Zahlen bedeutet dies: Vor Corona wurden im hvv etwa 1 Mio. Zeitkarten (mit und ohne Abonnement) genutzt – somit war etwa gut jeder vierte Einwohner im Einzugsgebiet des hvv ein Stammkunde. Bei Betrachtung der Schüttung nach PLZ-Gebieten wird eine sehr hohe Dichte an Zeitkarteninhabern im innerstädtischen Bereich und entlang der SPNV-Verbindungen von und nach Hamburg erkennbar.

Die Stammkunden im hvv bewegen sich weitestgehend anonym. Es gibt keine personenbezogene Erfassung von Fahrtrouten, -häufigkeiten und -gründen. In einem stetig wachsenden Markt wurde diesem Wissen bisher keine allzu große Bedeutung beigemessen. Mit dem Corona-bedingten Einbruch der Fahrten sowie der Einnahmen und der damit verbundenen hohen Kündigungswelle im Stammkundenbereich wurde schmerzlich und abrupt bewusst, wie wenig man über den Kunden und seinen Wert wusste. Jegliche Form von Analysen und Bewertungen wurden im Nachgang per Befragung erhoben. Die Veränderung des Mobilitätsverhaltens wurde erst dadurch eindrücklich erfasst und kommuniziert. Doch bis heute fehlt es an wirksamen Hebeln und Verständnis im Markt, wie ehemalige Stammkunden wieder an das System ÖPNV angebunden werden können.

Dabei ist die Erkenntnis einer fehlenden Kundenorientierung nicht neu. Blümel (2004) führt dazu aus: „Inzwischen ist klar: Für die Branche ist diese Struktur, in der Fahrgäste keine wesentliche Rolle spielen, eine Falle." Aktuell lässt sich der Gedankengang wie folgt fortsetzen: Spätestens mit Ausbruch der Corona-Krise ist diese Falle zugeschnappt. Bliemel gibt aber auch Erklärungsansätze für die beschriebene Situation und erläutert einen wesentlichen Grund mit dem Dilemma des geteilten Marktes und der geteilten Verantwortlichkeit im ÖPNV: Die Verkehrsunternehmen sehen als Kunden nicht nur die Nutzer von Bussen und Bahnen, sondern auch Politik und Aufgabenträger

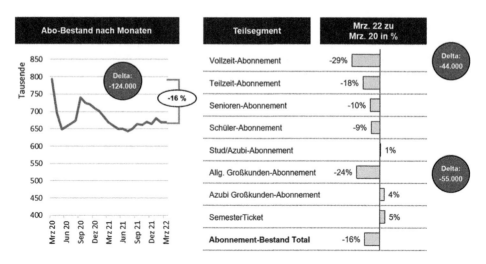

**Abb. 3** Entwicklung des Abo-Bestands im hvv (Mrz. 2020 – Mrz. 2022)

(vgl. Abb. 1, rechter Teil). Eine weitere Besonderheit ist, dass der ÖPNV nicht eigenwirtschaftlich arbeitet (und auf erhebliche Zahlungen aus Steuermitteln angewiesen ist) und viele Endkunden als Captives betrachtet werden (für die eine besondere Betreuung nicht lohnenswert erscheint).

Der enorme Verlust an Stammkunden wird deutlich, wenn die Bestandsveränderungen im Abonnement-Bereich des hvv einer Analyse unterzogen werden (Abb. 3). Insgesamt sank der Abo-Bestand im Vergleich zur Situation zu Beginn der Corona-Pandemie (Mrz. 2020) bis Mrz. 2022 um 124.000 Stück bzw. um 16 %. Wie erkennbar wird, sind nicht alle Abo-Segmente gleichermaßen betroffen. Überproportional stark waren die Verluste beim Vollzeit-Abo (−29 %) und beim Großkunden-Abo (−24 %), dem die Jobtickets zugeordnet sind. Bei beiden Teilsegmenten handelt es sich um typische Pendler, also Erwerbstätige, die den ÖPNV vor Ausbruch der Pandemie täglich oder fast täglich genutzt haben. Genau diese Segmente sind durch einen Corona-bedingten Mobilitätseinbruch besonders gekennzeichnet (zusätzlich zur allgemeinen Unsicherheit tritt das Phänomen Homeoffice auf, vgl. Krämer et al. 2022).

## 2.2 Wirkungsweise von Flatrates (Zeitkarte und Abo) und das Problem fehlender Kundennähe

Mit der Kündigung des Zeitkarten-Abos sind für den Verkehrsverbund erhebliche Einnahmen- und Fahrtenverluste auf Einzelkundenebene und der Verlust an Grundlast für das System ÖPNV im Aggregat verbunden (NN 2021). Während die Grenzkosten für die

Nutzung des ÖPNV im Fall des Besitzes einer Zeitkarte bei Null liegen, ändert sich diese Situation nach Kündigung des Abos.

Den Wirkungsmechanismus von zweistufigen Preismodellen (wie der BahnCard) oder Festpreisen wird häufig mit „sunk costs" erklärt: Die Anschaffungskosten sind nach dem Kauf verloren, die Grenzkosten für die Nutzung sind niedrig oder sogar null (Krämer 2017, 2018a). Als Erklärungsansätze greifen aber auch andere Mechanismen wie Precommitment, Vereinfachungsprozesse und die Affinität zum ÖPNV bzw. der Wunsch, den Pkw im Stadtverkehr eingeschränkt oder gar nicht zu nutzen (DelaVigna und Malmendier 2006; Lambrecht und Skiera 2006). Just und Wansink (2011) weisen im Bereich von All-you-can-eat-Angeboten von Restaurants nach, dass die Höhe des gezahlten Gesamtpreises positiv mit dem Konsum korreliert ist. Unabhängig vom Erklärungsansatz ergibt sich im Endeffekt eine Nachfrage-Verlagerung. Personen mit einer ÖPNV-Zeitkarte nutzen den ÖPNV stärker als identische Personen ohne Zeitkarte. Während es wenig bis keinen Zweifel bezüglich der Existenz des Sunk-Cost-Effektes gibt (Menschen beziehen getätigte, frühere Investition in ihre Entscheidung ein; Roth et al. 2015), ist aber die Frage, ob dies zwingend zu irrationalen Entscheidungen führt, wie es die Verhaltensökonomie unterstellt. Wenn Personen sich für die Nutzung eines Abos für Busse und Bahnen entscheiden, und die getätigten Zahlungen sie dazu motivieren, häufiger den ÖPNV zuungunsten des Pkw zu nutzen, lässt sich durchaus vernünftiges Handeln erkennen (Krämer 2016, 2017). Entfällt der Zeitkartenbesitz stellen sich dem ehemaligen Stammkunden zwei Fragen, und zwar 1) welches Verkehrsmittel nun die erste Wahl darstellt und 2) wenn der ÖPNV in Erwägung gezogen wird, wie hoch dann die Kosten der Nutzung sind.

### 2.3 Neukunden: Wie viele Neukunden kamen ins System ÖPNV, was waren Motive und Nutzungsbarrieren?

Als Kontrastgruppe wird im ÖPNV-Marketing häufig das Segment der Neu- oder Spontannutzer skizziert. Diese Gruppe verfügt zwar über einen nur geringen Umsatz pro Person. Aus strategischer Sicht ist dieses Segment allerdings aus zwei Gründen interessant: Erstens hat es einen signifikanten Umfang (relevante Segmentgröße). Zweitens wird die Chance gesehen, diese Kunden stärker an den ÖPNV zu binden und sie in Richtung Vielfahrer zu entwickeln. Studien zu den Nachfragepotenzialen in diesem Bereich zeigen zwar auch eine Bedeutung des Preises, aber vorrangig Aspekte wie Taktung, Netzabdeckung und Einfachheit der Ticketprozesse als Nutzungsbarrieren (Krämer und Bongaerts 2018).

Insofern ist das Entscheidungsverhalten dieser Kundengruppe vielfach nicht nur durch den Faktor Preishöhe bestimmt, sondern weitere Preisaspekte wie Preisvertrauen (bin ich in der Lage, den für mich besten Preis zu finden) wirken in Kombination mit nicht-preislichen Aspekten (wo kann ich das Ticket kaufen, wie kann ich dieses nutzen? Etc.). Da Gelegenheitsnutzern häufig Informationen fehlen, die den Stammkunden geläufig sind, erhält der Faktor Einfachheit der Nutzung eine hohe Relevanz. Hier setzen auch beispielsweise eTarife an, die über eine App nutzbar sind und basierend auf der tatsächlich zurückgelegten Entfernung abgerechnet werden. Einen relativ einfachen Zugang zum ÖPNV bieten auch Tages-Flatrate-Angebote: Das Ticket wird einmal gekauft und kann dann über den Tag flexibel genutzt werden.

## 3 Was sich in der Corona-Pandemie getan hat: Veränderter Blick auf Stamm- und Neukunden

Im Folgenden soll kurz erläutert werden, welche Faktoren zu einem Nachfrageverlust für den hvv während der Corona-Krise geführt haben (einige Faktoren – wie Mobilitätsbeschränkungen und Kontaktängste – werden sich nach Beendigung der Pandemie überwiegend eliminieren lassen, andere werden möglicherweise weiterhin komplett oder teilweise Bestand haben). Im nächsten Schritt sind Maßnahmen zu diskutieren, die es ermöglichen, Einnahmen und Fahrten wieder auf das Niveau vor Ausbruch der Corona-Krise zu heben.

### 3.1 Probleme: Kontaktängste, eingeschränkte Mobilität und Homeoffice

Bezüglich der Verschiebungen in der Nutzung von Verkehrsmitteln als auch der Dämpfung der Mobilität im urbanen Raum bestehen mittlerweile zahlreiche Abschätzungen, die überwiegend in die gleiche Richtung gehen und zwei Entwicklungen trennen. Der ÖPNV war in beiden Dimensionen übermäßig negativ betroffen. Zum einen sind zahlreiche Mobilitätszwecke speziell in den Lockdown-Phasen eingeschränkt gewesen. Das betrifft nicht nur Wege zum Einkaufen oder Freizeitwege, sondern auch Berufs- und Ausbildungswege (Isfort und Jödden 2022; Sunder et al. 2021). Bei letztgenannten besteht eine klare Abhängigkeit zwischen der Arbeit im Homeoffice und der Anzahl der Pendlerstrecken (Krämer und Hercher 2021; Krämer et al. 2022a).

Zum anderen hat der ÖPNV während der Corona-Pandemie relativ an Attraktivität verloren und folglich auch Nachfrage an andere Verkehrsmittel abgegeben. Verkehrspolitisch problematisch ist vor allem ein Zugewinn der Pkw-Mobilität in Städten, aber auch die Nutzung des Fahrrads hat wie auch die Wege zu Fuß zugenommen. Diese Entwicklungen hängen primär mit den Themen wie „Komfortverlust beim Tragen der Maske im ÖPNV", „Angst vor nicht eingehaltenem Abstand der Fahrgäste in Bussen und Bahnen" oder „Zweifel an Hygiene, Sauberkeit oder ausreichender Durchlüftung" zusammen.

Die meisten Pandemie-bedingten Dämpfungsfaktoren werden bei einer Normalisierung der Lebenssituation entfallen, so dass die Nachfrage im ÖPNV wieder steigen wird. Aber es zeichnet sich ab: Nicht die ganzen Nachfrageverschiebungen werden reversibel sein.

Vor diesem Hintergrund wird deutlich, dass von Seiten des Marketings unterschiedliche Hebel in Gang gesetzt werden müssen, um eine aktive Nachfragemobilisierung für den ÖPNV zu forcieren.

## 3.2 Ansatzpunkte: Vom modernen Markenauftritt bis zu speziellen Tarifprodukten

### 3.2.1 Ansatzpunkt: Moderner Markenauftritt

Auf den ersten Blick scheint das Thema Markenmanagement für Verkehrsverbünde kein Potenzial für ein Top-Thema zu haben. Es bestehen aber sogar zwei Gründe für eine besonders hohe Priorität. Zum einen setzt Markenmanagement meist beim Verständnis der Kundenwünsche und Bedürfnisse an. Die Marke sollte bei den Kunden das Gefühl von Sympathie und Vertrautheit erzeugen. Zum anderen geht beim ÖPNV – wie bei anderen früher regulierten Märkten – das Verständnis von Marke über den Aspekt der Kundenorientierung hinaus und „verfolgt die Sichtweise des Stakeholder-Ansatzes als Unternehmensphilosophie" (vgl. Schmidt und Vogel 2010, S. 30). Mit einem modernen Markenkonzept werden demzufolge im ÖPNV nicht nur die Nutzer angesprochen, sondern auch Wähler, die politisch Verantwortlichen, die Aufgabenträger sowie die politischen Parteien (Abb. 1, rechter Teil).

Der neue Markenauftritt des hvv wurde im Okt. 2021 eingeführt und entfaltet seitdem eine sehr positive Resonanz sowohl in der ÖPNV-Branche als auch bei den Kunden und Nicht-Kunden. Der gesamte Markenauftritt basiert auf der dialoggeführten Öffnung hin zum Kunden. Neben den frischen Diversity-orientierten Farben öffnet der Claim „Und was bewegt dich" die Türen hin zum Kunden. Diese Markenbotschaft wird seitdem konsequent in der werblichen Sprache – zielgruppenspezifischer und tagesaktuell – angewendet. Ein großer Erfolg war hier die vom hvv entwickelte 9-€-Informationskampagne, die es auf die Seiten namhafter Agentur-Zeitschriften geschafft hat. Die positive Resonanz erreicht den hvv bundesweit. Gepaart wird dieser Markenauftritt mit einem neuen Verständnis Richtung Kundenzentrierung. Mit Dialog-Konzepten wie „open hvv" werden z. B. Zielgruppen-gerichtete Kundeninteraktions-Workshops durchgeführt. So wurde z. B. ein Familienworkshop organisiert, zu dem ganze hvv-Familien eingeladen worden sind, damit diese ihre Verbesserungsvorschläge und Ideen für einen besseren und familienfreundlicheren hvv platzieren konnten. In Summe sollen nun 6–8 „open hvv" Workshops pro Jahr durchgeführt werden.

Der neue Markenauftritt wird somit Bestandteil und Treiber der hvv kundenzentrierten Strategie. Er ist deshalb so wichtig, um mit den Hauptwettbewerber Auto mithalten zu können. Die Autoindustrie investiert deutliche Anteile ihres Umsatzes in Werbung und Markenauftritt. Gekonnt hat sie gezeigt, wie sie nach der großen Trendwende weg vom Verbrenner hin zur Elektromobilität binnen kürzester Zeit nicht nur neue Produkte auf den Markt gebracht hat, sondern ihr Image von „umweltschädlich" hin zum „reinen Gewissen" in Form von elektrobetriebenen Autos verändert hat und den Verbraucher davon überzeugt, dass das Auto (oder mehrere Autos pro Familie) zum Mobilitätsalltag gehören (Bürbaumer 2022; Richter et al. 2022).

Diesen Wettbewerbsvorteil besitzt der ÖPNV schon lange – doch hat er es nie geschafft, die positiven Leistungsdifferenzierungen so interessant und gekonnt zu vermarkten, wie es die Automobilbranche schaffte. Das liegt in der ÖPNV Branche u.a. am mangelnden Verständnis für die Rolle und Fähigkeit von intelligenter Markenführung und gekonnter Werbung. Eine intelligente Markenführung und gekonnte Werbung waren nicht notwendig, solange das Verkehrswende-Ziel keine zentrale Bedeutung erhielt.

Der hvv hat dies für sich erkannt und geht hier neue Wege.

### 3.2.2 Ansatzpunkt: Auf veränderte Kundenbedürfnisse mit zugeschnittenen Tarifen reagieren – das Beispiel „10er-Tageskarte"

Bei der Frage, wie die Verkehrsunternehmen durch gezielte Maßnahmen dem Nachfrageverlust im Bereich von Stammkunden entgegenwirken können, stehen meist tarifliche Alternativen im Vordergrund. Diese werden vom VDV explizit gefordert (vgl. Wenzel 2021), wie Shah und Preuss (2021) kommentieren, „haben bisher nur wenige Verkehrsunternehmen und Verbünde neu konzipierte Tarifprodukte als Antwort auf das veränderte Kundenverhalten (Fahrrad, Homeoffice) entwickelt". Bei tariflichen Ansatzpunkten wird im Wesentlichen auf zwei Modelle fokussiert:

Einerseits werden zweistufige Tarife (Grundlogik der BahnCard) als Problemlösung betrachtet, die bereits vor Ausbruch der Corona-Krise genutzt oder getestet wurden (vgl. Wilger et al. 2020). Im Rhein-Main-Verkehrsverbund (RMV) existierte beispielsweise mit „RMVsmart50" ein Pilotmodell, bei dem für einen monatlichen Grundpreis (10 €) ein Rabatt von 50 % auf die Einzelfahrt gewährt wurde. Auch die Leipziger Verkehrsbetriebe bieten mit „ABO Flex" einen Rabatt von ca. 50 % auf Einzelfahrten für eine Grundgebühr von 6,90 Euro/Monat – das Angebot wurde seit Aug. 2022 auf den gesamten Verbund (MDV) ausgeweitet. Im Verkehrsverbund Berlin-Brandenburg (VBB) werden in 2022 mit „VBB-Abo flex" (4,90 € Grundgebühr, 25 % Rabatt) und „VBB-FlexTicket" (8er-Paket an 24-h-Fahrtberechtigungen für 44 € pro Monat) gleich zwei flexiblere Tarifangebote nebeneinander getestet. Ein entsprechender Tarif wurde in Hamburg bereits in 2011 getestet. Das Angebot „Vorteil 25" gewährte bei einem Preis von 10 € monatlich einen 25-%igen Rabatt auf Einzelfahrkarten (Bork 2011). Dies sollte insbesondere Personen ansprechen, die an 2–3 Nutzungstagen pro Woche mit Bussen und Bahn fahren.

Andererseits werden sogenannte „Homeoffice-Tickets" diskutiert, bei denen Kunden z. B. 8, 10 oder 12 Nutzungstage im Paket (30 Tage gültig) angeboten werden. Eingeführt wurden diese bereits im Verkehrsverbund Stuttgart (VVS 2021) und beim hvv. Diese Angebote leiten sich direkt aus folgender Argumentation ab, die spätestens Mitte 2020 in der bundesdeutschen ÖPNV-Branche breiten Zuspruch gefunden hat: 1) Die Mobilität der Zeitkarten-Kunden ist eingeschränkt, so dass eine tägliche Nutzung nicht mehr dem Standard entspricht. 2) In der Konsequenz kündigen Stammkunden ihr Abo, weil sich dieses nicht mehr lohnt (der Break-even an Nutzungstagen wird nicht mehr erreicht). 3) Für die abgewanderten Kunden fehlt ein spezieller Tarif, der die veränderten Mobilitätsbedürfnisse der Menschen trifft. Wenn die Kunden nur noch zwei bis 3 Tage pro Woche zur Arbeit fahren, dann sollte die Zeitkarte darauf ausgerichtet werden (Nutzung an 10 Tagen innerhalb von 30 Tagen Gültigkeit).

In der Zeit vom 20.10.2021 bis zum 17.4.2022 wurde im hvv eine 10er-Tageskarte verkauft (nutzbar bis zum 16.5.2022), die beispielsweise für den Tarifbereich AB (Hamburg) zum Preis von 59 € und damit zu einem ermäßigten Preis verfügbar war. Zielsetzung war es zu prüfen, inwiefern sich mit einem konkreten Angebot preislich „unterhalb" des regulären Abonnements verlorene Kundenbeziehungen wieder aktivieren lassen, also insbesondere ehemalige Kunden mit Zeitkarten.

Begleitet wurde der Verkauf während der Pilotphase durch eine mehrstufige Kundenbefragung: Käufer der 10er-Tageskarte wurden zum einen direkt nach dem Kauf des Tickets befragt (Fokus: Mobilität und Alltag vor Kauf der 10er-Tageskarte inkl. Erwartungshaltung an das Ticket) und nach Ablauf der Gültigkeit des Tickets (gestaffelt über die komplette Verkaufsperiode; Fokus: Erfahrungen mit dem Ticket und zukünftige Nutzungsabsicht). Dabei konnte relativ schnell ein Feedback der Kunden erfasst und überprüft werden, ob das Angebot die veränderten Mobilitätsbedürfnisse der Kunden trifft (Abb. 4). Folgende Kernergebnisse – bezogen auf den etwa 7-monatigen Pilotzeitraum – sind von Bedeutung:

- Die Ticketkäufer sind zu mehr als 70 % durch eine Tätigkeit im Homeoffice betroffen. Im Mittel werden 37 % der Arbeitstage im Homeoffice verbracht, d. h. durchschnittlich knapp 2 von 5 Tagen. Vor der Corona-Krise lag der korrespondierende Wert bei nur 9 %. Im Frühjahr 2022 wird dann eine Senkung der Homeoffice-Quote erkennbar.

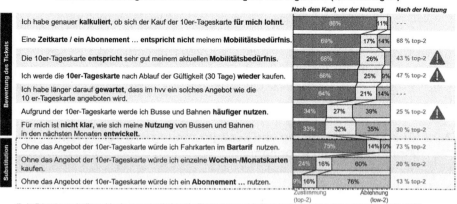

**Abb. 4** Studienergebnisse zur 10er-Tageskarte (Zweistufige Befragung Okt. 2021 – Mai 2022)

- Mehr als 50 % der Befragten haben vor Ausbruch der Corona-Krise eine Zeitkarte besessen. Nur bei 22 % war das der Fall bezogen auf die letzten 3 Monate vor Kauf der 10er-Tageskarte (die Kunden hatten sich bereits vor längerer Zeit vom Zeitkartenangebot abgewendet).
- Als Alternative zur 10er-Tageskarte werden primär Fahrkarten im Bartarif (etwa 75 % Zustimmung) und weniger Abos und Wochen-/Monatskarten gesehen. Allerdings nimmt während der Verkaufsperiode die Nutzung des Bartarifs als Substitut für die 10er-Tageskarte ab und die von Zeitkarten zu.
- Von den verfügbaren 10 Tagen wurden im Mittel 8,9 Tage aktiviert – damit liegt die Ausschöpfung bei 89 % (11 % der Tage bleiben ungenutzt) – mehr als 40 % der Nutzer verwenden das Ticket an weniger als 10 Tagen und schöpfen damit ihr Kontingent an Tagen nicht aus.
- Die Ticketnutzer weisen eine vergleichsweise geringe Kundenzufriedenheit sowie eine sehr eingeschränkte Absicht zur weiteren Nutzung des Tickets auf.

Das Ergebnis der Pilotphase zu dieser Mehrfahrtenkarte ist im Verhältnis zur Anzahl gekündigter Abos im hvv eher moderat. Im Aktionszeitraum von 7 Monaten (Okt. 21 – Apr. 22) wurden in Summe knapp über 7200 Karten verkauft. Gemessen an den über 130.000 „verlorenen" Stammkunden, die seit Corona gekündigt haben, ist das ein „Tropfen auf den heißen Stein" und zeigt deutlich auf, dass trotz eines ermäßigten Preises ehemalige Stammkunden mit diesem Angebot keine Bindung mehr eingehen (zu ähnlichen Ergebnisse vgl. Krämer et al. 2022b). Werden Verkaufsdaten und Befragungsergebnisse zusammen betrachtet, lässt sich klar ableiten, dass das getestete Ticket nicht das Mobilitätsbedürfnis größerer Schichten der hvv-Kunden trifft und nicht primär aktuell verlorene Stammkunden als Käufer wiedergewonnen werden. Während zum Zeitpunkt des Kaufs der 10er-Tageskarte noch 68 % der Kunden der Meinung waren, diese entspräche sehr gut dem individuellen aktuellen Mobilitätsbedürfnis, sind es nach Nutzung des Angebotes nur 33 %. Ein ähnlich dämpfender Effekt lässt sich bei der Wiederkaufabsicht beobachten.

Basierend auf den Ergebnissen der Controllingstudie aus der Pilotphase wurden das Angebot in eine 5er-Tageskarte zum Preis ab 29,50 € modifiziert und ab Sep. 2022 verkauft. Die Anzahl der Ticketverkäufe lag in der ersten Verkaufswoche fast sieben mal höher als das Vorgängeranagebot. Offenbar trifft das veränderte Angebot damit viel besser den Bedarf im Mobilitätsmarkt.

### 3.2.3 Ansatzpunkt: Bindung und Rückgewinnung von Kunden mit Monatskarten im Abonnement

Insgesamt bestehen unterschiedliche Möglichkeiten, die Kundenabwanderung zu verhindern oder aber verlorene Stammkunden zurückzugewinnen.

Der hvv reagierte auf den drastischen Mobilitätsverlust während des ersten Lockdowns im Frühjahr 2020 mit der Option einer Abo-Pause für Besitzer von Abo-Karten. Kunden erhielten die Möglichkeit, schnell und unbürokratisch maximal fünf Monate lang in eine kostenfreie Pause zu gehen. Das vorrangige Ziel bestand darin,

Massenkündigungen bei Bestandskunden zu verhindern, in der Hoffnung, die Mobilitätsstrukturen würden sich bald wieder normalisieren. Etwa 150.000 Kunden machten von dem Angebot Gebrauch.

Zusätzlich wurde die 1:1-Kommunikation mit den Abo-Kunden deutlich in der Frequenz erhöht und mit mehrwertsteigenden Maßnahmen versehen. So wurden z. B. zeitweise der Geltungsbereich auf den gesamten hvv ausgedehnt oder Mitfahrerregelungen weiter geöffnet.

In einer gemeinsamen Aktion der bundesdeutschen Verkehrsunternehmen, koordiniert vom VDV, wurde in 2021 eine Dankeschön-Aktion ins Leben gerufen. Vom 13.09. bis 26.09.2021 konnten Kunden mit gültigem ÖPNV-Abo ohne zusätzliche Kosten den Nahverkehr in ganz Deutschland nutzen. Die Aktion wurde unter dem Schlagwort „Deutschland Abo-Upgrade" vermarktet. Die Verkehrsverbünde wollten damit ihre Dankbarkeit für die Treue der Abo-Kunden während der Pandemie zum Ausdruck bringen. Mehr als 700.000 Fahrgäste haben sich deutschlandweit an der Aktion beteiligt und den Nahverkehr über den Geltungsbereich des eigenen Abo-Tickets hinaus genutzt.

Weitreichender als die aufgezeigten Aktionen sind Maßnahmen, die direkt an den Tarifkonditionen der Zeitkarten (mit oder ohne Abo) ansetzen. In Deutschland bestehen sehr unterschiedliche Regelungen in Hinblick auf die

- Flexibilität bezüglich des Besitzes eines Abos,
- Mitnahmemöglichkeiten (Kinder, Begleitpersonen),
- Übertragbarkeit der Karte.

Mittelfristig besteht vor diesem Hintergrund die Möglichkeit, bei nachhaltig verringerter Mobilität der Karteninhaber, den wahrgenommenen Wert einer Abo-Zeitkarte (und damit die Zahlungsbereitschaften) zu erhöhen, indem erweiterte Leistungen angeboten werden.

### 3.2.4 Ansatzpunkt: Vereinfachter Zugang zum ÖPNV und Digitalisierung

Tarifliche und vertriebliche Aspekte werden den Schwund an Reiseanlässen vermutlich nicht kompensieren können. Erfahrungen zeigen immer wieder, dass Preishöhe, Produktangebote und ein einfacher Vertriebszugang helfen, das System ÖPNV verständlicher zu machen. Jedoch wirken sie sich meistens nicht auf eine nachhaltige Verlagerung der Verkehrsmittel zugunsten des ÖPNV aus. Taktung und Erreichbarkeit des ÖPNV bleiben immer noch die ausschlaggebenden Punkte dafür, wieso ein Nicht-Nutzer zum Nutzer wird oder sich ein Wenig-Nutzer zum Vielfahrer wandelt.

Die Modifikation des Preises oder des Vertriebs ist hier meistens zweitrangig. Jedoch ist auch hier zu beachten, dass die Preiselastizität der Nachfrage sich schlussendlich nur schwer bestimmen lässt. Die von der Bundesregierung im März. 2022 ins Leben gerufene 9 €-Monatskarte für ganz Deutschland darf als großer Live-Test interpretiert werden, der unter realen Bedingungen den Beweis erbringen kann, ob und inwieweit ein so niedriger Preispunkt dabei hilft, zusätzlichen Verkehr auf die Schiene und die Busse zu verlagern, auch wenn an der einen oder anderen Stelle der ÖPNV nicht ausreichend ausgebaut ist. Die „Geiz-ist-geil"-Mentalität in Deutschland könnte auch hier zu einer spürbaren Veränderung führen, so die Hoffnung vor Beginn des Marktstarts.

## 3.3 Eine bundesweite Maßnahme: Das 9-Euro-Ticket

Im Rahmen des Entlastungspaketes der Bundesregierung wurde für Juni bis August 2022 nicht nur ein Tankrabatt umgesetzt, sondern auch ein 9-Euro-Ticket eingeführt. Mit dieser Monatskarte war die Nutzung des Nahverkehrs bundesweit zum Preis von 9 €, also umgerechnet 0,30 € pro Tag möglich. Bestehende Abonnenten erhielten das Ticket, das in der Leistung deutlich über die Mobilität innerhalb der Verbundgrenzen hinausging, automatisch. Der Verband Deutscher Verkehrsunternehmen (VDV) war vor Marktstart davon ausgegangen, das Ticket könnte etwa 30 Mio. Nutzerinnen und Nutzer pro Monat gewinnen. Ende des ersten Nutzungsmonats zeichnet sich ab, dass diese Marke tatsächlich erreichbar erscheint. Berücksichtigt man, dass alle bisherigen Nutzer eines klassischen ÖPNV-Abonnements (ca. 10 Mio. Abonnenten) automatisch das 9-Euro-Ticket erhalten, so bedeutet dies: Etwa zwei Drittel der Besitzerinnen und Besitzer erwerben das 9-Euro-Ticket im freien Verkauf. Bereits die ersten Verkaufszahlen wurden von vielen Beobachtern als Erfolg gefeiert. Dabei wurde entsprechende Absatzpotenziale schon vor Marktstart abgeschätzt (Krämer 2022a). Um den Erfolg des Tickets beurteilen zu können, ist aber insbesondere von Interesse, wie viele bisherige Nicht- oder Selten-Nutzer des ÖPNV durch das Angebot gewonnen werden konnten und wie stark das Ticket die Verkehrsmittelwahl verändert – im Sinne der angestrebten Verkehrswende konkret, wie stark eine Nachfrageverlagerung vom Pkw zugunsten von Bussen und Bahnen erfolgt.

### 3.3.1 Studienergebnisse zum Wirkungsmechanismus des 9-Euro-Tickets

Erste Anhaltspunkte lieferte eine im Rahmen der Studienreihe OpinionTRAIN durchgeführte Studie mit dem Fokus auf die Nutzung des 9-Euro-Tickets zu Beginn der Gültigkeitsphase (Kooperationsstudie von exeo und Rogator, n = 3200, Erhebung online am 7./8. Juni 2022). Wie die Befragung belegt, handelt es sich bei etwa einem Viertel der Besitzer des 9-Euro-Tickets um Personen, die den ÖPNV vor Juni 2022 gar nicht oder nur sporadisch genutzt haben. Aber nicht nur in diesem Teilsegment ist eine verstärkte Nutzung des ÖPNV im Verbundgebiet bzw. der Bahn im überregionalen Nahverkehr möglich. So geben 66 % der Ticketbesitzer an, das 9 Euro-Ticket sei ein Grund, den ÖPNV häufiger als zuvor zu nutzen, 89 % halten das 9-Euro-Ticket für einfach und unkompliziert zu erwerben (Krämer und Hercher 2022a). In Hinblick auf die berichtete Fahrt wurden die Nutzer danach gefragt, wie die Verkehrsmittelwahl ohne das 9-Euro-Ticket ausgesehen hätte. 47 % der Fahrten wären auch sonst mit Bussen und Bahnen unternommen worden (aber mit einem anderen Fahrschein), bei 44 % hat eine Verlagerung von anderen Verkehrsmitteln stattgefunden – wobei mehr als die Hälfte davon auf den Pkw entfällt. Weniger als 10 % der Fahrten sind induzierter Neuverkehr, d. h. die Fahrten wären ohne das 9-Euro-Ticket überhaupt nicht zustande gekommen. Vor diesem Hintergrund ergeben sich zu Beginn der Nutzungsperiode erhebliche Nachfrageverlagerungen zugunsten von Bussen und Bahnen. Deutlich wurde aber auch, dass die Effekte auf kürzeren Strecken und innerhalb des Verbundgebietes vergleichsweise schwächer und auf längeren Strecken stärker ausfielen (Krämer 2022b;Krämer und Hercher 2022b).

Im Rahmen einer eigenen Studie untersuchte der hvv die Wirkung des 9-Euro-Tickets in Bezug auf Nutzer des Verbundgebietes. Im Juni bis Aug. 2022 wurden im hvv ca. 5,6 Mio. 9-Euro-Tickets genutzt (im Mittel wurden monatlich etwa 1,2 Mio. Ticket verkauft, 0,7 Mio. Abo-Kunden erhielten das Ticket automatisch). Im Rahmen einer repräsentativen Erhebung konnten die Besonderheiten der Ticketnutzer bestimmt werden:

- Nutzung überproportional mit Wohnort Hamburg.
- 17 % der Nutzer haben den ÖPNV bisher selten oder gar nicht genutzt.
- Überwiegend Berufstätige (30–59 J.), aber auch Rentner.
- Vertreten sind bei den Nutzern alle Einkommensklassen, aber überproportional Geringverdiener.
- Durchschnittlich wird das Ticket an 12,3 Tagen genutzt (Abo-Kunden 16,0 Tage; Ticket-Käufer 10,1 Tage).
- Sehr positive Resonanz zum 9-Euro-Ticket: Zustimmung zum Statement „ist ein guter Grund, das Auto stehen zu lassen" etwa 78 % (Ablehnung 8 %).
- Fahrten mit dem 9-Euro-Ticket werde zu mehr als 90 % am Wohnort/im Verbundgebiet getätigt.

Bundesweit wurde das Ticket ca. 52 Mio. mal verkauf (10 Mio. Abo-Kunden erhielten das Ticket automatisch). Umgerechnet haben ca. 38 Mio. Menschen das Ticket zumindest für einen Monat besessen, 8 Mio. waren bisher Nicht-Nutzer des Systems ÖPNV (Krämer und Hercher 2022c).

### 3.3.2 Verlagerungseffekte durch das 9-Euro-Ticket

Im Rahmen einer eigenen Studie im hvv-Einzugsgebiet wurde auch der Einfluss des Tickets auf die Verkehrsmittelwahl eingehend untersucht, und zwar auf der Ebene einer typischen Nutzung, aber auch in der monatlichen Gesamtbetrachtung unter Einbeziehung aller Fahrten. Alternativen zur Nutzung des 9-Euro-Tickets in einer Welt, in der das günstige Ticket-Angebot nicht existiert, wurden zum einen mit dem Bezugspunkt der letzten Nutzung, zum anderen auf Basis aller Fahrten im Nutzungs-Monat bestimmt. Zusätzlich erfolgte eine Statement-Bewertungen durch die Studienteilnehmer. Die dargestellten Ergebnisse fallen bei den Nutzern überwiegend positiv aus und zeigen auch Indikatoren für eine Nachfrageverlagerung (insbesondere vom Pkw). So stimmen etwa 78 % der Ticketbesitzer der Aussage zu „Mit dem Ticket ist es möglich, Fahrten vom

Pkw auf Busse und Bahnen zu verlagern". Etwa 31 % Ablehnung betrifft das Statement „Meine Fahrten mit dem 9-Euro-Ticket im Juni 2022 hätte ich auch ansonsten mit dem Nahverkehr unternommen". Auf eine Substitution der Pkw-Nutzung weisen auch andere Ergebnisse, z. B., dass 23 % (29 % der Kunden ohne Abo) aktuell häufiger den ÖPNV nutzen als in den Monaten vor Ticketeinführung und 59 % (64 % der Kunden ohne Abo) aktuell von einer eingeschränkten Pkw-Nutzung ausgehen. 27 % der Ticketbesitzer (37 % der Kunden ohne Abo) nennen den „Verzicht auf Autofahrten" als Grund für den Kauf des 9-Euro-Tickets. In der gesamtdeutschen Studie des VDV (identisches Fragedesign) liegt dieser Anteil bei 39 % aller Ticket-Käufer (VDV 2022).

In Abb. 5 sind die Ergebnisse mit dem Bezugspunkt „Letzte Nutzung" illustriert. Die Ergebnisse sind Fahrten-gewichtet, um Aussagen über das Gesamtbild aller Fahrten pro Monat zu erhalten. Im Ergebnis handelt es sich bei 78 % aller Fahrten um bestehende Mobilität im Nahverkehr, 22 % der Fahrten konnten hinzugewonnen werden, wobei das Verhältnis zwischen Fahrtenverlagerung und induziertem Verkehr etwa 3:1 ist. Substituiert werden primär Autofahrten (Stadt Hamburg 2022). Strukturell entsprechen die Ergebnisse bundesweiten Erhebungen (Krämer 2022a). Für das hvv-Gebiet wird eine Mehrverkehrsquote von 21 % ausgewiesen. Diese ist deutlich höher bei Fahrten, die über das Verbundgebiet hinausgehen (28 %). Allerdings entfallen weniger als 10 % der Fahrten auf solche Strecken. Die Ergebnisse sind konsistent zu Beobachtungen im hvv-Gebiet (deutliche Fahrtenzuwächse im ÖPNV, leichte, aber signifikante Rückgänge der Pkw-Nutzung).

Verlagerte Fahrten (von anderen Verkehrsmittel) und induzierte Fahrten bilden zusammen den Mehrverkehr (= zusätzlich generierten Verkehr). Dieser liegt repräsentativ gewichtet bei 20 %, bezogen auf das Stadtgebiet Hamburg. In der Gegenperspektive lassen sich diese Abschätzungen überprüfen, wenn die Veränderung der

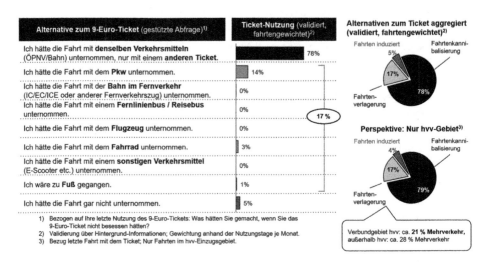

**Abb. 5** Verkehrsmittelverlagerung durch das 9-Euro-Ticket (hvv, Jun.–Aug. 2022)

Nutzerzahlen im hvv seit Ende Mai betrachtet und saisonale Wirkungen berücksichtigt werden. Der hvv geht von Nachfragezuwächsen in Höhe von 20 % (5 % Plus ggü. 2019) aus (hvv 2022). Ähnliche Ergebnisse wurden für andere deutsche Städte berichtet (Krämer und Korbutt 2022). Besonders starke Nachfragezuwächse erreicht der Bahnnahverkehr.

Stauprobleme auf den Straßen sind den Daten des Navigationsunternehmens TomTom entsprechend im Juni 2022 zurückgegangen – und zwar einerseits im Vergleich zum Vormonat Mai, aber auch im Verhältnis zum Juni 2019, also der Zeit vor der Pandemie (Meyer-Wellmann 2022). Zu berücksichtigen ist: Leichte prozentuale Verringerungen der Pkw-Nutzung bedeuteten aber absolut gesehen erhebliche Nachfrageverlagerungen. So liegt das Fahrten-Verhältnis von motorisiertem Individualverkehr zu ÖPNV/Bahn im hvv bei ca. 3:1 (Bundesministerium für Verkehr und digitale Infrastruktur 2019) auf Strecken ab 50 km liegt es bei etwa 7:1 (Krämer 2018b).

## 4 Ausblick: Der Blick auf Stammkunden und Neukunden in der „Hochlaufphase" (nach Corona) und nach dem 9-Euro-Ticket

Die im ÖPNV tätigen Verkehrsunternehmen verfügen über einen Kundenzugang, den sich viele andere Unternehmen nur wünschen können: Es besteht ein direkter Kontakt zum Fahrgast, der Kunde ist Teil der Leistungserbringung, und vielfältige Kontaktpunkte der Customer Journey sind zu unterscheiden. Eine konkrete Nutzung dieser Kontaktpunkte in Sinne der Kundenzentrierung, bei der personenbezogene und nicht personenbezogene Daten gesammelt werden, um auf dieser Basis ein besseres Verständnis für die Kundenbedürfnisse zu entwickeln, ist bisher eher Wunsch, denn Realität.

Die Stimmen, die bereits weit vor der Corona-Pandemie eine fehlende Kundenorientierung im Nahverkehr beklagten und vor negativen Konsequenzen warnten, wurden in der Regel überhört. Vielfach stellen Kundenzufriedenheitsstudien die wesentliche Informationsquelle im Kontext Kundenorientierung dar, wobei die Ergebnisse meist mit erheblicher zeitlicher Verzögerung vorliegen und sich bestenfalls nutzen lassen, um Anhaltspunkte zur Wirksamkeit längst im Markt umgesetzter Maßnahmen zu erhalten. Entsprechende Studien können wichtig für Zukunftsentscheidungen im Bereich langfristiger Maßnahmen sein. Mit dem Anspruch der Customer Centricity, Veränderungen der Kundenperspektive schnell zu erfassen und darauf reagieren zu können, hat dies aber wenig gemein.

Die Konsequenzen einer nicht wirklich gelebten inhaltlichen Kundennähe – also dem Versuch, ausgehend von der Customer Experience unmittelbare Rückschlüsse für das Marketing ableiten zu wollen (wie es Unternehmen bezwecken, die in intensivem Wettbewerb mit anderen Unternehmen stehen) – blieben lange vage und unklar. Mit dem

Ausbruch der Corona-Krise werden diese schlagartig offenkundig. Über Nacht änderten sich die Rahmenbedingungen fundamental, auch die Bedürfnisse der Kunden. Am Beispiel des Hamburger Verkehrsverbundes wurden die konkreten Erfahrungen während der mehrjährigen Krise dargestellt und darüber hinaus Maßnahmen diskutiert, die zu einer verbesserten Kundennähe und der damit initiierten Kundenerfolgskette wieder zu Vorkrisenniveaus bei Einnahmen und Fahrten führen sollen.

Der bundesweite „Großversuch" mit dem 9-Euro-Ticket hat verdeutlicht, dass entsprechende Angebote immer mit einem hohen Kannibalisierungsrisiko verbunden sind (dies liegt schon darin begründet, dass bestehende Abonnenten das Ticket automatisch erhielten), aber auch neue Kunden über einen niedrigen preislichen Einstiegspunkt mobilisiert werden können. Als Erklärungsmodell für den Erfolg des Tickets (aus Kundensicht) lässt sich das Technology Adoption Model heranziehen (die Nutzung wird bestimmt durch die Einfachheit der Nutzung und die wahrgenommene Nützlichkeit des Angebots; vgl. Davis 1989; Lai 2017). Für die Kunden wird ein erheblicher Mehrwert generiert, es besteht die Möglichkeit, die Nachfrage im ÖPNV deutlich zu erhöhen, wobei diese Wirkungen primär durch eine Shift von Pkw-Fahrten hin zu Bussen und Bahnen bestimmt sind. Wenn das Thema Verkehrswende ernst genommen wird, bieten sich unterschiedliche Weiterentwicklungen zum 9-Euro-Ticket an. Denkbar wäre gewesen, ein günstiges Nachfolgeprodukt anzubieten, das zentral über eine bundesweite App (in einer rein digitalisierten Form) angeboten wird und das an die Bedingung geknüpft ist, der Erfassung von Nutzungsdaten in anonymisiert auswertbarer Form zuzustimmen (Krämer und Korbutt 2022). Dabei ist zu beachten, dass größere Käuferschichten nur angesprochen werden, wenn das Ticket zu einem günstigen Preis (bis 29 € monatlich) angeboten wird (Krämer und Hercher 2022d). Wenn keine Lenkungswirkung über den Preis möglich ist, dann bleibt die Lenkungswirkung über die Kundeninformation (z. B. Anzeige möglicher Hochlast etc., Empfehlungen für alternative Wege etc.). Dies wäre dann auch ein Riesenschritt in Richtung Digitalisierung im ÖPNV und gleichzeitig Kundenzentrierung.

Entschieden wurde aber in den politischen Gremien ein Nachfolgeangebot mit dem Namen Deutschlandticket, das ab Mai 2023 als monatlich kündbares Abo zum Preis von 49 € angeboten wird. Auch dieses Ticket hat das Potenzial, zum "Game-Changer" zu werden, sofern es gelingt, die bisherigen Defizite in der Kundenerfolgskette zu beseitigen und die Vertriebsprozesse möglichst kundenzentriert auszurichten. Das Deutschlandticket könnte die oben angesprochene Angebotslücke schließen, die durch Homeoffice/weniger Nutzung entstanden ist: Der sehr günstige Preis und die Freizeit-Nutzungsmöglichkeiten machen das Ticket auch bei einer weniger regelmäßigen Nutzung sehr attraktiv. Customer Centricity ist dann das Werkzeug der Wahl, um das neue Ticket zum Fahrgast zu bringen und dann die Kundenerfahrungen kontinuierlich zu messen bzw. mit dem Kunden stärker zu interagieren.

## Literatur

Anderson EW (1996) Customer Satisfaction and Price Tolerance. Mark Lett 7(3):19–30

Blümel H (2004) Mobilitätsdienstleister ohne Kunden Kundenorientierung im öffentlichen Nahverkehr Discussion Paper SP III 2004–109, Wissenschaftszentrum Berlin für Sozialforschung (2004)

Bork S (2011) Im Fokus von „Vorteil25": Die Gelegenheitsfahrer. Vortrag Netzwerktreffen Ticketing, Dortmund, 30.05.2012, Zugegriffen am 23.2.2022 unter https://digitalemobilitaet.nrw/fileadmin/Redaktion/05_Downloads/Dokumentation_1_Netzwerktreffen_Ticketing/4_Im_Fokus_von_Vorteil_25_die_Gelegenheitsfahrer.pdf

Bruhn M (2013) Kunden- und Marktorientierung für den ÖPNV 2020, 6. ÖPNV-Innovationskongress 2013 in Freiburg am 13. März 2013

Bundesministerium für Verkehr und digitale Infrastruktur (2019) MiD – Regionalbericht Metropolregion Hamburg und Hamburger Verkehrsverbund GmbH, Hamburg

Bürbaumer H (2022) Mobilität im Alltag–Flexibel, mobil, klimafreundlich? In Der Klimaschutz-Kompass. Springer, Heidelberg, S 7–30

Camacho T, Foth M, Rakotonirainy A, Rittenbruch M, Bunker J (2016) The role of passenger-centric innovation in the future of public transport. Public Transport 8(3):453–475

Davis FD (1989) Perceived usefulness, perceived ease of use, and user acceptance of information technology. MIS Q 13(3):319–340

DellaVigna S, Malmendier U (2006) Paying not to go to the gym. American Economic Review 96(3):694–719

Fader PS (2020) Customer centricity: focus on the right customers for strategic advantage. Wharton Digital Press, Philadelphia

hvv (2022): 9-Euro-Ticket: Wie geht es weiter? Pressemitteilung v. 2.8.2022, Zugegriffen am 3.8.2022 unter https://www.hvv.de/de/ueber-uns/neuigkeiten/neuigkeiten-detail/9-euro-ticket-wie-geht-es-weiter--84558

Isfort A, Jödden C (2022) Wie gelingt der Umgang mit der Pandemie. Der Nahverkehr 40(1+2):24–28

Just D, Wansink B (2011) The flat-rate pricing paradox: conflicting effects of "all-you-can-eat" buffet pricing. Rev Econ Stat 93(1):193–200

Karlöf B (1999) Effizienz: Die Balance zwischen Kundennutzen und Produktivität. Hanser Verlag, München

Krämer A (2016) Kostenwahrnehmung bei PKW-Reisen – Empirische Analyse zur Schätzung der PKW-Kosten und der wahrgenommenen Kostenkomponenten bei Autofahrern im DACH-Gebiet. Internationales Verkehrswesen 68(4):16–19

Krämer A (2017) Demystifying the „Sunk Cost Fallacy": when considering fixed costs in decision-making is reasonable. Journal of Research in Marketing 7(1):510–517

Krämer A (2018a) Wirkungsweise der BahnCard aus Kunden- und Unternehmenssicht. Internationales Verkehrswesen 70(3):16–19

Krämer A (2018b) Die Mobilisierung von preissensibler Nachfrage in einer digitalisierten Welt – Die Entstehung von vier Quasi-Monopolen im deutschen Fernverkehrsmarkt. Internationales Verkehrswesen 70(1):16–20

Krämer A (2022a) Zeitkarten im ÖPNV – Nachfragepotenziale in Abhängigkeit vom Preisniveau. Der Nahverkehr 40(6):24–27

Krämer A (2022b) Erste Erfahrungen mit dem 9-Euro-Ticket. Der Nahverkehr 40(7/8):24–26

Krämer A, Bongaerts R (2018) ÖPNV-Nutzungspotenziale und eTarife/Tickets. Der Nahverkehr 36(9):63–69

Krämer A, Bongaerts R, Reinhold R (2022a) Veränderte Mobilität von Abo-Kunden und Ansätze für alternative Ticketangebote am Beispiel Frankfurt a. M. Verkehr du Technik 75(3):85–89

Krämer A, Bongaerts R, Reinhold T (2021a) Kundenwert – die zwei Seiten einer Medaille: Value-to-Value-Segmentierung für traffiQ Frankfurt. Internationales Verkehrswesen 73(3):80–83

Krämer A, Bongaerts R, Wilger G (2021b) Corona-Krise und die veränderte Sicht auf die Kunden-Wertigkeit im ÖPNV – Teil 1. Technik & Verkehr 74(12):421–424

Krämer A, Bongaerts R, Reinhold R (2022b) Mit Flextarifen Kunden zurückgewinnen? Eine Bestandsaufnahme und Analyse der Wirksamkeit. Der Nahverkehr 40(1–2):29–32

Krämer A, Burgartz, T. (2020) Kundenwertorientiertes Pricing – Die beiden unterschiedlichen Facetten des Kundenwerts. Controlling, 32(Spezialausgabe):58–63

Krämer A, Hercher J (2021) ÖPNV: Kontaktängste und veränderte Arbeitsorganisation bestimmen die Nachfrageentwicklung bei Bussen und Bahnen in 2021, OpinionTRAIN 2020: Rogator/exeo untersuchen innerstädtische Mobilitätsveränderungen durch die Corona-Krise in Deutschland, Österreich, der Schweiz und in Schweden, 12. Januar 2021 https://www.rogator.de/app/uploads/2021/01/Rogator_OpinionTRAIN2021_Herausforderung-für-den-ÖPVN.pdf

Krämer A, Hercher J (2022a) Wie wirkt das 9-Euro-Ticket in den ersten sieben Tagen? Presseinformation v. 09.06.2022, Abruf am 18.7.2022 unter https://www.rogator.de/wie-wirkt-9-euro-ticket/

Krämer A, Hercher J (2022b) 9-Euro-Ticket: Blick zurück und nach vorne – Aktivierung von bisher wenig ÖPNV-affinen Menschen und signifikante Fahrtenverlagerung vom Pkw. 15.09.2022, https://www.pressebox.de/pressemitteilung/rogator-ag/9-Euro-Ticket-Blick-zurueck-und-nach-vorne-Aktivierung-von-bisher-wenig-OePNV-affinen-Menschen-und-signifikante-Fahrtenverlagerung-vom-Pkw/boxid/1127796

Krämer A, Hercher J (2022c) 9-Euro-Ticket: Blick zurück und nach vorne – Nutzerprofil, Nutzung und Bewertungen. 08.09.2022. https://www.pressebox.de/pressemitteilung/rogator-ag/9-Euro-Ticket-Blick-zurueck-und-nach-vorne-Nutzerprofil-Nutzung-und-Bewertungen/boxid/1126822

Krämer A, Hercher J (2022d) 9-Euro-Ticket: Blick zurück und nach vorne – Der Wunsch nach einem Nachfolgeangebot und mögliche Absatz- und CO2-Einspareffekte. 22.09.2022d, https://www.pressebox.de/pressemitteilung/rogator-ag/9-Euro-Ticket-Blick-zurueck-und-nach-vorne-Der-Wunsch-nach-einem-Nachfolgeangebot-und-moegliche-Absatz-und-CO2-Einspareffekte/boxid/1128944?utm_source=Belegmail&utm_medium=Email&utm_campaign=Aktiv

Krämer A, Korbutt A (2022) Das 9-Euro-Ticket – Ziele, Wirkungsmechanismen und Perspektiven. Internationales Verkehrswesen 74(3):10–13

Lai PC (2017) The literature review of technology adoption models and theories for the novelty technology. JISTEM-Journal of Information Systems and Technology Management 14:21–38

Lambrecht A, Skiera B (2006) Paying too much and being happy about it: Existence, causes, and consequences of tariff-choice biases. J Mark Res 43(2):212–223

Lanjewar P, Jolhe DA (2021) Prioritizing the travelling criteria for customer-centric business model of public transport system, advances in mechanical engineering. Springer, Singapore, S 655–662

Meyer-Wellmann, J. (2022) Verkehr: TomTom misst weniger Verkehr in Hamburg – wegen des 9-Euro-Tickets? Hamburger Abendblatt v. 4.7.2022, https://www.abendblatt.de/hamburg/article235798723/verkehr-hamburg-weniger-stau-laut-tomtom-wegen-9-euro-ticket-bus-bahn-verkehrsdaten.html (Abruf 20.7.2022)

NN (2021) ÖPNV: Mehr Abo-Kündigungen als zu Beginn der Corona-Krise. BZ v. 19.04.2021, Abruf unter https://www.berliner-zeitung.de/news/oepnv-mehr-abo-kuendigungen-als-zu-beginn-der-corona-krise-li.153769

Richter R, Witte P (2022) „Ohne Auto geht nix"? Eine Untersuchung zur Mobilitäts-und Logistikwende im suburbanen Raum (No. 1/2022). IRS Dialog

Roth S, Robbert T, Straus L (2015) On the sunk-cost effect in economic decision-making: a meta-analytic review. Bus Res 8(1):9–138

Sachse S (2013) Customer-centric Service Management: Kundenzentrierte Servicekomposition. Institut für Wirtschaftsinformatik, Universität Leipzig, Leipzig

Schmidt D, Vest P (2010) Die Energie der Marke: ein konsequentes und pragmatisches Markenführungskonzept. Springer, Wiesbaden

Schnäbele P (1997) Mass Customized Marketing: Effiziente Individualisierung von Vermarktungsobjekten und prozessen. Dt. Univ. Verlag, Wiesbaden

Shah T, Preuss W (2021) Einsteigen bitte! – Kundenbindung im ÖPNV in Zeiten von Corona. Verkehr und Technik 74(2):45–48

Stadt Hamburg (2022) Landespressekonferenz am 2. August 2022, Zugegriffen am 8.8.2022 unter https://www.hamburg.de/landespressekonferenz/16347012/2022-08-02-video-lpk/

Stauss B (1994) Total quality management und marketing. Marketing – ZFP 16(3):149–159

Sunder M, Hagen T, Lerch E (2021) Mobilität während und nach der Corona-Krise: erneute Analysen für Deutschland. ReLUT Research Lab für Urban Transport, Frankfurt University of Applied Sciences, Frankfurt/M

VDV (2022): 9-Euro-Ticket-Marktforschung: Jeder Fünfte hat den ÖPNV vorher normalerweise nicht genutzt, Zugegriffen am 20.7.2022 https://www.vdv.de/220711-pm-9-euro-ticket-marktforschung-zu-nutzungseffekten.pdfx

VVS (2021) Neues Angebot für „Ab-und-zu-Fahrer": Digitales 10er-TagesTicket startet ab April. Abruf am 08.07.2021 unter https://www.vvs.de/presse/detailansicht-pressemitteilung/presse/neues-angebot-fuer-ab-und-zu-fahrer-digitales-10er-tagesticket-startet-ab-april/

Wenzel F (2021) Fahrgastschwund im ÖPNV: Wie geht es nach der Corona-Krise weiter? RND v. 10.04.2021, Abruf unter https://www.rnd.de/wirtschaft/fahrgastschwund-im-opnv-wie-geht-es-nach-der-corona-krise-weiter-QZ33JPUF75BLHGYIGAWGS6MDYQ.html

Wilger G, Krämer A, Bongaerts R (2020) Flex-Tarife und Abo-Angebote für Gelegenheitsnutzer im ÖPNV – eine Bestandsaufnahme und Analyse der Wirksamkeit. Der Nahverkehr 38(10):16–23

**Anna-Theresa Korbutt** ist seit April 2021 Geschäftsführerin im hvv. Zuvor war sie bei diversen Bahnunternehmen im DACH Raum verantwortlich für Strategie, Pricing und Produktentwicklung.

**Prof. Dr. Andreas Krämer** ist Vorstandsvorsitzender der exeo Strategic Consulting AG in Bonn und Direktor des Value Research Institute (VARI e. V.) in Iserlohn. Nach Studium der Agrarökonomie und anschließender Promotion arbeitete Andreas Krämer von 1996 bis 2000 bei zwei führenden internationalen Beratungsgesellschaften, bevor er in 2000 seine eigene Beratungsgesellschaft gründete. Von 2014 bis 2020 war er Professor für Pricing und Customer Value Management an der University of Europe for Applied Sciences in Iserlohn. Andreas Krämer ist Mitinitiator der Studien „Pricing Lab", „MobilitätsTRENDS" und „OpinionTRAIN" sowie Autor zahlreicher Fachaufsätze und mehrerer Bücher.

# Wie kann das Marketing neu ausgerichtet werden?

# Kundenwertzentrierte Unternehmenssteuerung als Maßgabe für das Marketing von morgen

Andreas Krämer und Robert Bongaerts

## Inhaltsverzeichnis

| | | |
|---|---|---|
| 1 | Die richtige Bemessungsgrundlage für die Bewertung von Entscheidungen in Marketing und Vertrieb. | 212 |
| | 1.1 Neukunden vs. Bestandskunden: Welche Maßnahmen zahlen sich tatsächlich aus? | 212 |
| | 1.2 Theory-Practice-Gap: Bedeutung des Customer Lifetime Value bei der Steuerung der Marketing-Aktivitäten | 213 |
| | 1.3 Hunting vs. Farming: Der Kundenwert als zentrale Steuerungsgröße für Marketing und Vertrieb? | 215 |
| 2 | Die richtigen Maßnahmen zur gezielten Ansprache von (potenziellen) Kunden | 217 |
| | 2.1 Der Mainstream: Customer Centricity als ultimative Forderung. | 217 |
| | 2.2 Bedürfnisse erkennen: Eine zentrale Funktion im Marketing | 218 |
| | 2.3 Kunden bedürfnisorientiert segmentieren | 219 |
| 3 | Der Value-to-Value-Ansatz zur Verzahnung von zwei Wertperspektiven. | 219 |
| | 3.1 Die Value-to-Value-Matrix erstellen | 220 |
| | 3.2 Mit der Value-to-Value-Matrix arbeiten. | 221 |
| 4 | Das richtige Verständnis für Value-Management: Das Kundenwertzentrierte Management | 224 |
| 5 | Ausblick | 225 |
| | Literatur. | 226 |

---

A. Krämer (✉) · R. Bongaerts
exeo Strategic Consulting AG, Bonn, Deutschland
E-Mail: andreas.kraemer@exeo-consulting.com

R. Bongaerts
E-Mail: robert.bongaerts@exeo-consulting.com

### Zusammenfassung

Während mit dem Customer Lifetime Value (CLV) theoretisch eine Steuerungskennziffer besteht, anhand derer sämtliche Marketing- und Vertriebsaktivitäten ausgerichtet und bewertet werden können, findet diese in der unternehmerischen Praxis eine nur unzureichende Anwendung. Dabei ist die Betrachtung des Kundenwertes die erforderliche Gegenposition zur vielfach zitierten und geforderten Kundenzentrierung der Unternehmen. Aber erst, wenn beide Perspektiven betrachtet werden, ist ein holistisches Kundenwert-Management möglich. Im Rahmen einer Value-to-Value-Segmentierung lassen sich beide Facetten, der Value-to-the-customer (Fokus Kundenbedürfnisse) und der Value-of-the-customer (Fokus Wertgenerierung für das Unternehmen) verbinden und nicht nur für das strategische, sondern auch für das operative Marketing einsetzen. Dieses Kapitel illustriert den theoretischen Hintergrund, die einzelnen Schritte bei der Implementierung und nennt Anwendungsbeispiele.

## 1 Die richtige Bemessungsgrundlage für die Bewertung von Entscheidungen in Marketing und Vertrieb

„Die Behauptung, dass treue Kunden immer profitabler sind, ist eine grobe Vereinfachung."
– Dowling and Uncles (1997)

### 1.1 Neukunden vs. Bestandskunden: Welche Maßnahmen zahlen sich tatsächlich aus?

In der Marketingliteratur herrscht heute weitgehende Einigkeit darüber, dass die Pflege bestehender Kundenbeziehungen für ein Unternehmen weitaus profitabler ist als die Gewinnung von Neukunden (Meffert et al. 2019, S. 63) und aus Unternehmenssicht der Ertrag pro Kunde mit zunehmender Dauer der Beziehung zum jeweiligen Anbieter ansteigt (Huber et al. 2009, S. 73). Konsistent dazu erscheint, wenn Marken mit einem überdurchschnittlichen Bestandskundenanteil fast 50 % höhere Preise erzielen als Marken mit wenigen Stammkunden (Campillo-Lundbeck 2019). Zusätzlich wird konstatiert, Stammkunden hätten auch eine höhere Weiterempfehlungsbereitschaft: „Sie machen etwa zwei Drittel des Umsatzanteils eines Unternehmens aus, obwohl sie nur gut ein Drittel der Kunden vereinen, so dass Marketing also in erster Linie Bestandskunden-Marketing sein sollte" (Haller 2019). Grundlegende Forschungsergebnisse hierzu stammen aus dem letzten Jahrhundert. Damals belegte die intensive Forschung zu relativ „neuen" Themen wie Service-Marketing, Kundenzufriedenheits-Management und Wirtschaftlichkeit von Kundenbeziehungen die Erfordernis, sich als Unternehmen nicht nur auf längerfristige Wirkungen des Kundenmanagements zu fokussieren und die Kundenbeziehung stärker unter wirtschaftlichen Gesichtspunkten zu beleuchten, sondern sich auch dabei vor allem auf existierende Stammkunden zu konzentrieren (Bell et al. 2002). Als Höhepunkt dieser Argumentationskette kann das Erscheinen des Bestsellers „The Loyalty-Effect" gesehen werden (Reichheld und Teal 1996). Die Autoren beschreiben darin die besonderen Möglichkeiten, höhere Umsätze und Gewinne durch ein aktives, auf Dauer angelegtes Management der Kundenbeziehung zu erreichen. Je mehr Nähe ein Unternehmen zum Kunden aufbaut und je besser Bedürfnisse und Wachstumschancen auf Basis einzelner Kunden erkannt werden, desto größer gestaltet sich der Hebel für das Marketing (Du et al. 2007). Gleichzeitig leitet sich daraus die Forderung ab, Ressourcen in Hinblick auf Neukunden-Akquise und Bestandskunden-Betreuung neu auszurichten.

Vereinzelt wird dieser Beschreibung widersprochen: Reinartz und Kumar (2000) untersuchen die Beziehung zwischen der Langlebigkeit der Kunden und der Kundenrentabilität, indem sie die folgenden, allgemein verbreiteten Vorstellungen am Beispiel des Katalog-Versandhandels überprüfen, und zwar 1) Kundenlebensdauer und Kundenrentabilität sind stark voneinander abhängig, 2) die Gewinne von Kunden mit langer Lebensdauer steigen mit der Zeit, 3) die Kosten für die Betreuung von Kunden mit langer Lebensdauer sind vergleichsweise niedriger und 4) Kunden mit langer Lebensdauer zahlen höhere Preise. Sie können keine dieser Hypothesen eindeutig bestätigen. Stattdessen schlussfolgern die Autoren: „In fact, we find a very differentiated picture in that both long- and short life customers can be highly profitable."

Vor diesem Hintergrund sollte der Fokus darauf gerichtet werden, dass weniger Narrative bei der Bewertung von Maßnahmen im Neu- und Bestandskunden-Business die Leitlinie vorgeben sollten als vielmehr eine konkrete Messung der Kundenwertigkeit. Mit ihrer Aussage, es sei Vorsicht geboten, wenn langfristige Kundenbeziehung und hohe Kundenwertigkeit gleichgesetzt werden, sind die Autoren nicht allein (Dowling und Uncles 1997; Verhoef und Langerak 2002).

## 1.2 Theory-Practice-Gap: Bedeutung des Customer Lifetime Value bei der Steuerung der Marketing-Aktivitäten

Wenn zwar einerseits Einigkeit darüber herrscht, dass die Kundenwertigkeit (beispielsweise in Form des Customer Lifetime Values (CLV)) die zentrale Steuerungsfunktion für das Management darstellt, zumindest mit Hinblick auf das Zielbild, den Wert des Unternehmens steigern zu wollen (Rust et al. 2004; Tewes 2013; Verhoef und Lemon 2013; Blattberg und Deighton 1996), gleichzeitig der Parameter Kundenwertigkeit vielfach nicht Entscheidungsgrundlage in der Unternehmenspraxis ist, kann mit Recht von einem „Theory-Practice-Gap" gesprochen werden. Trotz einer Vielzahl wissenschaftlicher Beiträge und Bekundungen zum wertorientierten Management sind Verfahren zur Messung der Kundenwertigkeit in der Unternehmenspraxis bisher nicht zum Standardtool im Kundenmanagement geworden. Dies zeigen ältere Untersuchungen (vgl. Reinecke und Tomczak 2001, S. 82) wie auch neuere Studienergebnisse (Bruhn 2013; Mengen 2011). Ambler (2004) bezeichnet den

CLV zwar einerseits als eine der wichtigsten KPIs im Kundenmanagement, beschreibt aber gleichzeitig, viele Unternehmen betrachteten die Schätzung des Kundenwertes wie die Suche nach den Heiligen Gral. Aktuelle Ergebnisse zeigt die Studie OpinionTRAIN für das Jahr 2022. Befragt wurden dabei knapp 400 Entscheider im Unternehmen (Onlinestudie im Mrz./Apr. 2022). Im Interview wurde die Frage gestellt, welche kundenbezogenen Kennziffern im Unternehmen genutzt werden, um Entscheidungen zu treffen. Insgesamt wurden 13 Kennziffern präsentiert und gestützt bewertet (Skala von 1 = wird stark genutzt bis 6 = wird gar nicht genutzt). Mit deutlichem Abstand an erster Position findet sich die Kundenzufriedenheit. Insgesamt 63 % der Entscheider sehen hier eine (sehr) starke Nutzung in der Entscheidungsunterstützung. Es folgen Kundenbindung/Wiederkauf, Umsatz je Kunde und Neukunden-Quote.

Die Fokussierung auf die Kundenzufriedenheit mag verständlich sein. Sie stellt auch einen Forschungsschwerpunkt in der Literatur dar und wird häufig fast der Kundenzentrierung und dem finanziellen Erfolg gleichgesetzt (Fornell et al. 2016). Bezüglich des Zusammenhangs zwischen dem Grad der Kundenzufriedenheit und der finanziellen Leistungsfähigkeit des Unternehmens kommt eine aktuelle Meta-Analyse zu eher ernüchternden Ergebnissen. Bei 192 der 251 untersuchten Studien ergeben sich positive Korrelationen (Otto et al. 2020). Das bedeutet aber auch, dass 55 Korrelationen tatsächlich negativ sind! Und von den 192 positiven Korrelationen sind auch nur die Hälfte (genau genommen 96) signifikant positiv, d. h. überzufällig und systematisch positiv. Im Mittel über alle Studien beträgt der Korrelationskoeffizient + 0,10. Die Wissenschaftler verweisen zwar auf ein statistisch signifikantes Ergebnis. Dabei sollte eher auf die geringe Effektstärke und die sehr uneinheitlichen Resultate hingewiesen werden.

Im Ranking der am meisten genutzten kundenbezogenen Kennziffern im Unternehmen ist der CLV nur im unteren Drittel platziert (vgl. Abb. 1). Zwar wird der CLV

| Kundenbezogene Kennziffern[1] | Nutzungsindex* | Nutzungsintensität (klassifiziert) | | |
|---|---|---|---|---|
| Kundenzufriedenheit | 72,0 | 63% | 24% | 12% |
| Kundenbindung / Wiederkauf | 60,6 | 48% | 33% | 19% |
| Umsätze je Kunde | 59,2 | 46% | 32% | 22% |
| Neukunden-Quote | 57,2 | 41% | 35% | 24% |
| Kunden-Score | 50,8 | 37% | 33% | 30% |
| Deckungsbeitrag je Kunde | 52,6 | 37% | 36% | 26% |
| Net Promoter Score (Weiterempfehlungsabsicht) | 49,8 | 34% | 35% | 31% |
| Kauf-Rhythmus des Kunden | 49,0 | 33% | 36% | 31% |
| Customer Lifetime Value (Kundenwert) | 49,4 | 33% | 37% | 30% |
| Kennziffern für Kundensegmente / Zielgruppen | 49,2 | 32% | 37% | 31% |
| Abwanderungs-Quote | 48,8 | 31% | 39% | 30% |
| Abwanderungs-Risiko | 45,2 | 27% | 38% | 35% |
| Share of Wallet | 43,8 | 22% | 43% | 35% |

* Starke Nutzung = 100  (Sehr) stark genutzt (top-2)  (Sehr) schwach genutzt (low-2)

1) Welche kundenbezogenen Kennziffern werden in Ihrem Unternehmen genutzt, um Entscheidungen zu treffen? (1=wird stark genutzt bis 6=wird gar nicht genutzt). * 382 Entscheider im Unternehmen

**Abb. 1** Nutzung von kundenbezogenen Kennziffern aus Sicht von Entscheidungsträgern im Unternehmen (2022)

eher in größeren Unternehmen eingesetzt, aber auch für Unternehmen mit mehr als 1000 Mitarbeitern gilt: Der CLV verfügt bei weitem nicht über eine dominierende Position im Portfolio von Kennziffern und stellt vor allem nicht die ultimative Steuerungsgröße dar. Im Mittel werden fast 5 Kennziffern als entscheidungsrelevant benannt. Die Entscheider orientieren sich also nicht an einer einzelnen Steuerungsgröße, sondern an mehreren.

Die Gründe für die fehlende Umsetzung des Konzeptes finden sich leicht. In der Regel erfordern die Ansätze, zum Beispiel die Berechnung des CLV, nicht nur eine genaue Zuordnung von Kosten und Erträge zu einzelnen Kunden, sondern darüber hinaus eine Prognose dieser Parameter für die Zukunft. Dies überfordert viele Unternehmen (Krämer und Burgartz 2022b; Reichheld et al. 2021). Auch die besonders geringe Nutzung von Kennziffern wie Abwanderungsrisiko und Share-of-Wallet als Ergebnis der eigenen Studie unterstreicht dies.

In der eigenen Studie wurden zudem die Gründe dafür, dass der CLV schwach oder gar nicht genutzt wird, bestimmt. Dabei stehen die Aspekte „Das hat für uns keine besondere Bedeutung" (29 %), „Uns fehlen die Daten, um solche Modelle aufzubauen" (19 %), „Andere Kennziffern sind geeigneter" (17 %) und „Die Zuordnung von Kosten zu einzelnen Kunden ist schwierig" (16 %) im Vordergrund.

Aber auch bei einer Vereinfachung der Modellansätze ist es wichtig, dass Unternehmensführung, Marketing- und Vertriebsverantwortliche letztendlich klare Handlungsanweisungen und Entscheidungsunterstützungen erhalten. Maßgeblich ist, sich für ein Kundenwertmodell zu entscheiden, das den Belangen des Unternehmens genügt und in der Lage ist, eine zielgerichtete Entscheidungsunterstützung herbeizuführen. Voraussetzungen dafür sind Kundennähe und ein zielgerichtetes Bereitstellen von Daten, und zwar über Funktionsbereiche und bestehende „Silos" hinweg. Erst der Blick für potenzielle Gewinne, die mit einer konkreten Kundenbeziehung über die gesamte „Lebensdauer" hinweg möglich sind, eröffnet die Chancen für eine Neubewertung von Maßnahmen im Trade-off zwischen Neukundengewinnung und Stammkundenbetreuung.

Beispielsweise unterscheiden Reichheld et al. (2021) zwischen einem Wachstum durch Neukunden, welches gekauft („bought") ist, also z. B. durch Rabattaktionen entsteht, und einem Wachstum, das verdient („earned") wird, also z. B. durch Empfehlungen zufriedener Kunden initiiert ist. Diese Argumentation nutzt zwar den Begriff des Kundenwertes nicht explizit, gemeint ist aber auch hier die Notwendigkeit einer dynamischen Sicht auf die Kundenbeziehung.

## 1.3 Hunting vs. Farming: Der Kundenwert als zentrale Steuerungsgröße für Marketing und Vertrieb?

Vor dem Hintergrund der Ergebnisse zum praktischen Einsatz von Kundenwertmodellen wird deutlich, dass es vielfach in Unternehmen an einer übergreifenden Steuerungsgröße mangelt. Selbst wenn versucht wird, die Marketing- und Vertriebs-Aktivitäten anhand von Kennzahlen zu bewerten, geschieht dies häufig mittels unterschiedlicher Sets an

Kennziffern. In der Studie von Mintz et al. (2019) werden mehr als 20 Performance Indicators untersucht. Diese ermöglichen dann bestenfalls eine isolierte Bewertung von Maßnahmen, aber keine übergreifende Betrachtung. Ein Zielkonflikt zwischen Neukunden- und Bestandskunden-Management droht damit genau dann, wenn im Unternehmen keine gesamthafte Sicht auf die Wertigkeit der Kunden, also kein gemeinsames, verbindliches Zielsystem vorhanden ist. Auch diese Erkenntnis ist nicht neu. Jain und Singh (2002) führen das bereits zu Beginn des 20. Jahrhunderts aus:

> "To optimize long-term profit, a firm needs to have a proper balance between spending on acquiring new customers and spending on retaining old customers. A direct consequence of this is the right mix of acquisition and retention prices. This concept of optimal acquisition and retention pricing needs further exploration."

Gleichzeitig werden die Aktivitäten im Bereich „Hunting" und „Farming" häufig als isolierte, voneinander unabhängige Stränge verstanden. Dies mag in der Vergangenheit eine gültige Betrachtungsweise gewesen sein, unter den gegenwärtigen Rahmenbedingungen zeigen sich aber verstärkt Abhängigkeiten und Interaktionen. Dies führt automatisch zur Fragestellung, ob bekannte Handlungsmuster im Marketing weiterhin hilfreich und empfehlenswert sind oder nicht grundsätzlich die Ausrichtung, die Organisation und die Relevanz des Marketings überdacht werden muss.

Als zentrale Steuerungsgröße scheint der CLV dabei an Grenzen zu stoßen, wie das bereits dargestellte Theory-Practice-Gap bezogen auf den Einsatz in der unternehmerischen Praxis offensichtlich darlegt. Hier zeigt sich ein weiteres Dilemma. Einerseits wird das Stichwort Big Data zum Synonym für „alles ist möglich, wenn nur ausreichend Daten vorliegen", andererseits tun sich die Manager schwer, die richtigen Daten in Beziehung zu setzen. Beim CLV kommt es nicht zwingend darauf an, das Konzept zu einem „mathematischen Monstrum" zu entwickeln, sondern sich auf die entscheidenden Werttreiber zu konzentrieren: Lieber eine 80 %-Lösung als keine bzw. das Zurückgreifen auf vermeintliche Ersatzindikatoren für die Kundenwertigkeit (Krämer und Burgartz 2019). Trotzdem: Eine reine Ausrichtung auf die Wirtschaftlichkeit der Kundenbeziehung, also finanzwirtschaftliche Kennziffern, kann nicht die Ultima Ratio sein.

Im Folgenden wird versucht, den alleinigen Fokus auf den CLV um die Kundenperspektive zu erweitern. Hierzu werden im nächsten Abschn. 11.2 die Maßnahmen zur Kundenansprache vorgestellt, um dann im Abschn. 11.3 eine Verzahnung der Sichtweise CLV und Kundenperspektive als zentrale Steuerungsgröße im Marketing (und darüber hinaus) vorzustellen.

## 2 Die richtigen Maßnahmen zur gezielten Ansprache von (potenziellen) Kunden

### 2.1 Der Mainstream: Customer Centricity als ultimative Forderung

Dem Marketing liegt die Leitlinie zugrunde, Unternehmen durch eine konsequente Ausrichtung an den Bedürfnissen des Marktes zu befähigen, ihre Position im Markt abzusichern oder zu verstärken. Wie Kirchgeorg (2022) ausführt, müssen gerade auf wettbewerbsintensiven Märkten die Bedürfnisse der Nachfrager im Zentrum der Unternehmensführung stehen. Daraus leitet sich zudem die Forderung nach einer kundenzentrierten Ausrichtung ab, häufig mit der englischen Bezeichnung Customer Centricity beschrieben (Fader 2012). Verbunden damit sind Auswirkungen auf die komplette Organisation: Shah et al. (2006) sehen hier beispielsweise notwendige Änderungen in den Bereichen Kultur, Struktur, Prozesse und Finanzkennziffern.

Wie ein Blick in den unternehmerischen Alltag zeigt, scheinen sich in vielen Branchen die Marketingverantwortlichen in ihrem täglichen Handeln weit vom Konsumenten entfernt zu haben – so steht in manchen Dienstleistungsunternehmen eher die Abwicklungseffizienz der Kundenbeziehung im Mittelpunkt der internen Entscheidungsfindung. Verbraucher fragen sich, warum sie ihr Anliegen nicht nur mehrfach vorbringen müssen (z. B. unterschiedliche Kontaktpunkte im Reklamationsprozess), sondern offensichtlich kein Zugriff auf Kundendaten möglich ist. Kunden tauschen sich aus und erkennen, dass sie – trotz Vergleichbarkeit – ungleich behandelt werden. Hier läuft in der Praxis bei weitem nicht alles optimal (Krämer und Burgartz 2022b; Gardini 2021). Und dies trotz der Erkenntnis, dass das Kundenerlebnis ein zentraler Erfolgsfaktor für Unternehmen ist (vgl. Kreutzer und Land 2017, S. 108). Durch die hohe Relevanz des Themas und den Nachholbedarf im Blick hat das Customer Experience Management in den letzten Jahren einen zunehmenden Stellenwert in Unternehmen und im Marketing erhalten. Die Kundeninformationen über alle Kontaktpunkte im gesamten Kundenbeziehungsmanagement hinweg werden als existenziell gerade für den Aufbau einer langfristigen Kundenbeziehung und die Bindung bestehender Kunden im Rahmen deren Customer Journey gesehen (Kreutzer und Land 2017, S. 109). Allerdings ist die Facette der Informationsbereitstellung nur ein Aspekt des optimalen Kontakthandlings. Einige Autoren sehen in der Verknüpfung der Themen wie Kundenzentrierung und -datenmanagement sogar ein Problem, das sich als Customer Centricity Paradox beschreiben lässt (Riedmann-Streitz 2018): „Je mehr Daten über den einzelnen Kunden auf Knopfdruck zur Verfügung stehen, desto mehr wird er auf eine Menge von Datenpunkten reduziert und dient nur als Mittel zum Zweck. Er steht nicht im Mittelpunkt, er ist das Produkt."

Von zentraler Bedeutung für die erfolgreiche Interaktion ist die empfundene Fairness, wie folgendes Beispiel aus dem Themengebiet Pricing aufzeigt. Wenn in einem Verkaufsgespräch ein Mitarbeiter einem Kunden einen bestimmten Preis anbietet, kann dieser das

Angebot daran bemessen, ob es insgesamt fair erscheint (outcome fairness), oder aber beispielsweise auch daran, wie der Prozess der Preisfindung abläuft (procedural fairness). Ein dritter Aspekt ist die Verteilungsgerechtigkeit (distributional fairness). Sie bezieht sich auf den Vergleich, den eine Person zwischen ihrem Ergebnis, z. B. dem angebotenen Preis, und dem Ergebnis einer anderen Person anstellt, z. B. „ich habe als neuen Preis eine Offerte von 15 € für die Vertragsfortsetzung erhalten, mein Freund hat – in der gleichen Situation – beim gleichen Anbieter aber 20 € zahlen müssen" (Ferguson et al. 2014).

Neben der Perspektive, wie Kunden die Betreuung über unterschiedliche Kontaktpunkte empfinden, stellt der wahrgenommene Nutzen, den ein Produkt oder ein Service bietet, die zentrale Instanz innerhalb der Kundenzentrierung dar, wie Woodruff (1997) beschreibt: „Customer value is the customer's perceived preference for and evaluation of those product attributes, attribute performances, and consequences arising from use that facilities achieving the customer's goals and purposes in use situations". Kunden beurteilen demzufolge den Wert, den sie von einem Anbieter erhalten, unter Berücksichtigung der Abwägung zwischen allen relevanten Vorteilen und „Opfern" in einer bestimmten Nutzungssituation (Shah et al. 2006). Kunden werden beim Kauf die Alternative mit dem höchsten Kundennutzen wählen, d. h. jene, die die beste Nutzen-Kosten-Differenz aufweist (Menon et al. 2005).

## 2.2  Bedürfnisse erkennen: Eine zentrale Funktion im Marketing

Die methodischen Verfahren zur Messung des wahrgenommenen Nutzens bzw. der primären Kundenbedürfnisse sind vielfältig und sollen an dieser Stelle nur ansatzweise umrissen werden. Ziel des Ansatzes ist es, jedem (potenziellen) Kunden ein Primär-Bedürfnis zuzuordnen. Dies kann aus Beobachtungen heraus bestimmt werden (wenn ein Online-Käufer z. B. immer den günstigsten Preis auswählt, obwohl sich die betrachteten Produktvarianten nur sehr geringfügig unterscheiden, ist von einer primär preisgetriebenen Entscheidung auszugehen) oder auf Basis von Befragungen erfolgen. Da die bestehenden Datenquellen und Informationen zu Bestands- und insbesondere zu Neukunden von Unternehmen zu Unternehmen sehr unterschiedlich sind, kann es kein Standardvorgehen geben. In der Praxis sehr verbreitet sind Befragungen als Informationsquellen. Bei quantitativen Ansätzen werden häufig dekompositionelle Verfahren wie das Conjoint Measurement empfohlen (Kumar und Reinartz 2016; Krämer und Burgartz 2022b), die einen Trade-off aus Sicht der Verbraucher sehr gut abbilden. Neben entsprechend indirekten Verfahren der Nutzenmessung (die Wichtigkeit von Entscheidungsfaktoren wird nicht direkt erfragt, sondern aus Auswahl- oder Präferenzangaben der Interviewten ermittelt) bieten sich auch kompositionelle, also direkte Verfahren an (sofern eine ausreichende Abwägungsleistung der Befragten gegeben ist). Als leistungsfähig haben sich zum Beispiel Konstantsummen-Abfragen erwiesen (im Unterschied zur Rating-Skala werden die Studienteilnehmer gebeten, z. B. 100 Punkte der

Gesamtwichtigkeit auf einzelne Merkmale zu verteilen; Krämer und Burgartz 2022b; Homburg und Beutin 2000).

## 2.3 Kunden bedürfnisorientiert segmentieren

Nach Kotler (1980) ist die Marktsegmentierung „the subdividing of a market into distinct subsets of customers, where any subset may conceivably be selected as a market target to be reached with a distinct marketing mix." Dabei besteht eine Herausforderung darin, wie der Markt unterteilt werden soll. Das am häufigste genannte Kriterium für eine angemessene Segmentierung ist die Homogenität innerhalb der gewählten Segmente, während sie sich untereinander möglichst stark unterscheiden sollen. Neben einer Reihe unterschiedlicher Verfahren stellt die Benefit-Segmentierung eine besondere Art der Segmentierung dar, die den Kundennutzen als zentralen Faktor der Customer Centricity auch als dominierende Logik der Kunden-Clusterung heranzieht. Kunden werden entsprechend ihrer Primärbedürfnisse einem Kundensegment zugeordnet. Haley (1968) hat diesen Ansatz im Marketing eingeführt und erläutert dazu: „The belief underlying this segmentation strategy is that the benefits which people are seeking in consuming a given product are the basic reasons for the existence of true market segments."

Die Clusterung ist möglich, wenn z. B. aus einer Befragung relative Wichtigkeiten für Entscheidungssituationen bereitgestellt werden können (Alibrandi und Giacalone 2008). Diese können über ein Conjoint Measurement genauso gewonnen werden wie mittels Konstantsummen-Verfahren (Krämer und Burgartz 2022b). Auf dieser Basis können Kundengruppen identifiziert werden, die sich hinsichtlich ihrer Präferenzen ähnlich sind, z. B. einen überdurchschnittlichen Service erwarten, auf bestimmte Produkteigenschaften fokussiert sind oder primär den günstigsten verfügbaren Preis suchen.

## 3 Der Value-to-Value-Ansatz zur Verzahnung von zwei Wertperspektiven

Im Folgenden wird mit dem Value-to-Value (V2V)-Ansatz ein Konzept vorgestellt, welches die Kunden- und Unternehmensperspektive direkt miteinander verknüpft und damit eine ganzheitliche Entscheidungsbasis für das Marketing (und darüber hinaus) ermöglicht, die sowohl die Bedürfnisse des Kunden als auch die Kundenwertigkeit aus Sicht des Unternehmens berücksichtigt.

## 3.1 Die Value-to-Value-Matrix erstellen

Der Kundennutzen ist ein zentraler Ansatzpunkt im Marketing. Die reine Fokussierung auf den Kunden wird aber nicht ausreichen. Es ist schließlich nicht das primäre Ziel des Unternehmens, ein Maximum an Kundenzufriedenheit oder einen höchstmöglichen Perceived Value zu erreichen. In einem umfassenden Managementansatz muss Marketing mehr leisten. Deshalb sieht Gummesson (2007) in einer „Balance Centricity" alle Stakeholder als Bezugspunkt des unternehmerischen Handelns. Auch Kumar und Reinartz (2016) unterstreichen dies, wenn sie ausführen:

> "First, in order to be successful, firms (and the marketing function) have to create perceived value for customers ... Second, customers in return give value through multiple forms of engagement (customer lifetime value, in the widest sense) for the organization."

Angesprochen wird damit eine Wertgenerierung in zwei Richtungen (erstens für den Kunden, zweitens für das Unternehmen). Der sogenannte Value-to-Value-Ansatz versucht, diesen Herausforderungen gerecht zu werden und verzahnt die Perspektive „Value-to-the-customer" als die Bedürfnisbefriedigung auf Kundenseite mit der Perspektive „Value-of-the-customer" als den generierten Cash-Flow des Kunden für das Unternehmen (Krämer et al. 2021; Krämer und Burgartz 2020).

Die Operationalisierung der beiden diskutierten Wertachsen lässt sich am Beispiel einer Mobilitätsdienstleistung (z. B. Bahnreise) verdeutlichen (Krämer und Schmutz 2020). Abb. 2 stellt das Vorgehen beispielhaft dar. Dabei erfolgte zunächst die getrennte Bestimmung der Dimensionen Kundennutzen (Ziffer 1 in der Abbildung) und Kundenwertigkeit (Ziffer 2), die zu einer V2V-Segmentierungs-Matrix (Ziffer 3) zusammengeführt wurden. Im Beispiel ergibt sich eine Matrix mit 9 Feldern = Kundensegmenten, die sich in Bezug auf die Kundenbedürfnisse und Kundenwertigkeit differenzieren lassen. Je nach Anzahl der Kundenbedürfnisse bzw. nach Einteilung der Kundenwertigkeiten variiert die Anzahl der in der Matrix abgebildeten Segmente.

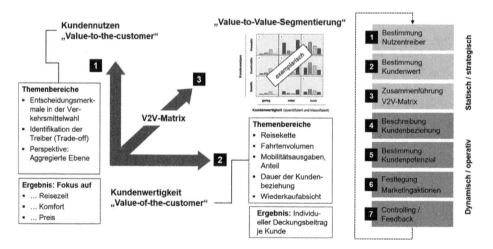

**Abb. 2** Konzeption und Umsetzung der V2V-Matrix am Beispiel Bahnreisen

In der Perspektive „Value-to-the-customer" geht es primär darum, im ersten Schritt die individuellen Bedürfnisse der einzelnen (potenziellen) Kunden zu verstehen. Dies kann auf methodischer Ebene durch klassische Befragungstechniken oder durch Beobachtung (Suchanfragen, Buchungen, Kaufhistorie etc.) erfolgen. Im Projektbeispiel wurden hierbei u. a. zweistufige Konstantsummen-Verfahren eingesetzt. Im ersten Schritt wurden mehrere Leistungsdimensionen als Verbesserungen vorgelegt und bewertet. Im zweiten Schritt wurde die am wichtigsten bewertete Leistungsdimension in den Kontrast zu einer Verbesserung des Preises (z. B. 10 % reduziertes Preisniveau) gesetzt (Trade-off) und die Präferenz erfasst. So wurden z. B. Testpersonen, die sich für die Preisermäßigung entscheiden, als primär preissensibel eingeordnet (Krämer und Bongaerts 2017). In der Regel lassen sich dann zumindest Personen mit hoher Relevanz des Ticketpreises von denjenigen Personen trennen, welche die Bahn eher aus Komfort- oder aufgrund von Reisezeitvorteilen nutzen (Bongaerts und Krämer 2014).

Bei der Perspektive „Value-of-the-customer" steht der Cashflow im Vordergrund, der über die Dauer der Kundenbeziehung für das Bahnunternehmen generiert wird. Wichtige Parameter sind in diesem Zusammenhang u. a. der bezahlte Preis, die Anzahl der Bahnfahrten und die Dauer der Kundenbeziehung.

Werden beide Dimensionen zusammengeführt, ergibt sich eine Matrix (Value-to-Value-Segmentierung), die zur Entscheidungs-Unterstützung genutzt werden kann (Bongaerts und Krämer 2014; Burgartz und Krämer 2015).

### 3.2 Mit der Value-to-Value-Matrix arbeiten

Mit dem Vorliegen der Segmentlösung in Form der V2V-Matrix ist die Methodik eingeführt. Die erarbeitete Segmentlösung ist jedoch kein Selbstzweck, sondern stellt die Basis für eine Marktbearbeitung dar, die gleichzeitig die Kunden- und die Unternehmensperspektive berücksichtigen sollte. Um die operative Marktbearbeitung zu ermöglichen, sind weitere Analyse- und Bearbeitungsstufen erforderlich, die im rechten Teil der Abbildung aufgezeigt sind (vgl. Abb. 2 rechter Abschnitt):

- Beschreibung der Kundenbeziehung: In diesem Schritt erfolgt die Detaillierung der jeweiligen Segmente. Im Vordergrund steht dabei die Klärung des Beziehungsstands der Kunden zum Unternehmen (z. B. Interessenten, Neu- oder Bestandskunden etc.). Dieser ist u. a. relevant, um die Ansprechbarkeit der einzelnen Segmente zu kennen.
- Bestimmung der Kundenpotenziale: Zur gezielten Marktbearbeitung ist die Kenntnis zusätzlicher Kundenpotenziale elementar. Abhängig von der Branche und Geschäftsbeziehung können dabei die zu betrachtenden Potenzialgrößen sehr unterschiedlich sein, z. B. Cross- oder Upselling-Potenziale, Potenziale aus Weiterempfehlungen oder durch Kostensenkung etc. Damit diese Größen zur Marktbearbeitung genutzt werden können, ist es sinnvoll, diese Potenziale nicht bereits in die Berechnung des Kundenwerts einfließen zu lassen.

- Festlegung von Marketingaktionen: In diesem Schritt erfolgt die Bestimmung geeigneter Maßnahmen, um die identifizierten Marktpotenziale zu heben. Die V2V-Matrix hilft dabei, den Mitteleinsatz zu optimieren, in dem Aktionen nach Effizienz- und Effektivitätskriterien in einzelnen V2V-Segmenten durchgeführt werden.
- Controlling und Feedback: Nach Umsetzung der Maßnahmen ist zu bestimmen, welche Veränderungen sich im Einzelnen ergeben haben. So können auch die Effektivität und die Effizienz der durchgeführten Aktionen bewertet werden.

Entscheidend für einen gezielten Einsatz des V2V-Ansatzes ist eine möglichst hohe Transparenz über die Unternehmensziele, die dann in der Marktbearbeitung berücksichtigt werden können (Top-Down-Ansatz). Um Zielkonflikte zu vermeiden, sollten die identifizierten Themen priorisiert werden. In einem weiteren Schritt müssen die priorisierten Fragestellungen mit dem V2V-Ansatz verknüpft werden. Dies kann z. B. in Form einer eigenen empirischen Studie stattfinden. Ist der V2V-Ansatz als Grundgerüst in einer kontinuierlichen Studie schon integriert, können die relevanten Themen der Marktbearbeitung in die Studie aufgenommen werden.

Die Bedeutung der zielgerichteten Vorgehensweise bzw. Anwendung des V2V-Ansatzes verdeutlicht ein Interview mit einem V2V-Anwender aus der Mobilitätsbranche (Krämer und Burgartz 2022a):

> „Für die strategische Marketingplanung erfolgt jeweils eine Priorisierung der Kundensegmente aufgrund des Einflusses auf die Ziele. Die Kampagnenkonzeption orientiert sich daran. So wird beispielsweise ein Vermarktungsschwerpunkt mit dem Thema Sparen bei preisaffinen Seltennutzern zur Aktivierung von Freizeitreisen realisiert. Leistungsaffine Segmente mit erhöhter Zahlungsbereitschaft bilden die Zielgruppe für Upsell-Angebote in der ersten Klasse sowie für hochwertige Serviceleistung, bspw. in der Bahngastronomie."

Die folgende Abbildung zeigt beispielhaft einige Fragestellungen auf, die mittels des V2V-Ansatzes beantwortet werden können (vgl. Abb. 3). Neben den eher übergeordneten Themen zu Strategie und Positionierung stehen operative Fragestellungen aus den Bereichen Kundenmanagement, Marketing/Kommunikation sowie Pricing/Vertrieb im Fokus.

Die Aufstellung verdeutlicht, dass der V2V-Ansatz grundsätzlich für eine Vielfalt von Themenstellungen geeignet ist. Limitierend sind in der Regel die Informationen, die zur Beschreibung der Segmente benötigt werden. Entstammen die Daten z. B. einer empirischen Studie zum V2V-Ansatz, dann können die Ergebnisse als statisch betrachtet werden: Sie gelten für den Moment der Erhebung. Vor diesem Hintergrund ist eine Dynamisierung sinnvoll. Hierzu können verschiedene Methoden herangezogen werden, die abhängig von der betrieblichen Situation bewertet werden müssen:

- Wiederholungsstudie(n): In regelmäßigen Abständen wird eine empirische Studie mit dem V2V-Ansatz aufgesetzt. Die jeweils aktuellen Zielstellungen für die Marktbearbeitung können dann direkt in die Erhebung integriert werden.

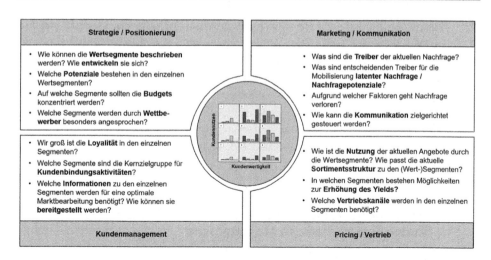

**Abb. 3** Marktbearbeitung mit dem V2V-Ansatz

- Integration in allen kundenbezogenen Studien: Die notwendigen Informationen zur Abbildung der V2V-Segmente können in der Regel auf wenige zusätzliche Fragestellungen reduziert werden. Dieses Set an Minimalfragen kann in allen Studien eines Unternehmens integriert werden, so dass zum einen die jeweilige Fragestellung der Studie auch aus der Perspektive der V2V-Segmente betrachtet und zum anderen die Datenbasis der V2V-Segemente um diese Informationen erweitert werden kann.
- Integration in kontinuierliche Studien: In vielen Unternehmen werden regelmäßige Studien z. B. zur Messung der Kundenzufriedenheit o. ä. durchgeführt. Wird der V2V-Ansatz in das Studiendesign integriert, so können die V2V-Segmentbeschreibungen fortlaufend aktualisiert werden.
- Anreicherung mit externen Datenquellen: Ergänzend zur Erhebung eigener Studien besteht die Möglichkeit, die Grundkonzeption des V2V-Ansatzes eines Unternehmens auch in branchenübergreifenden, am Markt verfügbaren Studien zu integrieren (z. B. Verbraucheranalysen, Mediennutzungsanalysen etc.). Bei identischem V2V-Ansatz kann die Informationsbasis zu den einzelnen Segmenten deutlich ausgeweitet werden. Letztlich können alle in den übergreifenden Studien enthaltenen Daten zur Vertiefung des Segmentverständnisses genutzt werden.
- Übertragbarkeit in die operativen Systeme: Mit zunehmendem Verständnis zu den V2V-Segmenten besteht die Möglichkeit, die Segmentzuordnung direkt in die operativen Kundendaten einzuspielen. Die Zuordnung zu den Segmenten erfolgt anhand von soziodemografischen und transaktionsbezogenen Daten der einzelnen Kunden. Gelingt die Übertragbarkeit des Segmentierungsansatzes in die operativen Systeme (Kunde-Segmentzuordnung), so wird die Akzeptanz und auch die Nutzerfreundlichkeit des V2V-Ansatzes bei den Vertriebs- und Marketing-Mitarbeitern deutlich erhöht.

Die verschiedenen Methoden zur Dynamisierung des V2V-Ansatzes zeigen die vielfältigen Möglichkeiten auf, die Analysebasis und das Kundenverständnis zum einen zu vertiefen, zum anderen fortlaufend zu aktualisieren. Damit kann der V2V-Segmentierungsansatz mit geringem Zeit- und Kostenaufwand um aktuelle Fragestellungen ergänzt werden, so dass eine effiziente, segmentspezifische Bearbeitung unter Beachtung von Kundenbedürfnissen und Kundenwert möglich wird. Allerdings sollte hierbei nicht der Fokus auf die zentralen strategischen und operativen Fragestellungen des Unternehmens verloren gehen. Entscheidend ist letztlich die Konformität mit der Gesamtstrategie eines Unternehmens.

## 4    Das richtige Verständnis für Value-Management: Das Kundenwertzentrierte Management

Blattberg und Deighton (1996) definieren den Kundenwert als zentrale Ziel- und Steuerungsgröße. Jede Marketing-Maßnahme soll danach bemessen werden, ob und wie stark sie den Kundenwert steigert: „The appropriate question for judging new products and customer service initiatives is: Will it grow our customer equity?" Um den Kundenwert als Steuerungsgröße im Marketing zu verwenden, muss dieser über zwei unterschiedliche Kapitalwerte gebildet werden, und zwar aus dem Barwert der Erträge aus der Kundenbeziehung abzüglich des Barwerts der Ausgaben für den Aufbau und den Fortbestand der Kundenbeziehung.

Erscheinen für das einzelne Unternehmen die Aufwendungen und die Komplexität für Datenbereitstellung und -berechnung zu hoch oder die Unwägbarkeiten in der Zukunft so groß, dass eine Berechnung des CLV unterbleibt, bestehen trotzdem Möglichkeiten, die Handlungsoptionen für Vertrieb und Marketing zu identifizieren und zu priorisieren. Einen Ansatz stellen Krämer und Burgartz (2019) vor, der hier um die Facetten Hunting und Farming ergänzt ist. Dazu ist es sinnvoll, die einzelnen Kunden nicht nur hinsichtlich der aktuellen Wirtschaftlichkeit einzuordnen, sondern auch dahingehend zu bewerten, ob eine Verbesserung der Kundenrentabilität mit adäquaten Maßnahmen (d. h. unter Kosten-Nutzen-Gesichtspunkten) möglich ist. Beide Perspektiven können in einem Kundenentwicklungs-Portfolio verdichtet werden (Abb. 4).

Einerseits stellt eine kurzfristig negative Wirtschaftlichkeit nicht zwangsläufig ein Problem dar, sofern sich diese Situation durch gezielte Maßnahmen verbessern lässt. Dies betrifft den Bereich der Neukundenakquise genauso wie den Bereich Kundenbindung bei Bestandskunden. Ist dies allerdings nicht der Fall (negativer Kundendeckungsbeitrag und keine Chance zum Erreichen eines positiven Kundendeckungsbeitrags), steht die Prüfung der Beendigung der Geschäftsbeziehung an. Andererseits ist der Handlungsbedarf gering, wenn die Kundenbeziehung robust wirtschaftlich ist, aber keine klaren Anhaltspunkte für die Erhöhung des Kundenwerts bestehen (zum Beispiel Steigerung der Haltbarkeit, Senkungen der Kosten, Erhöhung der Einnahmen).

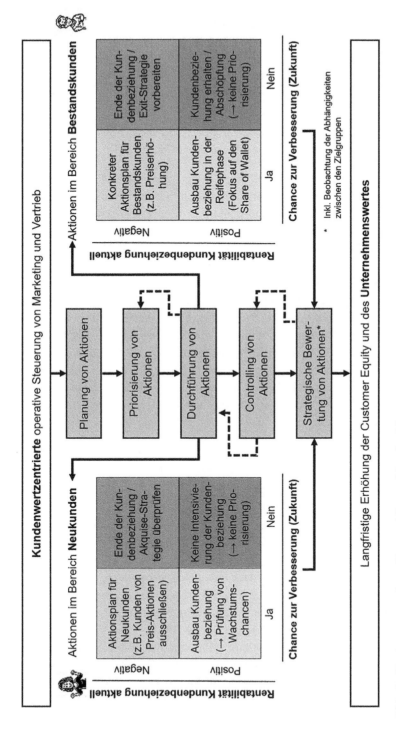

Abb. 4 Kundenwertzentriertes Neu- und Bestandskunden-Management

Im Rahmen einer strategischen Bewertung („Wo wollen wir als Unternehmen stärker aktiv werden?") sind auch die Abhängigkeiten zwischen den Aktionen im Bereich Neukundenakquise und im Bereich Bestandskunden-Management zu untersuchen. Bereits Graf und Maas (2008) verweisen darauf, dass zwar in den meisten Untersuchungen der Wert eines Kunden unabhängig von anderen Kunden betrachtet wird, in der Realität jedoch Interaktionen zu berücksichtigen sind:

> "Furthermore, in most research, the value of one customer is considered independently of other customers …, but, in reality, there could be strong indirect networks between customers that could have strong direct effects on the firm."

Bereits früher haben sich Kunden ausgetauscht, wenn sie sich vom Anbieter unfair behandelt fühlten. Der Kommunikationsaustausch fand jedoch meist im privaten Bereich der Verbraucher oder direkt mit dem Anbieter statt. In der Öffentlichkeit diskutierte Fälle gehörten eher zu den Ausnahmen (wie z. B. der Rechtsstreit zwischen Victoria's Secret und einer Kundin, die behauptet, das Dessous-Unternehmen habe sich der Täuschung schuldig gemacht, weil es ausgewählten Kunden unterschiedliche Preise in 1996 anbot oder die differenzierte Preisgestaltung bei DVD basierend auf Kundenprofilen in 2000, die bei Amazon-Kunden zu extremer Verärgerung führten; Hinz et al. 2011; Hages et al. 2017). Die erhöhte Transparenz, eine stärkere Vernetzung und vielfältige Möglichkeiten, in Sozialen Medien Informationen viral schnell zu verbreiten, lassen heute vermuten, dass z. B. eine differenzierte Preisgestaltung zwischen Neu- und Bestandskunden im Markt wahrgenommen und kommentiert wird. Ein zu berücksichtigender Aspekt ist dabei, wenn eine Ungleichbehandlung von Neu- und Bestandskunden gängige Vorstellungen eines fairen Verhaltens im Sinne einer sozialen Norm verletzt (Odlyzko 2009; Zuiderveen Borgesius und Poort 2017).

## 5  Ausblick

Wenn eine wesentliche Voraussetzung für den nachhaltigen Geschäftserfolg eine „Customer-centric Business Strategy" ist (Williams 2014), dann schafft der V2V-Ansatz hierfür eine gute Basis. Insofern hat das Instrumentarium neben Vorteilen für den operativen Vertrieb auch eine Relevanz für die strategische Unternehmensführung. Die Ausführungen verdeutlichen, dass die V2V-Segmentierung auf unterschiedlichen Betrachtungsebenen (strategische bzw. operativ-taktische) als Basis für eine verbesserte datengetriebene Entscheidungsfindung herangezogen werden kann.

Neben den Vorteilen in der Nutzung des V2V-Ansatzes darf nicht übersehen werden, dass die Messung und Implementierung nicht ohne die Einbeziehung unterschiedlicher Fachbereiche leistbar ist und daher einen signifikanten Ressourcenbedarf erfordert.

Außerdem: Segmentierung ist kein Selbstzweck, sondern Basis für eine zielgruppenorientierte Marktbearbeitung zur Steigerung der Unternehmensprofitabilität.

**Abb. 5** Holistisches Kundenwert-Management

Der V2V-Ansatz ermöglicht als ein ganzheitliches Instrumentarium eine zielgerichtete, ergebnisorientierte Unternehmensführung: So wird die Kundenperspektive (Kundenbedürfnisse/-nutzen) mit der Unternehmensperspektive (Profitabilität) verknüpft.

Während mit dem Customer Lifetime Value (CLV) theoretisch eine Steuerungskennziffer besteht, anhand derer sämtliche Marketing- und Vertriebsaktivitäten ausgerichtet und bewertet werden können, findet diese in der unternehmerischen Praxis eine nur unzureichende Anwendung. Dabei ist die Betrachtung des Kundenwertes die erforderliche Gegenposition zur vielfach zitierten und geforderten Kundenzentrierung der Unternehmen. Aber erst, wenn beide Perspektiven betrachtet werden, ist ein holistisches Kundenwert-Management möglich (Abb. 5). Es darf daran gezweifelt werden, dass sich ein kundenwertzentriertes Management umsetzen lässt, wenn die unternehmerischen Aktivitäten an Kennziffern wie Kundenzufriedenheit und Wiederkauf- oder Neukundenquoten gemessen werden, solange nicht feststeht, wie sich Veränderungen in diesen Parametern auf die Zielgrößen wie Steigerung des Unternehmenswerts auswirken.

## Literatur

Alibrandi A, Giacalone M (2008) Overview and recent advances in conjoint analysis for customer satisfaction measures. MTISD, 2008. Meth, Mod Info Tech Decis Support Syst 1(1):119–122

Ambler T (2004) Marketing: The trouble with finance. Financial Times Handbook of Management, Pearson Business, London, S 465–478

Bell D, Deighton J, Reinartz WJ, Rust RT, Swartz G (2002) Seven barriers to customer equity management. J Serv Res 5(1):77–85

Blattberg RC, Deighton J (1996) Manage marketing by the customer equity test. Harv Bus Rev 74(4):136–144

Bongaerts R, Krämer A (2014) Value-to-Value-Segmentierung im Vertrieb. Mark Rev St Gallen 32(4):12–20

Bruhn M (2013) Relationship Marketing. Das Management von Kundenbeziehungen, Vahlen, 3 Aufl., München

Burgartz T, Krämer A (2015) Customer value controlling – Combining different value perspectives. Bus Manag Stud 1(2):11–19

Campillo-Lundbeck S (2019) Von wegen Nibelungentreue. Horizont 11:17–19

Dowling GR, Uncles M (1997) Do Customer Loyalty Programs Really Work? Sloan Management Review, 38(4):71–82

Du RY, Kamakura WA, Mela CF (2007) Size and share of customer wallet. J Mark 71(2):94–113

Fader PS (2012) Customer centricity: focus on the right customers for strategic advantage. Wharton Digital Press, Philadelphia

Ferguson JL, Ellen PS, Bearden WO (2014) Procedural and distributive fairness: Determinants of overall price fairness. J Bus Ethics 121(2):217–231

Fornell C, Morgeson FV, Hult GTM (2016) Stock returns on customer satisfaction do beat the market: gauging the effect of amarketing intangible. J Mark 80(5):92–107

Gardini MA (2021) Leadership im Marketing. Springer, Wiesbaden

Graf A, Maas P (2008) Customer value from a customer perspective: a comprehensive review. Journal für Betriebswirtschaft 58(1):1–20

Gummesson E (2007) Exit services marketing – enter service marketing. J Cust Behav 6(2):113–141

Hages L, Oslislo C, Recker C, Roth SJ (2017) Digitalisierung, Lock-in-Effekte und Preisdifferenzierung (No. 05/2017). Otto-Wolff-Discussion Paper

Haley RI (1968) Benefit segmentation: A decision-oriented research tool. J Mark 32(3):30–35

Haller (2019) In: Campillo-Lundbeck S (2019) Von wegen Nibelungentreue. Horizont (11):17–19

Hinz O, Hann IH, Spann M (2011) Price discrimination in e-commerce? An examination of dynamic pricing in name-your-own price markets. MIS Q 35(1):81–98

Homburg C, Beutin N (2000) Value-based marketing: Die Ausrichtung der Marktbearbeitung am Kundennutzen, Bd 49. Inst. für Marktorientierte Unternehmensführung, Univ., Mannheim

Huber F, Herrmann A, Braunstein C (2009) Der Zusammenhang zwischen Produktqualität, Kundenzufriedenheit und Unternehmenserfolg. In: Hinterhuber H, Mathler K (Hrsg) Kundenorientierte Unternehmensführung, Gabler, Wiesbaden, S 69–85

Jain D, Singh SS (2002) Customer lifetime value research in marketing: A review and future directions. J Interact Mark 16(2):34–46

Kirchgeorg M (2022) Marketing: Definition: Was ist "Marketing"? Gablers Wirtschaftslexikon, Abruf am 18.1.2022 unter https://wirtschaftslexikon.gabler.de/definition/marketing-39435

Kotler P (1980) Marketing Management: Analysis, Planning, and Control, 4. Aufl. Prentice-Hall, Englewood Cliffs

Krämer A, Bongaerts R (2017) Kundensegmentierung und -strukturanalyse für den Personenfernverkehr in der DACH-Region. ZEVrail 141(3):68–77

Krämer A, Bongaerts R, Reinhold T (2021) Kundenwert – die zwei Seiten einer Medaille: Value-to-Value-Segmentierung für die traffiQ Frankfurt. Internationales Verkehrswesen 73(3):80–83

Krämer A, Burgartz T (2019) Kundenwert und Kundenprofitabilität: Nicht zu komplex und nicht zu einfach. Sales Excellence 28(7/8):40–43

Krämer A, Burgartz T (2020) Kundenwertorientiertes Pricing – Die beiden unterschiedlichen Facetten des Kundenwerts. Controlling 32(Spezialausgabe): 58–63

Krämer A, Burgartz T (2022a) Die Zusammenführung der Wertperspektiven: Die Value-to-Value-Segmentierung im praktischen Einsatz. In Krämer A, Burgartz T (Hrsg) Kundenwertzentriertes Management. Springer, S 221–245

Krämer A, Burgartz T (2022b) Kundenwertzentriertes Management. Springer Gabler, Wiesbaden

Krämer A, Schmutz I (2020) Mythos Value-Based Pricing: Der Versuch einer (wertfreien) Einordnung. Mark Rev St Gallen 37(2):44–53

Kreutzer RT, Land KH (2017) Digitale Markenführung. Springer Gabler, Wiesbaden

Kumar V, Reinartz W (2016) Creating enduring customer value. J Mark 80(6):36–68

Meffert H, Burmann C, Kirchgeorg M, Eisenbeiß M (2019) Marketing. Springer Gabler, Wiesbaden

Mengen A (2011) Mit Kundenwert-Controlling zu mehr Erfolg in Marketing und Vertrieb. Controlling 23(1):55–63

Menon A, Homburg C, Beutin N (2005) Understanding customer value in business-to business relationships. J Bus Bus Mark 12(2):1–38

Mintz O, Gilbride TJ, Lenk P, Currim IS (2019) Right metric for the right decision: a behavioral model to infer metric effectiveness in managerial marketing-mix decision-making. Marketing Science Institute Working Paper Series 2019 Report No. 19–107

Odlyzko A (2009) Network neutrality, search neutrality, and the never-ending conflict between efficiency and fairness in markets. Rev Netw Econ 8(1):40–60

Otto AS, Szymanski DM, Varadarajan R (2020) Customer satisfaction and firm performance: insights from over a quarter century of empirical research. J Acad Mark Sci 48(3):543–564

Reichheld F, Darnell D, Burns M (2021) Net Promoter 3.0 – Introducing earned growth, the accounting-based counterpart to the Net Promoter Score, HBR, October 18, 2021. Zugegriffen: 19.1.2023 unter https://hbr.org/2021/11/net-promoter-3-0

Reichheld FF, Teal T (1996) The loyalty effect: The hidden force behind growth, profits and lasting. Harvard Business School Publications, Boston

Reinartz WJ, Kumar V (2000) On the Profitability of Long Lifetime Customers: An Empirical Investigation and Implications for Marketing. J Mark 64:17–35

Reinecke S, Tomczak T (2001) Einsatz von Instrumenten und Verfahren des Marketingcontrolling in der Praxis. In Reinecke S, Tomczak T (Hrsg) Geis, Handbuch Marketing Controlling. St. Gallen, S 76–89

Riedmann-Streitz C (2018) Redefining the customer centricity approach in the digital age. In International Conference of Design, User Experience, and Usability. Springer, Cham, S 203–222

Rust RT, Zeithaml VA, Lemon KN (2004) Customer-centered brand management. Harv Bus Rev 82(9):110–118

Shah D, Rust RT, Parasuraman A, Staelin R, Day GS (2006) The path to customer centricity. J Serv Res 9(2):113–124

Tewes M (2013) Der Kundenwert im Marketing: Theoretische Hintergründe und Umsetzungsmöglichkeiten einer wert- und marktorientierten Unternehmensführung (Vol. 45), Springer-Verlag

Verhoef PC, Langerak F (2002) Eleven misconceptions about customer relationship management. Bus Strateg Rev 13(4):70–76

Verhoef PC, Lemon KN (2013) Successful customer value management: Key lessons and emerging trends. Eur Manag J 31(1):1–15

Williams D (2014) Connected CRM – Implementing a Data-Driven. Customer-Centric Business Strategy, New York

Woodruff RB (1997) Customer value: the next source for competitive advantage. J Acad Mark Sci 25(2):139–153

Zuiderveen Borgesius F, Poort J (2017) Online price discrimination and EU data privacy law. J Consum Policy 40(3):347–366

**Prof. Dr. Andreas Krämer** ist Vorstandsvorsitzender der exeo Strategic Consulting AG in Bonn und Direktor des Value Research Institute (VARI e. V.) in Iserlohn. Nach Studium der Agrarökonomie und anschließender Promotion arbeitete Andreas Krämer von 1996 bis 2000 bei zwei führenden internationalen Beratungsgesellschaften, bevor er in 2000 seine eigene Beratungsgesellschaft gründete. Von 2014 bis 2020 war er Professor für Pricing und Customer Value Management an der University of Europe for Applied Sciences in Iserlohn. Andreas Krämer ist Mitinitiator der Studien „Pricing Lab", „MobilitätsTRENDS" und „OpinionTRAIN" sowie Autor zahlreicher Fachaufsätze und mehrerer Bücher.

**Robert Bongaerts** ist Vorstand der exeo Strategic Consulting AG in Bonn. Nach Studium der Agrarökonomie und anschließender Promotion arbeitet Robert Bongaerts seit 2000 als Consultant, seit 2002 in der exeo Strategic Consulting AG. Er ist Lehrbeauftragter für CRM und Unternehmensstrategie an verschiedenen Fachhochschulen sowie Autor zahlreicher Fachaufsätze.

# Neues Zusammenspiel zwischen Marketing und Vertrieb am Beispiel des Verlagswesens

Thomas Breyer-Mayländer

## Inhaltsverzeichnis

1 Marketinganforderungen im Bereich Publishing ............................... 232
    1.1 Verlage als Teil der Medienlandschaft ................................... 232
    1.2 Presseverlage und ihr dualer Produktemarkt ............................. 233
    1.3 Folgerungen aus der Anzeigen-Auflagen-Spirale für das traditionelle Pressemarketing ............................................................ 234
2 Traditionelle marketingorientierte Funktionen im Presseverlag ................ 234
    2.1 Marketing .............................................................. 235
    2.2 Anzeigen .............................................................. 235
    2.3 Vertrieb ............................................................... 235
    2.4 Marketing als Vertriebs- und Anzeigenmarketing ......................... 236
    2.5 Das Verhältnis von Nutzer- und Werbemarkt ............................. 236
3 Das „historische Bindeglied" CRM und die Veränderungen in der Kundenbeziehung .... 236
    3.1 Kundenorientierung und CRM .......................................... 237
    3.2 Werbevertrieb und Anzeigenmarketing .................................. 237
    3.3 Vertriebsmarketing zwischen Einzelverkauf und Abonnementmarketing sowie Neukundengewinnung und Bonusprogrammen ............................ 238
    3.4 CRM-Strategien – vom Kundendatenmanagement zum Engagement ...... 241
    3.5 Nutzermarkt – die Basis bei schwindender Loyalität und Rentabilität ...... 242
    3.6 Vom Vorteilsprogramm zu echten Maßnahmen für Loyalität und Engagement ..... 243
    3.7 Herausforderung Crossmedialität in Produktentwicklung, Marketing und Sales .... 244
    3.8 Customer Journey und CLV-Betrachtungen ............................. 245
4 Das neue Zusammenspiel von Marketing, Vertrieb und Redaktion im Publishing Business 246
Literatur ...................................................................... 248

T. Breyer-Mayländer (✉)
Hochschule Offenburg, Offenburg, Deutschland
E-Mail: breyer-maylaender@hs-offenburg.de

## Zusammenfassung

Die Kundenbindung ist für Publisher aus dem Pressesektor seit Jahrzehnten ein Thema, da nicht nur bei auf Wiederholkäufe angelegten Einzelverkaufstiteln, sondern gerade bei Abonnementprodukten neben der erfolgreichen konzeptionellen Ausrichtung der Produkte an den Kundenbedürfnissen der Kontakt zu den Leser*innen zunehmend an Bedeutung gewonnen hat. Produkte, die im Zeitungsbereich oft mit Tradition und Gewohnheit verbunden waren, stehen im digitalen Wettbewerbsumfeld in einem sehr viel intensiveren direkten Wettbewerb, sodass die traditionellen Marketingmaßnahmen der Kundenbindung und -gewinnung für Subscriber-Pakete, aber auch die Maßnahmen der customer centricity in der digitalen Live-Optimierung der Produkte zur entscheidenden Kompetenz werden, um mit Methoden des Content-Marketings und Engagement-Marketings oder mit gänzlich anderen Ansätzen wie Membership-Modellen die Verluste des auslaufenden klassischen Print-Abonnements zu kompensieren.

## 1 Marketinganforderungen im Bereich Publishing

Wenn man das Geschäftsfeld von Verlagen, insbesondere den klassischen Presseverlagen analysiert, stellt man fest, dass es sich um eine sehr spezifische Branche handelt, bei der auf der einen Seite viele der allgemeingültigen Marketingprinzipien zur Anwendung kommen, aber in vielen Fällen doch stark branchenspezifische Ausformungen die einzelnen Teilfunktionen des Marketings, insbesondere die Fragen der Kundenbindung prägen (Rogall 2000). Daher lohnt sich zu Beginn ein Blick auf die spezifischen Besonderheiten, die teils in der Medienökonomie selbst, teils aber auch im Verlagswesen begründet sind.

### 1.1 Verlage als Teil der Medienlandschaft

Publisher sind traditionelle „Medienunternehmen 1.0" (Schumann et al. 2014, S. 9), die selbst produzieren, aber nicht als Plattformbetreiber „Medienunternehmen 2.0" den vollen Nutzen der Digitalökonomie auf sich vereinen und lediglich die Verbindung zwischen Produzenten und Nutzerschaft moderieren. Das Verlagswesen wird typischerweise anhand seiner Produktformen unterschieden (Schönstedt und Breyer-Mayländer 2010, S. 4) und lässt sich in die zwei Grobkategorien Buch- und Presseverlage aufteilen. Beide sind Teil der Medien- (Breyer-Mayländer 2022a, S. 4), Kultur- und Kreativbranche (Breyer-Mayländer 2022a, b), aber nur der Pressesektor ist im besonderen Segment der aktuell berichtenden Massenmedien angesiedelt. Pressemedien sind per Definition periodische Medien. Während im Buchbereich nur in wenigen Segmenten, wie etwa dem sehr spezifischen Bereich der Lose-Blatt-Werke, Kundenbindungskonzepte eine zentrale Rolle spielen, ist in Presseverlagen aufgrund der Periodizität der Dialog mit Neu- und Bestandskunden eine der zentralen Aufgaben, sodass es sinnvoll ist, den Bereich Publishing für dieses Kapitel auf Angebote mit Wurzeln im Bereich der Pressemedien zu fokussieren. Presse wiederum lässt sich in grobe Kategorien unterteilen (Bramann 2014, S. 29 f.; Heinrich 2010):

1. Zeitungen (lokal, regional, überregional).
2. Publikumszeitschriften (General Interest und Special Interest).
3. Fachzeitschriften (beruflich und wissenschaftlich).
4. Anzeigen- und Offertenblätter.

Damit sind alle Aktivitäten des Marketings in Presseverlagen als Teil des Medienmarketings (vgl. Breyer-Mayländer 2011) zu betrachten. Im Sinne eines umfassenden und integrierten Marketings ist es unabhängig von den übergeordneten Unternehmenszielen ein nicht nur publizistisches Kernziel, die Aktivitäten des gesamten Medienunternehmens an den Bedürfnissen der Märkte auszurichten. Denn die Medienmärkte sind in der Regel allesamt als Käufermärkte zu betrachten, sodass der Bereich Absatz als Engpassfaktor zu betrachten ist.

Auch wenn einzelne Akteure und Funktionsbereiche/Abteilungen, z. B. im Rahmen von Redaktion, Lektorat oder anderen contentbezogenen Funktionen, stets den Wettstreit zwischen Kundenwünschen, Marktorientierung und eigenen Ideen bzw. eigenem Sendungsbewusstsein im Vordergrund sehen, ist die Orientierung an den Kundenbedürfnissen Voraussetzung, um das zu erreichen, was Peter F. Drucker als Ziel von Unternehmen benannt hat.

> "There is only one valid definition of business purpose: to create a customer."
> Drucker 1974, S. 89

Es geht daher bei aller Begeisterung für eigene inhaltliche Ideen und publizistische Visionen, wie sie gerade im Presseverlagssektor lange Jahre auch das berufliche Selbstverständnis von Journalist*innen geprägt haben, immer um einen Abgleich mit Kundenbedürfnissen und Zielgruppen. Dabei weist das Medienmarketing einige Besonderheiten auf, die in anderen Märkten entweder gar nicht oder zumindest nicht so ausgeprägt in Erscheinung treten. So ist selbst die Bestimmung des relevanten Markts und seiner Potenziale in der Pressebranche mitunter eine komplexe Aufgabenstellung (vgl. Dobbelstein 2002, S. 42 f.).

## 1.2 Presseverlage und ihr dualer Produktemarkt

Grundsätzlich haben wir es mit einem dualen Absatzmarkt zu tun. Massenmedien sind in der Regel sowohl im Nutzer- als auch Werbemarkt positioniert. Genau betrachtet ist es ein zweiseitiger Markt oder ein Markt mit indirekten Netzeffekten. Denn die Zunahme der

Mediennutzungen und Mediennutzer*innen führt nicht bei allen Medienprodukten zu einer Steigerung des Nutzens auf Seiten der User, sondern für eine Steigerung des Nutzens auf Seiten der Werbekund*innen (vgl. Dewenter 2006). Bei werbefinanzierten Social Media-Angeboten (auch diese gibt es bei den Digitalangeboten von Publishern) haben wir es sogar mit direkten und indirekten Netzeffekten zu tun. Der indirekte Netzeffekt oder zweiseitige Markt wird im Kontext des Pressewesens gerne mit dem Modell der Anzeigen-Auflagen-Spirale (vgl. Breyer-Mayländer 2014, S. 11; Breyer-Mayländer und Seeger 2004, S. 19; Wirtz 2006, S. 163; Pürer und Raabe 1996, S. 216) beschrieben, das jedoch aufgrund seiner engen Fokussierung hier nur als Beispiel dienen soll.

## 1.3 Folgerungen aus der Anzeigen-Auflagen-Spirale für das traditionelle Pressemarketing

„Auflage ist nicht alles, aber ohne Auflage ist alles nichts" war das Credo im Bereich der Presseverlage, als das Publishing-Geschäft bei einigen Produkten noch deutlich durch die Anzeigenerlöse im Werbemarkt dominiert wurde, wie es jahrzehntelang mit der 2/3 zu 1/3 Aufteilung bei regionalen Zeitungsverlagen der Fall war (Breyer-Mayländer 2010). Das bedeutet selbst dann, wenn der dominierende Erlös aus dem Werbegeschäft kam, ging es zunächst immer um die Vermarktung in Richtung Leser-/Nutzerschaft, damit die Kontaktzahlen und Reichweiten für eine stabile Werbevermarktung sichergestellt werden konnten.

Die Veränderungen im Medienmarkt durch die Digitalisierung der Produktwelten haben dazu geführt, dass sich diese stabilen Verhältnisse umgekehrt haben, und es geht heute mehr und mehr darum, die Herausforderungen durch Markt und Produktentwicklungen im Zeichen der Konvergenz zu bewältigen. Die neuen digitalen Produktformen können dabei die Umsatzrückgänge im klassischen Geschäft nicht kompensieren (Breyer-Mayländer 2022a), sodass ein zunehmend diversifizierter Geschäftsbetrieb erforderlich wird und die Struktur der Presseverlage prägt.

## 2 Traditionelle marketingorientierte Funktionen im Presseverlag

Bevor ein mögliches neues Verhältnis von Marketing und Vertrieb im Bereich der Presseverlage analysiert wird, bedarf es einiger Begriffsklärungen, da in der Verlagstradition einige Funktions- und Abteilungsbezeichnungen deutlich abweichend gehandhabt wurden, was auch bei neuen Organisationsformen auf der Struktur- und Prozessebene als gewohntes Umfeld der Mitarbeitenden und Partner nachwirkt und auch von der Denkhaltung her noch eine Rolle spielt.

## 2.1 Marketing

Die Marketingfunktion im Presseverlag umfasst traditionell das B2C-Geschäft mit der Leserschaft (die nur bei Fachmedien dem B2B-Sektor zuzuordnen ist) genauso wie das B2C-Geschäft mit der Werbekundschaft. Meist wurden in den institutionalisierten Marketingbereichen (beispielsweise als Marketingabteilung) jedoch funktions- und unternehmensübergreifende Fragen der Markenführung und generellen Unternehmenskommunikation gebündelt. Bei der Frage, welche der vier Marketingpolitiken hier am meisten repräsentiert waren, lässt sich bei der traditionellen Organisationsgliederung vor allem der Bereich der Kommunikationspolitik identifizieren.

## 2.2 Anzeigen

Der Bereich der Werbevermarktung wurde traditionell mit der printorientierten Bezeichnung des Anzeigengeschäfts versehen. Das Anzeigengeschäft umfasste dabei die Umfangsplanung, d. h. die geplante Zurverfügungstellung von Werbeinventar, die Administration, Anzeigenproduktion genauso wie die klassische Anzeigenvermarktung. Diese wurde – obwohl sie von der Aufgabenstellung Werbevertrieb durchführte – nicht als Vertrieb bezeichnet, damit keine Themenverwirrung mit dem Vertrieb (s. u.) entstehen konnte. Bis zu den 1980er Jahren war der Anzeigenvertrieb in den Zeitungsverlagen teilweise hinter Schaltern mit der Aufschrift Anzeigenannahme verborgen, was deutlich machte, dass es in einigen Presseverlagen nicht primär um einen aktiven Verkauf ging.

## 2.3 Vertrieb

Der Vertriebssektor umfasste im Wesentlichen den traditionell durch Logistik geprägten Themenbereich der Zustellung (vgl. Brummund 2011). Hier ging es – beispielsweise im Zeitungssektor – nicht um den Verkauf, sondern um die Organisation und Durchführung der Distribution. Hintergrund war der hohe Anteil an Abonnementverträgen, die eine verlässliche Planung der Ressourcen gestatteten. Im Zeitschriftensektor war dies mitunter anders geprägt, da gerade im Bereich der Publikumspresse einige Objekte primär im Einzelverkauf via Kiosk vertrieben wurden (sogenannte Vertriebstitel mit geringem Anzeigenvolumen) bzw. der EV eine insgesamt relevante Größenordnung umfasste (Blank et al. 2007; Rakel 2022). Auch in Verlagen, bei denen überhaupt keine Vertriebserlöse vorkommen, wie etwa bei den Anzeigenblattverlagen oder den in den 1990er-Jahren aufkommenden kostenlosen Fachzeitschriften, ist/war der Vertrieb als Abonnementvertrieb von zentraler Bedeutung, da er – wie oben ausgeführt – die Basis für die eigentlichen Erlösquellen der Werbevermarktung bildet und somit das Geschäftsmodell erst ermöglicht.

## 2.4 Marketing als Vertriebs- und Anzeigenmarketing

In den oben genannten marketingorientierten Teilfunktionen Anzeigen und Vertrieb als eigene Abteilungen wurden bei den mittelgroßen und großen Verlagen eigene Marketingteilfunktionen etabliert, die häufig auch als eigene Teams im Organigramm ausgewiesen wurden. Beispielhaft hierfür sind Bereiche wie Vertriebsmarketing im Rahmen der Vertriebsabteilung oder Anzeigenmarketing im Rahmen der Anzeigenabteilung. So waren im Vertriebsmarketing alle kundenbezogenen Marketingaktivitäten im Lesermarkt gebündelt, ob sie nun das Abonnementmarketing (z. B. durch Abonnementprämien und gezielte Abonnementvertriebsaktionen wie etwa Standwerbung) betrafen oder das Marketing für den Einzelverkauf am Kiosk. Im Anzeigenmarketing hingegen ging es beispielsweise darum, den Kundenbranchen auf Events und Messen nahe zu sein, oder im Vorfeld der Kundenbesuche Auswertungen und Werbematerialien für den Anzeigenaußendienst bzw. die Mediaberater zu erstellen.

## 2.5 Das Verhältnis von Nutzer- und Werbemarkt

Die wechselseitige Abhängigkeit von Nutzer- und Werbemarkt im Sinne eines zweiseitigen Marktes begünstigt die großen Player im Markt und sorgt für Konzentrationseffekte in den jeweiligen Teilmärkten des Pressegeschäfts. Die im gesamten Medien- und Werbemarkt eingebetteten Presseverlage mussten jedoch seit der Jahrtausendwende zunehmende Einbußen im Werbegeschäft hinnehmen. Die Kunden nutzen bei sinkenden Nutzerreichweiten gerne andere Medienformen und Kommunikationsformate, die mitunter mit sehr wenig oder gar ganz ohne klassische Massenmedien als Werbeträger auskommen. Dieser zunehmende intermediale Wettbewerb bei klassischen Medienformen und das Wachstum von direkten Werbeformaten und below-the-line-Konzepten in Verbindung mit der zunehmenden Digitalisierung der privaten Kommunikation hat hier zu einer Reduktion bzw. mitunter zu einer Marginalisierung des Anteils der Werbeerlöse bei einzelnen Presseprodukten geführt. Diese Situation konnte in der Gesamtbilanz der Publishing-Produkte auch nicht durch rein werbefinanzierte digitale Reichweitenprodukte im Pressesektor ausgeglichen werden, zumal auch viele Plattformen mit nachrichtenorientiertem Content stark auf eine Finanzierung durch die Nutzer*innen abzielen.

## 3 Das „historische Bindeglied" CRM und die Veränderungen in der Kundenbeziehung

Die ursprünglich getrennten Welten zwischen Anzeigen- und Vertriebsabteilungen und den jeweiligen Strukturen, Prozessen und IT-Systemen wurden mit der Etablierung von Customer Relationship Management (CRM)-Systemen als eigenständige IT- und Organisationslösung bzw. der Integration von CRM-Modulen in die Branchenlösungen und ERP-Systeme miteinander kombiniert.

## 3.1 Kundenorientierung und CRM

CRM und die entsprechenden IT-Tools sind nicht nur die Basis für eine Vereinheitlichung von Kundendaten. Dahinter stand auch eine Verstärkung der Kundenorientierung, die den veränderten Marktanforderungen Rechnung trägt und eine neue Sicht auf die Märkte und Kunden ermöglicht. Der oder die Kund*in wurde nicht mehr im Kontext der Verlagsfunktionen Anzeigen und Vertrieb, sondern im Kontext der Märkte, Privat- und Geschäftskunden differenziert, unabhängig davon, welche der Fachabteilungen des Unternehmens oder welche Produktgruppen des Unternehmens im Fokus standen (Breyer-Mayländer 2019, S. 39). Die für die Presseverlage neue Unterteilung zwischen B2B (Business-to-Business) und B2C (Business-to-Consumer) ermöglichte es nicht nur, Anschluss an andere Branchen zu halten, sondern rückte das Thema Zielgruppenbeschreibungen und Persona in den Vordergrund. Während bei Privatkunden (B2C) eine Typologie nach soziodemografischen Daten und damit Beschreibungen wie Sinus-Milieus oder Personas hilfreich sein können, um die Diskussion im Unternehmen in die richtige Richtung zu lenken und zielgruppenspezifische Angebote auf- und auszubauen, ist bei den B2B-Kunden beispielsweise die Komplexität des Buying-Centers (Entscheider versus Fachabteilung) für ein erfolgreiches Marketing maßgebend. Für den langfristigen Erfolg eines Medienunternehmens geht es – ganz im Sinne der Leitidee dieses Buchs – neben der Neukundengewinnung um den gezielten Kontakt zu Bestandskund*innen.

## 3.2 Werbevertrieb und Anzeigenmarketing

Der Blick auf die Veränderungen im Bereich der Werbevermarktung zeigt, dass es tiefgreifender Veränderungen bedarf, um Verlage, die mit ihren Produkten im Pressesektor nicht nur – wie die meisten Buchverlage – im Markt der Mediennutzer*innen, sondern in der Regel auch im Markt der Werbeträger positioniert sind, im digitalen Wandel auf Kurs zu halten. Die Plattformökonomie hat nicht nur den Werbeträgermarkt verändert, auf dem – je nach Alter der Zielgruppen – unterschiedliche Social-Media-Plattformen, Suchmaschinen und Aggregatoren eine Rolle als Traffic-Gatekeeper spielen und damit die Werbeträgerleistung der Verlagsprodukte im digitalen Raum mit beeinflussen.

Die fragmentierten Märkte, also der Umstand, dass man als Verlag auch lokal und regional meist nicht mehr der Werbeträger Nummer 1 ist, der im relevant-Set der Mediaplaner und Werbekunden eine besondere Rolle spielt, hat die Wahrnehmung des Preis-Leistungsangebots von Verlagen verändert. Im Bereich der Zeitschriften ist der General Interest-Markt sehr stark im Wettbewerb zu anderen General Interest-Formaten etwa aus dem Segment Bewegtbild/Timebased Media. Die im Unterschied zu wissenschaftlichen Fachzeitschriften für das Werbegeschäft noch relevanten beruflichen Fachzeitschriften stehen ohnehin im direkten Wettbewerb mit allen anderen B2B-Werbeträgern bis hin zur Messe, Konferenz oder Kundenevent. Die Publikumspresse als General-Interest-Part spielt dennoch im Medienwandel eine nach wie vor starke Rolle. „In einer sich ausdifferenzierenden Gesellschaft dient sie mit ihren Inhalten weiterhin der Verständigung, Vergewisserung und Orientierung in unterschiedlichsten Lebenswelten und Freizeitmilieus" (Vogel 2020, S. 353).

Die Bildung unternehmensübergreifender Vermarktungsstrukturen mit medienübergreifenden Portfolios ist eine Antwort auf den zunehmend fragmentierten Markt mit der sinkenden Rentabilität. Entsprechend sind die Sales-Organisationen in die größeren Vermarktungsorganisationen eingebunden. Die Frage, ob dabei der Sales-Bereich eher geografisch, kundenbezogen oder nach Mediengattungen und Formaten aufgeteilt werden soll, ist zwar nicht komplett einheitlich beantwortet, es gibt jedoch klare Tendenzen. Für wenige spezialisierte Medien- und Werbeformen gibt es die Spezialisten, alle anderen arbeiten übergreifend in markt- und kundenbezogenen Teams. Die Aktivitäten werden in das übergreifende Marketing der Vermarkter und die mediengruppenbezogenen Aktivitäten im Werbemarkt eingebettet.

## 3.3 Vertriebsmarketing zwischen Einzelverkauf und Abonnementmarketing sowie Neukundengewinnung und Bonusprogrammen

Die im Printbereich dominierende Aufteilung zwischen Einzelverkauf, Abonnement und Lesezirkel existiert heute (Stand: 2022) noch, hat sich aber in der Ausrichtung der Vertriebs- und Marketingansätze nicht nur bei der Übertragung in den digitalen Raum grundsätzlich verändert. Ohnehin gibt es mitunter deutliche Fehleinschätzungen, was die Bedeutung der einzelnen Vertriebskanäle angeht (Szameitat 2010, S. 30), weshalb vor größeren Überlegungen zur Organisation von distributionsorientierten Projekten von Printprodukten im Pressesektor stets eine Bestandsaufnahme der Mengen sinnvoll ist (vgl. Breyer 1999), was gerade in den gegenwärtig sehr volatilen Märkten einer ständigen Aktualisierung bedarf.

Wenn man zunächst in den Print-Dimensionen bleibt, dann ist der Einzelverkauf in erster Linie eine Kombination aus Logistik- und Kommunikationsherausforderung. Die über das zweistufige System des Pressegrosso oder das einstufige System des Bahnhofsbuchhandels vertriebenen Produkte sind extrem zeitkritisch und bedürfen daher einer gesonderten Betreuung. Die unterschiedlichen Steuerungssysteme der Bestellvorgänge, die auf das ursprüngliche Konstrukt einer Marktorientierten-Bezugsmengen-Regulierung (MBR) zurückgehen, sollen eine möglichst marktorientierte, aber auch faire Verbreitung der publizistisch und medienpolitisch relevanten Produkte sicherstellen (Breyer-Mayländer 2014, S. 443). Wie bei jeder handelsbasierten Vertriebssituation muss die Kommunikation dazu mehrstufig erfolgen und der Verkauf findet ebenfalls auf zwei Ebenen (Handel und Endkunde) statt. Mit dem Übergang in die digitale Welt verliert der typische Handel im Pressesektor seine Bedeutung. Analogien zum Einzelverkaufsprinzip ist bei pay-per-use-Modellen erkennbar, die jedoch den Pressesektor nicht dominieren, oder die typische Abwicklung der Bestellvorgänge über Online-Händler, was bei Presseprodukten im digitalen Umfeld jedoch eher auf der Ebene von Aggregatoren sichtbar ist.

Beim Abonnement-Marketing geht es um das Ziel, möglichst haltbare, d. h. langfristige Abonnementbeziehungen zu schaffen. Dabei möchte man den Customer-Lifetime-Value (CLV) optimal ausschöpfen. Gerade für Abonnementangebote im Mediensektor lässt sich aufgrund der regelmäßigen Zahlungen recht einfach eine Prognose aus dem bisherigen Kaufverhalten ableiten (von Focht 2022, S. 234). Der Wertbeitrag, den ein Abonnementkunde für den Publisher leisten kann, wird dabei nach dem aktuellen Kundenwert (Kundendeckungsbeitrag) und dem künftigen Kundenwert (Kundenpotenzial) differenziert. Dabei ist zu berücksichtigen, dass die Haltedauer bei Digitalabos durchweg kürzer ist als bei Printversionen.

Aus Sicht des Kunden ist eine nahezu permanente persönliche Ansprechbarkeit wichtig, wobei stets der Kontext und die Kundenhistorie verfügbar sein sollte, um mit Produkten und Angeboten einen wertvollen Beitrag für den Kunden leisten zu können. Dieses alte Anliegen ist letztlich nur durch klar strukturierte Prozesse und eine datenbankgestützte Kundenbetreuung möglich. Die Kerndatensätze (vgl. Breyer-Mayländer 2014, S. 471) wie Stammdaten, Potenzialdaten, Aktionsdaten und Reaktionsdaten müssen in einer strukturierten und aktuell gepflegten Version vorliegen. Dann ist auf dieser Basis sowohl analytisches als auch operatives CRM möglich.

Das analytische CRM analysiert die Kundenkontakte und Kundenreaktionen, die beispielsweise bei Probeabonnements oder Abbestellgründen ermittelt werden und Reaktionsmuster auf unterschiedliche Inhalte und Formen von Abonnement-Werbeaktionen. Mithilfe eines Data-Warehouse-Systems lassen sich auf Basis der Vergangenheitsdaten neue Aktionen der Neukundenakquise zielorientiert planen und bei komplexeren Modellierungen auch die Erfolgschancen bei einzelnen Abonnementclustern, d. h. Kundengruppen und Einzelkunden mit einer gewissen Trefferwahrscheinlichkeit vorhersagen. Diese Disziplin haben viele Presseverlage zu einer wahren Meisterschaft weiterentwickelt und im Rahmen des eCRMs, d. h. der automatisierten komplett digitalen CRM-Steuerungskette neben den A/B-Testings (gerade bei digitalen Angeboten) auch die Möglichkeiten des Predictive-Marketings integriert.

Beim datenbankgestützten Marketing im Abonnementsektor geht es auf der Ebene des operativen CRM neben der Neukundenakquise und dem Abschätzen von Potenzialen und Zugangswegen für neue Abonnenten um zwei Kernthemen. Die haltbarkeitsverlängernden Maßnahmen sowie die Kundenbindung und das rechtzeitige Eingreifen nach der Kündigungsprognose sind hier dominierend. Dabei haben gerade im Verlagswesen traditionell die Neukunden die besseren Konditionen und aktivierenden Prämien bekommen, während die Bestandskunden allenfalls marginale Vorteile, wie Rabatte im Kontakt mit Dritten erwarten konnten. Zu Zeiten, in denen beispielsweise bei Zeitungsabonnements die Hauptkündigungsgründe, Tod, Erblinden und Wegzug waren, erschien es nicht sinnvoll bei den Bestandskunden zu investieren. Dieser Ansatz, der der Problembeschreibung von These vier des Einführungskapitels nahezu voll entspricht (Krämer et al. 2022), geriet zurecht mehr und mehr in die Kritik, da die Schieflage zwischen Neu- und Bestandskunden nicht nachvollziehbar war. Ein weiteres Problem der perfektionierten Tradition der Prämienwerbung für Neukunden liegt in dem Umstand, dass die Werbeprämien in vielen Fällen keinen kommunizierbaren inneren Zusammenhang mit der Kernleistung des Presseprodukts besitzen. Wenn das Hauptprodukt bei der Entscheidung für ein Abonnement nahezu zur Nebenleistung wird, zahlt die Kampagne für neue Kundinnen und Kunden nicht unbedingt auf die Marke und Kundenbeziehung ein.

Viele Verlage versuchen, diese Schieflage zugunsten der neuer Kundengruppen über Zusatzleistungen für Abonnenten abzumildern, wobei reine Zusatzleistungen die Kundenzufriedenheit nicht signifikant erhöhen (Wiedmann et al. 2006), sodass heute weitere Ansätze wie Membership-Modelle und Engagement-Marketing zum Einsatz kommen.

Ein übergreifendes Marketingziel von Presseverlagen besteht in der crossmedialen Optimierung der Abonnementstruktur. Dabei muss der Kostendeckungsgrad der einzelnen Produktvarianten analysiert werden, der sich im Zeitablauf durch Preisverfall im Werbemarkt und Reichweitenrückgang im Printgeschäft in einigen Fällen drastisch verändert hat. Die im Vertrieb sehr viel günstigeren digitalen Produktvarianten leiden nach wie vor unter der Problematik, dass sie in der Monetarisierung beispielsweise bei den unterschiedlichen Abonnementmodellen, aber auch bei den Werbeerlösen nur dann positive Deckungsbeiträge für das Gesamtunternehmen ermöglichen, wenn ein Großteil der redaktionellen Leistung bereits durch den Kostenträger Print-Produkt abgedeckt ist.

Die Pressebranche ist bei der Individualisierung der Preisgestaltung im Abonnementsektor noch eher zurückhaltend, was dadurch erklärt werden kann, dass beispielsweise die Zeitungsbranche durch ihre Wurzeln im Printgeschäft traditionell durch wettbewerbsrechtlich dominierte Festlegungen wie die BDZV-Vertriebsrichtlinie (vgl. BDZV 2012) geprägt ist. Dabei ist eine generelle Preisdifferenzierungsstrategie für Verlage ratsam, da bei der Bildung von Bundles aus Print- und Digitalangeboten (mit oder ohne Hardware) die personalisierten Preise als höchste Form der Differenzierung (vgl. Deisel und Bauer 2018) nicht automatisch an formalen Vorgaben wie der Preisbindung scheitern müssen. Entwicklungen in der digitalen Welt, wie das Dynamic Pricing, bei dem je nach IP-Merkmalen des Absenders z. B. Betriebssystem, Ort etc. sowie nach Tag und Uhrzeit unterschiedliche Preise für identische Leistungen berechnet werden, sind ein Beispiel für künftige Gestaltungsmöglichkeiten und -notwendigkeiten.

Bei der Vermarktung der Digitalabos lassen sich sechs Erfolgsfaktoren beschreiben (Bomsdorf 2018, S. 4 f.):

1. Fokus auf Bezahlinhalte (Ende der früher propagierten Gratiskultur)
2. Registrierung von Lesern, d. h. auch Probeabos laufen über die zentrale Login-Plattform
3. Auswertung der Leserdaten zur Optimierung der Inhalte

4. Fokus auf mehr redaktionelle Qualität wie Reportagen und Kommentare
5. Tiefe Preise für reine Digitalabos und werblich relevante Darstellung
6. Verkaufen durch Social Media inklusive Retargeting

Für den Erfolg des Kundenmanagements sind letztlich organisatorische und inhaltliche Voraussetzungen für eine Orientierung am Kundennutzen entscheidend. Das bedeutet, beispielsweise hinsichtlich der Organisationsstruktur, dass es sich in vielen Fällen bewährt hat, die Analyse von Kundendaten dezentral bei den jeweiligen kombinierten Marketing- und Vertriebseinheiten anzusiedeln statt in marktfernen reinen Dateneinheiten (vgl. van Leeuwe et al. 2018, S. 26).

## 3.4 CRM-Strategien – vom Kundendatenmanagement zum Engagement

Die Strategie sollte dabei wegführen von der Rabattschlacht um Neukunden, die im Sinne des Huntings eher einer Hasenjagd mit einem Schnellfeuergewehr gleicht. Das Ziel einer maximalen Auflage mit hoch rabattierten Werbeaktionen und Probeabonnements führt in eine Dauerabhängigkeit von derart kostspieligen Aktionen.

Es geht daher nicht nur um die Wandlungsquote, sondern um die Haltedauer im Rahmen von Retention-Analysen und eine Neuorientierung an Kundenzufriedenheit und Kundenbindung (o. V. 2022) wie etwa der Net-Promoter-Score (Breyer-Mayländer und Löffel 2021, S. 619) bei den Bestandskunden. Die möglichst haltbare, positive und belastbare, d. h. langfristige Abonnementbeziehung ist das Ziel, das sowohl aus der Perspektive der Werbevermarktung als auch aus dem Blickwinkel eines nachhaltigen Vertriebs anerkannt wird.

Was zu Printzeiten bereits aus den Abbestellanalysen bekannt war, nämlich dass die Leserschaft mit wenigen Berührungspunkten und wenig Austausch mit Redaktion und Verlag potenzielle Kündigende waren, ist in der Datenanalyse der digitalen Produkte noch klarer ablesbar: Die aktive Leserschaft kündigt nicht. Daher spielt das Engagement von Abonnenten eine zentrale Rolle. Es geht um die Schaffung einer kritischen Masse an verbindenden Kontaktpunkten. Zur Schaffung eines möglichst engen, ritualisierten und individualisierten Kontakts können Log-in-Profile verwendet werden (Kansky 2021, S. 8). Die Rheinische Post hatte vor diesem Hintergrund das Jahr 2021 zum Jahr des Engagements erklärt (Boiserée et al. 2021, S. 16). Gefördert werden sollte dabei:

- Verständnis der Leser*innen im Netz
- Attraktivität, Interaktivität und Individualisierung der Angebote
- Bindung zwischen User und Marke
- Austausch zwischen Redaktion und Leser*innen
- Teilhabe an der Marke durch Membership-Modell.

Bei digitalen Produktformen lässt sich dies aus den Ansätzen der Recommendation-Logik ableiten (Franz 2022). Dabei gibt es jedoch durchaus unterschiedliche Ansätze des Engagements. So ist gerade bei der Frage, ob Elemente der Gamification eine mittel- bis langfristige Engagementsteigerung bewirken können entscheidend, dass man hier nicht auf einfache Mechanismen der Belohnung setzt, sondern die Entwicklung und Weiterentwicklung der User-/Leserschaft fördert (Rackwitz 2022).

Wie bereits bei der kurzen Skizze der grundsätzlichen Marktsituation der Verlage deutlich wurde, befindet sich der Markt insgesamt und damit auch der Großteil der Einzelmärkte in einer Phase der Degenerierung. Das realisierte Marktvolumen nimmt bedingt durch den intermedialen Wettbewerb ab und die relativ zum Marktpotenzial in der Regel durchaus gut mit Akteuren besetzten Teilmärkte werden durch einen immer intensiveren Wettbewerb geprägt. Analog zur These 5 des Einführungskapitels dieses Bandes (Krämer et al. 2022) ist damit der Kunde in den Mittelpunkt zu stellen.

## 3.5 Nutzermarkt – die Basis bei schwindender Loyalität und Rentabilität

Der Nutzermarkt gewinnt dabei sowohl bei den traditionellen Printprodukten als auch bei den Digitalangeboten eine immer größere Bedeutung. Wie bereits dargestellt wurde, war er schon immer die Basis für das komplette Geschäft und damit die entscheidende Säule des kompletten Geschäftsmodells (zumindest bei den contentbasierten Modellen, Wirtz und Becker 2002, S. 913). Damit war auch in Phasen eines boomenden Werbegeschäfts ein großes Augenmerk auf den Vertriebsmarkt der Presseprodukte zu richten. Der Rückgang der Reichweiten und der Verlust der früher teilweise in einzelnen Werbemärkten wie den lokalen und regionalen Märkten dominierenden Reichweite hat die Marktstellung vieler Presseprodukte (auch in der Kombination aus Print und Digitalprodukten) drastisch verändert. Als Bei- und Begleitmedium ist im Preiskampf des intermedialen Wettbewerbs kaum mehr eine auskömmliche Positionierung möglich. Der Umstand, dass die Loyalität zu Abonnements und Subscribermodellen schwindet, und die durchschnittliche Haltedauern von Digitalabonnements weit unter den Werten von Printabonnements liegen, skizziert den Rahmen, der am Ende in eine deutlich schlechtere Rentabilität mündet.

Für die Pressebranche ist diese Entwicklung der Hintergrund, vor dem noch stärker als in den Jahren zuvor die Weiterentwicklung der Produkt- und Angebotspalette aus den Kunden- und Marktbedürfnissen heraus erfolgen muss. Aus dem Inside-Out-Ansatz, der im Bereich der regionalen Presseverlage früher dominierend war, ist ein Outside-In-Ansatz geworden, bei dem die in den Märkten vorhandenen Strukturen und Bedürfnisse den Ausgangspunkt bilden. Während man früher eher überlegte, wie man die (bereits abgeschriebenen) vorhandenen Ressourcen noch für weitere Produktvarianten nutzen könnte, für die man dann als Print- oder Digitalprodukt im anschließend beauftragten Marketing- und Vertriebsteam nach Kunden suchte, geht es heute um den echten Austausch mit den Zielgruppen zur Anpassung der Produkte und zur Erschließung von Märkten über Produkte, die einem nachweisbaren Kundennutzen entsprechen. Das Build-Measure-Learn-Prinzip der agilen Arbeitsweise nach der Lean-Startup-Methode von Eric Ries (2011) hat explizit oder implizit auch im Pressegeschäft seinen Einzug gefunden und damit letztlich auch die Kooperation mit den Redaktionen deutlich intensiviert (vgl. Dreykluft 2021, S. 27).

Traditionell ist im Presseverlag zwischen den Abteilungen, ganz im Sinne von funktionalen Gliederungen (Breyer-Mayländer und Werner 2003, S. 99; Breyer-Mayländer 2004, S. 85 ff.), ein mehr oder weniger tiefer Graben, der vor allem zwischen den Redaktionen mit ihrem Streben nach unabhängiger journalistischer Perfektion und den sogenannten Verlagsabteilungen des Anzeigen-, Vertriebs- und Marketingbereichs spürbar ist. Erst mit dem Aufkommen des integrierten Verlagsmarketings, bei dem funktionsübergreifende Projektteams eine entscheidende Rolle bekamen, konnte das überwunden werden (Breyer-Mayländer 2015, S. 24).

Wurden früher marketingorientierte Ansätze von Seiten der Redaktion als unstatthafte Einmischung empfunden, ist es heute auch bei den publizistisch stark durch journalistische Ethik geprägten Newsmedien üblich, übergreifend zu denken und zu handeln. Das Beispiel der Augsburger Allgemeinen zeigt, dass die dort entwickelten Zielbereiche der Reichweite des Abos und der Markenbildung eng miteinander verzahnt sind und sich somit die klassischen Funktionen Redaktion, Marketing und Vertrieb in enger Abstimmung befinden und somit ihr Verhältnis neu definieren müssen (Markert und Drescher 2021, S. 23). Projekte, wie die bei der Funke Mediengruppe gestartete Initiative „Lokalmärkte" (Groß und Klose 2022), die ihre Wirkung dann entfalten, wenn aus der Marketingperspektive die Kompetenz der Datenanalyse und aus der Redaktion die Bereitschaft zur Umsetzung in die Marktrealität der jeweiligen Ausgabe beigesteuert werden, zeigen, wie diese Vernetzung aussehen kann. Dabei entwickelt sich der früher ausschließlich auf inside-out gerichtete Ansatz der redaktionellen Gestaltung hin zu einer Ausgewogenheit von inside-out und outside-in, was eine Weiterentwicklung der Publisher zu hypothesengetriebenen Unternehmen (Franz 2022, S. 13) begünstigt, bei dem klare Key Performace Indicators (KPIs) genutzt werden: Engagement (weekly/daily active users) definiert über Reach (acquired users), Activation (Key Action, How many users open the product?), retention (weekly/daily returning users) und münden am Ende in eine businessspezifische Messung von CTR/Revenue.

## 3.6 Vom Vorteilsprogramm zu echten Maßnahmen für Loyalität und Engagement

An dem Ziel des dauerhaften echten Engagements und der engen Verbindung mit dem Nutzer als Kunden muss sich auch das operative System des Marketings orientieren.

Dies erfordert auch die durch die technischen Fortschritte ohnehin gebotene intensivere Nutzung der IT-Möglichkeiten auf Basis datenbasierter Marketing- und Vertriebsansätze, wie es in den Thesen sechs und sieben der Einführung zu diesem Band thematisiert wird (Krämer et al. 2022).

Auf der Ebene der Printabonnements sind die Instrumentarien bereits seit Jahren lange am Markt und in einigen Teilbereichen des Pressewesens auch sehr differenziert im Einsatz. Die genutzten journalistischen Beiträge können über Readerscan (Bonk 2011) analysiert werden. Die unterschiedlichen Cluster von Abonnementzielgruppen werden mithilfe von Clusteranalysen in Abotypen eingeteilt (vgl. Lorscheid und von Reibnitz 2019). Im Rahmen der digitalen Angebote sind wesentlich tiefergehendere Datensammlungen und -analysen möglich, die eine noch weitergehende prädiktive Analyse ermöglichen (Franz 2022).

Die Kundenbindungssysteme, wie beispielsweise „intelligente" Kundenkarten, müssen für die Steuerung und Analyse geeignete Daten liefern und Kundenmehrwerte bieten (Keil 2020). Dann wird die Sammlung und Preisgabe von Daten auch vom Kunden akzeptiert. Dabei muss die Karte heute nicht mehr als physische Karte vorhanden sein. Nachdem auch die großen Händler und Discounter im Lebensmitteleinzelhandel (LEH) mit Apps arbeiten, auf denen die Rabattsysteme hinterlegt sind, ist es für sehr breite Zielgruppen ein alltägliches Tool, wenn Rabattsysteme mit Apps verbunden sind. Diese intelligenten Kundenbindungssysteme sind in der Lage, eine Nutzungs- und Kaufhistorie zu speichern, sodass mit der Technik des collaborative filtering Cluster gebildet werden können, die cross- und up-selling auf Basis von ähnlichen Profilen ermöglichen. Dies kann auch prädiktive Systeme beinhalten, die zu erwartende Nutzungen antizipieren. Wenn es gelingt, die Konsumhistorie im Medienkontext mit der Nutzungshistorie (Löffel 2015) zu verbinden, entsteht die Basis für die im oben beschriebenen „Augsburger Modell" enthaltende Verbindung von Redaktion und Marketing.

### 3.7 Herausforderung Crossmedialität in Produktentwicklung, Marketing und Sales

Die Veränderungen der Produkte und Märkte haben für die meisten Presseverlage dazu geführt, dass es zu den zentralen Erfolgsfaktoren zählt, eine gute Verbindung zwischen den unterschiedlichen Medienformen und den damit verbundenen Produktkategorien herzustellen. Dabei geht es nicht nur um Print- und Digitalformate, sondern auch um den Grad der Interaktion und Integration der Nutzerschaft im Sinne des Co-Creation-Ansatzes, der aus These neun des Einführungskapitels (Krämer et al. 2022) abgleitet werden kann. Es geht dabei nicht nur um die Integration der User im Bereich der Kommentare und des User-Generated-Contents (UGC), wie wir es bei Social Media-Angeboten generell sehen können (Zydorek 2018, S. 171; Haselhoff 2020, S. 126).

Es geht auch um die Nutzung der Kuratierungsarbeit der User, indem beispielsweise die Gestaltung der Seiten nicht nur nach A/B-Testings (Voigt 2021, S. 40) erfolgt, sondern die Klickraten direkt in die Gestaltung und Sortierung der Inhalte einbezogen werden. Dabei ist sowohl bei Produkten, die originär aus dem Bereich der Zeitschriften stammen, als auch bei Produkten, die Zeitungswurzeln besitzen, die Paid-Content-Strategie nur ein Teilaspekt des Vertriebs- und Vermarktungsgeschäfts (vgl. Rademacher und Siegert 2007).

Das Beispiel der F.A.Z. zeigt, dass die Parallelität der unterschiedlichen Produktformen und die Interaktion zwischen den Teilbereichen eine eigene Herausforderung darstellt, die dort im Sinne der Markenführung mit zwei getrennten Bereichen „Streaming-Produkte" (kontinuierlich aktualisierte Produkte Online/Mobile/App) und Zeitungsprodukte (täglich erscheinend in Print und Digital) nicht nur nach Produktgruppen, sondern im Sinne des oben beschriebenen Outside-In-Ansatzes nach unterschiedlichen Zielgruppen und unterschiedlichen Verankerungen der Mediennutzung in den Tagesablauf gegliedert wurde (Buhr und Wilfer 2021, S. 34).

Erst dann, wenn die Produkte auch mithilfe der unterschiedlichen Möglichkeiten des crossmedialen Medienmarkts auch auf die einzelnen Zielgruppen und Zielgruppenbedürfnisse abgestimmt wurden, ist eine crossmediale Vermarktung sinnvoll. Daher muss das Marketing für diese Produkte aus den einzelnen Fachabteilungen herausgelöst werden, um im Sinne eines übergreifenden Ansatzes schon bei der Konzeption der Angebotspalette den journalistischen Teil der Produktion in die Überlegungen für eine gelungene Produktpolitik mit einzubeziehen. Es bedarf daher ganz im Sinne der These zehn der Einführung dieses Bands (Krämer et al. 2022) einer übergeordneten Verankerung dieser Kundenperspektive auf GF/GL/C-Ebene der Verlagsleitung um allein im Sinne der Geschäftsmodellentwicklung auch die Vielfalt der Produkt- und Erlösmodellkombinationen abbilden zu können (vgl. Breyer-Mayländer 2018, S. 85).

### 3.8 Customer Journey und CLV-Betrachtungen

Basierend auf den Daten der A/B-Testings und des User Trackings der digitalen Angebote kann die Wirksamkeit von unterschiedlichen Kommunikationsformen sehr gut analysiert und dokumentiert werden, sodass sowohl die Customer Journey als auch die Analyse des Customer-Lifetime-Values (CLV) in die Konzeption einbezogen werden können, um im Gegensatz zu dem in These acht der Einführung konstatierten Befund (Krämer et al. 2022) auch tatsächlich den Anforderungen der Kundenwertigkeit zu entsprechen. Beim CLV-Blickwinkel lohnt es sich auch das Gesamtpotenzial der Kunden ausreichend in Verbindung mit Crossselling-Perspektiven im Sinne des Kundenmarketings und Chancen des Kooperationsmarketings (Henning und Simon 2007, S. 313) zu verknüpfen, um ein möglichst vollständiges Bild des Potenzials zu bekommen.

Das Beispiel von Burda Direct bei der Begleitung von Abonnementmodellen (vgl. Mäling 2019) zeigt, dass es für viele Publisher zu den etablierten Aufgaben gehört CLV und Customer Journey zum Ausgangspunkt der Marketing und Sales-Überlegungen zu machen. Auf Basis einer selbstentwickelten Aboplattform wird die Ausgangsdatenbasis (eine möglichst hohe Zahl an direkt adressierbaren bestehenden und potenziellen Leser*innen) geschaffen, um die folgenden Teilschritte umsetzen zu können (Mäling 2019):

1. Leadgenerierung: Auslieferung von gratis Content und Gewinnspielen.
2. Conversion: Realtime Einsatz der Leads, aber auch Bestandskundenmanagement.
3. Begrüßungsstrecke und Anstoßkette: z. B. Incentive nach SEPA-Mandat.
4. Bestandskundenmarketing (analytisches CRM): Next best offer und Eventtrigger.
5. Churn-Prevention und Reaktivierung: Treueangebote, Engagementsteigerung.

Das Ergebnis der meisten Presseverlage im Bereich der Analyse- und Vertriebskennzahlen lässt sich in einem Sales-Funnel darstellen, der auch die in These sechs des Einführungskapitels (Krämer et al. 2022) beschriebene Problematik berücksichtigt und eine Reduktion auf wenige Kennzahlen beinhaltet. Dieser einfache Funnel beschreibt bereits die Kernaufgaben der oftmals auch in neuen Funktionsbeschreibungen hinterlegten Aufgaben des „Audience Development" (vgl. Napoli 2011), das zeigt, dass es hier auch um eine Abstimmung der Produkte und damit der journalistischen Inhalte mit den Anforderungen der Kund*innen geht. In der Praxis gibt es jedoch starke Abweichungen zwischen dem theoretisch hinterlegten Sales-Funnel, der von Flybys (anonym, kein Abo, 1 Visit pro Monat), wiederkehrenden FlyBys (anonym, kein Abo, 2–4 Visits pro Monat), Priority Visitors (anonym, kein Abo, 5–19 Visits pro Monat), Loyals (anonym, kein Abo, 20 und mehr Visits pro Monat), registrierten Nutzern (registriert, kein Abo) bis zum Digital-Abonnenten (registriert, Abonnement) reicht, und den tatsächlich auf der Ebene der Visits und Unique Visitors erzielbaren Daten (Rohringer 2022, S. 8–10).

Dabei ist dies im Verlag keineswegs ein unkritischer Prozess, da die Contentformate zunächst unabhängig von wirtschaftlichen Wünschen und Zwängen konzipiert werden, damit keine simple Reduzierung der journalistisch-publizistischen Konzepte auf Reaktionen der Redaktion und damit auf Trendreflexe entsteht (Abb. 1).

## 4 Das neue Zusammenspiel von Marketing, Vertrieb und Redaktion im Publishing Business

Wie in den vorausgehenden Abschnitten bereits deutlich wurde, geht es nicht nur um ein neues Verhältnis der klassischen funktionalen Abteilungen Anzeigen und Vertrieb sowie deren Relation zur übergreifenden Funktion des Marketings, wenn man sich mit der Neustrukturierung und Neupositionierung im Publishing-Sektor befasst. Darüber hinaus ist bereits bei den Darstellungen des „Augsburger Modells" deutlich geworden,

**Abb. 1** Funnel vom Abo zum Engagement. (Eigene Darstellung auf Basis von: Markert und Drescher 2021, S. 23)

dass der Erfolg wie bei allen tiefer gehenden Marketingansätzen nur dadurch entsteht, dass die typischen kommunikations- und salesorientierten Schritte mit der Produktpolitik gekoppelt werden. Im Fall von Publishern bedeutet dies eine Integration der Redaktion in den Marketingprozess von der Zielsetzung und Konzeption bis hin zur Umsetzung. Entsprechend lassen sich auch anknüpfend an typische Formen des Customer-Engagements, bei denen die Interaktionsfrequenz und die (emotionale) Intensität gesteigert werden, auch Aspekte der Co-Creation mitintegrieren. Beispiele wie die von der Marke „Bild" angeregten Leser-/User-Fotos zeigen alle Elemente eines erfolgreichen Engagement-Marketings (Kilian und Kreutzer 2022, S. 198) und runden damit die üblichen Vorteils- und Interaktionsbetrachtungen ab. Jenseits dieser Interaktionsanlässe und -szenarien setzt es neben einer Professionalisierung der Marketing- und Vertriebsfunktionen auch eine Veränderung der Grundorientierung in den Redaktionen voraus (Ferrer-Conill und Tandoc Jr. 2018).

Dieser Ansatz kann zu neuen „Membership"-Modellen führen, bei denen auch die Marketingkampagnen neu organisiert werden können (vgl. Geier 2022) (Abb. 2).

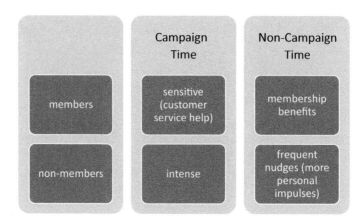

**Abb. 2** Neuer Ansatz von Marketingkampagnen auf Membership-Basis. (Eigene Darstellung in Anlehnung an Hansen und Goligoski 2018, S. 81)

## Literatur

BDZV (2012) Kommentierung der Wettbewerbsregeln für den Vertrieb von abonnierbaren Tages- und Wochenzeitungen. Stand September 2012. https://www.yumpu.com/de/document/read/21725183/kommentierung-vertriebsrichtlinien-2012-bdzv. Zugegriffen: 28. Mai 2022

Blank E, Graffitti M, von Jagow L (2007) Perspektiven für den Einzelverkauf als Vertriebsform für die klassische Publikumszeitschrift. In: Friedrichsen M, Brunner, MF (Hrsg) Perspektiven für die Publikumszeitschrift. Springer, Berlin, S 317–330. https://doi.org/10.1007/978-3-540-49436-2_18

Boiserée C, Daum D, Döbler M, Monderkamp H, Pawlitzki H, (2021) Kommen, bleiben, ein Abo abschließen. In: BDZV (Hrsg) Sprungbretter in die digitale Zukunft. BDZV-Jahresreport Digital 2021, Berlin, S 14–19

Bomsdorf C (2018) Mehr Erlöse durch die Leser. Paid Content: wie Amedia in Norwegen erfolgreich Digitalabos verkauft. Kress Pro Dossier, 8/2018:2–3

Bonk S (2011) Diktatur der Quote?: der Einsatz von ReaderScan in deutschen Tageszeitungsredaktionen (Doctoral dissertation. Universitäts-und Landesbibliothek der Westfälischen Wilhelms-Universität), Münster

Bramann K-W (2014) Bedeutung des Verlagswesens. In: Breyer-Mayländer T. et al Wirtschaftsunternehmen Verlag. Bramann, Frankfurt, S 15–59

Breyer T (1999) Alternative Zustelldienste und Transportkonzepte im Pressesektor. Markt-, wirtschafts- und medienpolitische Auswirkungen der Deregulierung der Zustellmärkte. ZV GmbH, Bonn

Breyer-Mayländer T, Werner A (2003) Handbuch der Medienbetriebslehre. Oldenbourg, München

Breyer-Mayländer T (2004) Einführung in das Medienmanagement. Oldenbourg, München

Breyer-Mayländer T (2010) Paradigmenwechsel – Vertrieb überholt Werbung. In: BDZV (Hrsg) Zeitungen 2010. ZV Verlag, Berlin, S 265–273

Breyer-Mayländer T (2011) Medienmarketing. In: Klein A (Hrsg) Kompedium Kulturmarketing: Handbuch für Studium und Praxis. Vahlen, München, S 331–357

Breyer-Mayländer T (2014) Wirtschaftsunternehmen Verlag, 5. Aufl. Bramann, Frankfurt

Breyer-Mayländer T (2015) Vom Zeitungsverlag zum Medienhaus: 50 Jahre Markt- und Organisationsentwicklung im lokalen und regionalen Zeitungsmarkt. In Breyer-Mayländer T (Hrsg.) Vom Zeitungsverlag zum Medienhaus. Springer Gabler, Wiesbaden, S 15–27. https://doi.org/10.1007/978-3-658-04100-7_2

Breyer-Mayländer T (2018) Medienkonvergenz aus medienökonomischer Perspektive: Erlösmodelle für crosmediale Medien. In: Kim O, Köhler A (Hrsg) Crossmedialität im Journalismus und in der Unternehmenskommunikation. Springer VS, Wiesbaden, S 63–91

Breyer-Mayländer T (2019) Kundenmanagement in der Medienbranche und crossmediale Optimierung der Abonnementstruktur. In: Breyer-Mayländer T, Keil M (Hrsg) Kundengewinnung und Kundenbindung bei Presseabonnements. Springer Gabler, Wiesbaden, S 35–46. https://doi.org/10.1007/978-3-658-26050-7_6

Breyer-Mayländer T (2022a) Kultur- und Kreativwirtschaft in der Krise? In: Breyer-Mayländer T, Zerres C, Müller A, Rahnenführer K (Hrsg) Die Corona-Transformation. Springer Gabler, Wiesbaden, S 307–326. https://doi.org/10.1007/978-3-658-33993-7_22

Breyer-Mayländer T (2022b) Transformationsstrategien in der Medienbranche. In: Breyer-Mayländer T, Horneber C (Hrsg) Change-Strategien für die Medienbranche. Springer Gabler, Wiesbaden, S 3–31. https://doi.org/10.1007/978-3-658-36216-4_1

Breyer-Mayländer T, Löffel M (2021) Medienmarketing-Controlling. In: Zerres C (Hrsg.) Handbuch Marketing-Controlling, Springer Gabler, Berlin, Heidelberg, S 609–630. https://doi.org/10.1007/978-3-662-62837-9_28

Breyer-Mayländer T, Seeger C (2004) Verlage vor neuen Herausforderungen: Krisenmanagement in der Pressebranche. ZV GmbH, Bonn

Brummund P (2011) Struktur und Organisation des Pressevertriebs. KG Saur, München

Buhr A, Wilfer N (2021) Nachhaltiges digitales Wachstum mit F+. In BDZV (Hrsg) Sprungbretter in die digitale Zukunft. BDZV-Jahresreport Digital 2021. BDZV, Berlin, S 32–35

Deisel S, Bauer F (2018) Der richtige Preis für jeden Kunden. dnv, 12:30–32

Dewenter R (2006) Das Konzept der zweiseitigen Märkte am Beispiel von Zeitungsmonopolen (No. 53). Diskussionspapier Helmut-Schmidt-Universität der Bundeswehr, Hamburg

Dobbelstein T (2002) Marktpotenzialanalysen als Basis der Sortimentspolitik. Deutscher Universitätsverlag, Wiesbaden. https://doi.org/10.1007/978-3-322-89812-8_2

Dreykluft J (2021) Für eine neue Fehlerkultur in der Medienbranche. In: BDZV (Hrsg). Sprungbretter in die digitale Zukunft. BDZV-Jahresreport Digital 2021. BDZV, Berlin, S 26–30

Drucker PF (1974) Management: tasks, responsibilities. Practices. Harper & Row, New York

Ferrer-Conill R, Tandoc EC Jr (2018) The audience-oriented editor. Digit Journal 6(4):436–453. https://doi.org/10.1080/21670811.2018.1440972

Franz M (2022) Media meets Data: daten als wertvolle Ressource und Basis für neue Geschäftsmodelle: Context influences experience, Experience influences behaviour, Behaviour influences business outcomes. Medienhaus NEXT/AVS, Braunschweig 10(5):2022

Geier B (2022) Best practice membership-modelle: tortoise – keinelahmeSchildkröte. Medienhaus NEXT/AVS, Braunschweig 10(05):2022

Groß C, Klose C (2022) 120 lokale Märkte – Individuelle Marktbearbeitung statt Gießkanne. Medienhaus NEXT/AVS. Braunschweig 10(5):2022

Hansen E, Goligoski E (2018) Guide to audience revenue and engagement. Columbia Journalism School

Haselhoff VJ (2020) Wie die Digitalisierung das Konsumentenverhalten, das Selbstbild der Konsumenten und die Anbieter-Nachfrager-Beziehung verändert. In: Harwardt M, Niermann PJ, Schmutte A, Steuernagel A. (Hrsg) Führen und Managen in der digitalen Transformation. Springer Gabler, Wiesbaden, S 117–131. https://doi.org/10.1007/978-3-658-28670-5_7

Heinrich J (2010) Medienökonomie, Band 1: Mediensystem, Zeitung, Zeitschrift, Anzeigenblatt. Springer VS, Wiesbaden

Henning U, Simon M (2007) Vom Festbezug über das Abomarketing zum Kundenbeziehungsmanagement. In: Friedrichsen M, Brunner MF (Hrsg) Perspektiven für die Publikumszeitschrift. Springer, Berlin, Heidelberg, S 289–316. https://doi.org/10.1007/978-3-540-49436-2_17

Kansky H (2021) Wir sprechen wieder über Wachstum. In: BDZV (Hrsg) Sprungbretter in die digitale Zukunft. BDZV-Jahresreport Digital 2021. BDZV, Berlin, S 4–12

Keil M (2020) Wie DuMont und AVS die Kundenkarte digitalisieren. Sonderdruck dnv 6–7/2020

Kilian K, Kreutzer RT (2022) Digitale Markenführung. Springer Gabler, Wiesbaden. https://doi.org/10.1007/978-3-658-34351-4_6

Krämer A, Kalka R, Merkle W (2022) Die Relevanz, Ausrichtung und Organisation des Marketings in Theorie und Praxis unter veränderten Rahmenbedingungen. In: Krämer A, Kalka R, Merkle W (Hrsg) Stammkundenbindung versus Neukundengewinnung: Erfolgreiches Marketing im Spannungsfeld von „Hunting" und „Farming". Gabler, Wiesbaden

Löffel M (2015) Zeitungswebsites: der Einfluss von Usability und Design auf den Werbeerfolg. Springer-Verlag, Wiesbaden

Lorscheid P, von Reibnitz A (2019) Zukunft Abo – das wollen die Leser. In: Breyer-Mayländer T, Keil M (Hrsg) Kundengewinnung und Kundenbindung bei Presseabonnements. Springer Gabler, Wiesbaden, S 13–17. https://doi.org/10.1007/978-3-658-26050-7_2

Mäling T (2019) Customer Engagement – das Management von nachhaltigen Kundenbeziehungen im digitalen Zeitalter. In Breyer-Mayländer T, Keil M (Hrsg) Kundengewinnung und Kundenbindung bei Presseabonnements. Springer Gabler, Wiesbaden, S 61–66. https://doi.org/10.1007/978-3-658-26050-7_10

Markert E, Drescher S (2021) Interdisziplinäre Zusammenarbeit ist der Schlüssel zum Erfolg. In: BDZV (Hrsg) Sprungbretter in die digitale Zukunft. BDZV-Jahresreport Digital 2021. BDZV, Berlin, S 20–25

Napoli P (2011) Audience evolution: new technologies and the transformation of media audiences. Columbia University Press, New York

V (2022) Verlage investieren in Kundenbindung. dnv 4/2022:34–37

Pürer H, Raabe J (1996) Medien in Deutschland. Bd. 1: Presse. UVK, Konstanz

Rackwitz R (2022) Über die Vielfalt spielerischer Bindungsmöglichkeiten: wie Unternehmen mit Kontextdesign Kundenerlebnisse erschaffen. Medienhaus NEXT/AVS, Braunschweig 10(5):2022

Rademacher P, Siegert G (2007) Neue Erlösformen für Publikumszeitschriften – kaufpreis und Medienmarke als Erfolgsfaktoren für Paid Content. In: Friedrichsen M, Brunner MF (Hrsg) Perspektiven für die Publikumszeitschrift. Springer, Berlin, S 483–502. https://doi.org/10.1007/978-3-540-49436-2_26

Rakel W (2022) Die vertriebsstärksten Chefredakteure im Zeitschriftenmarkt. dnv 3(2022):14–35

Ries E (2011) The lean startup: how today's entrepreneurs use continuous innovation to create radically successful businesses. Crown, New York

Rogall D (2000) Kundenbindung als strategisches Ziel des Medienmarketing: entwicklung eines marketingorientierten Konzeptes zur Steigerung der Leserbindung am Beispiel lokaler/regionaler Abonnementzeitungen. Tectum Verlag DE, Marbug

Rohringer S (2022) Inside the Funnel: wie der Kölner Stadt-Anzeiger Digital-Abonnenten gewinnt und hält. Medienhaus NEXT/AVS, Braunschweig 10(05):2022

Schönstedt E, Breyer-Mayländer T (2010) Der Buchverlag. J. B. Metzler, Stuttgart

Schumann M, Hess T, Hagenhoff S (2014) Grundfragen der Medienwirtschaft. Springer-Lehrbuch. Springer Gabler, Berlin. https://doi.org/10.1007/978-3-642-37864-5_1

Szameitat T (2010) Praxiswissen Anzeigenverkauf. Gabler, Wiesbaden. https://doi.org/10.1007/978-3-8349-8765-5_1

van Leeuwe X, Lindsay M, van de Peppel M (2018) Relationship Economy – erfolg durch werthaltige Kundenbeziehungen. UVK, Konstanz

Vogel A (2020) Publikumszeitschriften 2020: konsolidierung und Rückgang der Titelzahl. MediaPerspektiven 6:353–378

Voigt S (2021) Wie sich Paid Content kommerzialisieren lässt. In: BDZV (Hrsg) Sprungbretter in die digitale Zukunft. BDZV-Jahresreport Digital 2021, Berlin, S 36–41

von Focht T (2022) Customer Lifetime Value – neue Anwendungsmöglichkeiten durch Prognosemodelle. In: Halfmann M, Schüller K (Hrsg) Marketing Analytics. Springer Gabler, Wiesbaden, S 229–241. https://doi.org/10.1007/978-3-658-33809-1_13

Wiedmann K-P, Hennigs J, Tilleke R (2006) Die Wirkung von Zusatzleistungen auf Kundenzufriedenheit und Kundenbindung im Verlagsmarketing. Markt 45(176):39–50

Wirtz BW (2006) Medien- und Internetmanagement. Gabler, Wiesbaden. https://doi.org/10.1007/978-3-8349-9124-9_2

Wirtz BW, Becker, DR (2002) Geschäftsmodelle im Electronic Business. In: Weiber R (Hrsg) Handbuch Electronic Business. Gabler, Wiesbaden, S 909–935. https://doi.org/10.1007/978-3-322-96349-9_37

Zydorek C (2018) Grundlagen der Medienwirtschaft: algorithmen und Medienmanagement. Springer Gabler, Wiesbaden. https://doi.org/10.1007/978-3-658-15252-9

**Prof. Dr. Thomas Breyer-Mayländer** (Dipl.-Wirt-Ing. [FH], Dipl. Inf.wiss., Dr. phil.) ist seit 2001 Professor für Medienmanagement an der Hochschule Offenburg. Vor seiner Hochschulzeit war er über fünf Jahre Referent für Betriebswirtschaft und Multimedia beim Bundesverband Deutscher Zeitungsverleger (BDZV) sowie später Geschäftsführer der Gattungsmarketingorganisation der deutschen Zeitungsbranche, der Zeitungs Marketing Gesellschaft – ZMG, Frankfurt a. M. Thomas Breyer-Mayländer ist Autor zahlreicher Fachbücher zum Themenfeld Marketing, Medien und Management sowie als Leiter des Steinbeis Beratungszentrums „Leadership in Science and Education" und durch die Mitwirkung bei Führungskräfteausbildungen der Lernraum.Akademie, einem Trainings- und Beratungsunternehmen für Führungskultur, eng mit der Praxis verbunden.

# Fallstudie Globetrotter: Begeisterung, Innovation und Kundennähe als Erfolgstreiber im stationären Einzelhandel

Andreas Bartmann

## Inhaltsverzeichnis

1 Globetrotter – ein Geschäftsmodell mit Differenzierungskraft .................... 254
2 Aktuelle Veränderungen im Umfeld – Treiber für die gezielte unternehmerische Weiterentwicklung. ................................................................. 255
    2.1   Von der Wettbewerbs- zur Kundenorientierung. ........................... 256
    2.2   Das Filial-, Sortiments- und Flächenerlebnis – inhaltlich neu interpretiert. ........ 257
3 Veränderte Rahmenbedingungen erfordern ein neues unternehmerisches Denken – gerade im Einzelhandel. ................................................... 264
    3.1   Ein neues Mindset – Vom Händler- zum Kundennutzen ..................... 264
    3.2   Der Wert der Bestandskunden ........................................ 266
Literatur. ................................................................. 267

### Zusammenfassung

Auch wenn die Geschichte des stationären Einzelhandels schon immer von einer hohen Anpassungsnotwendigkeit an das jeweilige Umfeld geprägt ist: Aktuell stellt sich die Situation noch herausfordernder als in der Vergangenheit dar – das Umfeld zeigt sich immer volatiler und unterliegt enormen externen Einflüssen. Mit der Konsequenz großer Verschiebungen der Einkaufspräferenzen und einem enormen Selektionsprozess. Wer in diesem Umfeld weiter bestehen möchte, muss mit einem neuen Grundverständnis agieren – noch konsequenter, noch kundenfokussierter und im Ergebnis noch überzeugender. Am Beispiel Globetrotter Ausrüstung wird auf-

---

A. Bartmann (✉)
Globetrotter, Hamburg, Deutschland
E-Mail: Andreas.Bartmann@globetrotter.de

© Der/die Autor(en), exklusiv lizenziert an Springer Fachmedien Wiesbaden GmbH, ein Teil von Springer Nature 2023
A. Krämer et al. (Hrsg.), *Stammkundenbindung versus Neukundengewinnung*,
https://doi.org/10.1007/978-3-658-40363-8_13

gezeigt, welches die bedeutenden Erfolgstreiber des Geschäftsmodells sind und welche Anstrengungen unternommen werden, um in dem sich verändernden Umfeld weiterhin erfolgreich zu bleiben. In diesem Beitrag wird auch die Erfahrung und Einschätzung deutlich, die der Autor aus seinem übergreifenden Engagement im Handelsverband gesammelt hat.

## 1 Globetrotter – ein Geschäftsmodell mit Differenzierungskraft

Globetrotter – das ist ein Unternehmen, das sich seit seiner Gründung in mehr als 40 Jahren zum größten Outdoorhändler Deutschlands entwickelt hat. Mit einer Grundüberzeugung, die von Anfang an darauf fokussiert war, das Geschäftsmodell deutlich vom Wettbewerb abzugrenzen und etwas Besonderes zu bieten – und mit seinem spezifischen Produkt-, Inszenierungs- und Beratungskonzept so attraktiv erscheinen soll, dass Kunden die Ladengeschäfte auch aus einem größeren Einzugsgebiet heraus besuchen. Alles begann mit 1979 mit einem kleinen Spezialgeschäft für Weltenbummler in Hamburg – und dabei ging es darum, beste Produkte für Expeditionen, Trekking und Survival anzubieten. „Auf 140 m$^2$ trafen sich Spezialisten und Kunden, diskutierten über ihre vergangenen oder anstehenden Reisen und ‚nebenbei' wurde auch verkauft" (Bartmann 2021b, S. 157). Dieser ganz besondere Spirit und Gründergeist wurde über die Jahre ganz bewusst auch in einer größeren Organisation kultiviert; auch heute noch beraten die Mitarbeiter ihre Kunden mit hoher Fachkompetenz und Begeisterung über alle Fragen von der Tropenreise, über Lappland-Trekking, Bergsteigen, Kanuwandern oder Work & Travel (Globetrotter o. J.a).

Dieses Konzept basiert in erster Linie auf dem besonderen Sortiment von Globetrotter – eine ganz spezifische Positionierung über gewissenhaft ausgewählte Produkte des Reise- und Outdoorsegments, mit der die hohe Expertise und Kompetenz des Unternehmens belegt wird und die sich jeweils durch einen enorm hohen Qualitätsanspruch auszeichnen.

Globetrotter steht gleichzeitig aber auch für seine hohe Beratungskompetenz. In diesem Unternehmen verstehen sich die Mitarbeiter nicht nur als simple Verkäufer, sondern vielmehr als fachlich hoch qualifizierte und persönlich begeisterte wie authentische Gesprächspartner, die aus dem Kundengespräch die für den jeweiligen Gesprächspartner beste Produktempfehlung ableiten – mit nützlichen Tipps und kompetenter Unterstützung bei der Reiseplanung.

In diesem Zusammenhang enorm wichtig ist die besondere Inszenierung und überzeugende Anwendungsberatung der Sortimente; so hat Globetrotter früh begonnen, mit der Integration von Regen- und Kältekammern, mit dem Einbau von Kletterwänden, Wanderpfaden und Wasserbecken die hohe Funktionsfähigkeit und Qualität ihrer Produkte zu belegen und gleichzeitig – gerade auch in Abgrenzung zum Wettbewerb – auf seinen Flächen ein besonderes Erlebnis zu inszenieren. Ein für das Unternehmen wichtiger Aspekt, um die Ware noch besser zu inszenieren, die Begeisterung für die Sortimente zu wecken und aus einer einfachen Verkaufs- eine spannende Begegnungsfläche zu entwickeln.

Ein weiterer Erfolgstreiber sind schließlich aber auch die sortimentsbegleitenden Services, die den Kontext des jeweiligen Sortiments noch relevanter werden lassen und den Kunden einen enorm hohen Mehrwert bieten. So hat Globetrotter schon sehr früh Kooperationen mit Reisebüros geschlossen, in denen ganz andere Arten von Fernreisen angeboten wurden; und gerade aus dem Themenfeld Reise und Gesundheit hat sich sehr schnell das Beratungs- und Servicefeld Reisemedizin entwickelt, mit dem der Kunde die für eine Reise notwendigen Impfungen abwickeln konnte.

Mit diesem Konzept hat Globetrotter im Wettbewerb einen besonderen Standard gesetzt – entscheidend für den hohen Erfolg ist aus Managementsicht dabei die klare Positionierung und Abgrenzung zum Wettbewerb und die flexible Anpassung des Geschäftsmodells an das jeweilige Umfeld.

## 2  Aktuelle Veränderungen im Umfeld – Treiber für die gezielte unternehmerische Weiterentwicklung

„Nichts ist so beständig wie der Wandel" wird der griechische Philosoph Heraklit zitiert. Diese – im Handel auch als „Handel ist Wandel" bekannte – Lebensweisheit hat Globetrotter stets motiviert, die jeweiligen Veränderungen im Umfeld von Wettbewerb und Konsum frühzeitig aufzugreifen und mit den entsprechenden Reaktionsmustern selbst wiederum im Wettbewerb eigene Akzente zu setzen. Denn Globetrotter hat stets unter dem Ziel gehandelt, im Vergleich mit dem Wettbewerb einen klaren Vorteil zu bieten und sich damit von seinem Umfeld deutlich abzuheben.

Bereits bei der Gründung 1979 hat sich Globetrotter mit seiner spezifischen Sortimentszusammenstellung sehr deutlich vom Wettbewerb abgegrenzt – das Ziel, „ein Spezialgeschäft von und für Weltenbummler und Überlebensexperten" (Globetrotter o. J.a) sein zu wollen, war in der Zeit ein echtes Statement. Das zeigt sich auch in der Überzeugung, das Sortiment im Gegensatz zum Wettbewerb nicht über Mitarbeiter verkaufen zu lassen, bei denen die kaufmännischen Grundkenntnisse im Vordergrund standen, sondern ihre konkreten Erfahrungen in der Auswahl und Nutzung der Produkte; und damit die gleiche Leidenschaft und Passion teilen wie das Unternehmen selbst (Globetrotter o. J.b). Oder schließlich über die bewusste unternehmerische Entscheidung, für die Eröffnung neuer Geschäfte deutlich größere Flächen als üblich anzumieten und diese bewusst nicht mit zusätzlicher Ware zu belegen, sondern für die Inszenierung des bestehenden Sortiments zu nutzen.

Allerdings: Gerade im Handel, einem Wirtschaftszweig, in dem es keinen Innovations- und Wettbewerbsschutz gibt (Merkle 2020), werden Innovationen – seien es gut funktionierende Sortimente, attraktive Inszenierungs- und Präsentationsformen oder ergänzende Service- und Dienstleistungsangebote – häufig sehr schnell von den

Wettbewerbern adaptiert. Und damit verlieren First Mover ganz schnell ihren Wettbewerbsvorteil. Insofern ist es für den unternehmerischen Erfolg enorm wichtig, das bestehende Geschäftsmodell laufend zu hinterfragen und in den wichtigen Aspekten permanent weiterzuentwickeln.

Der Handel muss sich dabei jedoch bewusst sein: Bei den aktuellen Umfeldentwicklungen hat sich das Grundverständnis eines funktionsfähigen Business-to-Consumer-Modells massiv verändert; das gelernte System „kaufe-irgendwo-was–und-verkaufe-es-dann-wieder" funktioniert so nicht mehr. Die Glanzzeiten dieses klassischen Verständnisses scheinen vorüber zu sein. Die aktuellen Veränderungen aus der Digitalisierung und mit dem Wertewandel in der Gesellschaft zeigen sich so grundsätzlich und herausfordernd, dass der Handel noch intensiver an gleichermaßen attraktiven wie begeisternden Ideen, an zusätzlichen Investitionen, an besseren Kostenstrukturen und der Gewinnung neuer Allianzen und Kooperationspartner arbeiten muss.

Das trifft in besonderer Weise auch auf Globetrotter zu. Auch in diesem Markt ist erkennbar, wie vielfältig sich der Wettbewerb entwickelt hat – mit neuen Wettbewerbern, die nicht nur im direkten stationären Umfeld entstehen, sondern insbesondere auch aus der digitalen Onlinewelt heraus. Und aus dem Dialog mit den Konsumenten wird klar, wie stark sich die Erwartungshaltung im Konsumumfeld verschoben hat – und gerade die nachwachsenden jüngeren Konsumenten zeigen sich deutlich anspruchsvoller als die Generationen zuvor. Jede Zeit bringt spezifische Entwicklungen mit sich, und bei sich verändernden Vorstellungen der Kunden müssen Unternehmen auf diese Herausforderungen reagieren, wenn sie auch weiter erfolgreich sein wollen – in dem Bewusstsein, dass Handels- und Vertriebskonzepte der Waren- und Flächenpräsentation nicht auf unendlich angelegt sind und einer regelmäßigen Überprüfung bedürfen.

## 2.1 Von der Wettbewerbs- zur Kundenorientierung

Was früher lange Zeit funktioniert hat – die Orientierung des eigenen Geschäftsmodells am unmittelbaren Wettbewerb mit dem Ziel, einen deutlichen Wettbewerbsvorsprung zu erreichen – funktioniert in der heutigen Welt nur noch eingeschränkt. Denn gerade die Digitalisierung hat nicht nur eine Vielzahl neuer und für den Konsumenten hoch spannender wie relevanter Geschäftsmodelle entstehen lassen – dabei hat sich auch das Selbstverständnis und das Anspruchsniveau der Kunden massiv verschoben. Über die Möglichkeiten des Internets sind die Kunden heute in der Regel recht gut vorinformiert und über die parallele Weiterentwicklung der gesellschaftlichen Wertvorstellungen werden die Erwartungshaltung und das kritische Bewusstsein zusätzlich konditioniert. Konsumenten heute kennen ihre Einkaufsalternativen in der Regel sehr genau – und wissen dabei nicht nur die Vorteile der neuen digitalen Wettbewerber zu schätzen, sondern werden auch durch die immer häufigeren und inhaltlich attraktiv inszenierten Direct-to-Consumer-Inszenierungen der Produzenten in ihrem Anspruchsniveau konditioniert. Damit hat die Nachfrage heute ein anderes Qualitätsniveau erlangt und genau diesem erhöhten Anspruch müssen sich Händler offen stellen.

Vor diesem Hintergrund reicht in der heutigen Zeit die einfache Orientierung des eigenen Geschäftsmodells nur am engeren Wettbewerb der eigenen Branche kaum noch aus (Bartmann 2021a). Der aufgeklärte Konsument wird durch eine Vielzahl von Impulsen konditioniert – und deshalb muss ein zukunftsgerichteter Manager immer auch aus seinem engeren Handelsraum herausschauen, um neue Ideen und Impulse für die Weiterentwicklung des eigenen Geschäftsmodells zu erhalten – immer verbunden mit der Frage, was das eigene Unternehmen für einen konkreten Mehrwert schaffen kann, außer nur Produkte anzubieten, die in der eigenen Organisation vorausgewählt wurden. Und aus dem direkten Dialog mit den eigenen Kunden, aus der intensiven Beschäftigung mit den ihn treibenden Wünschen und Bedürfnissen, den hinter jedem Einkauf liegenden Motiven, lassen sich eine Vielzahl neuer Ansätze gewinnen. Unabhängig davon, dass die diesem Buch zugrunde liegenden Frage, wie wichtig die Stammkundenpflege im Vergleich zur Neukundengewinnung ist, Globetrotter den deutlich größeren Nutzen aus dem Austausch mit den Stammkunden zieht. Und wenn sich dieses Verhältnis zu einer begeisterten Gemeinschaft entwickelt, lassen sich daraus im Rahmen über Empfehlungen natürlich auch manche Neukunden gewinnen.

## 2.2  Das Filial-, Sortiments- und Flächenerlebnis – inhaltlich neu interpretiert

**Erlebnisshopping – von starren Dauerinstallationen zur flexiblen Generation 2.0**
Die besondere Inszenierung der einzelnen Produkte, die Möglichkeit, ihre spezifische Funktionsfähigkeit zu demonstrieren und damit gleichzeitig ein besonderes, emotionales und gut in Erinnerung bleibendes Konsumerlebnis zu ermöglichen, war schon früh ein wichtiger strategischer Eckpfeiler der Globetrotter-Strategie. Deshalb wurden deutlich größere Läden angemietet, um auf der zusätzlichen Fläche – anders als im Wettbewerb üblich – nicht noch mehr Ware anzubieten, sondern das bestehende Sortiment über spannende Erlebniselemente noch besser zu inszenieren. Über die Nutzung architektonisch gut integrierter und den Grundbedürfnissen genügender Kletterwände, Schwimmbecken, Wanderpfade, Beregnungsanlagen und Kältekammern können die Kunden die einzelnen Produkte in ihrer Funktionsfähigkeit testen und aus dem unmittelbaren Vergleich das Beste für sie geeignete Produkt entdecken – über das Beratungsgespräch hinaus über das direkte, persönliche Produkterlebnis (Nufer und Sauer 2015).

Mit diesem Inszenierungs- und Präsentationskonzept hat sich Globetrotter sehr klar vom Wettbewerb differenziert und über das Gesamterlebnis eines Storebesuchs in das strategische Ziel investiert, aus einem einfachen Besucher eines Fachgeschäftes nicht nur einen Stammkunden, sondern einen begeisterten Fan der Marke zu machen. Dieses – in der Literatur auch als Erlebnisshopping benannte (z. B. Pieper 2009) – Konzept wurde aus der Überzeugung heraus entwickelt, das Sortiment noch attraktiver, überzeugender und begeisternder zu präsentieren – und sich gleichzeitig vom Wettbewerb abzusetzen. Und das funktioniert so gut, dass diese Filialen jährlich von Millionen von Kunden besucht werden und zwischenzeitlich zu einer weltweiten Referenz für erlebnisorientiertes Einkaufen geworden sind (Bartmann 2021b; Steger 2014).

Die besondere Bedeutung emotionaler Einkaufserlebnisse spiegelt sich auch in der einschlägigen Fachliteratur wider, wo der Erlebnishandel – die „emotionale Anreicherung des gesamten Erscheinungsbildes mittels Erlebniswelten" (Schneider o. J.) – als bewusster Gegenentwurf zum eher rational auftretenden Versorgungshandel gesetzt wird. Während ein Unternehmen des Versorgungshandels also eher über die Formel „Umsatz pro Quadratmeter" geführt wird, ist die Experience im Erlebnishandel genau das Mittel, um nicht nur den Umsatz, sondern auch die Bindung der Kunden zu forcieren. Und dieses besondere, haptisch erlebbare und damit multisensuale Erlebnis hat gerade auch in Abgrenzung zum neuen Online-Wettbewerb eine besondere Bedeutung. Denn nur der stationäre Einzelhandel bietet die Möglichkeit für ein haptisch erlebbares Produkterlebnis und für den gezielten Test eines bestimmten Produkts: „Je digitaler die Welt, desto wichtiger wird das reale Einkaufserlebnis – insbesondere. als. Gegengewicht zur anonymen Welt des Internet" (Merkle 2020, S. 70).

Allerdings: Auch wenn die besondere Inszenierungskonzepte über Wasserbecken oder Kletterwand im Geschäftsmodell von Globetrotter lange Zeit gut funktioniert und ganz wesentlich zum Erlebniswert des Unternehmens beigetragen haben – nicht jede Form der Warenpräsentation hat eine unbegrenzte Lebenszeit. Nachdem sich das Umfeld und das Anspruchsniveau der Kunden in den letzten Jahren massiv gewandelt haben, muss sich in der Konsequenz auch der Anspruch an solche Inszenierungsformen verändern. Denn die bisherigen Erlebnisformen sind zwischenzeitlich im Konsumumfeld gut bekannt und können damit auch kaum noch überraschen; zudem handelt es sich hierbei um starre Konzepte, die nicht ohne größeren Aufwand verändert und an neuere Bedürfnisse angepasst werden können. Unabhängig davon, dass solche Installationen auch unter Nachhaltigkeitsaspekten verstärkt zu hinterfragen sind.

Globetrotter hat sich deshalb entschieden, die früheren Dauerinstallationen zunehmend über flexiblere Ansätze zu ersetzen. Zum Beispiel über das Konzept der „Clubhütte", einer besonderen Fläche innerhalb der Filialen, auf der Kunden in spannenden Vorträgen und interessanten Workshops mit lokalen Partnern und überregionalen Referenten über relevante Themen informiert bzw. einbezogen werden. Beispielsweise über die Frage, was bei einer Trekkingtour in Georgien zu beachten ist, welche Stolpersteine einem Reisenden auf dem Weg von Feuerland nach Bolivien begegnen können oder warum das Thema Walfang in Island eher kein guter Einstieg in ein Gespräch ist (Globetrotter o. J.c).

Mit dieser Anlaufstelle für Outdoor-Begeisterte wird gleichzeitig auch eine Aufenthalts- und Begegnungsfläche geschaffen, auf der ein Besucher entweder in Ruhe ein Buch oder Reiseführer lesen und dabei weitere Ideen für sein Reisevorhaben sammeln oder sich mit Gleichgesinnten austauschen kann – eine innovative, physische Plattform für Interessierte mit der Möglichkeit zur Bildung von Communities und für glaubwürdige und authentische Feedbacks (Beispiel Globetrotter Leipzig in Abb. 1). So ist es spannend zu beobachten, wenn sich Ältere auf dieser Fläche gezielt verabreden, um sich über ihre spezifischen Erfahrungen und Fragen im Themenfeld Reise und Gesundheit austauschen.

Als weiteres spannendes Beispiel für eine flexible Erlebnisinstallation ist ein neues Pop-Up-Store-Konzept, bei dem der Besucher einen analogen Hyper-Reality-Parcours begeht – und dabei in schwindelerregender Höhe einen der gefährlichsten Trails der Welt erlebt, mit einer Klettertour entlang bröckelnder Steinwände, dem Wandern über wackelige Holzstege sowie der Erfahrung eisiger Winde und plötzlicher Hitzewellen (Globetrotter o. J.d).

Damit wird deutlich: Erlebnisshopping ist und bleibt weiterhin wichtig, um die Begeisterung der Kunden auf der Fläche zu wecken – und das nicht nur als generell emotionalisierender Erlebnisfaktor, sondern als sortimentsbegleitender und inhaltlichen Mehrwert generierender Faktor. Die neue Generation des Erlebnisshoppings – das Erlebnis 2.0 – ist jedoch weniger starr ausgerichtet, kann örtlich wie zeitlich deutlich flexibler in unterschiedlichen Standorten und Kontexten adaptiert und damit mit immer wieder neuen spannenden Themen bespielt werden. Was nicht nur deutlich wirtschaftlicher ist, sondern auch dem steigenden Bedürfnis der Kunden nach Abwechslung und spezifischem Content entgegenkommt (KPMG 2021). Kunden sollen sich bei Globetrotter wohlfühlen und sich dort aufhalten können, ohne das Gefühl zu erhalten, bei ihrem Besuch unbedingt etwas kaufen zu müssen.

**Abb. 1** Clubhütten-Konzept Globetrotter Leipzig

**Sortimentsbegleitende Services**

Gerade bei Globetrotter wird deutlich, dass ein großer Teil der Kunden eine besondere Beziehung zu seinen Produkten entwickelt. In einer Zeit eines wachsenden kritischen Bewusstseins gegenüber dem Fast Fashion-Konsum sind viele Kunden bereit, etwas mehr für ein Produkt auszugeben, dieses dafür aber über einen langen Zeitraum zu nutzen. In Fällen, bei denen die Sohle eines gut eingelaufenen Wanderschuhs abgelaufen ist, bei denen Regen von der Regenjacke nicht mehr so gut abperlt oder in der man mit seiner geliebten Daunenjacke an einer Dornenhecke hängen geblieben ist, bietet Globetrotter nunmehr einen besonderen „Care & Repair"-Service an (Globetrotter o. J.e) – ein besonderer Mehrwert rund um das Produkt, bei dem es nicht mehr nur um das Verkaufen geht, sondern um eine große Zufriedenheit, verbunden mit der Umsetzung von Nachhaltigkeit. Die Kunden danken das mit der Bereitschaft, für Reparaturen angemessen zu bezahlen. Ein solcher Service trägt nicht nur zur emotionalen Bindung zwischen Kunde und Unternehmen bei und stärkt langfristig die Wiederkaufbereitschaft; gleichzeitig ist dies auch ein positiver Aspekt in der wichtiger werdenden Nachhaltigkeitsdiskussion.

Ein weiterer wichtiger sortimentsbegleitender Service ist die Reisemedizin, bei der aus der Kooperation mit dem Berliner Centrum für Reise- und Tropenmedizin in den größeren Globetrotter Filialen Reisepraxen fest implementiert wurden, in denen sich die Kunden über das Themenfeld Fernreisen und Gesundheit informieren und die notwendigen Impfungen für das jeweilige Reisevorhaben durchführen können (Beispiel Globetrotter Berlin Abb. 2). So hat sich Globetrotter nicht nur schnell zum populärsten Impfzentrum für Reisemedizin entwickelt – gleichzeitig belegt das Beispiel, wie über ein solches Themengebiet dem Kunden ein relevanter Mehrwert bereitgestellt, die Bindung des Kunden noch intensiviert und die Bedeutung des Geschäftsmodells damit erhöht werden kann (Krogmann 2021).

**Abb. 2** Reisepraxis Globetrotter Berlin

Mehrwerte über das gekaufte Produkt hinaus zu bieten – in diese Richtung werden laufend auch weitere Services diskutiert und entwickelt, so wie z. B. die Einlagerung von Kanus, Autodachzelten usw. Denn Globetrotter ist überzeugt, dass gerade solche Services einen sehr viel größeren Anreiz bieten, die Läden wieder zu besuchen, als nur der Verkauf der Ware. Und – ganz wichtig – die bestehenden Kunden über für sie relevante Services noch enger an das Unternehmen zu binden.

**Secondhand – Rethink, Reduce, Reuse and Recycle**
Natur und Umwelt – und damit das auch in der Gesellschaft immer wichtiger werdende Thema Nachhaltigkeit – spielt bei Globetrotter schon immer eine große Rolle. Denn eine intakte Natur – das ist immerhin die Basis für das Geschäft eines erfolgreichen Outdoorausrüsters. Deshalb hat das Unternehmen seit längerem einen Bereich Corporate Social Responsibility (CSR) implementiert und die damit verbundenen Ziele jüngst dahingehend geschärft, bis zum Jahr 2025 das global führende Unternehmen im Bereich Nachhaltigkeit zu werden (Bartmann 2021b) und dabei als besonderes Vorbild der Handelsbranche auch Wege aufzuzeigen, welche Maßnahmen Unternehmen dabei nutzen können.

In der Konkretisierung dieser ehrgeizigen Zielsetzung arbeitet Globetrotter sehr konkret an sämtlichen Stellhebeln unternehmerischen Handelns – von der Erarbeitung und Durchsetzung von Nachhaltigkeitsregeln im Einkauf der Ware, über die Verbesserung der Transportwege und begleitenden Verpackungsfragen bis zu den Themen des Energie- und Wärmeverbrauchs der eigenen Infrastruktur. In dem „Globetrotter-Weg", der ethischen Verfassung des Unternehmens, haben sich alle Mitarbeiter und besonders die Führungskräfte verpflichtet, die dort definierten Richtlinien einzuhalten und an allen damit verbundenen Fragen aktiv zu arbeiten (Globetrotter o. J.f).

Die Übernahme einer ganzheitlichen unternehmerischen Verantwortung für die Umwelt und das Klima ist für Globetrotter ein ernsthaftes Anliegen; und damit ein grundlegender Hygienefaktor unternehmerischen Handelns. Mit einem solchen Handeln soll und wird ein wichtiger – und aus Sicht des Unternehmens unbedingt notwendiger – Wertbeitrag für Kunden und Gesellschaft geleistet. Diese gesellschaftspolitische Überzeugung zeigt sich auch in Relation zum eigentlichen Unternehmenszweck des Unternehmens: Globetrotter hat die – im üblichen Denken eines Händlers bemerkenswerte – Entscheidung getroffen, Nachhaltigkeit in der Priorität vor das Wachstum von Umsatz zu stellen. Eine im Wettbewerb selten gezeigte Konsequenz, die – quasi als Nebenergebnis – nicht nur von den eigenen Stammkunden wertgeschätzt wird, sondern auch großen Anklang bei manchem Neukunden findet.

In diesem Zusammenhang hat Globetrotter nicht nur den bereits skizzierten Werkstatt-Service „Care & Repair", sondern auch ein neues Geschäftsfeld für Secondhandware eröffnet – beides Themenfelder, in dem das Verkaufen neuer Ware sehr klar hinter die Ziele der Ressourcenschonung zurücktritt. Auf der Plattform „Secondhand by Globetrotter" wird den Kunden die Möglichkeit geboten, hochwertige gebrauchte Outdoor-Artikel wie Wanderhosen, Funktionsshirts, Regenjacken, Taschen und Rucksäcke zu verkaufen, die in der hauseigenen Werkstatt fachmännisch aufbereitet und anschließend wieder in einem Second-Hand-Kreislauf dem Verkauf zugeführt werden – sogar verbunden mit einer zwölfmonatigen Gewährleistung (Globetrotter o. J.g). Auch dieses ist ein innovativer Service, um eigene Kunden noch enger an das Unternehmen zu binden, sondern auch Kundengruppen anzusprechen und zu gewinnen, die Globetrotter bisher noch nicht kannten.

**Omnichannel – Kundenorientierung über die Vernetzung On- und Offline**
Allzu lange haben stationäre Einzelhändler die Digitalisierung und die neuen Möglichkeiten aus dem Internethandel lediglich als Bedrohung betrachtet. Und dabei aus dem Fokus verloren, welches Anspruchsniveau daraus bei den Kunden erwachsen ist – das Internet hat den Kunden in verschiedensten Aspekten verwöhnt und so zu gestiegenen Ansprüchen selbst beigetragen. Denn das Internet ist schon lange keine Einkaufsalternative nur für die jüngeren Konsumgenerationen – zwischenzeitlich haben fast alle Konsumenten die Vorteile umfassender Informationen, günstiger Preise und schneller Lieferungen kennen und schätzen gelernt. Kunden sind durch das Internet verwöhnt, informieren sich ganz selbstverständlich und intensiv über das insgesamt verfügbare Angebot, nutzen die Services unterschiedlichster Anbieter und erwarten ein vergleichbares Niveau deshalb ganz selbstverständlich auch von anderen Unternehmen. Wenn stationäre Anbieter in diesem Zusammenhang nicht in der Lage sind, ihre Sortimente digital zu präsentieren, dann dürfen sie sich auch nicht wundern, dass ihre früheren Kunden nicht mehr in den Laden kommen. Online darf im stationären Umfeld nicht länger als Bedrohung gesehen werden, sondern als ganz wichtiger, ergänzender Informations- und Servicekanal; in der analogen Zeit gab es die „Gelben Seiten", im digitalen Zeitalter ist das das Internet. Eine Präsenz im Internet hat sich in der heutigen Zeit damit zu einem digitalen „Must have" entwickelt, und zwar unabhängig davon, dass sich mit der Etablierung eines eigenen Onlineshops auch eine Nachfrage abgedeckt werden kann, die nur in diesem Kanal entsteht.

Deshalb hat Globetrotter schon früh die Entwicklung zum integrierten Omnichannel-Anbieter eingeleitet – „in einer Zeit, als es diesen Ausdruck eigentlich noch gar nicht gab" (Krogmann 2021). Auch Globetrotter hat sich dem Anspruchsniveau gestellt, das dem Konsumenten mit den Möglichkeiten des Internet erwachsen ist – und der Onlineshop ist nicht nur ein ganz wichtiger paralleler Vertriebsweg, sondern auch ein in das Gesamtkonzept integrierter Informations- und Erlebniskanal. Insofern versteht auch Globetrotter unter diesem Begriff die gegenseitige Integration und Verzahnung der Vertriebskanäle mit- und untereinander (analog Kilian und Kreutzer 2022, S. 72).

Dabei ist es nicht nur selbstverständlich, dass mit der übersichtlichen Darstellung des Gesamtangebots und mit einer einfachen Menüführung im Bestellprozess die im Internet erwartete hohe Bedienerfreundlichkeit erfüllt wird, sondern die besondere Beratungskompetenz gerade von Globetrotter in den Webshop übertragen wird. Besonders wichtig für das auch weiter filialgeprägte Geschäft von Globetrotter sind jedoch die Funktionalitäten, die den Onlinehandel mit dem Stationärgeschäft verbinden. Mit dem Webshop wird ganz bewusst eine Brücke zum Filialgeschäft geschlagen – wie zum Beispiel mit der Informationsfunktion über lokale Verfügbarkeiten, die anzeigt, ob ein bestimmtes Produkt überhaupt in der Filiale vorrätig ist. Denn wenn ein Kunde nicht weiß, ob ein Produkt überhaupt verfügbar ist, dann ist wird er auch nicht bereit, dorthin zu fahren. Gleichzeitig baut der Händler dadurch Informations-Asymmetrien zugunsten der Kunden ab.

Für den integrierten Auftritt von On- und Offline ist die Click & Collect-Funktion von hoher Bedeutung, bei der ein Kunde sein Wunschprodukt online bestellt und dann in der Filiale in Augenschein nimmt und/oder abholt – mit der hohen Wahrscheinlichkeit, dass er in der daraus entstehenden besonderen Erlebnis- und Beratungssituation zum Erwerb weiterer Produkte angeregt wird.

Der Online-Auftritt informiert schließlich auch über die Events, Vorträge und Veranstaltungen, die in den Filialen stattfinden – und das nicht nur über Textbeiträge, sondern auch über kurze Clips, die die besondere Stimmung der jeweiligen Veranstaltung gut wiedergeben und damit noch mehr Lust darauf machen, bei der nächsten Veranstaltung selbst teilzunehmen.

Besonders spannend für Globetrotter ist vor allem aber auch die Erkenntnis, dass der Onlineeinkauf in keiner Konkurrenzbeziehung zum Stationärgeschäft, sondern in einer stützenden und ergänzenden Funktion steht. Denn auch wenn immer wieder diskutiert wird, ob sich On- und Offlineumsätze gegeneinander kannibalisieren und deshalb das Filialgeschäft langfristig durch den Onlinekanal ersetzt werden könnte – aus der Erfahrung von Globetrotter finden die besten Onlineumsätze im Umfeld einer Filiale statt, was ganz wesentlich unterstreicht, wie wichtig das stationäre Erlebnis für den Kunden auch weiterhin ist, wie vernetzt die Kunden heute handeln und weshalb eine bestmögliche Verzahnung beider Welten eine so hohe Bedeutung gewonnen hat.

Unabhängig davon wird die Filialwelt bei Globetrotter auch weiter die größere Bedeutung behalten. Denn bei allem technischen Fortschritt und der daraus resultierenden Möglichkeit, den Online-Auftritt durch zusätzliche Abbildungen, animierte GIFs und Tutorials usw. zu professionalisieren – ein Webshop kann nicht alle Sinne ersetzen, und die dreidimensionale Inszenierung der Sortimentswelt mit der begleitenden, authentischen und glaubwürdigen Kommunikation durch gleichermaßen begeisterte wie kompetente Globetrotter-Mitarbeiter bleibt auch weiter wichtige Grundlage des Geschäftsmodells.

## 3 Veränderte Rahmenbedingungen erfordern ein neues unternehmerisches Denken – gerade im Einzelhandel

Aus einer übergreifenden Bewertung wird deutlich: Erfolgreiches unternehmerisches Handeln erfordert mehr denn je Begeisterung für das eigene Geschäftsmodell, ein permanentes proaktives Hinterfragen des unternehmerischen Handelns und eine noch intensivere Beschäftigung mit den latenten Bedürfnissen und tatsächlichen Wünschen der eigenen Kunden. Früher gut funktionierende Handlungsweisen funktionieren in dem neuen Umfeld immer weniger – ein neues Mindset ist gefragt. Wer nicht bereit ist, sich diesem Druck zu stellen, wird über kurz oder lang vom Markt verschwinden. Mindestens genauso wichtig ist die Einsicht, sich noch intensiver mit den eigenen Kunden auseinanderzusetzen; Kundenbindung lässt sich mit immer neuen und noch mehr Angeboten nicht mehr erlangen – Kundenbindung erreicht man in der heutigen Welt nur dann, wenn die übliche Händlerbrille abgesetzt und die eigene Leistung aus Sicht des Kunden hinterfragt und weiterentwickelt wird. Erst wenn ein Händler aufhört, wie ein Händler zu denken, wird es ihm gelingen, weiter erfolgreich zu bleiben (Merkle 2021) – und dazu ist ein noch konsequenteres Hinterfragen wichtig, warum der Kunde das eigene Geschäft besuchen soll.

## 3.1 Ein neues Mindset – Vom Händler- zum Kundennutzen

„No Normal is the New Normal" (KPMG 2018) ist der Titel einer Studie, die sich schon vor einiger Zeit mit den Folgen von Digitalisierung und Wertewandel für Unternehmen befasst hat. Allerdings: Die weiter steigende Zahl von Insolvenzen und Unternehmensaufgaben zeigt, dass diese Erkenntnis noch lange nicht im unternehmerischen Handeln angekommen ist. Und gerade eine Zeit grundlegender Wandlungen erfordert von Unternehmen ein Umdenken im Kopf – und damit eine Neujustierung gelernter Vorgehensweisen.

In den vorangegangenen Ausführungen wurde bereits erläutert, dass die isolierte Bewertung, ob sich ein Geschäftsmodell ausreichend gegenüber dem Wettbewerb abgrenzt, in der heutigen Welt keinesfalls mehr ausreicht – primäres Orientierungsmaß muss das Denken in den Nutzenkategorien der Kunden werden. Im gleichen Atemzug müssen sich Händler dann aber auch von den Handlungsweisen verabschieden, die früher ihr Handeln bestimmt haben und die im heutigen Umfeld so nicht mehr gelten:

**Trugschluss #1: Sonderangebote generieren neue Kunden und sichern die Wiederkaufrate**
Über Jahre und Generationen von Managern hinweg ist der Handel darauf konditioniert worden, dass günstige Preise den Fortbestand von Unternehmen absichern können. Und ja, der Preis war über lange Zeit ein gut funktionierendes Instrument. Allerdings: In der heutigen Zeit von „Hypercompetition" – zu den Inhalten siehe auch Kap. „Neue Markt- und Managementspielregeln im „Hypercompetition" – am Beispiel des stationären Einzelhandels" dieses Buches – scheint dieser Hebel nur noch eingeschränkt zu funktionieren. Denn zum einen scheint es in der absoluten Transparenz des Internet kaum noch möglich, den günstigsten Preis garantieren zu können. Zum zweiten ist über die letzten Jahre mehr als deutlich geworden, dass Sonderangebote Kunden nicht unbedingt an ein Unternehmen binden, sondern die Konsumenten eher sogar noch ermuntern, im Wettbewerb nach einem noch günstigeren Preis zu suchen. Das, was

ursprünglich als Instrument gedacht war, eine größere Bindung der Kunden zu erreichen, hat sich in seiner Wirkung damit eher sogar in das Gegenteil gewandelt. Ähnliches gilt für das mit Sonderangeboten verbundene Ziel, damit auch Neukunden gewinnen zu wollen: Die Akquisition neuer Kunden gelingt immer weniger nur über den Preis; und Einmalumsätze sind selten in der Lage, eine dauerhafte Kundenbindung zu eröffnen. In der Konsequenz müssen Händler mehr denn je versuchen, über inhaltliche Mehrwerte und Leistungsbündel, die sich nicht so leicht kopieren lassen, seine Kunden an sich zu binden. Und das kann im Zweifel auch einmal bedeuten, auf kurzfristige, opportunitätsgetriebene Umsatzpotentiale zu verzichten.

**Trugschluss #2: Produktmarken schaffen Präferenz für eine Einkaufsstätte**
In vielen Branchen des Sortimentsfacheinzelhandels stand über lange Zeit der Gedanke im Vordergrund, dass gerade die aktuell angesagten Marken den Erfolg des jeweiligen Unternehmens maßgeblich mit beeinflussen – quasi als Zugmarke, dessen besondere Markenstärke auf den Rest des Sortimentes positiv abstrahlt. Ein Erfolgsmuster des jeweiligen Markenherstellers selbst war jedoch das gleichzeitige Ziel, den jeweiligen Trend möglichst breitenwirksam werden zu lassen und im Wettbewerb möglichst breit zu distribuieren – und damit die „Ubiquität" zu fördern. Die breite Streuung eines produktgestützten Trends versus angestrebter Exklusivität einer spezifischen Einkaufsstätte – dieses Rezept funktioniert im Handel offensichtlich immer weniger. Unabhängig davon, dass immer mehr Markenhersteller mittlerweile mit eigenen „Direct-to-Consumer"-Konzepten selbst den Handelswettbewerb verstärken: So sind auch viele der bei Globetrotter angebotenen Marken zu enorm starken Wettbewerbern geworden – mit einer ganz anderen Wertschöpfungskette und einer Kostenstruktur, die sich aus dem nicht notwendigen Zwischenhandel deutlich günstiger darstellt. Auch hier zeigt sich: Echte Kundenbindung werden Händler nur dann erreichen, wenn es ihnen gelingt, ihre Kunden mit eigenständigen Konzepten für sich zu begeistern.

**Trugschluss #3: Standardisierung und Effizienz als unbedingte Voraussetzung unternehmerischen Erfolgs**
Gerade der Einzelhandel gehört zu den Branchen, die unter einer relativ niedrigen Marge leiden. Eines der Erfolgsmuster der Vergangenheit lag deshalb lange Zeit in der Standardisierung von Filialkonzepten, bei der zur Generierung von Kostenvorteilen standardisierbare Filialmodule und/oder Filialcluster gebildet wurden, die dann in gleicher Weise an unterschiedlichen Standorten zum Einsatz gekommen sind. Allerdings: Diese – umgangssprachlich auch als „Raster bringt Zaster" bekannte – Vorgehensweise vernachlässigt nur allzu leicht das in der Gesellschaft massiv gestiegene Bedürfnis der Konsumenten nach Abwechslung, nach Besonderem, nach dem emotionalen Erlebnis eines Einkaufsbesuchs. Und in einer Gesellschaft, die bereits damit begonnen hat, den Konsum an sich in Frage zu stellen, erscheint das Thema „Mehr vom Gleichen" nicht mehr zeitgemäß.

In gleicher Weise sind auch die Vorgehensweisen zu diskutieren, bei denen die sortiments- und präsentationsbegleitenden Bedien- und Serviceprozesse immer effizienter, kostengünstiger und einfacher gestaltet werden. Denn allzu häufig ist damit – z. B. über eine Verringerung des generellen Personaleinsatzes oder ihrer Qualifikation, mit einer Verlagerung von noch mehr Leistungen auf den Kunden unter dem Deckmantel der Selbstbedienung – eine aus Kundensicht deutliche Verringerung der Dienstleistungsqualität verbunden; und genau das erscheint bei einer parallelen Ausweitung des Wettbewerbsniveaus mit der gleichzeitigen Intensivierung von sog. Customer Experience-Konzepten eher kontraproduktiv. Gerade wenn man in einem deutlich anspruchsvolleren Umfeld seine Kunden begeistern möchte, müssen Unternehmen deshalb mehr denn je überlegen, welche Mehrwerte und Differenzierungsansätze zu realisieren sind, statt diese immer weiter zu reduzieren. Und das kann bedeuten, dass im Zweifel noch stärker in die Ausbildung der eigenen Mitarbeiter zu investieren ist, dass zusätzliche den Sortimentsnutzen noch stärker unterstreichende Servicedienstleistungen eingeführt oder Umsatzpotentiale – wie im Thema Secondhand-Handel – auch einmal umgeleitet werden. Denn der echte Wert einer Kundenbindung entsteht erst durch ihre Langfristigkeit; und die Intensität der Kundenbindung wird ganz wesentlich durch die Ernsthaftigkeit, Authentizität und inhaltliche Qualität der Kundenbeziehung beeinflusst.

## 3.2  Der Wert der Bestandskunden

In der finalen Frage, in welchem Verhältnis die Themen Stammkundenbindung und Neukundengewinnung im Einzelhandel zueinanderstehen, wird aus der vorangegangenen Diskussion deutlich: Es gibt immer mehr Geschäftsmodelle, die um die Gunst der Kunden werben. Bei einem gleichzeitig gestiegenen Anspruchsniveau der Konsumenten, bei ihrem klaren Wunsch nach Differenzierung, Expertise und Authentizität werden am Ende nur die Unternehmen bestehen, die ihre Kunden noch besser als andere verstehen, die willens und in der Lage sind, aus den Wünschen und Bedürfnissen ihrer Kunden gleichermaßen überzeugende wie begeisternde Sortiments- und Servicekonzepte abzuleiten.

Die Erkenntnisse dazu lassen sich jedoch am ehesten aus der bestehenden Kundenbasis – aus der eigenen „Fanbase" – ableiten. Denn nicht nur, dass Neukunden das eigene Unternehmenskonzept noch zu wenig durchdrungen haben, um daraus konkrete Impulse liefern zu können; Studien belegen nachdrücklich, wie wenig loyal diese Newcomer generell sind (z. B. Merkle 2020; perspektive:blau o. J.) – ein Phänomen, das mit einer Aussage wie „Schnäppchenjäger sind selten treu" (o. V. 2014) charakterisiert wird. In der Konsequenz müssen Händler also versuchen, genau aus dem Dialog mit den Stammkunden neue Themenfelder abzuleiten und mehrwertstiftend zu einem attraktiven wie begeisternden Sortiments- oder Servicefeld zu entwickeln. Auch wenn dieser Dialog im stationären Einzelhandel in seiner qualitativen Tiefe unbedingt kultiviert werden muss; denn im unmittelbaren Vergleich zur neuen Onlinekonkurrenz zeigt sich, mit welcher Akribie diese Analysen dort erfolgen und dass der stationäre Einzelhandel hier massiven Nachholbedarf hat.

Im Gesamtergebnis zeigt sich: Kompetenz, Erlebnis und Leidenschaft – das sind gerade für Globetrotter auch weiter inhaltlich wichtige wie relevante Grundpfeiler des Geschäftsmodells. In dem neuen Umfeld aus Hypercompetition und deutlich angestiegenem Anspruchsniveau im Konsum sind diese Elemente jedoch konsequenter, noch durchgängiger und noch authentischer zu spielen – mit einem Managementansatz, der noch flexibler die jeweiligen Entwicklungen im täglichen Handeln berücksichtigt und hoch zielgerichtet neue Ideen und Prozesse mit einarbeitet.

## Literatur

Bartmann A (2021a) Identität gibt Orientierung. In: Re-Start Now, Das Magazin zum Handelskongress Deutschland am 17. + 18. November 2021, S 8 f.

Bartmann A (2021b) Der Handel macht sich auf den Weg. In: Grimm et al (Hrsg) Deutschlands neue Agenda, Die Transformation von Wirtschaft und Gesellschaft in eine klimaneutrale und digitale Gesellschaft. Ullstein Buchverlage, Berlin, S 157 ff.

Globetrotter (Hrsg) (o. J.a) Wir feiern 40 Jahre Globetrotter, globetrotter.de. https://www.globetrotter.de/magazin/40-jahre-globetrotter/. Zugegriffen: 20. Juli 2022

Globetrotter (Hrsg) (o. J.b) Unser Herz schlägt draußen, globetrotter.de. https://karriere.globetrotter.de/. Zugegriffen: 20. Juli 2022

Globetrotter (Hrsg) (o. J.c) Unsere Clubhütten, Dein Wohnzimmer im Globetrotter Store!, globetrotter.de. https://www.globetrotter.de/magazin/clubhuette/#clubhuette. Zugegriffen: 20. Juli 2022

Globetrotter (Hrsg) (o. J.d) Neuer Pop-Up-Store mit preisgekrönter VR-Experience, globetrotter.de. https://www.globetrotter.de/aktionen/vr-abenteuer/. Zugegriffen: 20. Juli 2022

Globetrotter (Hrsg.) (o. J.e) Care & Repair bei Globetrotter, globetrotter.de. https://www.globetrotter.de/service/werkstatt/. Zugegriffen: 20. Juli 2022

Globetrotter (Hrsg) (o. J.f) Nachhaltigkeit bei Globetrotter, globetrotter.de. https://www.globetrotter.de/ueber-globetrotter/nachhaltigkeit/. Zugegriffen: 22. Juli 2022

Globetrotter (Hrsg) (o. J.g) Geprüfte Secondhandware vom Outdoorspezialisten, Gute Erfahrungen gibt man gerne weiter!, secondhand.globetrotter.de. https://secondhand.globetrotter.de/. Zugegriffen: 22. Juli. 2022

Kilian K, Kreutzer RT (2022) Digitale Markenführung, Digital Branding in Zeiten divergierender Märkte. Springer Gabler, Wiesbaden

KPMG (Hrsg) (2018) No Normal is the is the new normal. Make disruption work for your business. Global Consumer Executive Top of Mind Survey. https://home.kpmg/ng/en/home/insights/2018/08/No-normal-is-the-new-normal.html. Zugegriffen: 22. Juli 2022

KPMG (Hrsg) (2021) Customer Experience – Was für Kunden zählt. https://hub.kpmg.de/customer-experience-excellence-studie-2021?utm_campaign=Customer%20Experience%20Excellence%20Studie%202021&utm_source=AEM&__hstc=214917896.d6220517facc28e3eb65da435349773d.1660298114959.1660298114959.1660298114959.1&__hssc=214917896.1.1660298114959&__hsfp=2653614766. Zugegriffen: 20. Juli 2022

Krogmann W (2021) Der Retailtalker, Gespräche über Innovation im Einzelhandel, Andreas Bartmann über Globetrotter, Teil 1, retailtalker.podigee.io vom 15.7.2021. https://retailtalker.podigee.io/13-globetrotter. Zugegriffen: 22. Juli 2022

Merkle W (2020) Erfolgreich im stationären Einzelhandel, Wege zur konsequenten Profilierung im digitalen Zeitalter. Springer Gabler, Wiesbaden

Merkle W (2021) Einzelhandel nach Corona: überzeugende Customer Experience als Notwendigkeit des Überlebens. Handelsblatt J Future Retail 4f.

Nufer G, Sauer C (2015) Neuromarketing im Handel (No. 2015–01). Reutlinger Diskussionsbeiträge zu Marketing & Management

perspektive:blau (o. J.) Zukunftstrend Kundenloyalität – Nachhaltig erfolgreich durch loyale Kunden, perspektive-blau.de. http://www.perspektive-blau.de/artikel/0410b/print.htm. Zugegriffen: 29. Juli 2022

o. V. (2014) Wie Händler Kunden an sich binden, internetworld.de vom 22.9.2014. https://www.internetworld.de/marketing-praxis/praxistipps/haendler-kunden-an-binden-735580.html. Zugegriffen: 20. Juli 2022

Pieper O (2009) Erlebnisqualität im Einzelhandel: die Freude am Einkauf und ihre Auswirkungen auf das Konsumentenverhalten. Lang, Lausanne

Schneider W (o. J.) Definition: Was ist Erlebnishandel? Wirtschaftslexikon.gabler.de. https://wirtschaftslexikon.gabler.de/definition/erlebnishandel-33159. Zugegriffen: 20.Juli 2022

Steger V (2014). Die Verführung des Konsumenten: ausgewählte erlebnisorientierte Ansätze des stationären Handels am Fallbeispiel von Globetrotter (Doctoral dissertation, Hochschule Mittweida)

**Andreas Bartmann** ist seit 1989 Geschäftsführer von Globetrotter Ausrüstung. Er absolvierte eine Ausbildung zum Mess- und Regelmechaniker, studierte Produktionstechnik und arbeitete bereits als Student bei Globetrotter. Im Jahr 2002 erhielt er den Deutschen Handelspreis und 2005 den Forumspreis der Textilwirtschaft. 2006 wurde Andreas Bartmann in Deutschland „EY Entrepreneur of the Year". Er ist Präsident des Handelsverbands Nord, Vizepräsident des Handelsverbands Deutschland und des Bundesverbands Textilhandel sowie Vorstandsmitglied der Hamburger Klimaschutzstiftung.

# Fallbeispiel Energievertrieb: Spannungsfeld zwischen Neukundenakquisition und Stammkundenbindung vor und während der Energiekrise

Joachim Klein

## Inhaltsverzeichnis

| | |
|---|---|
| 1 Der Deutsche Energiemarkt: Strom- und Gasvertrieb | 270 |
| 1.1 Regulatorische Besonderheiten | 270 |
| 1.2 Besonderheiten im Kundenmanagement | 272 |
| 2 Kunden-Akquise und -Bindung vor der Krise | 274 |
| 2.1 Rahmenbedingungen vor 2022 | 274 |
| 2.2 Kundensegmente und Preissensitivität | 275 |
| 2.3 Möglichkeiten der Tarifbündelung | 276 |
| 3 Akquise und Bindung während der Energiekrise | 277 |
| 3.1 Dramatische Marktveränderungen | 277 |
| 3.2 Entwicklungen und Abhängigkeiten: Gas und Strompreise | 278 |
| 4 Ausblick auf die Zeit nach der Krise | 279 |
| Literatur | 282 |

### Zusammenfassung

Das Spannungsfeld zwischen Neukundenakquisition und Stammkundenbindung hat sich in der Energiebranche in Deutschland in den letzten Monaten dramatisch verändert. Aufgrund der Energiekrise sind sowohl der Markt für Neukunden-Akquise wie auch die Anstrengungen zur Kundenbindung weitestgehend zum Erliegen gekommen, da kaum noch Kunden freiwillig den Anbieter wechseln in der aktuellen Situation. Der Fokus der Energievertriebe liegt derzeit (Oktober 2022) zum einen

J. Klein (✉)
Eon, Essen, Deutschland
E-Mail: Joachim.Klein@eon.com

darauf, den Fortbestand der Unternehmen zu sichern, und zum anderen Maßnahmen zu ergreifen, um in Zukunft handlungsfähig zu bleiben. Das bedeutet sowohl die enormen Preissteigerungen an den Beschaffungsmärkten möglichst kundenfreundlich, sowie prozessual und rechtlich sauber, an die Kunden weiterzugeben als auch die neuen Vorgaben des Gesetzgebers formal korrekt umzusetzen. Darüber hinaus sind die Versorgungsunternehmen damit beschäftigt, ihren Kunden die laufenden und anstehenden Veränderungen zu erklären und den enormen Informationsbedarf aufgrund der verunsichernden Situation bestmöglich zu befriedigen. Die in der Vergangenheit durch intensiven Wettbewerb und hohen regulatorischen Einfluss geprägte Branche muss sich komplett neu erfinden. Neben dem erfolgreichen Management der aktuellen Krisensituation bereiten sich die Energieversorger parallel auf die Zeit nach der Krise und das Wiedereinsetzen des Marktes vor. Der Grundstein für eine erfolgreiche Zukunft im Markt nach der Krise wird aktuell gelegt. Profitieren werden langfristig die Anbieter, die sich gegenüber ihren Kunden loyal und verlässlich verhalten haben und künftig das individuelle Kundenbedürfnis durch passende Produktangebote bestmöglich bedienen können.

# 1 Der Deutsche Energiemarkt: Strom- und Gasvertrieb

## 1.1 Regulatorische Besonderheiten

Der Vertrieb von Erdgas und Strom in Deutschland weist einige regulatorische Besonderheiten auf (der Artikel fokussiert im Folgenden auf Privat- und Gewerbekunden, kurz B2C; für Industrie- und Großkunden, also B2B, gelten nochmal andere Regularien). Dadurch unterscheidet sich dieser Markt von anderen Branchen, die auch Laufzeitverträge verkaufen, wie z. B. der Telekommunikations-Industrie, in einigen Aspekten deutlich. Wer schon einmal eine neue Wohnung bezogen und dort den Lichtschalter eingeschaltet hat, weiß, dass es einen sogenannten Universalservice in Form der Grundversorgung (GV) gibt. Das Licht geht nämlich an, auch wenn man sich vorher nicht um einen Stromvertrag gekümmert hatte. Der lokale Grundversorger ist dazu verpflichtet, jeden Neukunden diskriminierungsfrei mit jeweils Strom oder Erdgas zu beliefern. Dabei gelten für alle Kunden im jeweiligen Grundversorgungsgebiet dieselben Konditionen, also derselbe Preis. Ein Vorteil der Grundversorgung ist die hohe Flexibilität: Der Kunde kann innerhalb von 14 Tagen den Vertrag und auch den Anbieter wechseln. Ein DSL-Anschluss oder ein Handyvertrag funktionieren dagegen nicht so einfach und automatisch, sondern erfordern immer einen Vertragsabschluss und eine Freischaltung des Gerätes oder der Karte auf den Vertragsinhaber. Weiterhin kann ein Energieversorger im Vergleich zu Telekommunikations-Unternehmen auch das Nutzungsverhalten nicht so stark beeinflussen (Beispiel: Magenta TV von der Deutschen Telekom fordert immer mehr Bandbreite, was die Nachfrage danach verstärkt) und im Regelfall haben Energie-Kunden auch nur einen Vertrag und ein Endgerät/Zähler (für Strom, Heizstrom oder Erdgas) in Beziehung mit einem Versorgungsunternehmen.

Vor der Energiekrise lässt sich die Situation so beschreiben, dass der Grundversorgungstarif in der Regel einer der teuersten war, was durch die Verpflichtungen der Versorger zur Belieferung aller Kunden im jeweilgen Grundversorgungs-Gebiet und die Flexibilität für die Kunden begründet wurde. Neben der GV gibt es auch sogenannte Sonderverträge. Dies sind Laufzeit-Tarife und können bis zu 24 Monate gültig sein (Erstvertragslaufzeit). Laufzeit-Verträge waren meist günstiger als die Grundversorgung und können zudem weitere, individuell vertraglich vereinbarte Features haben, wie z. B. Ökostrom (hierbei wird über Zertifikate den Kunden garantiert, dass die von Ihnen verbrauchte Menge zu jedem Zeitpunkt im Europäischen Strommarkt durch Einspeisung von Erneuerbaren Energiequellen, wie z. B. Wasserkraft, zur Verfügung gestellt wird) oder eine Preisgarantie (hier gibt es viele Varianten, bei denen alle oder nur einige Bestandteile der Preis-Zusammensetzung garantiert werden). Eine weitere Besonderheit im deutschen Energiemarkt ist die sogenannte Preisanpassungs-Klausel, die vorsieht, dass eine beim Vertragsabschluss vereinbarte Marge im Verlauf der Belieferung seitens des Anbieters nicht ausgeweitet werden darf. Das bedeutet im Umkehrschluss, dass eine Senkung eines Kostenbestandteils, z. B. der Netzentgelte, immer an die Kunden durchgereicht werden muss (Senkungspflicht), eine Preiserhöhung jedoch immer eine individuelle Entscheidung des Versorgers bleibt, allein schon aus Wettbewerbssicht (Bundesministerium der Justiz 2022a).

Abb. 1 zeigt zum einen wie hoch der Anteil an Steuern und Umlagen am Gesamtpreis von Strom ist und zum anderen auch, wie wenig davon die Versorger tatsächlich beeinflussen können.

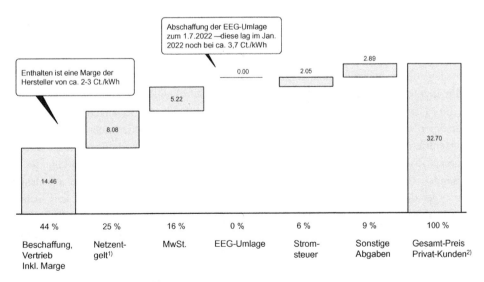

**Abb. 1** Zusammensetzung des Strompreises 2022

## 1.2 Besonderheiten im Kundenmanagement

Es gibt zwei weitere erhebliche Unterschiede des Strom- und Gasmarktes im Vergleich zu anderen Branchen: Erstens kommt jede gelieferte Energieeinheit (Kilowattstunde), egal ob Strom oder Gas, immer mit variablen Kosten einher. Ein Mobilfunkanbieter kann einem treuen Kunden ohne großen Aufwand oder wirtschaftliches Risiko einige Gigabyte zusätzliches Datenvolumen schenken, da die Grenzkosten fast null sind. Eine Kilowattstunde dagegen hat fast immer einen positiven Preis, der sich in Deutschland gemäß der Merit Order aus den Grenzkosten der letzten produzierten kWh ergibt, die notwendig ist, um die jeweilige Nachfrage zu decken.

Zweitens haben die meisten Kunden in Deutschland noch kein digitales Auslesegerät, sog. Smartmeter oder moderne Messeinrichtungen (MME), d. h. die Ablesung der analogen Geräte erfolgt in der Regel einmal im Jahr durch einen Ableser, der die Daten an den Messstellen-Betreiber übermittelt (der diese dann an die Versorger übergibt). Das führt bei den Vertriebsgesellschaften dazu, dass sie zwangsläufig mit den Kunden ein sogenanntes Dauerschuldverhältnis eingehen. Die Ware, also die verbrauchten Energiemengen, wird erst geliefert, dann erst zeitversetzt durch den Kunden bezahlt. Die Versorger gehen also immer in Vorleistung. Kompensierend wirkt hier zumeist eine Abschlagszahlung durch Kunden, die auf den tatsächlichen Verbrauch des Kunden eingestellt ist. Zudem werden die Mengen bei Vertragsabschluss immer geschätzt und die monatlichen Abschläge müssen nicht den tatsächlichen Zahlungsbedarfen entsprechen, wodurch es bei Kunden entweder zu Rückzahlungen kommen kann, wenn die Abschläge zu hoch angesetzt waren, oder zu Nachzahlungen, wenn sie zu niedrig waren.

Der Grundversorger-Status wird alle drei Jahre neu ermittelt. Die Bundesnetzagentur sammelt von den Netzbetreibern (in Deutschland gibt es eine regulatorische Trennung, sog. Unbundling, der Netzbetreiber und der Vertriebsgesellschaften) zu einem Stichtag die Zählerstellen der Versorger in einem Grundversorgungsgebiet ein und der Versorger mit den relativ meisten Zählerstellen in einem Gebiet bekommt für die nächsten drei Jahre den Status „Grundversorger" mit allen dazugehörigen Pflichten und Vorteilen.

Im Markt gibt es grob beschrieben drei Typen von Anbietern: Erstens die kommunalen Versorger/Stadtwerke und regionale Versorger, die sich auf ein oder mehrere GV-Gebiete konzentrieren und hier meist auch der Grundversorger sind (oder zumindest einmal waren). Zweitens, die überregionalen Versorger wie z. B. E.ON und Vattenfall, die im gesamten Bundesgebiet als Anbieter auftreten und in vielen Gebieten auch als Grundversorger dienen. Drittens gibt es die sogenannten Discounter, die meistens keinen oder nur in ganz wenigen Gebieten Grundversorgungs-Status haben. Diese drei Typen von Anbietern (in D sind aktuell im Strom ~1.150 und im Gas ~900 Anbieter aktiv (Kreutzer Consulting 2018), haben sich in der Vergangenheit im Wettbewerb einen intensiven Kampf um die Kunden geliefert. Im Jahr 2022 wurden beim Strom zum Beispiel aber auch noch ~66 % aller Haushalte in Deutschland durch den Grundversorger beliefert und 26 % waren im Grundversorgungstarif (Strom-Report 2022), wobei diese Zahl im Laufe des Jahres 2022 durch die Krise bedingt wahrscheinlich deutlich ansteigen wird.

In der Regel zeigen sich erhebliche Unterschiede in der Kundenloyalität zu den drei Anbietertypen. Kommunale und regionale Anbieter haben meist einen sehr treuen Kundenstamm. Stadtwerke z. B. werden oft wahrgenommen als eine lokale Entität in der Region/der Stadt, die weit über Versorgung mit Strom und Erdgas hinaus geht. Die Stadtwerke betreiben z. B. oft auch das lokale Schwimmbad und den Nahverkehr. Das erzeugt eine starke Bindung auf Seiten der Kunden, die mit der Stromrechnung auch assoziieren, welchen Beitrag ein Stadtwerk zum Beispiel in anderen Bereichen des öffentlichen Lebens leistet. Die überregionalen Anbieter (tendenziell in ländlichen Gebieten als Grundversorger und weniger in Städten, da hier Stadtwerke der „Platzhirsch" sind) genießen zwar in vielen Gebieten auch einen Ruf als langjähriger, verlässlicher Partner, die Kunden nehmen hier aber schon den Unterschied einer national bekannten Marke zu einem lokalen Anbieter war, was sich auch in vergleichsweise höherem Kündigungsverhalten zeigt. Die Discounter akquirieren ihren gesamten Kundenstamm über Akquise und Tarifverträge. Dies erreichen sie meistens, in dem sie sehr günstige Tarife anbieten, was wiederum Kunden anzieht, die sehr preisorientiert sind, entsprechend oft den Anbieter wechseln, und daher eigentlich keinerlei Bindung zum jeweils aktuellen Anbieter aufbauen (Krämer und Bongaerts 2015). Dies hat dann ebenfalls Konsequenzen für das Kundenwertmanagement (Krämer und Burgartz 2022).

Akquise und Wettbewerb finden über verschiedene Vertriebskanäle statt. Der wohl intensivste (Preis-) Wettbewerb besteht auf den Vergleichsportalen wie Check24 und Verivox. Hier kann ein Kunde in seinem PLZ-Gebiet immer aus verschiedenen Anbietern auswählen und standardisierte Tarife direkt miteinander vergleichen. Platzierungen auf diesen Plattformen ergeben sich in der Regel aus dem Grund- und Arbeitspreis sowie Bonuszahlungen bestehend aus Neukunden- und/oder Sofortkundenbonus, der bei Vertragsabschluss bzw. zum Ende der Erstvertragslaufzeit vergeben wird. Das Ranking auf den Seiten ergibt sich aus der entsprechenden Summierung der Preisbestandteile. Die meisten Abschlüsse erzielen die Versorger auf den oberen Plätzen, allerdings schließen hier eben meistens auch Kunden ab, die vor allem auf den Preis reagieren, sogenannte Dauerwechsler. Für Kunden sind die Portale praktisch, weil sie hier mehrere Anbieter und Tarife direkt vergleichen können. Der Wettbewerb auf den Portalen vor der Energiekrise kommt der Hypothese 1 aus Kap. „Die Relevanz, Ausrichtung und Organisation des Marketings in Theorie und Praxis unter veränderten Rahmenbedingungen" recht nahe: Das von D'aveni (2010) skizzierte Bild des Hyperwettbewerbs trifft zu: aufgrund einer Produkt- und Service-Ähnlichkeit entwickelt sich ein starker Preiswettbewerb. Und letztlich geht der Weg hier folgerichtig auch stark in Richtung Hypothese 2 aus Kap. „Die Relevanz, Ausrichtung und Organisation des Marketings in Theorie und Praxis unter veränderten Rahmenbedingungen": es scheint so, als hätte die starke Betonung eines Preisvorteils nicht nur dazu geführt, Kunden zu binden oder zu gewinnen, sondern auch dazu, dass Kunden Preise umso mehr mit anderen Wettbewerbern vergleichen (Wyman 2017).

Viele Kunden nutzen die Portale aber auch, um sich zu informieren und um dann entweder auf den Webseiten des Anbieters, den sie sich ausgesucht haben, abzuschließen oder im Call Center anzurufen und dann den Vertrag telefonisch abzuschließen (Bundesregierung 2022a, b). Hierbei nehmen Kunden ggfs. auch einen leicht höheren Preis in Kauf als beim Abschluss über die Vergleichsportale, weil ihnen eine Marke besonders zusagt, aber lieber direkt beim Anbieter abschließen möchten. Neben diesen drei Abschlusskanälen gibt es bei einigen Anbietern wie z. B. E.ON oder Stadtwerken, in bestimmten Regionen die Möglichkeit, ein Service Center zu besuchen und dort auch einen Vertrag abzuschließen. Zudem nutzen Energieanbieter auch oft die Dienste von Direktvertrieben, die Kunden zuhause besuchen und im direkten Verkaufs-Gespräch beraten und Verträge, neben Strom und Gas auch oft DSL- und Telefonverträge, verkaufen. Zu guter Letzt gibt es noch sogenannte Vertriebspartner, über die Anbieter Strom- und Gasverträge an deren Kundenbasis verkaufen. E.ON zum Beispiel hat langjährige Partnerschaften u. a. mit Payback, MediaMarkt Saturn und dem ADAC.

## 2 Kunden-Akquise und -Bindung vor der Krise

### 2.1 Rahmenbedingungen vor 2022

Vor der Energiekrise waren in der Regel Laufzeitverträge günstiger als Grundversorgungstarife und viele Neuverträge (inklusive Bonuszahlungen) günstiger als Bestandsverträge. Kunden konnten sich also durch den Abschluss eines Tarifvertrags in der Regel finanziell besserstellen als mit Verbleib in der Grundversorgung oder ggfs. auch im bestehenden Sondertarif und konnten aus einer Vielzahl an Angeboten den für sie passenden Tarif wählen. Zudem war gesetzlich vorgeschrieben, dass Grund- und Ersatzversorgung preislich gleich zu stellen sind. In die Ersatzversorgung kommt ein Kunde zum Beispiel, wenn der Wechsel eines Lieferanten aus irgendeinem Grund nicht funktioniert hat oder wenn ein Versorger seinen Verpflichtungen zur Belieferung nicht mehr nachkommt, z. B. wenn er insolvent geht oder die Schließung des Bilanzkreises provoziert (Handelsblatt 2022). Wenn der Kunde nichts tut, also sich keinen neuen Vertrag bei einem Anbieter sucht, geht er nach 3 Monaten automatisch in die Grundversorgung über (Bundesministerium der Justiz 2022b, c).

In diesem Marktumfeld haben sich grob drei Kundentypen gebildet: Solche, die mit dem Thema Energie wenig bis gar nichts zu tun haben möchten und entsprechend selten bis gar nicht den Anbieter wechseln, bzw. lieber in der Grundversorgung bleiben als sich mit Tarifen zu beschäftigen. Daneben gibt es eine Gruppe Kunden, die sich schon ab und an mit dem Thema Energieverträge auseinandersetzen und zumindest einen Laufzeitvertrag abschließen. Motivation ist neben Sparen oft auch ein Sicherheitsgedanke (Preisgarantie), ökologisches Bewusstsein (Abschluss eines Vertrages mit Zertifikaten) oder eine gewisse Technik- und Innovationsaffinität, um einen Laufzeitvertrag mit bspw. mehreren, Uhrzeit-abhängigen Arbeitspreisen, wie z. B. den E.ON SmartStrom Öko (eon.de) abzuschließen.

Solche Kunden sind meistens nicht unbedingt hinter dem günstigsten Angebot her, möchten aber auch nicht das Gefühl haben, im teuersten Tarif zu sein. Zu guter Letzt gibt es die Gruppe der sog. Dauerwechsler: Eine Kundengruppe, die sehr preisbewusst ist, regelmäßig den Anbieter wechselt und dabei stets einen der günstigsten Tarife wählt. Wie in These 4 in Kap. „Die Relevanz, Ausrichtung und Organisation des Marketings in Theorie und Praxis unter veränderten Rahmenbedingungen" beschrieben: Dies ist der Typus des sog. Serial Switcher (Hyken 2018; Krämer und Burgartz 2022). Natürlich ist die Realität komplexer und es gibt Überschneidungen zwischen den Gruppen und Kunden, die von einer zur anderen Gruppe wechseln im Laufe der Zeit.

## 2.2 Kundensegmente und Preissensitivität

Die erste Gruppe der Loyalen und die dritte der Dauerwechsler ist für vertriebliche Bestandskundenmaßnahmen der Anbieter relativ unempfänglich. Die erste Kundengruppe reagiert generell selten auf vertriebliche Ansprachen und die Dauerwechsler wiederum sind so fokussiert auf das dauerhafte Wechseln und Abgreifen von Neukundenvorteilen, dass Bestandskundenangebote sich aus ihrer Sicht selten lohnen. Die mittlere Gruppe reagiert jedoch teilweise auf Angebote des bestehenden Anbieters und lässt sich ggfs. längerfristig an das Unternehmen binden.

Wie eingangs erwähnt, ist die Handlungsfreiheit der Energieanbieter bezüglich Bindungsmaßnahmen bei Energie selbst begrenzt, da es sich zum einen um Low-Involvement Produkte handelt und der Energiemarkt durch niedrige Margen geprägt ist. Zum anderen entsprechen die Kosten der letzten gelieferten Energieeinheit den Kosten der ersten gelieferten Energieeinheit. Mögliche Angebote sind daher z. B. eine frühzeitige Vertragsverlängerung, allerdings mit begrenztem Rabattierungs-Spielraum, aber auch vergünstigte Angebote im Cross Sell, z. B. bei Verkauf eines Stromvertrages an einen bestehenden Gaskunden. Viele Anbieter versuchen Kunden auch durch andere Mehrwerte zu binden. Ein Beispiel sind exklusive Vorteile, die Energieanbieter ihren Kunden gewähren, zum Beispiel für Freizeitangebote in der jeweiligen Region, wie es u. a. die Stadtwerke Osnabrück (Stadtwerke Osnabrück 2022) oder E.ON mit der Vorteilswelt (eon.de 2022b) tun. Hierbei können Energieanbieter die Größe Ihrer Kundenbasis nutzen, um Vorteile von Drittanbietern an Ihre eigenen Kunden weiterzureichen.

Eine eigene Kategorie hat sich rund um sogenannte Bündelangebote gebildet. Kunden erhalten dauerhafte oder einmalige Vorteile beim Kauf eines Bündels, oft mit exklusiven Vergünstigungen für bestehende Kunden. Hier kann es sich um ein Bündel an Tarifen handeln oder um die Kombination eines Tarifes mit einer Hardware, z. B. beim vergünstigten Verkauf einer Wallbox zum Laden von Elektroautos, Smartmetern, PV-Anlagen, SmartHome Produkten usw. (Kreutzer Consulting 2022).

Bündel haben mehrere Effekte in der Kundenbindung: Zum einen ist es nachweislich so, dass der Churn sinkt, je mehr Tarife ein Kunde von einem Unternehmen bezieht. Das wiederum macht den Kunden aus einer Customer Lifetime Betrachtung wertvoller, was einen gewissen Spielraum an Rabattierung für ein Tarifbündel ermöglicht. Bei Bündeln mit Hardware kommt zudem der Effekt hinzu, dass das langweilige Low-Involvement Produkt Strom (oder Gas) im Bündel aufgeladen wird durch den emotionalen Effekt, den die Hardware auslöst. Aus der Telko kennen wir die Kombination Handy mit Handyvertrag. Auch hier strahlt die Emotion durch Nutzung der Hardware auf den (langweiligen) Laufzeitvertrag ab. Bei Hardware ist zudem meistens mehr Spielraum bei der Marge. Am Beispiel Wallbox lässt sich das gut erklären: Ein Energieanbieter hat großes Interesse daran, dass ein Kunde, der ein Elektroauto hat, eine Wallbox kauft und von zuhause regelmäßig sein Fahrzeug lädt. Denn dadurch erhöht sich der Energiebrauch. Das ist im Verhältnis zur Marge einer Wallbox sehr attraktiv, wodurch diese gerne kostendeckend im Bündel verkauft wird. Gerade in den Bereichen Energie und (E-)Mobilitätslösungen, aber auch Angeboten von DSL-Verträgen an Strom- und Gaskunden bieten sich große Wachstumspotenziale bei den Energieanbietern.

### 2.3  Möglichkeiten der Tarifbündelung

In der Telko-Branche ist der Vorteil von Tarifbündeln bekannt und etabliert. Fast jeder Deutsche hat inzwischen einen Internetanschluss und einen Mobilfunktarif, manche auch noch einen Festnetzanschluss. Die Anbieter haben verschiedene Programme im Angebot, die ihren Kunden Vorteile bei einer Bündelung bieten. In der Energiewelt sind diese noch nicht so weit verbreitet. Bei der EWE z. B. können Kunden zwischen der Kombi aus zwei oder drei Tarifen wählen mit Strom, Gas und Internet (ewe.de 2022). Je nach Anzahl der Tarife variiert dabei die Bonushöhe. Am bekanntesten ist wohl nach wie vor das Kombi-Angebot „E.ON Plus", bei dem Strom- und Gasverträge kombiniert werden können – sowohl nur eigene Verträge als auch eigene mit denen von Freunden, Bekannten oder Verwandten (eon.de 2022). Das besondere hier ist der letzte Aspekt: Jeder Gas-Kunde in Deutschland hat auch einen Stromvertrag, nicht jeder Stromkunde einen Gas- (oder Heizstrom-) Vertrag. Daher sind Angebote wie zum Beispiel Magenta Eins der Deutschen Telekom nicht so einfach auf den Energiemarkt übertragbar. Bei E.ON Plus liegt die Besonderheit darin, dass Kunden sich mit anderen Kunden zusammenschließen können und über eine Bündelung ihrer Einzelverträge gemeinsam Vorteile bekommen können. Die Stadtwerke Duisburg haben ein adaptiertes Programm aufgelegt mit dem sog. Sparpaket (Stadtwerke Duisburg 2022). Diese Angebote werden oft durch die Empfehlungen zufriedener Kunden initiiert, also Akquise, die nach Reichheld et al. (2021) verdient („earned") ist, im Gegensatz zur üblichen Neukunden-Akquise, die gekauft („bought") ist, also z. B. durch Neukunden-Rabatte entsteht. Solche Kunden zeigen im Durchschnitt eine niedrigere Churn-Affinität.

## 3 Akquise und Bindung während der Energiekrise

### 3.1 Dramatische Marktveränderungen

Die bisher beschriebene Marktsituation und das Verhalten der Anbieter haben sich in den letzten 12 Monaten komplett verändert. Ausgelöst wurde die (europäische) Energiekrise einerseits durch den langen und strengen Winter in Europa 2020/2021 in Kombination mit hoher Nachfrage für Erdgas, in dem die Gas-Vorräte zum Großteil aufgebraucht wurden, und einem wind- und sonnenarmen Sommer, der weniger Wind- und Solarenergie für die Stromproduktion lieferte als in Vorjahren und Gaskraftwerke stärker an der Stromproduktion beteiligte (Abb. 2). Wegen der gestiegenen Gaspreise nahm die Stromerzeugung aus Erdgas im 2. Halbjahr ab. Zudem hatten europäische Gaslieferanten wie Norwegen mit relevanten Ausfällen der Produktion zu kämpfen, was die Situation weiter verschärft hatte. Außerdem nahm die Nachfrage nach Erdgas seit Jahresbeginn 2021 aus unterschiedlichsten Gründen global stark zu, was dazu führte, dass nur wenige Lieferungen von Flüssiggas per Schiff in Europa ankamen. Seit Mitte Juni 2021 hatte Russland als größter Gaslieferant Europas zudem die Gas-Lieferungen (wie später klar werden sollte, politisch motiviert) stark gedrosselt. Dadurch konnten die Vorräte nicht wie gewohnt im Sommer vollständig aufgefüllt werden, was nun zu der Verknappung des Angebotes für Gas in Europa und damit zur sogenannten Energiekrise führte. Die aktuelle Krise begann also schon deutlich vor dem Überfall Russlands auf die Ukraine im Februar 2022. Auch die Strompreise sind stark gestiegen (wenngleich nicht so extrem wie beim Gas), da ein Teil der Stromproduktion in Deutschland und Europa über Erdgas erfolgt (und andere Rohstoffe wie zum Beispiel Erdöl und Kohle sich auch verteuert haben an den Weltmärkten). Und da das Merit-Order System den Preis für alle

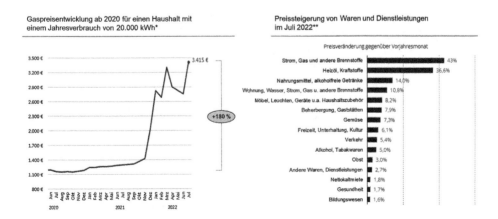

**Abb. 2** Entwicklung der Gaspreise 2010–2022

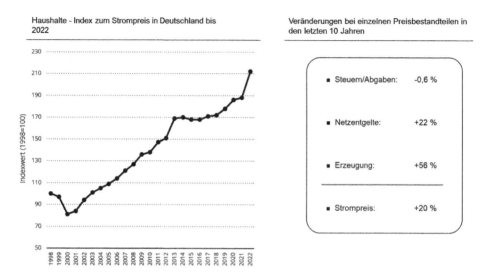

**Abb. 3** Entwicklung der Strompreise 1998–2022

produzierten kWh Strom immer an der teuersten gerade noch zur Befriedigung der Nachfrage benötigten Produktionseinheit ausrichtet, bestimmt der Gaspreis häufig den Strompreis. Abb. 3 zeigt die Entwicklung der Strompreise in Deutschland.

## 3.2 Entwicklungen und Abhängigkeiten: Gas und Strompreise

Die Krise hat eine Kettenreaktion auf dem deutschen Energiemarkt ausgelöst. Zunächst stiegen die Gaspreise im Sommer 2021 auf ein Rekordhoch, was dazu führte, dass viele sogenannte Billiganbieter die Lieferung einstellen mussten (meist im Gas wie im Strom). Billiganbieter decken sich sehr oft kurzfristig an Energiemärkten ein während Grundversorger und Stadtwerke einen Großteil des Bedarfs langfristig einkaufen. Das führt bei schnellen Preissteigerungen dazu, dass Billiganbieter Gas und Strom teurer einkaufen müssen als sie an Ihre Kunden verkauft haben. Mangels Reserven zwingt diese Schere zwischen Verkaufs- und Einkaufspreis die Anbieter entweder in die Insolvenz oder in die Einstellung der Belieferung. Das Energiewirtschaftsgesetz sieht vor, dass Kunden, die von solch einer Belieferungseinstellung betroffen sind, unmittelbar nach Feststellung durch den Netzbetreiber in die Ersatzversorgung fallen und durch den jeweiligen Grundversorger beliefert werden. Dies wiederum setzt die Grundversorger in ihrer Pflicht zur Versorgung aller Kunden unter Druck. Selbst wenn sie für Ihre eigenen Kunden ausreichend Mengen-Puffer in der Beschaffung von Gas eingeplant hatten, kommen die ungeplanten Kundenzugänge hinzu. Dieser Druck führte Anfang des Jahres dazu, dass einige Grundversorger eine Trennung von Neu- und Bestandspreisen bei der Grundversorgung umsetzten, was gegen geltendes Recht verstößt. Der Gesetzgeber hat nun insofern reagiert, als dass es künftig erlaubt sein wird, die Ersatzversorgung anders zu bepreisen (markt-to-market) als die Grundversorgung, damit Grundversorger besser geschützt sind vor den Folgen von Wettbewerberpleiten, die ihnen unverhofft viele Kunden zur Belieferung bringen können (Verband kommunaler Unternehmen e. V. 2022).

Die Preissteigerungen bei der Beschaffung müssen die Energieanbieter an ihre Kunden schnellstmöglich weitergeben, um nicht selber in Liquiditätsprobleme zu kommen. Das hat zum einen dazu geführt, dass die Preise für Neuverträge stark gestiegen sind und zum anderen, dass auch die Preise von Bestandsverträgen sukzessive stark erhöht wurden. Das besondere an der Situation ist, dass die Einkaufspreise für Gas und Strom weiter steigen, was dazu führt, dass Neuverträge teurer sind als Bestandsverträge und die Grundversorgung mittlerweile oftmals der günstigste Tarif geworden ist in vielen Postleizahlgebieten.

Weiterhin hat sich das Wechselverhalten stark geändert hat. Der Vorteil, den Dauerwechsler bisher hatten, ist in der aktuellen Situation vollständig verschwunden. Das Wechselvolumen im deutschen Energiemarkt ist 2022 stark zurückgegangen, Kunden kündigen kaum noch freiwillig, solange bestehende Verträge aktuell günstiger sind als Neuverträge. Gleichzeitig ist die Gruppe der Dauerwechsler, die sehr preis-affin sind und sich mit dem Energiemarkt beschäftigen, jetzt größtenteils in der Grundversorgung zu finden. Überspitzt gesagt ist der Markt derzeit etwas „eingefroren" und Themen wie Akquise und Bestandskundenbindung in den Hintergrund gerückt. Derzeit versuchen alle Anbieter ihr bestehendes Portfolio im wahrsten Sinne des Wortes „gut zu versorgen".

Da die Marktsituation von einer Angebotsknappheit geprägt ist, hilft natürlich jede Art des Nachfragerückgangs, um die Situation zu entschärfen. Das BMWK, das Land Bayern, aber auch viele Energieanbieter, z. B. EWE und E.ON, planen Kampagnen (oder haben diese schon gestartet), um Kunden die Situation zu erklären, Bewusstsein für die Energiekrise zu schaffen sowie Energiespartipps zu geben. In den letzten 12 Monaten war noch kein besonders hoher verhaltensinduzierter Rückgang der Gasnachfrage in Deutschland zu sehen. Die ca. 15 % Rückgang sind etwa hälftig auf die warme Witterung und hälftig auf Rückgang durch wirtschaftliche Eintrübung, Produktionseinstellungen, Apelle zum Energiesparen oder persönlich motivierte Einspareffekte zurückzuführen (BDEW 2022). Wahrscheinlich wird die Kombination aus Aufklärung, medialer Aufmerksamkeit und doch erheblicher Preissteigerungen in den kommenden Monaten zu einem deutlich stärkeren Nachfragerückgang führen.

## 4  Ausblick auf die Zeit nach der Krise

Natürlich ist es nicht möglich, die weitere Entwicklung des deutschen Energiemarktes in der Zukunft vorherzusehen. Es gibt aber einige Trends, die sich abzeichnen. Am 21.09.2022 hat die Bundesregierung angekündigt, Deutschlands größtem Gasimporteuer, Uniper, eine Kapitalspritze von acht Milliarden Euro zu geben, wodurch sich die

Beteiligung des Bundes auf 93 % erhöht. Den verbliebenen Anteil des finnischen Staatskonzerns Fortum von rund sechs Prozent kauft der Bund für 480 Mio. €. Der Bund übernimmt somit 99 % der Anteile an Uniper. Damit hat er ein klares Signal gesendet, im Notfall das System, das für einen solchen Krisenfall nicht aufgestellt war, zu retten. Hintergrund ist, dass Uniper langfristige Versorgungsverpflichtungen mit Abnehmern eingegangen ist, welche durch russische Bezugsverträge gedeckt waren, diese Mengen nun aber aufgrund schwindender russischer Liefertreue teuer Nachkaufen muss auf den europäischen Märkten. Da diese sehr hohen Preise nicht unmittelbar weitergegeben werden können an die Endabnehmer, entsteht bei Uniper ein täglich steigendes Milliardendefizit. Der Staat ist hier zunächst eingestiegen, um eine Zahlungsunfähigkeit zu verhindern. Allerdings muss irgendjemand diese finanziellen Belastungen langfristig schultern. Ursprünglich war geplant, diese Mehrkosten über eine Umlage an alle Gas-Kunden zu verteilen, ähnlich der Erneuerbare-Energien-Gesetz Umlage, die erst dieses Jahr abgeschafft wurde (Die Bundesregierung 2022a, b). Die betroffenen Haushalte sollten ursprünglich ab Oktober eine Gasumlage zahlen, um die Energieimporteure zu unterstützen. Es gab jedoch so viel Gegenwind, dass die Bundesregierung dieses Projekt Ende September wieder gestoppt und nun stattdessen eine Gaspreisbremse angekündigt hat. Im Rahmen des neuen Abwehrschirms wird der Wirtschafts- und Stabilisierungsfonds mit 200 Mrd. € ausgestattet – davon soll die Gaspreisbremse finanziert werden. Zudem wird die MwSt. auf Gas von 19 % auf 7 % gesenkt ab Q4 2022, was zumindest die Haushaltskunden entlasten wird. Im Strom soll ebenfalls eine sog. Strompreisbremse eingeführt werden. Die genaue Ausgestaltung der Preiscaps ist noch zu definieren. Die „ExpertInnen Kommission Gas und Wärme" der Bundesregierung sieht zunächst für Dezember eine Einmalzahlung an die Privathaushalte vor. Ab März 2023 bis mindestens Ende April des Jahres 2024 soll dann die Gaspreisbremse gelten: Für 80 % des Gasverbrauchs sollen Haushalte nur maximal 12 Cent pro Kilowattstunde (kWh) zahlen, die übrigen 20 % werden nach den vertraglich festgelegten Tarifen abgerechnet. Die Höhe des Gasverbrauchs wird anhand des Verbrauchs im Vorjahr geschätzt, der tatsächliche Verbrauch ab März soll bei der Gaspreisbremse nach den Plänen der „ExpertInnen Kommission" keine Rolle spielen.

In den nächsten Monaten wird es unabhängig der staatlichen Entlastungen, die (irgendwann) entlastend wirken werden, weitere Preiserhöhungen an die Endkunden seitens der Energieanbieter geben, um die gestiegenen Energie-Preise sowohl im Gas wie im Strom weiterzureichen. Das wird zu erhöhten Zahlungsausfällen seitens der Endkunden führen, was wiederum den Druck auf die Energieversorger erhöht. In die gleiche Richtung wirken auch die angekündigten Aussetzungen von Energiesperren bei Schlechtzahlern diesen Winter. Möglicherweise wird es auch noch weitere Anbieter geben, die sich gezwungen sehen, den Markt zu verlassen, weil sie in die Insolvenz rutschen oder bewusst eine Beendigung ihrer Lieferverpflichtung mit Endkunden anstreben. Dies wiederum müssen die Grundversorger in ihren Beschaffungsstrategien mit einplanen und berücksichtigen. Es ist auch nicht auszuschließen, dass der Staat weitere Eingriffe in den Markt tätigen wird. Daneben wird sicher der Ruf nach weiteren Entlastungen von Verbrauchern durch den Staat die nächsten Monate weiter anhalten.

Die Energieanbieter kämpfen derzeit um ihr eigenes Überleben, wodurch viele andere Themen etwas in den Hintergrund rücken. Eine wie in These 3 in Kap. „Die Relevanz, Ausrichtung und Organisation des Marketings in Theorie und Praxis unter veränderten Rahmenbedingungen" beschriebene Kundenzentrierung manifestiert sich aktuell vor allem in einer guten Prozesssicherheit. Die gerade beschriebenen neuen regulatorischen Anforderungen müssen sauber umgesetzt werden und den Kunden auch bestmöglich erklärt werden. Aktuell liegt der Fokus der Energieunternehmen darin, in Zukunft noch handlungsfähig zu sein. Entsprechend kann es sein, dass die Balance von value-of-the-customer und value-to-the customer wie in Abschn. 1.1 beschrieben (Krämer et al. 2021; Krämer und Burgartz 2020) für einen gewissen Zeitraum leicht Richtung ersterem neigt.

Parallel zum Bewältigen der drängenden kurzfristigen Herausforderungen arbeiten die Energiefirmen aber auch daran, für die Zeit nach der Krise bestmöglich aufgestellt zu sein. Die Phase des aktuell ruhenden Marktes nutzen viele dazu, Ihre Fähigkeiten in Bezug auf die Nutzung von Kundendaten (data insight) und damit einhergehend optimierten customer journeys auszubauen, um in der Phase des Wiedereinsetzens von Akquise und Bindung bestmöglich auf die Kundenbedürfnisse reagieren zu können.

Irgendwann wird sich ein Preisplateau auf hohem Niveau einstellen. Wann genau das sein wird, ob Mitte oder Ende 2023 lässt sich nicht genau vorhersagen. Da hier aber sowohl die Entwicklung des Russischen Angriffskrieges wie auch der Weltkonjunktur und damit der Nachfrage nach Gas und anderen Rohstoffen eine Rolle spielt, aber auch die Geschwindigkeit mit der Europa Gas aus anderen Quellen beziehen und ggfs. substituieren kann, ist eine genaue Prognose nicht möglich. Auf dem Höhepunkt werden die Bestandsverträge über Preisanpassungen langsam das Niveau von Neuverträgen erreichen (beide nähern sich an). Ab dann werden die ersten Anbieter wieder Tarife anbieten können, die leicht unter dem Niveau der Bestandsverträge liegen und der Wettbewerb setzt langsam wieder ein. Auf diese Phase bereiten sich derzeit alle Anbieter vor mit Maßnahmen zur Absicherung des bestehenden Portfolios aber auch durch Pflege der stark gebeutelten Akquise Kanäle.

Je nachdem, ob die Terminmarktpreise für Gas und Strom für die Jahre 2024 und 2025 wieder sinken, wird der Druck, die Endkundenpreise in der Akquise zu senken, unterschiedlich stark sein. Wenn die künftigen Preise stark sinken, kann es zu einer sehr schnellen und intensiven Phase des Wettbewerbs kommen, denn Kunden sehen plötzlich die Möglichkeit, von den aktuell sehr hohen Tarifen wieder runterzukommen. Es kann aber auch zu einem sehr langsamen Einsetzen des Marktes kommen. Wenn die Preisvorteile nicht besonders ausgeprägt sind, werden viele Kunden die Sicherheit des aktuellen Anbieters bevorzugen, statt sich auf einen Wechselprozess einzulassen. Gleichzeitig werden die Energieunternehmen auch sehr genau schauen, welchen Typ von Kunden sie langfristig in Ihrem Portfolio anziehen und entwickeln möchten. Die These 8 aus Kap. „Die Relevanz, Ausrichtung und Organisation des Marketings in Theorie und Praxis unter veränderten Rahmenbedingungen" (Customer Lifetime Value) mag in der aktuellen Situation eine untergeordnete Rolle spielen, in der Zeit zu Ende der Krise und danach aber eine hohe Bedeutung bekommen: Welche Kunden lässt man ggfs. bewusst ziehen, wenn der Markt wieder einsetzt, und welche versucht man langfristig an sich zu binden.

Irgendwann wird auch diese Krise enden. Perspektivisch wird Gas angebotsseitig wieder ausreichend zur Verfügung stehen in Deutschland und von der Nachfrageseite weiter substituiert werden, wie sich zum Beispiel bei Haushaltskunden bei der Nachfrage nach Wärmepumpen und Hausisolierungen schon aktuell sehen lässt, genauso wie am sinkenden Verbrauch der Industrie bedingt durch die aufkommende Rezession und im Einstellen der Produktion durch viele Betriebe (oder der Verlagerung ins Ausland). Und auch im Strom wird der weitere Ausbau der Erneuerbaren, die aktuell schon über 50 % der durchschnittlichen Produktion in Deutschland liefern, und auch das Ausweiten von konventionellen Kraftwerkskapazitäten, wie z. B. Reaktivierung von Kohle betriebener Einheiten, zu weiter sinkenden Preisen im Strom führen (wenngleich die Nachfrage hier u. a. wegen Wärmepumpen, E-mobilität perspektivisch im Durchschnitt eher steigen wird). Dann werden wir wahrscheinlich eine Fortsetzung der Entwicklungen aus der Zeit vor der Energiekrise sehen. Profitieren werden dann langfristig die Anbieter, die sich gegenüber ihren Kunden loyal und verlässlich verhalten haben und das individuelle Kundenbedürfnis durch passende Produktangebote bestmöglich decken können. Möglicherweise zeigt sich aber auch eine Renaissance der Billig-Anbieter und des harten Preiskampfes um Neukunden. So oder so wird sich das Spannungsfeld von Neukundenakquisition und Bestandskunden zu Ende der Energiekrise wieder auftun und alle Akteure vor neue Herausforderungen stellen.

## Literatur

BDEW (2022) https://www.bdew.de/presse/presseinformationen/zahl-der-woche-sinkender-gasverbrauch-ein-drittel-weniger-gas/. Zugegriffen: 10. Nov. 2022

Bundesministerium der Justiz (2022a) §36 EnWG – einzelnorm (gesetze-im-internet.de). http://www.gesetze-im-internet.de/enwg_2005/__36.html. Zugegriffen: 10. Nov. 2022

Bundesministerium der Justiz (2022b) Verordnung über Allgemeine Bedingungen für die Grundversorgung von Haushaltskunden und die Ersatzversorgung mit Elektrizität aus dem Niederspannungsnetz (Stromgrundversorgungsverordnung – StromGVV) https://www.gesetze-im-internet.de/stromgvv/StromGVV.pdf

Bundesministerium der Justiz (2022c) Verordnung über Allgemeine Bedingungen für die Grundversorgung von Haushaltskunden und die Ersatzversorgung mit Gas aus dem Niederdrucknetz https://www.gesetze-im-internet.de/gasgvv/

Bundesregierung (2022a) Faire Verbraucherverträge. https://www.bundesregierung.de/breg-de/aktuelles/faire-verbrauchervertraege-1829172. Zugegriffen: 10. Nov. 2022

D'aveni RA (2010) Hypercompetition. Simon and Schuster

Die Bundesregierung (2022b) https://www.bundesregierung.de/breg-de/aktuelles/eeg-umlage-faellt-weg-2011728. Zugegriffen: 10. Nov. 2022

E.on.de (2022a) https://www.eon.de/de/page/eon-plus.html. Zugegriffen: 10. Nov. 2022

E.on.de (2022b) https://www.eon.de/de/pk/service/vorteile.html. Zugegriffen: 10. Nov. 2022

E.on.de (2022c) E.ON SmartStrom Öko mit intelligentem Zähler. https://www.eon.de/de/pk/strom/zeitvariabler-stromtarif-smartmeter.html. Zugegriffen: 10. Nov. 2022

Ewe.de (2022) https://www.ewe.de/zuhause/zuhausekombi. Zugegriffen: 10. Nov. 2011

Handelsblatt (2022) https://www.handelsblatt.com/unternehmen/energie/stromio-gruenwelt-gas-de-nach-kuendigungswelle-staatsanwaltschaft-leitet-vorermittlungen-gegen-billigstromanbieter-ein/28006314.html. Zugegriffen: 10. Nov. 2022

Hyken S (2018) Businesses lose $75 billion due to poor customer service. Forbes, v. 17.5.2018. https://www.forbes.com/sites/shephyken/2018/05/17/businesses-lose-75-billion-due-to-poor-customer-service/?sh=896be3616f92. Zugegriffen: 10. Nov. 2022

Krämer A, Bongaerts R (2015) Mit der doppelten Wertperspektive zum Erfolg – einsatz der Value-to-Value-Segmentierung im Strommarkt, ew Magazin für die Energiewirtschaft 114(9):39–42

Krämer A, Bongaerts R, Reinhold T (2021) Kundenwert – die zwei Seiten einer Medaille: Value-to-Value-Segmentierung für die traffiQ Frankfurt. Internationales Verkehrswesen 73(3):80–83

Krämer A, Burgartz T (2020) Kundenwertorientiertes Pricing – die beiden unterschiedlichen Facetten des Kundenwerts, Controlling. Spezialausgabe 32:58–63

Krämer A, Burgartz T (2022) Kundenwertzentriertes Management. Springer, Wiesbaden

Kreutzer Consulting (2022) Wechslerstudie Energie. https://www.kreutzer-consulting.com/energy-services/reports/wechslerstudie-energie.html. Zugegriffen: 10. Nov. 2022

Kreutzer Consulting (2022) https://www.kreutzer-consulting.com/energy-services/reports/bundling_studie_2021.html. Zugegriffen: 10. Nov. 2022

Reichheld F, Darnell D, Burns M (2021) Net Promoter 3.0 – introducing earned growth, the accounting-based counterpart to the Net Promoter Score, HBR, October 18, 2021. https://hbr.org/2021/11/net-promoter-3-0. Zugegriffen: 10. Nov. 2022

Stadtwerke Duisburg (2022) https://www.stadtwerke-duisburg.de/service/stadtwerke-sparpaket/. Zugegriffen: 10. Nov. 2022

Stadtwerke Osnabrück (2022) Ihre Vorteilswelt (https://www.stadtwerke-osnabrueck.de/energie/vorteilswelt)

Strom-Report (2022) Alle deutschen Stromanbieter auf einen Blick vergleichen. https://strom-report.de/stromanbieter-deutschland/. Zugegriffen: 10. Nov. 2022

Verband Kommunaler Unternehmen e. V. (2022) Neuordnung des Marktaustritts von Lieferanten sowie der Grund- und Ersatzversorgung. https://www.vku.de/themen/recht/artikel/neuordnung-des-marktaustritts-von-lieferanten-sowie-der-grund-und-ersatzversorgung/. Zugegriffen: 10. Nov. 2022

Wyman O (2017) The Oliver Wyman Retail Journal, Ausgabe 5

**Dr. Joachim Klein** ist aktuell Vice President für das B2C Standardkunden-Segment im Vertrieb der E.ON Energie Deutschland GmbH. Nach Studium der Volkswirtschaftslehre in Mannheim (Diplom) und Toulouse (M.Sc.) und anschließender Promotion an der LMU in München arbeitete Joachim Klein als Consultant bei TWS Partners, dem Marktführer für die kommerzielle Anwendung der Spieltheorie. 2011 wechselte er zu E.ON, wo er von 2011 bis 2016 bei der internen Management Beratung Projekte entlang der gesamten Wertschöpfungskette des Konzerns von der Strategieentwicklung bis zur Implementierung umgesetzt hat. Seit 2016 hatte Dr. Joachim Klein verschiedene Führungspositionen in der Deutschen Vertriebsorganisation von E.ON inne. Er ist einer der Initiatoren von E.ON Plus, dem erfolgreichsten Kundenbindungsprogramm in der deutschen Energiewirtschaft, und derzeit mit verantwortlich für Wachstum, Wert- und Nachhaltigkeit des deutschen B2C Standardkunden- Portfolios von E.ON.

# Pricing und Erlösmodelle im Neu- und Bestandskunden-Management

Andreas Krämer und Gerd Wilger

## Inhaltsverzeichnis

1 Preisliche Ungleichbehandlung der Kunden: Ein wirtschaftliches Erfordernis? ......... 286
   1.1 Unterschiedliche Preissensitivität zwischen Neu- und Bestandskunden........... 286
   1.2 Fokus auf die längerfristige Kundenbeziehung und die Wirkungen auf den Kundenwert ....................................................... 37
   1.3 Matrix zur preislichen Behandlung von Neu- und Bestandskunden ............. 38
2 Treiber für als unfair wahrgenommene Preise und das Entstehen des Gefühls preislicher Unfairness...................................................... 39
   2.1 Produktähnlichkeit: Der Nukleus für viele Probleme ........................ )0
   2.2 Mehr (Preis-)Transparenz und mehr Vergleichspunkte für die Kunden .......... )1
   2.3 Der Beurteilungsprozess zur Preisfairness................................ )1
3 Preisdifferenzierung: Nicht jede Form der differenzierten Preisgestaltung wird akzeptiert. )3
   3.1 Empirische Untersuchung zur Bewertung von Modellen der Preisdifferenzierung aus Verbrauchersicht .................................................. )3
   3.2 Spezieller Fokus auf die preisliche Ungleichbehandlung von Neu- und Bestandskunden ..................................................... ?95
4 Preis- und Erlösmodelle mit geringem Risiko für empfundene preisliche Ungerechtigkeit 297
   4.1 Mengen- und Zielgruppenrabatte........................................ 298
   4.2 „For Free"-Angebote und „Freemium" ................................... 298

A. Krämer (✉) · G. Wilger
Exeo Strategic Consulting AG, Bonn, Deutschland
E-Mail: andreas.kraemer@exeo-consulting.com

G. Wilger
E-Mail: gerd.wilger@exeo-consulting.com

© Der/die Autor(en), exklusiv lizenziert an Springer Fachmedien Wiesbaden GmbH, ein Teil von Springer Nature 2023
A. Krämer et al. (Hrsg.), *Stammkundenbindung versus Neukundengewinnung*,
https://doi.org/10.1007/978-3-658-40363-8_15

4.3 „Good-Better-Best" .................................................. 299
4.4 Preisentbündelung/„Unbundling" ................................. 300
5 Ausblick: Ganzheitliche Sicht auf die Kundenbeziehung beim Thema
Preismanagement ........................................................ 301
Literatur .......................................................................... 302

### Zusammenfassung

Das Thema differenzierte Preisgestaltung für Neu- und Bestandskunden verbindet in eindrucksvoller Weise zwei Perspektiven, und zwar die des Pricings und die des Kundenwertmanagements. Zur Entscheidung, ob eine differenzierte Preisgestaltung für Neu- und Bestandskunden sinnvoll ist, müssen beide Perspektiven in Einklang gebracht werden. Wenn heute in vielen Branchen und Unternehmen Neukunden preislich bessergestellt werden als Bestandskunden, dann ergeben sich daraus nicht nur Chancen (durch ein besseres Abschöpfen von Zahlungsbereitschaften), sondern auch Risiken (z. B. durch das Verärgern von Stammkunden). Wie gezeigt wird, widerspricht diese Praxis den Erwartungen der Verbraucher. Die veränderten Rahmenbedingungen führen dazu, dass die Risikoperspektive stärker gewichtet werden sollte. Allerdings bedeutet dies nicht, dass Unternehmen auf eine Preisdifferenzierung verzichten sollten. Vielmehr müssen sich Entscheider im Unternehmen erstens die Risiken einer Preisdifferenzierung nach Kundenstatus bewusstmachen und zweitens Instrumentarien der Preisdifferenzierung ins Auge fassen, die weniger „Angriffspunkte" aus Kundensicht bieten.

## 1 Preisliche Ungleichbehandlung der Kunden: Ein wirtschaftliches Erfordernis?

### 1.1 Unterschiedliche Preissensitivität zwischen Neu- und Bestandskunden

Preisliche Ungleichbehandlungen von Neu- und Bestandskunden erscheinen dann überlegenswert, wenn sich die Preissensitivität der Kunden in beiden Segmenten deutlich voneinander unterscheidet. Vielfach wird unterstellt, dass die Bedeutung des Preises für Neukunden höher als bei Stammkunden ist bzw. dass die Preissensitivität über die Dauer der Kundenbeziehung abnimmt. Studien für den Strommarkt legen nahe, dass ein erheblicher Teil der Nachfrage stark über den Preis ansprechbar ist. So kommen Krämer und Bongaerts (2015) zum Schluss, dass der Markt für Stromverträge bei Privathaushalten in 2015 zweigeteilt war. Kunden der Stadtwerke im Wohnort sind gekennzeichnet durch eine hohe Haltbarkeit und eine geringe Preissensitivität, während dies bei Kunden nicht kommunaler Versorger umgekehrt ist.

Reichheld und Teal (1996) argumentieren beispielsweise, mit zunehmender Dauer der Kundenbeziehung würden sich Anbieter und Nachfrager aufeinander einstellen, so dass die Wechselhürden („switching barriers") aufgrund verstärkter Ge- oder Verbundenheit gleichzeitig ansteigen. In dieser idealtypischen Entwicklung, wächst der Kundenwert im Laufe der Kundenbeziehung nicht nur durch die kumulierten Transaktionen, sondern auch über den mittleren Wert der Transaktion (Umfang der Transaktion und Preis je Einheit).

Insofern erscheint es einerseits plausibel anzunehmen, dass Stammkunden über eine vergleichsweise geringe Preissensitivität verfügen. Andere Autoren widersprechen und argumentieren, Kunden mit einer längeren Kundenbeziehung würden nicht zwingend ein Preis-Premium zahlen (Jain und Singh 2002). Verhoef und Langerak (2002, S. 73) kehren die oben ausgeführte Kausalität um und sehen die Bestandskunden als erfahrene Kunden, denen es auch gelingt, den bereitgestellten Wert besser bestimmen zu können bzw. die Qualität von Produkten und Services als gegeben zu betrachten und dann dem Preis eine höhere Wichtigkeit beizumessen. Diese Argumentation lässt sich erweitern, weil bei einer längerfristigen Beziehung für den Kunden auch der Eindruck entstehen kann, für den Anbieter besonders wichtig zu sein. Diese besondere Bedeutung für den Anbieter kann sich dann auf Kundenseite im Wunsch nach besonderen Preisen, Rabatten oder Aktionspreisen und -angeboten für Stammkunden quasi als Gegenleistung für die längerfristige Kundenbeziehung ausdrücken. Dies liegt nicht nur für den B2B-Bereich auf der Hand, sondern kann auch in B2C-Märkten eine Rolle spielen.

## 1.2 Fokus auf die längerfristige Kundenbeziehung und die Wirkungen auf den Kundenwert

Jede Preissenkung oder preisliche Besserstellung – sei es für Neu- oder Bestandkunden – ist aus Anbietersicht dahingehend zu prüfen, ob sich erstens eine kurzfristige Verbesserung der wirtschaftlichen Situation ergibt (z. B. eine Umsatz- oder Gewinnsteigerung) oder entsprechend nicht-monetäre Ziele erreicht werden und zweitens, wie sich die mittelfristigen Wirkungen der Maßnahme gestalten. Es ist vorstellbar, dass die kurz- und mittelfristigen Wirkungen im Widerspruch zueinander stehen. Die Aktionen der Baumarktkette Praktiker sind ein gutes Beispiel dafür. Der Händler setzte zunächst punktuell auf Aktionen mit starken Rabattierungen, die dann später zur Regel wurden und noch später in die Insolvenz des Unternehmens führten (2013). Mit dem Slogan „20 % auf alles – außer Tiernahrung", warb die Baumarktkette Praktiker acht Jahre lang und erhöhte mittelfristig die Preissensitivität sowohl von Neu- als auch von Bestandskunden. Auch eine spätere Abkehr von der Kommunikationsstrategie hatte wenig Wirkung. Der Spruch hatte sich im Mindset der Verbraucher in Form einer „Rabattsucht" festgesetzt (Kaiser 2013).

Während sich das Beispiel Praktiker (wie auch die vorangegangene Schlecker-Insolvenz) im Gedächtnis von Marketing-Verantwortlichen verankert hat, stehen Unternehmen in Zeiten multipler Krisen vor der Herausforderung, dass Teile der Kunden nicht profitabel sind bzw. eine Investition in die Kundenbeziehung wirtschaftlich nicht gerechtfertigt erscheint. Die Herausforderung dabei ist nur: Die Unternehmen müssen in der Lage sein, dies zu erkennen. Obwohl in der Wissenschaft Einigkeit darüber herrscht, dass die Kundenwertigkeit die zentrale Steuerungsfunktion für das Management darstellen soll – zumindest unter dem Zielbild, den Wert des Unternehmens steigern zu wollen (Rust et al. 2004; Tewes 2013; Verhoef und Lemon 2013) – sieht die Realität in den Unternehmen vielfach anders aus (Kap. „Kundenwertzentrierte Unternehmenssteuerung als Maßgabe für das Marketing von morgen"). Dabei sind für die Bewertung von mittelfristigen Wirkungen in der Kundenbeziehung nicht zwingend hochkomplexe mathematische Modelle erforderlich. Im Gegenteil: Diese führen eher zu einer Abwehrhaltung bei den Mitarbeitern. Nutzbar sind auch vereinfachte Instrumentarien, solange sie die entscheidenden Treiber für die Kundenwertigkeit abdecken und dynamische Wirkungen im Kundenwert abbildbar machen (Krämer und Burgartz 2022).

## 1.3 Matrix zur preislichen Behandlung von Neu- und Bestandskunden

Werden beide Dimensionen verdichtet, die preisliche Behandlung von Neu- und Bestandskunden (definiert über den Vergleich der Preissensitivitäten in beiden Kundensegmenten) auf der einen Seite und die Kundenwertigkeit auf der anderen Seite, dann ergeben sich unterschiedliche Handlungsfelder. Diese sind in Abb. 1 skizziert. Eine Strategie kann darin bestehen, Neu- und Bestandskunden gleich zu behandeln, und zwar kurzfristig, wenn diese sich hinsichtlich der Preissensitivität nicht stark unterscheiden, oder langfristig begründet, wenn beispielsweise durch die preisliche Gleichbehandlung ein Vertrauensaufbau in beiden Kundensegmenten erfolgen soll (Kommunikation von Preisverlässlichkeit etc.). Andere Unternehmen stellen Neukunden preislich schlechter als Bestandskunden. Dies ist bei vielen Energieversorgern im Frühjahr 2022 der Fall, als durch die Explosion der Gaspreise die hohen Energiepreise direkt an die Neukunden weitergegeben wurden, um eine Kundenprofitabilität sicherzustellen.

Im Fokus der weiteren Überlegungen sollen aber Konstellationen stehen, die – ausgehend von einer höheren Preissensitivität der Neukunden im Vergleich zu den Bestandskunden – auf eine preisliche Besserstellung von Neukunden setzen, sei es kurzfristig, um die Ertragssituation zügig zu verbessern (Abb. 1, Segment 1.1), oder mittel- bis langfristig, weil die Vorstellung vorherrscht, Neukunden ließen sich zunächst am besten über hohe Rabatte locken, um die Preissensitivität der Kunden mit zunehmender Beziehungsdauer später zu reduzieren und dadurch die Neukunden zu loyalen Bestandskunden zu entwickeln (Abb. 1, Segment 1.2). Dies kann wirtschaftlich und strategisch sinnvoll sein, birgt aber erhebliche Risiken für das Kundenbeziehungsmanagement.

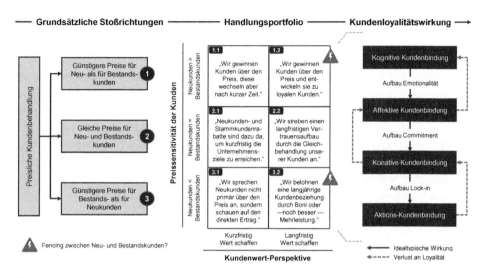

**Abb. 1** Preisliche Kundenbehandlung im Kontext von Preissensitivität der Kunden und Kundenwertigkeit

Eine besondere Herausforderung in diesem Kontext ist das kommunikative Fencing der Kundensegmente. Das erfolgreiche Fencing ist dabei einerseits eine Voraussetzung für die Schaffung von Kundenwert über Kundenloyalitätswirkungen (rechte Seite der Abb. 1, vgl. Hajipour und Esfahani 2019) bzw. stellt andererseits ein Risiko für die Kundenloyalität dar, wenn das Fencing nicht oder nur unzureichend gelingt. Damit werden Grundüberlegungen vertieft, die bereits Krämer und Burgartz (2022, S. 203) wie folgt formuliert haben: „Es darf mit Recht infrage gestellt werden, ob die Aktivitäten im Bereich Neukundenakquise und Kundenbindung tatsächlich unabhängig voneinander sind." Anstelle von getrennt ablaufenden Prozessen ist also anzunehmen, dass die unterschiedlichen Kundensegmente interagieren, d. h. das kommunikative Fencing nicht mehr aufrecht zu erhalten ist.

## 2 Treiber für als unfair wahrgenommene Preise und das Entstehen des Gefühls preislicher Unfairness

Selbst wenn eine preisliche Ungleichbehandlung von Neu- und Bestandskunden aus Sicht der Kunden als unfair betrachtet wird, kann eine Strategie von Unternehmen darin bestehen, dieses Risiko zu ignorieren, weil sie darauf hoffen, dass sich effektive Preisunterschiede zwischen den Segmenten verschleiern lassen, also nicht publik werden. Unterschiedliche Faktoren stellen eine solche Strategie zunehmend in Frage: Starke wahrgenommene Produktähnlichkeit, erhöhte (Preis-)Transparenz und höhere Sensibilisierung für das Thema Preisfairness.

## 2.1 Produktähnlichkeit: Der Nukleus für viele Probleme

Zahlreiche Märkte sind im Begriff sich zu verändern: Die zunehmende Homogenität von Produkten, stagnierende oder sogar schrumpfende Märkte sowie eine stark zunehmende Wettbewerbsintensität führen zu einem verstärkten Preis- und Margendruck. Dieses Phänomen ist unter dem Schlagwort „Commoditisierung" in Praxis und Wissenschaft bekannt. Commoditisierung ist der Prozess, bei dem die Produkte einer Produktkategorie in der Wahrnehmung der überwiegenden Mehrheit der Nachfrager an Differenzierungsmöglichkeiten im Produktkern verlieren und in Bezug auf die Basisanforderungen als austauschbar wahrgenommen werden. Als Treiber des Commoditisierungs-Prozesses machen Homburg et al. (2009) drei Bereiche aus:

- Produktbezogene Treiber der Commoditisierung sind u. a. insbesondere das Alter der Produkte und eine abnehmende Produktunsicherheit.
- Kundenbezogene Treiber der Commoditisierung betreffen Aspekte wie ein verringertes Involvement der Kunden oder eine Anspruchsinflation.
- Marktbezogene Treiber der Commoditisierung umfassen den Grad der Regulierung, die Technologiedynamik und eine geringe Wettbewerbsintensität (Verbesserungspotenziale erschöpft).

Viele Märkte sind – abgesehen von Krisensituationen wie Pandemie oder Kriegssituationen – heute als gesättigte Märkte zu beschreiben. Die Qualitätsunterschiede zwischen den Angeboten der Unternehmen sind meist nur gering und Kunden nehmen Produkte und Dienstleistungen als austauschbar wahr (vgl. Kroeber-Riel 2015, S. 111). Die Ähnlichkeit der Angebote betrifft nicht nur eine sachliche und funktionale Qualität von Produkten (und Dienstleistungen), sondern auch deren Design. Zugegebenermaßen ist nicht jede Branche gleich von Commoditisierung betroffen. In einer Studie von Roland Berger (2014) wird das Phänomen der „Commodity Trap" untersucht, beschrieben als eine Situation, in der selbst komplexe Produkte und Dienstleistungen zu „Commodities" herabgestuft werden, mit begrenzter Differenzierung und in der der Wettbewerb in erster Linie über den Preis erfolgt. Dies ist auf eine Kombination von Entwicklungen bei Kunden, Wettbewerbern und Produkten/Technologien zurückzuführen. Die „Commodity Trap" ist nach Aussage der Studie ein Phänomen, das in allen Branchen zu finden ist: Mehr als 60 % der Studienteilnehmer sind davon betroffen, 54 % haben noch keine ausreichenden Maßnahmen ergriffen, um ihr zu entkommen (von den betroffenen Unternehmen sogar 65 %). Die Studie schlussfolgert, in vielen Unternehmen sei eine erhebliche Lücke festzustellen zwischen (1) dem Erkennen der Commodity-Falle und (2) einer entsprechenden Gegenreaktion.

Gerade in gesättigten Märkten ist die Neukundenakquise in der Regel mit vergleichsweise hohen Kosten verbunden. Kunden müssen bei anderen Anbietern abgeworben oder mit entsprechend hohen Kommunikations- und Marketingbudgets bzw. Aufwänden für Akquiseaktionen gewonnen werden – häufig vor dem Hintergrund eines scharfen

Preiswettbewerbs (vgl. Wilger und Krämer 2020). Wenn Differenzierungskriterien in der Kundenansprache fehlen, bleibt oft nur der Differenzierungsfaktor Preis übrig. Vor diesem Hintergrund sollte die Bindung von Kunden daher für Unternehmen auf diesen wettbewerbsintensiven Märkten eine existenzielle Rolle einnehmen, gleichzeitig sind die „teuer" gewonnenen Neukunden besonders genau hinsichtlich der kurz- und mittelfristigen Effekte zu evaluieren. Unabhängig davon besteht die Herausforderung darin, alle Möglichkeiten der Differenzierung sorgfältig zu überprüfen. Almquist et al. (2016) schlagen dazu eine Strukturierung mit pyramidaler Anordnung von 30 Differenzierungsfaktoren vor.

## 2.2 Mehr (Preis-)Transparenz und mehr Vergleichspunkte für die Kunden

Während der Prozess der Commoditisierung von Produkten und Services eine Vergleichbarkeit zunächst theoretisch erhöht, führt die Digitalisierung und die damit einhergehende Bildung neuer Geschäftsmodelle wie Preis- oder Vergleichsportale zu einer faktischen Inanspruchnahme von Vergleichsmöglichkeiten. Preissuchmaschinen suchen Preise. Vergleichsportale vergleichen Tarife. Lammenett (2021) nennt in diesem Zusammenhang explizit Handytarife, Strom- oder Gastarife, Versicherungstarife oder Kreditkonditionen für den Hauskauf. Entsprechende Portale sind typische Angebote der Netzwerk-Ökonomie: Sie sind für den Endkunden denkbar einfach in der Nutzung, bieten den angeschlossenen Händlern oder Dienstleistern zusätzliche Umsätze und den Plattform-Betreibern Erlösmöglichkeiten (z. B. durch Provisionen oder Werbeeinnahmen). Haucap (2015) nennt hier auch Amazon, eBay und Google, weil deren Suchalgorithmen ebenfalls beim Suchen, Vergleichen und Buchen helfen. Krämer (2018) unterstreicht das Beispiel Amazon, weil durch das Zusammenwirken eines vergrößerten Produktangebots, Serviceerweiterung und das Prime-Angebot die Nutzung der Plattform als Suchmaschine erheblich an Bedeutung gewonnen hat. Amazon bietet dabei seinen Kunden eine große, aber keine maximale Transparenz (Suche nur auf der Plattform). Vielen Kunden reicht dieses Niveau. Der Verzicht auf komplette Transparenz wird durch die Vereinfachung und den empfundenen Komfortgewinn überkompensiert (Krämer 2020a).

## 2.3 Der Beurteilungsprozess zur Preisfairness

Im Rahmen der Verhaltensökonomik wird die Beurteilung von Austauschprozessen meist als relative Beurteilung beschrieben. Dies ist sowohl bei der sogenannten Equity-Theorie der Fall, bei der ein Individuum in seinem Urteilsprozess neben dem eigenen Verhältnis von Kosten und Leistungen (Input/Output) das Verhältnis einer Vergleichs- bzw. Referenzperson heranzieht (Adams 1963) als auch bei der Dual Entitlement-Theorie, die neben der eigenen die Perspektive des Anbieters einbezieht (der Kunde hat Anspruch auf einen angemessenen Preis, der Anbieter hat Anspruch auf einen angemessenen Gewinn, vgl. Kimes und Wirtz 2002). Einigkeit besteht weitestgehend darin, dass Verbraucher nach Informationen suchen, um die eigene Kaufentscheidung einzuordnen oder zu überdenken. Sie starten in der Regel in einer Situation von Unsicherheit (der Verbraucher hat eine begrenzte Informationslage) und nehmen dann weitere Informationen auf, um die ursprüngliche Bewertung an einen neuen Informationsstand anzupassen (Tversky und Kahneman 1974; Esch et al. 2006).

Die verhaltenswissenschaftlichen Erklärungsversuche für das Kaufverhalten von Individuen werden mittlerweile auch als Erweiterungen von rein rationalen Entscheidungsmodellen herangezogen. Der Aspekt der Preisfairness spielt dabei eine zentrale Rolle. Martín-Consuegra et al. (2007) weisen beispielsweise den positiven Einfluss der Preisfairness auf Kundenzufriedenheit und -loyalität nach. Diller (2008) kommt ein spezieller Verdienst bei der Erläuterung einzelner Teilaspekte der Preisfairness zu: Er unterscheidet als Einzelfacetten u. a. die Verlässlichkeit und Konsistenz von Preisen, die Preisehrlichkeit oder auch die Partizipation bei der Preisgestaltung, also das Einbeziehen des Kunden in die Preisbildung.

Hinterhuber (2004) definiert so die Zahlungsbereitschaft als ein Konstrukt, in dem einerseits der wahrgenommene Nettonutzen des Angebotes Berücksichtigung findet (Economic Value vs. Price), andererseits die wahrgenommene Fairness der Austauschbeziehung (Price vs. Reference Price) einfließt. Dies impliziert, dass die maximale Preisbereitschaft des Kunden abnehmen kann (die Preissensitivität wird erhöht), sofern der Kaufprozess als unfair eingeordnet wird.

Bereits Oliver und Swan (1989) verweisen darauf, dass Käufer ihre Gewinne mit den Gewinnen eines Tauschpartners zu vergleichen scheinen. Wenn sie glauben, der Verkäufer erziele einen außergewöhnlich hohen Gewinn oder Preiserhöhungen seien nicht durch Kosten- oder Qualitätssteigerungen bestimmt, könnten sie die Transaktion als ungerecht empfinden.

Die aufgezeigten Zusammenhänge sind gut in der Lage, eine besondere Sicht von Stammkunden auf die preisliche Behandlung von Neukunden zu erklären. Wenn sich Stammkunden als „bessere Kunden" einordnen (die eine besondere Behandlung und ggfs. auch „besondere" Preise durch den Anbieter verdient haben), dann verstößt eine besondere Rabattierung von Käufen durch Neukunden dieser sozialen Norm. Folglich bewerten die Stammkunden das Vorgehen des Anbieters als unfair. Dies wiederum bewirkt nicht nur eine Schwächung der Kundenloyalität bei Bestandskunden, sondern auch eine Senkung der Preisbereitschaft (Rothenberge et al. 2008). Verstärkt werden kann diese Teufelsspirale noch durch Word-of-Mouth-Effekte, wenn einzelne Bestandskunden ihrem Ärger Luft machen und in Kundenforen oder sozialen Medien über eigene Erfahrungen berichten.

In einer VUCA-Umgebung (Volatility/Unbeständigkeit, Uncertainty/Unsicherheit, Complexity/Komplexität und Ambiguity/Mehrdeutigkeit) werden die aufgezeigten Zusammenhänge noch einmal drastisch verstärkt. Man denke in diesem Zusammenhang nur an Shitstorms in den sozialen Medien in der Phase der Corona-Pandemie

(Unternehmen kassieren Staatshilfen, kommen aber gleichzeitig ihren Zahlungsverpflichtungen nicht nach) oder im Rahmen der Ukraine-Krise (Unternehmen werden attackiert, wenn sie ihre Aktivitäten in Russland nicht komplett einstellen).

## 3 Preisdifferenzierung: Nicht jede Form der differenzierten Preisgestaltung wird akzeptiert

Das Herausstellen der besonderen Relevanz von Vertrauen und Fairness im Zusammenhang mit dem Preismanagement wirft die Frage auf, welche Formen der preislichen Differenzierung besonders risikoreich für die Kundenbeziehung sind, d. h. inwiefern Kunden einzelne Instrumentarien zur Preisdifferenzierung stärker akzeptieren oder ablehnen als andere. Dazu ist es erforderlich, die Perspektive des Verbrauchers einzunehmen und zusätzlich die Wahrnehmung differenziert nach Neu- und Bestandskunden zu betrachten.

### 3.1 Empirische Untersuchung zur Bewertung von Modellen der Preisdifferenzierung aus Verbrauchersicht

Im Rahmen der Studie OpinionTRAIN wurden fast 1.400 Verbraucher in Deutschland (Onlinestudie im Mrz./Apr. 2022, Kooperationsstudie der exeo Strategic Consulting AG und der Rogator AG) um eine Bewertung unterschiedlicher Instrumentarien zur Preisdifferenzierung gebeten. Die Beurteilung erfolgte mittels Skala von 1 = sehr gut bis 6 = sehr schlecht. Gegenstand der Bewertung waren 12 Instrumentarien inklusive des Vorgehens ohne Preisdifferenzierung („Der Preis wird nicht verändert, er ist immer gleich."). Die Untersuchung ist aus zwei Gründen beachtenswert.

Erstens bestehen zwar in der Literatur umfangreiche Diskussionen und Ausarbeitungen zur Preisdifferenzierung im Allgemeinen (Simon 2013; Varian 1996) oder aber zu speziellen Formen der Preisdifferenzierung – z. B. Mahadevan (2010) für die Differenzierung von Neu- und Bestandskunden, Fuerderer et al. (2013) für das Preisbundling oder Mengenrabatte, oder Ziehe und Schüren-Hinkelmann (2020) sowie Krämer (2017) für vertriebskanalspezifische Preise – es fehlt aber weitestgehend an einer empirischen Basis, die einen direkten Vergleich unterschiedlicher Instrumentarien erlaubt.

Zweitens ist zu vermuten, dass auch die Akzeptanz von Preisdifferenzierungsansätzen nicht zwingend zeitlich stabil ist und zum Beispiel durch die Krisensituationen der letzten Jahre beeinflusst sein kann. Entsprechende Strukturveränderungen sind darstellbar, wenn sich aktuelle Ergebnisse mit früheren Untersuchungen vergleichen lassen. Im Rahmen einer früheren Studie (Pricing Lab) stehen Ergebnisse basierend auf einem ähnlichen methodischen Ansatz (repräsentative Erhebung, Deutschland, 18 + Jahre, identisches Fragedesign etc.) für das Jahr 2016 zur Verfügung (Krämer 2020a). Die

Ergebnisse aus 2022 und 2016 sind in Abb. 2 ausgewiesen. Dargestellt werden die Bewertungen (Top-2) absteigend entsprechend der aktuellen Ergebnisse.

In der Bewertung der Instrumentarien zur Preisdifferenzierung zeigt sich eine erhebliche Streuung. Die aus Verbrauchersicht am besten bewerteten Ansätze sind Mengenrabatte (incl. Preisbündelung von mehreren Produkten) und Rabatte für bestimmte Zielgruppen wie Senioren oder Studierende und Schüler. Auch in der Vormessung erreichten diese Ansätze ein Top-Ranking, auch wenn das absolute Niveau der Beurteilung etwas höher lag. Immerhin 38 % der Studienteilnehmer geben einer undifferenzierten Preisbildung („Der Preis wird nicht verändert, er ist immer gleich") beste Urteile. Hier lag die Bewertung zuvor erkennbar geringer.

Per Clusteranalyse lassen sich vier Segmente identifizieren: „Grundsätzlich Ablehnende" (21 %), die am stärksten eine uniforme Preisbildung präferieren (höherer Anteil der Altersklasse 60+ Jahre). „Indifferente" (25 %) zeigen insgesamt eine eher mittlere Bewertung mit geringen Unterschieden nach Preisdifferenzierungskonzept. „Differenzierte Befürworter" (31 %) urteilen sehr differenziert und decken dabei eine große Bandbreite ab, die von totaler Ablehnung („Der Preis, den Verbraucher zahlen, richtet sich nach dem Geschlecht") bis zu starker Befürwortung („Wenn der Verbraucher mehrere Produkte kauft, erhält er einen Rabatt – Mengenrabatt oder Bündel") reicht. Das letzte Segment der „Indifferent Positiven" (23 %), sieht die Preisdifferenzierungsansätze durchweg positiv, wobei die Zielgruppen-Differenzierung und der Mengenrabatt die beste Beurteilung erfahren (in dieser Gruppe sind jüngere Verbraucher überrepräsentiert).

Besonders beachtenswert sind die Preisdifferenzierungsansätze, die die unteren Plätze im Ranking einnehmen. Hier finden sich eine Preisbildung nach Kundenstatus („Neukunden erhalten einen günstigeren Preis als Stammkunden"), die Preisbildung basierend

**Mrz./Apr. 2022: Bewertung von Preismodellen aus Sicht der Verbraucher[1)]**

| | Low-2 | Top-2 | Top-2 |
|---|---|---|---|
| Wenn der Verbraucher mehrere Produkte kauft, erhält er einen Rabatt (Mengenrabatt oder Bündel) | 8% | 56% | 66% |
| Spezielle Zielgruppen erhalten Rabatte (z.B. Senioren oder Schüler / Studenten) | 11% | 49% | 59% |
| **Der Preis wird nicht verändert, er ist immer gleich** | 15% | 38% | 34% |
| Dem Verbraucher werden unterschiedliche Leistungsstufen (S, L, XL) mit aufsteigenden Preisen angeboten | 20% | 31% | --- |
| Der Verbraucher zahlt für ein Basisprodukt nichts, allerdings für spezielle Zusatzleistungen | 24% | 30% | --- |
| Der Verbraucher und der Verkäufer verhandeln über den Preis | 25% | 26% | 46% |
| Der Verbraucher schließt ein Abo ab und erhält einen geringeren Preis als beim Einzelkauf | 25% | 26% | 35% |
| Das Produkt ist für den Verbraucher kostenlos, der Anbieter verwendet aber die Nutzerdaten (z.B. Google, Facebook) | 32% | 25% | 26% |
| Je nach Nachfrage bietet der Anbieter unterschiedliche Preise an (z.B. nach Zeit) | 32% | 23% | 23% |
| Neukunden erhalten einen günstigeren Preis als Stammkunden | 47% | 17% | --- |
| Aufgrund des Kundenprofils (bisherige Käufe, Suchverhalten etc.) entscheidet der Anbieter, welchen Preis dem Kunden anbietet | 43% | 17% | 15% |
| Der Preis, den Verbraucher zahlen, richtet sich nach dem Geschlecht (z.B. Frisörbesuch) | 56% | 15% | --- |

1) In letzter Zeit werden unterschiedliche Preismodelle diskutiert. Wie bewerten Sie diese auf einer Skala von 1 = „sehr gut" bis 6 = „sehr schlecht"?

xx % Studie Pricing Lab 2016

**Abb. 2** Befragungsergebnisse zur Bewertung unterschiedlicher Ansätze der Preisdifferenzierung durch die Verbraucher

auf personenbezogen Daten („Aufgrund des Kundenprofils, bisherige Käufe, Suchverhalten etc., entscheidet der Anbieter, welchen Preis er dem Kunden anbietet") und das sogenannte Gender-Pricing („Der Preis, den Verbraucher zahlen, richtet sich nach dem Geschlecht, z. B. Frisörbesuch", zu Beispielen dazu vgl. RTL 2022a, b) wieder. Diesen drei Ansätzen ist gemein, dass weniger als 20 % der Verbraucher diese gut und gleichzeitig mindestens 40 % diese als schlecht bewerten (Low-2). Kunden haben hier also besonders starke Vorbehalte.

Diese weniger gut bewerteten Preisdifferenzierungsansätze sind allesamt einer „individuellen" oder „personalisierten" Preisdifferenzierung zuzuordnen, bei der der Preis aufgrund persönlicher Daten des Kunden (Kundenstatus bzw. -historie, Kundenprofil und Suchverhalten, Geschlecht) gebildet wird. Reisch et al. (2016) kommen für den Online-Handel ähnlich zu folgendem Ergebnis: „Insgesamt wird eine individuelle Preisdifferenzierung als weniger gut bzw. überhaupt nicht gut bewertet. Allerdings lässt sich feststellen, dass die Bewertungen mit dem jeweiligen angebotenen Preis korrelieren. So wird die Behauptung ‚Wenn Sie oft und viel bei einem Online-Anbieter bestellen, erhalten Sie einen geringeren Preis' von 75 % der Befragten als positiv bewertet. 13 % sind sich über ihre Position unsicher. Die umgekehrte Situation ‚Wenn Sie oft und viel bei einem Online-Anbieter bestellen, erhalten Sie einen höheren Preis' wird dagegen nur von einem Prozent als positiv bewertet, während 94 % dies negativ sehen."

Es stellt sich somit zudem die Frage, ob eine spezifische Form der Preisdifferenzierung per se als negativ oder unfair bewertet wird oder nur für den Fall, dass sich der Kunde durch die Preisdifferenzierung persönlich preislich schlechter gestellt oder unfair behandelt sieht. In diesem Zusammenhang lässt sich auch von den Dos and don'ts der Preisdifferenzierung sprechen (Krämer 2022).

## 3.2 Spezieller Fokus auf die preisliche Ungleichbehandlung von Neu- und Bestandskunden

In der Studie wurde die preisliche Ungleichbehandlung von Neu- und Bestandskunden noch detaillierter untersucht. So erhielten die Studienteilnehmer die Aufgabe, von ihren Erfahrungen bezüglich einer differenzierten Kundenbehandlung zu berichten und sich in unterschiedliche Gruppen einzuordnen. Die Ergebnisse stellt Abb. 3 (linke Seite) dar. Aus Sicht der Verbraucher sind die Situationen „Ich war Stammkunde und wurde deutlich schlechter behandelt als ein Neukunde" (43 %) und „Ich war Neukunde und wurde deutlich besser behandelt als ein Stammkunde" (34 %) besonders prominent. Beide Perspektiven betreffen die preisliche Besserstellung von Neukunden zulasten von Stammkunden. Nur etwa 23 % der Nennungen betreffen die Gegenperspektive, bei der Stammkunden eine preisliche Bevorzugung gegenüber Neukunden erfahren.

Ein weiter Schritt erfasst, welche Erwartungshaltung bezüglich einer preislichen Differenzierung nach Kundenstatus besteht (Abb. 3, rechte Seite). 46 % der Befragten sind der Auffassung, Neukunden und Stammkunden sollten gleiche Preise erhalten, 36 %

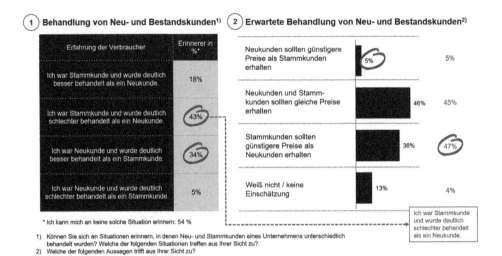

**Abb. 3** Neu- und Bestandskunden: Erfahrungen der Verbraucher und erwartete Preisdifferenzierung

bevorzugen eine Preisgestaltung, bei der Stammkunden günstigere Preise als Neukunden erhalten und nur 5 % votierten für eine preisliche Besserstellung von Neukunden. In der Gruppe der Verbraucher, die angegeben haben, sie seien als Stammkunden schlechter behandelt worden als Neukunden, ist die Präferenz für die Behandlung von Stamm- und Neukunden noch einmal unterschiedlich: Der größte Anteil (47 %) entfällt in dieser Gruppe auf die Aussage „Stammkunden sollten günstigere Preise als Neukunden erhalten".

Als Kernergebnis bleibt festzuhalten, dass die subjektiven Erfahrungen der Verbraucher überwiegend dadurch bestimmt sind, dass Neukunden bessere Preise angeboten werden als Bestandskunden, während die bekundete Erwartungshaltung dies genau verbietet. Vor diesem Hintergrund besteht somit auch der empirische Beleg für hohe Risiken, die mit günstigen Preisen speziell für Neukunden im Kundenbeziehungs- und Wertmanagement einhergehen.

Als weiteres Ergebnis der Studie zeigt sich, dass eine Preisdifferenzierung, bei der Neukunden preislich besser als Bestandskunden behandelt werden, im Vergleich zu anderen Branchen besonders stark in der Telekommunikationsbranche wahrgenommen wird: 28 % der Inhaber von Mobilfunkverträgen haben das Gefühl, „dass andere Kunden einen besseren Preis bekommen haben als ich", 37 % gehen davon aus, dass bei ihrem Anbieter „Neukunden besser als Stammkunden behandelt werden". Bei Kunden, die einen Anbieterwechsel planen steigt die Zustimmung zu diesen beiden Aussagen auf über 50 % an. Wird im Gegenzug das bekundete Kündigungsverhalten betrachtet, so zeigt sich der höchste Anteil der Kündigungswilligen in den Kundensegmenten, die selber das Gefühl haben, einen schlechteren Preis als andere Kunden erhalten zu haben

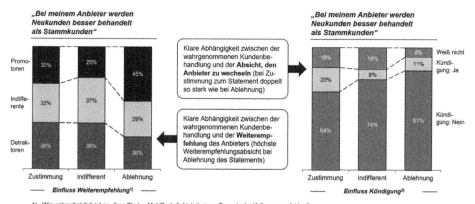

**Abb. 4** Differenzierte Neu- und Bestandskundenbehandlung und der Einfluss auf die Weiterempfehlungs- und Wechselabsicht der Kunden (Beispiel Mobilfunk-Laufzeitvertrag)

bzw. die bei ihrem Mobilfunkanbieter eine Besserbehandlung von Neukunden gegenüber Stammkunden sehen (20 % Kündigungswillige). Bei Kunden, die ihren eigenen Anbieter nicht als kundenorientiert einschätzen, steigt der Anteil der Kündigungswilligen auf einen Höchstwert von 36 % an. In der Betrachtung der Weiterempfehlungsabsicht zeigt sich, dass diese positiv mit der Einschätzung der Kundenorientierung und der preislich fairen Behandlung durch den Anbieter korreliert ist. Abb. 4 stellt den Zusammenhang zwischen der wahrgenommenen Ungleichbehandlung von Neu- und Bestandskunden und der Weiterempfehlungsabsicht des Anbieters sowie der bekundeten Wechselabsicht dar.

Kundenabwanderungsrisiken und geringere Weiterempfehlungsabsichten aufgrund von preislicher Ungleichbehandlung und fehlender Kundenorientierung können somit auch speziell für die Mobilfunkbranche bestätigt werden.

## 4 Preis- und Erlösmodelle mit geringem Risiko für empfundene preisliche Ungerechtigkeit

Vor dem Hintergrund der aufgezeigten Zusammenhänge ist zu diskutieren, welche alternativen Formen der Preisdifferenzierung bzw. Erlösmodelle zur Verfügung stehen, die aus Sicht der Verbraucher weniger „Angriffsfläche" bieten. Auf Mengen- und Zielgruppenrabatte (incl. Preisbündelung), die Erlösmodelle „For Free" und „Freemium", Angebote mit einer „Good-Better-Best"-Logik sowie die Preisentbündelung bzw. „Unbundling"-Strategie wird nachfolgend eingegangen.

## 4.1 Mengen- und Zielgruppenrabatte

Unabhängigkeit von den unterschiedlichen Ausgestaltungsmöglichkeiten besteht die Grundidee des Mengenrabattes darin, bei größeren Abnahmemengen einen reduzierten Preis je Leistungseinheit einzuräumen. Obwohl diese Form der Preisdifferenzierung in der Praxis eine große Relevanz hat, führt Männel (2013) aus, diese sei „in der Theorie der Preisdifferenzierung vernachlässigt worden". Mengenrabatte erscheinen aus Sicht der Unternehmen und aus Sicht der Kunden akzeptabel. Ähnliches gilt auch für Rabatte für spezielle Zielgruppen wie Senioren, Schüler oder jüngere Kunden. Viele Anbieter offerieren z. B. spezielle Studentenrabatte. Die Deutsche Bahn hat im Fernverkehr in 2021 ein spezielles Angebot für Reisende unter 27 Jahren ebenso wie für Senioren eingeführt bzw. in Form von Aktionen im Markt angeboten.

Mengen- und Zielgruppenrabatte sind kompatibel mit sozialen Normen („je mehr, desto günstiger" bzw. „Verbraucher mit geringerem Einkommen sollten auch einen geringeren Preis bezahlen") und weisen daher nur ein geringes Risiko für empfundene preisliche Ungerechtigkeit auf. Abnehmer größerer Mengen lassen einen höheren Gesamtgewinn erwarten, ohne dass damit zwingend höhere Kosten für den Anbieter verbunden sind. Es erscheint demzufolge akzeptabel, die Kunden für größere Abnahmemengen (eines identischen Produktes oder einer Dienstleistung) zu belohnen. Im Prinzip folgen auch die unterschiedlichen Treue- und Bonusprogramme dieser Logik, genauso wie die Preisbündelung (Fuerderer et al. 2013; Krämer und Burgartz 2022), bei der unterschiedliche Produkte oder Dienstleistungen durch einen Anbieter zu größeren Mengen in Form von „Bündeln" angeboten und mit einem speziellen Bündel-Preis versehen werden. Bei den Zielgruppenrabatten gelten Schüler/Studenten und Senioren als Verbrauchergruppen mit relativ geringem verfügbarem Einkommen. Daher erscheint eine preisliche Besserstellung dieser Zielgruppen vielen Verbrauchern gerechtfertigt.

## 4.2 „For Free"-Angebote und „Freemium"

Seit Beginn der 2000er Jahre und forciert im vergangenen Jahrzehnt hat sich das „Freemium"-Erlösmodell vor allem bei digitalisierten Produkten in einer Vielzahl von Bereichen wie Musik, Zeitschriften, soziale Netzwerke, Cloud-Dienste und vor allem Spiele etabliert. Das so genannte „Freemium"-Geschäftsmodell (oder „Free-to-Play", wie es in der Spielebranche genannt wird) bietet ein Produkt, das in der Kernleistung kostenlos ist, Einnahmen werden jedoch durch den Verkauf zusätzlicher Produkte und Premium-Dienste erzielt (Kumar 2014; Krämer und Kalka 2017). Damit folgen „Free-to-Play"-Spiele (F2P/Freemium) einem neuen, in der Form bisher nicht angebotenem Erlösmodell. Videospiele sind frei und kostenlos verfügbar, der Kauf eines Spiels ist nicht erforderlich (Burelli 2019). Somit entfallen auch die Möglichkeiten zur Preisdifferenzierung beim Produktkauf. Neukunden und preissensible Bestandskunden zahlen gar nichts, Bestandskunden mit Zahlungsbereitschaften nutzen den Premium-Dienst.

Dieser Schritt erfolgt bewusst, um sich über Mehrleistung von der Gruppe der „Basis-Leistungs-Bezieher" abzugrenzen. Infolgedessen besteht auch kein Grund, den kostenlosen Service (Basis-Leistung) als unfair wahrzunehmen. Wie Beltagui et al. (2019) beschreiben: „In freemium online games, not all players are payers, but both groups are essential to the survival of the community."

Ähnlich gehen auch Lee et al. (2013) davon aus, dass kostenlose Nutzer („free consumers") zwar keine direkten Einnahmen für den Anbieter generieren, sie jedoch Potenzial für zukünftige Einnahmen mit sich bringen, entweder durch ein späteres „Upgrade" auf kostenpflichtige Angebote oder durch Weiterempfehlungen und die Gewinnung zusätzlicher Neukunden (die wiederum ebenfalls später auf kostenpflichtige Angebote zurückgreifen könnten). Trotz der kostenlosen Nutzung wird diesen Nutzern daher ein positiver monetärer Kundenwert (größer null) zugeschrieben, zu dem die Existenz von Kundenweiterempfehlungsprogrammen (z. B. „Kunden-werben-Kunden") einen nicht unerheblichen Anteil beiträgt.

Untersuchungen zeigen, dass das Freemium-Modell für viele Online-Dienste zur ersten Wahl geworden und in der Spielebranche besonders ausgeprägt ist (Hamari et al. 2020). Meistens verfügt die überwiegende Anzahl der Nutzer nicht über eine Bezahlvariante (Seufert 2013; Holm und Günzel-Jensen 2017). Der Aspekt, dass die Nutzung von Premium-Leistungen oder -Diensten kostenpflichtig ist, wir dabei in der Regel sowohl von den Neu- als auch von den Bestandskunden sowie insbesondere vom Segment der Stammkunden und „Heavy-User" (die häufig entsprechende Zahlungsbereitschaften für Zusatzleistungen aufweisen) als fair wahrgenommen.

### 4.3 „Good-Better-Best"

Produktmerkmale hinzuzufügen oder herauszunehmen, um sich mit unterschiedlichen Preisen an Kunden mit unterschiedlicher Kaufkraft und unterschiedlichen Präferenzen zu richten, ist nicht neu. Vor fast 100 Jahren führte Alfred Sloan bei General Motors (GM) die Preisleiter ein, um Chevrolets und Buicks von Oldsmobiles und Cadillacs abzugrenzen. GM bot damit „ein Auto für jeden Geldbeutel und für jeden Zweck" und konnte so den Konkurrenten Ford überholen (Mohammed 2020). Heute begegnet uns das „Gut, besser, am besten"-Prinzip in vielen Produktkategorien und mit den unterschiedlichsten Bezeichnungen (Bronze/Silber/Gold/Platin, Low/Medium/Heavy, M/L/XL etc.). Die Grundidee dabei ist es, unterschiedliche Produkte oder Produkt-Bündel mit verschiedenen Leistungen anzubieten, die jeweils zu einem Preis angeboten werden, der mit dem entsprechenden Leistungs-Niveau des Angebotes korrespondiert. Das Ziel dabei ist es, unterschiedliche Angebote mit einem guten Preis-Leistungs-Verhältnis zu etablieren, die zum einem dem Kunden eine Auswahl anbieten, die möglichst gut zu seinen spezifischen Kundenbedürfnissen passt (und somit gleichzeitig ein „Fencing" der Kundensegmente aus Anbietersicht ermöglicht) und die zum anderen als eine faire Form der Preis- und Leistungsdifferenzierung wahrgenommen wird.

Häufig wird diese Differenzierung der Produkte und Dienstleistungen auch in der Form vorgenommen, dass das jeweils günstigste Angebot (mit dem geringsten Leistungsumfang) spezifisch und auch kommunikativ für das Segment der Erst- und Neukunden gestaltet wird. Entsprechende Bezeichnungen dafür finden sich in vielfältigen „Anfänger"-, „Einsteiger"-, „Schnupper"- oder „Basis"-Angeboten in unterschiedlichsten Märkten und Branchen. Dementsprechend werden für Bestands- und Stammkunden exemplarisch „Vielfahrer"-, „Platin"-, „All inclusive"- oder „Premium"-Angebote platziert und vermarktet. Die aus Verbrauchersicht wohlwollende Beurteilung dieses Differenzierungsansatzes kann dadurch erklärt werden, dass den Konsumenten eine überschaubare Anzahl von Optionen präsentiert wird, wobei die freie Entscheidung beim Konsumenten selbst liegt und damit Mechanismen der Selbstselektion greifen. Teilweise wird in diesem Zusammenhang die verhaltenswissenschaftliche Argumentation eines „Center-Stage-Effects" genutzt. Dabei wird davon ausgegangen, Verbraucher würden sich verstärkt für das Angebot „in der Mitte" entscheiden, zum Beispiel weil sie beim „unteren" Produkt Qualitätsmängel und beim „oberen" Produkt einen unnötig hohen Preis erwarten (Vermeidung von Extremen, vgl. Simonson 1989). Die Mitte stellt dann einen guten Kompromiss dar (Simon 2013; Rodway et al. 2012). Krämer (2020b) weist jedoch auf die Gefahr hin, dies als klare Kasuistik aufzufassen und von einer zwingenden Präferenz für die Mitte auszugehen. Schließlich ist die konkrete Produktauswahl von den Leistungsausprägungen und der Höhe des Preises abhängig, die durch den Anbieter direkt beeinflussbar sind.

### 4.4 Preisentbündelung/„Unbundling"

Bei der Preisentbündelung („Unbundling") wird – im Gegensatz zur Preisbündelung – ein Produkt bzw. eine Dienstleistung in seine einzelnen Leistungsbestandteile aufgeteilt („entbündelt"), die dann jeweils zu separaten Preisen angeboten werden. In der häufigsten Ausprägung wird dabei ein Basisprodukt ergänzt um erweiterte oder zusätzliche Leistungsbestandteile, die in der Regel optional zur Basisleistung angeboten werden.

Häufig zitiertes Beispiel für diese Form der Preisdifferenzierung ist unter dem Begriff „Ancillary Pricing" das Pricing bzw. Revenue Management in der Flug-Branche, bei der die Einkünfte aus „entbündelten" Flugleistungen (wie z. B. Gepäck, Sitzplatzreservierungen, Sitzplätze mit größerer Beinfreiheit etc.) einen immer größeren Teil der Gesamteinnahmen der Fluggesellschaften ausmachen. Dies gilt insbesondere für Billigfluglinien bzw. Low-Cost-Airlines (vgl. Mumbower et al. 2022). Unter dem Stichwort einer „Warenkorb-Logik" ist diese Preisdifferenzierungsform aber auch in anderen Branchen marktüblich.

Vergleichbar mit der „Good-Better-Best"-Logik kann auch beim „Unbundling" das Basisprodukt als Einstiegsleistung bzw. Einstiegsangebot betrachtet werden und zur Ansprache von Neukunden oder preissensiblen Kundensegmenten dienen. Für Kunden mit höheren Zahlungsbereitschaften und Kundenbedürfnissen, die über das Basisangebot hinausgehen, wird aus Kundensicht über das optionale Angebot von Zusatzleistungen ein entsprechend höheres Leistungsniveau angeboten, aus Anbietersicht ergibt sich die Chance zur Realisierung höherer Preise für die erweiterte Leistung.

Ein besonderer Aspekt im Hinblick auf die wahrgenommene Preisfairness zeigt sich beim „Unbundling": Während bei der Preisbündelung die Gefahr besteht, dass im Angebotsbündel Teilleistungen enthalten sind, die aus Kundensicht nicht relevant oder sogar nicht erwünscht sind und trotzdem im Rahmen der Bündelung durch den Kunden gekauft werden (müssen), liegt hinter der „Preisentbündelung" bzw. der „Warenkorb-Logik" der Grundgedanke, dass der Kunde nur diejenigen Leistungsbestandteile auswählt und auch bezahlt, die er sich wünscht und in seinem „Warenkorb" zusammenstellt. Dieser Grundgedanke kann grundsätzlich positiv auf die empfundene Preisfairness einzahlen. Kritisch kann die „Preisentbündelung" dann wahrgenommen werden, wenn einzelne Leistungsbestandteile aus Kundensicht nicht als separate Zusatzleistung, sondern als integraler Bestandteil der Basisleistung angesehen werden (z. B. der Transport eines größeren Gepäckstückes bei einem Auslandsflug), in diesem Fall würde eine zusätzliche Bepreisung als unfair wahrgenommen werden. Genau das ist häufiger bei Flugreisen der Fall. Mumbower et al. (2022) argumentieren beispielsweise, dass die modulare Preisbildung bei den US-Airlines zu einer kritischen Verbraucherwahrnehmung geführt, aber gleichzeitig den Unternehmen Umsatzsteigerungen ermöglicht hat.

Zusammenfassend bieten die betrachteten Preis- und Erlösmodelle aufgrund ihrer primär positiven Bewertung durch Konsumenten eine Ausgangsbasis für ein als fair empfundenes Pricing von Neu- und Bestandskunden, welches preisliche Ungleichbehandlungen vermeidet und die damit verbundenen Risiken minimiert.

## 5 Ausblick: Ganzheitliche Sicht auf die Kundenbeziehung beim Thema Preismanagement

Das Thema differenzierte Preisgestaltung für Neu- und Bestandskunden verbindet in eindrucksvoller Weise zwei Perspektiven, und zwar die des Pricings und die des Kundenwertmanagements. Für die Entscheidung, ob eine differenzierte Preisgestaltung für Neu- und Bestandskunden sinnvoll ist, müssen beide Perspektiven in Einklang gebracht werden. Wenn heute in vielen Branchen und Unternehmen Neukunden preislich bessergestellt werden als Bestandskunden, dann ergeben sich daraus nicht nur Chancen (durch ein besseres Abschöpfen von Zahlungsbereitschaften), sondern auch Risiken (z. B. durch das Verärgern von Stammkunden). Wie gezeigt wird, widerspricht diese Praxis den Erwartungen der Verbraucher. Die veränderten Rahmenbedingungen führen dazu, dass die Risikoperspektive stärker gewichtet werden sollte.

Allerdings bedeutet dies nicht, dass Unternehmen auf eine Preisdifferenzierung verzichten sollten. Vielmehr sollten sich Entscheider im Unternehmen erstens die Risiken einer Preisdifferenzierung nach Kundenstatus bewusstmachen und zweitens

Instrumentarien der Preisdifferenzierung ins Auge fassen, die weniger „Angriffspunkte" bieten. Dadurch wird eine ganzheitliche Sicht sowie ein abgestimmtes Vorgehen zwischen Kundenbeziehungs- und Preismanagement sichergestellt. Vor diesem Hintergrund wurden Preis- und Erlösmodelle mit geringem Risiko für empfundene preisliche Ungerechtigkeit am Beispiel von Mengen und Zielgruppenrabatten, „For Free"-Angeboten und „Freemium", „Good-Better-Best" und Preisentbündelung/„Unbundling" diskutiert. Diese Beispiele (leicht um weitere, wie partizipative Pricing-Ansätze, zu erweitern) unterstreichen, dass es möglich ist, die Aspekte Preisdifferenzierung und Preisvertrauen positiv zu verbinden und diese nicht zwingend als Gegensätze zu betrachten sind.

## Literatur

Adams JS (1963) Towards an understanding of inequity. J Abnorm Soc Psychol 67(5):422–436
Almquist E, Senior J, Bloch N (2016) The elements of value. Harv Bus Rev 94(9):47–53
Beltagui A, Schmidt T, Candi M, Roberts D (2019) Overcoming the monetization challenge in freemium online games. Ind Manag Data Syst 119(6):1339–1356
Berger R (2014) Escaping the commodity trap – How to regain a competitive edge in commodity markets. https://www.rolandberger.com/publications/publication_pdf/roland_berger_escaping_the_commodity_trap_20140422.pdf
Burelli P (2019) Predicting customer lifetime value in free-to-play games. In: Wallner G (Hrsg) Data analytics applications in gaming and entertainment. Auerbach Publications, New York, S 79–107
Diller H (2008) Price fairness. J Prod Brand Manag 17(5):353–355
Esch FR, Redler J, Honal A (2006) Beurteilung von Markenallianzen am Beispiel von Verpackungsentwürfen. Werbeforschung und Praxis 2:10–20
Fuerderer R, Herrmann A, Wuebker G (2013) Optimal bundling: Marketing strategies for improving economic performance. Springer Science & Business Media, Berlin
Hajipour B, Esfahani M (2019) Delta model application for developing customer lifetime value. Marketing Intelligence & Planning, 37(3):298-309
Hamari J, Hanner N, Koivisto J (2020) Why pay premium in freemium services? A study on perceived value, continued use and purchase intentions in free-to-play games. Int J Inf Manage 51:102040
Haucap J (2015) Ordnungspolitik und Kartellrecht im Zeitalter der Digitalisierung (Nr. 77). DICE Ordnungspolitische Perspektiven, Düsseldorf
Hinterhuber A (2004) Towards value-based pricing – An integrative framework for decision making. Ind Mark Manage 33(8):765–778
Holm AB, Günzel-Jensen F (2017) Succeeding with freemium: strategies for implementation. J Bus Strateg 38(2):16–24
Homburg C, Staritz M, Bingemer S (2009) Wege aus der Commodity-Falle: Der Product Differentiation Excellence-Ansatz (Bd 112). Inst. für Marktorientierte Unternehmensführung, Univ. Mannheim, Mannheim
Jain D, Singh SS (2002) Customer lifetime value research in marketing: A review and future directions. J Interact Mark 16(2):34–46
Kaiser S (2013) Insolvente Baumarktkette: Praktiker erliegt der Rabattsucht. https://www.spiegel.de/wirtschaft/unternehmen/baumarktkette-praktiker-mit-billig-image-in-die-insolvenz-a-910641.html. Zugegriffen: 20. Apr 2022

Kimes SE, Wirtz J (2002) Perceived fairness of demand-based pricing for restaurants. Cornell Hotel Restaurant Adm Q 43(1):31–37

Krämer A (2017) Multi-Channel Pricing: Vertriebskanal-spezifisches Marketing aus Sicht der Verbraucher und Unternehmen. Mark Rev St Gallen 34(5):78–86

Krämer A (2018) Customer Centricity und deren Monetarisierung am Beispiel Amazon Prime. Mark Rev St Gallen 35(4):13–20

Krämer A (2020a) Preisvereinfachung versus Preisdifferenzierung. In: Kalka R, Krämer A (Hrsg) Preiskommunikation – Strategische Herausforderungen und innovative Anwendungsfelder. Springer Gabler, Wiesbaden, S 73–88

Krämer A (2020b) Preiskommunikation in Zeiten des „Behavioral Pricing". In: Kalka R, Krämer A (Hrsg) Preiskommunikation – Strategische Herausforderungen und innovative Anwendungsfelder. Springer Gabler, Wiesbaden, S 27–50

Krämer A (2022) Dos and don'ts der Preisdifferenzierung. Markenartikel 84(9):65–67

Krämer A, Bongaerts R (2015) Mit der doppelten Wertperspektive zum Erfolg – Einsatz der Value-to-Value-Segmentierung im Strommarkt. Ew Magazin für die Energiewirtschaft 114(9):39–42

Krämer A, Burgartz T (2022) Kundenwertzentriertes Management. Springer Gabler, Wiesbaden

Krämer A, Kalka R (2017) How digital disruption changes pricing strategies and price models. In: Khare A, Schatz R, Stewart B (Hrsg) Phantom ex machina: digital disruption's role in business model transformation. Springer, Cham, S 87–103

Kroeber-Riel W (2015) Strategie und Technik der Werbung: Verhaltenswissenschaftliche und neurowissenschaftliche Erkenntnisse. Kohlhammer

Kumar V (2014) Making „Freemium" Work. Harv Bus Rev 92(5):27–29

Lammenett E (2021) Preissuchmaschinen und Preisvergleichsportale. Praxiswissen Online-Marketing. Springer Gabler, Wiesbaden, S 333–336

Lee C, Kumar V, Gupta S (2013) Designing freemium: a model of consumer usage, upgrade, and referral dynamics. Dissertation, Harvard Business School

Mahadevan J (2010) Wahrgenommene Preisfairness bei personenbezogener Preisdifferenzierung (Bd 7). Peter Lang. Frankfurt a. M.

Männel W (2013) Mengenrabatte in der entscheidungsorientierten Erlösrechnung (Bd 4). Springer, Wiesbaden

Martín-Consuegra D, Molina A, Esteban A (2007) An integrated model of price, satisfaction and loyalty: an empirical analysis in the service sector. J Prod Brand Manag 6(7):459–468

Mohammed R (2020) Das „Gut, besser, am besten"- Modell. Harvard Business Manager. https://www.manager-magazin.de/harvard/strategie/pricing-warum-unterschiedliche-preise-sinnvoll-sind-a-00000000-0002-0001-0000-000159910282. Zugegriffen: 21. Apr 2022

Mumbower S, Hotle S, Garrow LA (2022) Highly debated but still unbundled: The evolution of U. S. airline ancillary products and pricing strategies. J Revenue Pricing Manag

Oliver RL, Swan JE (1989) Consumer perceptions of interpersonal equity and satisfaction in transactions: A field survey approach. J Mark 53:21–35

Reichheld FF, Teal T (1996) The loyalty effect. Boston. Harvard Business School Press, MA

Reisch LA, Büchel D, Joost G, Zander-Hayat H (2016) Digitale Welt und Handel: Verbraucher im personalisierten Online-Handel. Sachverständigenrat für Verbraucherfragen beim Bundesministerium der Justiz und für Verbraucherschutz, Berlin

Rodway P, Schepman A, Lambert J (2012) Preferring the one in the middle: Further evidence for the centre-stage effect. Appl Cogn Psychol 26(2):215–222

Rothenberge S, Grewal D, Iyer G (2008) Exploring the role of information and trust in price fairness judgments. In: Pricing Perspectives. Palgrave Macmillan, London, S 147–158

RTL (2022a) Frauen verdienen weniger und zahlen mehr – Inhalt gleich, Preis höher: Für diese Produkte zahlen Frauen mehr als Männer. https://www.rtl.de/cms/inhalt-gleich-preis-hoeher-fuer-diese-produkte-zahlen-frauen-mehr-als-maenner-4961958.html. Zugegriffen: 27. Mai 2022

RTL (2022b) Wie bitte? Preise für Frauenbekleidung steigen deutlich stärker als die für Männer. https://www.rtl.de/cms/wie-bitte-preise-fuer-frauenbekleidung-steigen-deutlich-staerker-als-die-fuer-maenner-4973996.html. Zugegriffen: 27. Mai 2022

Rust RT, Zeithaml VA, Lemon KN (2004) Customer-centered brand management. Harv Bus Rev 82(9):110–118

Seufert EB (2013) Freemium economics: Leveraging analytics and user segmentation to drive revenue. Elsevier, Burlington

Simon H (2013) Preisheiten – Alles, was Sie über Preise wissen müssen. Campus, Wiesbaden

Simonson I (1989) Choice based on reasons: The case of attraction and compromise effects. J Consum Res 16(2):158–174

Tewes M (2013) Der Kundenwert im Marketing: Theoretische Hintergründe und Umsetzungsmöglichkeiten einer wert- und marktorientierten Unternehmensführung (Bd 45). Deutscher Universitäts-Verlag, Wiesbaden

Tversky A, Kahneman D (1974) Judgement Under Uncertainty: Heuristics and Biases. Science 185:1124–1131

Varian HR (1996) Differential pricing and efficiency. First Monday 1(2):1–10

Verhoef PC, Langerak F (2002) Eleven misconceptions about customer relationship management. Bus Strateg Rev 13(4):70–76

Verhoef PC, Lemon KN (2013) Successful customer value management: Key lessons and emerging trends. Eur Manag J 31(1):1–15

Wilger G, Krämer A (2020) Signaling gegenüber Wettbewerbern – Erkennen und Verhindern von Preiswettbewerb und „Preiskrieg". In: Kalka R, Krämer A (Hrsg) Preiskommunikation – Strategische Herausforderungen und innovative Anwendungsfelder. Springer Gabler, Wiesbaden, S 129–149

Ziehe N, Schüren-Hinkelmann A (2020) Preiskommunikation und Preisfairness im Multi-Channel-Handel. In: Kalka R, Krämer A (Hrsg) Preiskommunikation – Strategische Herausforderungen und innovative Anwendungsfelder. Springer Gabler, Wiesbaden, S 287–305


**Prof. Dr. Andreas Krämer** ist Vorstandsvorsitzender der exeo Strategic Consulting AG in Bonn und Direktor des Value Research Institute (VARI e. V.) in Iserlohn. Nach Studium der Agrarökonomie und anschließender Promotion arbeitete Andreas Krämer von 1996 bis 2000 bei zwei führenden internationalen Beratungsgesellschaften, bevor er in 2000 seine eigene Beratungsgesellschaft gründete. Von 2014 bis 2020 war er Professor für Pricing und Customer Value Management an der University of Europe for Applied Sciences in Iserlohn. Andreas Krämer ist Mitinitiator der Studien „Pricing Lab", „MobilitätsTRENDS" und „OpinionTRAIN" sowie Autor zahlreicher Fachaufsätze und mehrerer Bücher.

**Dr. Gerd Wilger** ist Vorstand der exeo Strategic Consulting AG in Bonn. exeo besitzt einen Schwerpunkt in der datengetriebenen Entscheidungsunterstützung im Marketing – in der Regel basierend auf empirischen Untersuchungen und weiteren Datenquellen. Gerd Wilger studierte Wirtschaftsingenieurwesen an der Universität Karlsruhe und promovierte an der Universität zu Köln über eine Fragestellung der Preisdifferenzierung. Vor dem Eintritt bei exeo arbeitete er als Berater bei Simon-Kucher & Partners und im Preis- und Erlösmanagement der Deutschen Bahn AG. Seine Beratungsschwerpunkte in nationalen wie internationalen Projekten liegen in den Bereichen Pricing und Marktforschung. Begleitend ist Dr. Wilger Referent und Autor zahlreicher Publikationen zu Marketing- und Pricing-Themen.

# Der Markenbeziehungsprozess – Kunden im Mittelpunkt der Markenführung

Regine Kalka, Wolfgang Merkle und Caroline Poßberg

## Inhaltsverzeichnis

1   Einleitung . . . . . . . . . . . . . . . . . . . . . . . . . . . . . . . . . . . . . . . . . . . . . . . . . . . . . . . . . . 306
2   Auslöser für ein verändertes Markenführungsverständnis . . . . . . . . . . . . . . . . . . . . . . . . 307
    2.1    Auslöser 1: Eine veränderte Wertschöpfungslogik . . . . . . . . . . . . . . . . . . . . . . . . 307
    2.2    Auslöser 2: Notwendigkeit einer digitalen Markenführung . . . . . . . . . . . . . . . . . . 310
    2.3    Auslöser 3: Customer Empowerment . . . . . . . . . . . . . . . . . . . . . . . . . . . . . . . . . 313
    2.4    Auslöser 4: Experience Economy . . . . . . . . . . . . . . . . . . . . . . . . . . . . . . . . . . . 314
3   Zu berücksichtigende Ansätze für ein postmodernes Markenführungsverständnis . . . . . . . 315
    3.1    Management des Kunden als Wertschöpfungspartner . . . . . . . . . . . . . . . . . . . . . 316
    3.2    Customer Experience Management . . . . . . . . . . . . . . . . . . . . . . . . . . . . . . . . . . 319
    3.3    Brand Meaning Management . . . . . . . . . . . . . . . . . . . . . . . . . . . . . . . . . . . . . . . 323
4   Entwicklung eines neuen Markenbeziehungsprozesses . . . . . . . . . . . . . . . . . . . . . . . . . 326
5   Fazit . . . . . . . . . . . . . . . . . . . . . . . . . . . . . . . . . . . . . . . . . . . . . . . . . . . . . . . . . . . . . 330
Literatur . . . . . . . . . . . . . . . . . . . . . . . . . . . . . . . . . . . . . . . . . . . . . . . . . . . . . . . . . . . . 331

### Zusammenfassung

In diesem Beitrag wird ein Markenführungsansatz entwickelt, der den Kunden als Wertschöpfungspartner in den Mittelpunkt stellt, um die Beziehung der Kunden zur Marke als wichtigsten Wettbewerbsvorteil nutzen zu können. Der neue Ansatz erfüllt

---

R. Kalka (✉) · C. Poßberg
Hochschule Düsseldorf, Düsseldorf, Deutschland
E-Mail: regine.kalka@hs-duesseldorf.de

W. Merkle
Merkle. Speaking. Sparring. Consulting, Hamburg, Deutschland
E-Mail: mail@merkle-consulting.com

© Der/die Autor(en), exklusiv lizenziert an Springer Fachmedien Wiesbaden GmbH, ein
Teil von Springer Nature 2023
A. Krämer et al. (Hrsg.), *Stammkundenbindung versus Neukundengewinnung*,
https://doi.org/10.1007/978-3-658-40363-8_16

den Anspruch, keinen Zielkonflikt zwischen Stammkundenbindung und Neukundengewinnung hervorzurufen, indem der Wert des Kunden für das Unternehmen dem Ansatz zugrunde liegt. Zur Entwicklung des Ansatzes werden Auslöser für ein dem traditionellen Marketing gegenüber verändertes Markenführungsverständnis dargelegt, um anschließend bereits entwickelte Ansätze hinsichtlich der Erfüllung neuer Anforderungen zu analysieren. Die zu berücksichtigenden Ansätze werden dann in einem holistischen Ansatz verbunden.

## 1 Einleitung

Seit der Entstehung des Marketingansatzes wird das Ziel verfolgt, eine Marke von der Konkurrenz differenziert zu positionieren und aus der Masse der Angebote hervorzuheben. Nun forcieren die Digitalisierung und damit einhergehende gesellschaftliche Entwicklungen zunehmend neue Herausforderungen für die Markenmanager. Angesichts der rasanten Veränderungskraft besteht die Notwendigkeit, das traditionelle Markenführungsverständnis neu zu überdenken bzw. neu zu definieren.

Im Fokus stehen dabei die komplexer werdenden Kommunikations- und Medienstrukturen. Diese gehen einher mit einer veränderten Rolle des Kunden und einer Verschiebung des bisherigen Machtverhältnisses zwischen Unternehmen und Kunden bei der Markenführung. Angesichts der Tatsache, dass der Konsument längst über weitaus mehr Einfluss auf die Marke verfügt, scheint seine Individualität in der Markenführung jedoch noch nicht genügend Berücksichtigung zu finden, da die bisherigen Markenführungskonzepte immer noch den Eindruck vermitteln, die einzelnen Kundengruppen seien tendenziell klassifizierbare Größen. Der Kampf um Neukunden und die Loyalität der Stammkunden muss mit weitreichenden Veränderungen im Markenführungsverständnis in eine neue Runde gehen. Nur mit einer Markenführung, die die technischen und gesellschaftlichen Entwicklungen zielführend zu nutzen weiß, bleiben Marken für den (potenziellen) Kunden interessant, begehrenswert und können sich am Markt behaupten (vgl. Steiner 2017, S. 59).

Um dieser Forderung gerecht zu werden, sind bereits verschiedene Ansätze für eine postmoderne Markenführung entwickelt worden, die jedoch jeweils Fokus auf einzelne Aspekte der Markenführung setzen. Was bisher fehlt, ist die Verbindung dieser Ansätze zu einer integrierten und ganzheitlichen Markenführungs-Konzeption. Bezugnehmend auf die in Kap. „Die Relevanz, Ausrichtung und Organisation des Marketings in Theorie und Praxis unter veränderten Rahmenbedingungen" beschriebene 9. These: *„Co-Creation: Der Kunde wird zunehmend „Teil des Leistungsprozesses", dies müssen Unternehmen aktiv steuern"* folgt der hier entwickelte Markenführungsansatz, in dem der Kunde als Wertschöpfungspartner die zentrale Rolle einnimmt, genau diesem Anspruch. Es wird ein Markenführungsansatz entwickelt, in dem die Stammkundenbindung als zentraler Aspekt des erfolgreichen Marketings betrachtet wird, sich Wachstumsziele aber dennoch über die Neukundengewinnung sowohl durch traditionelle Maßnahmen wie Preisaktionen als auch über neue Wege, wie durch die Akquisition durch Stammkunden, erreichen lassen.

## 2 Auslöser für ein verändertes Markenführungsverständnis

Vier weitreichende Auslöser verändern das traditionelle Markenführungsverständnis und resultieren in neuen Anforderungen an die Markenführung: 1) eine veränderte Wertschöpfungslogik, 2) die Notwendigkeit einer digitalen Markenführung, 3) Customer Empowerment und 4) die Experience Economy.

### 2.1 Auslöser 1: Eine veränderte Wertschöpfungslogik

Vargo und Lusch argumentieren bereits 2004, dass sich auch die Marketing-Logik immer weiter weg von einer güterbasierten Denkweise (Good-Dominant Logic), die sich auf die Wertschöpfung durch den Austausch materieller Güter bezieht (vgl. Woratschek et al. 2019, S. 123), hin zum Austausch immaterieller Güter, spezialisierter Fähigkeiten, Kenntnissen und Prozessen entwickelt. Die aus dieser Beobachtung entwickelte Service-Dominant Logic definieren Vargo und Lusch über zehn Prämissen (vgl. 2004, S. 6–12), in denen Immaterialität, Austauschprozesse und Beziehungen eine zentrale Bedeutung besitzen.

Laut Drengner et al. (2013, S. 145) sind fünf der zehn Prämissen von besonderer Relevanz für die Markenführung. Dies sind Service als die grundlegende Form des Austauschs (Prämisse 1), operante Ressourcen als fundamentale Quelle von Wettbewerbsvorteilen (Prämisse 4), die stets vorhandene Beteiligung des Kunden an der Kreation des Wertes einer Leistung (Prämisse 6), die Unmöglichkeit der Wertlieferung durch das Unternehmen (Prämisse 7) und die individuelle und phänomenologische Bestimmung des Wertes einer Leistung durch den Nutznießer der Leistung (Prämisse 10).

Die erste Prämisse, die den Service als grundlegende Form des Austausches zwischen Marktteilnehmern hervorhebt, beruht auf einer Differenzierung von „Services" und „Service". „Services" bezeichnet die funktionalen und institutionellen Dienstleistungen (vgl. Woratschek et al. 2019, S. 123) und bezieht sich damit auf das mit einem allgemeingültigen Wert belegte Produkt der Dienstleistung selbst. „Service" hingegen bezieht sich auf das Handeln, die Prozesse und die Leistungen im Austausch unter Anwendung von spezialisierten Kompetenzen, Wissen und Fähigkeiten durch die ein kundenindividuell empfundener Wert entsteht. Dieser Service kann nicht mit dem Produktnutzen oder der Bedürfnisbefriedigung gleichgesetzt werden, da der durch das Einbringen eigener, operanter Ressourcen entstehende Wert durchaus von dem Wertangebot der Marke abweichen kann. Ein einfaches Beispiel ist die Zweckentfremdung: Ein Produkt kann von einem Unternehmen für eine bestimmte Bedürfnisbefriedigung verkauft werden und vom Kunden auf eine ganz andere Art Wert schaffen. Service im Sinne der Schaffung eines vom Kunden definierten Wertes durch Wissen und Kompetenz lässt sich Vargo und Lusch zufolge auf alle wirtschaftlichen Tätigkeiten, also auch auf die Produktion übertragen, sodass letztlich jedes Unternehmen auch als Dienstleister definiert werden muss (vgl. Vargo und Lusch 2004, S. 7).

Dementsprechend definiert die vierte Prämisse den Austausch bestimmenden Faktoren, Kompetenzen, Wissen und Fähigkeiten als operante (dynamische effekterzeugende) Ressourcen, die unerlässlich sind, um auch zu transformierende Ressourcen wie z. B. Rohstoffe, als operande Ressourcen bearbeiten zu können. Die Unterscheidung von operanten und operanden Ressourcen, die in verschiedener Form allen Marktteilnehmern zur Verfügung stehen, ist elementar für das Verständnis der Serviceerstellung und gemeinsamen Wertschöpfung von Unternehmen und Kunden (vgl. Drengner et al. 2013, S. 145). Beispielsweise produziert ein Unternehmen mithilfe seiner Kenntnisse und Fähigkeiten (operante Ressourcen) aus verschiedenen Rohstoffen (operande Ressource) eine Fertigtönung für die Haare und generiert damit den Service, dass der Konsument seine Haare zuhause färben kann und keinen Friseurbesuch planen muss. Der Konsument, der das Produkt gekauft hat, setzt seine operanten Ressourcen, nämlich das Verständnis der Gebrauchsanleitung und seine manuelle Geschicklichkeit und operande Ressourcen (seine Haare, Wasser usw.) ein, wodurch für den Kunden der Service entsteht.

Die sechste Prämisse betont, dass der Konsument immer an der Kreation des Wertes einer Leistung beteiligt ist. Der Konsument selbst zieht einen Wert aus dem Angebot des Unternehmens, in dem er seine operanten Ressourcen einsetzt und wird so zum „Co-Creator of Value" (Vargo und Lusch 2004, S. 6). Der SDL folgend, können Unternehmen nicht länger davon ausgehen, ihren Kunden einen inhärenten Wert durch den Verkauf eines Produktes oder einer Dienstleistung zu liefern (vgl. Drengner et al. 2013, S. 146), da dieser erst durch die Einbindung der im Gut eingebetteten operanten Ressourcen „in den eigenen Wertstellungsprozess" (Woratschek et al. 2019, S. 124) entsteht.

Entsprechend verweist die siebte Prämisse darauf, dass Unternehmen „nur" ein Wertangebot hervorbringen, welches als ein Versprechen des Unternehmens vom Kunden über den Service als Wertquelle verstanden werden kann. Dies beruht auf der Erkenntnis der zehnten Prämisse, die besagt, dass der Wert der Leistung subjektiv vom Kunden und immer im Kontext seiner Erfahrungsstrukturen intuitiv und ganzheitlich, also phänomenologisch, gebildet wird (vgl. Drengner et al. 2013, S. 146).

Der in den Co-Creation-Prozessen entstehende Wert ist nicht nur direkt von der Person des jeweiligen Nutznießers abhängig, sondern indirekt auch von dem ihm umgebenden Umfeld, dem sogenannten Value-in-Context. So präferiert ein Konsument vielleicht den teureren Friseur, weil dessen geschickt positionierte und emotional aufgeladene Marke nicht nur die neue Frisur, sondern auch ein erhöhtes Selbstwertgefühl oder das Prestige im Bekanntenkreis bietet. Für die Schöpfung dieses symbolischen Wertes muss der Kunde als operante Ressource über das Wissen verfügen, ob andere Konsumenten und sein Bekanntenkreis einen teuren Friseurbesuch auch als Statussymbol sehen.

Somit beeinflusst das Umfeld auch wiederum die Bereitschaft der Kunden, sich an Co-Creation-Prozessen zu beteiligen und damit die Möglichkeit, einen Wert aus dem Angebot des Unternehmens zu generieren. Kunden generieren im Co-Creation-Prozess nicht nur den Wert der mit der Marke verbundenen Leistung, sondern nutzen Marken auch umgekehrt gezielt zur Stärkung ihres Selbstkonzeptes (vgl. Drengner et al. 2013, S. 147).

Jeweils abhängig von ihren individuellen Wertvorstellungen und Lebenszielen, versuchen die Kunden sie, über den Konsum symbolisch aufgeladener Marken deren Bedeutung auf die eigene Person zu übertragen (Symbolfunktion). Dadurch wird es für die Markenführung unerlässlich, den breiteren sozialen Kontext und nicht nur die einzelnen Kunden-Marken-Beziehungen zu berücksichtigen. Zum einen haben unkontrollierbare Marktteilnehmer außerhalb des Unternehmens Einfluss auf die wahrgenommene Symbolik einer Marke, wie bspw. bei der bekannten Modemarke Fred Perry. Der erfolgreiche Tennisspieler Frederick John Perry gründete die Marke aus Modebewusstsein und wählte als Markenlogo den Lorbeerkranz als Erinnerung an seine Turniersiege. Nachdem in den 70er-Jahren zunächst linke Skinheads in England die Marke zu ihrer Uniform machten, wurde sie vermehrt auch von Neonazis getragen. Dadurch wurde Fred Perry häufig in Zusammenhang mit Rechtsextremismus gebracht, was zu einem immensen Imageschaden und stark sinkenden Verkaufszahlen führte. Trotz einer gut gelungenen Image-Restaurierung wurde das Polohemd 2020 erneut von der amerikanischen, rechtsextremen Gruppe „Proud Boys" als Uniform gewählt. Obwohl sich die Marke politisch neutral verhält und sich deutlich von rechtsradikalen Gruppen distanziert, wird sie durch die unkontrollierbaren externen Einflüsse auch heute noch häufig als Bekenntnis zu rechtsradikalem Gedankengut gesehen (vgl. t-online 2020).

Zum anderen überträgt der Kunde die Symbolik einer Marke nicht ungefiltert auf sich selbst. Kunden bilden vielmehr unter Anwendung ihrer individuellen operanten Ressourcen, die sich aus den individuellen Lebenshintergründen und Erfahrungen wie z. B. der wirtschaftlichen Situation, dem kulturellen Hintergrund oder der aktuellen Lebensphase ergeben, ihre eigene symbolische Bedeutung einer Marke. Ein Beispiel hierfür ist die Marke Tesla, die sowohl für Nachhaltigkeit als auch für Wohlstand steht. Kunden können die Marke aufgrund beider Bedeutungen präferieren oder auch mit dem Kauf nur zeigen wollen, dass sie zu einer Gesellschaftsgruppe gehören, die sich ein Luxusauto leisten kann. Der Kunde nutzt die Marke Tesla dann nicht, um sein Umweltbewusstsein zu zeigen. Der Service einer Marke liegt dann darin, das Wertangebot in Form eines Produktes oder einer Dienstleistung durch ein Angebot symbolischer Bedeutungen zu ergänzen, welche dann von den Kunden mit eigenen operanten Ressourcen genutzt werden können (vgl. Drengner et al. 2013, S. 149).

Aus den Erkenntnissen der verhaltensorientierten Markenforschung, dass die operativen Maßnahmen der Markenführung von Kunden als Verhalten der Marke interpretiert werden und Marken so eine eigene Persönlichkeit entfalten, resultiert die Vorstellung von der Entwicklung sogenannter Kunden-Marken-Beziehungen. Das bedeutet, dass sich die stärkende Wirkung einer Marke für das eigene Selbstkonzept in einer tiefgreifenden, länger anhaltenden Beziehung zu der Marke aufbaut, die sich aus vielen verschiedenen, aber inhaltlich verbundenen Interaktionen mit ihr, begründen.

Die Beziehungsgestaltung zwischen Kunden und Marke erweist sich als äußerst komplex. Denn über die Beziehung zur Marke, deren symbolische Bedeutung einerseits individuell geprägt ist, werden andererseits auch soziale Beziehungen mit anderen Kunden entwickelt, die dann wiederum Einfluss auf die individuelle symbolische Bedeutung der Marke entfalten. Arnould et al. (2006, S. 94) bezeichnen die sich in Brand Communities ergebenden Möglichkeiten zu sozialen Beziehungen als operante Ressource. In den Communities erfolgen vielfältige Co-Creation-Prozesse, in denen die Begeisterung für eine Marke geteilt und zelebriert werden kann und die Bedeutung der Marke für den Einzelnen, für die Community und für außenstehende Marktteilnehmer als Ausdruck des sozialen Zusammenhaltes relevant wird. Ein weiterer Service der Marke besteht somit in der „sozialen Interaktionsfunktion" (Drengner et al. 2013, S. 149).

Für die Stammkundenbindung erweist sich diese neue Wertschöpfungslogik als eine Chance. Die Einbindung des Kunden als Co-Creator bedeutet eine sehr starke Wertschätzung des Kunden von Seiten des Unternehmens und stärkt so die Kunden-Marken-Beziehung. Das Ziel der langfristigen Kundenbindung sollte demnach auch bei der Neukundenakquise eine Rolle spielen. Bereits zu Beginn der Kunden-Marken-Beziehung sollte klar sein: Das hier wird etwas Langfristiges. Neukunden kann durch die Einbindung und Wertschätzung als Co-Creator ein tiefgreifenderes und langfristigeres Wertangebot gestellt werden als bspw. durch einmalige oder zeitlich begrenzte Preisangebote. Neben der Kommunikation der Marke können auch die Stammkunden zur Neukundenakquise eingesetzt werden. Dazu können über bekannte „Werbe-einen-Freund"-Aktionen und die Motivation zur Weiterempfehlung hinaus viele Möglichkeiten genutzt werden. Durch öffentlich einsehbare Produktbewertungen oder dem Einsatz von User Generated Content können die potenziellen Neukunden bspw. einen authentischen Eindruck von dem Produkt bekommen. Auch Bewertungen oder Berichte der Stammkunden bezüglich der eigenen Interaktionen mit der Marke können förderlich sein, wenn der Kunde bspw. eine wertschätzende Reaktion auf einen Vorschlag bekommt oder begeistert von seinem Erlebnis im Store berichtet. So wie die Einstellung der Kunden zur Marke durch ihr Umfeld geprägt wird, kann auch der Kunde seine Erfahrungen mit den Co-Creation-Prozessen mit der Marke, über die Zufriedenheit mit dem eigentlichen Produkt hinaus, und die empfundene Wertschätzung in seinem Umfeld teilen. Dementsprechend können Unternehmen den breiteren sozialen Kontext der Marke und ihrer Bestandskunden betrachten, um dort auch neue Kunden zu akquirieren.

## 2.2  Auslöser 2: Notwendigkeit einer digitalen Markenführung

Die Digitalisierung verändert und verschärft die Rahmenbedingungen der Markenführung und setzt die Unternehmen in allen Branchen massiv unter Zugzwang (Ratzlaff 2020). Die Tatsache, dass durch die Digitalisierung Kunden einer massiv gesteigerten Informationsflut gegenüberstehen (vgl. Burmann et al. 2018, S. 5), führt zum einen zu einer Zunahme der um die Aufmerksamkeit der Kunden konkurrierenden Botschaften (vgl. Kreutzer und Land 2017, S. 9) und zum anderen zu einem sich verändernden

Informationsverhalten der Kunden (vgl. Burmann et al. 2018). Mit dem Aufkommen des Web 2.0, das weniger durch technische also durch soziologische Veränderungen charakterisiert ist, entwickelt sich das Internet zum kommunikativen Leitmedium und wird von Burgold et al. (2009, S. 9) als „neue Ära der Markenkommunikation" eingeordnet. Das vormals vermehrt zur Informationsvermittlung genutzte Internet, entwickelte sich hin zu einer interaktiven Plattform, auf der alle Kunden zu Prosumenten werden, die quantitativ und qualitativ zum Informationsangebot beitragen (vgl. Peters und Stock 2007, S. 22). Peters und Stock sprechen in diesem Zusammenhang von einer Manifestation der kollektiven Intelligenz durch die gegenseitige Unterstützung der „Prosumer" (Peters und Stock 2007, S. 22). Burgold et al. (2009, S. 9) betonen, dass das Web 2.0 nicht nur eine wesentliche Veränderung des Markenverständnisses, der Markenführung und der Markenkommunikation mit sich bringt, sondern insgesamt die grundlegende Haltung zu Marken und zu Kommunikation seitens der Kunden verändert.

Dem Internet wird diesbezüglich eine grundlegende gestaltende Funktion für Kommunikation und Öffentlichkeit zugeschrieben. Es ermöglicht jedem, unabhängig von Kompetenz und Fachwissen, Inhalte zu veröffentlichen und mit anderen Individuen oder sogar ganzen Gruppen zu interagieren. Der wechselseitige Antrieb zwischen wachsenden Inhalten, die nun auch von Kunden produziert werden, und immer mehr Internetnutzern (vgl. Burgold et al. 2009, S. 10), deutet darauf hin, dass das Internet weiterhin an Bedeutung als Leitmedium gewinnt und die digitalen Markenführung somit auch noch essenzieller wird. Die bisherige Kommunikationsgestaltung ging größtenteils von den Unternehmen aus und wurde an die Kunden gerichtet. Nun aber entsteht eine wechselseitige Kommunikation auf vielen verschiedenen Kanälen, die den Einbezug einer breiten Masse von Kunden und anderen Stakeholdern ermöglicht.

Auf der anderen Seite muss festgestellt werden, dass im Zuge der neuen Kommunikationsstrukturen und -kulturen der Einfluss auf die Kommunikation über Marken und die damit einhergehende Meinungsbildung über klassische Massenkommunikation seitens der Unternehmen und Markenverantwortlichen schwindet (vgl. Mueller 2009, S. 22). Denn das ‚Mitmach-Web' ermöglicht es jedem Kunden, mit Unternehmen, deren Marken und anderen Kunden zu kommunizieren. Als aktiver Kommunikator entscheidet der Konsument nicht nur, mit welchen Marken er selbst in Kontakt treten möchte, sondern beeinflusst möglicherweise die Wahrnehmungen und Entscheidungen anderer Kunden mit seinen schonungslos ehrlichen Kommentaren – welche aber auch durchaus positiv für die Marke ausfallen können (vgl. Burgold et al. 2009, S. 15). Kunden werden „zu aktiven Protagonisten in der Kommunikation und Interaktion mit Marken und anderen Kunden" (Esch und Langner 2019, S. 199) und bilden sich so nicht nur ganz unabhängig ihr eigenes Bild einer Marke, sondern kommunizieren und diskutieren dieses ebenso unabhängig von der institutionellen Markenführung (vgl. Kreutzer und Land 2017, S. 108).

Mit den neuen Kommunikationsstrukturen erweitert sich nicht nur die Reichweite der Kommunikation, sondern auch der Umfang der Kommunikation, da die Kunden zunehmend mehr Zeit online verbringen. Einhergehend mit der Entwicklung von mobilen Endgeräten und forciert durch die Etablierung vieler verschiedener Plattformen, insbesondere der Social-Media-Netzwerke, änderte sich das Nutzerverhalten der Kunden hin zu einem durchgehenden online sein. Kunden sind fast rund um die Uhr, sowohl stationär als auch mobil, an vielen verschiedenen Kontaktpunkten vernetzt und haben auch permanenten Zugriff auf die von den Marken kommunizierten Inhalte (vgl. Errichiello und Zschiesche 2018, S. 9). Durch die voranschreitende Technologie und die sich ändernde Internetnutzung der Kunden entstehen immer mehr digitale und analoge Marken-Touchpoints, an denen die früher getrennten digitalen und analogen Inhalte teilweise verschmelzen und darüber hinaus die Stakeholder der Marke aktiv partizipieren können (vgl. Jakić et al. 2019, S. 737). Es zeichnet sich somit das Bild einer zunehmenden Vielfalt an Medien und Touchpoints, die zugleich durch eine wachsende Dynamik und Interaktivität geprägt sind (vgl. Woratschek et al. 2019, S. 126). Die vielen verschiedenen, hoch dynamischen Kanäle und Kontaktmöglichkeiten im Internet sind eine Herausforderung für die Markenführung und Inszenierung eines Markenbildes. Besonders im Hinblick auf das Kundenerlebnis spielen die verschiedenen Touchpoints eine bedeutende Rolle.

Während die Unternehmen aktuell noch mit mehreren Herausforderungen im Zusammenhang mit der digitalen Markenführung konfrontiert sind, entwickelt sich laut Zuckerberg mit dem Metaversum bereits das nächste Kapitel des Internets (vgl. Wilhelm 2022). Obwohl es sich bei dem Begriff Metaversum wissenschaftlich bisher eher um eine Vision, als um ein existierendes Konzept handelt (vgl. Brauns 2022), wird das Metaversum bereits jetzt als das nächste Vernetzungsparadigma eingeordnet (vgl. Schuldt 2021), in dem die Grenzen zwischen der virtuellen und der analogen Welt noch mehr verschwimmen und die Vernetzung der Menschheit weiter vorantreiben getrieben wird (Montoya 2022). Die digitale Markenführung ist hinsichtlich der Weiterentwicklung der Kunden-Marken-Beziehung essenziell. Das Internet gewinnt als ein Angebot einer neuen und vielseitigen Beziehungsgestaltung an Bedeutung, da die hier vorgenommene Partizipation der Kunden für eine Vielzahl von anderen Menschen sichtbar wird. Dabei sind sozialen Medien aufgrund ihrer interaktionsfördernden Charakteristika ein besonderer Pool (vgl. Jakić et al. 2019, S. 741). Die Vernetzung der Kunden und ihr Austausch über Marken findet mit und auch ohne bewusste Beteiligung der Marke selbst statt und dies in einem viel größeren Umfang, als es früher im eigenen Lebensumfeld der Fall war. Unternehmen müssen daher bestrebt sein, Teil der gegebenen Kontakt- und Beziehungsmöglichkeiten der Kunden auf den relevanten Plattformen zu sein und diese für eine gemeinsame Kommunikation der Marke auf Augenhöhe für sich zu nutzen.

Besonders die Stammkundenbindung scheint durch die im Internet drastisch steigende Anzahl der Konkurrenz für Marken erschwert. Um für die Kunden interessant zu bleiben, reicht es nicht mehr aus, Informationen oder Bestellmöglichkeiten anzubieten. Vielmehr sollten Marken mit den Kunden in Interaktion treten, interessante Inhalte bieten und markenrelevante Themen nutzen, um mit den Kunden einen Dialog zu führen und so direkt den Markenwert zu beeinflussen. Eine grundlegend positive

Kunden-Marken-Beziehung wird gerade im digitalen Umfeld umso wichtiger, wenn der Einfluss der Bestandskunden auf die Wahrnehmung der Marke betrachtet wird. Ein Großteil der Konsumenten ist auf Social Media vertreten und teilt dort Einblicke in sein Privatleben. Hier binden Kunden ein Produkt oder eine Marke oftmals auch unbewusst in ihren Content ein, wodurch diese in einem bestimmten Umfeld oder Zusammenhang betrachtet werden. So sind auf Instagram und Pinterest bspw. unzählige Bilder von Starbucks-Kaffeebechern auf teuren Mamortischen neben dem neuesten iPhone in den Händen attraktiver Frauen in teuren Markenartikeln zu sehen. Starbucks erscheint dadurch in Zusammenhang mit Luxus, wodurch eine gute Qualität suggeriert werden kann. Die Neukundenakquise wird online auch entscheidend durch die Erfahrungen und Bewertungen der Stammkunden beeinflusst. Für die Marken liegt also eine Chance in user-generated content, der bestenfalls durch die Interaktion der Marken mit den Kunden sogar durch die Marke gesteuert werden kann.

## 2.3 Auslöser 3: Customer Empowerment

Customer Empowerment steht für die Stärkung der Kunden, die von den Unternehmen nicht länger als passive Botschaftsempfänger betrachtet werden können (vgl. Gouthier 2006, S. 169). Aufgrund des schwindenden Informationsvorsprungs der Unternehmen wird deren informierende oder belehrende Rolle nicht mehr akzeptiert, sondern Wertschätzung erwartet. Kilian und Kreutzer (2022, S. 26) sprechen sogar von einem gesteigerten Beachtungsbedürfnis, das unmittelbar und immer zeitnah befriedigt werden soll. Kunden fordern bessere Erlebnisse und erwarten, dass ihre von den Unternehmen massenhaft gesammelten Daten zu ihrem Nutzen eingesetzt werden (vgl. Peccolo 2015). Trotz der großen Menge der gesammelten Kundendaten und der immer weiter ausgereiften Analysemethoden bleibt das immer individueller ausgeprägte Kundenverhalten vielfach intransparent (vgl. Mueller 2009, S. 21 ff.). Kilian und Kreutzer empfehlen daher, dass Unternehmen den Bestandskunden verstärkt zuhören und das Feedback für ein besseres Verständnis nutzen sollten (vgl. Kilian und Kreutzer 2022, S. 36). Kunden begegnen den Unternehmen nun auf Augenhöhe und fordern den gleichberechtigten Markendialog, sodass Unternehmen nicht mehr in der Position sind, zu entscheiden, wodurch und wieviel Macht die Kunden haben sollen.

Managementkonzepte müssen daher mit dem Ziel verbunden sein, das aus den externen Entwicklungen bedingte Customer Empowerment auch zum eigenen Vorteil für die Marke und das Unternehmen zu nutzen. Weiterführend ist hier eine systemtheoretische Definition der Marke, als „nicht-triviales soziales Phänomen, welches nur bedingt bestimmt, kalkulierbar und steuerbar ist" (Mueller 2009, S. 25). Die vorherigen Ausführungen zeigen, dass dabei nicht nur das System der Marke, sondern auch die vielzähligen individuellen Kunden als eigenständige Systeme berücksichtigt werden müssen. Der Systemtheorie folgend sind Kunden und Marke als soziale Systeme autopoietische (sich selbst erhaltende) Systeme, die sich von der Umwelt abgrenzen, um sich selbst als eigenständiges System zu erleben. Einflüsse und Reize aus der Umwelt vermögen die Systeme (Kunden und Marke) zu Reaktionen anzuregen oder sie zu irritieren, aber die Entscheidung, wie Reize aufgenommen werden, inwieweit mit Veränderungen, Entwicklungen oder Widerstand reagiert wird, sind nicht von außen steuerbare. Die konkreten Systemzustände werden damit nicht von der Umwelt, sondern vom System selbst bestimmt (vgl. Hosemann und Geiling 2005, S. 280). Dies bedeutet, dass weder das System der Marke einseitigen Einfluss auf das System und die Befindlichkeit des Kunden (oder die Systeme der Kunden) nehmen kann, noch kann der Konsument einseitig das System oder die Persönlichkeit einer Marke verändern. Dennoch liegt die Chance der Markenführung in der Wechselbeziehung zwischen Kunden und Marken. Zentral ist hierfür die Annahme, dass die Wahrnehmung der Reize einer Marke durch den Kunden als anregend für einen Beziehungsaufbau zur Marke empfunden werden können. Statt einer bestimmten Wahrnehmung oder eines bestimmen Zustandes, den ein Kunde über die Marke erleben soll, werden die Gestaltungsmöglichkeiten einer lebendigen Beziehung zwischen Kunden und Marke, in der die jeweilige Bedeutung füreinander immer wieder neu definiert werden kann, zur Chance.

Für die Stammkundenbindung ergibt sich die Möglichkeit, mit den Kunden über die gewonnenen Verbesserungen in den Dialog zu treten. Der Einsatz der genutzen Daten kann transparent erklärt werden, da Kunden bereit sind, ihre Daten für ihren eigenen Vorteil zu teilen. Wichtig ist, dass Stammkunden nicht den Eindruck erhalten, ihre Daten und ihre Bereitschaft zur Interaktion würden nur für den Vorteil des Unternehmens, also einseitig zu Lasten des Kunden, genutzt. In der Neukundenaqkuise können dann die positiven Beziehungen der Marke zu ihren Kunden und auch der Einfluss der Kunden auf die Marke und das Unternehmen kommuniziert werden, um die Wertschätzung und die Bedeutung der Kunden für die Marke als Wettbewerbsvorteil nutzen zu können.

### 2.4   Auslöser 4: Experience Economy

Die Bedeutung der Beziehungsgestaltung für eine Marke findet auch in der Marketing-Praxis ihren Niederschlag. Eine Marke kann nur dann eine Bedeutung für die Kunden entfalten, wenn der Konsument jeden Marken-Touchpoint als ein Erlebnis wahrnimmt. Entsprechend streben Unternehmen im Rahmen der sogenannten Experience Economy danach, die emotionale Bindung zwischen Kunden und Marke und damit auch die Loyalität der Stammkunden durch positive Erlebnisangebote und Interaktionsmöglichkeiten mit den Unternehmen zu steigern (vgl. Digital 2020). Experience Economy steht sowohl in der Literatur als auch in der Praxis synonym für Erfahrungswirtschaft und Erlebniswirtschaft: „the experience economy is one where experience creates economic value" (Rao 2021) und beschreibt die Entwicklung weg vom reinen Angebot von Produkten und Dienstleistungen hin zum Angebot von Kundenerlebnissen (vgl. Ratzlaff 2020).

Zentrales Merkmal der Experience Economy ist die Verbindung des Erlebnisses als Wert mit der damit verbrachten Zeit. Ein Erlebnis wird dann als wertvoll erlebt, wenn die dabei aufgewendete Zeit als gut verbracht bewertet werden kann (Gilmore und Pine 2020). Das Kundenerlebnis gewinnt immer mehr an Bedeutung für die Kaufentscheidungen der Kunden, da sie angesichts des immer größeren und ähnlicher werdenden Produktangebots nur noch schwer eine Präferenz für ein Produkt entwickeln können. Kaufentscheidender Faktor ist somit zunehmend der empfundene Wert einer Markenbeziehung, der durch störungsfreie, ansprechende und persönliche Erlebnisse geschaffen wird (vgl. Ratzlaff 2020). Die 1998 vorausgesagte Werteverlagerung „consumers unquestionably desire experiences" (Pine und Gilmore 1998), wird spätestens im Jahr 2020 auch wissenschaftlich bestätigt „We're in an Experience Economy. Right now" (Gilmore und Pine 2020).

Noch während sich jedoch die Unternehmenspraxis in der Entwicklung zur Experience Economy befindet, zeichnet sich bereits ein Trend zur virtuellen Experience Economy ab, die sich auf digitale und virtuelle Erlebnisse stützt. Das sich ankündigende Metaversum fordert ein Umdenken der Unternehmen hinsichtlich der Beziehungen zwischen ihren Marken und den neuen sowie bestehenden Kunden (vgl. Montoya 2022). Wurde der durch die Covid-19 Pandemie forcierte Digitalisierungsschub zunächst als Chance erkannt, den Kunden trotz der Kontaktbeschränkungen Erlebnisse in digitaler Form anbieten zu können, stellt sich jetzt die Frage, inwieweit die digitalen Erlebnisse die analogen Erlebnisse ergänzen oder sogar ersetzen werden (vgl. Rao 2021).

Es entstehen gleichzeitig große Herausforderungen und Chancen für die Stammkundenbindung. Können die Markenerlebnisse der Kunden so gestaltet werden, dass der Kunde sich individuell behandelt fühlt und auch seine Loyalität zur Marke geschätzt wird, kann diese Loyalität und Bindung zur Marke enorm gestärkt werden. In der Neukundenakquise ist es besonders wichtig, schon an den ersten Kontaktpunkten einen bleibenden, positiven Eindruck zu hinterlassen. Macht der potenzielle Kunde schon zu Beginn keine gute Erfahrung, minimiert sich die Chance, diesen Kunden für einen weiteren Kauf zu gewinnen und gar langfristig zu binden. Die Markenverantwortlichen sollten daher jeden Touchpoint auch aus Sicht der potenziellen Neukunden und der Stammkunden betrachten und die Interaktionen nutzen, um die Touchpoints und das Erlebnis stetig zu verbessern.

## 3 Zu berücksichtigende Ansätze für ein postmodernes Markenführungsverständnis

Im Vorangegangen wurde deutlich, wie stark die Digitalisierung und damit einhergehende gesellschaftliche Entwicklungen die Anforderungen an die Führung von Marken und Unternehmen verändert haben – damit gilt es, das Markenführungsverständnis neu zu definieren. Im Folgenden werden wichtige Ansätze beleuchtet, die in einem postmodernen Markenführungsverständnis Berücksichtigung finden sollten.

### 3.1 Management des Kunden als Wertschöpfungspartner

Die Markenführung unterliegt aufgrund der stärker werdenden Kommunikationsmacht seitens der Kunden einer Demokratisierung (vgl. Sonnenburg 2009, S. 73) und wird zunehmend durch „Interaktivität" (Hannemann 2009, S. 51) geprägt. Marken werden zu „Kommunikationsphänomene[n] (Burgold et al. 2009, S. 17) und entstehen in zunehmend komplexer werdenden sozialen Interkationen.

Darauf ist das Konzept der **Co-Creation of Value** begründet. Es geht dabei um die aus Interaktionen entstehenden Möglichkeiten zur gemeinsamen Wertschöpfung (vgl. Hannemann 2009, S. 51 f.). Lusch und Vargo (2006, S. 284) differenzieren bei der Co-Creation zwischen der gemeinsamen Schaffung von Wert (Co-Creation of Value), als das konstituierende Merkmal des Konzepts und der Ko-Produktion im Sinne einer Beteiligung der Kunden am gemeinsamen Erfinden, Weiterentwickeln oder Designen des Angebotes. Wenngleich der Co-Creation of Value damit mehr Bedeutung als der Ko-Produktion zugesprochen wird, gilt für beide Komponenten der Co-Creation, die Abgrenzung von bisherigen Wertschöpfungsansätzen, die der GDL entstammen (vgl. Lusch und Vargo 2006, S. 284).

Eine wichtige Grundlage für das Management des Co-Creation-Prozesses ist das von Prahalad und Ramaswamy entwickelte DART-Modell, das die vier Grundbausteine Dialog, Access, Risk assessment und Transparency umfasst, deren Umsetzung durch technische und soziale Infrastrukturen ermöglicht werden muss (vgl. Prahalad und Ramaswamy 2004a, S. 6 und 31). Insbesondere die beiden ersten Elemente Dialog und Access bieten wichtige Hinweise für die Operationalisierung der Zusammenarbeit mit den Stammkunden. Dialog bezieht sich dabei nicht nur auf den Austausch von Wissen, sondern dient vielmehr als Möglichkeit zur Schaffung eines gemeinsamen Verständnisses von der Marke zwischen Unternehmen und Kunde auf der Basis der jeweils eingebrachten eigenen Wertvorstellungen. Transparenz im Interaktionsprozess ist notwendig, da diese erst effektive Beiträge der Kunden ermöglicht (vgl. Ramaswamy 2006, S. 31). Nicht nur die einzelnen Grundelemente sind von Bedeutung, sondern auch deren Kombination miteinander dienen als Befähiger der Co-Creation. Die Verbindung von Access und Transparency resultiert gerade für den Stammkunden in der Möglichkeit, fundierte Entscheidungen zu treffen. Dialog und Risk assessment erlaubt es, private und öffentlich vertretbare Entscheidungen, z. B. angesichts eines wachsenden Umweltbewusstseins, zu treffen und zu diskutieren. Access und Dialog vergrößert die Möglichkeit, themenbezogene Gemeinschaften zu bilden und fortzuführen. Transparency und Risk assessment verleiht die Fähigkeit, gemeinsam Vertrauen zu entwickeln (vgl. Prahalad und Ramaswamy 2004a, S. 7).

Dieser neue Ansatz stellt das traditionelle Verständnis der Markenführung und der Rollen der Markenverantwortlichen und Stammkunden prinzipiell in Frage – denn er fordert ein stärkeres Miteinander, ohne dass es dabei zu einer generellen Aufgabenverlagerung im Marketingprozess zwischen Unternehmen und Stammkunden kommt (vgl. Prahalad und Ramaswamy 2004a, S. 6). Gleichfalls erfolgt kein Umkehrschluss, nämlich dass die Stammkunden nun die Marken allein kontrollieren und führen könnten.

Customer Engagement Management ist als Handlungsfeld für die Markenführung in der heutigen digitalen Zeit unverzichtbar, da Marken heutzutage entscheidend durch das positive und auch negative Engagement der Stakeholder mitgestaltet werden (vgl. Jakić et al. 2019, S. 740 und 746). Von besonderem Wert für die Entwicklung eines Markenführungsprozesses ist eine Definition von van Doorn et al., die das Customer Engagement vor allem mit Blick auf die in den Beziehungen zwischen Kunden und Unternehmen verhaltensbezogenen Aspekte betrachten: „customer engagement behaviors go beyond transactions, and may be specifically defined as a customer's behavioral manifestations that have a brand or firm focus, beyond purchase, resulting from motivational drivers" (van Doorn et al. 2010, S. 254). Das Kundenengagement und -verhalten umfasst auch die Co-Creation und kann sowohl eigen- als auch fremdinitiiert sein (vgl. DIM 2021). Ausgehend von der Annahme, dass eine starke Kundenbindung durch häufigere und positive Interaktionen des Kunden mit der Marke erreicht wird (vgl. Pfundt 2022), ist es Aufgabe des Customer Engagement Managements, die Motivation und Befähigung der Kunden zu positiven Interaktionen zu fördern. Das positive Engagement der (potenziellen) Kunden kann für das eigene Markenbild und die Minimierung der Risiken eines negativen Engagements eingesetzt werden. Zusätzlich werden die „Einbindung bestehender Kunden in den Akquisitionsprozess [...] [und die] Ausschöpfung des kundenspezifischen Kreativpotenzials" (Kilian und Kreutzer 2022, S. 184) als Aufgaben angeführt. Besonders interessant ist daran, dass die bestehenden Kunden aktiv zur Neukundengewinnung eingesetzt werden können. Das Engagement der (potenziellen) Kunden kann positiver, aber auch negativer Natur sein. Positives Engagement resultiert aus der Motivation, anderen Kunden helfen zu wollen und/ oder Macht oder Anerkennung zu erlangen (vgl. Jakić et al. 2019, S. 745). Indem ein Kunde, der sich bspw. gut mit einer neuen Kamera auskennt und im Geschäft oder im Online-Forum von sich aus anderen Kunden Fragen dazu beantwortet, erlangt Ansehen und Wertschätzung durch den Dank der hilfesuchenden Personen. Die Motivation zu negativem Engagement ziehen Bestandskunden aus der eigenen Unzufriedenheit mit dem Produkt oder der Marke. Wenn der Kunde ein mangelhaftes Produkt erworben hat oder ein Problem mit der Anwendung hat und die Marke bietet ihm keine Lösung, kann die Unzufriedenheit des Kunden so groß werden, dass dieser andere Kunden vor dieser schlechten Erfahrung warnen möchte. Auch fehlende Kompetenzen oder Ressourcen oder der falsche Einsatz von Ressourcen im Co-Creation-Prozess kann in negativem Engagement resultieren. Wenn bspw. ein Möbelhaus einen Online-Konfigurator für eine Küche anbietet und dieser für potenzielle Kunden schwer zu nutzen ist, weil er nicht intuitiv gestaltet ist, es keine gute Anleitung gibt oder er nur mit einem bestimmten Browser funktioniert, wurde viel Geld in die Entwicklung eines Co-Creation-Tools investiert, das jedoch viele frustrierte, unzufriedene Kunden nach sich zieht. Für die Markenführung im institutionellen Sinne ist es daher essenziell, nachzuvollziehen, aus welchen Gründen und auf welche Art und Weise ihre Kunden und potenzielle Neukunden Engagement zeigen, um dieses zum eigenen Vorteil in den Wertschöpfungsprozess einbeziehen zu können.

Als theoretischer Erklärungsansatz der Motivation des Kundenengagements dienen die vier psychologischen Bedürfnisstufen Zuneigung und Liebe, Selbstachtung, Geltungsstreben und Selbstverwirklichung der Maslowschen Bedürfnispyramide (vgl. Kroeber-Riel und Gröppel-Klein 2019, S. 158). Auch Kilian und Kreutzer (2022, S. 185 f.) beziehen sich zum Verständnis des Kundenverhaltens letztlich auf die psychologischen Grundbedürfnisse des Menschen nach Maslow. Die unter dem Begriff der ‚Verbundenheit' eingeordneten Bedürfnisse, Teil von etwas Größerem, wie einer Gruppe oder einem Team zu sein und Bezug zur Familie oder einem Partner zu haben, umfasst Maslow als ‚soziale Bedürfnisse', zu denen Kommunikation, Partnerschaft, Liebe, Freundschaft und auch Gruppenzugehörigkeit gehören (vgl. Kroeber-Riel und Gröppel-Klein 2019, S. 159). Im Spannungsfeld zur Verbundenheit steht laut Kilian und Kreutzer (2022, S. 185) das Bedürfnis nach ‚Freiheit und Autonomie'. Dieses Spannungsverhältnis, dass an menschliche Beziehungen erinnert, lässt sich auch auf die Kunden-Marken-Beziehung übertragen. Motivation zum Engagement im Co-Creation-Prozess kann weiterhin aus dem Streben nach ‚Kreativität und Entfaltung' und aus dem Streben nach dem ‚Sein', welches in der Ausgestaltung der eigenen Existenz resultiert, entspringen. Zusammenfassend scheinen jedoch die Bedürfnisse, die in einer Beziehung ausgelebt werden, von zentraler Bedeutung zu sein.

Eine zentrale Rolle im Customer Engagement und in der Co-Creation spielen Brand Engagement Plattformen (BEP). Auf den BEP wird „der Markenwert co-kreativ geschaffen" (Jakić et al. 2019, S. 746), indem das von der Marke gegebene Nutzenversprechen diskutiert und das Markenerlebnis zusammen gestaltet wird. Eine BEP ist die Aggregation von digitalen und analogen Markenkontaktpunkten, an denen die Kunden und andere Stakeholder in Interaktion ihre eigenen Erfahrungen mit der Marke teilen. Ramaswamy und Ozcan definieren die BEP als „[…] any physical/digital interactional assemblage of persons (entailing other consumers, company employees, partners, and other stakeholders), artifacts (including data), interfaces, and processes, whose design intensifies agencial engagement […]"(Ramaswamy und Ozcan 2016, S. 96). Nike hat es geschafft, eine erfolgreiche Brand-Engagement-Plattform aufzubauen, auf der die Marke in stetiger Interaktion mit ihren Kunden steht. Vom Nike-Onlineshop, in dem Kunden ihre Schuhe konfigurieren können und Member exklusiven Zugriff auf besondere Artikel bekommen, über die Trainings-App bis hin zu den Geschäften, die den Kunden als Sport-Erlebniswelten über den Verkauf von den Produkten ein Erlebnis bieten. Nike hat vielerlei Kontaktpunkte geschaffen, an denen die Kunden über die beliebten Produkte hinaus eine Verbindung zu der Marke aufbauen.

Jakić et al. (2019, S. 746) identifizieren aus dieser Definition vier Bestandteile, die die Umsetzungsfrage der operativen Einbindung der Kunden beantworten und dabei helfen soll, die Abstimmungs- und Koordinationsprozesse zwischen Unternehmen und Stakeholdern zu gestalten. Unter ‚assemblage of persons' geht es darum, welche Personen sich an der Markenprägung beteiligen und wie sie organisiert sind (private Einzelpersonen als Kunden, gebildete Gruppen, Institutionen etc.). Der Aspekt ‚artifacts' fragt nach der Art und Beschaffenheit der materiellen und immateriellen Kontaktpunkte, die das Unternehmen bietet (Produkte, Dienstleistungen, Informationen, Unterhaltung etc.). Als letzter Bestandteil werden ‚interfaces', die technologischen und sozialen Schnittstellen zwischen den Beteiligten auf der BEP hervorgehoben, welche die Beteiligten verbinden. Wichtig ist dabei, wie sich der ‚Process' auf der BEP gestaltet. Zusammenfassend geht es darum, wie die BEP als Plattform selbst für die Kunden attraktiv sein und das Engagement auf diesen Plattformen schon als Wert erleben lassen, um darüber die Marke innerhalb dieser BEP so zu platzieren, dass sie als wertvoller Inhalt erfahren werden kann. Die Marke muss auf der BEP laut Jakić et al. (2019, S. 749 f.) vier zentrale Funktionen übernehmen:

1. als „zentraler Koordinationsmechanismus" den Stakeholdern den Raum zur Partizipation in Form der Plattform bereitstellen.
2. als „Kommunikator von Informationen" über ihr Angebot und auch über ihr eigenes Wesen informieren.
3. Im Sinne einer Ressourcenintegration die Ressourcen der Stakeholder einbinden und dadurch lernen.
4. Generation eines „Mehrwerts für eine Vielzahl an Stakeholdern."

Der Aufbau und die Gestaltung einer BEP muss sich an den eigenen Fähigkeiten und Ressourcen eines Unternehmens und seiner Kooperationspartner orientieren. Dabei ist nicht nur die Frage der eigenen vorhanden Kapazitäten für eine realisierbare Einbindung des Kundenengagement in die Wertschöpfung zu beantworten, sondern auch zu beachten, dass bei den Kunden durch die Aufforderungen zum Engagement keine Erwartungen geweckt werden, die das Unternehmen nicht erfüllen kann (vgl. Ramaswamy und Ozcan 2016, S. 95).

## 3.2 Customer Experience Management

Ganzheitliche Kundenerlebnisse gelten als wichtiges Bindungsinstrument für Unternehmen, als wichtiges Differenzierungsmerkmal durch das eine Marke einzigartig und nicht austauschbar platziert werden kann. „Companies stage an experience whenever they engage customers in a personal, memorable way" (Pine und Gilmore 1998).

Schnorbus (2016) und Tiffert (2019, S. 7) heben die Erlebnisqualität als Erfolgsfaktor für das Customer Experience Management hervor. Entscheidend ist somit die persönliche Relevanz eines Erlebnisses für den Kunden und seine daran geknüpfte Erinnerung. Von Bedeutung für die Sicht auf die Marke ist dabei, dass einzelne besonders herausragende Erlebnisse beim Kunden einen Wiederholungswunsch entfachen und im besten Fall zu einer Weiterempfehlung führen, Kunden aber prinzipiell die Gesamtheit aller Interaktionen bewerten. Die Ausgestaltung des Customer Experience Managements orientiert sich daran, dass Erlebnisse einprägsamer sind und Menschen stärker in ihrer Weltanschauung und auch in ihrem Selbstbild beeinflussen, als es materielle Besitztümer können (vgl. Localist 2021). Erlebnisse sind im Gegensatz zu Produkten untrennbar mit dem Menschen verbunden, der sie erlebt (vgl. Rao 2021). Die Beschäftigung mit dem Erlebnis erfolgt physisch, emotional, intellektuell und möglicherweise auch spirituell und formt dadurch ein höchst individuelles Erlebnis, das so nur im Kopf des Einzelnen existiert. Dies macht deutlich, dass auch ein Erlebnis, dass aus der Interaktion verschiedener Individuen resultiert, niemals von allen Beteiligten gleich wahrgenommen wird (vgl. Kreutzer und Land 2017, S. 110). Diese Erkenntnis verdeutlicht einerseits die Komplexität der Customer Experience, zeigt aber auch das Potenzial der wechselseitigen Beziehung zwischen Kunden und Marke. Einerseits kann die schon bestehende Beziehung des Kunden zur erlebnisanbietenden Marke die Wahrnehmung des Erlebnisses beeinflussen und andererseits kann die Wahrnehmung der Marke durch die Erlebnisse beeinflusst werden, wodurch „die Beziehung zwischen der Marke und dem Kunden […] verbindlich [wird]" (Chatterjee zitiert nach Atterby 2020).

Für ein besseres Verständnis in der Praxis ist das Customer Experience Management zunächst von dem Brand Experience Management abzugrenzen. Die Brand Experience ergibt sich durch die Erfahrung und Interaktion aller Stakeholder der Marke. Sie umfasst Empfindungen, Wahrnehmungen und Handlungen, die alle Stakeholder, von Mitarbeitern und Geschäftspartnern, über Kunden bis hin zur breiten Öffentlichkeit, im Laufe der Zeit mit der Marke verbinden (vgl. Atterby 2020). Die Customer Experience hingegen steht für die Wahrnehmungen jedes einzelnen Kunden bei seinen konkreten Interaktionen mit einer Marke, bei der Nutzung der Produkte oder Dienstleistungen. Das Customer Experience Management ist demnach nicht von der Markenführung abgrenzbar, da es ohne Markenaktivitäten an Strategie fehlt und das Potenzial der Erlebnisse nicht ausgeschöpft wird (vgl. Forshew 2021). Eine Marke wird durch das Kundenerlebnis physisch, emotional und teilweise auch virtuell durch die Interaktion mit dem Kunden lebendig. Daher sollten Markenführung und das Customer Experience Management eng verbunden werden, so dass die Marke eine zusammenhängende und authentische Geschichte erzählt und das Customer Experience Management diese Geschichte an allen Kontaktpunkten umsetzt.

Forshew (2021) schlägt dazu zwei Ansätze vor und unterscheidet die Brand Customer Experience und die Branded Customer Experience. Die Brand Customer Experience stellt die bereits beschriebene Möglichkeit dar, in der die Marke die Erwartungen bei den Kunden anregt und diese von der Customer Experience in einem definierten Gestaltungsrahmen erfüllt werden. Die Branded Customer Experience ist einzigartig und wiedererkennbar und lässt das Kundenerlebnis zu einer Quelle der Wettbewerbsdifferenzierung werden. Die Autorin führt als Beispiel die Marke ‚Lush' an, der es gelingt, den zentralen Markenwert ‚handgemacht' einerseits in der Customer Experience zu vermitteln und andererseits durch die Customer Experience zu verifizieren. In den Geschäften herrscht ein einfaches, natürliches Ambiente und gerade die potentiellen Neukunden werden dazu ermutigt, die Produkte anzufassen und auszuprobieren. Fachkundige Mitarbeiter führen vor, wie die Produkte angewendet werden und funktionieren. Unternehmen, die Kundenerlebnisse eng mit der Marke verbinden, können von einer stärkeren Stammkundenbindung profitieren. Ob eine Branded Customer Experience für eine Marke die bessere Wahl ist, hängt stark vom Kontext und Wesen der Marke ab und wie prägnant die Erlebnisse sein sollten. Das Customer Experience Management muss bei der Konzeptionierung der Kundenerlebnisse an allen Touchpoints die Erwartungshaltungen der Kunden berücksichtigen, welche vorab von der Markenkommunikation geweckt wurden. Es ist demnach von großer Bedeutung die Erwartungen so zu lenken, wie sie auch vom Unternehmen und der Marke erfüllt werden können (vgl. Kreutzer und Land 2017, S. 110). Das gemachte Versprechen und das Erlebnis des Kunden müssen übereinstimmen, da nach dem Disconfirmation-Paradigma, Kunden in einem Soll-Ist-Vergleich das Erlebnis in Bezug auf die geweckten Erwartungen bewerten (vgl. Nerdinger 2001, S. 59).

Kreutzer und Land (2017) heben im Customer Experience Management, über die Betrachtung einzelner Erlebnisse oder Touchpoints hinaus, die ganzheitliche, zusammenhängende Gestaltung aller Kontaktpunkte im gesamten Kundenlebenszyklus hervor. Es ergeben sich drei übergreifende Aufgabenfelder, die an jeder Stelle des Customer Experience Management zu berücksichtigen sind.

- Mit dem ersten Aufgabenfeld der ‚Wertschätzung' wird auch auf die im Customer Empowerment beschriebenen Forderungen der Kunden eingegangen.
- Als zweites Aufgabenfeld wird die ‚Wertschaffung' hervorgehoben. Durch das Customer Experience Management werden Kundenbeziehungen ausgestaltet, um dadurch dann eine höhere Wertschöpfung für das Unternehmen zu erzielen. Demzufolge würde das Kundenerlebnis an sich jedoch keinen eigenen Wert darstellen, sondern nur als Instrument zur Steigerung der Kaufbereitschaft dienen. Die Customer Experience an sich sollte jedoch über die Möglichkeit ein Produkt zu erwerben hinaus einen eigenen Wert für den Kunden anbieten.
- Das dritte Aufgabenfeld der ‚Konsistenz' bezieht sich auf die Authentizität der Markenwahrnehmung, in der das Markenversprechen in allen Aktivitäten der Marke aufeinander abgestimmt ist.

Da die Bewertung und Imagebildung der Marke durch die Kunden durch jede Interaktion erfolgt, kommt der integrierten Gestaltung der Kontaktpunkte eine große Rolle zu (vgl. Pfundt 2022). Sie trägt als Voraussetzung für eine konsistente Customer Experience wesentlich dazu bei, ob das Markenversprechen gehalten wird. Es ist die Aufgabe des Customer Experience Managements, alle Prozessschritte im Verlauf der Customer Journey aufeinander abzustimmen und dabei jeden Touchpoint so zu konzipieren, dass ein potentieller Neukunde dort erste positive Erfahrungen macht und diese in ein harmonisches Gesamtbild einbezieht und später nach dem Kauf die Beziehung zum Bestandskunden gefestigt wird (vgl. Montoya 2022).

Die Komplexität dieser Aufgabe wird allein an der Vielzahl der Kontaktpunkte in jeder Phase der Customer Journey deutlich. Dabei gilt es, auch die zunehmenden digitalen Touchpoints zu berücksichtigen, ohne die analogen Touchpoints zu vernachlässigen, um möglichst vielen individuellen Kunden die gewünschte Experience zu bieten (vgl. S. 244; Jakić et al. 2019, S. 738). Es kann also nicht von einer definierten Customer Journey ausgegangen werden, sondern von unzähligen verschiedenen Ausgestaltungsmöglichkeiten. Des Weiteren ist zu berücksichtigen, dass die Kunden an den einzelnen Touchpoints als Individuum wahrgenommen und behandelt werden wollen. Es ist also eine weitere Herausforderung, nicht in einer Massenkommunikation alle (potenziellen) Kunden gleich anzusprechen, da so die einzigartige Interaktion mit dem Kunden ausbleibt, die für ihn einen Großteil der Customer Experience ausmacht (vgl. Kreutzer und Land 2017, S. 110).

Eine Möglichkeit, mehr Kontrolle über die Customer Journey zu erlangen und gleichzeitig direkten Kontakt zu den (potenziellen) Neukunden zu haben, ist der Direct-to-Consumer-Ansatz (D2C). Dieser scheint vor dem Hintergrund der Bemühungen, mit den Kunden in Kontakt zu treten und bei ihnen eine Beziehung zur Marke herzustellen, eine erfolgsversprechende und logisch weitergedachte Lösung zu sein. Direct-to-Consumer steht für ein Konzept, in dem direkt vom Hersteller an Kunden verkauft und vermarktet wird (vgl. Ramershoven 2022). Mit dem Verzicht auf Zwischenhändler gehen für die Unternehmen einige Vorteile einher. Unternehmen, die nach dem D2C-Konzept agieren, haben direkten Zugriff auf wichtige Kundendaten und das Feedback der Kunden, wodurch es ihnen erleichtert wird, einen eigenen Kundenstamm aufzubauen. Nicht zuletzt behalten Marken die volle Kontrolle über die Customer Experience, da sie die gesamte Customer Journey eigenhändig betreuen. Insgesamt wird so die Konzeption einer markenspezifischen Customer Experience ermöglicht, in der Marketing- und Verkaufsaktivitäten aufeinander abgestimmt sind und die der Differenzierung gegenüber den Wettbewerbern dienen kann. Das nahezu autonome Handeln gibt den Unternehmen und Marken außerdem die Möglichkeiten, sich agil auf Veränderungen am Markt einzustellen und darauf zu reagieren (vgl. intomarkets 2022). Durch die Digitalisierung und den technischen Fortschritt erhält jedes Unternehmen die Möglichkeit, neben einem eigenen Onlineshop auch eine Vielzahl eigener Kanäle zur Ansprache der Kunden zu erstellen (vgl. Ramershoven 2022).

Im Zentrum von D2C steht die direkte, gleichberechtigte Kommunikation mit Kunden, durch die die Kundenzufriedenheit gewährleistet werden soll. Im direkten Kontakt können die Marken schnell auf Feedback reagieren und die Kunden persönlicher und schneller betreuen, (vgl. intomarkets 2022). Zum einen können gerade Stammkunden im direkten Kontakt eher zum Wiederkauf und durch Cross- und Upselling zu weiteren Käufen motiviert werden. Zum anderen antwortet die persönlichere Betreuung der Kunden auf die Forderungen der Kunden nach Wertschätzung.

Unternehmen profitieren über den direkten Kundenkontakt auch von dem Zugriff auf wertvolle Kundendaten für ihre Analyse des Such-, Informations- und Kaufverhaltens, um die Produkte, den Service und die Kommunikation genauer auf die Wünsche und Bedürfnisse der Kunden auszurichten, und die Kundenzufriedenheit zu steigern (vgl. intomarkets 2022). Durch die Interaktion der Marken mit den Kunden und die Anregung der Nutzer zum Verfassen von Kundenrezensionen und Erstellen von markenrelevantem Content wird das Kaufvertrauen potenzieller Kunden gestärkt und neben der Markenwahrnehmung auch das Gemeinschaftsgefühl gesteigert. Aus dem gleichen Grund sehen Unternehmen, die nach dem D2C-Ansatz handeln, einen großen Wert in der Customer Experience und investieren vor allem in Erlebnisse, die das Vertrauen, die Gemeinschaft und die Verbindung zur Marke fördern (vgl. Tagrin 2019, S. 25).

Ein Beispiel einer D2C-Marke ist der Startup ‚Tail'. Auf der Webseite der Hundefuttermarke beantworten Kunden Fragen zu ihren Hunden, mit deren Beantwortung das Hundefutter individuell angepasst wird. Die Individualisierung der Tiernahrung ist nur durch die angegebenen Daten möglich, welche nur im direkten Kontakt mit dem (potenziellen) Neukunden in Echtzeit erhoben werden können (vgl. Ramershoven 2022). Startups wie dieses gelten als Vorreiter des D2C-Ansatzes, doch auch große Unternehmen wie Henkel folgen. Henkel eröffnete mit dem House of Schwarzkopf seinen ersten D2C-Experience Store (vgl. Henkel 2021). Schwarzkopf setzt dabei das D2C-Konzept nicht über rein digitale Kanäle um, sondern verbindet in einem interaktiven Concept Store analoge und digitale Erlebnisse für den Kunden. Als weiteres Beispiel eines D2C-Experience Store ist sicherlich auch Globetrotter, siehe auch Kap. „Fallstudie Globetrotter: Begeisterung, Innovation und Kundennähe als Erfolgstreiber im stationären Einzelhandel".

### 3.3 Brand Meaning Management

Mit ihrem Konzept des Brand Meaning Managements beziehen sich Jakić et al. auf die Service-Dominant Logic von Merz et al. (2009) und definieren die Marke „als Wert(e)schaffungssystem […], das von unterschiedlichen Stakeholdern im sozialen Umfeld geprägt und erlebt wird" (Jakić et al. 2019, S. 739). Was einerseits als Kontrollverlust gesehen werden kann (vgl. Jakić et al. 2019, S. 743), wird auch als Demokratisierung der Marke im Sinne einer partizipativen und interaktiven Markenführung gewertet (vgl. Asmussen et al. 2013).

Durch den Einbezug der Stakeholder in den Wertschöpfungsprozess, kann die Marke unter Berücksichtigung der partizipierenden Stakeholder Bedürfnisse aktualisiert werden, was laut Jakić et al. (2019, S. 740) zur Steigerung der Authentizität der Marke führen kann. Diese fortlaufende Aktualisierung der Marke im Interaktionsprozess setzt ein Verständnis der Marke als sozialen Prozess voraus. Der Marke wird dadurch eine neue Bedeutung zugeschrieben und das Verständnis der Markenführung wird daran angepasst.

Grundlegend für das Brand Meaning Management ist eine neue Sichtweise der Markenidentität und des Markenimages. Während sich die Auffassung der Markenidentität als nicht verhandelbares und von der Markenführung gestaltetes Bündel von Markenattributen und einer einzigartigen Kombination von Markenassoziationen wenig gegenüber der traditionellen Auffassung der Markenidentität verändert hat, wird das Markenimage aus der Stakeholderperspektive neu beschrieben. Das Markenimage ist demnach ein Resultat der Interaktion von Stakeholdern mit Marken und untereinander und des gemeinsamen markenbezogenen Erlebens (vgl. Jakić et al. 2019, S. 744). Das Ziel der identitätsbasierten Markenführung, eine größtmögliche Deckungsgleichheit zwischen der eigens entworfenen Markenidentität und dem durch den Markenauftritt bei Kunden herbeigeführten Markenimage, kann also nicht mehr erreicht werden.

Zentral für den Brand Meaning-Ansatz sind die im Zusammenhang mit der Marke subjektiv empfundenen Werte, die der Kunde in seinen Co-Creation-Prozessen bildet und die in den Interaktionen auf verschiedenen Ebenen und an den vielzähligen Touchpoints unterschiedlich entwickelte Markenbedeutung der einzelnen Stakeholder. Jakić et al. verstehen – analog zu mehreren Autoren und Forschern – das Brand Meaning „als die Summe aller Wahrnehmungen und Assoziationen diverser Stakeholdergruppen" (Jakić et al. 2019, S. 750). Ziel ist dabei ein Gleichgewicht zwischen „guiding a brand and being guided as a brand" (Asmussen et al. 2013, S. 1474).

Die Vielzahl der verschiedenen Stakeholder, die alle ihr eigenes Brand Meaning entwickeln können, birgt eine hohe Komplexität des Brand Meaning Managements. Somit entsteht ein gänzlich neuer Ansatz der Markenführung, welcher nicht mehr auf Markenidentität, Positionierung und Markenimage basiert, sondern auf dem Brand Meaning, dass sich in einem Zusammenspiel aus den Sphären des Brand Meaning, dem Markenkern und der Markenperipherie zusammensetzt. Demnach wäre es die neue Aufgabe der Markenverantwortlichen, „ein holistisches Brand Meaning unter der Berücksichtigung […] [des] Markenkerns und […] [der] Markenperipherie" (Meyer und Huber 2021, S. 43) aufzubauen.

Zielführend hierfür wird die Kreation eines möglichst nutzenstiftenden Markenkerns und einer Markenperipherie, in der die Stakeholder sich in Co-Creation-Prozessen an der Markenbildung beteiligen können, angesehen.

Förderung und Kontrolle des Prozesses, in dem sich Kunden über das Brand Meaning an der Markenführung beteiligen, scheinen über das Konzept der Brand Engagement Plattformen (s. o.) möglich. Marken können sich auf den BEP in Interaktion mit den Stakeholdern begeben und sich an den Diskussionen über das Brand Meaning beteiligen (vgl. Jakić et al. 2019, S. 754; Meyer und Huber 2021, S. 44).

Diese vierte Funktion ist kritisch zu betrachten, da die Marke im Konzept der Co-Creation generell als System zur Wertschaffung betrachtet wird (vgl. Merz et al. 2009, S. 338), worauf sich Jakić et al. selbst beziehen, wenn sie die „Marke als Wert(e)schaffungssystem" (Jakić et al. 2019, S. 739) interpretieren. Es erscheint demnach fraglich, dies als einzelne Funktion der Marke auf der BEP zu definieren, da die BEP als Ort der gemeinschaftlichen Wertschaffung definiert wird. Kann die Marke all diesen

Funktionen gerecht werden, entsteht für die Stakeholder auf der BEP eine positive Brand Experience, die dann wiederum das Engagement der Stakeholder motiviert. Der hier beschriebene Kreislauf verdeutlicht die Dynamik der postmodernen Markenführung und die Wesentlichkeit der geforderten Interaktion mit den Stakeholdern.

Jakić et al. (2019, S. 750) adaptieren für ihren Markenführungsansatz das Modell von Ligas und Cotte (1999, S. 610) die schon Ende des 20. Jahrhunderts erläuterten, dass sich das Brand Meaning innerhalb und zwischen drei Umfeldern entwickelt. Bei den drei Sphären handelt es sich um die Marketingsphäre, die soziale Sphäre und die persönliche Sphäre. In der Marketingsphäre liegen die Maßnahmen des Unternehmens, die das Selbstbild der Marke kommunizieren sollen. Die soziale Sphäre umfasst die markenbezogene Kommunikation und Interaktion der verschiedenen Stakeholder. Die persönliche Sphäre ist aufgrund der Selbstwahrnehmung einer Person und seiner Werte der Grund für die verschiedenen Wahrnehmungen der Marke durch die Stakeholder.

In jeder der drei Sphären werden verschiedene Aspekte des Brand Meaning gebildet. Dabei ist die Vorstellung, dass in der Marketingsphäre über online- und offline-Kanäle ein ideales Brand Meaning initiiert werden kann, durchaus kritikfähig, da sie letztlich die Vorstellung eines extern gestaltbaren Markenimages spiegelt. Die soziale und die persönliche Sphäre bilden hingegen zwei für die Markenführung wesentliche Ansätze. In der sozialen Sphäre findet die Diskussion und Verhandlung über das Brand Meaning statt. Hier bringen die Stakeholder sich im Sinne des Brand Engagements ein und reagieren auf die Aktivitäten des Unternehmens in der Marketingsphäre. Unter dem Einfluss ihrer eigenen Ziele und Werte beteiligen sich die Stakeholder dann an den Gesprächen über die Marke, in denen deren Bedeutung diskutiert wird. Da diese Gespräche heutzutage größtenteils auf den Neuen Medien, wie Social Media, stattfinden und die Markenverantwortlichen auf Unternehmensseite ebenfalls Zugriff auf diese Plattformen haben, kann sich die Marke im institutionellen Sinne an den Diskussionen über das Brand Meaning beteiligen und diese zu ihrem eigenen Vorteil fördern (vgl. Jakić et al. 2019, S. 751).

Die in den verschiedenen Sphären entstehenden Brand Meanings können voneinander abweichen (vgl. Meyer und Huber 2021, S. 43). Ursachen sind unterschiedliche Wahrnehmungen des Brand Meanings in der Marketingsphäre und des Brand Meanings in der persönlichen Sphäre eines Stakeholders, bzw. des Brand Meanings in der Marketingsphäre und der sozialen Sphäre. Ein weiteres Spannungsfeld identifizieren Jakić et al. (2019, S. 751) in den Unterschieden der Brand Meanings verschiedener Stakeholder, welche aufgrund der subjektiven Werte und Ziele, die der Bildung einer Markenbedeutung auf der Seite des Stakeholders zugrunde liegen, entstehen. Während es bei der identitätsbasierten Markenführung ein Verfehlen der Marketingaktivitäten bedeuten würden, wenn eine vom Unternehmen kommunizierte Markenidentität nicht wie vorgesehen vom Stakeholder wahrgenommen wird, wird dies im Brand Meaning Management nicht mehr problematisiert, da keine Deckungsgleichheit zwischen Markenidentität und Markenimage mehr angestrebt wird.

Wenngleich eine Deckungsgleichheit von Markenidentität und Markenimage nicht mehr Ziel der Markensteuerung ist, brauchen die Verhandlungen über das Brand

Meaning in den Sphären einen gemeinsamen Referenzpunkt, welcher durch den Markenkern gestellt wird (vgl. Meyer und Huber 2021, S. 43). Der Kern einer Marke kann definiert werden als „what it can be reduced to without losing its fundamental meaning or its utility as a point of reference in long-term management" (Urde 2013, S. 26). Er umfasst die zentralen Werte der Marke, welche vom Unternehmen festgelegt werden, jedoch auch die Interessen möglichst vieler Stakeholder berücksichtigen sollen (vgl. Jakić et al. 2019, S. 752).

Urde (2013, S. 27) betont die Notwendigkeit einer Leitlinie, der die strategische Markenführung folgen kann. Der Markenkern hat eine gleichermaßen große Bedeutung für neue Marken und für bereits länger bestehende, etablierte Marken, die vor der Herausforderung stehen, den Markenkern zu bewahren und sich dennoch nicht vor den Entwicklungen und Veränderungen auf dem Markt und in der Gesellschaft verschließen dürfen. Der Markenkern gilt als Äquivalent zum Nutzenversprechen oder Wertangebot der Marke (vgl. Jakić et al. 2019, S. 752), deren Konzept aus der Service Dominant Logic entspringt (vgl. Vargo und Lusch 2004). Die Unternehmen und Markenverantwortlichen können demnach über den Markenkern nicht mehr als einen Vorschlag über den Markenwert unterbreiten. Dieser Wertvorschlag wird dann in der Markenperipherie in Interaktionen zwischen den Stakeholdern untereinander und mit der Marke im institutionellen Sinn, diskutiert. Dabei kann jeder einzelne Stakeholder den für sich wahrgenommenen Wert definieren und wiederum in die Diskussion über das Brand Meaning einbringen. In der Markenperipherie wird somit der Raum für eine verhandelbare Ansicht der Marke gegeben. Diese entsteht durch die Co-Creation der Stakeholder und kann von jedem Beteiligten unterschiedlich wahrgenommen und interpretiert werden. Aus der Diskussion der individuellen, möglicherweise widersprüchlichen Wahrnehmung der Marke und deren Bedeutung für den Einzelnen, bildet sich in der Summe eine dominierende Ansicht des Brand Meanings (vgl. Meyer und Huber 2021, S. 43).

Sowohl der Markenkern als auch die Markenperipherie sind wesentliche Bestandteile des Brand Meaning Managements, das die Entwicklung eines holistischen Brand Meaning anstrebt. Der Markenperipherie wird jedoch „aufgrund zunehmender Interaktionen eine fast noch größere Rolle" (Jakić et al. 2019, S. 752) zugeschrieben. Inhalte, die in der Markenperipherie kollektiv ausgehandelt werden, können im Laufe der Zeit im Markenkern adaptiert werden, wodurch eine Annäherung des Selbstbildes und des Fremdbildes möglich ist. Durch diesen Prozess soll das Brand Meaning jedes Einzelnen in der Markenführung berücksichtigt werden und mit einer „gemeinsam geschaffenen Marke" (Jakić et al. 2019, S. 738) Erfolg erzielt werden.

## 4  Entwicklung eines neuen Markenbeziehungsprozesses

Frühere Marketingansätze gehen zwar auch schon davon aus, dass Bedürfnisse, Wünsche, Erwartungen und Gefühle des Kunden in der Markenführung berücksichtigt werden müssen, betrachten diesen dabei jedoch als eine fest kalkulierbare Größe.

Heute spricht die Marketingforschung von einer veränderten „Buyer–seller interaction" (Ahearne et al. 2022).

In einer demokratisierenden Weise hat sich das Machtverhältnis zwischen Unternehmen und Kunden zugunsten der Kunden verschoben. Vermeintlich besser informierte, von „oben herab" kommunizierende Unternehmen werden von den Kunden nicht mehr akzeptiert. Vielmehr wird ein Dialog auf Augenhöhe erwartet und seitens der Kunden sogar herausgefordert. Ziel eines neuenMarkenführungsprozesses (Abb. 1) muss es sein, bewusst und gemeinsam, Möglichkeiten für das Engagement der Kunden zu ermöglichen und durch die Gestaltung den Kunden und potenziellen Kunden zu motivieren, dass er in positiver Weise an dem Markenbildungsprozess und der Weiterentwicklung teilhaben möchte. Nur so kann zukünftig erfolgreiche Stammkundenbindung erfolgen.

Die Idee des bisherigen chronologisch und hierarchisch ablaufenden Prozesses, zunächst eine Identität der Marke im Unternehmen zu bestimmen und anschließend die Kunden durch operative Marketingmaßnahmen so lange zu stimulieren, bis das gewünschte Image der Marke im Kopf verankert ist und so eine Stammkundenbindung zu erzielen, funktioniert nicht mehr wie bisher. Vor allem die Unsicherheiten bei der Ableitung von Positionierungskriterien aus der Markenidentität sind als Fehlerquelle bei einer Deckungsungleichheit zwischen Identität und Image zu identifizieren. Die Ursache scheint darin zu liegen, dass Unternehmen zwar die Merkmale einer gewünschten Markenidentität festlegen und gleichfalls verschiedene Zielgruppen zwecks Adressierung identifizieren können, ohne jedoch zu wissen, welche emotionalen und sozialen Beziehungen die Kunden zur Marke haben und in welchen Interaktionen sie diese entwickeln.

Die in der Marketingforschung verfolgte Vorstellung, dass Marken mit einer eigenen Identität wahrgenommen werden, resultiert aus der Zuschreibung menschlicher Identitätsmerkmale an die Marke. Gleichfalls kann auch die Vorstellung der Markenbeziehung über die Erkenntnis, dass Selbstbild und Fremdbild in der Begegnung zwischen

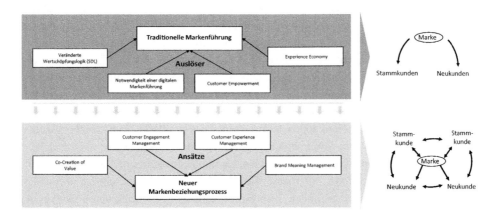

**Abb. 1** Auslöser und Ansätze für ein neuen Markenbeziehungsprozess

Menschen nicht automatisch konsistent sind, sondern erst in der Beziehung immer wieder Übereinstimmung finden, konkretisiert werden. Der post-moderne Prozess der Markenführung muss auf die sozialen Interaktionen und die Beziehungsgestaltung zwischen Marke und Kunden ausgerichtet sein. Statt autoritärer, einseitiger Führung der Marke von Seiten des Unternehmens, muss in der postmodernen Markenführung, wie in einer menschlichen Partnerschaft, ein Mittelweg zwischen Führen der Marke und sich bei der Entwicklung der Marke führen lassen, gefunden werden. Anstelle des Ziels der Angleichung vom Markenimage an die Identität tritt nun die Angleichung der Wertvorstellungen von Kunden und Unternehmen. Insofern ist auch semantisch nicht mehr von einem Markenführungsprozess zu sprechen, sondern von einem **Markenbeziehungsprozess** (vgl. Abb. 2), bei dem es die Frage zu beantworten gilt, wie diese gemeinsam mit den Kunden gestaltet und dennoch so weit gesteuert werden kann, dass ein positiver Einfluss auf die Marke und den Markenwertungen entsteht.

Dabei ist der Markenbeziehungsprozess aufgrund der Wechselbeziehung von Unternehmen und Kunden auf die Marke nicht mehr in abgeschlossenen, aufeinander folgenden Schritten möglich, sondern muss in ineinandergreifenden, zirkulären und parallellaufenden Prozessen stattfinden, in denen Analyse und Kommunikation schon Teil der Beziehungsgestaltung sind.

Im Fokus des Markenbeziehungsprozesses stehen die Kunden und deren Beziehungen zur Marke, die durch Interaktionen entstehen. Von großer Bedeutung dafür sind die Interaktionen und Beziehungen der Kunden untereinander, die über die Marke ermöglicht werden und entstehen.

Im Markenbeziehungsprozess gewinnt die Marke über positive Beziehungen durch die Marke zur Marke an Bedeutung (vgl. Abb. 2). Dies beschreibt einen Beziehungsgewinn auf zwei Ebenen. Die Marke ermöglicht Kunden, Beziehungen untereinander zu entwickeln, wodurch Neukunden leicher gewonnen werden und Stammkunden noch eine positivere Beziehung zur Marke aufbauen.

Strategisches und operatives Ziel des Markenbeziehungsansatzes ist eine als Einheit wahrnehmbare Angleichung von Markenkern, Brand Meaning und Markenwert. Im Mittelpunkt steht dabei das Brand Meaning als verbindendes Element zwischen dem von Kunden individuell wahrgenommenen Markenwert und dem vom Unternehmen vorgestellten Markenkern. Die Analyse steht hier nur zu Beginn der Entwicklung einer Marke, wie auch im klassischen Markenführungsprozess, am Anfang des Prozesses. Neben den bisher gängigen Analysezielen, wie dem relevanten Markt, den Wettbewerbern und den Zielgruppen, muss sie sich jedoch von Anfang an stärker auf die Kunden als potenzielle Neukunden fokussieren. Dies umfasst neben den Personen vor allem deren soziales und kommunikatives Umfeld, um zu erkennen, über welche für die Marke relevanten Aspekte sich Kunden bereits austauschen und an welchen Orten dieser Austausch stattfindet. Elemente dieser Analyse sind zugleich die Bestandteile der Analyse einer BEP: assemblage of persons, artifacts, interfaces, und processes (vgl. Abschn. 4.1.2). Aufgrund der dynamischen Entwicklungen auf und von BEP wird diese Analyse fortlaufend notwendig. Im weiteren Verlauf des Prozesses wird dann auch das

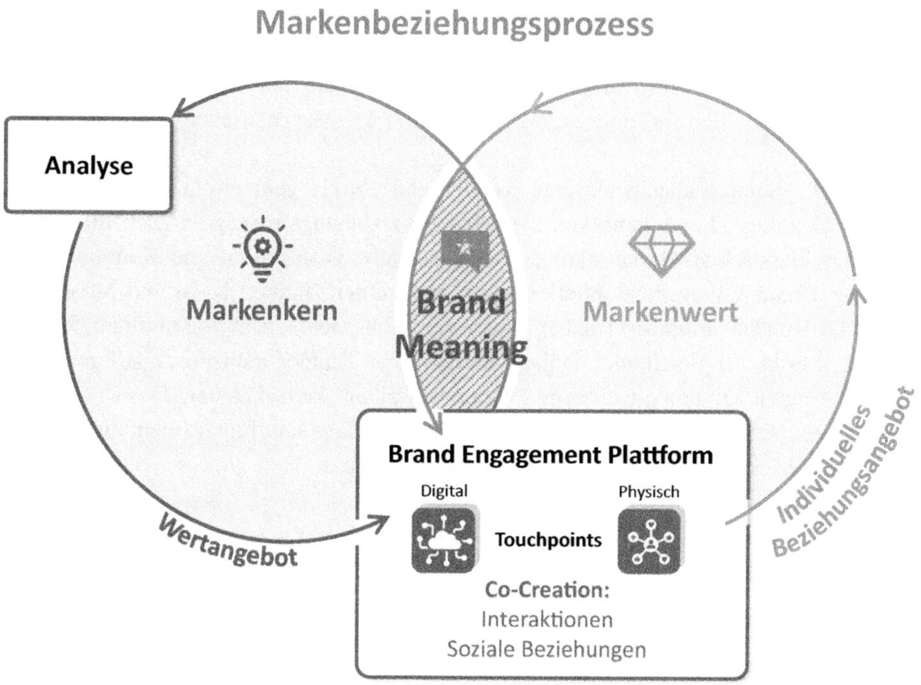

## Markenbeziehungsprozess

**Abb. 2** Markenbeziehungsprozess

gemeinsam entwickelte Brand Meaning Gegenstand der Analyse, um die auf den BEP verhandelten Inhalte in das Wertangebot des Markenkerns zu integrieren.

Die Markenverantwortlichen auf der Unternehmensseite müssen einen Markenkern gestalten, der das Wesen und die möglichen zentralen Werte der Marke definiert. Mit diesem Markenkern kann das Unternehmen dem Neukunden ein Wertangebot unterbreiten, das im Co-Creation-Prozess auf der Brand Engagement Plattform als Referenzpunkt dient. Für die bewusste Mitgestaltung der Co-Creation-Prozesse bildet das DART-Modell mit den Elementen Dialog, Access, Risk assessment und Transparency die zu gestaltenden Grundbausteine. Damit wird die Brand Engagement Plattform gezielt als Agglomerat von verschiedenen digitalen und physischen Touchpoints behandelt, an denen in Co-Creation-Prozessen die Marke diskutiert und verhandelt werden kann und soll. Bei den Touchpoints handelt es sich in Ergänzung zur Customer Journey nicht nur um die Kontaktpunkte für Kunden mit der Marke selbst, sondern auch um Kontaktpunkte, an denen auch gerade die bestehenden Kunden untereinander agieren können.

Grundlegend bei der Gestaltung der Touchpoints ist, dass die Co-Creation-Prozesse durch eine technische und soziale Infrastruktur ermöglicht werden müssen. Die digitalen und physischen Touchpoints werden dabei idealerweise mit den Mitteln des Customer Experience Managements integriert gestaltet, sodass die effektive Co-Creation des

Markenwertes zugleich eine positive Customer Experience darstellt. Das Angebot der Touchpoints ist so zu gestalten, dass es jedem Kunden, sowohl Neu- wie auch Stammkunden ermöglicht wird, zu partizipieren und über die Interaktionen mit der Marke und anderen Kunden ihr eigenes Wertverständnis der Marke erleben und einbringen zu können.

Aus der Summe aller beteiligten Kunden entsteht ein gemeinschaftlich verhandeltes Brand Meaning. Dieses kann von den Marken(beziehungs)managern auch für den Einsatz des klassischen Marketingmix (Produkt, Preis, Distribution und Kommunikation) auf der Brand Engagement Plattform genutzt werden. Indem das Brand Meaning, an dem die Kunden mitgewirkt haben, auch vom Unternehmen aktiv kommuniziert wird, tritt die Marke bei gleich oder ähnlich interessierten Kunden authentisch auf und erweist den beteiligten Kunden gleichzeitig ein hohes Maß an Wertschätzung. Das Unternehmen setzt damit Vertrauen in den Kunden und zeigt ihm, dass sein Engagement eine Wirkung hat. Die Beziehung des Kunden zur Marke wird gestärkt.

## 5    Fazit

Die grundlegende Empfehlung an Markenmanager liegt darin, sich den vielfältigen gesellschaftlichen Veränderungen zu öffnen und insbesondere den kommunikativen und beziehungsbezogenen Bedürfnissen, Erwartungen und Zielen der Kunden ein ehrliches Interesse gegenüber zu entwickeln. Dadurch kann die größer werdende Macht der Kunden und ihr Einflusspotenzial auf die Marke für die Neukundenakquisition aber vor allem für die Stammkundenbindung aktiv genutzt werden. Es sollte nicht versucht werden, die Kunden durch die Analyse zu klassifizieren. Es sollte das soziale Umfeld der Marke betrachtet und gelernt werden zu verstehen, wie und warum die Kunden hier interagieren. Es muss die Frage gestellt werden, was gerade potentielle Neu-Kunden dazu bewegt, überhaupt eine Beziehung zur Marke einzugehen. Der Direct-to-Consumer-Ansatz kann genutzt werden, um die Beziehung zwischen Marke und Stammkunden direkter zu gestalten, zu intensivieren und verbindlicher zu gestalten und gleichzeitig direkt Kundennähe zu Neukunden aufzubauen. Jeder Kontakt sollte zum Zuhören genutzt werden und nicht nur, um Botschaften auszusenden. Die Marke kann als eine Beziehung zum Kunden betrachtet werden, in der Unternehmen und Kunden gleichberechtigt sind und die gemeinsam gepflegt werden muss. Die Veränderungen des Brand Meanings durch die Kunden müssen wahrgenommen werden, damit die Interaktionen genutzt werden können, die Marke mit diesen Entwicklungen Schritt halten zu lassen.

Der Markenbeziehungsprozess erachtet die Kunden-Marken-Beziehung als wichtigsten Bestandteil der Markenführung. Die Stammkundenbindung über eine beidseitig wertschätzende Beziehung rückt somit in den Mittelpunkt und bietet die Möglichkeit auf wirtschaftlichen Erfolg, nicht nur über die Stammkunden selbst, sondern auch über deren positiven Einfluss auf die Wahrnehmung der Marke durch potenzielle

Neukunden. Der Bindung der Stammkunden kommt durch die unterstützende Funktion in der Neukundenakquise eine noch bedeutsamere Rolle zu. Diese neue Betrachtungsweise des Spannungsfeldes zwischen Stammkundenbindung und Neukundenaquise resultiert also in einer Chance, wirtschaftlichen Erfolg durch die Verbindung und Intergration beider Wachstumsstrategien.

## Literatur

Ahearne M, Atefi Y, Lam SK, Pourmasoudi M (2022) The future of buyer–seller interactions: a conceptual framework and research agenda. J Acad Mark Sci 50(1):22–45

Arnould EJ, Price LL, Malshe A (2006) Toward a cultural resource-based theory of the customer. In: Lusch RF, Vargo SL (Hrsg) The service-dominant logic of marketing: Dialog, debate, and directions, Routledge, New York, S 91–104

Asmussen B, Harridge-March S, Occhiocupo N, Farquhar J (2013) The multi-layered nature of the internet-based democratization of brand manage-ment. J Bus Res 66(9):1473–1483

Atterby M (2020) Brand experiences vs customer experience: what's the difference? https://www.cxfocus.com.au/marketing/brand-experience-vs-customer-experience-whats-the-difference/. Zugegriffen: 5. Apr 2022

Brauns M (2022) Definitionen für das Metaverse: Forscherteam überarbeitet Fachterminologie. Pressemitteilung der Universität. https://www.unibw.de/home/wissenswert/aus-der-wissenschaft/pressemitteilung-definition-metaverse. Zugegriffen: 14. Mai 2022

Burgold F, Sonnenburg S, Voß M (2009) Masse macht Marke: Die Bedeutung von Web 2.0 für die Markenführung. In: Sonnenburg S (Hrsg) Swarm Branding – Markenführung im Zeitalter von Web 2.0. Springer VS, Wiesbaden, S 9–18

Burmann C, Halszovich T, Schade M, Piehler R (2018) Identitätsbasierte Markenführung, 3. Aufl. Springer Gabler, Wiesbaden

Deutsches Institut für Marketing (DIM) (2021) Customer Engagement – wie engagiert sind Ihre Kunden? Blog des Deutschen Instituts für Marketing. https://www.marketinginstitut.biz/blog/customer-engagement/. Zugegriffen: 5. Mai 2022

Digital (2020) Die Experience Economy auf dem Vormarsch. P.U.N.K.T Digital. https://www.punkt-digital.de/795/die-experience-economy-auf-dem-vormarsch/. Zugegriffen: 5. Apr 2022

Drengner J, Jahn S, Gaus H (2013) Der Beitrag der Service-Dominant Logic zur Weiterentwicklung der Markenführung. DBW 73(2):143–160

Errichiello O, Zschiesche A (2018) Praxis-Check digitale Markenführung im Mittelstand: Leitfaden für die Nachhaltige Transformation von analog zu digital. Springer Gabler, Wiesbaden

Esch FR (2014) Strategie und Technik der Markenführung, 8. Aufl. Franz Vahlen, München

Esch FR, Langner T (2019) Ansätze zur Erfassung und Entwicklung der Markenidentität. In: Esch FR (Hrsg) Handbuch Markenführung, Springer, Wiesbaden, S 177–200

Forshew A (2021) How to align marketing and CX for branded customer expe-rience. Mycostumer. https://www.mycustomer.com/customer-experience/engagement/how-to-align-marketing-and-cx-for-branded-customer-experiences. Zugegriffen: 10. Apr 2022

Gilmore JH, Pine BJ (2020) The rise of the experience economy. Pcma. https://www.pcma.org/experience-economy-change-event-design/. Zugegriffen: 6. Apr 2022

Gouthier MHJ (2006) Customer Empowerment in Geschäftsbeziehungen. In: Hippner H, Wilde KD (Hrsg) Grundlagen des CRM. Konzepte und Gestaltung, 2. Aufl. Gabler, Wiesbaden S 167–194

Hannemann P (2009) Co-creative branding: Zur Markenführung in der neuen Kommunikationsmatrix. In: Sonnenburg S (Hrsg) Swarm Branding – Markenführung im Zeitalter von Web 2.0, VS Verlag, Wiesbaden, S 49–73

Henkel (2021) Henkel eröffnet seinen ersten D2C-Experience Store in Berlin. https://www.henkel.de/presse-und-medien/presseinformationen-und-pressemappen/2021-12-13-henkel-eroeffnet-seinen-ersten-d2c-experience-store-in-berlin-1475194. Zugegriffen: 3. Mai 2022

Hosemann W, Geiling W (2005) Einführung in die systemische Soziale Arbeit. Lambertus, Freiburg

Intomarkets (2022) Mit D2C ganz nah am Kunden: alles über Direct-to-Consumer. Intomarkets. https://www.intomarkets.com/d2c-direct-to-consumer/. Zugegriffen: 3. Mai 2022

Jakić A, Wagner M, Meyer A (2019) Postmoderne Markenführung – Die Rolle von Brand Engagement und Brand Meaning. In: Esch FR (Hrsg) Hand-buch Markenführung, Springer, Wiesbaden, S 737–754

Kinger T (2022) Customer empowerment – what is it, why is it important, and how to achieve it. Hiver. https://hiverhq.com/blog/customer-empowerment, Zugegriffen: 30. Apr 2022

Kilian K, Kreutzer RT (2022) Digitale Markenführung – Digital Branding in Zeiten divergierender Märkte. Springer, Wiesbaden

Kreutzer RT, Land KH (2017) Digitale Markenführung. Digital Branding im Zeitalter des digitalen Darwinismus. Springer Gabler, Wiesbaden

Kroeber-Riel W, Gröppel-Klein A (2019) Konsumentenverhalten, 11. Aufl. Vahlen, München

Kulbytė T (2021) Key costumer experience statistics you need to know. SuperOffice. https://www.superoffice.com/blog/customer-experience-statistics/. Zugegriffen: 6. Apr 2022

Ligas M, Cotte J (1999) The process of negotiating brand meaning: a symbolic interactionist perspective. Adv Consum Res 26(1):609–614

Localist (2021) What is the experience economy? Localist vom 01.03.2021. https://www.localist.com/post/what-is-the-experience-economy. Zugegriffen: 5. Apr 2022

Lusch RF, Vargo SL (2006) Service-dominant logic: reactions, reflections and refinements. Mark Theory 6(3):281–288

Merz MA, He Y, Vargo SL (2009) The evolving brand logic: a service-dominant logic perspective. J Acad Mark Sci 37(3):328–344

Meyer A, Huber A (2021) Postmoderne Markenführung – von Kontrolle zu Ko-Kreation. Markenartikel 18(11):42–44

Montoya M (2022) Warum die virtuelle Experience Economy bereits Realität ist – und was das für Marken bedeutet. Horizont. https://www.horizont.net/marketing/kommentare/experience-revolution-warum-die-virtuelle-experience-economy-bereits-realitaet-ist---und-was-das-fuer-marken-bedeutet-198806. Zugegriffen: 30. März 2022

Mueller RC (2009) Von der Markentechnik zum kollaborativen Branding: Mar-kenführung in der Postmoderne In: Sonnenburg S (Hrsg) Swarm Branding – Markenführung im Zeitalter von Web 2.0. Springer VS, Wiesbaden, S 19–26

Nerdinger FW (2001) Psychologie des persönlichen Verkaufs. Oldenburg Wissenschaftsverlag, München

Peccolo G (2015) Why today's customers are more empowered than ever. Business 2 Community. https://www.business2community.com/customer-experience/todays-customers-empowered-ever-01148477. Zugegriffen: 10. Apr 2022

Peters I, Stock WG (2007) Web 2.0 im Unternehmen. Wissensmanagement: das Magazin für Führungskräfte 57(9):22–25

Pfundt S (2022) Die vielen Facetten des Customer Engagements. Zenloop. https://www.zenloop.com/de/ressourcen/retention/facetten-des-customer-engagements. Zugegriffen: 5. Mai 2022

Pine BJ, Gilmore JH (1998) Welcome to the experience economy. Harv Bus Rev 76(4):97–105

Prahalad CK, Ramaswamy V (2004a) Co-creating unique value with custom-ers. Strategy & Leadership 32(3):4–9

Prahalad CK, Ramaswamy V (2004b) The future of competition: Co-creating unique value with customers. Harvard business school press, Boston-Massachusetts

Ramaswamy V (2006) Co-creating experiences of value with customers. SETLabs briefings 4(1):25–36

Ramaswamy V, Ozcan K (2016) Brand value co-creation in a digitalized world: an integrative framework and research implications. Int J Res Mark 33(1):93–106

Ramershoven S (2022) Direct to Consumer – Der US-Hype ist mittlerweile auch bei uns angekommen. Computerwoche. https://www.computerwoche.de/a/d2c-das-steckt-hinter-dem-buzzword,3336569. Zugegriffen: 3. Mai 2022

Rao S (2021) Winning in the experience economy. Forbes. https://www.forbes.com/sites/forbesbusinessdevelopmentcouncil/2021/04/07/winning-in-the-experience-economy/?sh=512c224f224f. Zugegriffen: 5. Apr 2022

Ratzlaff C (2020) Experience economy: Ohne Daten geht es nicht. W&V. https://www.wuv.de/Exklusiv/Specials/Data-Economy/Experience-Economy-Ohne-Daten-geht-es-nicht. Zugegriffen: 6. Apr 2022

Schnorbus L (2016) Erlebnisqualität als Erfolgsfaktor für das Customer Expe-rience Management. Am Beispiel der vom Anbieter beeinflussbaren Kon-taktpunkte einer Badepauschalreise. Dissertation, Leuphana Universität Lüneburg. https://pub-data.leuphana.de/frontdoor/index/index/docId/781. Zugegriffen: 6. Apr 2022

Schuldt S (2021) Metaversum: Dystopische Zukunft oder virtuelles Paradies? Auszug aus dem Zukunftsreport 2022. https://www.zukunftsinstitut.de/artikel/metaversum-dystopische-zukunft-oder-virtuelles-paradies/. Zugegriffen: 2. Mai 2022

Sonnenburg S (2009) Markenmodelle des Involvements: Von der Mission zur Transmission. In: Sonnenburg S (Hrsg) Swarm Branding – Markenführung im Zeitalter von Web 2.0, Springer VS, Wiesbaden, S 73–86

Steiner P (2017) Sensory Branding. Grundlagen multisensualer Markenführung, 2. Aufl. Springer Gabler, Wiesbaden

Tagrin T (2019) State of D2C Marketing 2019 – eCommerce and Marketing Benchmarks. Studie von Yotpo. https://www.yotpo.com/state-of-d2c/. Zugegriffen: 4. Mai 2022

Tiffert A (2019) Customer experience management in der Praxis. Grundlagen – Zusammenhänge, Umsetzung. Springer Gabler, Wiesbaden

T-online (2020) Fred Perry distanziert sich von „Proud Boys". https://www.t-online.de/nachrichten/ausland/usa/id_88677056/fred-perry-stoppt-wegen-proud-boys-neonazis-verkauf-von-poloshirts.html. Zugegriffen: 16. Aug 2022

Urde M (2013) The corporate brand identity matrix. J Brand Manag 20(9):742–761

Van Doorn J, Lemon KN, Mittal V, Nass S, Pick D, Pirner P, Verhoef PC (2010) Customer engagement behavior: theoretical foundations and research directions. J Serv Res 13(3):253–266

Vargo SL, Lusch RF (2004) Evolving to a new dominant logic for marketing. J Mark 68(1):1–17

Wilhelm K (2022) Hype ums Metaversum: Was ist das überhaupt? SWR2. https://www.swr.de/swr2/wissen/hype-ums-metaversum-was-ist-das-ueberhaupt-100.html. Zugegriffen: 2. Mai 2022

Woratschek H, Fehrer JA, Brodie RJ, Benson-Rea M, Medling CJ (2019) Vernetztes Branding: Ein Konzept zur Markenpolitik aus der Perspektive der Service Dominant Logic. In: Esch FR (Hrsg) Handbuch Markenführung. Springer, Wiesbaden, S 121–139

**Prof. Dr. Regine Kalka** ist seit 2003 Professorin für Marketing und Kommunikation an der Hochschule Düsseldorf und ist seit 2018 Mitglied des Hochschulrates. Zuvor war sie Geschäftsbereichsleiterin bei einer deutschen Messegesellschaft sowie Senior Consultant bei einer internationalen Unternehmensberatung. Ihre Forschungs- und Beratungsschwerpunkte liegen im Bereich Pricing, Messemanagement und Markenmanagement und ist in diesen Bereichen auch Autorin zahlreicher Publikationen.

**Prof. Dr. Wolfgang Merkle** ist Professor für Marketing & Management an der UE – University of Europe for Applied Sciences in Hamburg sowie Inhaber von ‚Merkle. Speaking. Sparring. Consulting.' Davor war über 25 Jahre als CMO, Bereichsvorstand, Geschäftsführer und Direktor bei Tchibo, Galeria Kaufhof, ZARA, Massimo Dutti und Otto tätig.

**Caroline Poßberg** absolvierte den Bachelor in International Marketing an der Fontys University Applied Sciences mit Cum Laude und entwickelte schon in der Bachelorthesis ein Modell zur Operationalisierung von Sponsoringbeziehungen. Den Master Markt-, Multimedia- und Kommunikationsmanagement an der Hochschule Düsseldorf beendet sie erfolgreich mit der Masterthesis über Auslöser und Ansätze eines postmodernen Markenführungsansatzes und der Entwicklung des Markenbeziehungsprozesses.

# Customer Experience als neue Maxime des Marketings

Christian Köhler

## Inhaltsverzeichnis

1 Entwicklungsgeschichte von Marken – Grundlage zum Verständnis der Customer Experience........ 336
2 Wesentliche Veränderungen bei der Verankerung beim Verbraucher........ 338
3 Szenarien der Markenführung im digitalen Zeitalter........ 339
    3.1 Markenfokus – Bewährung im digitalen Umfeld........ 341
    3.2 Produktfokus – Vernetzt autonome Systeme........ 343
    3.3 Werteorientierung – Markenführung in digitalen Gemeinschaften........ 344
    3.4 Individualisierung – Partizipative Markenführung........ 345
4 Konsequenzen für die Markenführung........ 347
    4.1 Customer Experience........ 350
    4.2 Schaffung digitaler Erlebniswelten........ 351
    4.3 Der neue „Point of Experience" – die Ablösung des „Point of Sales"........ 351
    4.4 Werte-Radar und Stakeholder-Management........ 352
    4.5 Etablierung der Marke als „Consultant/Coach" des Kunden........ 353
    4.6 Die Ikonisierung der Marke........ 353
5 Ausblick........ 353
Literatur........ 354

C. Köhler (✉)
Markenverband e. V., Berlin, Deutschland
E-Mail: C.Koehler@markenverband.de

© Der/die Autor(en), exklusiv lizenziert an Springer Fachmedien Wiesbaden GmbH, ein Teil von Springer Nature 2023
A. Krämer et al. (Hrsg.), *Stammkundenbindung versus Neukundengewinnung*,
https://doi.org/10.1007/978-3-658-40363-8_17

> **Zusammenfassung**
>
> Selten zuvor sind Wirtschaft und Gesellschaft mit so gewaltigen Veränderungen konfrontiert gewesen wie aktuell – die massive Digitalisierung und der parallel einhergehende enorme Wertewandel zwingt Unternehmen dazu, in der Führung von Marken konsequent neue Wege einzuschlagen. Um die Beziehung zu ihren Fans auch weiterhin erfolgreich zu gestalten, reichen die früher üblichen, häufig isoliert durchgeführten Positionierungs- und Kommunikationsansätze nicht mehr aus. Um weiterhin erfolgreich zu sein, muss die Beziehung zwischen Marken und ihren Fans in einer ganzheitlichen „Customer Experience" noch konsequenter über alle Wahrnehmungsaspekte und Gestaltungsfacetten überzeugend und widerspruchsfrei entwickelt und gestaltet werden – genau abgestimmt auf die tatsächliche Erwartungshaltung der Konsumenten.

## 1 Entwicklungsgeschichte von Marken – Grundlage zum Verständnis der Customer Experience

Customer Experience ist eine Begrifflichkeit, über die immer häufiger diskutiert wird und aus der sich im Marketing eine ganz neue Maxime entwickelt hat. Um die Bedeutung von Customer Experience und insbesondere ihre hohe Relevanz für das Marketing sowie im Speziellen für das Spannungsfeld Neukundenakquisition versus Stammkundenbindung zu verstehen, hilft ein kurzer Blick zurück, quasi auf die Entwicklungsgeschichte von Marke und die sich daraus ergebende Einordnung der aktuellen Herausforderungen.

**Entwicklungsgeschichte der Marken**
Der Begriff der Marke entstand aus den Anfängen für Markierung, die bis in die Ming Dynastie zurückreichen. Eine der ältesten Marken in Deutschland ist Meissen, die Porzellanmarke mit den gekreuzten Schwertern. Die Manufaktur selbst wurde 1710 gegründet; nach Inkrafttreten des Reichsgesetzes zum Markenschutz ließ die Porzellanmanufaktur ihre Marke am 20. Mai 1875 registrieren, als eine der ältesten, wenn nicht gar die älteste deutsche Marke (DPMA o. J.).

Für die Entwicklung der Customer Experience – unabhängig von dem durch das Gesetz abgesicherten Schutz vor Nachahmungen – ist die Marke aus zwei Gründen bedeutsam: Zum einen dient Marke immer der Differenzierung im Wettbewerb und damit der Erarbeitung einer besonderen, die dahinterstehenden Produkte in typischer Weise charakterisierenden Position. Zum anderen hat die Marke mit der Entwicklung der modernen Handelsstrukturen eine besondere Bedeutung erlangt – insbesondere für die Schaffung von Präferenzen und die Beibehaltung des direkten Kontakts zwischen Produzenten und ihren Kunden, um die Unterbrechung durch die dazwischen liegenden Handelsstufen zu überbrücken.

Im juristischen Sinne entsteht eine Marke über die Dokumentation der Markierung und der formalen Eintragung der Markenbestandteile in das entsprechende Register. Im nicht-juristischen Markenverständnis ist die Marke jedoch ein sozialpsychologisches Phänomen, welches affektive, kognitive sowie konative Elemente miteinander vereint. Affektive Einstellungskomponenten in Form von gefühlsmäßigen Einschätzungen, kognitive Elemente in Form von subjektivem Wissen sowie konative Bestandteile als Verhaltensabsichten (Chernatony und Riley 1998). Dieses Konstrukt reicht also weiter als nur die juristischen „Markierung". Der juristische Akt ist lediglich Ausgangspunkt einer Markenentwicklung; nur durch die Eintragung entsteht noch keine Marke, und schon gar nicht von selbst.

Von einer Marke kann man erst dann sprechen, wenn ein typisches, unverwechselbares Bild in den Köpfen – und am besten in den Herzen – der Konsumenten entstanden und auch fest verankert ist. Das heißt in der Konsequenz, dass erst eine persönliche, individuelle Beziehung zwischen einer Marke und ihren Anhängern – den Marken-Fans – die Entstehung einer Marke überhaupt ermöglicht. Und damit sind es die Markenfans, also die besonders mit der Marke Vertrauten, die letztendlich darüber entscheiden, ob überhaupt eine Marke entsteht und wie stark sie sein wird.

DENN: Eine Marke steht für eine konkrete Verbindung zwischen einem Markenhersteller bzw. ihrem Markeninhaber und dem jeweiligen Kunden bzw. Verbrauchern – oder besser – ihren Markenfans. Eine Marke ist stets das Ergebnis der ihr entgegengebrachten Wertschätzung und der Verbundenheit mit ihr. Und die Verbindung zwischen einer Marke und den Markenfan lässt sich als Wertegemeinschaft, neudeutsch Community, begreifen, die auf gemeinsamen Werten und einer gemeinschaftlichen Orientierung beruht. Nur über solchermaßen gemeinsam getragene Vorstellungen und Werte kann ein unverwechselbares Bild entstehen, kann sich eine Marke etablieren.

Die besondere Typik einer Marke – ihre Unverwechselbarkeit – entsteht durch die Verknüpfung der einer Marke zugeordneten verschiedenen Attributen und Eigenschaften mit den Werten, Bewertungen und Präferenzen, die damit im Umfeld assoziiert werden. Damit bilden sich komplexe semiotische Netzwerke, die die Vorstellungen und Verbindungen von den Markenfans zu ihren Marken repräsentieren. Als Beispiel dazu gilt das Markenwissen von MILKA, das der Autor in seiner beruflichen Vergangenheit entwickelt hat (wiedergegeben in Esch 2001, vgl. Abb. 1):

Die mit einer Marke verbundenen Vorstellungen – die semiotischen Netzwerke – sind umso stabiler, je häufiger und selbstähnlicher die etablierten Verbindungen gestärkt werden, d. h. **je mehr das individuelle Bild des jeweiligen Markenfans bestätigt wird.** Wenn eine solche Bestätigung nicht passiert, wenn die Elemente des semiotischen Netzwerks nicht bestätigt werden, wird das vormals klare Vorstellungsbild unscharf. Noch extremer wird die Reaktion der Markenfans, wenn gegen gelernte, vermeintlich klare Verknüpfungen verstoßen wird.

Ein solchermaßen etabliertes, unverwechselbares Bild ist ein allumfassender und generell anwendbarer Ansatz, der nicht nur für die Beziehung zu Marken gilt, sondern auch in anderen Bereichen des Lebens Anwendung findet. Ein entsprechender

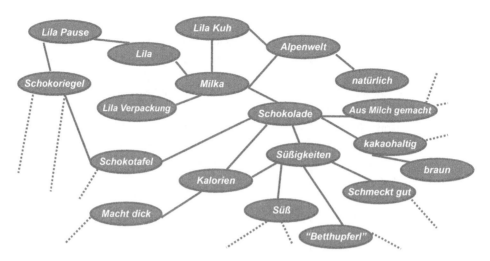

**Abb. 1** MILKA Markenwissen als semiotisches Netzwerk. (Quelle: Franz-Rudolf Esch (Hrsg.) „Moderne Markenführung", Gabler Verlag Wiesbaden 2001, S. 48)

Erklärungsansatz ist damit auch auf andere Vertrauenskonstrukte wie etwa Parteien, Glaubensgemeinschaften oder auch private Beziehungen übertragbar.

Eine notwendige Konsequenz in der Führung einer Marke ist die selbstähnliche Markenführung und damit der Anspruch, bei sämtlichen Entscheidungen in der Weiterentwicklung der Marke sicherzustellen, dass die Wiedererkennbarkeit und die Bestätigung des jeweiligen individuellen Bilds auch weiterhin gegeben sind. Von daher ist es auch richtig, wenn heute von einem Markensystem gesprochen wird, das im jeweiligen Kontext zu gestalten und immer wieder aktuell aufzuladen ist.

Die Wirkungen des Systems Marke sind vielfach beschrieben und erforscht worden. Es gibt Menschen eine klare Orientierung, bestätigt sie in ihren Haltungen, fungiert als Anker und erleichtert das tägliche Leben. Denn ein Markensystem schafft Identifikation und kommuniziert und bestätigt Werte.

## 2  Wesentliche Veränderungen bei der Verankerung beim Verbraucher

Bei der Etablierung und Verankerung eines unverwechselbaren Bildes beim Verbraucher gilt es, die wesentlichen Voraussetzungen und Prozesse in den jeweiligen Gestaltungsentscheidungen zu betrachten und dabei jeweils die konkreten Veränderungen einzubeziehen, die sich im Umfeld ergeben. Und für die Wahrnehmung eines Markensystems sind insbesondere Veränderungen im Umfeld der Kommunikation, der Regulierung und in der Entstehung neuer Technologien von besonderer Bedeutung.

Eine wesentliche Veränderung hat sich in der Kommunikation durch die Entstehung und Nutzung der sozialen Medien ergeben, bei der sich aus einer ehemals

als Einbahnstraße geprägten Kommunikation (der Sender sendet) längst eine beidseitige Kommunikation entwickelt hat. Der Verbraucher erfährt hierdurch eine positive Emanzipation, weil er über Social Media in der Lage ist, viel stärker Einfluss auf Unternehmensentscheidungen zu nehmen – anders als es vielfach in der politischen Diskussion bewertet wird. Und so hat sich im Umfeld des eigentlich „schützenswerten Verbrauchers" ein komplett neues Selbstbewusstsein der Konsumenten gegenüber den Unternehmen entwickelt.

In diesem Zusammenhang hat sich auch der Empfehlungsprozess durch Social Media umgekehrt: Heute ist die Empfehlung aus dem Freundeskreis – getreu dem Motto, wenn es gut ist für andere, kann es auch gut für mich sein – eher der Ausgangspunkt für eine Kaufentscheidung. Also entscheidet die Akzeptanz im Freundeskreis, ob der Einzelne ein Produkt oder eine Dienstleistung für ihn als relevant und gut bewertet. Das war in der Vergangenheit eher genau umgekehrt. Früher galt, wenn es gut ist für mich, ist es auch gut für andere, also die persönliche Entscheidung des Einzelnen war der Ausgangspunkt für Empfehlungen – wenn also ein Individuum mit der Leistung zufrieden war, wurde es auch Dritten, wie etwa im Freundeskreis empfohlen.

In der Konsequenz für die Markenführung bedeutet diese durch Social Media entstandene neue Empfehlungskultur, dass sämtliche Möglichkeiten zu eruieren sind, für die Marke eine zusätzliche Argumentationslinie zu etablieren; nämlich eine Wahrnehmungs- und Argumentationslogik, die im Rahmen der Empfehlungskultur wirkt und dort kommuniziert werden kann – und zwar bei allen möglichen Kontaktpunkten im Rahmen der „Customer Journey".

Der Vollständigkeit halber ist an dieser Stelle zu erwähnen, dass die Kommunikation einer Marke und damit der Möglichkeiten des Markenführenden, mit den einzelnen Menschen in Kontakt zu treten, auch durch behördliche oder hoheitliche Regulierungen beeinflusst werden kann – so wie zum Beispiel die die Kommunikation ganz wesentlich beeinflussenden Veränderungen der Datenschutzgrundverordnung.

Aber auch technologische Entwicklungen haben ihre Auswirkungen und beeinflussen die Möglichkeit für Marken, den einzelnen Konsumenten bei der Kaufentscheidung zu erreichen. So etwa reduzieren „Voice"-basierte Einkaufsvorgänge die gezielte Suche nach konkreten Marken massiv. So hat Galloway von der NYU Stern School of Business im Jahr 2018 herausgefunden, dass Kunden bei Voice-gestützten Systemen eher nach Kategorien suchen als nach konkreten Marken – mit zum Teil massiven Einschränkungen in der Sichtbarkeit einzelner Marken. So wächst zum Beispiel die Kategorie-Suche bei Waschmitteln dreimal so stark wie die Markensuche; mit der Konsequenz, dass sich Markenauswahl deutlich reduziert (Galloway o. J.).

## 3  Szenarien der Markenführung im digitalen Zeitalter

Vor dem Hintergrund dieser und weiterer Veränderungen hat der Markenverband zusammen mit der Gesellschaft zur Erforschung des Markenwesens (G·E·M) ein umfangreiches Forschungsprojekt mit und an der Universität Hamburg durchgeführt, um konkrete Einflussbereiche und zentrale Faktoren für die Führung von Marken im aktuellen Umfeld zu definieren sowie die wesentlichen Treiber und Trends zu erkennen. Ziel des Forschungsprojektes war es herauszufinden, wie sich die Markenführung bei der voranschreitenden Digitalisierung ändern wird und mittels der Szenariotechnik aussagekräftige, konsistente Zukunftsbilder für die Markenführung zu erstellen.

Es wurden dafür vier Einflussbereiche betrachtet: **Konsumentenverhalten, Medien und Gesellschaft, 5-Forces und Technologien** sowie **Marketing und Vertrieb.** Für jedes dieser Themen wurden zunächst zentrale Einflussfaktoren definiert, daran anschließend diese bezüglich ihres Einflusses auf zukünftige Auswirkungen sowie hinsichtlich möglicher Unsicherheiten im Eintritt der jeweiligen Wirkung bewertet. Zusätzlich wurden die Treiber und Trends identifiziert. Hierzu wurden die beiden Fragen, „was die Digitalisierung und die Marken treibt" und „welche Trends die Digitalisierung der Marke prägen" bearbeitet.

Basierend auf der Analyse wurden Projektionen für die einzelnen Einflussbereiche entwickelt, die dann zu Szenarien verdichtet wurden. Bedeutsam sind diese Szenarien für die Markenführung, weil neben der Rolle der Marke auch der Einflussbereich auf zukünftige Kundenbeziehungen durch die Digitalisierung erkennbar wird. So sind bereits jetzt neue Formen erkennbar, wo neben reine Transaktionsplattformen – wie etwa Uber oder Airbnb – auch präferenzbasierte Entscheidungen eingeschlossen werden – sofern der Kunde dies zulässt. Daher wurde bei der Szenarien-Bildung unterschieden, wer im Markt führt und wie am Markt vorrangig agiert wird.

**Wer führt im Markt** Über die Verschiebung der Kommunikationspräferenzen und -medien ist bereits jetzt erkennbar, dass sich neue Markenstrukturen bilden werden – was sich bei den verschiedenen Szenarien dann auch ablesen lassen wird. Unterschieden wird, wer vermeintlich die Führung in dem Markt hat. Ob dies eher die Marke (egal ob Produkt- oder Dienstleistungsbezogen) ist, die z. B. über ihre Innovationen wesentlich die Angebotsführung ausfüllt, oder ob die eigentliche Führung im Markt von der Gesellschaft oder auch dem Individuum übernommen wird – was sich jetzt bereits in der steigenden Bedeutung der wertebasierten Konsumentenentscheidungen und damit der Kunden-Markenbeziehung zeigt und eine Nachfrageführung bedeutet. Für die zuvor bereits angesprochene Marke MILKA stellt sich zum Beispiel die Frage, ob die Führung durch Innovationen und neue Produktangebote auch zukünftig noch möglich ist; bereits jetzt wird deutlich, dass viele Marken immer stärker von neuen Konsumentenanforderungen getrieben werden.

**Wie wird im Markt vorrangig agiert** Die alte Unterscheidung des Agierens beispielsweise mit Erlebniskauf vs. Versorgungskauf wird abgelöst oder erweitert auf Emotion und/oder kognitive Entlastung einerseits bzw. ein funktionsorientiertes, quasi rationales Entscheiden andererseits. Insbesondere bei dem funktionsorientierten Entscheiden können diese Prozesse an die Marke ausgelagert werden, die dann die Rolle eines technischen Prozesslösers übernehmen kann und damit herkömmliche Markenstrukturen

| | | Wie wird am Markt (vorrangig) agiert | |
|---|---|---|---|
| | | **Emotionen und (kognitive) Entlastung** | **Funktionsorientiertes, „rationales" Entscheiden** |
| **Wer führt (meist) im Markt?** | **Marken, Produzenten** | **A Markenfokus** Bewährtes im digitalen Umfeld | **B Produktfokus** vernetzt autonome Systeme |
| | **Konsumenten, Gesellschaft** | **C Werteorientierung** digitale Gemeinschaften | **D Individualisierung** Partizipative Markenführung |

**Abb. 2** 4-Felder Matrix der Markenszenarien der Markenerstellung. (Quelle: Teichert Th (2018) Abschlussbericht der Szenario-Workshopreihe „Szenarien der Markenführung im digitalen Zeitalter", Hamburg)

obsolet macht. Es werden quasi geschlossene Kreisläufe gebildet, wo die einzelne Marke entweder dabei ist (am besten als Prozesslöser) oder außen vor bleibt.

Im Ergebnis ergeben sich vier Szenarien, die – wie bereits skizziert – danach unterschieden werden, wer die Führung im Markt jeweils innehat und wie aufgrund des jeweiligen Umfeldes am Markt vorrangig agiert werden kann (vgl. Abb. 2 und 3).

## 3.1 Markenfokus – Bewährung im digitalen Umfeld

Beispiel des Szenarios „Markenfokus" Bewährung im digitalen Umfeld (Teichert 2018, S. 29): *Nachdem beide Kinder von Herr Kraus das Elternhaus verlassen haben, möchte er sich seinem neuen Hobby, dem Motorrad-Fahren, widmen. Als BMW-Kombi-Fahrer entschließt er sich, bei seiner Lieblingsmarke BMW ein Motorrad zu erwerben. Im Dialog mit seinem sprachgesteuerten Assistenten lässt er einen Termin in einer BMW-Geschäftsstelle in der Nähe vereinbaren.*

*Da BMW das Fahr- und Kurvenverhalten von Herr Kraus gesammelt hat, kann ihm das perfekte Motorrad zusammengestellt werden. Dafür gibt der Vertriebsmitarbeiter Herr Kraus eine VR-Brille, um ihm die Fahrt auf seinem neuen Motorrad zu simulieren. BMW weiß, dass Herr Kraus in seinem letzten Urlaub auf Sardinien mit einem Roller die Insel erkundet hat. Daher kreiert die VR-Brille die Umgebung der italienischen Insel, um das Erlebnis emotional anzureichern. Herr Kraus fühlt sich sofort wohl und die emotionale Bindung zur Marke BMW wird dadurch gesteigert. Da BMW auch personalisierte Haftpflichtversicherungen anbietet, kann Herrn Kraus dank der von ihm gesammelten Fahr-Daten eine günstige Haftpflichtversicherung angeboten werden. Um sich weiterhin als vorbildlichen Verkehrsteilnehmer zu positionieren, ist Herr Kraus einverstanden, auch künftig die Daten seiner Motorradfahrten BMW in Zukunft zur Verfügung zu stellen. Glücklich über das erworbene Produkt, fahrt Herr Kraus mit dem neuen Motorrad freudig nach Hause* (Teichert 2018, S. 29).

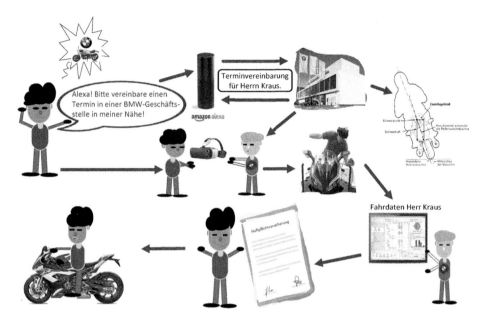

**Abb. 3** Markenfokus – Bewährung im digitalen Umfeld. (Quelle: Teichert Th (2018) Abschlussbericht der Szenario-Workshopreihe „Szenarien der Markenführung im digitalen Zeitalter", Hamburg)

„Markenfokus" – Bewährung im digitalen Umfeld: Dieses Szenario ist gekennzeichnet durch (Teichert 2019) eine

- evolutionäre digitalisierte Zukunft des „klassischen" Marketing und des Markenmanagements
- Kundenansprache in virtuellen Räumen der Cyber-Erlebniswelt (emotionaler und vielfältiger), diese wird Startpunkt der Customer Journey
- Kunde legt Wert darauf, weder durch Hardware noch Software fremdbestimmt zu sein, sondern besteht auf „Kauf und Konsum durch Menschen" (mit dem Schlüssel VERTRAUEN)
- Kunde ist bereit, „seiner" Marke kommerziell nutzbare Daten zur Verfügung zu stellen
- Marken mit gestärkter Bedeutung: über funktionelle/produktspezifische Mehrwerte auch gesellschaftliche Relevanz und Übernahme von sozialer Verantwortung
- Etablierte Marken können in eigenen Produkt-Ökosystemen einen auf den Kunden ausgerichteten (emotionalen) Mehrwert schaffen
- Plattformen sind sowohl im Dialog mit bestehenden Kunden wie auch bei der Gewinnung neuer Kunden wichtiges Instrument für die Kontaktaufnahme und den Vertragsabschluss, weniger jedoch für die Positionierung der Marke.

## 3.2 Produktfokus – Vernetzt autonome Systeme

Beispiel des Szenarios „Produktfokus" – Vernetzt autonome System (Teichert 2018, S. 33): *Der Arbeitstag beginnt für Frau Schneider mit einer Inszenierung des Morgens, wenn ihr persönlicher Assistent von „TekkNow" sie außerhalb ihrer Tiefschlafphase gegen 7 Uhr sanft weckt. Ihr implantierter Gesundheitschip informiert den Mixer, ebenfalls von „TekkNow", über den aktuellen Insulinwert und bereitet mit hierauf angepassten Zutaten den Frühstücks-Smoothie zu. Da einige Zutaten aufgebraucht sind, bestellt der Mixer automatisch welche nach.*

*Frau Schneider teilt nun ihrer SmartWatch von „TekkNow" mit, dass sie heute Abend gerne italienisch essen mochte. Vor ihrer Haustür wartet schon ein autonomes Auto, welches Frau Schneider zur Arbeit bringt. Die Fahrt wird in Echtzeit über Blockchain abgerechnet und der Arbeitgeber über den Arbeitsstart informiert. Nach Arbeitsende holt sie ein anderes Auto ab, welches sie in das Fitnessstudio „FitnessIT" bringt. Der Personal-Trainer ist bestens über die Historie von Frau Schneiders Gesundheit informiert und leitet ein entsprechendes Sportprogramm in die Wege. Auf dem Weg zurück in einem weiteren autonomen Auto werden ihr sofort, basierend auf ihren Vorlieben, Angebote für italienisches Essen gemacht, was ihr nach Hause geliefert werden kann. Die Bestellung erfolgt innerhalb von wenigen Sekunden. Zufrieden nimmt Frau Schneider ihr Abendessen zu sich und dankt ihren Geräten für den entspannten Tagesablauf.*

„Produktfokus" – Vernetzt autonome System: Dieses Szenario ist gekennzeichnet durch (Teichert 2019, Abb. 4):

- Kaufentscheidungen werden an neue, hochintelligente Produkte „delegiert", um sich als Konsument (kognitiv) zu entlasten
- „Kundennutzen" wird von den Produkten basierend auf „Wissen" (Daten) über den Kunden optimiert
- Produkte etablieren sich als „Neue Marken" bei den Konsumenten und werden Begleiter für einen Lebensbereich (Beispiel Ernährung, Wohnen, Mobilität, Freizeit/Kultur)
- Produkte übernehmen gleichzeitig Vertriebs- und Marketingfunktion und werden als „Supermarke" eigenständiger und autonomer Problemlöser
- Marken schließen sich für produktbezogene Eco-Systeme zusammen
- Nur bei Neuprodukteinführungen wird den Marken eine Bedeutung als übergeordneter Sinnstifter zuteil (Aufbau von grundlegendem Vertrauen mit neuen, später autonom agierenden Produkten)
- Einmal getroffene Entscheidungen für eine „Markenwelt" werden kaum revidiert.

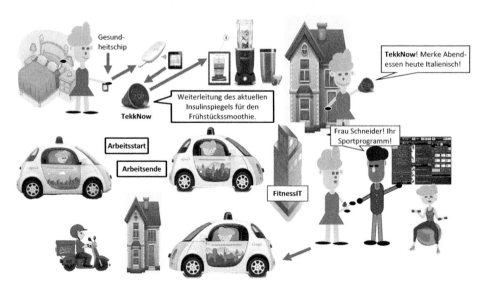

**Abb. 4** Produktfokus – Vernetzt autonome Systeme. (Quelle: Teichert Th (2018) Abschlussbericht der Szenario-Workshopreihe „Szenarien der Markenführung im digitalen Zeitalter", Hamburg)

## 3.3 Werteorientierung – Markenführung in digitalen Gemeinschaften

Beispiel des Szenarios „Werteorientierung" – Markenführung in digitalen Gemeinschaften (Teichert 2018, S. 37): *Bevor Familie Müller am Frühstückstisch sitzt, kommt automatisch per Drohne die Lieferung der präferierten Brötchen. Danach macht sich Herr Müller auf den Weg zum Arzt, da er über eine neue Allergie klagt, welcher vom Gesundheitschips in seinem Körper diagnostiziert wird. Bei der Untersuchung willigt er ein, seine Daten der Gesundheitsbehörde zur Verfügung zu stellen, da diese zur Eingrenzung neuer Allergien dienen können. Ein Hersteller von Gesundheitsprodukten finanziert uneigennützig die Erforschung dieses Krankheitsbildes, welche federführend vom DFKA mit künstlicher Intelligenz vorangetrieben wird. Herr Müller kauft einen Tee dieser Marke, da er dies befürwortet. Frau Müller stöbert derweil online nach einem passenden Outfit für eine Wohltätigkeitsveranstaltung, ohne von lästiger Werbung gestört zu werden. Ein vollautomatisierter Bot des Herstellers führt sie durch den Kaufprozess und weist sie auf ökologische Verträglichkeit des von ihr ausgewählten Produktes hin. Beim Bestellen achtet sie auch penibel darauf, dass ihre Daten nicht für kommerzielle Zwecke genutzt werden und bezahlt bequem über Blockchain. Nach abklingender Allergie genießen Herr und Frau Müller gemeinsam die Abendveranstaltung.*

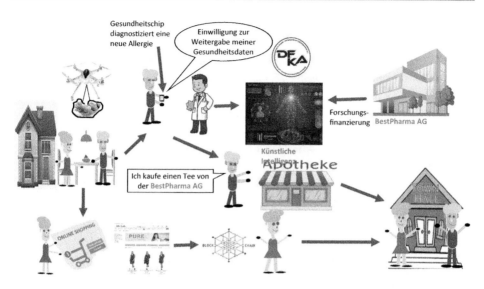

**Abb. 5** Werteorientierung – Markenführung in digitalen Gemeinschaften. (Quelle: Teichert Th (2018) Abschlussbericht der Szenario-Workshopreihe „Szenarien der Markenführung im digitalen Zeitalter", Hamburg)

„Werteorientierung" – Markenführung in digitalen Gemeinschaften: Dieses Szenario ist gekennzeichnet durch (Teichert 2019, Abb. 5):

- Gesellschaftliche Werte differenzieren sich immer weiter aus
- Digitale Technologien haben sich eingefügt, um Prozesse zu optimieren
- Kunden sind bereit, ausgewählte Daten (altruistisch) in transparenten Trusts kontrolliert für das Gemeinwohl zur Verfügung zu stellen
- Konsumenten zeigen dauerhafte Ambivalenz zwischen Akzeptanz der entlastenden Effekte von Bots und Ablehnung von emotionalen Überzeugungstechniken sowie von Cyber-Senses oder Cyber-Emotionen
- Die staatliche Regulierung schwankt zwischen gelenktem und erlaubtem Konsum
- Wertebasierte Segmentierung mit „Purpose-driven" Kommunikation ist die Konsequenz
- Marken stellen sich Fragen über ihre Sinnhaftigkeit und werden Symbol von Gemeinschaft.

## 3.4 Individualisierung – Partizipative Markenführung

Beispiel für das Szenario „Individualisierung" – Partizipative Markenführung (Teichert 2018, S. 41): *Herr Maier ist Brillenträger und begeisterter Heimwerker. Bei einem Spaziergang durch die Innenstadt wird er auf intelligente Smart-Glasses aufmerksam. Zuhause angekommen sucht er nach Produktinformationen. Zuerst fragt er bei seinem sprachgesteuerten Bot nach, ob er ihm bestimmte Modelle empfehlen kann. Ihn begeistern die neuen Funktionen, die seine bisherige Brillenmarke bietet. Durch* den Bot wird er auf eine Markenplattform geführt, wo er sich ein eigenes Bild machen kann. Zwischen zwei Modellen schwankend, entscheidet er sich dazu, sich persönlich vor Ort beraten zu lassen. Zusammen mit dem Produktberater entwickelt er eine Brille, die genau seinem persönlichen Geschmack und Bedürfnissen entspricht. Herr Maier entscheidet sich für das Modell DYI, welches zusätzliche Sensoren hat, die er für seine Handwerkertätigkeit nutzen kann. Zusammen mit dem Produktberater gestaltet Herr Maier ein Paket zusätzlicher Serviceleistungen, für die er persönliche Daten freigibt. Gemeinsam beschließen sie, dass Daten für bestimmte Bereiche wie z. B. für Wartungsarbeiten zur Verfügung gestellt werden. Außerdem erlaubt er seiner Werkzeugmarke, personalisierte Informationen auf seine Smart-Glasses zu schalten, allerdings nur, wenn er das Werkzeug zuhause benutzt. Dabei versichert er sich beim Produktberater, dass seine Daten nicht für anderweitige Zwecke genutzt werden. Mit einem zufriedenen Lächeln auf den Lippen und seinen neuen Smart-Glasses auf der Nase verlasst er den Laden und damit auch einen glücklichen Produktberater.

„Individualisierung" – Partizipative Markenführung: Dieses Szenario ist gekennzeichnet durch (Teichert 2019, Abb. 6):

- Sehr souveräne Kunden
- Individuelle Problemlösungen sind zentraler Werttreiber
- Die menschliche Interaktion bei der gemeinsamen Erstellung von Lösungen im Mittelpunkt
- Prosumenten werden so zu Innovationstreiber

**Abb. 6** Individualisierung – Partizipative Markenführung. (Quelle: Teichert Th (2018) Abschlussbericht der Szenario-Workshopreihe „Szenarien der Markenführung im digitalen Zeitalter", Hamburg)

- „Death Valley of conventional Advertisement" durch „Hyper-Individualisierung"
- Klassische Kundenzyklen werden neu interpretiert – iterativer und rekursiver
- Marke wird quasi zum virtuellen Bot, der Kunden durch die virtuellen Welten begleitet
- Marke = Broker von Lösungen, quasi „Matchmaker" bei Kundenbedürfnissen
- Produkte = hybride Leistungsbündel
- Hohe Chance zur Gewinnung neuer Kunden.

## 4 Konsequenzen für die Markenführung

Auch wenn die Digitalisierung und der Wertewandel eine Menge an Veränderungen ausgelöst haben: Viele der „alten Regel" gelten noch immer – auch wenn sie im aktuellen Umfeld allein nicht mehr ausreichen und ganz gezielt ergänzt werden müssen. Um die Beziehung zwischen einer Marke und seinen Fans und gerade damit der Stammkunden dauerhaft und fest zu etablieren, gelten nach wie vor die Grundregeln der Markenführung wie

- die Qualität der Leistung,
- das Vertrautsein des Verbrauchers mit der Marke
- die Etablierung klarer und konsistenter Botschaften
- die Erarbeitung eines relevanter Kundennutzen sowie
- eine absolute Ehrlichkeit im gesamten Auftritt.

Doch die im Markt vollzogenen Veränderungen sind zu adressieren. Zum einen bei der beidseitigen Kommunikation. Hier müssen Marken müssen sich entscheiden, ob für sie gilt „Feedback is a gift" oder „Feedback ist Gift". Erfolgreiche Marken werden konsequent die Chancen des Feedbacks nutzen müssen. Zum anderen reicht es nicht mehr, den Verbraucher in den Mittelpunkt stellen, sondern einen Schritt weitergehend die Wirkung und Verankerung beim Verbraucher als Kernansatz zu wählen.

Dies bedeutet aber auch, von vornherein und mit hoher Konsequenz einen interdisziplinären Ansatz zu verfolgen – etwa über die Einbindung von Soziologen, Psychologen, Systemwissenschaftlern, Verhaltensökonomen, Gestaltern, Kommunikatoren, Marketeers und allen anderen Bereichen, die bei dem Verstehen der Wirkung und Verankerung beim Verbraucher einen wesentlichen Beitrag leisten können. Nur so wird es in einem durch einen enormen und zudem hoch dynamischen Wandel geprägten Umfeld noch möglich, alle notwendigen Gestaltungsaspekte berücksichtigen zu können.

Denn der Kernansatz zur Wirkung und Verankerung beim Verbraucher bedeutet in der Konsequenz: das Verstehen der Rollenverteilung und der Prozesse in dem jeweiligen Szenario.

Marken müssen sich entscheiden, mit wem sie wirklich kommunizieren wollen und sich dann ganz konsequent mit diesen Kunden beschäftigen, d. h.

- die eigene relevante Differenzierung überprüfen und gegebenenfalls verstärken
- den Nutzen im Leben des Einzelnen verstehen und die Fragen der Kunden als Briefing für die Forschung und Entwicklung heranzuziehen
- die Möglichkeiten eruieren, wie für die Marke über Social Media und auch Social Commerce eine zusätzliche Argumentationslinie etabliert werden kann, bzw. wie Marken im Rahmen der Empfehlungskultur wirken, kommunizieren und verkaufen
- entscheiden, wie die Marke zum Menschen kommen wird, wenn die Menschen nicht mehr zur Marke kommen
- eine klare und stringente Kommunikation betreiben und dort kommunizieren, wo die Kunden erreichbar sind – und dabei nicht vergessen, dass alles kommuniziert – wirklich alles
- last but not least auch, dass Marken Werte und Haltung kommunizieren müssen, wobei dies nur glaubwürdig ist, wenn dies unternehmensübergreifend geschieht.

Es gibt für jede der vier geschilderten Szenarien spezifische Empfehlungen, welche Maßnahmen und Aktivitäten einzuleiten sind, aber gemeinsam ist allen: Es geht um „Mehr Nähe zum Kunden und es geht um die Stärkung der Wertschätzung und Verbundenheit!". Dies bedeutet, dass das individuelle Erleben des Einzelnen noch stärker und konsequenter in den Mittelpunkt gestellt wird und dass alle Touchpoints mit dem Anspruch des Experience Building oder Bonding verstanden und entsprechend gestaltet werden.

In diesem Zusammenhang ist bedeutsam, dass sich in Markenunternehmen nicht eine spezifische Abteilung oder ein eigener Bereich diesen Herausforderungen annimmt, sondern, dass dies als Anspruch für das gesamte Unternehmen und auf Dauer verstanden und akzeptiert wird. Wichtig ist die Wirkung und Verankerung beim prospektiven Kunden, dem Rezipienten aller Aktivitäten. Hier gilt es, das individuelle Erleben des Einzelnen zu respektieren und die „Customer Experience" so zu entwickeln, dass die Bindung zwischen Marke und Markenfan verstärkt wird.

Um das zu erreichen, werden zum Grundprozess von AIDA (Attention, Interest, Desire, Action) zwei Themenfelder hinzuaddiert: zum einen wird es immer wichtiger, vor der Weckung von Aufmerksamkeit sich der hierzu notwendigen Motivstruktur bewusst zu sein und im jeweiligen Gestaltungsprozess gezielt zu berücksichtigen. Und zum anderen muss von vornherein der für die Loyalitätsverstärkung notwendige Prozess bedacht werden: Denn dieser basiert auf der Erfüllung der konkreten Erwartungen der Markenfans – und eine Marke wird nur dann erfolgreich sein, wenn sie sich dem Anspruchsniveau entsprechend verhält. Erst eine Bestätigung der individuellen Überzeugung führt zu einer Stärkung der Verbindung zwischen Marke und Markenfan (Abb. 7).

Damit gilt es, bei allen Handlungen die Frage in den Mittelpunkt zu stellen, wie die Markenloyalität gestärkt werden kann, – was die Bedeutung der Stammkunden unmittelbar stärkt. Die besondere Relevanz der Stammkunden begründet sich aus zwei Themenfeldern:

- Der betriebswirtschaftlichen Bedeutung für das Unternehmen sowie
- Der markenbildenden Kraft genau dieser Konsumenten.

**Abb. 7** Customer Experience als integriertes System

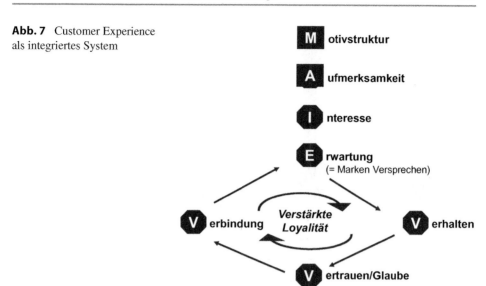

Aus betriebswirtschaftlicher Sicht stehen bei den meisten Marken die Stammkunden für den größten Anteil des Umsatzes. Stammkunden sind solche Kunden, die in einer Warengruppe ihren Kategoriebedarf überwiegend mit ihrer Stammmarke befriedigen. In Konsumgütermärkten, wo eine solche Betrachtung auf Grund der hohen Anzahl an Kaufakten pro Jahr am besten auszuwerten ist, machen diese Gruppen häufig nur 15–20 % der Käuferreichweite aus – stehen aber für über die Hälfte des gesamten Umsatzes. Gruppen wie Wiederkäufer oder Gelegenheitskäufer kommen zusammen auf deutlich geringere Anteile. Und auch wenn die „Neukunden", also jene Gruppe, die einmal die Marke gekauft hat, häufig anzahlmäßig die größte Gruppe darstellen, ist ihr Absatzanteil zumeist sehr gering.

Die Kundengruppe der Stammkunden ist auch deshalb so bedeutsam, weil diese das höchste Vertrauen in „ihre Stammmarke" hat und damit auch am kostengünstigsten erreicht und bestätigt werden kann – hier bestätigt sich die Aussage von Weizäcker, wonach Kundenbindung Transaktionskosten reduziert (Gerok 1988, S. 9) (Abb. 8).

Auch aus markenbildender Sicht ist die Gruppe der Stammkunden besonders bedeutsam. So zeigt diese Gruppe i. d. R. eine hohe Bereitschaft, in einen intensiven Austausch mit der Marke zu treten und so die Bindung zwischen Marke und Markenfan zu stärken. Gerade über die Verstärkung dieser Bindung ermöglichen sie die Entstehung und Festigung der jeweiligen Marke an sich, denn jede Marke entsteht ja erst durch die Verankerung bei dem einzelnen Individuum, hier dem Stammkunden.

Von daher ist es nur konsequent, die Verstärkung der Bindung zwischen Marke und Markenkunde in den Mittelpunkt der Betrachtung zu stellen und die besonders wertvollen Markenfans besser zu verstehen.

Und diese Verstärkung basiert nicht allein auf einer Produktperformance, sondern es umfasst alle Elemente von Marke und Markenausstattung und -kommunikation. In der

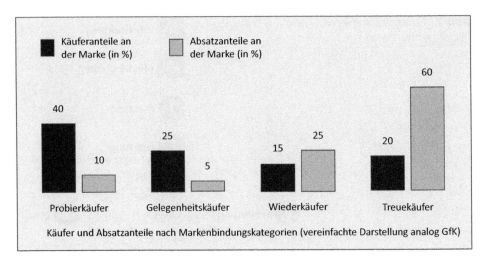

**Abb. 8** Relevanz markentreuer Käufer. (Quelle: Vereinfachte Darstellung analog GfK)

Konsequenz gibt es eine Vielzahl möglicher Maßnahmen, nicht nur die Loyalität ihrer Fans zu stärken, sondern auch die gesamte Customer Experience positiv zu gestalten. Dabei sollen im Folgenden sechs Grundansätze detaillierter beschrieben werden, wie sich die Markenbindung positiv gestalten und verstärken lässt.

### 4.1 Customer Experience

Um die Markenbindung zu stärken, ist die Customer Experience in den Mittelpunkt zu stellen, um über immer wieder positive Erfahrungen die Bindung mit der Marke zu verstärken – und dies unabhängig davon, in welchem Szenario die Marke mit der jeweiligen Zielgruppe sich bewegt.

So kann Markenbindung beispielsweise intensiviert werden über:

- Digitale Erlebniswelten als Möglichkeit, die Marke erlebbar zu machen und unter Nutzung verfügbarer Technologien die bestmögliche Verbindung zum Markenkunden aufzubauen
- Im Rahmen einer Überprüfung aller Touch-Points die bewusste Überführung des Point of Sales (POS) in einen Point of Experience, wo bereits der Begriff ausdrückt, dass hier alle Sinne angesprochen werden können
- Werte-Radar und Stakeholder Management als Maßnahmen, um über gemeinsame Werte die Verbundenheit zwischen Markenkunde und Marke zu stärken.
- Etablierung der Marke als „Consultant/Coach" des Kunden, die individuelle Lösungen ermöglicht

- Generelle Stärkung der Verbundenheit zwischen der Marke und seinen, eine eigene Community bildenden Markenfans.
- Und generell: Ikonisierung der Marke, etwa über technische, gestalterische und markenprägende Elemente.

## 4.2 Schaffung digitaler Erlebniswelten

Gerade die neuen digitalen Technologien bieten eine Vielzahl an gestalterischen Möglichkeiten, wie Markenerlebnisse emotionalisiert, intensiviert und individualisiert werden können. Zurzeit werden diese Möglichkeiten etwa bei touristischen Angeboten genutzt, sei es etwa im Rahmen virtueller Sightseeingtouren (Alibaba Group 2016) oder im sportlichen Kontext als spezielle Erlebnisse wie Tauchgänge oder Testfahrten und Rennstreckenerlebnisse. Solche Anwendungen sollten jedoch nicht nur als isolierte technologische Innovation genutzt werden, sondern als Möglichkeit, die teilweise komplexen Aspekte einer Wertschöpfungsketten überhaupt erst erlebbar werden zu lassen. So zeigt Ben & Jerrys (Ben & Jerry's o. J.) seine Vertragsmilchbauern oder Ritter Sport seine Kakaobauern bei der Ernte im Ursprung (Ritter Sport o. J.) und eröffnet damit für die Kommunikation mit seinen Markenfans komplett neue Themenwelten.

Bedeutend ist hierbei, dass die Markenführung diese Erlebniswelten auch als hybride Strukturen versteht und entsprechend anlegt mit einer breiten digitalen und analogen Reach und Touchpoint Experience in hoher Qualität, wobei im Vordergrund die Übereinstimmung der Markenwelten online/offline und das Markenerlebnis stehen sollte.

Des Weiteren ist eine überzeugende Content Strategie und mit einem konsistenten Markenimage sicherzustellen, wo eine „Seamless experience" erzeugt wird, die relevant sowie konsistent ist und die Möglichkeiten der Personalisierung nutzt.

Die BestBrands 2022 (2022), die hybride Marken auszeichnete, zeigt deutlich, dass Markterfolg und konsequente Umsetzung eines hybriden Ansatzes – die GfK nennt das hybrid scores – eine hohe positive Korrelation aufweisen.

## 4.3 Der neue „Point of Experience" – die Ablösung des „Point of Sales"

Neben der Schaffung digitaler Erlebniswelten, die natürlich auch eine Form gestalteter Touch-Points repräsentieren, liegt ein enorm wichtiger Schwerpunkt in der Gestaltung der nicht virtuellen, realen Touch-Points – bisher gern auch als Point of Sales beschrieben. Gerade diese haptisch unmittelbar erlebbaren Kontaktpunkte sind im Hinblick auf die Erreichung einer Stärkung der Wertschätzung und Verbundenheit zwischen Marke und Markenfan gänzlich neu zu gestalten. Aber auch für Neukunden ist der erste physische Kontakt essentiell, denn dieser erste Eindruck prägt die weitere Imagebildung. Denn das Anspruchsniveau der Konsumenten hat sich in den letzten Jahren ganz massiv verändert (Merkle 2020). Wenn im Rahmen einer Customer Journey ein physischer Kontaktpunkt auch zukünftig eine Bedeutung haben soll, muss dieser entsprechend den Bedürfnissen des prospektiven Kunden hoch konsequent gestaltet werden. Und in der weiter gestiegenen Erwartungshaltung der Konsumenten reicht die – bereits angesprochene – klassische Unterscheidung von Erlebniskauf versus Versorgungskauf bei weitem nicht mehr aus. In der heutigen Welt ist zu entscheiden, ob eher emotionale Unterstützung oder eine kognitive Entlastung bei der Customer-Journey gewünscht oder benötigt wird. Gerade die steigende Individualisierung in den digitalen Szenarien führt dazu, dass die Rolle des physischen Kontaktpunktes noch genauer definiert und darauf aufbauend noch detaillierter und konsequenter gestaltet werden muss.

Am zukünftigen „Point of Experience" werden digitale und analoge Präsentation nicht als Gegensatz begriffen, sondern als sich gegenseitig unterstützende Elemente der Kundenansprache genutzt. Erste Beispiele sind in der Automobilindustrie bereits zu sehen, wo speziell entwickelte Plattformen für den einzigartigen, ersten Kontaktpunkt mit einer Marke im Handel genutzt werden. Wichtig auch hier ist die einfache Bedienung und die Generierung eines besonderen Erlebnisses. Von daher werden großflächige Projektionsflächen bis zu einem interaktiven 3D-Fahrzeugkonfigurator integriert. Beispielhaft sei hier die Entwicklung von Experience One erwähnt, die über digitale Anwendungen im räumlichen Umfeld eines Handelsgeschäftes das Produkt zu einem Erlebnis werden lassen (Experience One o. J.).

Es sind daher auch die digitalen, nicht physischen Kontaktpunkte als Point of Experience zu verstehen und entsprechend konsequent auszugestalten. Konsumenten werden in ihrer Wahrnehmung nicht bewusst unterscheiden in analoge und digitale Dimensionen – weshalb das Prinzip der ganzheitlichen Wahrnehmung gilt: Demnach müssen alle Gestaltungsdimensionen in der Customer Journey genau berücksichtigt und gezielt geplant werden, wobei die jeweiligen Stimuli unterschiedlich stark wirken können. Während etwa bei Nahrungsmittel eine Verkostung (in physischer Form) hoch relevant sein mag, kann es etwa bei Reisen ein Teaser mittels eines virtuellen Erlebnisses sein. Von daher ist auch hier eine spezifische Betrachtungsweise essenziell.

## 4.4 Werte-Radar und Stakeholder-Management

Wenn es um die Stärkung der Verbundenheit von Marke und Markenfan geht, ist die Kommunikation der Grundwerte der Marke und des Unternehmens ein in ihrer Bedeutung deutlich wichtiger werdendes Gestaltungsfeld. Über die dann erreichte Gemeinsamkeit kann die Verbundenheit zwischen Markenfan und Marke gestärkt werden. Auch der vielfach diskutierte „Purpose"-Ansatz kann hier eine Rolle spielen, oder die Darstellung von Verantwortungsübernahme in vielfältiger Form. In der Zwischenzeit weit verbreitet ist etwa die Kommunikation von Verantwortungsübernahme bei Lieferanten/Erzeugern von Produktzutaten. Dieser Weg, über Transparenz das Vertrauen in und die Bindung mit der Marke zu stärken, wird etwa neben Ben & Jerrys auch von Produzenten von Kaffee mit den speziellen Ursprungsbezügen konsequent verfolgt.

## 4.5 Etablierung der Marke als „Consultant/Coach" des Kunden

Geht es um die Etablierung besonderer Customer Experience mit einem hochindividuellen Ansatz, zeigt beispielsweise Runtastic, wie es die Rolle quasi eines „Personal Coaches" übernimmt (Kleindessner 2017). Als Zugang nutzt Runtastic eine App, die zusammen mit einem entsprechenden Portal das Hochladen und Analysieren der aufgezeichneten Fitnessdaten ermöglicht. Die jeweiligen Trainingserfolge können nicht nur im Rahmen eines sozialen Netzwerkes geteilt und mit anderen etwa im Rahmen des „Running Leaderboard" verglichen werden; darüber hinaus erhält der Benutzer individuell auf seine Bedürfnisse und Fitnessziele zugeschnittene Trainingspläne und detaillierte Statistiken. Auf diesem Weg ermöglicht die Marke hochindividuelle Lösungen.

Neben der Etablierung als individueller Coach ist auch die Einrichtung einer Community speziell für die Markenfans ein bedeutender Weg, um die gegenseitige Verbundenheit zu stärken und durch gemeinsame Erlebnisse noch zu intensivieren. Eine weit bekannte und akzeptierte Community ist etwa die Gruppe der Ferraristi, die die Hard-Core Fans der italienischen Sportwagen-Marke bezeichnet, und die auf vielfältige Art und Weise angesprochen und betreut werden, nicht nur mit separaten Publikationen wie aus dem Heel Verlag (Maranello World 2022).

## 4.6 Die Ikonisierung der Marke

Als ein prominentes Beispiel für die konsequente Orientierung an der Verstärkung der positiven Markenerlebnisse und an der Wirkung und Verankerung beim Verbraucher als Kernansatz ist sicher Apple zu nennen. Die sich aus dieser Orientierung heraus ergebenden überzeugenden Angebote bei jedem neuen Produkt oder Dienstleistung führen zu einer Ikonisierung der Marke – die sich jeweils aus der Kundenerfahrung und dem Kundennutzen heraus immer wieder neu verstärkt. Von hoher Bedeutung ist dabei auch die gesamthafte Designsprache der Marke, die beim Einzelprodukt beginnt und mit dem ganzheitlichen Storedesign endet. Über alle Elemente der Consumer Journey wird so sichergestellt, dass ein ganzheitlicher Markenauftritt erreicht wird.

## 5 Ausblick

Im Ergebnis zeigt sich: Die Digitalisierung und damit einhergehende Veränderungen in der Erwartungshaltung der Konsumenten haben in der Konsequenz auch den Anspruch an eine erfolgreiche Markenführung verändert. Um Kunden auch weiterhin an eine Marke zu binden und die Chance auf die Gewinnung neuer Kunden konsequent nutzen zu können, ist zum einen die Notwendigkeit entstanden, die Kommunikation an die neuen Bedürfnisse anzupassen, neue Kommunikationskanäle für die Marke zu erschließen und die mediale Kommunikation gegebenenfalls um die physisch-emotionale Erlebnisdimension zu ergänzen. Grundvoraussetzung einer erfolgreichen Markenführung ist zum zweiten aber auch, dass Marken die mit Digitalisierung und Wertewandel entstandenen veränderten Einstellungen und Wertmotive der Kunden in der Markenführung berücksichtigen. So ist zum Beispiel Nachhaltigkeit eines der Themenfelder, das in dem Bemühen um die Bindung bestehender und der Gewinnung neuer Kunden unbedingt Berücksichtigung finden muss.

Die weitere parallele Entwicklung von digitaler and analogen Kommunikation und Distribution erfordert eine ganzheitliche Sicht auf die hierbei wirkenden und daher zu berücksichtigenden Prozesse. Ausgehend von der Fokussierung auf die Wirkung und Verankerung beim Verbraucher erfordert dies nicht nur die konsequente Implementierung eines interdisziplinären Ansatzes, sondern auch die Überprüfung der Organisation eines Unternehmens, um diese Orientierung erfolgreich verfolgen zu können. Da bei erfolgreichen Unternehmen die Struktur der Strategie folgt, ist eine entsprechende organisatorische Anpassung als unterstützenden Maßnahme bedeutsam. Ebenso aber ist es wichtig, dass sich nicht eine Abteilung oder ein Bereich im Unternehmen mit dieser strategischen Ausrichtung identifiziert, sondern, dass es dies als Anspruch für das gesamte Unternehmen UND auf Dauer verstanden und akzeptiert wird. Umso eher wird es Unternehmen damit gelingen, die für sie so wichtigen Stammkunden noch enger an sich zu binden.

## Literatur

Alibaba Group (Hrsg) (2016) Buy+ The first complete VR shopping experience. youtube.com. https://www.youtube.com/watch?v=-HcKRBKlilg. Zugegriffen: 12. Juli 2022

Best Brands 2022 (2022) bestbrands.de. https://www.bestbrands.de/de.html. Zugegriffen: 13. Juli 2022

Ben & Jerry's (Hrsg) (o. J.) Our social mission. youtube.com. https://www.youtube.com/watch?v=Lu2VBQBpn7U. Zugegriffen: 12. Juli 2022

Chernatony R (1998) Defining a brand. J Mark Manage 417 ff

DPMA Deutsches Patent- und Markenamt (o. J.) Die gekreuzten Schwerter. dpma.de. https://www.dpma.de/dpma/wir_ueber_uns/geschichte/30jahre_einheit/ostmarken/gekreuzte_schwerter/index.html. Zugegriffen: 16. Juli 2022

Esch F-R (2001) Moderne Markenführung. Springer Gabler, Wiesbaden

Experience One (Hrsg.) (o. J.) Das digitale Produkterlebnis für jeden Showroom, Wenn der Besuch im Handel zu einem Erlebnis wird. experienceone.com. https://www.experienceone.com/projekte/das-digitale-produkterlebnis-fuer-jeden-showroom. Zugegriffen: 14. Juli 2022

Galloway S (o. J.) This technology kills brands. youtube.com. https://www.youtube.com/watch?v=BXEu8RcneZQ. Zugegriffen: 14. Juli 2022

Gerok W (Hrsg) (1988) Chaos und Ordnung in der belebten und unbelebten Natur. Hirzel, Stuttgart

Kleindessner T (2017) Runtastic: Die Einführung von Objectives & Key Results. In: Bartz M, Gnesda A, Schmutzer T (Hrsg) Unternehmen der nächsten Generation, Springer Gabler, Berlin. https://doi.org/10.1007/978-3-662-52819-8_26

Maranello World (2022) Das Magazin für Ferraristi, Ausgabe 1/2022 #124. Heel Verlag, Königswinter

Merkle W (2020) Die stille Revolution der Verbraucher. handelsjournal.de. https://www.handelsjournal.de/handel/point-of-sale/artikel-2020/die-stille-revolution-der-verbraucher.html. Zugegriffen: 12. Juli 2022

Ritter Sport (o. J.) ritter-sport.de. https://www.ritter-sport.de/blog/2021/06/02/unser-kakao/#. Zugegriffen: 14. Juli 2022

Teichert Th (2018) Abschlussbericht der Szenario-Workshopreihe „Szenarien der Markenführung im digitalen Zeitalter". Hamburg

Teichert Th (2019) Branding 4.0, Szenarien der Markenführung im digitalen Zeitalter. Vortrag auf der Jahrestagung des Markenverbandes, Berlin


**Christian Köhler** Hauptgeschäftsführer des Markenverbandes e. V. in Berlin. Seit 2010 leitet er als Manager mit Marketing- und Vertriebserfahrung die Führung der Geschäfte in Berlin. Zuvor leitete Christian Köhler ein Beratungsunternehmen und war u. a. in Geschäftsführungspositionen bei EFFEM (Mars Petcare), KRAFT FOODS (Mondelez) und Tchibo tätig. Der in Berlin und Chicago ausgebildete Wirtschaftsingenieur, der verschiedene Lehraufträge in Markenführung und Management innehat, ist ein ausgewiesener Markenexperte, der als Insider der Konsumgüterindustrie ausgeprägte praktische Erfahrung und genaue Kenntnis aktueller Marketing- und Vertriebsfragen hat.

# Datengetriebenes Marketing und Kommunikationsmanagement am Beispiel Allianz

Thomas Lukowsky und Olaf Tidelski

## Inhaltsverzeichnis

1 Neukunden-Gewinnung und Bestandskunden-Pflege – Herausforderungen in der Versicherungsindustrie .................................................. 358
2 Innovationsprozesse basierend auf der Kundenperspektive ....................... 359
   2.1 Überblick zum Innovationsprozess .................................... 359
   2.2 Bedarfs-Phase ................................................... 361
   2.3 Ideen-Phase ..................................................... 361
   2.4 Scoping-Phase ................................................... 362
   2.5 Umsetzungs-Phase ................................................ 363
   2.6 Rollout & Betrieb ................................................ 364
3 Deep Dive: Datengetriebenes Marketing ................................... 364
4 Fazit: Datengetriebes Marketing .......................................... 367
Literatur ............................................................. 368

### Zusammenfassung

Im Zuge der digitalen Transformation sehen sich viele etablierte Unternehmen in einem Spannungsfeld zwischen Neukunden-Akquisition und Bestandskunden-Pflege. Dies gilt in besonderem Maße für die Versicherungsindustrie: Denn hier finden sich typischerweise sehr langfristige Kundenbeziehungen – oftmals mit Vertragslaufzeiten

---

T. Lukowsky (✉) · O. Tidelski
Allianz AG, München, Deutschland
E-Mail: thomas.lukowsky@allianz.de

O. Tidelski
E-Mail: olaf.tidelski@allianz.de

© Der/die Autor(en), exklusiv lizenziert an Springer Fachmedien Wiesbaden GmbH, ein Teil von Springer Nature 2023
A. Krämer et al. (Hrsg.), *Stammkundenbindung versus Neukundengewinnung*,
https://doi.org/10.1007/978-3-658-40363-8_18

über viele Dekaden, in der Kranken- oder Lebensversicherung mitunter gar „ein Leben" lang. Einerseits. Anderseits ist dieser Wirtschaftszeig durch starken – zunehmend auch digitalen – Wettbewerb um Neukunden geprägt. Dies wirft die spannende Frage auf, wie unterschiedliche Kundenbedürfnisse in der Entwicklung neuer Produkte oder Services identifiziert und bedient werden. Der vorliegende Beitrag stellt den datengetriebenen Innovationsprozess der Allianz vor, der sich streng an den jeweiligen Kundenbedürfnissen einer Zielgruppe ausrichtet. Zudem illustriert eine ausgewählte Case Study die Umsetzung einer datengetriebenen Marketing-Kampagne am Beispiel einer Produkt-Neueinführung in der Sachversicherung, die auf einer Kooperation zwischen Allianz und Disney|Pixar basierte.

## 1 Neukunden-Gewinnung und Bestandskunden-Pflege – Herausforderungen in der Versicherungsindustrie

Neue Kundenbedürfnisse und ein verändertes Medienverhalten transformieren nach und nach ganze Industrien. Was frühzeitig im Handel, in den Medien oder in der Telekommunikation begann, verändert längst auch die Finanzwirtschaft: Erst im Banking, dann auch über Vergleichsportale ist nun digitales Kundenverhalten auch im Kern von Versicherungen angekommen. Neue Angebote prägen die gesamte Customer Journey: Die Information und Suche im Internet, der Online-Vergleich von Preisen und Leistungen, die Beratung über Video-Telefonie oder Chat-Bot, der digitale Abschluss-Prozess mit Warenkorb und „next best action", das Portal zur Übersicht der Verträge und Self-Services bis hin zu maßgeschneiderte Apps für die Leistungs- und Schadenabwicklung – heute geht auch im Versicherungsmarkt prinzipiell alles „per Klick". Die Corona Pandemie hat diesen Trend nochmals kräftig beschleunigt. Viele Menschen schätzen aber auch nach wie vor die persönliche Beratung und Betreuung, das individuelle Gespräch von Mensch zu Mensch, gerade bei Anliegen rund um Versicherung, Vorsorge und Vermögen. (siehe dazu auch Tidelski / Grabert (2023). Strukturelle Unterschiede zwischen Bestands- und Neukunden-Bedarfen werden damit zu einem ganz zentralen Handlungsfeld für Versicherungen. Dies wiegt umso mehr, als es sich in diesem speziellen Markt in der Regel um sehr langfristige Kundenverbindungen handelt: In der Lebens- und Krankenversicherung sogar meist über ein ganzes Leben hinweg, wenn man an Pflege- oder Altersabsicherung denkt, die mitunter vor Jahrzenten abgeschlossen wurden oder auch weit in die Zukunft reichen: Junge und zumeist digital-affine Menschen bis hin zu hoch betagten Älteren bilden das gesamte Kontinuum ab. Kurz: In kaum einer anderen Industrie differieren die Bedürfnisse und Charakteristika von Neu- und Bestandskunden so stark wie in der Versicherungswelt.

Wie lässt sich aber das jeweils richtige Angebot vom Kundenbedarf her entwickeln und maßgeschneidert vermarkten, ohne dabei den jeweiligen Endkunden aus den Augen zu verlieren? Und wie lässt sich dieses Offering zugleich zielgruppen- und kanalgerecht den inzwischen sehr unterschiedlichen Zielgruppen kommunizieren?

▶ Es gibt nicht mehr nur den (einen) Kunden, sondern eine Vielzahl von Kundentypen mit ganz unterschiedlichen Bedürfnissen und Medienverhalten. Das verändert die Anforderungen an die Kommunikation fundamental – je nach Lebensphase, Produkt oder Betroffenheit, sind unterschiedliche Ansprache- und Marketingformate nötig: ein breites Handlungsfeld zwischen (zumeist jüngeren) Neukunden und (eher älteren) Bestandskunden.

Die Allianz hat sich diesen Fragen strategisch und operativ gestellt – und den Kundenblick und damit zugleich auch das datengetriebene Marketing und Kommunikation mit neuen Formaten in den Mittelpunkt ihrer Unternehmenskultur gestellt.

## 2 Innovationsprozesse basierend auf der Kundenperspektive

### 2.1 Überblick zum Innovationsprozess

Ausgangspunkt für den neu verankerte Kundenperspektive ist ein fünf phasiger Innovationsprozess, der verbindlich im gesamten Unternehmen gilt (ausführlich dazu auch Tidelski / Grabert (2023). Jedes Produkt und jeder Service, der zur Marktreife gelangen soll, muss diesen Prozess durchlaufen – und sich in allen fünf Phasen an einem umfassenden Kunden-Feedback messen lassen (Abb. 1). Scheitert eine interne Idee am externen Kunden-Feedback, werden keine weiteren Ressourcen mehr in ihre Entwicklung investiert. Dieses sehr konsequente Innovationsmanagement umfasst somit alle wichtigen Prinzipien des Design Thinking und agilen Lean Startup Denkens – ist jedoch zugleich maßgeschneidert für ein marktführendes Unternehmen in der hoch regulierten Finanzwirtschaft (Allianz 2018). Das Spannende: in allen fünf Phasen ist bereits die mögliche Kommunikation an die jeweiligen Zielkunden integriert. Kundenanalytik und Kreation sind somit eng – und von Beginn an – miteinander verflochten.

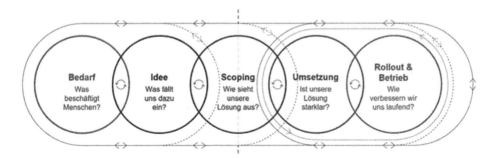

**Abb. 1** Der 5-phasige Innovationsprozess der Allianz

Drei Charakteristika zeichnen diesen kundenzentrierten Innovationsprozess aus:

- Kunden- statt Binnensicht: Während traditionelle Unternehmen in der Regel bereits mit einer konkreten Idee ihren Produktentwicklungsprozess starten und diese dann in einem „Wasserfall-Modell" – von der produkt-verantwortlichen Fachabteilung mittels recht starrer Anforderungen in das Unternehmen kaskadieren und das Marketing „am Ende noch ein Schleifchen" um das Angebot bindet, startet der Innovationsprozess der Allianz immer beim Bedarf der Menschen. Erst wenn absolut klar ist, was eine Zielgruppe wirklich wünscht, startet ein offener Wettbewerb um die besten Ideen und Kommunikationsformate.
- Kunden-Tests als verbindliche Qualitäts-Schranke: Während traditionelle Unternehmen vielfach nur aus rein fachlichen, technischen oder vertrieblichen Perspektiven über Neuheiten entscheiden, sind in diesem Innovationsprozess zwei verbindliche Sign-off Gates verankert. Nur bei einem positiven Kundenvotum, basierend auf quantitativen und qualitativen Nutzer-Tests, geht es in die nächste Innovationsphase bzw. gelangt ein Angebot überhaupt erst auf den Markt.
- Kunden-Feedbacks als ständige Treiber für Verbesserungen: Während traditionelle Unternehmen oftmals nach dem Marktgang ihren Entwicklungsprozess beenden, stellt die Allianz systematische Lernen in gemischten Teams ins Zentrum ihres unternehmerischen Handelns. Ziel sind wettbewerbsfähige modulare Angebote mit maximalen Kunden-Nutzen, die dann immer weiter per Net Promoter Score (NPS)- und Kunden-Feedbacks verbessert werden (zur Methodik und Wirkung von NPS Messungen siehe vor allem Reichheld (2011)). Der Abschluss eines Innovationszyklus ist somit zugleich der Start für die nächste Iteration.

Wichtig war zunächst die Definition dieser sehr klaren und eindeutigen „Kunden-Governance", also eines verbindlichen Regelwerkes, das qualitative und quantitative Feedbacks und Erfolgsparameter in der Unternehmenskultur fest verankert und von der Unternehmensleitung unmissverständlich gewollt wird. Zugleich benötigte es einen erstklassigen Katalog an Co-Creation, Test- und Innovationstools, um die volle Kreativität bei der agilen Produkt- und Service-Entwicklung zu entfalten. Das gilt gleichermaßen für das Offering wie auch der Kommunikation der Kernleistungen an die jeweiligen Zielkund:innen. (einen Überblick über Testing Tools bietet: Bland und Osterwalder 2020, zu Kunden-Communities & Co-Creation Plattformen siehe Schütz 2022).

> ▶ Erst durch eine klare Kunden-Governance, agile Test-Verfahren sowie ständigen Erfolgsmessungen kann sich eine lernende Kultur des „human-centered Designs" entfalten, die immer wieder genau das in den Mittelpunkt stellt, was die Menschen wirklich wünschen: die maßgeschneiderte Kommunikation von echten Kunden-Mehrwerten.

Blicken wir vor diesem Hintergrund nun tiefer in die einzelnen Prozess-Phasen und Sign-off Gates: Jede der fünf Phasen kennzeichnet zunächst eine klare Frage und endet mit einem darauf antwortenden Ergebnis-Typen.

## 2.2 Bedarfs-Phase

Der Prozess startet mit der sog. Bedarfs-Phase – hier steht die erste Frage im Blickpunkt: Was beschäftigt die Menschen – unabhängig von bekannten Versicherungsprodukten – wirklich? Welches Problem oder welcher Wunsch ist im Kern zu lösen („job to be done")?

In der Bedarfs-Phase geht es also um das holistische und datengetriebene Verständnis der eigentlichen Zielgruppe. Der Fokus liegt sowohl auf allen verfügbaren soziodemografischen Faktoren, messbaren Verhaltens-Präferenzen auf bestehenden und benachbarten Märkten als auch auf den spezifischen Kunden-Wünschen.

Das wichtigste Instrument in der Bedarfs-Phase ist ein repräsentativer Datenwürfel über die gesamte inländische Wohnbevölkerung. Jedes der gemischten Innovationsteams sowie das Marketing & Kommunikation hat Zugang zu dieser Datenquelle, die im Bereich des Chief Customer Officer (CCO) übergreifend konzipiert und regelmäßig extern erhoben sowie ständig weiterentwickelt wird (zur Rolle und Funktion eines Chief Customer Officer siehe Bliss 2015). Herzstück ist ein Bedürfnis-Katalog, der menschliches Verhalten nach vielen relevanten Kriterien beschreibt und deren Wichtigkeit – je nach gewählter Zielgruppe – datengestützt aufzeigt. Hinzu kommt auch die Analytik des unterschiedlichen Medienverhaltens, also welche Kanäle die Menschen jeweils präferieren (Print, Out of Home, TV, Digital, etc.). So steht von Anfang an das im Vordergrund, was Menschen potenziell wollen und wie die entsprechende Ansprache ausgestaltet sein muss.

Ergebnis der Bedarfsphase ist ein reichhaltiges Bild, welches die Menschen der späteren Zielgruppe sehr genau charakterisiert. Was im Design Thinking als qualitative Persona bekannt ist, wurde im Innovationsprozess der Allianz als quantitative Persona radikal weiterentwickelt. Aufgrund der Repräsentativität der extern erhobenen Datenquellen treten an die Stelle von holzschnittartigen Steckbriefen nunmehr holistische Kundensichten, die aufgrund der Datenverfügbarkeit immer wieder neu zusammengestellt werden können. Diese breite Sicht auf Menschen eröffnet gänzlich neue Perspektiven für die Problem-Lösungen im nächsten Innovations-Schritt.

## 2.3 Ideen-Phase

An der zweiten Stelle des Prozesses steht also die sog. Ideen-Phase – hier geht es nun um folgende Schlüsselfragen: Was fällt uns zu den erhobenen Kundenbedarfen Neues ein? Welche Lösung können wir gesamthaft bieten, um einen echten Mehrwert zu schaffen, der so noch nicht gedacht oder auf dem Markt verfügbar ist? Wie lässt sich das Angebot kanalgerecht vermitteln?

In der Ideen-Phase werden alle auch nur denkbaren Produkt- bzw. Service-Varianten co-kreiert und jeweils aus der Kundenperspektive greifbar gemacht. Einzige Bedingung: Die Fülle an Lösungsmöglichkeiten muss maximal auf die in der Phase 1 gewonnen Erkenntnisse einzahlen; also die Bedürfnisse der Zielgruppe im Kern (zumindest potenziell) treffen können! Erfolgskritisch sind dabei interdisziplinäre Innovationsteams aus allen Fachbereichen, die eine maximal hohe Vielfalt auszeichnet: Repräsentanten des Produktmanagements, Innendienst, Außendienst, des Marketings – oder auch Endkunden – zählen typischerweise dazu. Zugang und Training von Kreativitäts-Techniken unterstützen die Teams.

Ergebnis der Ideen-Phase sind erste Beschreibungen eines Minimal Viable Products (MVP), die den Kernnutzen des Angebotes aus Kundensicht beschreibt. Dieses wird sodann in unabhängigen Tests innerhalb der definierten Zielgruppe quantitativ getestet; die Bewertung erfolgt anhand von fest definierten Kunden-KPI des Chief Customer Officer. Fallen diese Testergebnisse positiv aus – und nur dann -, geht der Prozess in seine nächste Runde. Andernfalls kommt er zum Stopp oder Re-Start des Prozesses.

### 2.4 Scoping-Phase

Die dritte Phase nimmt die erfolgreich getesteten Lösungs-Ideen genauer in den Blickpunkt – hier finden sich Antworten auf die Fragen: Wie sieht unsere Lösung im Detail aus? Was gehört zum Leistungsumfang des MVP (Minimum Viable Product) genau dazu, was kommt möglicherweise auch erst später? (Zur agilen Produktentwicklung mit MVPs siehe Trefler 2011; Ries 2017). In der Scoping-Phase entwickeln die jeweiligen Innovationsteams das Konzept des MVP also immer weiter und ergänzen das Kern-Leistungsversprechen um weitere Alleinstellungs- oder Gestaltungsmerkmale – selbstverständlich auch hier immer wieder anhand von neuen Kundenstimmen, sei es qualitativen Interviews oder quantitativen Befragungen in der definierten Zielgruppe. In dieser Phase treten auch zunehmend konzeptionelle Fragen des Marketings und der Kommunikation auf: Welche Produktmerkmale müssen besonders in den Vordergrund gestellt werden, weil sie neu und einzigartig sind? Welche können in den Hintergrund treten, weil sie als Hygiene-Merkmal bereits Basis des Leistungsversprechens sind und keiner weiteren Kommunikation bedürfen?

Das Ergebnis der Scoping-Phase ist eine detaillierte Beschreibung des Leistungsumfangs. Erst in dieser Phase, wenn der Kundennutzen prägnant herausgearbeitet ist, beginnt die üblicherweise sehr aufwändige technische Untersuchung weiterer Angebots-Parameter wie etwa die IT-Umsetzung. Dann allerdings schon mit dem messbaren Wissen, dass es sich um eine sehr erfolgsträchtige Idee handelt, die wirklich einen Kunden-Mehrwert stiftet. Das Risiko des späteren marktlichen Scheiterns mit den damit verbundenen sunk cost der Gesamt-Investition ist also bereits frühzeitig und mit geringem Mittel-Einsatz miniminiert.

## 2.5 Umsetzungs-Phase

Phase 4 beschäftigt sich mit der operativen Umsetzung der entwickelten Lösung – hier muss am Ende die Frage beantwortet werden, ob das Angebot in jeder Hinsicht tatsächlich marktreif und wettbewerbsfähig ist? Nehmen die späteren Kundinnen und Kunden den ermittelten Preis und die Leistungen als attraktiv wahr – und über welchen Kanal- und Ansprache-Konzept finden sie überhaupt den Weg hin zum Angebot, sei es die Neukunden oder auch die Bestandskunden, die jeweils unterschiedliche Kommunikationskanäle nutzen (externe bzw. interne Kommunikation)?

In der Umsetzungs-Phase stehen mithin die Vermarktung des Offering im Kern der Projektarbeit. Dazu zählen vor allem die genauen Parameter des Angebots, der laufende Betrieb und die Kommunikation an die Nutzerinnen und Nutzer. Der notwendige Marketing-Mix lässt sich anhand von „4 P" auf den Punkt bringen:

- Produkt: Definition von bevorzugten Produktmerkmalen oder Bündel-Angeboten etwa nach einer Dreier-Logik wie Basis, Komfort oder Premium entsprechend der Bedürfnisse unterschiedlicher Kundentypen.
- Preis: Festlegung entsprechender Preispunkte und einer Preisstrategie, die jeweils die Zahlungsbereitschaft der jeweiligen Kundengruppen abbilden und zugleich wettbewerbsfähig gegenüber bestehenden Angeboten sind.
- Platzierung: Beschreibung von geeigneten Kanal-Präferenzen der jeweiligen Zielgruppen, von digitaler Vermarktung, den jeweiligen Antragsstrecken, Self-Services, Vergleichsportalen Kooperationspartnern, unabhängigen Finanzberatern oder dem eigenen Vertrieb.
- Perzeption: Entwicklung eines zielgruppen- und kanalgerechten Kommunikations- und Marken-Konzepts, das eine höchstmögliche Wahrnehmung des Offering mit kosteneffizienten Mitteleinsatz innerhalb der jeweiligen Zielgruppe garantiert – insbesondere auch dann, wenn es sich um die Kommunikation von Multi- oder Omnikanal-Angebote handelt (zum Omnikanal-Management siehe Lemon und Verhoef 2016 sowie Brynjolfsson et al. 2013).

Ergebnis der Umsetzungs-Phase ist ein genau definiertes Angebots- und Marketing-Konzept, das vom späteren Zielkunden als leicht zugänglich und hoch attraktiv empfunden wird. Auch hier sind unabhängige Kundentests je nach Produkt vorgesehen (sog. Marktakzeptanz-Test). Nur dann, wenn das gesamte Offering und das entsprechende Kommunikationskonzept innerhalb der Zielkunden auf Zustimmung stößt, kommt es zu einem Produktlaunch. Andernfalls wird neu justiert.

## 2.6 Rollout & Betrieb

In der fünften Phase des Innovationsprozesses stehen der Rollout und der operative Betrieb des Angebotes an – mit der handlungsleitendenden Frage, wie sich Wahrnehmung der Leistung immer weiter verbessern lässt. Der Innovationsprozess ist also mit dieser Phase keineswegs zu Ende, sondern bietet bereits die Möglichkeit, für weitere Produkt-Generationen oder Service-Innovationen die nächsten Impulse aus Kundensicht zu setzen.

Zu diesem Zweck wird direkt nach der Markteinführung die Leistungsmerkmale des Produktes bzw. des Service sowie deren Perzeption durch die Zielkunden durch kontinuierliche Kunden-Feedbacks verfolgt. Somit besteht die Möglichkeit, bei Abweichungen von gewünschten Ergebnissen nachzusteuern und Verbesserungen – sei es in der Kommunikation oder im Offerings selbst – vorzunehmen. Dafür kommt in allen Schritten der Customer Journey ein transaktionales Feedback-System in Echtzeit zum Einsatz. Die Kunden haben dabei die Möglichkeit per Mail, per Telefon-Tastatur, per Online-Anwendung ein 5-Sterne Feedback und offene Kommentare abzugeben.

Hinzu kommen gezielte Befragungen zur Perzeption der jeweiligen Kampagnen mit strengen KPI entlang des gesamten Marketing- und Kommunikations-Funnels. Folgende Erfolgsparameter im Bereich des Marketings spielen eine hervorgehobene Rolle:

- Awareness: Inwieweit nehmen die angesprochenen Zielgruppen das Angebot auch wirklich wahr?
- Relevant Set: Ziehen sie das Offering auch bei einem geplanten Kauf tatsächlich in Betracht?
- First Choice: Ist das Produkt oder der Service – auch im Vergleich zu den stärksten Wettbewerbern – erste Wahl?
- Transaction: Kommt es zu einem erhöhten Abschluss oder einer verbesserten Conversion?
- Loyalty: Steigert die Kommunikation die Kundenloyalität und verhindert sie Kündigungen?
- Net Promoter Score (NPS): Erhöht die Ansprache die Weiterempfehlungsbereitschaft der bestehenden Kund:innen?

Ergebnis der Phase 5 ist die KPI-gestützte Erfolgsmessung eines Produktlaunch – und damit die datengetriebene Weiterentwicklung neuer Angebote.

## 3 Deep Dive: Datengetriebenes Marketing

Als Beispiel wird im Folgenden die Kooperation zwischen Allianz und Disney/Pixar zum Launch einer neuen Produktlinie für private Sachversicherungen beschrieben.

Den Handlungsrahmen und die spezifischen Herausforderungen der Marketingkonzeption werden von den Erkenntnissen aus der Kundenanalytik definiert. Eine Herausforderung sticht dabei heraus: Grundsätzlich sieht sich die gesamte Versicherungsbranche mit einem unterdurchschnittlichen Interesse der Kund:innen konfrontiert, dies gilt gleichermaßen für Neu- und Bestandskunden:

- Versicherungen sind ein nicht haptisches, virtuelles Produkt und ohne die „geliehene" Attraktivität von verbundenen Produkten wie der Smartphone-Hardware beim Mobilfunk.
- Es gibt nur sehr wenig Prestigegewinnmöglichkeit für die Konsumenten innerhalb ihrer Community.
- In der Wahrnehmung sind Versicherungen häufig eher ein lästiges Übel („Eigentlich möchte man gar nicht an den Schaden denken").
- Aufmerksamkeitsstärke und ein zielgruppenadäquates Storytelling sind daher wesentliche Erfolgsfaktoren.

Auf dem Fundament unserer Allianz Markenpositionierung/Value Proposition und Analytik im CCO Bereich haben wir zur Ausrichtung aller unserer Marketingaktivitäten den analytisch festgestellten Handlungsbedarf in vier Stoßrichtungen übersetzt.

- Digital: Sicherstellung eines Distributions-Mixes, mit dem wir den Wandel im Medienkonsum weiter Zielgruppen abdecken. Dabei ändert sich vor allem die Rolle von TV als traditionellem Hauptmedium für Reichweiten-Kommunikation. Allerdings ist digital als Kriterium allein auch nicht ausreichend – die Vielfältigkeit der digitalen Mediennutzung in den verschiedenen Zielgruppen muss mit reflektiert werden.
- Generation X&Y: Versicherungen werden traditionell im Kontext von Berufsstart und Partnerschaft/Familiengründung abgeschlossen. Aus Sicht der Allianz muss daher sichergestellt werden, die potenziellen Neu-Kund:innen in dieser Lebensphase inhaltlich und medial anzusprechen und für die Allianz zu erschließen.
- Always-on: Versicherungen werden zunehmend über den ganzen Jahresverlauf abgeschlossen. Die Aufgabe an das Marketing ist daher, über das Jahr hinweg eine dauerhafte top-of-mind Präsenz sicherzustellen. In Verbindung mit der oben angesprochenen Stoßrichtung „digitale Kanäle" zur Abbildung des geänderten Medienkonsums führt dies zwangsläufig zur Re-Evaluation von Marketing und Mediastrategien. Wenige zeitlich begrenzte Kommunikationsblöcke im Jahr mit dann hohem Budgeteinsatz zur Erreichung eines hohen share-of-voice lassen sich bei gegebenen Budgets nicht auf das ganze Jahr ausweiten. Es bedarf also einer gänzlich geänderten Balance von reichweitenstarken Impulsen im Jahresablauf – und parallel einer dauerhaften Sicherstellung einer top-of-mind Präsenz über das Jahr hinweg.
- OneAllianz: Obwohl die einzelnen Produkte wie Haftpflicht-, Rechtschutz-, Hausrat- oder Autoversicherungen gänzlich unterschiedliche Funktionen haben, differenzieren die Kunden:innen nur wenig. Auf der anderen Seite wissen wir, dass die Synergien

zwischen unterschiedlichen Marketing-Aktivitäten ein wesentlicher Produktivitätshebel sind. Es gilt dies bei der Allianz umso mehr, als wir parallel zur Sachversicherung auch Lebensversicherungs- und Krankenversicherungs-Produkte anbieten. Im Ergebnis kommt es daher darauf an, neben dem Herausstellen von produktspezifischen Benefits für den Kunden das übergreifende Versprechen – die Value Proposition – der Allianz darzustellen.

Als Beispiel für die Übersetzung von Analytik und abgeleiteter Marketingstrategie eignet sich die Kooperation mit Disney aus dem Jahr 2020. Anlass für die Allianz war der Launch des neuen Produktkonzeptes „Privatschutz". Unter dem konzeptionellen Dach des Privatschutz werden die verschiedenen Risiko-Schaden Produkte der Sachversicherung gebündelt – z. B. Haftpflicht, Hausrat, Rechtschutz und Unfall. Die Aufgabe der Marketingkonzeption war die reichweitenstarke Kommunikation des Produkt-Launches zur Schaffung von Bekanntheit des neuen Angebots Privatschutz mit seiner Value Proposition und einer sympathischen Wahrnehmung.

Gemeinsam mit den Partnern bei Disney haben wir aus dem reichen Portfolio an ikonischen Filmen Szenen mit einem Versicherungsbezug identifiziert. Konkret wurden Szenen ausgesucht, in denen aus dem Verlauf der Handlung ein Bezug zu einem „Schaden" – und so zu einer spezifischen Versicherung – hergestellt werden konnte.

Auf charmante und sympathische Weise konnte so eine Schadenssituation aufmerksamkeitsstark und überspitzt dargestellt werden – ohne jedoch mit einer „Angst-Kommunikation" negative Reaktionen hervorzurufen. Die Allianz konnte sich dann mit ihrer grundsätzlichen Value Proposition „da, wenn es darauf ankommt" als Lösung positionieren. Als tag-on wurde dann das spezifische Produkt dargestellt.

Insgesamt wurden in vier verschiedenen Szenerien die Allianz Sachversicherungs-Produkte Haftpflicht-, Rechtschutz-, Unfall- und Hausratversicherung dargestellt.

Für die Nutzung in den unterschiedlichen Distributionskanälen wurde das Konzept in verschiedene Bewegtbild-Umsetzungen und statische Motive übersetzt. Die datengetriebene Distribution erfolgte an unterschiedlichen Touchpoints vom klassischen, reichweitenstarken TV über eine intensive digitale Nutzung insbesondere in Social-Media-Kanälen bis an den POS in Agenturen. In der gesamten Marketing-Kommunikation und insbesondere in der Darstellung des Produkt Angebote wurde dabei grundsätzlich nicht zwischen Neukunden und bestehenden Allianz Kunden differenziert.

Im Ergebnis konnten wir in der konkreten Marketing-Umsetzung sämtliche strategischen Stoßrichtungen reflektieren.

- Digital: In der Distribution der Werbemittel haben wir einen hohen Digitalanteil sichergestellt. Neben der breiteren TV-Distribution zur Erreichung einer hohen Grund-Reichweite konnten wir so in besonderem Maße datengetriebenes Targeting auf die definierten Zielgruppen und Use-Cases sicherstellen. Ausschlaggebend dafür war die Übersetzung des Konzeptes in verwertbare Endprodukte in den unterschiedlichen digitalen Kanälen.

- Gen X&Y: Schon die zugrunde liegenden Filme und die spezifische Auswahl von visuell und inhaltlich aufmerksamkeitsstarken Szenen haben sichergestellt, dass jüngere Menschen und Familien gleichermaßen angesprochen werden konnten. Die datengetriebene Ausspielung der Werbung über zielgruppen-affine digitale Kanäle konnte dies verstärken.
- Always-on: Wir haben sichergestellt, dass die Kampagne nicht „nur" einen kurzfristigen Reichweiten-Peak hatte, sondern haben die Inhalte dauerhaft über einen langen Zeitraum gespielt. Nach einem schnellen Aufbau einer hohen Grund-Reichweite haben wir deshalb innerhalb des Mediaplans eine möglichst große Streckung sichergestellt. Das waren einerseits eher klassische flighting-Strategien, auf der anderen Seite die dauerhafte Content-Ausspielung in den digitalen Kanälen, insbesondere auf den unterschiedlichen Social Media Plattformen.
- OneAllianz: Die grundsätzliche Value Proposition „wir sind da" war als zentrales Allianz Versprechen ein wiederkehrendes Element in jedem Storytelling in den verschiedenen Werbemitteln. Nach einem grundsätzlichen Problem Set-up mit den Disney/Pixar Elementen haben wir die Allianz als Lösung dargestellt. Die produktspezifischen Offering Details wurden dann in einem tag-on dargestellt.

Bewertung und Kundenreaktion: Die Kooperations-Kampagne mit Pixar/Disney konnte daher auf sehr positive und aufmerksamkeitsstarke Weise – aber „ohne Holzhammer" – einen Versicherungsbedarf darstellen.

Über die Disney Animation konnten wir darüber hinaus diesen Versicherungsbedarf sehr pointiert darstellen – viel überspitzter, als wir das in einer normalen werblichen Umsetzung mit normalen, menschlichen Charakteren gekonnt hätten.

Die überdurchschnittlichen positiven Kundenfeedbacks in unserer Marktforschung und die gute Entwicklung der Fokus KPI bestätigen den Erfolg.

## 4 Fazit: Datengetriebes Marketing

Die Allianz hat einen zielgruppen-spezifischen Kundenfokus konsequent und messbar in den Mittelpunkt ihres unternehmerischen Handelns gestellt. Dazu durchlaufen alle neuen Angebote einen fünf-phasigen Innovationsprozess, der beim Bedarf der Menschen beginnt und mit dem transaktionalen Kunden-Feedback auf das entwickelte Angebot nicht abschließt, sondern vielmehr ständige Verbesserungsimpulse und Innovationsprozesse auslöst.

Über die Produkte und Services hinaus richtet sich bei der Allianz auch die Kommunikation und das Marketing streng an dieser Analytik aus. Dabei liefert die Analytik nicht nur die insights über die relevanten Inhalte der Kommunikation, also das „why". In gleichem Maße hilft die Analytik, datengetrieben die konkrete werbliche Umsetzung und das Storytelling, das „what", zu schärfen. Die wichtigste Unterstützung bekommt das Marketing jedoch im „how" – der Distribution der Inhalte an die relevanten Zielgruppen. Dies verlangt in deutlich höherem Maße als vor noch wenigen Jahren ein detailliertes Verständnis über die jeweiligen Zielgruppen und ihrem Mediennutzungsverhalten – inklusive eines engen Monitorings der Veränderungen über die Zeit.

In diesem Zusammenhang lohnt es sich auf die im ersten Kapitel aufgestellte These 2 Bezug zu nehmen. Die Autoren postulieren, dass die alten Marketing-Instrumente durch ein neues, opportunistischeres Kundenverhalten weitgehend wirkungslos geworden sind. In der Tat wird diese These durch die Analytik bei der Allianz unterstützt. Grundsätzlich sehen wir in allen Aspekten der Marketing-Kommunikation eine zunehmende Reaktanz über die ganze Bevölkerung hinweg – also sowohl beim kritischen Hinterfragen von werblichen Aussagen, über die Ablehnung von langweiliger Inszenierung bis hin zum Ausblenden der klassischen Distribution über Werbeblöcke im analogen TV. Es gilt dies umso zugespitzter in jüngeren Zielgruppen wie den Generation Y & Z.

Unsere Antwort auf die festgestellte Reaktanz ist eine Rückbesinnung auf den eigentlichen Kern von Marketing: Der Vermittlung einer relevanten Value Proposition, mit einem attraktiven Storytelling, auf den zielgruppenadäquaten Kanälen. Die vorgestellte Case Study unserer Kooperation mit Disney/Pixar dient dabei als gutes Beispiel für unsere Neuausrichtung im Marketing.

Als Ergebnis dieser Erfahrungen beobachten wir daher eine ganz deutliche Neuausrichtung von Marketing. So wichtig Erfahrung und subjektive Expertise sind, den Veränderungen und der Vielfältigkeit auf der Kundenseite können wir nur über das Zusammenwachsen von Analytik und Marketing begegnen: Wir sprechen bei der Allianz daher von einem neuen, datengetriebenen Marketing.

Diese Entwicklung hat auch Auswirkungen auf das in These 8 angesprochene Spannungsfeld „IT vs. Marketing". Aus unseren Erfahrungen würden wir die These sogar noch pointierter definieren: Erfolgreiche Marketing Manager:innen der Zukunft brauchen zwingend Daten und IT-Skills. Nicht nur für die „Analytik getriebene Konzeption", sondern auch für das Targeting der unterschiedlichen Zielgruppen – und nicht zuletzt der Verzahnung der Marketing-Kommunikation mit den Online Vertriebs- und Service-Touchpoints entlang der gesamten Customer Journey.

## Literatur

Allianz (2018) Ergebnis für den Kunden 2018. Allianz Publikation, München.
Bland DJ, Osterwalder A (2020) Testing business ideas. Wiley, New Jersey
Bliss J (2015) Chief customer officer 2.0. How to build your customer-driven growth engine. Jossey-Bass, New Jersey
Brynjolfsson E, Hu YJ, Rahman MS (2013) Competing in the age of omnichannel retailing. MIT Sloan Manag Rev 54(4):23–29
Lemon K, Verhoef PC (2016) Understanding customer experience throughout the customer journey. J Mark 80(6):69–96
Reichheld FF (2011) The ultimate question 2.0. How net promotor companies thrive in a customer-driven world. Harvard Business Review Press, Brighton, Massachusetts

Ries E (2017) The lean startup. Random House, New York

Schütz I (2022) Was sind die Allianz Zukunftsgestalter? https://www.horizont.net/planung-analyse/nachrichten/versicherung-der-zukunkft-was-sind-die-allianz-zukunftsgestalter-199832. Zugegriffen: 25. Sept. 2022

Tidelski O, Grabert J (2023) Datengetriebenes CX und Innovationsmanagement der Allianz; in: Benning-Rohnke, E et al. (Hrsg.): Kunden begeistern. Konzepte und Praxisberichte aus Finance, Automotive und Gesundheit, Springer Gabler, erscheint demnächst.

Trefler A (2011) Build for change. Revolutionizing customer engagement through continuous Digital Innovation. Wiley, New Jersey

**Thomas Lukowsky** ist Fachbereichsleiter Marketing & Kommunikation in der Allianz Kunde & Markt GmbH. Mit den Teams der Allianz Sachversicherung AG, Allianz Lebensversicherung AG und der Allianz Private Krankenversicherung AG ist er für Werbung, Media, Sponsoring, Zielgruppenkommunikation und Social Media der Allianz in Deutschland zuständig.

Nach dem Studium an der WHU Koblenz, in Lyon und Manchester begann er seine berufliche Laufbahn bei Procter & Gamble im Marketing und Vertrieb und McKinsey in der Strategieberatung. Nach eigenem Unternehmertum im Start-Up und verschiedenen Stationen in der Telekommunikation übernahm er 2010 den Bereich Marketing & Kommunikation in der damaligen Allianz Deutschland AG.

**Dr. Olaf Tidelski** ist Mitglied der Geschäftsleitung der Allianz Kunde & Markt GmbH und seit 2016 Chief Customer der Allianz in Deutschland. In dieser Rolle trägt er die Stimme der 20 Mio. Kundinnen und Kunden in das Unternehmen. Seine Leidenschaft ist es, sich veränderndes Konsumentenverhalten datengetrieben zu verstehen und neue Angebote jenseits traditionellen Denkens zu entwickeln. Dafür verantwortet er alle Customer Insight & Marktforschungs-Methoden ebenso wie die internen Kundendaten & UX Standards. Er misst systematisch die Weiterempfehlungsbereitschaft in allen Bereichen des Unternehmens. Olaf Tidelski studierte VWL und Psychologie, promovierte im Bereich Innovationsmanagement und absolvierte verschiedene Zusatzausbildungen mit Schwerpunkt digitale Transformation (u. a. Stanford University). Er ist zudem CEO der Driven By GmbH, ein CX Beratungs-Spin off der Allianz sowie Vorstand der Initiative D21, die im Auftrag der Bundesregierung jährlich den digitalen Fortschritt in der Gesellschaft untersucht. Akademisch engagiert er sich als Mitglied des Kuratoriums der Hochschule Fresenius.

# Marketing KPIs: Marketingleistung vollständig erfassen und steuerbar machen

Thomas Burgartz und Andreas Krämer

## Inhaltsverzeichnis

1 Die Relevanz der Messung von Leistungen in Marketing und Vertrieb . . . . . . . . . . . . . . . 372
    1.1 Notwendigkeit für ein Kennzahlen-gesteuertes Marketing . . . . . . . . . . . . . . . . . . . . 372
    1.2 Die Suche nach der richtigen Kennziffer und deren Implementierung . . . . . . . . . . . 375
2 Kundenwertorientierte Steuerung im Relationship Marketing – vom Value-to-the-customer bis zum Value-of-the-customer . . . . . . . . . . . . . . . . . . . . . . . . . . . . . . . . . . . 376
    2.1 Die Erfolgskette im Relationship Marketing . . . . . . . . . . . . . . . . . . . . . . . . . . . . . 376
    2.2 Marketing-Ziele im Stammkunden- und Neukundenmanagement . . . . . . . . . . . . . . 378
3 Die richtigen KPIs für das Kundenwertzentrierte Marketing-Management . . . . . . . . . . . . 378
    3.1 Der Einsatz von Kennzahlen zur Erfolgsmessung im Marketing . . . . . . . . . . . . . . 379
    3.2 Der CLV als KPI für das Kundenmanagement – Die Marketingleistung im Fokus . . 379
4 Ausblick . . . . . . . . . . . . . . . . . . . . . . . . . . . . . . . . . . . . . . . . . . . . . . . . . . . . . . . . . . 381
Literatur. . . . . . . . . . . . . . . . . . . . . . . . . . . . . . . . . . . . . . . . . . . . . . . . . . . . . . . . . . . . . 382

### Zusammenfassung

Die Auswahl der richtigen Key Performance Indicators (KPI) mit ihrer Dokumentations-, Analyse- und Steuerungsfunktion stellt die wesentliche Grundlage eines modernen Performance Marketing dar. Sie werden von Unternehmern individuell festgelegt, je nach

T. Burgartz (✉)
University of Europe for Applied Sciences, Iserlohn, Deutschland
E-Mail: thomas.burgartz@ue-germany.com

A. Krämer
exeo Strategic Consulting AG, Bonn, Deutschland
E-Mail: andreas.kraemer@exeo-consulting.com

© Der/die Autor(en), exklusiv lizenziert an Springer Fachmedien Wiesbaden GmbH, ein Teil von Springer Nature 2023
A. Krämer et al. (Hrsg.), *Stammkundenbindung versus Neukundengewinnung*,
https://doi.org/10.1007/978-3-658-40363-8_19

strategischer Ausrichtung und Schwerpunktsetzung des Managements. KPIs werden u. a. im Kontext mit Fragestellungen zur Rentabilität, Liquidität, in Bezug auf Kundenbeziehungen oder auf Kommunikationserfolg verwendet. Marketing KPIs sind klar definierte Erfolgsindikatoren, um Wirkungen unterschiedlicher Marketingmaßnahmen zu überwachen und zu steuern. Grundsätzlich unterstützen Marketing-Kennzahlen Unternehmen, Marketingbudgets effektiv und effizient mit höchstmöglichem ROI einzusetzen. Mit Blick auf die Planung und Steuerung von Kundenbeziehungen stellt der Customer Lifetime Value (CLV) die wichtigste Erfolgsgröße (KPI) dar. Die Bedeutung des CLV ist seit langem unterbewertet und wird von vielen Unternehmen ignoriert, nicht ausreichend genutzt oder gilt als zu komplexes Tool in der täglichen Anwendung. Somit stellt sich die Frage nach einer möglichen Annäherung an eine deutlich einfachere Anwendung bei nahezu gleicher Ergebnisfindung, wenn man die enormen Möglichkeiten des CLV auch in Bezug auf die Neukundenakquisition und Stammkundenbindung gerade in Krisenzeiten ausschöpfen will.

## 1 Die Relevanz der Messung von Leistungen in Marketing und Vertrieb

"If you can't measure it, you probably can't manage it. Things you measure tend to improve." – Ed Seykota

### 1.1 Notwendigkeit für ein Kennzahlen-gesteuertes Marketing

An unterschiedlichen Stellen wird ein abnehmender Einfluss der Marketingabteilung in Unternehmen beklagt (Verhoef und Leeflang 2009). Kap. „Die Relevanz, Ausrichtung und Organisation des Marketings in Theorie und Praxis unter veränderten Rahmenbedingungen" stellt die Situation drastischer dar und nutzt den Begriff des „degenerierten" Marketing, um eine Situation zu beschreiben, in der Marketing intern als Erfüllungsgehilfe oder letzte Schnittstelle zur Unternehmenskommunikation einzuordnen ist. Wesentliche Steuerungsfunktionen oder das Verständnis, im Marketing den zentralen Treiber der Unternehmensentwicklung zu sehen, sind verlorengegangen. Ein so beschriebener Vertrauens- und Bedeutungsverlust droht dann, wenn Marketing in die Beliebigkeit abdriftet, zum Beispiel, wenn 1) unabhängig von der tatsächlichen Performance alle Aktivitäten in der Vermarktung als „extrem erfolgreich verkauft" werden, 2) „Vertrieb wichtiger als Marketing, Kosten wichtiger als Marke, Profitabilität wichtiger als die Kundenbeziehung ist" (Gardini 2021) oder 3) noch anders: Wenn behauptet wird, Aktivitäten im Marketing ließen sich gar nicht exakt bewerten (zum Beispiel aufgrund von Multikausalität; vgl. Heinrich 2017). Im krassen Gegensatz dazu steht ein Management, das klare Ziele vorgibt, das Handeln über die Kundenbeziehung definiert und konsequent (mittels Kennzahlen) die Erreichung der Ziele überprüft. Daher steht die „Accountability des Marketing" aktuell stark im Fokus (Morgan et al. 2022; Katsikeas et al. 2016). Kennzahlen sind als jene Zahlen zu bezeichnen, die quantitative Sachverhalte in konzentrierter Form erfassen. Wesentliche Eigenschaften einer Kennzahl sind die Quantifizierbarkeit, der Informationscharakter, d. h. die Vermittlung zweckorientierten Wissens und die spezifische Form der kompakten Darstellung (Reichmann et al. 2017; Burgartz 2008). Für den erfolgreichen Einsatz von Kennzahlen in der Unternehmenssteuerung und in der Folge idealerweise für die Auswahl des geeigneten Kennzahlensystems ist es entscheidend zu wissen, ob ganz konkrete, individuell gesetzte Unternehmensziele gemessen werden sollen oder ob ein allgemeines Performance Measurement genügt, d. h. zu messen, wie sich das Unternehmen in allgemeingültigen Bewertungsmaßstäben entwickelt (Gladen 2014).

Die Performance des Marketing muss eine Wirkung für den quantitativen Unternehmenserfolg nachweisen. Qualität, Kreativität und Innovation oder langfristige Wirkungen genügen hier nicht mehr (Belz 2004). In der Konsequenz werden Marketingbudgets gekürzt, um nicht klar vorhersehbare, mögliche Risiken zu umgehen oder Fehlinvestitionen bereits im Vorfeld zu vermeiden. Bedeutend ist es zu wissen, welche wirklich relevanten Aspekte sich im Sinne einer Wertorientierung im Marketing messen lassen. Die Messbarkeit des Marketing steht somit im Fokus der Marketingforschung sowie der Unternehmenspraxis (Meffert und Perrey 2008). Zahlreiche Studien belegen die Forderung etwa nach einem Beleg eines „Marketing Return on Investment" (MROI;Farris et al. 2015). Eine besondere Rolle spielt dabei die Betrachtung des Unternehmens-, Marken- und insbesondere des Kundenwertes, der für viele Unternehmen deutlich in den Fokus der Analyse und Beurteilung rückt.

In diesem Kontext verweisen bereits Seggie et al. (2007) auf veränderte Rahmenbedingungen, die auf eine verstärkte Fokussierung in Hinblick auf die Messung der Marketing-Produktivität hinwirken (Abb. 1):

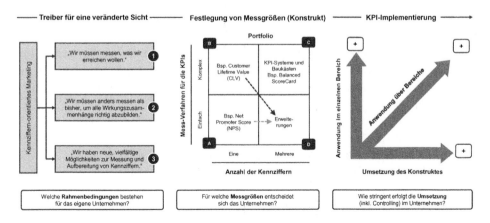

**Abb. 1** Von den Treibern über die Festlegung bis zur Implementierung von KPIs

1. Unternehmenstrend zu mehr Rechenschaftspflicht bei der Wertschöpfung: In Zeiten, in denen Unternehmen Kosten einsparen müssen – in den Krisenphasen der letzten 10–15 Jahre sowie in einer Situation hoher Inflationsraten ist dies besonders deutlich geworden – stehen alle Funktionsbereiche vor der Herausforderung, ihre finanzielle Verantwortung und ihren Wertschöpfungsbeitrag zu rechtfertigen. Daraus ergibt sich die Notwendigkeit einer Messung, denn ohne Messung ist es unmöglich, rechenschaftspflichtig zu sein. Für Unternehmen, die den Ertrag des Marketing messen können, müssen die Marketingausgaben als eine Investition betrachtet werden (Schultz und Gronstedt 1997).
2. Unzufriedenheit mit den traditionellen Metriken: Dies betrifft unterschiedliche Aspekte beim Definieren, Messen und Interpretieren von KPIs. Zum einen wird bemängelt, dass die verwendeten Messgrößen – die eher Finanzkennziffern-orientiert abgeleitet wurden – die langfristigen Aspekte vernachlässigen und beispielsweise nicht in der Lage sind, nicht-tangible Werte richtig abzubilden. Andere Defizite treten dann zutage, wenn sich Marketingentscheider zu sehr auf einstellungsbasierte Messgrößen, wie Zufriedenheit oder Weiterempfehlungsabsicht verlassen, diese aber gleichzeitig keine klare Abhängigkeit zum Unternehmenserfolg aufweisen (Hogan et al. 2002). Die zunehmend intensivierten Wettbewerbsverhältnisse erfordern darüber hinaus nicht nur eine schnelle Bereitstellung von Entscheidungsgrundlagen, sondern auch Kennziffern, die über die relative Position des Unternehmens gegenüber wesentlichen Wettbewerbern aussagekräftig sind.
3. Bessere Verfügbarkeit von Daten und leistungsfähigen Analysetools: Eine Kombination aus der Verbreitung des Internets, einer stärkeren Digitalisierung und Verbesserung der IT-Infrastruktur sowie Datenvernetzung (Groß und Pfennig 2019; Samulat 2017) ermöglicht heute einerseits, Daten selbst auf Individualebene bereitzustellen, andererseits werden die Herausforderungen größer, die bestehenden Daten richtig zu interpretieren. Dies ist insbesondere der Fall, wenn im Rahmen von Big Data unterschiedliche Daten zusammen betrachtet werden. Schließlich kommt es meist nicht auf die Fülle der Daten an, sondern auf das Zusammenführen der richtigen Daten und Kompetenzen bezüglich der Auslegung von Analyseergebnissen (Gotsch 2022; Krämer und Burgartz 2022a). Dies wird in Kap. „Der Irrweg der ewigen Neukundengewinnung – Hunting oder Farming als Ziele im Marketing" durch die These 6 (Eine große Datenmenge bedeutet nicht verbesserte Kundenprozesse) zum Ausdruck gebracht.

## 1.2 Die Suche nach der richtigen Kennziffer und deren Implementierung

Bei den Überlegungen zur Bestimmung von geeigneten Kennziffern ist zu entscheiden, wie viele Kennziffern betrachtet werden sollen und wie komplex die Bestimmung der Kennziffern sein darf. Im einfachsten Fall konzentriert sich ein Unternehmen auf nur eine Kennzahl. Ein bekanntes Beispiel stellt der sogenannte Net Promoter Score dar (Bendle und Bagga 2016): Ein von Fred Reichheld, Bain & Company (Reichheld 2003), entwickelter und 2003 publizierter Ansatz, der seither einen großen Einfluss auf Marktforschung und Unternehmenssteuerung hat. Allein der Titel des damaligen für Aufsehen erzeugenden Beitrags in der Harvard Business Review „The one number you need to grow" unterstreicht das Leistungsversprechen und das Potenzial maximaler Vereinfachung. Wenn es gelingt, mit nur einer Kennziffer die Wachstumschancen und -perspektiven des Unternehmens zu messen, kann auf langwierige und komplizierte Befragungen der Kunden verzichtet werden. Stattdessen wird nur die Frage gestellt, ob die Kunden ein bestimmtes Unternehmen ihren Freunden oder Bekannten weiterempfehlen würden (Skala von 0 bis 10 mit 0 = „mit Sicherheit nicht" und 10 = „mit absoluter Sicherheit"). Der Net Promoter Score ergibt sich, wenn vom kumulierten Prozentwert der Promotoren (Summe %-Angaben Skalen-Punkte 9 oder 10) der entsprechende Anteil der Detraktoren (Summe %-Angaben Skalen-Punkte 0–6) abgezogen wird. Die Erfinder der Kennzahl argumentieren später, dass der NPS nicht nur eine Kennziffer darstellt, sondern als System zu verstehen ist, welches Managern ermöglicht, NPS-Werte zur Gestaltung von Managementmaßnahmen zu nutzen (Reichheld und Markey 2011).

Während der NPS eine hohe Simplizität aufweist (eine Kennziffer, einfache Messung und Interpretation), stellt auch der Customer Lifetime Value (CLV) eine verdichtete Kennziffer dar, die allerdings komplex in der Messung ist. Andere Ansätze in der Kreation von KPIs setzen auf mehrere Kennziffern im Verbund (z. B. die Balanced Scorecard).

Eine differenzierte Betrachtung zur Erlangung und Implementierung zeigt sich in Abb. 1. Ausgehend von den bestehenden Rahmenbedingungen seitens des Unternehmens werden die sogenannten Treiber für eine veränderte Marktbetrachtung festgelegt. Die Festlegung der Messgrößen (KPIs) erfordert eine zweidimensionale Betrachtung. Zunächst gilt je nach Datenverfügbarkeit zu definieren, ob ein Messverfahren in der einfachen oder eher in einer komplexeren Form möglich ist. Zudem wird definiert, ob es sinnvoll sein kann, mehr als nur eine Kennzahl zur Steuerung einzusetzen. Somit ergeben sich völlig unterschiedliche Vorgehensweisen je nach Zielsetzung und Analysetiefe. Die anschließende Implementierung vollzieht sich demnach über einzelne Unternehmensbereiche oder in Anwendung des gesamten Konstrukts. Ein Hinweis zu den Abhängigkeiten zwischen den Phasen „Festlegung von Messgrößen" und „KPI Implementierung" sei an dieser Stelle erlaubt. Die Abb. 1. dargestellten Phasen sind sequenziell angeordnet, sie sind allerdings hochgradig interdependent. So ist der Erfolg (die starke Verbreitung des NPS) in der Unternehmenspraxis durch dessen Einfachheit und leichte Zugänglichkeit (→ „easy to implement") begründet (Bendle und Bagga 2016; Krämer und Burgartz 2022a). Wird allerdings erkannt, dass die Steuerung des Unternehmens einzig und allein über eine Kennzahl nicht effektiv ist, dann ist fraglich, wie viele KPIs denn genutzt werden sollen. Diese Betrachtungen führen dann logisch zu einem anderen (ebenfalls grenzwertigen) Extrem, nämlich der Nutzung einer Vielzahl von Kennziffern, die je nach Fragestellungen und Geschäftsbereich neu zusammengestellt werden. Allein der Buchtitel von Marr (2012) verweist auf 75 Kennziffern, die ein Manager beachten sollte. In dieselbe Richtung gehen Vorschläge, die ein ganzes KPI-Portfolio zusammenstellen.

## 2 Kundenwertorientierte Steuerung im Relationship Marketing – vom Value-to-the-customer bis zum Value-of-the-customer

### 2.1 Die Erfolgskette im Relationship Marketing

Die wertorientierte Steuerung des Marketing ist unweigerlich verzahnt mit der Steuerung von rentablen Kundenbeziehungen. Hierzu bedarf es einer klaren Vorgehensweise. Entlang einer Erfolgskette des Relationship Marketing zeigen einzelne Phasen auf, wie ein Unternehmen auf Basis vorhandener Daten aus dem CRM unter Berücksichtigung alternativer Intensitäten innerhalb der Interaktionsstufen entlang einer Kundenbeziehung differenziert agieren sollte, indem Abweichungen zeitnah erkannt und damit ausdifferenzierte Handlungsempfehlungen bereitgestellt werden können (Burgartz 2020). Wesentliches Merkmal der Erfolgskette ist das Denken in Wirkungsbeziehungen, wobei nicht nur die Wirkung zwischen einzelnen isolierten Konstrukten im Vordergrund steht, sondern die der gesamten Erfolgskette über die einzelnen Konstrukte, um eine strukturierte Analyse und Maßnahmenableitung zu ermöglichen und eine Optimierung des Kundenwerts (Kundenerfolg) als ökonomische Größe der wertorientierten Unternehmenssteuerung anzustreben (Bruhn 2004). Neben den Erfolgsgrößen Kundenzufriedenheit (Otto et al. 2020) und Kundenbindung werden weitere kundenbezogene Größen berücksichtigt, wie z. B. das Image, die Kundenerwartungen, die wahrgenommene Qualität, der wahrgenommene (Kunden-) Nutzen und das Commitment (Almquist et al. 2016). Zur Beurteilung der Profitabilität einer Kundenbeziehung bzw. des Beitrags am ökonomischen Erfolg eines Unternehmens dient der Kundenwert, wobei sowohl sein gegenwärtiger Erfolgsbeitrag (Deckungsbeitrag) als auch sein zukünftiges Entwicklungspotenzial (CLV) zu berücksichtigen sind (Tomczak und Rudolf-Sipötz 2006). Grundsätzlich wird der Ablauf der Wirkungskette bzw. die Stärke der Zusammenhänge zwischen den einzelnen Konstrukten der Erfolgskette in wesentlichem Maße durch begleitende Faktoren, wie z. B. Wettbewerbsumfeld, Anbieteraktivitäten oder Eigenschaften des Produktes negativ oder auch positiv beeinflusst (Homburg und Bruhn 2005).

Im Sinne eines strategischen Gesamtkonzeptes für ein Stammkunden- sowie Neukunden-Management, welches sich an den entscheidenden Erfolgsgrößen Kundennutzen („Value-to-the-customer") und Kundenwert („Value-of-the-customer") orientiert, ist die Verzahnung dieser beiden Größen im Sinne einer Value-to-Value-Betrachtung entscheidend, um eine Nutzengenerierung für den Kunden („Value-to-the-customer") sowie eine Wertsteigerung für das Unternehmen im Sinne eines „Value-of-the-customer" zu

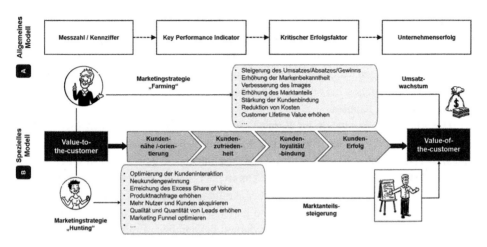

**Abb. 2** Value-to-Value im Kontext von Farming und Hunting

erzielen (Krämer und Burgartz 2022a) In Abb. 2 ist im oberen Bereich zunächst die allgemeine Wirkungskette von der einzelnen Kennzahl zum Unternehmenserfolg illustriert (Stoop 2009). Im unteren Bereich erfolgt die Übertragung auf die Kausalkette im Kundenbeziehungsmanagement.

Eine differenzierte Betrachtung der unterschiedlichen Marketing-Strategien („Farming" und „Hunting") wird beiderseits zunächst durch den Kundennutzen (Value-to-the-customer) ausgelöst. Die jeweiligen, strategischen Zielgrößen „Umsatzwachstum" und „Marktanteilssteigerung" münden beiderseits im Kundenwert. Zu berücksichtigen sind die unterschiedlichen Zielsetzungen und die damit verknüpften Messgrößen (Kennzahlen) entlang der Erfolgskette. So werden sich Unternehmen vielfach im Rahmen des Neukunden-Managements an anderen Zielsetzungen zur Erfüllung der Kundenzufriedenheit orientieren als bei Stammkunden, weil hier u. a. von einer völlig anderen Intensität und Erwartungshaltung in der Kundenbeziehung auszugehen ist. Dies erfordert dann in der Konsequenz auch den Einsatz von anderen Kennzahlen.

## 2.2 Marketing-Ziele im Stammkunden- und Neukundenmanagement

Bei der Bestimmung von Marketing-Zielen sind diese mit den Unternehmenszielen abzustimmen und messbar in Umfang, Zeit und Kostenrahmen festzulegen. Es ist zu definieren, welche konkreten Ergebnisse das Marketing bis zu welchem Zeitpunkt erreichen soll. Die Ziele sind danach in einen Marketingplan umzusetzen, in dem dann die Maßnahmen definiert sind, mit denen die Ziele realisiert werden. Je vollständiger und konkreter die Ziele bestimmt werden, desto genauer lässt sich im Anschluss die Effektivität und Effizienz der zur Realisierung der Ziele gewählten Maßnahmen messen.

Sind für den Bereich der Neukunden Marketingziele zu bestimmen, betrifft dies zunächst die beiden Bereiche der Kundennähe und der Kundenzufriedenheit. Gerade zu Beginn und beim Aufbau einer Kundenbeziehung sind beim „Hunting" sorgfältige Rahmenbedingungen vorab zu definieren. Im Mittelpunkt stehen hier sicher ein für den Kunden verständliches Leistungsangebot sowie eine zielgenaue Interaktion des Unternehmens mit dem Kunden.

Die Marketingaktivitäten im Bereich „Farming" unterscheiden sich hier klar. Ziel des Marketing muss es sein, bestehende Kundenbeziehungen (Stammkunden) auf einem idealerweise – unter Kosten-Nutzen-Gesichtspunkten – optimalen Zufriedenheitslevel „abzuholen" und mit dem Ziel der Umsatzsteigerung entsprechende Vorgaben zu machen. Grundsätzlich wird es hier eher darum gehen müssen, Erfahrungen mit dem Kunden zu nutzen, um darauf aufbauend eine Optimierung der Unternehmensleistungen anzustreben, sei es die Erhöhung der (Marken)bekanntheit, Erhöhung des Marktanteils (Share-of-Wallet) oder die Stärkung der Kundenbindung bei gleichzeitiger Reduktion der Marketingkosten. Der Übergang vom Neukunden- zum Stammkunden-Status (Wechsel vom „Hunting" zum „Farming") vollzieht sich idealtypisch am Ende der Zufriedenheitsphase (Übergang zur Kundenloyalität und -bindung).

## 3 Die richtigen KPIs für das Kundenwertzentrierte Marketing-Management

Das objektiv nachvollziehbare Messen von Ergebnissen und Leistungen als Basis für eine effiziente und effektive Steuerung durch das Management stellt seit jeher ein vieldiskutiertes Problem dar, und zwar sowohl in der Wissenschaft als auch in der praktischen Anwendung. Grund hierfür ist sicherlich die sehr starke Orientierung an finanziell geprägten Kennzahlen (Gladen 2011). Gerade in Krisenzeiten gelangen Aspekte wie finanzielle Sicherheit und Profitabilität, Beherrschbarkeit von Risiken und Marge in den Fokus der Management-Entscheider. Dies hat unmittelbare Konsequenzen auch an die Anforderungen an KPIs.

### 3.1 Der Einsatz von Kennzahlen zur Erfolgsmessung im Marketing

Als ein wichtiges Tool zur Steuerung und Validierung der Marketing-Performance werden Kennzahlen intensiv diskutiert. Die Erkenntnisse und Bemühungen aus Wissenschaft und Praxis zur Untersuchung und Etablierung solcher Kennzahlen fallen jedoch auseinander. Während es Fortschritte bei der Entwicklung von Kennzahlen zur Verbesserung der Entscheidungsqualität von Managern gibt (MIT 2022), werden in der Forschung nur wenige oder gar keine Leistungsdaten zu spezifischen Marketing-Mix-Entscheidungen verwendet, um den Einsatz einzelner Kennzahlen zu bewerten und ihre Wirksamkeit abzuleiten.

So modellieren Mintz et al. (2021) in einer Studie einen verhaltenswissenschaftlichen Rahmen für den Einsatz und die Wirksamkeit einzelner Kennzahlen für verschiedene Marketing-Mix-Entscheidungen im Kontext von Manager-, Unternehmens- und Branchenmerkmalen. Das dort vorgestellte, empirische Modell unterscheidet sich von der bisherigen Literatur insofern, als davon ausgegangen wird, dass Manager Kennzahlen auf der Grundlage ihrer erwarteten Ex-ante-Wirksamkeit einsetzen, im Gegensatz zu ihrer Ex-post-Wirksamkeit, die den Managern zum Zeitpunkt der Entscheidung unbekannt wäre. Die wichtigsten Ergebnisse sind, dass „Bekanntheit" und „Empfehlungsbereitschaft" diejenigen Kennzahlen sind, die von Managern am häufigsten eingesetzt werden, während Zielvolumen und Kapitalwert oder CLV am seltensten verwendet werden (ähnlich dazu Stoop 2009) und dass Manager hinsichtlich der Ex-ante-Wirksamkeit von Marketing im Vergleich zu finanziellen Kennzahlen unsicherer sind, was den Einsatz von Marketingkennzahlen abschwächt. Aktuelle Studien für Deutschland belegen, dass Manager sich vor allem an Kennziffern wie Kundenzufriedenheit, Wiederkauf oder Umsatz je Kunde orientieren, wenn sie Entscheidungen treffen, und weniger am Kundenwert (→ Kap. „Kundenwertzentrierte Unternehmenssteuerung als Maßgabe für das Marketing von morgen"). Problematisch ist dies dann, wenn Entscheider Kennziffern als gute Prädiktoren für eine Steigerung der Kundenwertigkeit interpretieren (z. B. eine Erhöhung der Kundenzufriedenheit führt zwingend zu einem höheren CLV und langfristig zu einer Ergebnisverbesserung des Unternehmens), allerdings entsprechende Kausalitäten in der Wirklichkeit nicht bestehen (siehe zum Aspekt Kundenzufriedenheit Otto et al. 2020 und zum Beispiel NPS die Argumentation von Bendle und Bagga 2016).

## 3.2 Der CLV als KPI für das Kundenmanagement – Die Marketingleistung im Fokus

Seit den Artikeln von Dwyer sowie von Berger und Nasr wurden viele Möglichkeiten zur Messung des CLV vorgeschlagen (Dwyer 1989; Berger und Nasr 1998), z. B. von Gupta und Lehmann (2003). Mittlerweile liegt eine Vielzahl wissenschaftlicher Paper vor, die gerade in den letzten Jahren stark angewachsen ist – Borle et al. (2008) beschreiben dies als „explosion of research into customer lifetime value". In seiner Grundform ist der CLV eine Funktion der künftigen Bruttogewinne eines Kunden (Einnahmen nach Abzug der Kosten der verkauften Waren und anderer marginaler/variabler Kosten), der Bereitschaft eines Kunden, die Beziehung fortzusetzen (Kundenbindung), und der dem Kunden zugewiesenen, weiteren Erträge aus Informationsgewinnen und Kundenempfehlungen (Berger et al. 2006). Durch eine gezielte Anwendung können Unternehmen den Fokus auf ihre wichtigen, profitablen Kunden legen, Marketing-Budgets sinnvoll dem Gewinn gegenüberstellen und idealerweise zuordnen. Wichtige

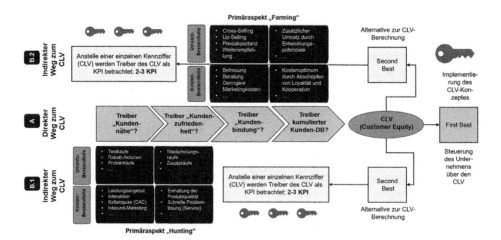

**Abb. 3** CLV als First Best-Ansatz im Relationship Marketing und Fallback-Lösung (Second Best)

Voraussetzung hierbei ist eine fundierte Datenbasis, das Werkzeug zur Anwendung und Analyse der Daten sowie das Verständnis zur Interpretation der Analyseergebnisse und Umwandlung in konkrete Handlungen (Abb. 3). Trotz der durchaus bekannten und weiterhin zunehmenden Bedeutung des CLV wird er dennoch vielfach nicht effektiv genug genutzt.

So ist häufig zu beobachten, dass Unternehmen den durchaus langen Weg einer stabilen, vollumfänglichen Berechnung des Kundenwerts hin zu einem verlässlichen CLV scheuen und sich den eher einfachen Tools widmen. Die erreichte Aussagekraft dieser Tools kann durchaus ausreichen für eine erste Einschätzung zu profitablen Kundenbeziehungen und hängt immer davon ab, was genau die beabsichtigte Analyse zeigen soll (Krämer und Burgartz 2019).

Aufgrund deutlich transparenter Erkenntnisse bei der alleinigen Nutzung bereits vorliegender Daten und Kenntnisse über den Kunden scheint es jedoch hilfreich zu sein, Unternehmen darüber hinaus einen Weg aufzuzeigen, der zumindest die grundsätzlichen Vorzüge eines CLV bietet, wie Einbeziehung weiterer, wichtiger Erlös- und Kostenbestandteile, Abschöpfung von Kaufbereitschaften (Cross-Selling, Up-Selling etc.). Für den Fall, dass sich der CLV nicht in der Praxis umsetzen lässt – sei es aufgrund von Datenproblemen, der Komplexität der Berechnung oder aber einer fehlenden Akzeptanz bei den Mitarbeitern – ist ein Weg erforderlich, der diese Nutzungsbarrieren überwindet, aber gleichzeitig ein Verständnis für die zentralen Treiber und die Beeinflussbarkeit der Kundenwertigkeit durch Marketing und Vertrieb schafft.

Statt den komplexen Weg der Ermittlung des CLV unter Berücksichtigung aller in der wissenschaftlichen Literatur vorgeschlagener Kalkulationsgrößen gehen zu wollen und auf halbem Wege abzubrechen, scheint es sinnvoll, den CLV in seine einzelnen Stufen über die beschriebene Erfolgskette zu zerlegen und innerhalb der Stufen Kundennähe,

-zufriedenheit, -bindung und -wert, umsatz- sowie kostenrelevante Größen in einen Deckungsbeitrag der jeweiligen Stufen zu überführen. So lassen sich in den Stufen der Kundennähe und -zufriedenheit über typische Umsatz- bzw. Kostengrößen Deckungsbeiträge ermitteln, die gerade zu Beginn der Kundenbeziehung, also für die Neukunden, einen ersten Hinweis auf die Profitabilität geben können (Krämer und Burgartz 2020). Mit zunehmender Intensität (Kundenzufriedenheit) lässt sich in einer nächsten Stufe unter Hinzunahme weiterer umsatz- sowie kostenrelevanter Einflussgrößen auch hier der stufenbezogene DB ermitteln.

Über diese beiden genannten Stufen hinaus ist eine weitere Analyse einer Neukundenbeziehung („Hunting") zunächst nicht sinnvoll. Werden so profitable Kundenbeziehungen identifiziert, fallen diese automatisch in den Stammkundenbereich („Framing") und werden analog über die dann hier relevanten Umsatz- und Kostengrößen analysiert.

## 4    Ausblick

Der an unterschiedlichen Stellen beklagte abnehmende Einfluss der Marketingabteilung in Unternehmen ist kein Zufallsprodukt, sondern dadurch bedingt, dass Marketingabteilungen vor allem in zwei Aspekten schlecht performen, und zwar wenn es um Verantwortlichkeit und Innovationsfähigkeit geht (Verhoef und Leeflang 2009). Diese Schwächen lassen sich in Stärken umwandeln, wenn es gelingt, die Accountability des Marketing zu erhöhen. Dies bedeutet, dass Aktivitäten danach beurteilt werden, inwieweit sie zum Unternehmenserfolg beitragen. Ein datengetriebenes Management mit starker Markt- und Kundenorientierung, welches die Frage nach dem Return on Marketing stellt und sie auch beantwortet, ist gleichermaßen auch eine Voraussetzung für eine höhere Innovationsfähigkeit (Krämer und Burgartz 2022b). Dies war bereits in Zeiten mit geringen Unsicherheiten bzgl. der Umweltbedingungen der Fall und ist dies erst recht in Zeiten, in denen unterschiedliche Krisen zusammenwirken.

Die entscheidungsorientierte Messung und Analyse der Marketing-Performance wird in zunehmendem Maße bedeutsam, wenn es darum geht, noch exakter als der Wettbewerb begrenzte Marketingbudgets bei maximaler Profitabilität einzusetzen. Die Frage ist demnach weniger, ob Manager mit KPIs arbeiten sollten, sondern vielfach, wie sie die richtigen Kennziffern nutzen, ohne am Ende wieder dem Kritikpunkt der Beliebigkeit ausgesetzt zu sein. Komplexe Verfahren wie der Customer Lifetime Value (CLV), in Literatur und Wissenschaft als Non plus Ultra dargestellt, werden in der Unternehmenspraxis bislang nicht großflächig eingesetzt (Krämer und Burgartz 2022b). CLV-Modelle mit hohem Komplexitätsgrad in der Marketingsteuerung sind nur dann geeignet, wenn sie einen Weg beschreiben, der sowohl die Unternehmensführung als auch Marketingverantwortliche in ihren Entscheidungen unterstützt. Werden eher situative Einschätzungen zum Kundenwert durch die schrittweise Ermittlung über die Erfolgskette einer Kundenbeziehung genutzt, dann stehen Aufwand und Ertrag in einem ausgewogenen Verhältnis. Diese Möglichkeit der Vereinfachung wird Unternehmen sicher dazu motivieren, sich dem bislang zu überdimensionierten CLV für eine sehr viel transparentere Bearbeitung zu nähern. Wenn also eine Steuerung der Marketing-Aktivitäten über den CLV nicht praktikabel sein sollte (First Best), dann sollten Ersatz-Kennziffern genutzt werden, die Eingabegrößen für den CLV darzustellen (Second Best). Dies führt dann zu mehr als einem KPI, erhöht die Komplexität, schafft aber eine höhere Akzeptanz und Praktikabilität im Unternehmen und stellt so ein Kundenwertzentriertes Management sicher.

## Literatur

Almquist E, Senior J, Bloch N (2016) The elements of value. Harv Bus Rev 94(9):47–53
Belz C (2004) Gefahren der „Marketing-Metrics". Thexis 21(3):60–63
Bendle NT, Bagga CK (2016) The metrics that marketers muddle. MIT Sloan Manag Rev 57(3):73–82
Berger PD, Eechambadi N, George M, Lehmann DR, Rizley R, Venkatesan R (2006) From customer lifetime value to shareholder value: theory, empirical evidence, and issues for future research. J Serv Res 9(2):156–167
Berger PD, Nasr NL (1998) Customer lifetime value: marketing models and applications. J Interact Mark 12(1):17–30
Borle S, Singh SS, Jain DC (2008) Customer lifetime value measurement. Manage Sci 54(1):100–112
Bruhn M (2004) Das Konzept der kundenorientierten Unternehmensführung. In: Hinterhuber H, Matzler K (Hrsg) Kundenorientierte Unternehmensführung. Kundenorientierung – Kundenzufriedenheit – Kundenbindung, 4. Aufl., Springer-Verlag Wiesbaden, S 33–65
Burgartz T (2008) Kennzahlengestütztes Kundenbeziehungs-Controlling: ein konzeptioneller Ansatz zur entscheidungsorientierten Planung und Kontrolle von Kundenbeziehungen, Peter Lang Verlag, Frankfurt a.M.
Burgartz T (2020) Kennzahlengestütztes Controlling der Preiskommunikation. In: Kalka R, Krämer A (Hrsg) Preiskommunikation. Springer Gabler, Wiesbaden, S 435–448
Dwyer FR (1989) Customer lifetime valuation to support marketing decision making. J Dir Mark 8(2):73–81
Farris PW, Hanssens DM, Lenskold JD, Reibstein DJ (2015) Marketing return on investment: seeking clarity for concept and measurement. Appl Mark Anal 1(3):267–282
Gardini MA (2021) Warum Marketingtheorie und Praxis oftmals keine Freunde sind. https://www.absatzwirtschaft.de/warum-marketingtheorie-und-praxis-oftmals-keine-freunde-sind-228869/. Zugegriffen: 28. Juli 2022
Gladen W (2011) Performance measurement. Gabler Wiesbaden
Gladen W (2014) Wertorientierte Kennzahlen. In: Gladen W (Hrsg) Performance measurement-Controlling mit Kennzahlen. Springer Gabler, Wiesbaden, S 113–178
Gotsch ML (2022) Customer Centricity & Datenschutz – die Geschichte eines Missverständnisses. Mark Rev St Gallen 2022(2):888–894
Groß C, Pfennig R (2019) Digitalisierung in Industrie, Handel und Logistik. Leitfaden von der Prozessanalyse bis zur Einsatzoptimierung, 2. Aufl. Springer Fachmedien, Wiesbaden
Gupta S, Lehmann DR (2003) Customer as assets. J Interact Mark 17(1):9–24
Heinrich S (2017) Marketing messbar machen. https://content-marketing-star.de/marketing-messbar-machen/. Zugegriffen: 28. Juli 2022
Hogan JE, Lehmann DR, Merino M, Srivastava RK, Thomas JS, Verhoef PC (2002) Linking customer assets to financial performance. J Serv Res 5(1):26–38

Homburg C, Bruhn M (2005) Kundenbindungsmanagement. Eine Einführung in die theoretischen und praktischen Problemstellungen. In: Bruhn M, Homburg C (Hrsg) Handbuch Kundenbindungsmanagement – strategien und Instrumente für ein erfolgreiches CRM, 5 Aufl. Wiesbaden, S 3–37

Katsikeas CS, Morgan NA, Leonidou LC, Hult GTM (2016) Assessing performance outcomes in marketing. J Mark 80(2):1–20

Krämer A, Burgartz T (2019) Kundenwert und Kundenprofitabilität: nicht zu komplex und nicht zu einfach. Sales Excellence 2(7/8):40–43

Krämer A, Burgartz T (2022a) Die Zusammenführung der Wertperspektiven: die Value-to-Value-Segmentierung im praktischen Einsatz. In: Krämer A, Burgartz T (Hrsg), Kundenwertzentriertes Management. Springer Gabler, Wiesbaden, S 221–245

Krämer A, Burgartz T (2022b) Kundenwertzentriertes Management. Springer Gabler, Wiesbaden

Marr B (2012) Key Performance Indicators (KPI): the 75 measures every manager needs to know. Pearson UK

Meffert H, Perrey J (2008) Marketing Return on Investment (MROI). Thexis 25:52–56

Mintz O, Gilbride TJ, Lenk P, Currim IS (2021) The right metrics for marketing-mix decisions. Int J Res Mark 38(1):32–49

MIT Sloan Management Review (2022) Measuring up: discovering dynamic kpis that drive change

Morgan NA, Jayachandran S, Hulland J, Kumar B, Katsikeas C, Somosi A (2022) Marketing performance assessment and accountability: process and outcomes. Int J Res Mark 39(2):462–481

Otto AS, Szymanski DM, Varadarajan R (2020) Customer satisfaction and firm performance: insights from over a quarter century of empirical research. J Acad Mark Sci 48(3):543–564

Reichheld F (2003) The one number you need to grow. Harv Bus Rev 12:2–10

Reichheld F, Markey R (2011) The ultimate question 2.0: how net promoter companies thrive in a customer-driven world. Harvard Business Review Press, Boston.

Reichmann T, Kißler M, Baumöl U (2017). Controlling mit Kennzahlen: die systemgestützte Controlling-Konzeption, 9. Aufl. München, Vahlen

Samulat P (2017) Die Digitalisierung der Welt. Wie das Industrielle Internet der Dinge aus Produkten Services macht. Springer Fachmedien, Wiesbaden

Schultz DE, Gronstedt A (1997) Making Marcom an investment. Mark Manag 6(3):40–48

Seggie SH, Cavusgil E, Phelan SE (2007) Measurement of return on marketing investment: a conceptual framework and the future of marketing metrics. Ind Mark Manage 36(6):834–841

Stoop J (2009) Developing a reference model for KPI and Dashboard reporting in sales & marketing (Bachelor's thesis, University of Twente)

Tomczak T, Rudolf-Sipötz E (2006) Bestimmungsfaktoren des Kundenwertes: Ergebnisse einer branchenübergreifenden Studie. In: Günter B, Helm S (Hrsg) Kundenwert. Gabler Verlag, Wiesbaden, S 127–155

Verhoef PC, Leeflang PS (2009) Understanding the marketing department's influence within the firm. J Mark 73(2):14–37

**Prof. Dr. Thomas Burgartz** ist Dekan für den Fachbereich Wirtschaft an der University of Europe for Applied Sciences und Direktor des Value Research Institutes (VARI e. V.), Iserlohn. Er ist Professor für Performance Measurement und seine Lehr- und Forschungsschwerpunkte liegen im Kennzahlengestützten Kundenbeziehungsmanagement und -Controlling sowie im Marketing- und Vertriebs-Controlling. Nach seinem Studium der Wirtschaftswissenschaften war er wissenschaftlicher Mitarbeiter und Doktorand am Lehrstuhl für Unternehmensrechnung und Controlling an der Technischen Universität Dortmund. Anschließend war er viele Jahre in einem mittelständischen Beratungsunternehmen tätig und ist Autor zahlreicher Fachartikel und Mitherausgeber verschiedener Bücher.

**Prof. Dr. Andreas Krämer** ist Vorstandsvorsitzender der exeo Strategic Consulting AG in Bonn und Direktor des Value Research Institute (VARI e. V.) in Iserlohn. Nach Studium der Agrarökonomie und anschließender Promotion arbeitete Andreas Krämer von 1996 bis 2000 bei zwei führenden internationalen Beratungsgesellschaften, bevor er in 2000 seine eigene Beratungsgesellschaft gründete. Von 2014 bis 2020 war er Professor für Pricing und Customer Value Management an der University of Europe for Applied Sciences in Iserlohn. Andreas Krämer ist Mitinitiator der Studien „Pricing Lab", „MobilitätsTRENDS" und „OpinionTRAIN" sowie Autor zahlreicher Fachaufsätze und mehrerer Bücher.

# Zukunftsaussichten

# Zukunftsaussichten für erfolgreiche Marketingstrategien im Spannungsfeld von „Hunting" und „Farming"

Andreas Krämer, Regine Kalka und Wolfgang Merkle

## Inhaltsverzeichnis

1 Neue Erkenntnisse für die 10 Thesen zur Notwendigkeit eines veränderten Marketings .. 388
2 Konsequenzen für ein neues Marketingverständnis ............................. 395
   2.1 Externe Veränderungen und ihre Auswirkungen auf die Kernaufgaben und den Stellenwert des Marketings in Unternehmen............................... 395
   2.2 Interne Veränderungen und ihre Auswirkungen auf die Kernaufgaben und den Stellenwert des Marketings in Unternehmen............................... 397
3 Ausblick ................................................................ 398
Literatur................................................................... 399

### Zusammenfassung

Dieses Kapitel greift die zu Beginn des Buches herausgestellten Thesen wieder auf und ordnet diese neu ein. Es wird deutlich: Marketing hat zukünftig nur ein Daseinsrecht, wenn eine Transformation gelingt, und zwar weg von der traditionellen, primär

---

A. Krämer (✉)
exeo Strategic Consulting AG, Bonn, Deutschland
E-Mail: andreas.kraemer@exeo-consulting.com

R. Kalka
Hochschule Düsseldorf, Düsseldorf, Deutschland
E-Mail: regine.kalka@hs-duesseldorf.de

W. Merkle
Merkle Speaking Sparring Consulting, Hamburg, Deutschland
E-Mail: mail@merkle-consulting.com

auf die Kommunikation und dem Absatz vorgelagerten hin zu einer ganzheitlichen, strategisch koordinierenden Aufgabe. Bestimmt ist dies einerseits durch externe Faktoren, wie erstens dem Wirken von Makrofaktoren (wie Rohstoff-Versorgung, Funktionsfähigkeit von Lieferketten etc.), zweitens Technologien und Daten sowie den damit einhergehenden Anforderungen an Datenkompetenzen und drittens Wandel in unterschiedlichen Teilbereichen. Gleichzeitig wirken interne Faktoren, wie die Ansprüche hinsichtlich einer 1) langfristigen Wertgenerierung und Accountability, 2) Ganzheitlichkeit und operativen Exzellenz im Kundenkontakt und 3) Sicherstellung einer gelebten und im Unternehmen durchgehenden Kundenzentrierung.

## 1  Neue Erkenntnisse für die 10 Thesen zur Notwendigkeit eines veränderten Marketings

Marketing befindet sich in der Krise – aus mehreren Gründen: Zum einen haben Digitalisierung und Wertewandel nicht nur zu einer enormen Intensivierung des Wettbewerbs geführt, sondern auch zu einem massiven Anstieg im Anspruchsniveau der Konsumenten. Zum zweiten ist die Zukunft der Gesamtwirtschaft aufgrund von aktuell gestörten Lieferketten, steigenden Energiekosten und immer schwierigerer Zukunftsprognosen unsicherer denn je. Und schließlich wird mit der aktuellen Ressourcen- und Umweltdiskussion das klassische Wachstumsziel immer stärker hinterfragt. Damit stellt sich zunächst die Frage, wie Wachstum unter den heutigen Rahmenbedingungen neu definiert und das Spannungsfeld zwischen Stammkunden- und Neukundenmanagement zukünftig gestaltet werden muss. Darüber hinaus ist aber auch zu klären, ob die Rolle bzw. der Stellenwert des Marketings im Unternehmen nicht grundsätzlich überdacht werden sollte, um zukünftig noch stärker unternehmensinternen Abstimmungen koordinieren zu können.

Dazu wurden im ersten Kapitel des Buches Kernfragen zur Notwendigkeit eines veränderten Marketings in Form von Thesen formuliert. Mit Hilfe der Erkenntnisse aus den vorherigen Kapiteln, die sich mit theoretischen Abhandlungen, Darstellungen von qualitativen und quantitativen Untersuchungen sowie mit aktuellen Fallbeispielen aus der Praxis zu dieser Problematik beschäftigt haben, sollen die eingangs formulierten 10 Thesen nochmals durchleuchtet, reflektiert und gegebenenfalls überarbeitet werden, um daraus Rückschlüsse für ein neues Marketingverständnis zur Bewältigung des Spannungsfeldes zwischen „Hunting" und „Farming" ziehen zu können.

**Erste These – Drei Jahrzehnte nach „The Loyalty Effect": Ist Wachstum nur über Neukunden möglich?**
Die Frage, ob Wachstum nur über Neukunden möglich ist, ist eindeutig zu verneinen. Die Ausführungen in den vorherigen Kapiteln machen deutlich, dass Wachstum aus mehreren Facetten besteht und nicht nur gleichgesetzt werden darf mit Umsatzwachstum über das Neukundengeschäft. Wachstum bedarf einer neuen Definition und einer neuen

holistischen Betrachtungsweise. Die beiden Erkenntnisse, dass Marketing die Wünsche und Bedürfnisse der Kunden im Mittelpunkt aller Aktivitäten stellen sollte und dass Stammkunden die Basis des wirtschaftlichen Erfolges von Unternehmen bilden, sind sicherlich nicht neu. Allerdings ist das Bewusstsein, welchen Wert Stammkunden eigentlich besitzen und deshalb ein noch stärkeres Augenmerk benötigen, massiv gewachsen, nicht zuletzt durch die veränderten Rahmenbedingungen der letzten Jahre. Wie in Kap. „Neue Markt- und Managementspielregeln im „Hypercompetition" – am Beispiel des stationären Einzelhandels" am Beispiel der Marktbearbeitung aufgezeigt wird, stellen die emotionale Bindung und die damit angestrebte Aktivierung der Kunden Schlüsselfaktoren dar, um Wachstumspotenziale zu heben. Die Autoren verwenden hier den Begriff der Bestandsdurchdringung. Dies setzt unter anderem Kundennähe voraus, mit der sich einige Branchen schwertun, wie z. B. im ÖPNV Kap. „Veränderte Sicht auf die Kundenbeziehungen im ÖPNV: Der Hamburger Verkehrsverbund (hvv)", der durch eine hohe Umsatzrelevanz von Stammkunden geprägt ist, ohne dass von eine echten (inhaltlichen, nicht physischen) Kundennähe gesprochen werden kann.

Es konnte weiterhin aufgezeigt werden, dass die oben erwähnten Erkenntnisse aus dem Blickwinkel der Marketers aufgrund des alleinigen Fokus auf Umsatzwachstum verloren gegangen sind. Eine Rückbesinnung auf den Wert der Kunden auch mit Hilfe von Kundenwertmodellen ist notwendig, um das Potential bestehender Kunden erkennen und messen zu können, wie unter anderem die Analyse des Mobilfunkmarktes im Kap. „Mobilfunkverträge – Kundenbeziehungsrisiken und kundenspezifische Preisgestaltung" reflektiert hat; Potential, um den Kundenwert für das Unternehmen zu erhöhen und Potential des Stammkunden als Co-Partner für die Akquisition neuer Kunden. Das Fallbeispiel Globetrotter sprach hier auch von der eigenen „Fanbase" im Kap. „Fallstudie Globetrotter: Begeisterung, Innovation und Kundennähe als Erfolgstreiber im stationären Einzelhandel" und zeigte auf, wie Händler es schaffen, genau aus dem Dialog mit den Stammkunden neue Themenfelder abzuleiten und mehrwertstiftend zu einem attraktiven wie begeisternden Sortiments- oder Servicefeld zu entwickeln.

**Zweite These** – ‚Neues' Kundenverhalten und „alte" Instrumentarien: Kundenbindung wird immer schwieriger oder unmöglich!

Die vorangegangenen Ausführungen haben gezeigt: Die Bindung von Kunden wird nicht nur schwieriger oder unmöglich, sondern muss deutlich intensiver, zunehmend individueller und noch branchenspezifischer erfolgen. In der heutigen Welt reicht es nicht mehr aus, sich zur Weiterentwicklung des eigenen Unternehmens „nur" am Wettbewerb über ein klassisches Benchmarking zu orientieren – die Erfolgsbeispiele des Internets zeigen, dass erst und gerade die unmittelbare Ausrichtung an den Bedürfnissen und Wünschen der eigenen Kunden einen echten Erfolgsbeitrag zu erbringen vermag. Der Wunsch des Kunden nach Bindung besteht genauso wie der Wunsch der Unternehmen, Kunden binden zu wollen. Nur: Dazu muss man dem Verbraucher auch die Chance geben. Bindung entsteht, wenn eine Vertrauenssituation entsteht, wenn die Beteiligten eine gegenseitige Verlässlichkeit sehen. Klar ist auch: Nicht alle Kunden haben dieselben Erwartungen.

Und dabei gilt es, sowohl generationsspezifische Anforderungen – wie die Erkenntnisse aus der Analyse der Generation Z im Kap. „Preis versus Moral: Wie sich das Konsumverhalten der Generation Z unterscheidet" aufzeigten – als auch marktspezifische Besonderheiten zu berücksichtigen. Genauso gilt es die unterschiedlichen Erfordernisse der verschiedenen Branchen zu bewerten, wie das Beispiel aus dem Verlagswesen im Kap. „Neues Zusammenspiel zwischen Marketing und Vertrieb am Beispiel des Verlagswesens", des Bankwesen im Kap. „Wachstumsstrategien in Banken – Erfolgsfaktor Kundenaktivierung" oder auch aus der Versicherungsbranche im Kap. „Datengetriebenes Marketing und Kommunikationsmanagement am Beispiel Allianz" verdeutlichen: Stets muss das Verständnis der konkreten Kundenbedürfnisse im Mittelpunkt stehen. Und dabei darf Customer Centricity nicht länger nur ein Schlagwort bleiben, sondern muss gelebte prozessorientierte Praxis über alle Erlebnispunkte des Unternehmens hinweg werden (Merkle 2021). Für eine echte, dauerhafte und überzeugte Bindung von Kunden an ein Unternehmen ist das praktische Erleben wichtiger denn je. Während es früher ausgereicht hat, die eigenen Prozesse aus einer eher internen, rein effizienzgetriebenen Sicht zu gestalten, wird das authentische, echte Prozesserlebnis immer wichtiger, um Kunden wirklich und dauerhaft an ein Unternehmen zu binden.

**Dritte These – Veränderte Strategien und Geschäftsmodelle: Eine neue Bewertung von Kundensegmenten ist erforderlich**
Die aktuellen Krisensituationen machen deutlich: Stehen Unternehmen und Märkte vor existenziellen Bedrohungen, verändern sich abrupt die Entscheidungsgewichte im Management. So hat nicht nur die Corona-Pandemie eine neue Fokussierung auf das Thema Wirtschaftlichkeit und finanzielle Reserven mit sich gebracht, was automatisch zu einer veränderten Betrachtung der Kundenwertigkeit führt. Das Fallbeispiel Eon (Kap. „Fallbeispiel Energievertrieb: Spannungsfeld zwischen Neukundenakquisition und Stammkundenbindung vor und während der Energiekrise") unterstreicht eindrucksvoll, wie radikale Veränderungen im Marktumfeld zu einer intern veränderten Kundensicht führen muss. Dies wiederum führt zu Frage, wie sich Kundenwertigkeit sinnvollerweise messen lässt (z. B. durch den Customer Lifetime Value) und als Steuerungsinstrument im Management eingesetzt werden kann (Kap. „Kundenwertzentrierte Unternehmenssteuerung als Maßgabe für das Marketing von morgen"). Aber selbst, wenn den Entscheidern eine Umsetzung des CLV-Ansatzes nicht möglich erscheint, lassen sich im Rahmen eines Kennziffern-Modells Surrogate finden, wie Kap. „Marketing KPIs: Marketingleistung vollständig erfassen und steuerbar machen" illustriert.

**Vierte These – Der Blick zur Seite: Bestandskunden haben zurecht den Eindruck, dass sie schlechter betreut werden als Neukunden**
Diese These wird durch das empirische Material, insbesondere neuer Forschungsergebnisse zum Zusammenspiel zwischen Preisdifferenzierung einerseits und den Aspekten Preiserwartung, -stringenz und -vertrauen andererseits unterstrichen. Es lassen sich Formen der Preisdifferenzierung unterscheiden, die aus Verbrauchersicht akzeptabel

sind und andere, die in der Konsumentenwahrnehmung gegen soziale Normen oder das Gerechtigkeitsempfinden verstoßen (Krämer 2022).

In der Conclusio heißt die ultimative Forderung nicht, auf Preisdifferenzierung und die damit einhergehenden Umsatzpotenziale zu verzichten, sondern sich Risiken nach Kundenstatus bewusst zu machen (Krämer 2022) und Instrumente der Preisdifferenzierung ins Auge zu fassen, die wenigere Angriffspunkte bieten (Kap. „Wachstumsstrategien in Banken – Erfolgsfaktor Kundenaktivierung"). Das Fallbeispiel Bahnfernverkehr (Kap. „Fallbeispiel: Deutsche Bahn - Zwischen BahnCard/BahnBonus und Aktionsangeboten") unterstreicht, dass eine differenzierte Preisbildung erforderlich ist, um die sehr heterogene Nachfrage und damit einhergehend unterschiedlichen Zahlungsbereitschaften abschöpfen zu können. Aber auch hier zeigt sich: Preisdifferenzierung – oftmals der wichtigste Hebel für die Monetarisierung des Kundennutzens – ist meist ein Balanceakt. Denn Unternehmen sollten sich stets darüber bewusst sein, dass in der Regel neue Kunden erstmal weniger loyal sind. Von daher ist es wichtig, den Fokus auf einen echten Mehrwert für Stammkunden zu legen und die preisliche Behandlung von Neu- und Bestandkunden durch Betrachtung des Einflusses auf den generierten Kundenwert neu zu evaluieren.

**Fünfte These – Die einzige Chance im Hyperwettbewerb: Den Kunden in den Mittelpunkt stellen**

Die vorangegangenen Ausführungen, Expertenbeiträge und Praxisbeispiele unterstreichen, wie wichtig es im aktuellen Umfeld ist, die eigentlichen Bedürfnisse und Wünsche der eigenen Kunden noch stärker und konsequenter in den Mittelpunkt des unternehmerischen Handelns zu stellen. Die Anzahl der möglichen Wettbewerbsalternativen ist größer denn je; und in einem Umfeld interessant erscheinender Wettbewerber bei gleichzeitig sinkenden Loyalitätsraten gegenüber angestammten Einkaufsstätten werden Kunden nur dann dem eigenen Unternehmen gegenüber treu bleiben, wenn dieses noch präziser, überzeugender und authentischer auf die eigentlichen Wünsche und Bedürfnisse seiner Kunden eingeht. Gerade in Kap. „Neue Markt- und Managementspielregeln im „Hypercompetition" – am Beispiel des stationären Einzelhandels" konnte verdeutlicht werden: Die in der Vergangenheit häufig zu beobachtende Konzentration fast nur auf den Wettbewerb muss gerade im aktuellen Umfeld noch stärker durch eine Fokussierung auf die eigenen Kunden ersetzt werden – eine Erkenntnis, die gerade durch die unternehmerische Praxis (Kap. „Fallstudie Globetrotter: Begeisterung, Innovation und Kundennähe als Erfolgstreiber im stationären Einzelhandel" und „Customer Experience als neue Maxime des Marketings") deutlich unterstrichen wird.

**Sechste These – Big Data: Eine große Datenmenge bedeutet nicht verbesserte Kundenprozesse …manchmal ist weniger mehr!**

Je länger über das Thema Big Data diskutiert wird, desto eher wird deutlich, wie herausfordernd dieser Themenkomplex ist und gleichzeitig, wie wichtig es ist, mit leicht verbreiteten Mythen und Narrativen aufzuräumen. Tatsache ist: Die Fülle an Daten wächst kontinuierlich und damit theoretisch auch das Nutzenpotenzial. Allerdings ist vielfach die Fülle an Daten eher eine Bürde als eine Hilfe, zum Beispiel dann, wenn eine ausreichende Datenkompetenz fehlt (Krämer und Burgartz 2022). Dieses Problem besteht selbst dann noch, wenn ein anderes Problem, nämlich die ungleiche Verteilung bzw. Verfügbarkeit von Daten gelöst werden kann. Das aktuelle Thema 9-Euro-Ticket hat den öffentlichen Nahverkehr nicht nur für drei Monate (Juni bis August 2022) revolutioniert (Krämer et al. 2022b), sondern viele Beteiligte vor die Herausforderung gestellt, unterschiedliche Daten, Informationen und Ergebnisse zu einer klaren Story zu verbinden. Bekundeten Anfang August 2022 noch Mobilitätsexperten, das Ticket würde keinen Autofahrer zur Nutzung von Bussen und Bahnen bewegen, sprachen die Beteiligte nur wenige Tage später von erheblichen Verlagerungseffekten zulasten des Pkw-Verkehrs und stellten die signifikanten $CO_2$-Einsparpotenziale in den Vordergrund (Kap. „Veränderte Sicht auf die Kundenbeziehungen im ÖPNV: Der Hamburger Verkehrsverbund (hvv)"). Das DLR (2022) kommt zum Schluss: „Das 9-Euro-Ticket zeigt, dass Mobilitätsverhalten durch ein einfaches und klar verständliches Angebot, niedrige Preise und die erweiterte Gültigkeit im bundesweiten Regionalverkehr verändert werden kann." Wenn es selbst bei einem so öffentlichkeitswirksamen und viel diskutierten Thema teilweise konträre Auslegungen der Daten gibt, deutet dies nicht nur auf ein Problem der Datenverfügbarkeit, sondern auf Defizite in der Interpretation und Vernetzung von Daten hin. Dies gilt spiegelbildlich für unternehmensinterne Kernthemen, wie z. B. Kundenprozesse. Beide Aspekte – die möglichst zeitnahe Bereitstellung von Daten und die Fähigkeit des Teams, die richtigen Schlüsse daraus zu ziehen – sind aber wichtig, um die Optimierung der Customer Experience zu gewährleisten (Krämer und Burgartz 2022).

**Siebte These – Deutungshoheit von Kundendaten: Der Konflikt zwischen Marketing und IT nimmt zu …das Kundenprofil verwischt**

Die befragten Experten im Kap. „Liebesehe oder Zwangsehe: Die Verschmelzung von IT und Marketing in Unternehmen aus Sicht von Experten" sind sich einig: In der digitalen Welt müssen Marketing und IT untrennbar miteinander verbunden sein. Nur eine enge, sich gegenseitig wertschätzende und stützende Zusammenarbeit von Marketing und IT ermöglicht ein zielgerichtetes, durch reale Daten gestütztes Marketing. Eine solche Zusammenarbeit wird in der Praxis jedoch nur dann funktionieren, wenn diese mit einer ganzheitlichen und kompetenzgestützten Überzeugung in einem echten Schulterschluss gelebt wird. Hierfür sehen die Experten die Notwendigkeit, alle digitalen Projekte in einen Gesamtkontext zu stellen und ein gemeinsames Verständnis für die technologischen Anforderungen und notwendigen Maßnahmen herzustellen. Und dabei muss gerade auch im Marketing für die Erarbeitung der hierfür notwendigen Kompetenzen und Überzeugungen gesorgt werden – eine interne Aus- und Weiterbildung der eigenen Marketingmannschaft ist damit unumgänglich. Im Gegenzug muss sich aber auch die IT-Mannschaft auf die kreativ-strategische Denkweise des Marketings einlassen und versuchen, diese nachzuvollziehen. Mögliche Konflikte können nur dann vermieden werden, wenn beide Seiten sich gegenseitig aufeinander einlassen und im engen Schulterschluss zusammenarbeiten. So können auch bestehende Defizite beseitigt werden, die originär immer dem Marketing und Vertrieb zugewiesen wurden: Nämlich die beiden wichtigen Kompetenzfelder Verantwortlichkeit und Innovationsfähigkeit (Verhoef und Leeflang 2009).

**Achte These – CRM: Über Kundenwertigkeit wird gerne gesprochen, entschieden wird danach aber wenig!**
Wie Kap. „Kundenwertzentrierte Unternehmenssteuerung als Maßgabe für das Marketing von morgen" herausstellt, besteht in punkto Wertorientiertes Management ein Theory-Practice-Gap: Während mit dem Customer Lifetime Value (CLV) theoretisch eine Steuerungskennziffer besteht, anhand derer sämtliche Marketing- und Vertriebsaktivitäten ausgerichtet und bewertet werden können, findet diese in der unternehmerischen Praxis eine nur unzureichende Anwendung. Denn die bereitgestellten empirischen Studienergebnisse belegen, dass Unternehmen als Steuerungsgrößen gerne einfach messbare, aber nicht zwingend in direkten oder eindeutigen Zusammenhang zur Kundenwertigkeit stehende Kennziffern nutzen. Die Gründe für die fehlende Umsetzung des Konzeptes finden sich leicht. In der Regel erfordern die Ansätze, zum Beispiel die Berechnung des CLV, nicht nur eine genaue Zuordnung von Kosten und Erträge zu einzelnen Kunden, sondern darüber hinaus eine Prognose dieser Parameter für die Zukunft. Dies überfordert viele Unternehmen (Krämer und Burgartz 2022; Reichheld et al. 2021). In Kap. „Marketing KPIs: Marketingleistung vollständig erfassen und steuerbar machen" wird diese Problematik aufgegriffen und eine Möglichkeit aufgezeigt, wie mit ausgewählten Kennziffern als Vereinfachung und als Second-Best-Alternative zum CLV gearbeitet werden kann.

**Neunte These – Co-Creation: Der Kunde wird zunehmend „Teil des Leistungsprozesses", dies müssen Unternehmen aktiv steuern**
Kap. „Der Markenbeziehungsprozess – Kunden im Mittelpunkt der Markenführung" macht deutlich, dass der bisherige Markenführungsprozess sich zu einem Markenbeziehungsprozess weiterentwickeln muss. In diesem Prozess gilt die Kunden-Marken-Beziehung als wichtigster Bestandteil und die Co-Creation mit dem Kunden spielt hierbei eine entscheidende Rolle. Die digitalen und physischen Touchpoints sollten idealerweise mit den Mitteln des Customer Experience Managements so integriert gestaltet werden, dass es jedem Kunden, sowohl Neu- wie auch Stammkunden möglich ist, bei jeden Touchpoint ein Markenerlebnis partizipativ zu erfahren. Über die Interaktionen mit der Marke und den anderen Kunden muss sichergestellt werden, das Wertverständnis der Marke zu erleben und eigene Impulse einbringen zu können. In diesem Zusammenhang findet sich in Kap. „Customer Experience als neue Maxime des Marketings" auch ein Plädoyer, den Point of Sale auch durch einen Point of Experience abzulösen. Digitale Erlebniswelten, die Etablierung der Marke als Consultant/Coach des Kunden, die Ikonisierung der Marke ermöglichen die Stärkung der Verbundenheit mit der Marke.

Im neuen Verständnis des Markenbeziehungsprozesses rückt somit die Stammkundenbindung über eine aktive Steuerung der beidseitig wertschätzenden Beziehung in den Mittelpunkt. Der Prozess bietet die Möglichkeit des wirtschaftlichen Erfolgs nicht nur über die Stammkunden selbst, sondern auch über deren positiven Einfluss auf die Wahrnehmung der Marke durch potenzielle Neukunden. Ihre Bedeutung wird in dem Prozess als unterstützende Funktion im Rahmen der Neukundenakquise auch durch Co-Creation hervorgehoben.

**Zehnte These – Die Kundenperspektive im Top-Management: Marketing gehört auf den C-Level, egal in welcher Form**
Alle Beiträge in diesem Buch machen ausnahmslos deutlich: Die Rahmenbedingungen sind gerade in den bereits beschriebenen Krisenzeiten deutlich komplexer und ihre Planbarkeit zunehmend schwieriger geworden. So banal die Forderung, den Kunden in den Mittelpunkt des unternehmerischen Handelns zu stellen, auch klingen mag – in dem aktuellen Umfeld ist das jedoch eine enorme Herausforderung. Marketing ist in den letzten Jahren durch eine Vielzahl von teilweise unkoordinierten, marktorientierten Maßnahmen auf eine weniger strategischer Ebene diskreditiert worden. Was fehlt, ist der ganzheitliche Blick von innen und von außen. Customer Centricity, das Kundenwertmanagement, der Markenbeziehungsprozess, datengetriebene Entscheidungen usw. müssen systematisch geführt und aufeinander abgestimmt werden, um ein ganzheitliches, konsistentes und überzeugendes Kundenverständnis zu erreichen. In diesem Zusammenspiel muss das Marketing die zentrolle Rolle des Unternehmens einnehmen, welches die übergreifende Strategie festlegt und die einzelnen internen Bereiche nicht nur koordiniert, sondern regelrecht orchestriert und als Promotor des Wandels fungiert. Und dies kann nur gelingen, wenn die Marketers einerseits über die hierfür notwendigen Kompetenzen und Fähigkeiten verfügen und anderseits auf höchster Ebene im Unternehmen die Kundenperspektive im Zusammenspiel zwischen Stammkundenbindung und Neukundengewinnung verantworten.

## 2 Konsequenzen für ein neues Marketingverständnis

Die bereits angedeuteten Veränderungen der externen Rahmenbedingungen – und dabei handelt es sich nicht nur um das Zusammenwirken unterschiedlicher Krisen – führen dazu, dass von außen ein zunehmender Druck entsteht, bestehende Marketingnormen und -Erklärungsansätze systematisch in Frage zu stellen und grundsätzlich neu zu denken. Die Notwendigkeit für ein neues Denken – und Handeln – ergibt sich aber auch aus unternehmensinternen Erfordernissen in der Gestaltung aller Prozesse, Themen und Projekte. Ein Erfordernis gleich aus zwei Perspektiven, die in Abb. 1 deutlich werden.

## 2.1 Externe Veränderungen und ihre Auswirkungen auf die Kernaufgaben und den Stellenwert des Marketings in Unternehmen

Ausgehend von den diskutierten 10 Thesen zur Notwendigkeit einer veränderten Perspektive und eines noch konsequenteren, ganzheitlicheren Handelns lässt sich festhalten, dass sich Marketing aktuell in einem Umfeld verstärkter Krisen befindet. Ohne Übertreibung wird dies häufiger als System „multipler Krisen" bezeichnet (Bethke 2022). Der bisher insbesondere im englischsprachigen Raum genutzte Begriff VUCA (Mack et al. 2015) erscheint vor diesem Hintergrund jedoch fast noch zu harmlos. Denn während das Akronym Volatility, Uncertainty, Complexity und Ambiquity häufig zur Beschreibung schleichenden Veränderungen in der Makroebene herangezogen wird, vermittelt der Begriff der Krise eine existenzielle, grundlegende und sich plötzlich ergebende Bedrohung.

Gleichzeitig ist deutlich geworden, wie intensiv die einzelnen Krisen miteinander in Beziehung stehen. Aus einer nicht-endenden Corona-Situation mit ihren begleitenden Lockdowns in China entsteht eine Krise weltweiter Lieferketten; aus einem Angriffskrieg Russlands gegen die Ukraine hat sich eine Energiekrise in Deutschland und Europa entwickelt, die wiederum im Ergebnis zu einer Vielzahl von Insolvenzen und massiven sozialen Herausforderungen führt. Parallel dazu verändern diese Herausforderungen das kritische Bewusstsein und die Sensibilität der Verbraucher – denn immer lautstärker wird nicht nur bewusst, sondern intensiv diskutiert und hinterfragt, dass Rohstoffe in Zukunft nicht unbegrenzt und zu niedrigen Preisen verfügbar sein werden.

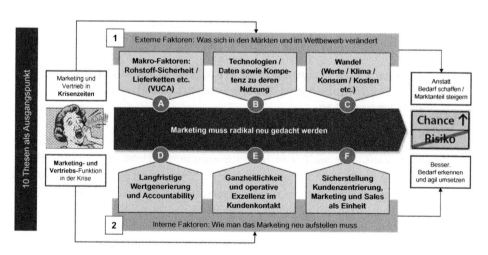

**Abb. 1** Marketing in der Krise? Ein neues Verständnis von Marketing

Die Digitalisierung und die begleitenden technologischen Entwicklungen eröffnen einen generellen Zugriff, eine systematische Analyse und unmittelbare Nutzung von Erkenntnissen aus gesammelten Daten – gerade in der Vernetzung unterschiedlicher Quellen werden diese Prozesse und Vorgehensweisen häufig mit dem Begriff Big Data assoziiert. Die unternehmerische Realität zeigt jedoch, dass neben der generellen Verfügbarkeit und Chance in der Nutzung von Daten ein zweiter – nicht minder wichtiger – Faktor für ein erfolgreiches Management an Bedeutung gewinnt: Nämlich dem Aufbau und der Kultivierung der Kompetenzen, vorliegende Daten richtig interpretieren zu können. Denn selbst wenn sich eine große Diskussion rund um Big Data und die damit sich ergebenden Möglichkeiten entwickelt hat: In der Euphorie ist der wichtige Aspekt der Kompetenzgenerierung leider fast ganz untergegangen und wird erst in jüngster Vergangenheit als notwendige Erfolgsgrundlage ausreichend gewürdigt. Für das Marketing ist dabei unstrittig: Die Möglichkeiten, aus Big Data valide Informationen zu extrahieren und diese in Smart Data zu überführen, werden zu einem elementaren Wettbewerbsfaktor (Krämer und Burgartz 2022). Dabei müssen aus allen Stufen des Wissens- bzw. Wertschöpfungsprozesses systematisch wichtige Handlungsfelder abgeleitet werden; nach Schüller und Schüller (2022) u. a. Wissen, Fertigkeiten, Fähigkeiten, Motivation und (Wert)Haltung.

Der bisher eher stetige Wandel verändert sich in einen abrupten Wandel. Dies trifft die Einstellungen und das Verhalten von Verbraucher und tangiert damit unmittelbar einzelnen Unternehmen und ganze Branchen sowie entsprechende Wettbewerbsbeziehungen. So hat sich herausgestellt, dass in Zeiten hohen Inflationsraten insbesondere seit Frühjahr 2022 Verbraucher nicht mit einem zusätzlichen Konsum auf eine Geldentwertung reagieren, sondern im Gegenteil dazu mit Konsumzurückhaltung (Krämer et al. 2022a). So erreicht der GfK Konsum-Index innerhalb des Jahresverlauf 2022 mehrmals historische Tiefststände (NN 2022). Die Konsequenz: Der Kampf um den Kunden wird härter!

## 2.2 Interne Veränderungen und ihre Auswirkungen auf die Kernaufgaben und den Stellenwert des Marketings in Unternehmen

Je stärker sich die Umweltbedingungen eines Unternehmens verändern, umso konsequenter muss sich auch das unternehmensinterne Handeln an diese Herausforderungen anpassen – und dies insbesondere bei Unternehmen im Krisenmodus. Das zeigt sich insbesondere darin, dass das Management in Zeiten existenzieller Bedrohung einen veränderten Blick auf die Profitabilität der Kundenbeziehung einnehmen muss. Das traditionelle Profitabilitätsverständnis wird u. a. bestimmt durch Aspekte wie massiv gestiegene Kosten (Erzeugerpreise), hohe offizielle und noch höhere subjektive Inflationsraten (Verbrauchersicht) oder aber Lieferkettenprobleme sowie weltweite handelspolitische Risiken etc. (Burgartz und Krämer 2022). Wenn der zentrale Fokus des Managements in der Wertgenerierung und Liquidität des Unternehmens liegt, ist gerade auch das Marketing stärker als früher dazu gefordert, seinen konkreten Beitrag zur Wertgenerierung im Sinne von Value-to-the-Customer (Bedürfnisbefriedigung der Kunden) und Value-of-the-Customer (finanzielle Ergiebigkeit der Kundenbeziehung) nachzuweisen. Dies beschreibt gleichermaßen den Anspruch der Accountability. Konkret bedeutet dies für das Kundenmanagement, nachweisen zu können, welche Aktivitäten der Neukundengewinnung und Bestandsentwicklung rentabel und eben nicht wertvernichtend sind.

Marketing hat in einem solchen Szenario nur dann eine Daseinsberechtigung, wenn das frühere, lediglich auf Teilaspekte konzentrierte Selbstverständnis (wie z. B. Marketing = Reklame etc.) radikal in einen ganzheitlichen, alle Aspekte des unternehmerischen Handelns integrierenden Ansatz überführt wird. Wir leben in einer Zeit, in der der gesellschaftlichen Wertewandel nicht nur das generelle Anspruchsniveau der Kunden, sondern auch ihre Sensibilität für relevante Entwicklungen massiv erhöht hat. In der heutigen Situation informieren sich die Kunden immer gezielter im Internet und reduzieren damit die frühere Informationsasymmetrie. Und in der aktuellen Wettbewerbssituation wird die frühere Loyalität der Kunden mit einer immer breiteren Auswahl inhaltlich spannender und sofort verfügbarer Einkaufsalternativen sowohl aus dem Offline-Umfeld wie auch der Online-Welt massiv untergraben. In der Konsequenz muss mehr denn je sichergestellt werden, dass sämtliche – das Kundenerlebnis unmittelbar prägende – Erlebnismomente konsistent und widerspruchsfrei aufeinander abgestimmt werden. Und dabei muss Marketing seine Positionierungs-, Profilierungs- und Differenzierungskompetenz nicht nur nach außen entfalten, sondern in einer internen Koordination auch für ein integriertes Miteinander aller Bereiche und Aktivitäten sorgen.

Besonders naheliegend zeigt sich die Notwendigkeit eines noch engeren und verzahnten Zusammenspiels zwischen verschiedenen Unternehmensbereichen am Beispiel von Marketing und Sales. Während Marketing über lange Zeit hinweg lediglich die isolierte Aufgabe zugedacht war, mit zumeist kommunikativen Maßnahmen für ausreichend Frequenz in Unternehmen zu sorgen, haben sich die „benachbarten Vertriebsteams" zumeist auf die operative Bedienung und „Abarbeitung" der Service- und Bedienprozesse konzentriert – gemäß dem Motto „Marketing has to bring them in – Operations has to bring them back". Und selbst wenn bereits seit längerem bekannt ist, dass die Umsetzungsqualität der operativen Prozesse im Vertrieb nicht nur einen Unterschied im Vergleich zu anderen Unternehmen machen und damit eine wichtige Marketingaufgabe übernehmen können (z. B. Cermack et al. 2014), erhält gerade in der aktuellen Zeit mit einer massiv sinkenden Bedeutung klassischer Marketingmaßnahmen (Kilian und Kreutzer 2022) die Wahrnehmungsqualität aller sonstigen Kundenkontakt- und Erlebnispunkte eine noch höhere Bedeutung (Merkle 2021). Und genau diese auf die gleiche Philosophie einzustimmen, in ihrer Umsetzung eng miteinander zu verzahnen sowie im Gleichklang zu orchestrieren, wird eine zunehmend wichtigere Koordinationsaufgabe des Marketings. Hier geht es um die "richtige" Balance zwischen Intuitions- und Daten-getriebener Entscheidungsfindung.

## 3 Ausblick

Die von Meffert (2018) geforderte konzeptionelle Weiterentwicklung des Marketings – weg von der traditionellen, primär auf die Kommunikation und dem Absatz vorgelagerten hin zu einer ganzheitlichen, strategisch koordinierenden Aufgabe – hat sich in gerade in Zeiten verstärkter Krisen von einer einfachen Kann-Möglichkeit zu einer unbedingten Muss-Notwendigkeit entwickelt. Marketing kann und darf nicht länger nur eine isolierte Aufgabe neben vielen anderen sein; um den Kunden zu begeistern, muss das gesamte Unternehmen ganzheitlich über alle Bereiche, Funktionen und Prozesse hinweg konsequent auf den Kunden und seine tatsächlichen Bedürfnisse und Wünsche ausgerichtet werden. In diesem Zusammenhang ist zu überdenken, ob die traditionellen Funktionsbeschreibung der bisher parallel bestehenden Disziplinen wie Marketing, Vertrieb, Kommunikation und Pricing als eigenständige Elemente weiter nebeneinander bestehen bleiben können, oder ob nicht ein integrativer Ansatz – den das Marketing als markt- und kundenorientierte Unternehmensführungsfunktion früher schon einmal beanspruchte – in das Zentrum des Interesses rückt. In diesem Verständnis sind neben der strategischen Kompetenz und der Intuition, neue und potentialstarke Marktfelder zu erschließen, immer stärker auch analytische Datenkompetenzen erforderlich, um in einem kundenwertzentrierten Management wegweisende Entscheidungen zu unterstützen. Gleichzeitig ist Marketing nur auf einer vernünftigen Datenbasis rechenschaftsfähig.

## Literatur

Bethke H (2022) Multiple Krisen – apocalypse now? Mir doch egal! ZEIT online v. https://www.zeit.de/politik/2022-08/multiple-krisen-umgang-abstumpfung-verantwortung. Zugegriffen: 19. Aug. 2022

Burgartz T, Krämer A (2022) Kundenwertzentrierung bringt neue Herausforderungen, Springer Professional v. https://www.springerprofessional.de/kundenwert/vertriebsstrategie/kundenwertzentriertes-management-bringt-neue-herausforderungen-f/23530286. Zugegriffen: 27. Sept. 2022

Cermack J, Hancock M, Hatami H, John R (2014) Put the "and" back to "Marketing and Sales", HBR. https://hbr.org/2014/10/put-the-and-back-in-sales-and-marketing. Zugegriffen: 30. Okt. 2014

DLR (2022) Hintergrundpapier – 6. DLR-Erhebung zu Mobilität & Corona, 9-Euro-Ticket und Senkungen der Kraftstoffpreise, DLR-Institut für Verkehrsforschung. https://www.dlr.de/content/de/downloads/2022/dlr-studie-mobilitaet-in-krisenzeiten-9-euro-ticket.pdf?__blob=publicationFile&v=2. Zugegriffen: 3. Okt. 2022

Kilian K, Kreutzer RT (2022) Digitale Markenführung. Digital Branding in Zeiten divergierender Märkte, Springer Gabler, Wiesbaden

Krämer A (2022) Do's and don'ts der Preisdifferenzierung. Markenartikel 84(9):65–67

Krämer A, Burgartz T (2022) Kundenwertzentriertes Management. Springer Gabler, Wiesbaden

Krämer A, Heuermann DF, Burgartz T (2022a) Gefühlte Inflation als Bestimmungsgrund der Spar- und Konsumstruktur von Verbrauchern. Wirtschaftsdienst 102(10):782–788

Krämer A, Wilger G, Bongaerts R (2022b) Das 9-Euro-Ticket: Erfahrungen, Wirkungsmechanismen und Nachfolgeangebot. Wirtschaftsdienst, 102(11):873–879

Mack O, Khare A, Krämer A, Burgartz T (Hrsg) (2015) Managing in a VUCA World. Springer, Cham

Meffert H (2018) Marketing Weiterdenken! In: Bruhn M, Kirchgeorg M (Hrsg) Marketing weiterdenken, Zukunftspfade für eine marktorientierte Unternehmensführung. Springer Gabler, Wiesbaden, S 19–22

Merkle W (2021) Customer Centricity – vom Schlagwort zur gelebten Realität. Absatzwirtschaft 2:62–63

NN (2022) Die Bürger sparen – konsumlaune auf dem Tiefpunkt. FAZ online v. https://www.faz.net/aktuell/wirtschaft/energiekrise-spar-bereitschaft-so-hoch-wie-vor-ueber-11-jahren-18270229.html. Zugegriffen: 26. Aug. 2022

Reichheld F, Darnell D, Burns M (2021) Net Promoter 3.0 – introducing earned growth, the accounting-based counterpart to the net promoter score, HBR. https://hbr.org/2021/11/net-promoter-3-0. Zugegriffen: 18. Okt. 2021

Schüller K, Schüller B (2022) Datenkompetenz und Datenethik. In Halfmann M, Schüller K (Hrsg), Marketing Analytics. Springer Gabler, Wiesbaden, S 39–57

Verhoef PC, Leeflang PS (2009) Understanding the marketing department's influence within the firm. J Mark 73(2):14–37

**Prof. Dr. Andreas Krämer** ist Vorstandsvorsitzender der exeo Strategic Consulting AG in Bonn und Direktor des Value Research Institute (VARI e. V.) in Iserlohn. Nach Studium der Agrarökonomie und anschließender Promotion arbeitete Andreas Krämer von 1996 bis 2000 bei zwei führenden internationalen Beratungsgesellschaften, bevor er in 2000 seine eigene Beratungsgesellschaft gründete. Von 2014 bis 2020 war er Professor für Pricing und Customer Value Management an der University of Europe for Applied Sciences in Iserlohn. Andreas Krämer ist Mitinitiator der Studien „Pricing Lab" und „MobilitätsTRENDS" sowie Autor zahlreicher Fachaufsätze und mehrerer Bücher.

**Prof. Dr. Regine Kalka** ist seit 2003 Professorin für Marketing und Kommunikation an der Hochschule Düsseldorf und ist seit 2018 Mitglied des Hochschulrates. Zuvor war sie Geschäftsbereichsleiterin bei einer deutschen Messegesellschaft sowie Senior Consultant bei einer internationalen Unternehmensberatung. Ihre Forschungsschwerpunkte liegen im Bereich Pricing, Messemanagement und Markenmanagement und ist in diesen Bereichen auch Autorin zahlreicher Publikationen.

**Prof. Dr. Wolfgang Merkle** ist Professor für Marketing & Management an der UE – University of Europe for Applied Sciences in Hamburg sowie Inhaber von ‚Merkle. Speaking. Sparring. Consulting.' Davor war er über 25 Jahre als CMO, Bereichsvorstand, Geschäftsführer und Direktor bei Tchibo, Galeria Kaufhof, ZARA, Massimo Dutti und Otto tätig.